D1034752

BIBLIOTHÈQUE DES IDÉES

JACQUES GUICHARNAUD

Molière

une aventure théâtrale

TARTUFFE — DOM JUAN — LE MISANTHROPE

GALLIMARD

à P. B. A.

Avant-propos

Pour un pur érudit, Molière est avant tout le lieu de rencontre d'un texte et d'un ensemble de documents enfouis dans les bibliothèques. Pour un homme de théâtre, Molière est un prétexte à mise en scène (avec ou sans message), à rôles à succès, à querelles avec Mlle X qui a le physique d'Agnès — mais qui tient à ses idées, à la fois très fausses et très arrêtées, sur la signification du personnage et de la mort de son petit chat. Pour un professeur, Molière est une source infinie de surprises — plus précisément : de devoirs d'élèves où contresens et plagiats de manuels côtoient des intuitions bien souvent révélatrices à cause de leur fraîcheur même. Pour le spectateur, Molière est, selon les cas, le souvenir d'un énorme bâillement, ou au contraire d'un ravissement inattendu.

Érudit, homme de théâtre, professeur, spectateur, chacun, dans notre univers démocratique, a droit à son opinion, et même à l'expression de celle-ci. J'omets d'ailleurs mille sous-catégories : critiques, sociologues, psychiatres, bigots religieux ou combistes attardés, esthètes, etc. C'est pourquoi je me suis permis d'ignorer les ironies de certains, qui me demandaient : « Que faites-vous en ce moment? », à qui je répondais : « Je fais quelque chose sur Molière », et qui me regardaient avec stupeur en murmurant : « Qu'est-ce qu'on peut encore dire sur Molière? » Et, certes, on a énormément dit (dire = écrire) sur Molière; cette décade a même été particulièrement riche et a vu la publication de quelques ouvrages très neufs et très importants sur le sujet — ainsi qu'une vigoureuse continuation de l'effort de renouvellement de la mise en scène moliéresque dont Jacques Copeau avait été le principal pionnier.

Voici, dira-t-on donc, un ouvrage de plus sur Molière... Mais le travail que représente le commentaire qui suit n'a pas été seulement l'objet des ironies de ceux qui en ignoraient l'intention et le contenu. D'autres, mieux éclairés, en ont chaleureusement

encouragé la composition — en particulier mes collègues de
l'Université Yale. Parmi eux, c'est à Georges May et à Henri
Peyre que vont mes remerciements les plus vifs. Ma gratitude
s'adresse aussi à la Fondation John Simon Guggenheim — si
efficace et si discrète dans sa générosité — qui a rendu possibles
les quelques mois de totale liberté pendant lesquels fut conçu le
gros de cet ouvrage.

J. G.

Introduction

On peut écrire un livre de critique *contre* un autre critique. On peut l'écrire aussi *pour* une œuvre littéraire. Les chapitres de l'ouvrage qui suit sont un risque, mais un risque pris vis-à-vis de l'œuvre de Molière, non vis-à-vis de l'énorme travail accompli dans cent directions différentes par d'autres — historiens, psychologues, gens de théâtre, etc. C'est pourquoi l'œuvre de Molière y est considérée le plus souvent indépendamment de ce qu'on a déjà dit d'elle. De temps en temps, certes, une citation d'une source secondaire apparaît : elle est invoquée pour confirmer le point de vue de cet ouvrage, ou pour être rejetée comme contresens ; sans de telles enclaves, ce qui suit serait sans doute d'une insupportable rigidité.

Mais l'appel à ces références favorables ou ennemies est accidentel. On remarquera par exemple que les projets de mise en scène de Jacques Arnavon y sont traités sans tendresse : notre but n'est pas de « démolir » Arnavon ; simplement, par allusion à certaines suggestions extrêmes de cet auteur, notre interprétation gagne en clarté. Les noms d'Antoine Adam, de Jacques Schérer, de René Jasinski, de Paul Bénichou, d'Eric Auerbach, comme ceux de Donneau de Visé ou de Jean-Jacques Rousseau, comme ceux de certains metteurs en scène, de certains acteurs, et de bien d'autres, apparaissent ici et là : ce n'est pas d'eux qu'il s'agit ; la réminiscence de telle ou telle de leurs interprétations est auxiliaire, elle n'a pour but que de mieux cerner ce que ce livre tente d'exprimer.

Nous aurions pu citer, aussi bien, certains de nos élèves (américains, donc non prévenus par les anciens impératifs scolaires français) — mais, hélas, ils n'ont pas encore acquis la célébrité des érudits mentionnés ci-dessus, et le lecteur n'aurait aucun moyen de vérifier l'authenticité de telles citations. Nous aurions pu aussi farcir le tout d'anecdotes vécues : quand on s'est essayé, sur une scène d'amateurs, à la mise en scène de quelques pièces

de Molière, on s'est trouvé en face de problèmes, d'impasses
même, que tantôt une réinterprétation du texte, tantôt le recours
aux mouvements scéniques, aux « trucs » de théâtre permettaient
de résoudre quand il s'agissait de simples problèmes, de défoncer
quand il s'agissait de véritables impasses. Mais il convenait
d'éviter au lecteur l'étalage de fatuité dont font si souvent preuve
les non-professionnels pris d'enthousiasme devant leurs propres
demi-réussites.

Ces allusions à ce que nous avons cité, à ce que nous n'avons
pas cité, à ce que nous aurions pu citer ou évoquer ont pour but
de souligner le fait que les chapitres qui suivent sont un résultat —
le résultat d'une rencontre entre une réflexion sur la bibliographie
moliéresque, une lecture scolaire des textes, des étonnements
(parfois indignés) devant l'irrespect d'étudiants très intelligents
et non corrompus, des abîmes d'incertitude creusés par l'amateu-
risme théâtral, le souvenir de représentations professionnelles,
etc. Cette rencontre pourrait faire le sujet d'une Moralité hautement intellectuelle : il suffirait de mettre une majuscule en tête
de chaque mot abstrait ou semi-concret de la phrase qui précède,
et de « personnifier » le tout ; cette Moralité aurait tout le charme
et toute l'incohérence fondamentale de la plupart des pièces qui
appartiennent à ce genre...

Ce qu'on va lire, c'est en fait un commentaire possible après la
chute du rideau, à la fin de cette Moralité (métaphore discutable,
puisque, au temps des Moralités, le rideau !...).

On s'en doute, Molière lui-même, ou plus exactement le Molière
des Biographies, n'est pas notre sujet. Cet homme-là est l'objet
d'une discipline autre que la nôtre. Il est certain que, sur le plan
de la curiosité humaine, un grand auteur mérite qu'on fasse son
portrait. Puisqu'il a à la fois vécu et créé, il se situe au-delà
d'une humanité ordinaire dont en même temps il épouse le contour.
Les aventures du jeune Rimbaud comme la vie bourgeoise de
Mallarmé ont le privilège d'être à la fois peu différentes des comportements de certains de leurs contemporains, et infiniment
plus lourdes de significations. Que par exemple un adolescent
de province quitte sa famille et s'acoquine avec un ivrogne barbu,
il n'y a là rien de très original ni de particulièrement intéressant,
si l'on n'est ni sociologue ni psychiatre. Mais si ce jeune homme
écrit Les Illuminations, à l'intérêt purement documentaire
qu'offre la biographie s'ajoute le prestige que l'œuvre confère à la
vie. Non que tout ce que fait ou touche l'artiste se trouve du même
coup sanctifié. Le fétichisme, mystique ou simplement sentimental,

qui s'attache à la canne de Balzac ou même au clavecin de Mozart ne dépasse guère l'émotion que nous éprouvons devant les souvenirs de famille. Mais toute œuvre, même la plus « objective », révèle une aventure intérieure, communicable seulement par les moyens de l'art, à laquelle il est permis de ramener les événements d'une vie (anecdotes ou objets). Aussi peut-on souvent à juste titre tenter d'expliquer, non pas l'œuvre par la vie, mais la vie par l'œuvre, et de bâtir ainsi une biographie « possible », dont l'exactitude historique est peut-être douteuse, mais qui atteint souvent à des vérités intérieures beaucoup plus passionnantes que les vérités de comportement.

La reconstitution, historique ou intérieure, de la vie d'un auteur, pour légitime qu'elle soit en elle-même, n'en reste pas moins en marge de la critique littéraire. Nous n'allons certes pas jusqu'aux rigueurs de certains « new critics » anglo-saxons, pour qui le point de départ de toute critique est l'ignorance absolue de tout ce qui n'est pas le texte lui-même. Une telle attitude est en fin de compte une impossible gageure. On nous verra souvent faire appel aux découvertes des historiens ; pour ne citer qu'un exemple, la connaissance des âges de Molière et de Lagrange au moment de Dom Juan, ainsi que celle de leurs rapports professionnels, seront bien utiles pour préciser un des thèmes fondamentaux de la pièce. Mais qu'on remarque bien, toutefois, que c'est de ces deux hommes en tant qu'acteurs que nous parlons ici ; vice versa, nous ne mentionnerons pas les difficultés maritales de Molière et d'Armande pour expliquer Le Misanthrope. Notre appel à l'histoire est fondé sur l'aide que celle-ci apporte pour comprendre l'œuvre de l'intérieur, non sur les agréments qu'elle apporte pour l'embellir de l'extérieur.

Nous croyons avoir fait preuve de beaucoup de souplesse dans la méthode. Mais nous croyons aussi avoir été fondamentalement fidèle à un principe de véritable critique. Nous analysons trois pièces de théâtre, et nous les analysons comme pièces de théâtre. C'est-à-dire que nous les considérons, non comme textes purs, non comme confessions personnelles, non comme simples documents sur une époque, mais comme objets d'art qui ont une destination et un sens particuliers au genre d'Art auquel ils appartiennent.

Ce que nous appelons la « destination », c'est, dans le cas présent, la scène, la représentation. Dans notre théâtre classique, il est vrai, presque tout est dans le langage. Presque tout, mais pas tout. Bérénice ou Hermione disent tout ce qu'elles ont sur le cœur, — mais elles le disent à quelqu'un. Trop souvent, au cours d'une explication purement textuelle, on ne s'attache qu'au contenu de la tirade ; mais pour l'auteur dramatique, pour le spectateur, cette tirade n'est pas suspendue dans la solitude des beaux poèmes : elle est dialogue, car elle est écoutée, et l'écouteur joue, et la tirade ne prend tout son sens que grâce à ce jeu de l'autre. Or le rôle d'écouteur est de la plus grande importance chez Molière, — d'une importance telle qu'il se l'est très souvent réservé, à partir de *L'École des Femmes*. Tâchons donc, en disséquant le texte, de n'oublier ni les mouvements qui l'accompagnent (ou pourraient ou devraient l'accompagner), ni le rapport des « masses » scéniques — même si telle ou telle masse n'a rien à dire. Si la scène des portraits, au deuxième acte du *Misanthrope*, est d'une vraie richesse dramatique, et non d'une richesse simplement satirique, c'est parce que le groupe des bavards occupe le plateau d'une balance dont l'autre plateau est occupé par un Alceste silencieux, mais d'un très lourd poids scénique.

Quant au sens, nous le cherchons non dans quelques conseils pratiques, plus ou moins philosophiques, qui parsèment les pièces et qui sont d'ailleurs souvent en contradiction les uns avec les autres (ce qui prouve qu'ils ont une fonction dramatique, non didactique), mais dans la vision de base que suggèrent les pièces. Tout dramaturge authentique a nécessairement une vision dramatique de l'homme et du monde, c'est-à-dire une vision « déchirée ». Truisme, dira-t-on ; mais comme beaucoup l'oublient, il nous semble bon de le rappeler. Cette vision déchirée, nos analyses ont pour but de la décrire, dans le cas de Molière.

Weltanschauung moliéresque? Le terme est peut-être trop coloré de cosmisme germanique pour convenir à une littérature et à une société dont les horizons étaient en fin de compte assez restreints, — ce qui n'exclut pas l'audace de l'investigation en profondeur, à l'exclusion de la hauteur et de la largeur. Les Nibelungen ou Faust seraient certes à l'étroit dans le salon de Célimène, et le finale de Dom Juan paraît bien étriqué à côté d'un crépuscule des dieux. Il n'empêche qu'à notre avis, malgré le désaccord entre l'essentialisme du XVIIe siècle et les visions du XXe siècle dont nous nous savons teintés, les comédies de Molière, à la fois par leur esthétique et par le choix des anecdotes qu'elles racontent, expriment avec une perspective qui leur est propre le Drame humain par excellence. Or c'est en envisageant ces comédies de l'intérieur que la vision dramatique de Molière — c'est-à-dire sa véritable philosophie, implicite et du coup authentique, car Molière n'était pas un « philosophe » — se révèle et rejoint à l'occasion celle de certains de ses contemporains pour créer la véritable image du XVIIe siècle français, en même temps qu'une des images possibles de la condition humaine. Bien entendu, répétons-le, celle-ci ne peut qu'être indissolublement liée au drame, au théâtre, à une vocation de comédien.

Il ne s'agit dans cette étude que de trois pièces majeures :
Tartuffe, Dom Juan *et* Le Misanthrope. *Personne ne niera
qu'elles occupent le centre de la carrière de leur auteur. Elles sont
nées, à notre avis, de la réussite esthétique de* L'École des Femmes,
*mais sans doute et surtout d'une méditation sur l'essence de la
comédie provoquée par la querelle et les polémiques qui ont entouré
le drame d'Arnolphe. Elles seront suivies de compromis, d'exploi-
tations des révélations contenues dans leur structure et leurs
thèmes, de ce qu'Alfred Simon appelle « la Scapinade providen-
tielle [1] », enfin de la bouffonnerie macabre.*

Certes, nous analysons le Tartuffe *de 1669 comme s'il avait
été joué, et sous la forme que nous connaissons, dès 1664. Mais
enfin, ou bien la pièce était déjà conçue à cette date-là avec la
vision qu'elle suppose, et seuls les trois premiers actes étaient
achevés. Ou bien il s'agissait, comme l'a démontré John Cairncross [2], d'une pièce complète en trois actes, fondée également sur
la même vision. Dans un cas comme dans l'autre, il s'agissait
du conflit simple entre des natures saines et le couple corrompu
constitué par un tyran et son mauvais génie. En 1669, le sens
profond de la pièce n'a pas changé. En partie chronologiquement,
et en tout cas logiquement, cette simplicité précède, dans la carrière de Molière, l'étonnement que représente* Dom Juan *devant
une complexité à peine entrevue dans* Tartuffe, *et l'impasse à
laquelle conduit cet étonnement et dont* Le Misanthrope *est la
métaphore. Voilà l'acheminement que nous tentons de suivre par
l'examen des mécanismes internes.*

*C'est en se mettant dans l'état d'esprit, fictif sans doute, d'un
lecteur-spectateur, qu'on peut espérer faire apparaître ces mécanismes. Le système n'étant pas intransigeant, des projections
dans l'avenir de chaque pièce, des rapprochements avec d'autres
œuvres sont permis. Mais c'est en accompagnant d'une marche
parallèle, malgré quelques détours, le déroulement de ces trois
comédies, que nous essayons d'en faire un portrait fidèle et,
dans une certaine mesure au moins, révélateur.*

---

1. Bien que notre interprétation soit fort différente, voir Alfred Simon,
Molière par lui-même, Le Seuil, 1957.
2. John Cairncross, *New Light on Molière*, Droz, Minard, 1956.

PREMIÈRE PARTIE

Tartuffe

CHAPITRE PREMIER

Avant la pièce

Dans les théâtres d'aujourd'hui, le programme de la soirée, vendu ou donné au spectateur, est un moyen, non seulement d'offrir à la reconnaissance du public les noms des artisans et des artistes responsables du plaisir qu'il va éprouver, mais aussi de le faire participer dans une faible mesure aux secrets du théâtre. Renseignements biographiques et historiques sur l'auteur, parfois note explicative de celui-ci, distribution de la pièce, noms des acteurs, du metteur en scène, du décorateur, du costumier, du chef électricien, des administrateurs, etc., ces détails mettent en quelque sorte le spectateur dans la confidence de la fabrication d'un objet d'art.

Avant le lever du rideau, l'affiche et le programme de la salle Richelieu nous apprenaient, il y a quelques années, que Tartuffe serait interprété par Jean Marchat. D'autres programmes, d'autres affiches nous avaient appris que derrière tel visage de traître ou de banquier, au cinéma, se cachait M. Marchat; que sous le masque de tel amant tourmenté, au théâtre des Mathurins, vivait également M. Marchat. Outre le plaisir que nous procurait, ou l'intérêt qu'éveillait en nous, le film ou la pièce, nous éprouvions la satisfaction d'être un peu mêlés à la création de cette pièce ou de ce film. Les programmes des théâtres américains, qui jouent beaucoup plus sur cette curiosité du public que les nôtres, contiennent, sous la rubrique « Who's who in the cast » une notice biographique sur chacun des acteurs de la pièce, avec la liste des films et des pièces où il a tenu un rôle. De la sorte, une pièce n'est plus un objet isolé, jailli d'un mystérieux néant et offert miraculeusement au spectateur pour son plaisir absolu; c'est au contraire le résultat de la rencontre de plusieurs séries, de plusieurs carrières : celle d'un auteur et celles de plusieurs acteurs et techniciens. La pièce est ainsi « située » pour le grand public, comme elle l'est pour l'érudit : l'un et l'autre considèrent sa place dans les histoires qui leur sont familières. L'érudit ne se sent satisfait que s'il est au courant des circonstances historiques de la composition de la pièce, de ses sources, de sa place dans l'évolution d'une certaine école. Le grand public n'est rassuré que s'il est au courant de la biographie des acteurs qui l'interprètent, parfois de la carrière du metteur en scène. Un certain public français a boudé *Le Cid* jusqu'au jour où Gérard Philipe a interprété le rôle de Rodrigue. Les érudits traitent *Ubu-Roi* de farce de collégien dans la mesure où cette pièce ne se rattache à rien de ce qui leur est connu. Dans les deux cas, la reconnaissance d'une œuvre est fondée en grande partie sur la connaissance des fils qui rattachent l'œuvre à des domaines familiers.

Le public cultivé qui assiste à la représentation d'une œuvre célèbre du passé se conduit à la fois comme un érudit et comme le grand public des œuvres modernes. Pour lui, une représentation de *Tartuffe* n'est certes pas la découverte d'un astre nouveau suspendu dans le vide des espaces. S'il essaie de se mettre dans un état de virginité en face de la pièce, le programme s'empresse de lui rappeler tout ce qu'il doit savoir : les interdictions de la comédie au xviie siècle, quelques détails sur la cabale des dévots, la vie de Molière, d'une part; de l'autre, les intentions du metteur en scène du présent spectacle, le nom des acteurs, etc. La pièce est à la fois phénomène historique, phénomène social, et elle-même. A tel ou tel moment de la représentation, le spectateur cultivé dispersera son intérêt dans les trois directions : il jouira de la pièce proprement dite, mais aussi il pensera par exemple à ce qu'il sait de la casuistique jésuite au xviie siècle telle que l'a résumée Pascal; en même temps, il fera des comparaisons entre le jeu de Jean Marchat et celui de Louis Jouvet, ou bien pensera que Jean Marchat a fait bien des progrès depuis *Le Pavillon brûle* de Stève Passeur... Il n'existe pas, dans la réalité, de plaisir théâtral pur. Le spectateur est toujours « averti », plus ou moins profondément, sur un plan ou sur un autre.

On peut — et c'est en partie le but de cet essai — tenter d'élaguer les intérêts secondaires d'une pièce, s'efforcer de la connaître en elle-même, quitte à examiner ensuite comment elle est porteuse de significations qui la dépassent. Encore faut-il s'entendre sur ce qui est la pièce et ce qui ne l'est pas. S'il est possible de tout ignorer de la genèse de *Tartuffe*[1], il est difficile d'oublier ce qui annonce la représentation elle-

---

1. On trouvera, à la fin de ce volume, un très bref résumé des recherches faites sur ce sujet. Voir Appendice : *Genèse de Tartuffe.*

même. Avant que le rideau se lève, le spectateur a en mains
le programme. Il y trouve le titre, le genre auquel appartient
la pièce, les noms des personnages, le lieu de l'action. Ces
renseignements sont évidemment *déjà* la pièce. Le spectacle
commence au moment où je lis dans le programme : « *Tartuffe,
ou l'Imposteur*, comédie en cinq actes en vers de Molière. »

Ce titre est une promesse. Le nom de *Tartuffe* est déjà une
esquisse de portrait. Par ses sonorités, à la fois pesantes et
chuchotées, le nom évoque — non pas une classe sociale —
mais une personne, un caractère particulier doué de deux dimensions : l'ampleur et la lourdeur de la première syllabe, *Tar.*,
et le glissement insinuant de la seconde, *-tuffe* [1]. Promesse,
encore une fois, qui est confirmée par le sous-titre : *L'Imposteur*,
et qui sera tenue, nous le savons, nous qui connaissons la pièce :
le personnage est double, bâti sur une tension sans équivoque,
un contraste net; c'est une masse dramatique dont l'équilibre
est assuré par la présence en elle de deux forces opposées. Les
autres personnages semblent appartenir à deux catégories
différentes. Les uns (Mᵐᵉ Pernelle, M. Loyal, Dorine, Flipote)
portent des noms réels, ou très voisins de la réalité : noms qui
installent la comédie sur le plan d'une certaine bourgeoisie.
On peut, si l'on veut, leur joindre Mariane. Les autres (Valère,
Cléante, Damis, Elmire, et même Orgon) portent des noms de
fantaisie, des noms de théâtre. Qu'ils évoquent l'élégance et
la retenue, ou bien la farce, ils promettent de leur côté, sinon
une certaine féerie, du moins la distance, l'éloignement propre
au théâtre. Cette distribution n'a certes pas l'unité de celles
des comédies de cour [2]; mais, comme dans la plupart des
comédies ou des farces de Molière, à l'exception du *Misan-*

---

1. D'où vient le nom de Tartuffe? On a recherché ses origines dans différentes directions. Est-ce une déformation de Tuffes-Taraux, nom d'un
gentilhomme des environs de Pézenas, comme le voulait Auguste Baluffe?
Vient-il de l'italien *truffa?* du bourguignon *truf* ou *truffe*, qui désignait
un fourbe au xvıᵉ siècle? du lyonnais *tertuffle*, lui-même de l'allemand
Teufel? Ou bien Molière l'a-t-il emprunté directement au *Mastigophore*
d'Antoine Fusy ou au recueil de 1624 des lettres de Balzac, où il figure?
Enfin, ne serait-ce qu'un déguisement du Montufar des *Hypocrites* de
Scarron? Quoi qu'il en soit, la présence dans le même nom de la voyelle *u*
et de la consonne *f* se retrouve dans tous ces termes qui désignent des
fourbes, ou des imposteurs — comme on la retrouve dans Panulphe, nom
du héros de la comédie de Molière dans la version de 1667, et dans l'Onuphre de La Bruyère. Ce chuchotement sournois semble tout à fait appro-
prié pour désigner faux témoins et hypocrites.

2. Qu'on jette un coup d'œil sur la liste des personnages de *La Princesse d'Élide*, par exemple : La Princesse d'Élide, Aglante, Cynthie,
Philis, Iphitas, Euryale, Aristomène, Théocle, Arbate, Moron — tous
noms de roman ou de pastorale, même celui du bouffon, qui fixent la
comédie dans un genre très déterminé.

thrope, elle révèle à la fois les différentes possibilités de ton de
la comédie, les différents horizons théâtraux d'où sont venus,
après bien des avatars, les personnages de la pièce. S'il appartient au metteur en scène de découvrir le style d'ensemble,
il n'en reste pas moins que les personnages ne jouent pas tous
de la même façon. Dans *Tartuffe*, Orgon ne joue pas comme
Cléante, Elmire ne joue pas comme Mme Pernelle. La pièce,
à la représentation, prendra toute sa valeur au moment où
l'unité de jeu de l'ensemble se nuancera au gré des « genres »
d'où sont issus les personnages. Sans donner systématiquement
la clé de chaque personnage, la distribution du *Tartuffe* est
néanmoins une indication des niveaux de la pièce, ou des suggestions possibles de ces niveaux : pièce bourgeoise, farce,
comédie élégante.

La distribution nous apprend en outre les liens qui unissent
les personnages. Une famille, l' « amant » de la fille, un « faux
dévot ». Ici encore, la distribution suggère ou promet : elle
prépare l'esprit du spectateur à un certain type d'intrigue,
— plus précisément les agissements d'un faux dévot à l'intérieur d'une famille.

La pièce tiendra ces promesses. Le fait mérite d'être signalé,
de nos jours, car les pièces de nos contemporains sont souvent
des œuvres à surprise : titres obscurs, distributions saugrenues
qui, au lieu d'éclairer partiellement le spectateur, cherchent
au contraire à le dérouter, à le lancer sur de fausses pistes,
pour garder intacte, à la pièce elle-même, sa puissance de choc.
Nous aurons à revenir sur cet aspect de *Tartuffe* et de la comédie
moliéresque en général, sur la *satisfaction* que ce théâtre
apporte, en créant des attentes précises qui sont toujours
finalement comblées.

Le programme nous dit enfin que « la scène est à Paris »;
il ajoute parfois : « dans la maison d'Orgon ». La pièce sera
donc située dans un univers bourgeois.

Quand le rideau se lève, la scène est vide, ou manifestement
l'était une demi-seconde auparavant : le premier mouvement
est une invasion de la scène par sept personnages — ou six au
moins si l'on a décidé d'installer Flipote, immobile ou même
endormie, dans un coin. Le lieu de l'action, le décor, c'est la
maison d'Orgon. Il est évident que, pour le spectateur idéal
non averti, le décor peut avoir, à ce moment-là, n'importe
quelle structure. Il ne se révélera valable et justifié qu'à la
fin de la pièce, quand un jugement sur la fonction qu'il devait
remplir sera possible. Il suffit maintenant qu'il évoque l'atmosphère d'une maison bourgeoise parisienne du xviie siècle,

reconstituée avec réalisme ou stylisée. Le spectateur réel, plus averti, jugera le décor dès le lever du rideau, à la fois pour le goût qu'il manifeste et pour son utilité. Au cours des analyses qui suivent, nous aurons à souligner certaines nécessités de ce décor, et les limites qui doivent lui être imposées.

Il y a quelques années, la Comédie-Française jouait *Tartuffe* dans une construction qui reproduisait une gravure d'Abraham Bosse : une grande salle rectangulaire, meublée de fauteuils, de tabourets et de tables Louis XIII, s'étendait jusqu'à une galerie à laquelle on accédait par quelques marches [1]. Plus récemment, la galerie avait fait place à une grande porte au sommet de quelques marches. Avec ou sans recherche de style, ces deux décors avaient le mérite de s'en tenir à l'évocation la plus simple du lieu du drame, la « salle basse » du vers 873. Il ne faut rien de plus que cette pièce commune, au centre de la maison, dans laquelle toute l'action se déroulera. Le spectateur en prend connaissance une fois pour toutes au lever du rideau et ne sera plus distrait de la comédie proprement dite jusqu'à la fin de la représentation.

Ce problème du décor est certes plus l'affaire des gens de théâtre que des critiques littéraires. Mais il est impossible au critique de comprendre véritablement une pièce hors de sa représentation, et lorsqu'on travaille sur le texte publié, toute lecture doit être accompagnée d'un effort d'imagination qui lui montre des personnages en mouvement dans un espace. Le début d'une « scène », ce n'est pas seulement un personnage qui commence à parler, c'est un corps qui surgit, c'est une porte qu'on ouvre, un escalier qu'on descend.

Dans *Tartuffe*, la compréhension du début de la pièce exige l'image d'un espace, car il ne s'agit pas seulement d'entendre un dialogue, mais aussi de voir en trois dimensions le surgissement de six ou sept personnages, leur déploiement sur une scène et l'entrecroisement de leurs trajets.

---

1. Voir la préface, par Fernand Ledoux, de l'édition de *Tartuffe* dans la collection « Mises en scène » (Éd. du Seuil).

CHAPITRE II

Le jeu des portraits

Le rideau se lève sur l'entrée tumultueuse d'une famille. Début célèbre par son rythme de parade, son mouvement, sa richesse, sa densité, l'entrée de la famille est une des plus vigoureuses attaques de tout le théâtre moliéresque [1].

1. Dans *L'Étourdi*, c'était un personnage seul qui mettait en quelques vers le public au courant de la situation : une rivalité d'amoureux. Dans *Le Dépit amoureux*, un jeune premier se faisait rassurer par son valet sur la sincérité des faveurs de sa maîtresse. *Les Précieuses ridicules* s'ouvraient sur la sortie stupéfaite de deux « amants rebutés » qui faisaient rapidement le portrait des deux précieuses. C'était aussi par une sortie, presque une poursuite, que commençait *Le Cocu imaginaire* : un père grondant sa fille qu'il veut marier contre son gré. Si *Dom Garcie de Navarre*, œuvre d'un genre tout particulier, offrait au lever du rideau le spectacle de Done Elvire et de sa confidente engagées dans la description de deux rivaux, *L'École des Maris* s'ouvrait sur une vive discussion entre deux frères, l'un sage, l'autre agité. Le long monologue du début des *Fâcheux* s'accompagne de gestes et de pantomimes vigoureuses. Au lever du rideau, dans *L'École des Femmes*, Arnolphe et Chrysalde sont saisis au milieu d'une conversation sur le mariage. *Le Mariage forcé* débute par un mouvement rapide : personnage qui sort de sa maison, qui en rencontre aussitôt un autre. Si le *Tartuffe* de 1664 commençait comme la version que nous possédons, on peut arrêter à ce point le catalogue des débuts de comédie. Comme on le voit, ceux-ci varient d'une pièce à l'autre : monologues, dialogues, entrées de personnages, rencontres... De toute façon, la pièce commence presque toujours avec un mouvement tandis qu'un « problème » ou une situation sont immédiatement offerts : les personnages sont agités et ils le sont parce qu'ils sont en face d'un fait accompli, d'un donné, d'une tension déjà établie. Au lever du rideau, les rivalités existent déjà, les projets sont déjà formés.

Jacques Scherer, dans *La Dramaturgie classique en France*, note que les expositions de notre théâtre classique sont généralement « faites sur un ton calme »; il signale toutefois que la première scène du *Misanthrope* ne manque ni d'animation ni de chaleur et que *Le Médecin malgré lui* s'ouvre par une querelle qui conduit à des coups de bâton. Il semble bien qu'à quelques exceptions près les expositions ou premières scènes de la comédie moliéresque soient toujours vigoureuses, non seulement dans leur langage, mais aussi et surtout dans les agitations scéniques qu'elles suggèrent.

Il vient de se passer quelque chose. La tension a déjà dépassé le stade d'une rivalité ou d'un débat : elle est déjà tentative de rupture, car c'est le *départ* d'un personnage furieux qui nous est d'abord présenté. En lui-même, ce départ est une promesse d'explication; cette rupture est le dernier moment d'une tension — tension entre quels éléments? En outre, il donne d'un coup la division des personnages en deux clans; Mme Pernelle disant : « Allons, Flipote, allons, que d'eux je me délivre » s'isole (avec sa servante) de tous les autres personnages qui entrent en scène à sa suite. « Eux » constitue la famille en un bloc, et marque dès le début de la pièce une séparation radicale entre la famille et ce qu'elle représente (valeurs, manière de vivre) et Mme Pernelle. La vigueur du mouvement d'ensemble, soulignée par la remarque d'Elmire : « Vous marchez d'un tel pas qu'on a peine à vous suivre », rend plus sensible ce désaccord. Le débat a eu lieu, il n'y a place désormais que pour la séparation physique.

Fernand Ledoux [1] note que le spectacle de ce début engage déjà le spectateur à prendre parti : Mme Pernelle, semble « têtue et incivile », Elmire au contraire se montre « aimable ». Tout naturellement c'est à celle-ci et à son groupe qu'ira notre sympathie. La suite de la scène ne fera que confirmer cette impression : Mme Pernelle s'y montre bavarde, autoritaire et impolie. C'est bien en effet à un début sans équivoque que nous assistons. Il y a querelle et mouvement, donc drame et effet scénique — en un mot : théâtre; mais il y a aussi établissement d'une référence, d'une « norme » à laquelle devront se conformer les jugements portés par le spectateur sur les personnages.

Cette norme est, au lever du rideau, encore imprécise. L'apparence et le ton des personnages sont les seuls éléments qui permettent de la décrire : les personnages sont plaisants à regarder (un jeune premier, une jeune fille, une belle femme, un homme à l'air aimable, une servante solide — tous bien habillés) et sont polis dans leur propos. Disons qu'ils sont *d'abord* sympathiques. Ils pourront ensuite au cours de la pièce exprimer certaines idées ou se livrer à certains actes : ces idées et ces actes suggéreront, même au sein des erreurs, la norme de la pièce, et pourront être considérés comme représentatifs des vraies valeurs dans la mesure où ils viendront de personnages *a priori* sympathiques. Peu importe que cette norme exprime la philosophie pratique de Molière. Ce qui compte, pour le plaisir théâtral, c'est d'accepter le comportement d'Elmire et des autres membres de la famille comme

1. *Op. cit.*

la norme *selon la pièce*. Si le spectateur (ou même l'auteur
en tant qu'homme) est en désaccord avec cette norme dans la
réalité de la vie, il est en quelque sorte de son devoir de spectateur de l'accepter pendant le temps de la représentation — quitte
à la considérer comme une métaphore ou un équivalent de
ses normes personnelles. C'est ce à quoi la pièce nous invite
dès le lever du rideau en nous imposant une réaction simple et
non encore intellectualisée de sympathie pour les uns et d'antipathie ou de désapprobation pour les autres [1].

Certains dévots, Jean-Jacques Rousseau, des critiques
modernes refusent de jouer ce jeu du spectateur en face du
théâtre de Molière. L'auteur de *Tartuffe* et du *Misanthrope*
ne nous demande pourtant pas plus que d'autres artistes.
Il est tout aussi difficile d'accepter pour tel l'univers normal
selon *Le Cid* que la norme de *Tartuffe*. A vrai dire, toutes les
œuvres du passé exigent cet effort. Et combien d'œuvres
d'aujourd'hui (même « non philosophiques ») rejetterions-nous
si nous n'acceptions pas la norme qu'elles supposent comme une
métaphore de nos normes propres !

« Eux », « ce ménage-ci » : c'est ainsi que Mme Pernelle désigne
d'abord l'ensemble de la maisonnée. Après la brève intervention de Dorine : « Si... » (v. 13), Mme Pernelle passe en revue
les personnages présents, l'un après l'autre. Elle leur dit
« leurs vérités » — ou plutôt elle les décrit, dans une série de
portraits qui sont en même temps des jugements. Les portraits
abondent dans *Tartuffe* et dans la comédie classique. En lui-
même, le portrait n'est pas dramatique ; il ne le devient que
dans une situation de théâtre, lorsqu'il est présenté à la fois
pour lui-même et pour plus que lui-même, c'est-à-dire lorsqu'il
a plusieurs fonctions [2]. Lorsque Mme Pernelle s'adresse à
Dorine et lui déclare :

> *Vous êtes, mamie, une fille suivante*
> *Un peu trop forte en gueule et fort impertinente ;*
> *Vous vous mêlez sur tout de dire votre avis.*

(vv. 13-15.)

ce portrait rapide a trois fonctions. D'abord, il décrit effective-
ment Dorine : la suite de la pièce révélera que la servante
parle beaucoup, prend des libertés avec ses maîtres et se mêle

---

1. Nous ne croyons pas qu'aucun metteur en scène ait jamais tenté de
présenter une Mme Pernelle digne et convaincante, au milieu d'une famille
débraillée et odieuse. Ce renversement de la norme (comme on s'amuse
à l'opérer parfois dans la récitation de la fable de La Fontaine *La Cigale
et la Fourmi*) conduit nécessairement à une impasse dans la suite de la
pièce. Il n'en est de même ni avec *Dom Juan* ni avec *Le Misanthrope*.

2. Voir chap. IX.

très intimement aux affaires de la famille. Ensuite, par le choix
des mots (« forte en gueule », « impertinente »), ce portrait est
un jugement : il condamne Dorine, et du coup confirme le
désaccord, l'antagonisme qui sépare Mme Pernelle des membres
de la maisonnée. Enfin, puisque dès le début Dorine est donnée
comme membre du clan « sympathique » ou « normal », ce jugement est à rejeter et révèle que Mme Pernelle est plongée dans
l'erreur. Outre le mouvement qui la lançait sur scène et les
traits d'humeur qui la caractérisaient dès le lever du rideau,
Mme Pernelle a acquis toutes les dimensions d'un personnage
de théâtre complet : elle est en conflit avec d'autres, et elle
est en état d'erreur. Tension entre les personnages et tension
entre le vrai et le faux viennent donner un contenu dramatique
à la forme spectaculaire de ce début : tous les aspects du théâtre
y sont réunis.

Chaque portrait fait par Mme Pernelle contient une part
de vérité : on y révèle les liens de famille qui unissent les personnages; on y décrit la « douceur » de Mariane, l'élégance
d'Elmire, le penchant de Cléante à donner des conseils. Chaque
portrait est en même temps, par son ton et son vocabulaire,
un jugement défavorable, une condamnation.

La famille, telle que la voit Mme Pernelle, se composerait
d'une servante bavarde, insolente et indiscrète, d'un fils qui
tourne mal, d'une fille hypocrite, d'une marâtre dépensière
et frivole, d'un oncle débauché. Sur scène, le sourire et la tenue
des personnages opposés à l'irritation de Mme Pernelle sont
la preuve même de l'erreur que celle-ci commet. Erreur de
jugement seulement, puisque le contenu de *faits* de ses portraits
est exact. Cette erreur la conduit à des accusations graves :
Damis prend l'air d'un « méchant garnement », et donnera
du tourment à son père, c'est-à-dire que Damis met en danger
l'ordre et la stabilité de la famille. Mariane, hypocrite, « mène
sous chape un train que [Mme Pernelle] hai [t] fort », c'est-à-dire
qu'elle vit dans le mensonge et dissimule sous une apparente
obéissance une manière de vivre contraire, elle aussi, à l'ordre
de la famille. Elmire fait des dépenses pour se parer, afin de
plaire à d'autres qu'à son mari, et voilà encore une fois l'ordre
familial ébranlé. Pour couronner le tout, le théoricien ou le
moraliste de la famille, Cléante, prêche des maximes déshon-
nêtes. La suite de la pièce mettra chaque personnage dans une
situation telle qu'il démentira précisément le jugement particulier que Mme Pernelle a porté sur lui au début du premier
acte. Damis donnera du tourment à son père — mais ce sera
dans la mesure où celui-ci ne verra pas que Damis cherche
à le sauver; bon fils, il sera constitué en « méchant garnement »

par l'erreur d'Orgon. Mariane est douce et discrète — mais quel « train » caché mène-t-elle? Au deuxième acte au contraire, elle se révèle naïve dans la franchise et totalement dépourvue du moindre esprit de calcul et du moindre machiavélisme senti-mental. Elmire sera plongée dans une situation où un autre que son mari tente de la séduire : toute son attitude prouvera qu'elle ne cherche guère à plaire à Tartuffe. Quant à Cléante, ses « maximes » seront au contraire celles de l'honnêteté, opposées aux extravagances d'Orgon et de Tartuffe. Dans l'ensemble, Mme Pernelle accuse les membres de la famille de mettre en danger l'ordre familial, alors que la suite de la pièce les montrera l'un après l'autre engagés dans une lutte pour sauver cet ordre. Certes, leur situation ne sera pas simple : l'ordre familial étant compromis par la corruption d'un père-chef, c'est en partie *contre* ce chef qu'il faudra lutter, et du coup compromettre l'ordre pour mieux le sauver. Méchant garnement, Damis le sera en luttant contre son père à la fin du troisième acte : mais ce sera pour sauver l'ordre. Hypocrite ou dissimulatrice, Mariane sera invitée à l'être par Dorine à la fin de l'acte II : mais ce sera pour éviter un mariage absurde qui compromettrait l'ordre. Séductrice, Elmire le sera à l'acte IV : mais ce sera pour convaincre son mari de la duplicité de Tartuffe. En quelques mots, les membres de la famille sont le contraire de ce que Mme Pernelle pense d'eux; ils le prouve-ront au cours de la pièce, mais en adoptant certaines attitudes qui justifieraient le jugement de Mme Pernelle si elles n'étaient pas imposées par les situations. Les intentions ou plutôt les comportements que Mme Pernelle attribue aux membres de la famille et qu'elle considère comme leurs *fins*, les personnages les adopteront comme *moyens* au cours de la pièce, leur *fin* réelle étant de sauver ce que Mme Pernelle les accuse précisé-ment de vouloir détruire : l'ordre normal de la famille.

Mme Pernelle semble ainsi avoir une vision inversée de la réalité — disons : une pré-vision, puisqu'elle annonce, sans le vouloir, ce qui va arriver dans la pièce. Dans cette mesure, elle prépare le personnage d'Orgon, dont la vision de la réalité est radicalement inverse de la vision normale. Les fonctions de Mme Pernelle en ce début de pièce sont donc multiples : elle est source de drame, car elle est en désaccord avec un groupe; elle porte en elle-même une tension, celle du vrai et du faux; elle renseigne sur certains faits, mais juge les person-nages pour le contraire de ce qu'ils sont; de la sorte, elle annonce les inversions du sens de la réalité et la confusion entre l'être et le paraître qui constituent la dimension principale du sujet de la pièce. Elle permet une « exposition » triple : elle renseigne sur les personnages, elle fournit le drame du moment, elle prépare les tensions majeures à venir.

L'unité de cette première scène, sa solidité, sa masse scénique sont garanties par deux procédés principaux. D'une part, l'opposition entre Mme Pernelle et le reste des personnages est maintenue sans défaillance jusqu'à la fin de la scène. En second lieu, la matière du dialogue est fournie par trois séries de « portraits » : portraits des membres de la famille, portrait de Tartuffe, portraits de voisins. Chaque série introduit un drame différent à l'intérieur de l'opposition principale.

La famille est le contraire de ce que Mme Pernelle pense d'elle. L'appel initial à la sympathie du spectateur donne ce sens aux portraits de Mme Pernelle, car les personnages eux-mêmes ne parviennent pas à placer un mot pour se justifier. Le portrait de Tartuffe, qui occupe le centre de la scène, est présenté sous la forme d'un débat. Les portraits des voisins sont confiés à Dorine, et Mme Pernelle se trouve dans la situation où elle avait placé les autres au début de la scène : elle n'a d'abord pas l'occasion, ensuite le sang-froid de corriger les jugements de Dorine. Le mouvement d'ensemble apparaît donc comme élimination progressive de Mme Pernelle, qui perd peu à peu la direction de la conversation; progressivement également, c'est la vérité qui s'impose — non pas dans l'esprit de Mme Pernelle, mais dans la pièce.

Le portrait de Tartuffe — qui est en même temps un débat sur Tartuffe — permet de le situer : puisque le jugement de Mme Pernelle sur lui est élogieux, celui des autres personnages défavorable, Tartuffe est nécessairement en antagonisme avec l'univers normal selon la pièce. Son rôle est d'ailleurs défini dès ce moment-là : il critique cet univers normal au nom de certains principes qui doivent « guider au ciel ». Ainsi le conflit principal qui sous-tend l'intrigue ou les intrigues de la pièce est annoncé : une norme est mise en question, le héros de la pièce est un perturbateur. Il est évident dès maintenant que le sujet de la pièce sera la lutte entre ce héros et les représentants de l'ordre normal. On examinera de façon plus détaillée, au chapitre v de cet essai, la composition de ce portrait-débat. Contentons-nous de noter qu'ici, comme dans les portraits des membres de la famille, le drame est multiple : conflit entre Mme Pernelle et les autres membres de la famille, annonce d'un personnage lui-même en conflit avec la norme de cette famille, tension entre le portrait du vrai Tartuffe et celui du faux Tartuffe, enfin promesse de conflits à venir (et même suggestion de la possibilité d'une comédie du cocuage).

La troisième partie de la scène est introduite par un bref débat entre Mme Pernelle et Cléante sur l'importance qu'on doit accorder à la médisance. Ce débat sert à introduire les portraits de médisants et de censeurs hypocrites, dans lesquels se déploiera la verve de Dorine. En lui-même, il a en outre pour fonction de réaffirmer le thème central de la pièce, le conflit du vrai et du faux, déjà contenu dans les jugements de Mme Pernelle. Là, consciemment, Mme Pernelle fait passer la vérité au second plan et donne aux apparences une place privilégiée :

> *Je veux croire qu'au fond, il ne se passe rien,*
> *Mais enfin on en parle, et cela n'est pas bien.*

(vv. 91-92.)

Pour la seconde fois, elle prépare Orgon — qui, lui en toute inconscience, prendra l'apparence pour la réalité et vice versa. Ce qui n'est ici qu'un choix lucide entre deux valeurs deviendra, dans le personnage d'Orgon, confusion absolue.

Si la médisance en général s'attaque surtout aux apparences, les médisants sont eux-mêmes réellement coupables ou envieux des fautes d'autrui. Au choix de deux valeurs qui s'opposent, apparence et réalité, Dorine ajoute, en quelque sorte perpendiculairement, des oppositions psychologiques : des coupables réels à la recherche d'une innocence; puis : des sages forcés qui condamnent par envie. Dans les deux cas la médisance ou le blâme sont des formes de justification *a posteriori* : ils ne reposent pas sur des principes vrais, ils sont utilisés pour les besoins d'une mauvaise cause. Ses portraits du couple bizarre, « Daphné et son petit époux », et de la prude Orante, comme les portraits qui précèdent, contribuent donc à ajouter de nouvelles tensions au faisceau déjà touffu des antagonismes, désaccords, conflits et antithèses de cette scène. Daphné et son époux ainsi qu'Orante sont des personnages de comédie. Orante annonce (ou reprend, si l'on a affaire à une addition de 1669) le personnage d'Arsinoé du *Misanthrope*, dont la tension et le court drame dans la pièce consistent dans l'affirmation d'une unité de comportement et de principes peu à peu disloquée jusqu'à la mise à jour des véritables motifs — radicalement opposés aux prétentions du personnage. Quant à « Daphné et son petit époux », s'ils n'évoquent immédiatement aucun autre personnage du théâtre de Molière, ils n'en sont pas moins prêts pour une comédie, très moderne dans sa psychologie : les deux débauchés, pétris de mauvaise conscience, cherchant à se prouver et à prouver aux autres qu'ils agissent comme tout le monde, à se créer également une innocence sociale, en faisant la chasse aux fautes ou apparences de fautes d'autrui semblables aux leurs. On imagine aisément un Jean Anouilh de la bonne période s'emparant de ce sujet et lui donnant pour titre : *Daphné, ou le blâme public.*

Toutefois ces « portraits » ne sont pas seulement dramatiques en eux-mêmes. Ils s'inscrivent exactement dans le développement thématique de la scène première de *Tartuffe*. Autour et au sein d'une famille dont la tenue et le sourire nous invitent à penser que l'ordre et la connaissance exacte du bien et du mal, du vrai et du faux règnent chez elle, s'agitent des personnages dangereux qui renversent les valeurs, les confondent ou en font un vilain usage. Un personnage présent (Mme Pernelle), un absent installé dans la famille (Tartuffe), des voisins (Daphné, son mari, Orante) peuplent l'univers de valeurs mal comprises ou mal utilisées. Mme Pernelle se trompe sur la valeur des comportements et principes de la famille; elle se trompe sur la vraie nature de Tartuffe, qui est lui-même un trompeur; elle ne voit pas les vrais motifs des voisins qui critiquent la famille. A l'erreur de jugement non calculée de Mme Pernelle s'ajoutent ainsi l'allusion à l'hypocrisie de Tartuffe, l'indication que Tartuffe n'est pas seul de son espèce et la révélation des motifs réels de certains membres du clan Pernelle. Erreur, mensonge, motifs inavouables, la scène présente à cet égard une nette gradation.

Plus Mme Pernelle s'obstine dans ses erreurs, plus elle s'égare — plus aussi la famille réagit avec vigueur. Ce que tentent de faire les membres de la famille, surtout Dorine et Cléante, c'est avant tout de maintenir autour d'eux une certaine lucidité, de rester fidèles à une certaine définition de la vérité et de la réalité. Le thème central de cette première scène est, présentée sous la forme d'une querelle de famille spectaculaire, l'opposition entre l'apparence et la réalité; et tout le mouvement dramatique se résume dans une tentative de démystification [1].

Mme Pernelle, que les portraits de Dorine ont condamnée au silence, tente de reprendre avec vigueur la direction de la querelle. Or le personnage est épuisé, son discours s'égare dans un « radotage » (Fernand Ledoux). Elle a toutefois repris pour cinq vers le thème de Tartuffe, « ce dévot personnage », réaffirmant ainsi l'importance du héros absent. Ensuite, décrivant la plaisante vie de la maison, elle n'apprend rien de neuf au spectateur qui sait déjà que l'on y reçoit beaucoup (vv. 86-

---

1. Dans *Molière, a new criticism*, W. Moore analyse ce procédé de démystification, cette contradiction apportée au contradicteur, cet « antimasque », qui est un des procédés principaux du dialogue moliéresque.

87). La répétition et le développement détaillé de ce renseignement a pour but de souligner l'obstination de Mme Pernelle
— qui prépare l'obstination d'Orgon.

La sortie de Mme Pernelle ne résout rien. La détente est
purement scénique : une servante innocente est giflée. Sans
doute cette scène n'était-elle qu'une scène d'exposition, avant
tout destinée à mettre le spectateur au courant de l'identité
des personnages, du conflit initial et des thèmes principaux [1].
Rien ne saurait être résolu à ce niveau : une telle scène se
contente de décrire un nœud sans le démêler. Toutefois,
l'impression d'ensemble est *déjà* celle d'une opposition entre
deux forces irréductibles : celle de la vérité, sur laquelle se
fonde l'univers normal selon la pièce — celle de l'obstination
dans l'erreur. Mme Pernelle est « têtue », note Fernand Ledoux [2].
C'est-à-dire qu'elle est prisonnière de son point de vue, de sa
vision des choses — prisonnière d'une certaine *nature* qui la
conduit au radotage répétitif de sa dernière tirade. Il n'y a pas
de place en elle pour un changement d'opinion; ni démonstrations ni railleries ne la persuaderont. Ne pourrait-on imaginer
une première scène où ce personnage, secondaire, serait
convaincu par la famille, changerait de parti? — la majeure
partie de l'intrigue ne serait guère transformée : il n'en faudrait
pas moins lutter contre Tartuffe, — mais le sens de la pièce
serait autre. Les personnages ne seraient plus prisonniers de
leur nature, alors que l'obstination de Mme Pernelle est le signe,
dès cette première scène, d'une vision de l'homme irrémédiablement condamné à ses aveuglements naturels. Mme Pernelle,
en quittant la scène aussi fermement convaincue d'avoir raison
qu'au moment de son entrée, pour la troisième fois prépare
Orgon et son intransigeance et nous apprend que la pièce n'aura
pas de solution sur le plan des « caractères ».

A cette galerie de portraits, il manque Orgon. Nous savons
qu'il existe (v. 17, v. 54, v. 55, v. 145) et qu'il appartient au clan

---

1. Jacques Scherer *(op. cit.)* note que cette première scène ne représente
qu'une partie de l'exposition : Orgon nous est inconnu, la comédie des
amoureux contrariés n'est pas annoncée, etc. Sans doute les deux intrigues (amoureux contrariés, tentative de séduction d'Elmire) nous sont-
elles encore cachées; mais le conflit de base et les thèmes profonds sont
posés, directement (présence de Tartuffe, soutenu par Mme Pernelle et
Orgon, insupportable aux autres — thèmes de l'hypocrisie, de l'erreur
de jugement) ou indirectement (la nature de Mme Pernelle préfigure la
nature d'Orgon). En un mot, sur le plan de l'intrigue, les obstacles et les
dangers sont annoncés; le spectateur ne sera pas surpris par la découverte
de ce qui est menacé; il sait déjà que c'est un ordre normal familial : les
deux intrigues ne sortent pas de ce plan.

2. *Op. cit.*

Pernelle-Tartuffe. C'est le père, c'est l'hôte de Tartuffe, c'est le fils de Mme Pernelle. Il est prévisible que son rôle sera d'importance : c'est le chef, l'arbitre, le responsable. L'ordre familial normal est mis en question par les extravagantes remarques de Mme Pernelle, par la présence de Tartuffe dans la maison : il appartiendra au père de jouer de son autorité pour sauver cet ordre ou pour le ruiner définitivement. A la fin de cette première scène, la situation et les conflits sont suffisamment expliqués : le père-chef n'a plus qu'à paraître et à entrer en action.

CHAPITRE III

Le père

A l'approche d'Orgon, trois membres de la famille abandonnent la scène et se dispersent dans la maison.

Arnavon, soucieux de réalisme, voulait qu'on comprît les allées et venues des personnages. Il avait inventé un décor de jardin, des carrosses et des chaises à porteurs, des scènes muettes au lointain, des jeux divers pour justifier les retardements de la scène 3, et *expliquer* comment Elmire avait pu voir arriver Orgon, et comment celui-ci n'avait pas rencontré sa mère [1]. Il rejetait la salle commune du décor traditionnel, mais il semblait oublier que la « salle basse » comme le salon bourgeois ou la vaste antichambre, auxquels semblent être revenus les metteurs en scène d'aujourd'hui, demeurent les meilleurs moyens de simplifier le problème et de dissimuler aux yeux du spectateur ce que, sur le plan du réalisme de surface, cette entrée d'Orgon et ses circonstances ont d'artificiel.

Il est inutile d'insister sur l'erreur qui consiste à interpréter Molière comme un Romantique ou comme un « Vériste ». Contentons-nous de signaler qu'il n'est possible de jouer ses comédies que dans un décor poétique sans doute, mais avant tout vague et fonctionnel à la fois — un décor qui n'est pas dessiné pour offrir au spectateur la reconstitution d'un logis à un moment donné de l'Histoire, mais qui est organisé en fonction de certains espaces nécessaires aux mouvements. La question ici, n'est pas de savoir si Orgon et sa mère se déplacent, hors de la maison, à pied, à cheval ou en chaise à porteurs. Or c'est sur ces détails qu'une mise en scène qui se veut réaliste attire l'attention du spectateur. Une mise en scène classique ou moderne s'efforce au contraire, par la simplicité, ou plutôt le flou imposé à tout ce qui n'est pas la pièce proprement dite, de

---

1. Voir Jacques Arnavon, *Tartuffe, la mise en scène rationnelle et la tradition*, pp. 27-30, 62-63, 71-72, etc.

retenir l'attention du spectateur sur ce que le dialogue contient ou suggère.

Lors d'une bonne représentation, ou même à la lecture, nous ne nous demandons pas comment Orgon a pu s'approcher de la maison, au moment où sa mère en sortait, sans la rencontrer. A ce moment de l'action — plus précisément, à ce point de développement de l'exposition — l'intérêt est attiré sur des problèmes autrement importants. Une mise en scène fidèle à l'esprit de la pièce résout sans difficulté ce petit problème d'entrée et de sortie presque simultanées. Une mise en scène cinématographique, elle, tirerait profit des remarques d'Arnavon : la poésie de la photographie naît de son réalisme même ; le film le plus abstrait, le plus « avant-garde », ne peut s'empêcher de jouer sur le fait que les objets sont d'abord ce qu'ils sont ; dans cette mesure, un film « d'après Tartuffe [1] » devrait introduire des éléments de réalisme physique et nous expliquerait par l'image comment Mme Pernelle s'éloigne en chaise à porteurs, tandis que son fils arrive en carrosse sans la rencontrer. Mais la mise en scène théâtrale, telle qu'elle a été conçue avant les prétentions réalistes et telle qu'elle est conçue aujourd'hui, n'a que faire de ces considérations.

Dans le rythme et le développement de la pièce, ce qui frappe, c'est une annonce, le retardement de l'événement annoncé, et l'événement lui-même. Pour le reste, les justifications offertes par le dialogue sont suffisantes. Elmire nous dit que Mme Pernelle lui « a tenu des discours » ; elle ajoute qu'elle a vu Orgon qui approchait. Elle *dit* qu'elle se retire, et elle se retire. Nous n'en demandons pas plus, car nous nous intéressons peu à Elmire à ce moment-là. Son rôle, jusqu'ici, a été surtout passif. Dorine, Damis et Cléante sont les personnages vigoureux de ce début. Molière les chassera de scène avec plus de précautions. On peut dire qu'il y a une hiérarchie des départs, qui reflète le degré d'importance des personnages lors de la conversation avec Mme Pernelle.

Mariane, qui a prononcé exactement deux mots (« je crois... » [v. 21]) et qui n'a eu droit qu'à quatre vers de réplique, de la part de Mme Pernelle, est éliminée de la scène sans explication. Elle sort avec le groupe qui raccompagne Mme Pernelle ; Molière, dans l'indication qui précède la scène 3, la réintroduit avec Elmire et Damis, mais elle est muette au cours de cette courte scène. C'est le personnage le plus effacé de ce début. Dans le

---

1. A notre connaissance, il n'existe qu'un film « d'après » *Tartuffe* : celui de F. W. Murnau, tourné en 1926, interprété par Emil Jannings, Werner Kraus et Lil Dagover. La technique en est profondément expressionniste, ainsi que le jeu des acteurs.

vide créé sur scène pour l'entrée d'Orgon, elle est balayée dans le mouvement général.

Elmire est la femme d'Orgon — situation familiale privilégiée qui attire l'attention, — c'est à elle que Mme Pernelle s'est adressée le plus souvent. Toutefois, à part les trois vers de l'ouverture, qui thématiquement sont d'une grande importance comme nous l'avons vu, sa contribution à l'intrigue se limite à trois mots (« Mais, ma mère... » [v. 25]), prononcés dans un mouvement qui est parallèle à celui de Mariane, et qui, à ce moment-là, la situent au niveau de passivité de sa belle-fille. Elle a droit alors à une réplique de huit vers de Mme Pernelle. Mais elle se tait pendant le reste de la scène. Quels que soient les motifs de son silence (paresse dans la discussion, respect pour la mère de son mari), sa voix ne se fait pas entendre ; à aucun moment elle ne domine ou même ne combat de façon apparente. Rappelons-nous en outre que Dorine a fait allusion à une jalousie, c'est-à-dire un amour possible, de Tartuffe (son nom est le titre de la pièce) à l'égard d'Elmire (v. 84). A ce moment de la pièce, Elmire n'est pas un protagoniste, mais un protagoniste *possible*. Certes, nous autres professeurs, amateurs et abonnés de la Comédie-Française, nous connaissons la pièce : nous savons qu'au troisième et au quatrième acte Elmire va prendre des proportions d'héroïne. Mais, au premier acte, avant l'entrée d'Orgon, son personnage est flou, secondaire. Mme Pernelle, Dorine, Damis et les absents (Orgon et Tartuffe) occupent l'esprit du spectateur non averti. Elmire est au second plan : mais, à cause de l'allusion de Dorine au vers 84, elle ne se situe pas au troisième. Le personnage étant neutre et flou pour le moment, mais présentant déjà certaines possibilités, sa sortie doit être partiellement justifiée. Longuement expliquée, cette sortie donnerait à Elmire une importance qu'elle ne mérite pas encore, et que Molière lui donnera par l'action elle-même, et non par des artifices d'exposition. Aussi, lorsqu'elle quitte la scène, s'il n'est pas nécessaire qu'elle explique sa sortie, il faut au moins qu'elle l'annonce. Elle dit qu'elle va « là-haut » attendre la venue de son mari et quitte la scène [1]. Une explication plus détaillée détournerait sur un personnage encore secondaire l'attention du spectateur qui doit être tout entière retenue par l'attente de l'entrée d'Orgon.

La sortie de Damis est plus développée. C'est qu'au cours de la première scène il a joué un rôle important : non seulement il a eu son mot (un mot : « Mais... » [v. 16]) tout au début, dans la série

---

1. Arnavon nous explique qu'Elmire, fatiguée d'être longtemps restée debout dans le jardin, rentre « pour mieux recevoir son mari »..

d'objections avortées qui permet à Mme Pernelle de faire un
rapide croquis de chaque personnage, mais encore, dans la suite
de la scène, il interrompt par deux fois sa grand-mère (v. 41 et
vv. 55-60). Dans ses interruptions, il se révèle comme personnage actif — capable de violence et d'emportement. Enfin, c'est
à Damis qu'il appartient, dans la première scène, de lancer le
thème de Tartuffe. Sa fonction de « résistant » est affirmée avec
la plus grande netteté dès la première scène. Si Mariane et
Elmire sont encore incertaines, Damis, lui, est un personnage
sur lequel il faut d'ores et déjà compter pour des rebondissements et des conflits à venir. Dans la hiérarchie des sorties, il a
donc droit à quelques explications. A vrai dire, sa courte tirade
adressée à Cléante ne nous donne pas le motif de sa sortie. Mais
elle lui permet de garder son poids scénique : il prononce environ
six vers (vv. 217-223) qui, par leur masse même, le maintiennent au niveau où l'avaient placé ses interruptions de la première
scène. Dans leur contenu même, ces vers nous offrent d'une part
une justification de son opposition violente à Tartuffe (son
mariage projeté est en danger) et d'autre part l'amorce d'un
thème qui n'a pas encore été annoncé et dont on attend le développement dans toute comédie familiale : celui du mariage des
enfants. Sans doute, c'est le mariage de Mariane et de Valère
qui jouera cette fonction dans le reste de la pièce; il est ici
évoqué avec quelque confusion, et nous pouvons croire que
c'est celui de Damis et de la sœur de Valère que l'auteur va
pousser au premier plan [1]. Quoi qu'il en soit, le thème du mariage
des enfants est désormais annoncé : la comédie peut prendre son
essor, les éléments de base ont été présentés. C'est là la direction
initiale de la pièce, quelles que soient les déviations à venir :
des jeunes gens veulent se marier et la présence d'un certain
Tartuffe constitue un obstacle à ce mariage. En tant qu'intrigue,
maintenant la « comédie » existe.

Damis sort sur ce dévoilement de sa fonction dans la pièce.
Pourquoi sort-il? Il est généralement admis que tout naturellement ce jeune homme, qui sait que son père s'oppose à son
mariage, et qui a confié à son sage oncle le soin de plaider sa
cause, s'efface pour que sa présence n'irrite pas son père au
cours de la conversation des deux hommes mûrs. Cette attitude
est-elle réellement en accord avec le caractère de Damis tel
que nous le connaissons déjà et surtout tel qu'il se développera
ensuite? Une fois de plus, n'oublions pas que c'est dans un
mouvement général que se produit cette sortie, et sous les yeux

1. Voir dans *New Light on Molière*, par John Cairncross, comment
l'allusion au mariage de Damis peut être utilisée pour reconstituer le
contenu du *Tartuffe* de 1664.

de spectateurs beaucoup plus intrigués par l'approche d'Orgon
que par le comportement des autres personnages. Damis, par
ses six vers, a réaffirmé son poids et expliqué sa fonction : ce
qui compte, en ce moment, ce n'est pas les motifs des personnages qui sortent, mais leur importance respective. En sortant
vite et sans explications, les personnages accroissent l'importance de l'entrée d'Orgon. Réciproquement, l'intensité de
l'attente fait accepter par le spectateur ces fuites, ce vide, et
rend inutiles les explications. Un tel procédé frôle le tour de
passe-passe : il est en tout cas efficace et économique sur la
scène.

Restent Dorine et Cléante. Ce sont avec Mᵐᵉ Pernelle les deux
personnages les plus actifs, ceux qui ont le plus de poids.
Cléante a interrompu Mᵐᵉ Pernelle par une tirade de dix vers
(vv. 93-102), et elle a provoqué son « ricanement » (v. 164). Il est
en outre, par son ton et le contenu sentencieux de ses propos,
le témoin qui généralise, il a une fonction à part qui le situe
partiellement en dehors de l'action et en même temps l'oblige
à souligner la signification universelle du cas particulier
« raconté » dans la comédie. Il est nécessaire comme le chœur
l'est à la tragédie, comme la « morale » l'est à la fable. Il complète le rôle de Dorine. Elle aussi intervient de l'extérieur. Que
les motifs de l'un et de l'autre soient « philosophiques » ou sentimentaux, peu importe. Leur fonction est d'abord celle de gar-
diens de l'ordre : cette expression demande à être nuancée [1],
mais elle permet de définir le plan sur lequel ces deux personnages se situent par rapport aux autres. En outre, la quantité
même de texte qui leur est accordée les a mis en vedette dès
la première scène. Dorine l'emporte évidemment avec ses nombreuses et vigoureuses interruptions (vv. 49-51, 61-66, 69-70,
71-72, 79-84, 103-116, 121-140).

Ce sont Cléante et Dorine qui restent en scène pendant que
le reste de la famille va raccompagner Mᵐᵉ Pernelle, qui com-
mentent la situation et qui « décrivent » les rapports d'Orgon et
de Tartuffe, — le tout, de l'extérieur. Quand Orgon sera en
scène avec eux, en fait il sera seul en face de *spectateurs*. Cléante
et Dorine sont, par leur fonction même, destinés à demeurer
en scène. Elmire et Mariane sont, à ce moment-là, insignifiantes,
Damis est dans l'action. Cléante et Dorine sont à mi-chemin
entre la scène et la salle. Ils sont le pont nécessaire qui nous
permet de faire la connaissance d'Orgon.

Comme il arrive souvent dans les comédies de Molière, dont
l'univers est essentiellement poétique, certains personnages

---

1. Voir chap. iv et chap. ix.

parlent le langage de la salle. Moins élémentaires que le « prologue » antique ou anglais, ils sont déjà embarqués et intégrés dans la magie de la comédie. Ils ont néanmoins d'abord une fonction de témoin, analogue à celle du spectateur, qui permet à celui-ci de se servir d'eux comme tremplin pour sauter dans l'univers de la pièce. Lorsque la Comédie aura pris conscience de cette fonction de certains personnages (tout en se trompant d'ailleurs sur leur signification : on verra en eux les porteparole de la morale de Molière), elle la compliquera, la distribuera et aura recours, tantôt à l'emploi de discoureurs purement didactiques et non dramatiques, tantôt à des formes extrêmement naïves d'aparté. Ni Dorine ni Cléante ne s'adressent vraiment au public; mais ils représentent un public à l'intérieur de la pièce : Dorine parle le langage du parterre; Cléante, celui du balcon et des loges. Cela n'implique pas nécessairement un accord idéologique ou sentimental avec eux. Je ne suis pas obligé de rire ou de m'indigner avec mon voisin, — que je peux trouver parfaitement odieux — mais je suis dans la même situation que lui. Sans être dans la même situation que Cléante et que Dorine, je reconnais toutefois en eux une sorte de figure ou de métaphore de ma situation, ce qui ne saurait d'ailleurs m'interdire de trouver Dorine exaspérante et Cléante ennuyeux, bavard et prétentieux, — jugements affectifs qui n'ont guère d'importance.

Dans la suite de la pièce, une fois que le spectateur a accepté l'univers de celle-ci, ces personnages peuvent être absorbés par l'action [1]. Il se trouve que, dans *Tartuffe*, leur « extériorité » subira plusieurs avatars. Au début, comme si Molière prenait les plus grandes précautions avant d'introduire ses spectateurs dans un monde particulièrement inacceptable, ils sont avec Mme Pernelle les personnages les plus pesants. En même temps, certes, ils ne sont que « préparatoires » : les protagonistes sont des absents.

Tartuffe donne son nom à la pièce, mais le personnage, au moment qui nous occupe, est moins bien dessiné qu'Orgon, qui, lui, est longuement décrit par Dorine dans sa tirade de la scène 2 (vv. 179-198). Cette tirade en fait le héros de la pièce.

Tartuffe, décrit par Dorine, est surtout un objet. Il est présenté sur le même plan que l'argent ou que la cassette dans *L'Avare*, le snobisme social dans *Le Bourgeois gentilhomme* ou les

1. Dorine à l'acte II; Cléante au début de l'acte IV.

sciences dans *Les Femmes savantes*. Dans certaines comédies, ces objets s'incarnent : Dorante, Trissotin ou les Diafoirus. *Tartuffe*, sous un autre titre, pourrait être seulement une comédie de l'aveuglement passionnel. Il se trouve que, plus que dans les autres comédies, l'objet (incarné) se fait envahissant. Ce sera une comédie à double intérêt : la passion d'un côté; l'objet de cette passion, en lui-même, de l'autre.

Présentement, dans la scène 2 de l'acte I, Orgon et sa passion l'emportent en intérêt sur Tartuffe. L'hypocrisie de celui-ci, telle que la présente Dorine, demeure au second plan : c'est l'extravagance de l'amitié d'Orgon qui occupe notre attention, Tartuffe n'est encore qu'un parasite, habile sans doute, mais de petite envergure. La suite de la pièce nous offrira un changement de plan et de perspective, mais, pour le moment, la situation est la suivante : une famille est bouleversée, mise en danger, par la passion de son chef.

Orgon est présenté quatre fois au cours du premier acte. Absent, il est décrit par un témoin de sa vie, Dorine. Elle fait la « théorie » du personnage. Ensuite, cette théorie est illustrée par le comportement d'Orgon à son retour. En troisième lieu, c'est Orgon lui-même qui fait sa propre théorie, à travers le portrait de l'objet de sa passion. Enfin, son comportement en matière de mariage amorce le second acte. Cette alternance de variations « théoriques » et de variations concrètes est caractéristique de la technique moliéresque. Le procédé le plus fréquent consiste à mettre le personnage lui-même en scène et à l'engager dans un débat d'idées (Arnolphe, Alceste, Armande, etc.) pour ensuite le plonger dans une situation particulière, concrète, dramatique, où les « idées » exprimées précédemment dans des tirades seront reproduites sous la forme d'actions ou de comportements. Réduit à l'essentiel, ce procédé relève de l'exposition scientifique ou mathématique : une théorie est illustrée par un exemple concret. Dans *Le Misanthrope*, voilà, semble dire Molière, ce que pense un atrabilaire; voici maintenant comment il agit dans une situation concrète particulière (en face d'un poète de salon). Certes, le procédé est complexe. Dans le débat d'idées, ce qui importe, ce n'est pas seulement la théorie de lui-même que présente le personnage, c'est aussi et parfois surtout la manière dont il la présente. Il arrive parfois que le contenu idéologique du débat s'efface devant le drame même de la conversation : c'est en particulier le cas de la première scène entre Dom Juan et Sganarelle, où le conflit entre deux morales opposées fait place au conflit, beaucoup plus profond et dramatique, entre le Maître et le serviteur, entre la tyrannie et la crainte admirative.

Dans *Tartuffe*, Dorine se lance presque gratuitement dans une description de son maître. Orgon, mentionné seulement trois fois par Mme Pernelle, n'est encore que le fantôme assez pâle d'une fonction qui, selon l'univers de la pièce, est nécessairement de première importance. Ce père absent, dont il a été à peine question, Dorine, en une vingtaine de vers, l'installe au centre de la comédie. Par sa fonction, il est le père, c'est-à-dire le chef. Il est en plus victime d'une passion; du même coup il devient obstacle — un obstacle particulièrement difficile à surmonter du fait de sa position de chef.

On dit : « Orgon est bête. » Ce que nous appelons bêtise n'est le plus souvent qu'une forme d'intransigeance. C'est du moins cette intransigeance qui constitue les trois quarts de la bêtise d'Orgon.

Orgon est « bête » comme un amoureux, un prosélyte, un totalitaire ou un « mordu » sont bêtes. A d'autres époques cette bêtise eût été traitée sous la forme d'un enthousiasme exaltant. Mais ce que *Tartuffe* fera ressortir, ce sont les limites qu'imposent l'enthousiasme et le choix éperdu qu'il suppose.

> *Nos troubles l'avaient mis sur le pied d'homme sage,*

dit Dorine (v. 181). Certes, ces « troubles » sont importants : ils annoncent indirectement l'aventure de la cassette et appuient l'interprétation que nous donnerons du dénouement. Mais, au début de la pièce, ce vers est avant tout une affirmation de l'état naturel d'Orgon : sa bêtise n'est pas première.

> *Et pour servir son Prince, il montra du courage.*
>
> (v. 182.)

Orgon s'est montré courageux et sage en servant le Prince. Quand le rideau se lève, tout ce qu'Orgon a fait, c'est changer de service. Dans l'univers de la pièce, et selon la norme du jugement qu'elle invite à porter sur ses personnages, la bêtise d'Orgon commence au moment où il se met au service d'un autre maître que le Prince politique. Aussi le trait premier d'Orgon n'est-il pas sa « bêtise » à proprement parler, mais son goût, sa passion du service.

Le service passionné du Roi, qui pourrait tout autant mettre en danger le bonheur quotidien de la famille d'Orgon, ne saurait être un ridicule : ce qui est bêtise, ce n'est pas la passion, c'est la passion mal dirigée. L'adverbe « mal » suppose une valeur — valeur qui est un des postulats de base de la pièce et fait partie de sa philosophie. Cette valeur, que les temps modernes ont plus ou moins modifiée (le Prince est devenu la Patrie, le Parti ou l'Esprit...) est à la base de tout le théâtre de Molière : quelle que soit la sincérité de l'auteur (elle est d'ailleurs peu douteuse), le service du Prince est dans son théâtre une valeur incontestée [1].

Qu'aux yeux de Dorine, Orgon soit devenu « hébété », c'est qu'une passion mal dirigée devient du même coup absurde. L'objet de la passion et le personnage qui l'éprouve n'étant ni l'un ni l'autre héroïques, le drame devient la matière d'une comédie de l'aveuglement. De plus nobles protagonistes et un objet plus haut en feraient une tragédie para-racinienne. L'horreur de la fatalité est ainsi remplacée par le comique de l'obstination. L'agacement de Dorine, ainsi que le comique d'Orgon, naît du contraste entre les comportements passionnés du personnage et un objet qui, aux yeux de la servante comme aux nôtres, ne les mérite pas : les deux dimensions d'Orgon, entre lesquelles s'établit une des tensions qui donnent son drame au personnage, ce sont d'une part la passion du service, dans laquelle il est enfermé de toute éternité, et le choix malheureux d'un service particulier d'autre part, celui de Tartuffe, personnage indigne, mais aussi totalement satisfaisant pour Orgon.

Orgon est en état permanent de passion; il est en quelque sorte figé dans cet état. Les métamorphoses du monde autour de lui ne l'affectent guère, comme en témoigneront ses réactions à la nouvelle du malaise d'Elmire. Il est donné une fois pour toutes dans cette tirade de Dorine. Comme la plupart des personnages moliéresques, il est sans mystère, il agira comme l'auteur l'a annoncé. Il est « prévisible »; les surprises qu'il nous réserve sont de degré, non de nature. Il est constamment, pour employer une expression anglaise, « in character ». Il a une nature, une essence; au cours de la pièce, il ne fera qu'épuiser son propre concept.

Le théâtre naturaliste fin de siècle nous offre aussi des personnages enfermés dans leur nature. Mais ils se savent enfermés, cherchent à sortir d'eux-mêmes, échouent comme la philosophie de base permettait de le prévoir. Le théâtre naturaliste moderne offre, lui, un espoir de réussite : certes les personnages sont enfermés dans une nature, mais des miracles de la science (électrochoc ou psychanalyse) peuvent changer cette nature. Au XVIIᵉ siècle, ces alchimies de la psyché n'existaient pas. Le seul changement possible, c'était celui qu'apporterait la grâce

---

1. Voir chap. VIII et chap. IX.

divine. Phèdre, enfermée dans sa nature et consciente de l'être, privée de la grâce, se débat en vain. Saint-Genest ou Polyeucte, eux seuls, connaissent la palingénésie. Quant aux héros corné- liens sauvés ou réconciliés, ils ne le sont précisément que dans la mesure où ils n'étaient pas prisonniers d'une nature au début de l'action.

Dans la comédie proprement dite, l'intervention divine est impensable; elle serait sacrilège. Le personnage moliéresque, solidement bâti, est une fois pour toutes ce qu'il est. L'amour, lorsqu'il entre en conflit avec cette nature, le déchire, l'engage dans des contradictions, mais ne le change pas ni surtout ne le régénère (Alceste, Arnolphe, Harpagon, Tartuffe). Aussi la comédie moliéresque ne comporte-t-elle pas de solution « de l'intérieur » des héros. La solution est offerte par des conven- tions du genre, des effets purement scéniques ou des besoins d'équilibre formel : reconnaissances qui obligent le personnage, sans le transformer, à accepter la solution *(L'École des Femmes)*, mystifications totales qui conservent le personnage dans son illusion *(Le Bourgeois gentilhomme, Le Malade imaginaire)* ou échecs purs et simples *(George Dandin, Le Misanthrope, Dom Juan)*.

Dans *Tartuffe*, comme dans *Les Femmes savantes*, seule une évidence extrêmement brutale peut « éclairer » le héros (ou l'héroïne), donner plus de souplesse à la solution, mais ne change pas le caractère.

Dans le portrait d'Orgon, une fois données les dimensions principales du caractère, rien de véritablement étranger n'in- tervient. Orgon est un objet d'art que l'artiste se plaît à tourner et à retourner sous nos yeux — un peu comme on fait pivoter la Vénus de Milo au Louvre, dont un jeune sculpteur disait qu'elle « a le derrière de ses seins ». Orgon, évoluant sous nos yeux, ne s'enrichit pas. Il a la colère de sa passion et les sursauts d'autorité de sa fonction. Création achevée, amalgame calculé, il provoque une impression d'intense vérité à cause de cette cohérence même. La réaction du spectateur en face de tel mot ou de tel geste : « Comme c'est vrai! » est provoquée non par des inventions qui s'ajoutent aux données premières, par des découvertes de dimensions nouvelles, par des dépassements, mais par la vérification permanente du contenu de l'essence d'Orgon, essence donnée *a priori*.

Le caractère d'Orgon se définit, dès la tirade de Dorine, par une vocation pour le service passionné. Il est le prisonnier d'un choix sclérosé. A vrai dire, ce choix (et cette sclérose) est double. La nature profonde d'Orgon n'est pas décrite explicitement, mais elle est faite de tous les motifs, de toutes

les raisons qui ont jeté Orgon dans le piège de Tartuffe : outre
son goût du service — c'est-à-dire une tendance à abandonner
son pouvoir de chef entre les mains de plus exigeant que lui, —
et à cause de ce goût, une communauté d'idées morales avec sa
mère, une attraction vers les formes exigeantes de la piété...
En un mot, une attitude générale de fuite devant ses responsabilités fonctionnelles, un refus de s'assimiler complètement à
sa fonction de paterfamilias. Orgon — et ses réactions au cours
de la pièce confirment cette interprétation — a fait un choix
de sous-officier : il transmet des ordres. Il est l'intermédiaire
qui veut commander sans être responsable. C'est un chef
instable, et c'est parce qu'il est instable qu'il choisit Tartuffe.
Le danger de désintégration de la famille est antérieur à la
rencontre de Tartuffe. L'objet (Tartuffe) qui vient combler ce
vœu fondamental n'est pas la cause du danger : il n'est que
l'instrument qui, à un moment de la vie d'Orgon, est venu
s'offrir à lui — mais les mains d'Orgon l'ont cherché à tâtons
de tout temps.

Le rôle de Mme Pernelle prend alors une signification de plus;
ce n'est pas seulement un moyen d'exposition, c'est l'exemple
d'un « objet » d'Orgon. Dans son conflit avec sa famille, Orgon a
manifestement abandonné à sa mère une partie de son autorité
(au début de *Tartuffe*, on entrevoit la possibilité d'une comédie
de belle-mère). Le coup de foudre qu'Orgon éprouve pour
Tartuffe n'est que le signe de ce premier choix pétrifié : Orgon
avait choisi Tartuffe avant de le rencontrer; la dévotion et les
exigences de sa mère étaient une pâle image de ce qu'il visait.
Phèdre, qui, dans le registre tragique, repose sur les mêmes
postulats que *Tartuffe*, présente une situation analogue. Orgon
passe de sa mère à Tartuffe un peu comme Phèdre passe
de Thésée à Hippolyte. Orgon toutefois, en chemin, a fait
quelques détours : le service du Prince, par exemple — et
sans doute son dévouement envers un ami subversif reposait-il
aussi sur le même choix.

Pour tout observateur (Dorine, Cléante, nous) qui n'a pas
opéré le même choix qu'Orgon ou qui ne s'y est pas figé comme
Orgon, le comportement de Tartuffe, tel que le décrit Dorine,
est certes peu attrayant. Quand Orgon, plus tard, fera le portrait de Tartuffe à l'église, l'observateur impartial sera
convaincu de l'imposture de Tartuffe. Mais, pour Orgon, ce
comportement vient combler des catégories toutes faites, des
compartiments vides ou mal remplis : la structure même du
choix d'Orgon, béante, avide. Tartuffe est venu s'inscrire dans
le vœu d'Orgon comme l'eau vient épouser les creux d'un
rocher. Tartuffe a épousé les contours intérieurs d'Orgon.

D'où « la paix profonde » que goûte celui-ci (v. 273) : il en est plein, il est repu.

Cette « passion » est analogue à celle de l'amour proprement dit, et Dorine ne s'y trompe pas :

> *Il le choie, il l'embrasse ; et pour une maîtresse*
> *On ne saurait, je pense, avoir plus de tendresse* [...]
>
> (vv. 189-190.)

Cette métaphore de l'amour appliquée à des passions différentes est fréquente sous la plume de Molière. Dans le cas d'Orgon, ce mariage est d'autant plus difficile à briser que l'objet est un homme, que par conséquent il est capable de se mouler volontairement sur les désirs d'Orgon.

> *Lui qui connaît sa dupe et qui veut en jouir,*
> *Par cent dehors farda l'art de l'éblouir* [...]
>
> (vv. 199-200.)

Tartuffe moule son masque au gré d'Orgon. Nous verrons qu'il serait Trissotin chez Philaminte ou Dorante chez M. Jourdain [1].

Orgon, en outre, prisonnier de sa nature (son choix sclérosé) emprisonne l'univers avec lui. Sous son regard, les êtres et les choses prennent des significations nouvelles. *Tartuffe* est à cet égard la comédie d'une famille qui se débat sous le regard d'un père qui transforme chaque membre en objet. Poète, au sens de fabricateur, Orgon fait de la réalité des hommes et des choses un monde différent. En choisissant Tartuffe, ou plutôt en découvrant cet homme qui lui convient si bien, Orgon en même temps le « crée ». On dirait presque que c'est sur l'ordre d'Orgon que Tartuffe est Tartuffe. L'existence de Tartuffe le dévot est maintenue par la création continue d'Orgon. Tartuffe lui-même ne parviendra pas à échapper à cette définition, même lorsqu'il le désirera (acte III, scène 6, vv. 1091-1106). En face d'Orgon, Tartuffe n'est plus le maître de sa propre signification. « C'est son tout, son héros », dit d'autre part Dorine (v. 195). Orgon, ayant rencontré son héros, c'est-à-dire l'objet qui comble son attente, le maintient à chaque instant sur ce plan. Il refuse la déception amoureuse : possédé par Tartuffe, Orgon refuse de reconnaître autre chose en lui que l'objet qui le comble. Suggérée par les comparaisons amoureuses dont se sert Dorine, l'interprétation d'Orgon comme personnage à valeur féminine est tout à fait légitime.

Il serait absurde d'introduire ici toute considération sexuelle.

---

1. Voir chap. v et chap. viii.

Même si un psychologue moderne avait tous les droits d'entrevoir, à la lumière de sa science, un complexe d'Orgon fort proche du complexe d'Œdipe, la pièce à aucun moment ne pose le problème sur ce plan-là. Par « féminin », il faut entendre l'aspect possédé, soumis, aveuglément admiratif ou encore comblé d'un personnage. Orgon est « féminin » dans la mesure où il a choisi Tartuffe et le recrée continuellement non pas pour l'avoir, mais pour *être possédé* par lui.

On peut concevoir une amitié, un amour « correctif ». L'amant ou l'ami possessif tente de former l'être aimé, de le faire coïncider avec une valeur ou avec des limites idéales. Au contraire, l'amant ou l'ami possédé moule la valeur sur la réalité de l'être aimé. Ce que l'anglais appelle « hero-worship » est de cet ordre. Qu'on songe aussi à certaines femmes qui poussent les hauts cris devant les moustaches ou les cravates à pois : un amant aimé ou une vedette de cinéma idolâtrée s'affuble des deux, et la moustache comme la cravate à pois est aussitôt sanctifiée.

> Et s'il vient à roter, il lui dit : « Dieu vous aide ! »
>
> (v. 193.)

La sanctification du rot, telle que nous la présente Dorine, illumine cette attitude de « hero-worshipping », d'adaptation de la valeur à la réalité de l'être aimé. Elle nous semble féminine dans la mesure où elle est un abandon de soi, un don moral, parfois intellectuel, révélateur du désir d'établir au-dessus de soi et de maintenir à tout prix à ce niveau un être plus fort et plus valable. C'est un procédé de fabrication qui produit parfois des dieux.

Dans le personnage d'Orgon, comme dans la plupart de ses héros « possédés », Molière nous présente ainsi le double jeu de ce que le vocabulaire traditionnel appelle la « passion aveugle ». Le personnage crée continûment l'objet de sa passion tout en adaptant son vœu à la réalité de cet objet. Semblable à une femme qui veut être prise, il se donne tout en faisant coïncider son image de l'amant réel avec celle de l'amant idéal. Tant qu'il est possible de modifier la valeur sans en détruire l'essence, les gestes de l'être aimé sont acceptés et « sanctifiés ». Lorsque ces gestes sont incompatibles avec la valeur, ils sont niés purement et simplement et, en quelque sorte malgré lui, l'être aimé est réinstallé sur son piédestal (fin de l'acte III). Orgon, par tous les moyens de la mauvaise foi, maintient Tartuffe dans sa situation privilégiée et dominatrice, parce qu'il a besoin d'être dominé par Tartuffe.

Tartuffe, c'est l'équilibre d'Orgon. D'où la paix profonde que celui-ci goûte. Les ennuis d'Orgon, ce n'est pas Tartuffe qui va d'abord les provoquer — c'est l'univers dans lequel le couple Orgon-Tartuffe est installé. Ce sont les autres, cette collection d'individus qui refusent d'accepter le cercle à la fois parfait et vicieux « Orgon-créant-Tartuffe-possédant-Orgon » — système qui est en désaccord avec la norme, c'est-à-dire le monde familial de la comédie.

Orgon n'est pas seulement un caractère, c'est aussi une fonction. Il est père de comédie. C'est-à-dire qu'en tant que père il représente un pouvoir; jeté dans une comédie, il représente une corruption possible de ce pouvoir.

Ce pouvoir, d'abord représenté par Mme Pernelle (une aliénation que justifie ensuite le caractère d'Orgon), reste présent pendant tout le premier acte : dès que Mme Pernelle disparaît, il est question de son représentant légitime, Orgon. La tirade de Dorine, la dispersion des personnages sont autant de procédés destinés à lui donner tout le relief nécessaire. On n'est guère loin, une fois de plus, de certaines situations de *Phèdre*. C'est sans doute qu'il y a un parallèle évident, dans la dramaturgie classique, entre les fonctions tragiques et les fonctions comiques [1]. Au départ de *Tartuffe*, il y a désaccord entre les « membres-sujets » et la tête de la famille. Si l'on veut bien considérer que cette tête est de droit Orgon, l'état de désobéissance des membres de la famille pendant l'absence du père est analogue à l'état de crime de la famille de Thésée pendant l'absence de celui-ci. Dans les deux cas, quels que soient les motifs qui créent le vide à l'approche du roi-père, l'effet scénique donne une importance capitale à l'entrée du personnage.

Le roi-père qui revient, dans la dramaturgie classique, surprend toujours quelque désordre — un désordre qui s'étend des crimes de Trézène aux innocents divertissements de la famille d'Orgon. Son absence a permis à la distance qui le séparait de ses enfants-sujets de s'accroître; les possibilités de crimes sont devenues des crimes; les sentiments de révolte sont devenus des actes. Plus largement, combien de légendes ne nous racontent-elles pas les mauvaises surprises des rois qui font exprès de partir ou de se cacher pour mieux assister à la rébellion de leurs proches? (Voir Shakespeare : *Mesure pour mesure*.)

Dès le début de la pièce, le désaccord qui sépare, à propos de Tartuffe, Orgon et sa famille rend de droit celle-ci coupable. La nature même de la Société de la pièce confère à Orgon une

1. Voir Jacques Scherer, *op. cit.*, « Rois et pères », pp. 30-33.

situation royale et redoutée : nous avons affaire à un patriarcat. Aussi les circonstances de son entrée sont-elles imposées par sa fonction même, tout en soulignant et affirmant vigoureusement celle-ci. Elmire vraiment coupable? Non, mais elle a mené grand train, contre le vœu des dévots, et sans doute va-t-elle devoir rendre des comptes à Orgon. Damis coupable? Il n'en est pas loin : il projette un mariage malgré l'opposition pressentie de son père. Dans l'ensemble (c'est Mme Pernelle qui le suggère), il semble que la famille ait profité de l'absence d'Orgon pour reprendre un train de vie que l'auteur et nous-mêmes trouvons honnête, mais que désapprouve le père. S'il fallait à tout prix expliquer la fuite générale que provoque son approche, la réponse serait dans ces considérations, qui décrivent le point de rencontre entre la psychologie des personnages et la fonction du père dans l'univers de la pièce. Jointe aux analyses du début de ce chapitre, cette remarque souligne le fait que le déblaiement de la scène à l'approche d'Orgon est définitivement plus « organique » que psychologique; il est justifié par le degré de « présence » que Molière a accordé à chaque personnage; il est aussi commandé par la fonction, à la fois sociale et dramatique, que le père est appelé à exercer.

Molière jouait le rôle d'Orgon. Il était naturel que l'auteur-acteur se réservât de bons effets et des entrées sensationnelles. Mascarille, dans *Les Précieuses ridicules*, est un autre exemple de cette complaisance. Toutefois, il est permis de se demander si Molière n'a pas choisi le rôle d'Orgon parce que c'était naturellement un rôle à effets, au lieu de penser qu'il a artificiellement grossi le rôle d'Orgon parce qu'il le choisissait.

Tartuffe, sans Orgon, ne serait qu'un mélodrame comme *La Mère coupable* de Beaumarchais. Un *Tartuffe* où le personnage de l'hypocrite serait réduit à une esquisse de parasite n'en resterait pas moins une comédie moliéresque : Orgon, le père ridicule, continuerait à en assurer la cohérence et le style. C'est, en principe, autour d'Orgon que tourne la pièce. Il représente, comme dans presque tout le théâtre moliéresque, le père, c'est-à-dire le chef, aveuglé, trompé, corrompu. Puisqu'il est le chef, sa corruption entraîne celle de ses subordonnés, car, dans l'univers de la comédie, il retient son pouvoir malgré ses aberrations. Dans un univers moderne, disons plutôt « éclairé » et libéré, quelques querelles vigoureuses, l'affirmation des droits individuels des membres de la famille, mettraient rapidement fin à la situation — de façon peu heureuse sans doute : divorce, départ des enfants (Damis ne part pas : il est banni). Si la situation s'éternisait, le sujet ne serait plus l'aberration du père, mais la faiblesse des enfants (voir *Long*

Day Journey into Night, par Eugene O'Neill). Le retardement
de la solution ne vient pas ici de la faiblesse des enfants, mais
de l'univers même de la pièce. L'obéissance à l'autorité paternelle en toute circonstance est un principe incontesté : elle est
du même coup le frein qui permet à la comédie de se développer.
La seule solution possible est que le bon plaisir du père
change et se trouve en accord avec le vœu du reste de la famille.

En face d'Orgon qui est à la fois le chef et le fou, la famille
est plongée dans cette impasse : dans la mesure où elle a raison,
elle est coupable. En refusant de se plier à l'ordre nouveau
imposé par la passion du chef, les membres de la famille sont,
à l'intérieur du petit royaume que représente la maison d'Orgon,
des subversifs. Mais s'ils se soumettent aux ordres du père,
ils se font complices de la destruction de l'ordre supérieur de
la Société. Les illustrations modernes de ce conflit ont pour
cadre les domaines où le principe d'autorité a conservé ou
repris toute sa force : la vie militaire, la vie dans les partis
totalitaires, etc.

La corruption d'Orgon le père ne fait évidemment qu'un
avec la passion du personnage. En recherchant la possession
par un autre, il abandonne ou délègue son pouvoir à quelqu'un
qui de droit n'a pas de titre à l'exercer.

> *Quoi! je souffrirai, moi, qu'un cagot de critique*
> *Vienne usurper céans un pouvoir tyrannique,*

(vv. 45-46.)

s'écrie Damis dans la première scène. A vrai dire, à ce moment-
là, Tartuffe n'a pas encore usurpé le pouvoir : il l'a reçu d'Orgon.
Mais, n'étant pas le chef légitime, il mérite le nom de tyran.

Orgon est un monarque dépossédé de son plein gré. La situation est fréquente dans la comédie moliéresque : George
Dandin, Chrysale ont été dépouillés de leur pouvoir. Ces deux
derniers sont sans doute conscients de leur déchéance, ils
n'en sont pas moins responsables : « Vous l'avez voulu, George
Dandin... » La comédie, ou une partie de la comédie repose
sur la contradiction entre leur impuissance de fait et leur
pouvoir de droit. Dépossédé comme Dandin ou Chrysale,
Orgon est d'autre part en plein accord avec l'agent usurpateur : il est à la fois Chrysale et Harpagon. Étant donné l'immua-
bilité du caractère, ce type de corruption de la fonction
paternelle, où il n'y a pas de faille entre le père corrompu et
l'agent corrupteur, crée une situation sans issue.

Si l'on veut bien croire qu'Orgon est passé de service en
service (sa mère, le Prince, Argas, Tartuffe) peut-on espérer
qu'un objet nouveau viendra détrôner Tartuffe? Toutes les
données de la pièce semblent concourir à écarter cette hypothèse. La rencontre de Tartuffe par Orgon n'est guère différente du « coup de foudre » que Phèdre reçoit en voyant
Hippolyte pour la première fois. Tout s'est passé comme si
Orgon, prêt à rencontrer exactement Tartuffe, s'était contenté
jusqu'ici de pis-aller.

Une mère rigide, un Prince également immuable, un ami
sans doute fidèle à ses propres principes (c'est un rebelle, qui
a dû s'enfuir) n'ont pas eu la souplesse de Tartuffe, qui grâce
à son hypocrisie a pu se mouler sur le vœu d'Orgon. Il lui a
aussi apporté la dévotion. On peut aisément voir dans le
personnage d'Orgon la caricature d'un bigot. Encore convient-il
de dégager le sens de cette bigoterie. Car pourquoi Orgon
a-t-il choisi un dévot, Tartuffe, plutôt qu'un Trissotin, un
Matamore ou un Tartuffe seconde manière (le patriote du
cinquième acte?)

Mme Pernelle est bigote; Orgon n'en a pas moins choisi
sa seconde femme dans un milieu honnête et *discrètement*
religieux. Le comportement d'Elmire, de Damis, de Mariane,
semble montrer en outre que leur éducation, l'atmosphère qui
règne autour d'eux n'ont pas été jusqu'ici particulièrement
dévotes; il appartient à Cléante de faire la théorie de la manière
de vivre des personnages de la pièce « sans Tartuffe ».

Orgon semble avoir découvert la dévotion outrée en découvrant Tartuffe — comme il est fort probable que Philaminte
n'a découvert la science que tardivement. Il nous donne la
clé de la joie que lui a procurée cette découverte dans le premier argument qu'il présente à Cléante pour justifier son amitié
pour Tartuffe :

> *Qui suit bien ses leçons goûte une paix profonde*
> *Et comme du fumier regarde tout le monde.*
> *Oui, je deviens tout autre avec son entretien ;*
> *Il m'enseigne à n'avoir affection pour rien,*
> *De toutes amitiés il détache mon âme,*
> *Et je verrais mourir frère, enfants, mère et femme,*
> *Que je m'en soucierais autant que de cela.*

(vv. 273-279.)

Ce qu'Orgon recherchait, dans ses différents « services »,
c'était un moyen de commander au nom d'autre chose que
lui-même, de s'abandonner à son besoin de domination sans
accepter les responsabilités qui accompagnent le pouvoir.
Mentalité de sous-officier ou de caporal — cette attitude

consiste à affirmer sa force aux dépens d'autrui en s'aidant d'une garantie supérieure. Dans le cas d'Orgon, certains thèmes de la religion lui offrent un dégagement sans égal. Son caprice peut s'exercer sur les siens avec pleine licence, car la religion lui offre d'une part la possibilité de mettre son cœur et ses sentiments naturels en sourdine (sa « faiblesse humaine », v. 1293), d'autre part le prétexte d'un ordre infiniment supérieur auquel *il doit obéir*. Il peut à son aise torturer sans se sentir monstrueux [1].

Orgon est emporté par un vœu de domination absolue qui entre en conflit avec la partie *bonne* de sa nature. Tartuffe et la dévotion sont une merveilleuse justification *a posteriori* qui lui permet en toute tranquillité de tuer ce qu'il y a de bon en lui. Orgon, n'ayant aucun désir de réprimer son goût de la domination, incapable aussi de l'assumer, trouve dans la personne de Tartuffe le dévot le moyen de l'exercer sans être responsable. La présence permanente de Tartuffe dans la maison lui permet, pour chacun de ses actes, de trouver à

---

1. « Le désir le plus profondément instinctif et le plus secret d'Orgon — désir qu'il peut précisément satisfaire en se vendant corps et âme à Tartuffe — relève du sadisme d'un tyran familial. Ce qu'il n'oserait jamais faire sans le sceau de légitimité conféré par la piété, — car il est aussi sentimental et aussi peu sûr de lui-même qu'il est coléreux, — il peut maintenant s'y abandonner en toute bonne conscience... » (Erich Auerbach, *Mimesis*, « Le Faux Dévot ».) Le rapport de créateur à créature, dans lequel le créateur devient possédé par sa créature, est sans doute sujet à de multiples expressions, et du même coup à d'innombrables interprétations. Mais il est certain qu'Orgon a besoin de Tartuffe, comme Sganarelle aura besoin de Dom Juan (en une sorte d'inversion du thème habituel) ou encore comme Othello a besoin d'Iago et Phèdre d'Œnone. Ce comparse ou complice du héros en est à la fois la créature, le miroir, le mauvais ange, le possesseur. Iago est-il l'incarnation du démon ou le reflet d'une dimension d'Othello? Lequel « possède » l'autre? Orgon, Othello, Phèdre, au moment de l'illumination finale, accusent leur compagnon de les avoir conduits à la catastrophe. Mais enfin, tout ce qu'ils attendaient ou même exigeaient de lui, c'était précisément qu'il les guidât dans cette direction-là. Les compagnons démoniaques sont ainsi presque toujours des instruments de la mauvaise foi du héros qui les choisit, les bâtit, les maintient dans un rôle destiné à *garantir*, à justifier de l'extérieur une dimension du héros que celui-ci n'est pas capable d'assumer seul ou dont il a horreur. Mettant en jeu ce que les rapports avec autrui ont de plus profond et de plus « infernal » (la possession), ce thème du héros et de son complice est un des plus riches au théâtre : le rapport entre les deux personnages est un drame qui reflète et extériorise la tension intérieure du héros. Dans *Tartuffe*, ce thème s'exprime, non comme dans la plupart des cas par la confiance d'un maître dans son subordonné, mais par l'adoration d'un homme pour son ami; l'ironie de la situation réside dans le fait que cet *amour* est source de justification pour le sadisme (Auerbach) du héros, — ironie encore accrue par la dimension de dévotion chrétienne qui est prise comme prétexte de cet amour.

chaque instant les justifications nécessaires. Orgon s'apparente aux tortionnaires qui croient servir Dieu ou la Patrie en satisfaisant leur sadisme.

S'il n'y a pas d'espoir qu'Orgon trouve un autre « service », c'est que sa situation présente est *la meilleure situation possible.* Tartuffe dans la maison est une garantie de tous les instants ; en dernier ressort, ce « service » est celui de la plus haute autorité : celle de Dieu. Orgon est, quand le rideau se lève, comblé. On peut se demander, au cours des comédies de Molière : « Mais enfin, étant donné les quelques renseignements que nous possédons sur le passé du personnage, étant donné le caractère de sa femme ou de son mari, de ses enfants, etc., il semble bien qu'il n'ait pas *toujours* agi ainsi : ne peut-on espérer qu'il retourne à la normale que son passé semble suggérer ? » En fait, le passé du personnage moliéresque n'a pu être qu'une attente ou une recherche de l'objet qui le comble au lever du rideau. Il faut imaginer le héros comme une structure toute prête mais vide, que la découverte de l'objet correspondant est venue emplir une fois pour toutes. Tels sont les Précieuses, Arnolphe, Jourdain, Philaminte, tel est Orgon. Molière jette ses personnages sur la scène au moment où ils sont enfin satisfaits. Sa comédie est une comédie des passions — mais certes pas des passions « frustrées » (sauf dans *Le Misanthrope*) ; c'est la comédie des *natures repues.* Ses pièces décrivent une plénitude ; elles montrent comment le héros, fort parce que satisfait, met en danger par sa satisfaction même le bonheur des autres.

Orgon est une force. C'est lui, en fin de compte, qui donne à Tartuffe son statut de dévot. Installé dans son « erreur », c'est en se bouchant les oreilles qu'il échappe aux arguments des autres. S'il ne sait pas qu'il s'aveugle lui-même, il n'en est pas moins plongé totalement· dans une illusion qu'il s'impose. Comme il est le chef, c'est contre ce rocher que viennent buter tous les autres personnages, qui doivent lui être loyaux en dépit de tout. L'intrigue principale n'a d'autre but que la démolition de ce rocher. Chrysale donnera toujours raison à son interlocuteur ; Orgon, lui, est inébranlable.

Mais cette masse a besoin d'un appui. La force d'Orgon ne jaillit pas du vide de sa liberté comme celle de certains héros cornéliens. Orgon est une puissante machine qui ne tourne qu'à plein. Vidée de Tartuffe, la machine s'effondre. Si bien qu'au cours de la pièce, il·conviendra non pas de convaincre

Orgon, mais de détruire Tartuffe. Heureusement, Tartuffe étant un imposteur, il sera possible de le démasquer et de l'obliger à se détruire lui-même. Quand le héros moliéresque s'attache à une « chose » (l'argent par exemple), la comédie est absolument insoluble, le « caractère » et la chose étant tous les deux inaltérables par définition.

Lors du crépuscule du dieu Tartuffe, Orgon désemparé court dans sa maison devenue absurde :

Cléante : *Où voulez-vous courir ?*
Orgon : *Las ! Que sais-je ?*

(v. 1573.)

Mais tant qu'il a le héros présent sous ses yeux, vivant, en chair et en os, tant qu'il a été possible de le maintenir à ce niveau, Orgon s'est conduit en caporal féroce qui vénère son supérieur. Une hésitation le rend, comme on dit, « humain ». Il faiblit, quand sa fille l'implore à deux genoux. Mais il réagit au même instant :

Orgon (se sentant attendrir) : *Allons, ferme, mon cœur, point de*
[faiblesse humaine !

(v. 1293.)

Ce sursaut, dans la comédie, est à la fois monstrueux et ridicule. Dans la tragédie, il serait d'un vieil Horace ou d'un Brutus. Si l'on est enclin à voir dans ce vers la parodie d'un caractère de type cornélien, c'est que la satire du caractère d'Orgon ne vise pas sa faiblesse, mais sa force. Cette force est ridicule car c'est une force de chose (« un caractère ») et non la force d'un être libre. C'est aussi une force qui n'existe que par son point d'appui.

Ces dimensions d'Orgon sont décrites ou annoncées dès le premier acte. L'acte II sera un exemple concret de l'application des principes d'Orgon à une situation particulière. Cet acte ne nous apprendra rien de plus que la scène du « pauvre homme » ou que le dialogue entre Cléante et Orgon. C'est une illustration analogue. Il se trouve que les proportions en sont démesurées, et que la pièce semble, au cours de ce deuxième acte, s'orienter vers une pure comédie d'intrigue familiale et amoureuse. Nous aimerions nous arrêter sur ce « hors-d'œuvre » souvent méprisé.

CHAPITRE IV

Les amoureux contrariés

La comédie moliéresque n'est pas faite pour nous dévoiler progressivement les mystères d'une âme. Elle part d'une âme, construite et vue comme un *caractère*. Le personnage, ainsi donné une fois pour toutes avec une structure mécanique permanente, est prétexte à théâtre.

Orgon, faisceau d'une fonction (père-roi), d'une passion (son amour pour Tartuffe-dévot), et d'une intransigeance, est jeté à la fin du premier acte, au cours du second et au début du quatrième, dans une situation traditionnelle : il veut marier sa fille à un homme qui ne plaît pas à celle-ci. Un père, une fille, l'amant de cette fille, le fiancé choisi par le père, c'est là une comédie à quatre personnages que le théâtre n'a pas cessé de répéter tout au long de son histoire avec d'infinies variations de style, de ton et de détail. En elle-même, la situation peut servir de point de départ à une intrigue de comédie aussi bien qu'à une intrigue de tragédie. Mais qu'elle prenne place au niveau des Princes ou à celui des Bourgeois, elle n'est, dans son schéma, que la dramatisation la plus élémentaire d'un fait extrêmement banal de notre civilisation.

Puissance de droit du père sur sa fille, amour d'une femme pour un homme : s'il y a accord entre les deux, le drame n'existe évidemment pas. Dès qu'apparaît le désaccord, on a affaire à un double drame : conflit entre la fille et son père, c'est-à-dire révolte contre un pouvoir légitime, selon les normes de la majeure partie de notre civilisation, ou tyrannique, selon un idéal « avancé »; amour contrarié, conduisant au désespoir, à la déception, aux dialogues élégiaques, à la séparation, ou bien aux joies coupables et menacées.

Nombreuses sont les pièces de théâtre qui exploitent cette situation, en sont entièrement nourries ou l'utilisent à titre d'intrigue complémentaire, ou même de seconde « action », destinée à satisfaire un public qui ne saurait se passer d'amour

au théâtre. On sait combien le cinéma abuse du procédé qui
consiste à ajouter à n'importe quel drame une intrigue amoureuse secondaire, très souvent tout à fait injustifiée, à peine
contrariée par les thèmes du sujet, afin de créer ce que les gens
de Hollywood appellent « love-interest ». Avec plus de raison,
la tragédie racinienne se complète d'une aventure secondaire
menée par des jeunes premiers plus ou moins élégiaques, dont
la fonction est de représenter le monde des victimes ravagé
par les grandes passions des héros : dans *Phèdre*, l'amour
d'Hippolyte et d'Aricie est menacé par tous les grands moteurs
de la pièce : passion de Phèdre, interdiction de Thésée, thème
de la pureté. Dans *Tartuffe*, l'amour de Mariane et de Valère
n'est pas non plus un simple hors-d'œuvre : c'est une aventure
particulière broyée par la passion d'Orgon pour Tartuffe.
Celle-ci ne fonctionne pas dans un vide, elle sévit désastreuse-
ment dans une société.

Les intrigues dites secondaires représentent, dans l'architecture de la pièce, un changement de perspective. Le héros passionné s'y montre à travers les effets de sa passion sur autrui.
Dans *Tartuffe*, quatre étapes marquent ce passage du portrait
de la passion à ses effets sur la vie d'autrui. D'abord Orgon, vu
par Dorine, en dialogue avec Dorine ou avec Cléante, occupe
tout le tableau. Puis, à la fin de l'acte I, la situation sur laquelle
va sévir la passion d'Orgon est annoncée — mais les victimes
sont absentes. Ensuite, dans la première partie de l'acte II,
Orgon met sa passion en action en compagnie de sa fille Mariane;
ainsi se produit un équilibre sur scène entre la passion et son
effet. Enfin, Orgon disparaît, et les victimes se débattent seules.
Comme Hippolyte et Aricie se plaignent ou s'expliquent sous
la triple menace de puissances absentes de la scène, Valère
et Mariane à la fin de l'acte II jouent la comédie, ou plutôt
dansent le ballet du dépit amoureux sous la double menace
d'Orgon et de Tartuffe absents. Amoureux contrariés, ils se
débattent seuls en scène, mais l'obstacle, énorme et terrifiant,
est présent en esprit.

Cet obstacle, qui se manifeste dans les décisions d'Orgon
et qui s'incarne dans la silhouette jusqu'ici seulement décrite
de Tartuffe, c'est avant tout le motif du choix du père : l'amour
par lequel Orgon cherche à garantir sa puissance tout en
l'aliénant. Au début du quatrième acte, Tartuffe étant connu
du spectateur en chair et en os, la reprise de la comédie des
amoureux contrariés s'éclaire d'un jour nouveau : le « fiancé »
a été vu dans une situation particulièrement ignoble et le
mariage projeté serait une monstruosité; du coup il s'agit
moins d'un amour contrarié que du sacrifice pur et simple

de Mariane. A cet égard, l'intrigue Mariane-Valère évolue et se transforme avec le mouvement d'ensemble de la pièce.

Il est des comédies où les deux jeunes hommes qui sont sur les rangs sont également aimables; toute la différence entre les deux prétendants vient du fait que l'un est aimé et que l'autre ne l'est pas. Plus concrètement et plus comiquement, la comédie où se diversifient les caractères rend plus tangibles les raisons du choix du père et celles de la préférence ou du refus de la fille. Si l'on a affaire à quelque Léandre opposé à quelque Eraste, la comédie reste purement amoureuse, elle se fonde sur des analyses de sentiments, elle est proche de la tragédie galante : les choix naissent de comparaisons subtiles de gloire et de mérites. Mais si le père oppose un Tartuffe à un Valère ou un Thomas Diafoirus à un Cléante, le choix de la fille paraît beaucoup moins délicat, la comédie se débarrasse d'une casuistique précieuse ou cornélienne, tandis que le choix du père et celui de la fille cessent de se situer sur le même plan, et celle-ci, tout en restant liée par le devoir d'obéissance, n'a plus de véritable communication avec le premier. Le « comique » du rôle de Félix, dans *Polyeucte*, naît de cette différence entre l'univers de Pauline et le sien — les deux n'ayant en commun que la reconnaissance du pouvoir paternel. Orgon offrant Tartuffe à Mariane qui aime Valère réaffirme du même coup son appartenance à un autre ordre que celui des autres personnages de la pièce.

Pauline, dans *Polyeucte*, a sans doute mis sa « gloire la plus haute » à obéir à son père et à épouser Polyeucte. En choisissant d'entrer dans l'univers de son père, elle est devenue personnage tragique. En même temps, elle a coloré d'une valeur noble (l'obéissance hautaine) sa véritable situation (résultat de la politique de Félix). Elle conserve cette attitude exemplaire lorsque au cours de la pièce elle refuse d'obéir une seconde fois à son père : car elle est plus fidèle à celui-ci qu'il ne l'est à lui-même, et le rend prisonnier de sa propre décision. Mariane, elle, n'est pas une héroïne de tragédie. Aucune valeur réfléchie ne la guide. Quand elle est près de céder à son père, c'est par impuissance, non par choix délibéré. Quand elle lui résiste, c'est qu'elle s'abandonne aux élans de son affectivité qui la pousse vers Valère et l'éloigne de Tartuffe. Rien de moins cornélien, de moins « moral » que cette jeune fille — jolie, plaisante, mais incapable de penser sa situation. Elle n'a même pas les subtilités de l'innocence d'une Agnès. Quand elle semble faire preuve de quelque hauteur, c'est qu'elle récite

des leçons apprises dans les romans. Par le caractère même de
Mariane, la situation de farce, élaborée en situation de tragédie
galante, s'établit sur un niveau moyen : celui de la médiocrité
bourgeoise. On ne trouve même pas chez Mariane les sursauts
moralisants du xviiie siècle. Aucun principe, aucune libération
ne sont suggérés. Mariane est installée dans sa bourgeoisie
de toute éternité. Ni coupable ni véritablement revendica-
trice, elle ne sort guère d'une série de « oui » et de « non » plus
ou moins développés — et ne passe de l'émotion à un semblant
d'action que poussée par Dorine (acte II) ou par toute la
famille (acte IV). Il ne faudrait certes pas, à la représentation,
en faire une niaise, mais il serait tout aussi faux d'en faire
un petit animal machiavélique. C'est une victime, dans la
mesure où, parfaitement intégrée dans l'univers normal de
la pièce, elle n'émet sur celui-ci aucun jugement; non soutenue,
elle serait sacrifiée sans résistance lorsque le pouvoir (le père)
l'exige. C'est sans doute une victime malheureuse et touchante,
mais — elle est à cet égard bien la fille de son père — lorsque
l'ordre du monde se retourne contre son bonheur, elle ne peut
répondre que : « Que veux-tu que je fasse? » (v. 589).

Pour Mariane, la partie est perdue d'avance. Le père est
dans son droit quand il s'érige en obstacle, et Mariane, par sa
nature, reconnaît ce droit. « Contre un père absolu... », dira-t-elle
au vers 589. Aussi la confrontation du père et de la fille ne
peut-elle aboutir qu'au triomphe de celui-ci, qui est indes-
tructible. Tout, en Orgon, conduit à une impasse : son amour
pour Tartuffe, la permanence de sa structure ne laissent aucune
possibilité de fléchissement. Tel père de comédie pourra changer
de principe si l'amant de sa fille est suffisamment riche; tel
autre se pliera au vœu de sa fille pour une question de vie ou
de mort. La composition du personnage d'Orgon est telle que
rien ne pourra le faire changer d'avis.

Pensera-t-on que Valère pourrait se déguiser en dévot,
renchérir sur la dévotion de Tartuffe et, au prix d'une mascarade analogue à celle du *Bourgeois gentilhomme*, se faire agréer
comme gendre? Certains aspects de la pièce l'interdisent :
son style, sa durée propre. La comédie de *Tartuffe* ne se prête
pas, par son ton d'ensemble, à d'aussi gros travestis, qui
relèvent d'un genre plus farcesque.

Ce que la pièce nous offre en fait, au début de l'acte II,
c'est l'illustration du pouvoir absolu d'Orgon. Dans un ordre
donné, qui est celui de la norme de la pièce, nous assistons à
l'intrusion de la folie du chef. La corruption d'Orgon n'est pas
la corruption d'un solitaire sans liens avec le monde : elle est
aussi la corruption de sa fonction de chef et entraîne le déchi-

rement de la collectivité qui lui est soumise. Tout l'acte II est un développement de cet enchaînement fatal.

Annoncée par les allusions de Damis (acte I, vv. 217-222), reprise à la fin de l'acte I dans le rapide dialogue Orgon-Cléante, la comédie des amoureux contrariés prend son vrai départ au début de l'acte II. Orgon appelant « Mariane », celle-ci répondant « Mon père » : voilà les deux personnages situés dans leur rapport familial de chef à sujet. L'obéissance de Mariane est requise à la fois par l'ordre normal selon la pièce et par Orgon.

Le dialogue Orgon-Mariane est bref. C'est que les caractères des deux personnages interdisent les développements et les nuances. Orgon y affirme son désir, Mariane s'y montre désagréablement surprise. Orgon tente de faire coïncider Mariane avec une certaine image qu'il a bâtie d'elle. Devant les protestations de Mariane,

> *Mais je veux que cela soit une vérité,*
>
> (v. 451.)

dit Orgon, confirmant par là pour le spectateur son vœu et son pouvoir de refaire le monde. De même qu'il fait de Tartuffe le dévot parfait dont il a besoin, de même il tente d'imposer à sa fille une nature qui n'est pas la sienne.

Depuis le vers 453 (« Quoi! vous voulez, mon père... ») jusqu'au vers 589 (« Contre un père absolu que veux-tu que je fasse? ») Mariane se tait. Pendant le long débat, mouvementé et, par moments, farcesque, qui oppose Dorine à Orgon, elle garde le silence d'un accusé ou d'un condamné qui n'est plus maître de son sort. Son dernier cri de surprise a été une allusion à la volonté de son père. Son premier cri de désespoir sera un appel à la volonté de Dorine contre la tyrannie de son père. Entre les deux, elle assiste muette, sinon à son procès, du moins à la discussion de l'usage qu'on fera d'elle, comme une chose.

Or, c'est bien une chose qu'elle est, dans l'ordre familial. Elle se définit par son obéissance. Quant à ses affections, son amour pour Valère, ce ne sont que des élans inefficaces dont l'ordre ne tient compte que dans la mesure où ses représentants consentent, par libéralisme, à les reconnaître. L'intervention de Cléante, plus tard celle de toute la famille, sont des appels de la générosité, des efforts de bon sens destinés à faire coïncider l'ordre et les appétits individuels, mais qui ne sauraient en rien prévaloir sur la volonté du père. Il va sans dire que notre sympathie (et celle de Molière) va à cette souplesse,

à cette bonne volonté libérale qui tient compte des sentiments des jeunes gens à marier. Mais cette sympathie ne se
transformera qu'en pitié : un enlèvement, un mariage secret
seraient criminels selon l'univers même de la pièce.

Orgon étant si « buté » dans son effort de transformer autrui,
Mariane étant si faible et si peu persuasive, la pièce affirmant
la toute-puissance paternelle, toute solution agréable à Mariane
est exclue d'un simple dialogue avec son père.

Viendra-t-elle de Dorine?
Cet acte II, on l'appelle parfois « l'acte de Dorine[1] ».
N'oublions pas qu'il est avant tout, dans sa majeure partie,
« l'acte d'Orgon » et que même après le départ congestionné
de celui-ci, son pouvoir de père se fait sentir sur tout le dialogue. Toutefois, le centre de l'acte est occupé par le tournoi
Orgon-Dorine.

La fonction de Dorine dans la pièce est simple. Définie par
Mme Pernelle comme « fille suivante un peu trop forte en
gueule et fort impertinente » (v. 14), elle ne saurait être considérée, ainsi que le veut Arnavon, comme une véritable *suivante*
d'un niveau plus élevé que les simples servantes, encore moins
comme l'élégante gouvernante que Gabrielle Dorziat inter-
prétait chez Louis Jouvet. Sa familiarité est le signe même
de sa situation : puisqu'elle est installée dans sa « bassesse »,
on ne se soucie guère qu'elle se mêle à un tel point des affaires
de la famille. Depuis longtemps au service d'Orgon (elle se
souvient de son attitude pendant la Fronde, v. 181) elle est
le témoin quotidien de tout ce qui se passe dans la maison et,
privée d'histoire propre, a identifié son sort au destin de la
famille : elle ne vit qu'en fonction de ses maîtres. De la sorte,
elle constitue un regard permanent posé sur la famille; ses
commentaires sont une perspective *d'en bas* sur ce qui s'y
passe. Elle est la contrepartie d'une autre perspective, *d'en
haut* celle-ci : le regard de Cléante.

Comme celui-ci, elle respecte — et exprime — la norme de
la pièce, dans un langage différent, sous des angles différents.
Elle est, du même coup, aussi inefficace que celui-ci. Le bloc
Orgon-Tartuffe résiste imperturbablement à ces deux attaques — attaques que ceux qui les lancent freinent eux-mêmes,

---

1. « Le deuxième acte est son acte. C'est elle qui la première décide
de passer à l'action, elle prépare le terrain pour les autres. Elle est déchaî-
née, vive, spirituelle, comique, mais surtout bonne. C'est son cœur qui
commande toutes ses interventions. Le rôle est magnifique. Il demande
de la gaieté, de la drôlerie, de la sensibilité, de la puissance, du mouvement,
de la simplicité, de l'autorité... », dit Fernand Ledoux, *op. cit.*

puisqu'ils combattent au nom de l'ordre normal et que cet ordre exige la reconnaissance du pouvoir paternel. Dorine, comme Cléante, « propose » à Orgon des modifications de ses décrets, mais elle ne peut pas (comme d'autres valets ou servantes de comédie) annuler ceux-ci par des actes définitifs [1].

Le débat Orgon-Dorine de l'acte II est ainsi sans issue. Orgon quittera la place au bord de l'apoplexie, mais la situation n'aura pas changé.

La saveur et le mouvement de la scène viennent de la diversité des arguments et des moyens dont use Dorine. Il est à cet égard intéressant de noter qu'elle commence son jeu en singeant Orgon, c'est-à-dire en niant purement et simplement une vérité qu'on lui présente. Les répliques de Dorine jusqu'à :

> *Non, vous avez beau faire,*
>
> *On ne vous croira point.*
>
> (vv. 470-471.)

correspondent aux attitudes d'Orgon lui-même (fin de l'acte I, fin de l'acte III, début de l'acte IV) qui *refuse* d'entendre ce qu'il ne veut pas croire.

Suit un long raisonnement, souvent interrompu par Orgon, qui peut se résumer ainsi : « Soyez 'sage' et voyez clairement la situation : Tartuffe est répugnant, donc il sera cocu. » S'agit-il ici chez Dorine de « bon sens populaire? » Sans aucun doute. Peu importe que Mariane soit capable d'être infidèle au mari imposé par son père. La logique de Dorine dépasse le cas de Mariane; c'est un argument, non une description de la situation particulière. C'est aussi une vision de l'ordre — celle de Dorine : il n'est pas question du malheur personnel de Mariane, mais d'un désordre possible, dont le choix d'Orgon serait la cause. Là encore, on a affaire à un univers réglé, stable, où les mêmes causes entraînent les mêmes effets : un père corrompu marie mal sa fille qui trompera son mari. La *nécessité* qui commande la fin de ce déroulement, Dorine en fait une fatalité astrologique (« Son *ascendant*, monsieur, l'emportera », v. 539), transposition ordinaire de l'explication du monde par des essences fixes, caractéristique du niveau de Dorine, comme le « moine bourru » l'est de celui de Sganarelle dans *Dom Juan*. Ce que Dorine veut dire, c'est qu'Orgon va déclencher une série nécessaire de désordres. La « nature » de certains maris entraîne inévitablement leur cocuage, étant donné la « nature » des filles (vv. 510-512) [2].

---

1. Scapin par exemple, et plus tard, bien entendu, Frontin ou Figaro.
2. La menace de cocuage est un thème fréquemment employé par Molière. Non seulement il constitue un des ressorts de *L'École des Maris*

Lorsque Orgon demande à Dorine de se taire une fois pour toutes (v. 557), Dorine n'utilise pas de nouvel argument : elle répète celui du cocuage, et l'intérêt de la scène passe du contenu de ce qu'elle dit à la manière dont elle le dit. Le conflit Orgon-Dorine se vide de ses idées, il devient conflit pur : Dorine, par de faux apartés, s'oppose obstinément à l'obstination d'Orgon. Ce rapport maître-serviteur, où l'on oublie presque le sujet du débat, on le retrouve au premier acte de *Dom Juan*. A ce moment-là, peu importe le sort de Mariane. La scène devient pur jeu de théâtre, situation de personnages dans un espace scénique, mouvement. La gifle manquée d'Orgon ridiculise définitivement celui-ci; il sort en rage. On se moque de lui — mais il a gagné la partie.

Moment de comédie exemplaire, cette sortie d'Orgon, préfigurée au premier acte par la sortie de Mme Pernelle, contient l'essence de la comédie moliéresque : le héros comique sombre dans le grotesque, mais n'a pas cessé d'être fidèle à lui-même. Harcelé par l'imitation de lui-même, par un argument logique, par une raillerie soutenue, Orgon n'a pas reculé d'un pouce. Insensible à l'acte I à l'éloquence de Cléante, il est tout aussi inexpugnable quand il est attaqué d'en bas. Le brillant numéro de Dorine — tout aussi éloquent, sur son plan, que les tirades de Cléante sur le leur — n'a servi à rien. Orgon en face de Dorine — comme Orgon en face de Cléante — c'est le conflit de deux ordres soutenus avec une obstination égale. Le débat est sans issue dans la mesure où l'un a raison là où l'autre a tort : Orgon jouit de plein droit de son pouvoir de père, et Dorine a tort de combattre ce pouvoir; mais Dorine a raison d'annoncer des désordres, quand Orgon veut forcer sa fille à un mariage mal assorti. Cléante, à l'acte I, parlait en termes de *vrai* et de *faux*, de *parole donnée;* Dorine présente la contrepartie pratique du problème : laideur, goûts amoureux. Les fonctions de Dorine et de Cléante sont complémentaires, et permettent d'emprisonner Orgon à l'intérieur de son erreur.

Mariane, seule en face de Dorine, retrouve la parole pour reconnaître le pouvoir du père :

> *Contre un père absolu que veux-tu que je fasse?*
>
> (v. 589.)

> *Un père, je l'avoue, a sur nous tant d'empire*[...]
>
> (v. 597.)

et de *L'École des Femmes*, mais on le retrouve dans *Les Femmes savantes*, où Henriette elle-même menace Trissotin de lui être infidèle si elle est contrainte de l'épouser (acte V, scène 1).

La suite de la scène est fondée sur le contraste entre l'amour
que Mariane éprouve pour Valère, et les défauts (physiques
et sociaux) de Tartuffe. Deux agents mettent ce contraste en
jeu : les pressantes questions de Dorine et ses railleries, d'une
part; la puissance reconnue d'Orgon absent d'autre part.
Comme pour renforcer le triomphe d'Orgon, Mariane se montre
réticente dans l'aveu de son amour et surtout dans la mise
en action de moyens pratiques pour en assurer la réalisation :

> *Mais, par un haut refus et d'éclatants mépris,*
> *Ferai-je dans mon choix voir un cœur trop épris?*
> *Sortirai-je pour lui, quelque éclat dont il brille,*
> *De la pudeur du sexe et du devoir de fille?*
> *Et veux-tu que mes feux par le monde étalés...*

(vv. 631-635.)

De quel roman, de quelle tragédie galante viennent ces propos
et leur ton? Le style en est presque parodique : Mariane y
joue un rôle, elle tente d'élever à la hauteur de l'héroïsme
romanesque son éducation de petite bourgeoise obéissante.
En tout cas, ils permettent de situer l'amour de Mariane et
de Valère : l'attraction naturelle qu'éprouvent les deux jeunes
gens est toute barbouillée de littérature — impression que
confirmera la scène de dépit sur laquelle se termine l'acte, et
qu'annonçait « la gloire la plus haute » du vers 437.

A l'intérieur de l'ordre normal selon la pièce, Mariane représente un effort d'intégration dont les motifs et les justifications
ne sont pas absolument purs. Elle se laissera broyer sans
grande résistance, victime de son obéissance — mais elle prendra une pose pour être broyée avec grâce. Les railleries de
Dorine mettent en relief ses affectations. Obéissante par faiblesse, Mariane tente de faire, d'un lamentable mariage imposé,
une aventure romanesque, où il est question de suicide, de
choix hautain du devoir, etc. Puisqu'elle ne peut pas, par
son respect de l'ordre et sa faiblesse, échapper à son sort, elle
tente de s'y donner un beau rôle en usant du vocabulaire des
victimes héroïques. Certaines « victimes » cornéliennes parve-
naient à transformer leur sacrifice en victoire par une véritable
conquête d'elles-mêmes; l'Infante, au cinquième acte du *Cid;*
Pauline dans *Polyeucte*... Exercice suprême de la mauvaise
foi ou choix libre surimposé à une situation inévitable, leur
attitude correspondait à une profonde conversion intérieure.
Mariane ne parvient à inventer (ou à imiter) que des poses,
des masques : elle émeut sans doute par son effort maladroit
pour sauver la face, mais ne surmonte jamais son sacrifice.
D'où l'allure parodique de ses poses, et, chez le spectateur, le

sourire qui accompagne l'émotion. Elle demeure personnage comique.

Mariane représente à ce moment-là, comme son père —
mais à un moindre degré — une corruption de l'ordre. Elle
considère celui-ci uniquement dans sa rigidité, elle fait le jeu
de « l'absolutisme » paternel, elle obéit *trop*, et du même coup
oublie qu'un des aspects de cet ordre, qui le rendent viable,
c'est précisément sa souplesse, ses portes ouvertes, ses aménagements concrets — tels que les définit Cléante ou tels
que les exprimera le comportement d'Elmire. Au contraire,
son effort est dans la direction de l'imaginaire : elle n'agit pas,
mais colore les mauvais coups qu'elle subit de significations
fictives.

Cléante la ramènerait à une vision plus juste de sa situation
en lui enseignant quelques principes. Dorine, en plein concret,
choquée par la fausseté de ses attitudes imaginaires, leur
oppose la réalité d'une vie quotidienne en compagnie de Tartuffe : son vilain physique, les ennuis de la vie de province.
Ces arguments ne provoquent encore aucune révolte véritable.
Comme dans son dialogue avec Orgon, Dorine échoue. Aussi,
cette fois encore, la scène s'oriente-t-elle vers de purs effets
scéniques, où le contenu du débat s'efface derrière un rapport
spectaculaire de personnages en scène : l'un, fort, tournant
le dos, à l'autre qui l'implore. L'énorme « tartuffiée » du vers 674
qui contient en quelque sorte tout le concret de l'argumentation de Dorine, entraîne, en fin de scène, un désespoir stérile
chez Mariane.

> *Vois-tu, si l'on m'expose à ce cruel martyre,*
> *Je te le dis, Dorine, il faudra que j'expire.*
>
> (vv. 681-682.)

Jusqu'à ce point, l'acte a continué d'une seule lancée. La
puissance d'Orgon l'a dominé. Le mauvais usage de cette
puissance a fait une victime et a créé une agitatrice. Celle-ci
a fort à faire : il lui faut non seulement « conseiller » le mauvais
chef, mais encore secouer la victime pour la faire sortir de sa
résignation. Dans les deux cas, Dorine échoue. C'est que
l'obéissance de la fille au père fait partie de cette norme dont
Dorine prend la défense sur le plan le plus concret.

Quant aux deux avenirs possibles de Mariane, ils sont évoqués en l'absence des hommes qui les incarnent : Valère et
Tartuffe. Tout ce que nous savons, c'est que Mariane et Valère
s'aiment, que celui-ci est peut-être un peu libertin (vv. 523-
525), qu'il a « de l'éclat » (v. 633) — et surtout qu'il s'appelle
Valère : ce nom de jeune premier est l'équivalent d'un masque

et fait de l'*amant* de Mariane un garçon *nécessairement* agréable. Quant au fiancé imposé, Tartuffe, le portrait en est plus détaillé. Il conviendra par la suite de voir comment la silhouette de Tartuffe absent se construit, s'épaissit, se colore au cours des deux premiers actes. C'est en effet une fonction de ces dialogues entre Orgon et Dorine, entre Dorine et Mariane : de maintenir Tartuffe hors de scène tout en l'annonçant constamment; de donner d'avance, en son absence, tous les renseignements nécessaires sur le personnage, en montrant en action les menaces qu'il porte avec lui.

Valère est fait pour Mariane — il l'aime, sans aucun doute, mais aussi il se conduit et parle comme elle, avec un peu plus d'éloquence. Il est jeté, dès son entrée, dans une scène de mouvement — d'un mouvement conventionnel : celui du dépit amoureux. Il est certain que cette action vive est nécessaire à la fin d'un acte agité, et que tout dialogue d'amoureux languissants serait une chute bien décevante. Le mouvement des deux amoureux qui rompent et se réconcilient forme un joli ballet verbal et visuel qui maintient l'agitation d'ensemble de l'acte.

Le malentendu naît entre Valère et Mariane de la faiblesse de celle-ci :

Valère :   *Et quel est le dessein où votre âme s'arrête,*
           Madame?
Mariane :   *Je ne sais.*

(vv. 693-696.)

« Adorable naïveté » dit Fernand Ledoux à propos de ce passage, dans ses notes de mise en scène pour *Tartuffe*. Peut-être. Mais, surtout, rappel, au début de cette scène, de la soumission de Mariane à la puissance paternelle. C'est cette soumission qui entraîne le sursaut d'orgueil du jeune Valère, dans la mesure où il ne se sent pas *préféré* à la volonté du père. Cette scène de dépit, qui ne part pas d'une coquetterie, est la conséquence même du respect rigide dont Mariane entoure l'autorité d'Orgon. Ainsi, la brouille entre les deux amants est une illustration des effets désastreux, des désordres qu'entraîne la corruption du chef Orgon. Une fois le mécanisme de la brouille mis en marche, Molière le fait fonctionner avec virtuosité. Mais ce jeu est dominé par l'ombre d'Orgon — et surveillé par un représentant lucide de la norme : Dorine.

Pour la troisième fois dans l'acte, la scène devient pur jeu de théâtre, au moment de la réconciliation. Le motif de la brouille passe au second plan; le spectacle domine, sous la forme d'un personnage possesseur de vérité qui rapproche deux autres personnages séparés par une erreur. La brouille définitive des amoureux, dont la soumission de Mariane est la cause, a été évitée. Le problème n'en reste pas moins entier : Mariane doit épouser Tartuffe.

On coupe à la représentation la tirade de Dorine qui contient les projets de stratagèmes qu'elle propose pour empêcher le mariage de Tartuffe et de Mariane (vv. 795-810). C'est dommage. Elle affermit le thème des amoureux contrariés, replace la scène Valère-Mariane dans sa véritable perspective que des excès spectaculaires auraient pu faire oublier. Un père corrompu mésuse de son pouvoir aux dépens de sa fille; comment le détourner de ces projets? Cette tirade lance une comédie à venir fort réjouissante [1]. Si, comme on le verra par la suite, l'intrigue se dédouble ou change d'orientation, c'est précisément en insistant sur la comédie des amoureux contrariés qu'on rend plus sensibles le surgissement de Tartuffe, sa prise de possession du drame, le bouleversement que son énormité produit, non seulement dans la famille d'Orgon, mais dans la pièce elle-même.

Il est à noter que les stratagèmes de Dorine n'ont pas pour but de marier Valère et Mariane, mais simplement de gagner du temps : plus active dans son opposition que Mariane, elle ne peut toutefois pas s'attaquer directement au principe d'autorité paternelle. Son dernier recours, c'est un appel aux « égaux » d'Orgon : Elmire et Cléante. En vérité, le mariage de Mariane et de Valère est une cause perdue. Immobilisé dans son amour pour Tartuffe, Orgon ne sera pas affaibli par le temps; défenseurs d'un ordre où le père garde toute sa puissance, ni Elmire, ni Cléante, ni Dorine ne peuvent outrepasser la décision d'Orgon; maintenue à un niveau d'honnêteté, conduite avec un certain rythme, la pièce n'offre aucune possibilité de mascarade ou de travesti, ni de « conversion » rapide d'Orgon au prix d'une supercherie. La seule solution possible serait que Tartuffe refusât Mariane : c'est ce qu'Elmire s'apprête à tenter d'obtenir au début de l'acte III.

Semblablement, dans *Les Femmes savantes*, Henriette, victime de l'obstination de Philaminte — personnage qui, comme Orgon, est figé dans sa nature et ne saurait être converti — n'a d'autre recours que de demander à Trissotin de renoncer au mariage. Plus forte, certes, que Mariane, puisqu'elle est capable de parler elle-même au prétendant qu'elle déteste, Henriette est néanmoins nécessairement sacrifiée. Elle n'échap-

---

1. Les intrigues seraient voisines de celles du *Médecin malgré lui* et de *L'Amour médecin*.

pera au mariage avec Trissotin, puisque celui-ci refuse de
renoncer à elle, que par la révélation de la duplicité de celui-ci;
on sait que le salut de Mariane ne viendra que d'une surprise
analogue.

Le déroulement des deux premiers actes évoque un accord
entre Orgon et Tartuffe. Orgon est « plein » de Tartuffe. A
l'acte III, Tartuffe déborde; il acquiert son autonomie; des
descriptions ne sont plus suffisantes, il est présent sur la scène
(voir chap. vi) et détourne l'intrigue première, celle des amoureux contrariés, vers une intrigue seconde, annoncée dès le
vers 84, mais qui va maintenant occuper la première place :
le cocuage projeté d'Orgon. Néanmoins, ce nouveau développement n'efface pas la comédie des amoureux contrariés :
il lui donne une nouvelle signification, en accroît les tensions,
rend plus pitoyable le sort de Mariane. Toute la famille sait
que la solution envisagée (que Tartuffe renonce à Mariane)
est irréalisable; elle en revient à des tentatives sans espoir :
qu'Orgon change d'avis.

Au début de l'acte IV, c'est toujours à Orgon-le-père qu'on
s'adresse. Mais au lieu de le considérer d'abord dans sa fonction de chef, c'est son rapport organique avec Mariane qui
est invoqué. On le met en présence du désespoir de sa fille.
Valère importe peu désormais. Il ne s'agit plus de marier Valère
et Mariane; il s'agit seulement de sauver Mariane de Tartuffe.
Ce changement de revendication montre le recul de la famille,
le triomphe d'Orgon, et celui de Tartuffe. Après la crise de
l'acte III, qui *aurait dû* faire avancer l'intrigue, on s'aperçoit
au contraire que celle-ci a fait marche arrière.

A la légèreté de l'acte II correspond la gravité du début
de l'acte IV. Certains metteurs en scène ont tourné en burlesque les plaintes de Mariane; sans doute restent-elles colorées
de littérature — mais derrière cette littérature, c'est un désespoir réel qui est en jeu. A vrai dire, la tirade de Mariane
(vv. 1279-1292) est moins parodique que certaines répliques
de l'acte II, dans la mesure où « elle sent moins son vieux
temps ». Au romanesque désuet s'est substitué le style de
l'époque : certains accents sont proches de ceux de l'*Iphigénie*
de Racine, (Et cette vie, hélas! que vous m'avez donnée, /
Ne me la rendez pas, mon père, infortunée. / Si contre un
doux espoir que j'avais pu former, / Vous me défendez d'être
à ce que j'ose aimer, /...) même si les attitudes des deux victimes sont opposées. La réplique d'Orgon : « Allons, ferme,
mon cœur, point de faiblesse humaine! » (v. 1293) c'est un peu
une réponse du vieux Corneille au tendre Racine... Cette

parodie de la force cornélienne, ce burlesque du sublime est
le signe de l'intransigeance d'Orgon fondée sur une morale
empruntée. Elle reprend « la naïve » remarque du premier
acte :

> *Et je verrais mourir frère, enfants, mère et femme,*
> *Que je m'en soucierais autant que de cela.*
>
> (vv. 278-279.)

Rendu encore plus intransigeant par la colère qu'ont soulevée
en lui les événements de l'acte III, Orgon est passé de ce
détachement stupide à la méchanceté :

> *Je porte en ce contrat de quoi vous faire rire,*
>
> (v. 1277.)

est d'une cruauté pure et simple. L'indifférence à l'égard de
la famille (mépris du malaise d'Elmire, remarque des vers 278-
279, etc.) est devenue désir de faire mal. Lorsque Mariane
tente d'attendrir son père, elle ne fait que le satisfaire par le
spectacle de sa douleur que maintenant il recherche. Le ton
d'Orgon a changé; lui qui, à l'acte II, comparait Mariane et
Tartuffe à « deux tourterelles » (v. 534), voici qu'il fait appel
au renoncement et à la mortification chrétienne.

> *Debout ! Plus votre cœur répugne à l'accepter,*
> *Plus ce sera pour vous matière à mériter.*
> *Mortifiez vos sens avec ce mariage[...]*
>
> (vv. 1302-1305.)

L'atrocité de cette remarque est accentuée par la brutalité
du vers suivant, qui vise à clore le débat :

> *Et ne me rompez pas la tête davantage.*

Tout ce début de scène justifie Eric Auerbach qui n'hésite pas
à faire d'Orgon un sadique [1].

L'usage perverti de la morale chrétienne fait le lien entre
la comédie des amoureux contrariés et le thème de la dévotion
(vraie ou fausse). Désireux de prendre Tartuffe pour gendre
parce qu'il aime sa personne, Orgon maintenant révèle que,
par ce mariage, il entraîne Mariane dans la piété. Ironiquement,
la résistance de Mariane n'a fait, au fond, qu'accroître la vraie
satisfaction d'Orgon.

A partir de ce moment-là, il n'y a plus rien à dire sur ce

---

1. « C'est avec la plus grande ingéniosité que Molière utilise la piété
elle-même pour faire disparaître les obstacles qui empêchent le libre développement du sadisme d'Orgon. » (Auerbach, *op. cit.*). Voir aussi la note 1,
p. 49.

projet de mariage. Le développement de l'intrigue, les plaintes de Mariane, la crise du troisième acte, au lieu d'ébranler Orgon, lui ont au contraire permis de fermer son propre cycle. Le débat est clos; après une pause des acteurs, Elmire passe à la seconde intrigue, celle du cocuage projeté d'Orgon.

Cette scène de l'acte IV, avec la présence de quatre personnages attentifs aux réactions d'Orgon, a l'allure d'une offensive générale. Puisqu'elle échoue, elle contribue non seulement à raidir Orgon dans son attitude, mais à affirmer sa fonction de héros de la pièce. Il a trouvé toutes les justifications qu'il cherchait. Alors qu'il menace le bon ordre de la famille, la réaction de celle-ci, si timide qu'elle soit, le met en situation de chef menacé — aussi peut-il prendre des mesures d'urgence (bannissement de Damis, écrasement de Mariane) qui l'isolent avec Tartuffe dans une sphère d'amour et de domination.

Or c'est précisément à ce moment-là que Tartuffe a commencé à s'écarter de lui, à cesser de profiter de lui pour le dévorer malgré lui. Le triomphe d'Orgon au début de l'acte IV est illusoire. Tartuffe a commencé à vivre pour lui-même.

CHAPITRE V

En attendant Tartuffe

L'avarice d'Harpagon le pousse à se donner à l'or, l'hypocondrie d'Argan l'engage à s'offrir aux clystères, la « philosophie » des Femmes savantes les fait absorber par leurs livres. Il n'y a là que demi-mal; l'or, les clystères et les livres ne réservent pas de véritable surprise au personnage qui s'attache à eux. Sans doute passera-t-il par différents degrés d'ivresse au cours de leur acquisition, de leur découverte, ou grâce à leur possession — mais ils ne changent pas.

La situation devient plus grave quand la « passion » jette le personnage dans les bras d'un autre personnage en qui s'incarne la valeur visée : Trissotin, Dorante et Dorimène. Car s'il est facile de démêler la fausse monnaie de la bonne, il n'est pas aussi aisé de distinguer le véritable écrivain de l'arriviste littéraire, le gentilhomme de l'escroc. Les hommes, eux, réservent des surprises aux autres hommes. L'or est or sans le savoir et sans l'avoir voulu. L'écrivain sait qu'il est écrivain, et pour de certaines raisons. Or, quoi de plus opaque que le royaume des motifs d'autrui? — d'une opacité qui est d'autant plus dense que l'on est pressé par une passion. Les héros de Molière, plus aveugles que d'autres à cause de leur passion, sont frappés de malchance : comme pour les punir d'un excès d'amour, le destin place sur leur chemin des imposteurs.

Néanmoins, dans *Les Femmes savantes* ou dans *Le Bourgeois gentilhomme* l'imposteur est accidentel, il n'est qu'une incarnation mensongère mais passagère de l'idéal visé. Dans *Tartuffe*, l'identification est telle entre l'idéal d'Orgon et le personnage qui l'incarne que tout l'univers d'Orgon et Orgon lui-même s'écrouleront si Tartuffe est un imposteur. Qu'on démasque Trissotin, la littérature n'en est pas pour autant mise en cause. On dira de même que l'imposture de Tartuffe ne met nullement en danger la véritable dévotion; mais au

moment de la pièce, au-delà de la dévotion, c'est la personne
même de Tartuffe, sous tous ses aspects, qui est *valeur* pour
Orgon : « son tout, son héros ». Orgon, nous l'avons vu, se plie
moins aux principes de la dévotion sévère à travers Tartuffe
qu'il ne se donne à la personne de Tartuffe même, dans cette
démarche qui consiste à abandonner le pouvoir à un chef
suprême pour mieux commander sans être responsable et que
nous avons appelé le vœu de caporalisme. Dans cette mesure,
la dévotion d'Orgon va moins à la dévotion qu'à Tartuffe,
aussi le rapport d'Orgon à Tartuffe est-il, non pas, comme
dans *Les Femmes savantes*, une visée vers la profession ou les
talents du personnage, mais un rapport de personne à personne,
un rapport d'amour.

Du coup, la comédie se dédouble. Le drame d'un personnage
voué à une idée qui s'incarne diversement au cours de la
pièce fait place à un drame qui se joue à deux. Au portrait
du passionné doit donc se joindre une étude en profondeur
de l'autre personnage objet de la passion. Tartuffe n'est pas
une simple incarnation épisodique, une illustration passagère
que suffisent à animer quelques traits de caricature : il est,
nous l'avons vu, *final*; il est l'objet même, qui vient satisfaire
une fois pour toutes un besoin beaucoup plus large — plus
total — que l'avarice, le délire culturel ou l'ambition : le
besoin de se donner à un autre.

Il est aisé d'imaginer de nombreuses situations où s'exprime-
rait concrètement le vœu d'aliénation : amour, engagement politique, abnégation familiale, etc.; il semble bien
qu'Orgon ait déjà vécu certaines de ces situations, en face de
sa mère, de son ami subversif, du Roi même... La situation
présente, qui repose d'une part sur une attitude religieuse et
de l'autre sur l'amour, est une situation de choix : l'amour,
tel que nous l'avons décrit avec sa dimension « féminine »,
aussi bien que la religion, dans ses principes mêmes, invitent
à une des formes les plus complètes d'aliénation. En rencon-
trant (en créant) Tartuffe, Orgon satisfait doublement son
vœu : il se donne à Tartuffe, il se donne aussi à Dieu. Il est
toutefois évident, lorsqu'on écoute Orgon, que le premier don
de soi (le don amoureux) l'emporte de beaucoup sur le second :
la personne de Tartuffe séduit Orgon beaucoup plus que la
religion elle-même : c'est de la personne de Tartuffe qu'il nous
entretient surtout; quand il parle du ciel, il ne fait que réciter
les leçons de celui-ci. Même s'il est dévot sincère, il ne connaît
pas son Dieu; il n'est en contact qu'avec l'un de ses saints.

Cette situation interdit à Molière la dispersion des illustrations à laquelle l'engage le sujet d'autres comédies. Jourdain

nous est montré successivement engagé dans l'étude des belles manières, l'essayage d'un habit, la séduction d'une marquise : autant d'objets dans lesquels s'incarne son idée. Dom Juan va de femme en femme et même d'idée particulière en idée particulière : les femmes, le mépris d'autrui, le défi au surnaturel, autant de thèmes qui illustrent le libertinage et ses conséquences. Argan s'entoure de médicaments, d'apothicaires, de médecins : autant de signes de son hypocondrie. A côté de la cassette d'Harpagon, que d'économies, de trafics, de billets... Orgon n'a qu'une idée, qu'un or, qu'une drogue qui est en même temps son médecin : Tartuffe. « Son tout », dit Dorine. Aussi Tartuffe envahit-il, dans la comédie qui porte son nom, la place qu'occupent à la fois la robe de chambre, l'habit, les leçons d'escrime, de musique et de philosophie, Dorante, Dorimène et la cérémonie du Mamamouchi dans *Le Bourgeois gentilhomme;* ou encore les drogues, les clystères, M. Purgon, les Diafoirus et l'initiation médicale dans *Le Malade imaginaire.* Somme d'objets et idéal à la fois, Tartuffe est du même coup jeté dans une situation qui est la synthèse des situations offertes dans les autres pièces.

Tartuffe n'entre en scène qu'au troisième acte — le plus long retard de tout le théâtre de Molière. Que ce retardement ait pour cause les remaniements successifs de la pièce ou une recherche délibérée de l'auteur, il n'en est pas moins un des plus efficaces.

Certains metteurs en scène, pourtant, s'en plaignent. Ils sont embarrassés par le second acte, qu'ils ne parviennent pas à intégrer dans le mouvement général de la pièce. C'est qu'au fond, ils oublient l'importance d'Orgon et ne voient pas que la comédie est construite sur le couple Orgon-Tartuffe (héros passionné — objet de la passion). Dans une mise en scène américaine, Orgon, au cours du deuxième acte, ouvrait une porte et y découvrait Tartuffe à l'écoute, qui s'excusait et disparaissait dans une courte scène muette. Le « gag » faisait rire sur le moment, mais « tuait » l'entrée du troisième acte.

Tartuffe est, pendant deux actes, une absence. C'est-à-dire que le monde de la pièce s'organise et, en quelque sorte, se creuse pour mieux le recevoir lorsqu'il se montrera. Comme Pierre dans l'exemple par lequel Sartre illustre son analyse de l'attente [1], Tartuffe n'est pas là, et « il se fait une organisa-

1. Jean-Paul Sartre, *L'Être et le Néant,* Bibliothèque des Idées, Gallimard, 1943, pp. 44-45.

tion synthétique de tous les objets (de la maison d'Orgon) en fond sur quoi (Tartuffe) est donné comme devant paraître ». Certes, l'intérêt du premier acte n'est pas seulement fondé sur cette attente. Orgon et sa famille ne sont pas semblables à ces girls qui précédaient en scène l'entrée de Maurice Chevalier. Toutefois, à la présence absorbante d'Orgon et de sa famille *s'ajoute* l'absence de Tartuffe, qui augmente la richesse dramatique de ce groupe de personnages et de ses situations : ils sont donnés à la fois pour eux-mêmes et pour autre chose, ils sont à la fois dans deux comédies, l'une actuelle, l'autre à venir.

Des drames naissent souvent d'une intrusion. Apparition d'un tiers inattendu ou retour de justicier, à la rigueur immixtion du doigt de Dieu ou catastrophe survenue de l'extérieur, la perturbation qui dérègle un ordre établi et les rétablissements ou déchéances qu'elle entraîne sont une bonne matière pour le théâtre. Nombreuses sont les pièces qui s'ouvrent sur une « arrivée », à commencer par les tragédies de l'Orestie et leurs adaptations modernes, pour aboutir aux pièces policières, au *Voyageur sans bagages* ou à *La Descente d'Orphée*. *Tartuffe* nous présente un intrus déjà installé, qui a déjà bouleversé l'ordre de la maison : la pièce commence avec la seconde étape, celle des tentatives de rétablissement. C'est-à-dire que, selon le principe classique, la crise finale fait seule le sujet de la pièce proprement dite. Depuis longtemps Tartuffe a séduit Orgon et détruit l'équilibre de la maison — comme, depuis longtemps, lorsque Phèdre se confie à Œnone, Hippolyte lui a été « montré ». Les intrusions, les installations, les processus de désintégration, les « feux naissants » et l'enfance des désordres sont racontés dans les scènes d'exposition, ils sont rarement mis en action.

De même que les caractères sont aux trois quarts figés et prévisibles, les situations de ce théâtre sont aux trois quarts établies. Dans un cas comme dans l'autre, « le mal est déjà fait » quand le rideau se lève. On ne nous montre pas comment les êtres surgissent, comment les caractères se font ou comment les situations se nouent, mais comment, une fois installés, ils confirment leur nature, leur état et se dilatent jusqu'à l'explosion. Les comédies de Corneille et celles de Marivaux se déroulent de façon plus romanesque, — c'est-à-dire que la naissance des situations ou des passions y est représentée tout autant que les états ou les solutions.

Ne disons pas que Molière doit appliquer les règles et qu'il lui est difficile de bloquer en vingt-quatre heures la première rencontre d'Orgon et de Tartuffe, l'installation dans la maison, le projet de mariage avec Mariane' et la séduction d'Elmire. Cette convention ne gênera guère Marivaux. Remarquons plutôt qu'il y a accord entre la règle d'unité de temps et la conception du sujet, et que cet accord révèle une certaine philosophie, qui est celle des « états » et des « essences » déjà si manifeste dans la construction des caractères.

L'intrusion de Tartuffe et le désordre dans la maison sont, au lever du rideau, des faits accomplis — comme est un fait accompli le caractère d'Orgon. Tout est en place. L'intérêt repose surtout sur le désir de voir arriver ce qu'on attend — et non sur celui d'être surpris. Ce théâtre n'est pas une œuvre de virtuose ni de coquet : il offre à l'intérieur ce qu'il présente en vitrine. Toutefois, Molière garde longtemps son spectateur à l'extérieur. Son génie consiste essentiellement à montrer, en chair et en os, un monstre à la hauteur de sa description. Car rien ne serait aussi décevant que de voir, après deux actes d'attente, un Tartuffe inférieur en puissance aux portraits qui en ont été faits.

Intrus à la fois installé et absent pendant tout le début de la pièce, Tartuffe jouit d'un double privilège dramatique. Il est donné comme l'agent de désordre et il s'offre comme un vide dans lequel s'engouffre une partie de l'intérêt du spectateur. Comme Orgon pour un temps, il se distingue par son absence. Comme lui, il est doublement important : on redoute sa présence, c'est-à-dire qu'il est à la fois monstre et ombre de ce monstre.

Le nom de Tartuffe est prononcé pour la première fois par Damis au vers 41. L'ordre des thèmes présentés à ce moment-là par les personnages éclaire le rôle de Tartuffe dans la famille et dans la pièce.

Mme Pernelle reproche à la famille une certaine façon de vivre : Elmire est dépensière, Cléante prêche des « maximes de vivre » qui ne sont pas « honnêtes ». En revanche, Tartuffe serait « un homme de bien qu'il faut que l'on écoute ». Tartuffe est ainsi introduit d'abord comme membre d'un débat qui porte sur la manière de vivre. Les termes de ce débat sont à la fois simples et très généraux. A ce moment-là, Molière cherche moins à les préciser qu'à souligner le rôle que joue Tartuffe dans le conflit : Damis, dès le vers 45, traite Tartuffe de « cagot de critique », l'accuse d' « usurper un pouvoir tyrannique » et de faire obstacle à ses divertissements. Ainsi, du vers 41 au vers 48, Molière présente avant tout une *forme* dramatique

que viendra ensuite emplir un contenu concret. Tartuffe est,
avant tout, le critique tyrannique d'une certaine manière de
vivre. Sa fonction dans la pièce est donc, au départ, celle d'un
usurpateur qui veut réformer un ordre établi.

C'est ensuite que Molière apporte quelques précisions. S'il
va de soi que la critique d'un style de vie s'exprime en termes
de morale (il considère tout comme un « crime », v. 50), il
est moins évident que cette critique s'applique à *toutes* les
activités de la famille (v. 51) et qu'elle doive être particulièrement active (critique zélée, v. 51). Enfin il est bon d'ajouter
le principe sur lequel elle repose : la religion (v. 52). De cette
façon, après avoir défini la fonction de Tartuffe dans le drame,
Molière introduit le thème de la dévotion, qui est en quelque
sorte l'aliment, on pourrait dire : le carburant, qui permet
à Tartuffe de fonctionner.

Au vers 61, Dorine reprend le thème de l'usurpation, et
le traite anecdotiquement : c'est maintenant un cas particulier d'usurpation, avec une histoire et des détails individuels :

> *... un gueux qui, quand il vint, n'avait pas de souliers*
> *Et dont l'habit entier valait bien six deniers...*

Cette première présentation de Tartuffe, très schématique et
du même coup importante par le choix des thèmes, suit l'ordre
que Molière impose par ailleurs aux expositions générales, en
gros de l'abstrait au concret, d'une forme à son contenu, d'une
structure universelle à un cas particulier. C'est une essence
(ou un dessin) qui est donnée d'abord. Les accidents (ou les
couleurs) sont ajoutés ensuite.

Au vers 70, le débat sur le choix d'un genre de vie se double
d'un débat sur Tartuffe lui-même : est-ce un saint ou un hypocrite? Question dont les termes sont expliqués dans la réplique
de Mme Pernelle (sa sincérité et sa haine du péché lui attirent
les calomnies de la famille — il est donc saint et presque
martyr) et dans celle de Dorine (sa critique ne fait que masquer
son amour pour Elmire).

A ce point de la pièce, Tartuffe, dans sa fonction et dans sa
personne, est « lancé ». Usurpateur, critique dévot, hypocrite,
amoureux d'Elmire. Le thème de l'hypocrisie est particulièrement développé, mais indirectement. « Daphné et son petit
époux » ou Orante sont, non des hors-d'œuvre, d'habiles portraits dans le goût des moralistes du temps, mais un complé-
ment à la première description de Tartuffe. La pièce sera,
en partie, le « portrait » de Tartuffe qui est un exemple d'hypocrisie : mais qu'on se dise bien que cette incarnation particulière de l'hypocrisie fait partie d'une classe, au même titre

que Daphné et Orante : la calomniatrice et la prude par nécessité. Molière procède un peu comme un naturaliste écrivant
une monographie sur le cheval blanc, mais nous priant de ne
pas oublier que son sujet appartient au même genre que le
cheval noir ou le cheval bai. Il crée ainsi un intérêt pour l'hypocrisie en général, une méfiance à l'égard de tout zèle moral, et
met le spectateur en garde contre Tartuffe en particulier.

La suite de la pièce jusqu'à l'entrée de Tartuffe n'apportera
de véritablement neuf que la description physique du personnage et certains traits de comportement. Au vers 192, Dorine
nous apprend que Tartuffe mange comme six : au vers 194,
qu'il rote à table. Son appétit est confirmé par les détails de
la scène 4, où l'on apprend en outre qu'il est « gros et gras »,
qu'il a « le teint frais et la bouche vermeille » (v. 234); détail
repris à l'acte II :

> *Il a l'oreille rouge et le teint bien fleuri.*

> (v. 647.)

Toutes les remarques de Dorine à l'acte II, si elles manquent
de précision, n'en suggèrent pas moins un personnage répugnant, un « museau » fait « d'un certain modèle » peu propre
à plaire aux jeunes filles. Enfin l'acte II nous révèle aussi que
Tartuffe prétend être gentilhomme, alors que Dorine le considère comme un « gueux » (v. 63 et v. 484).

A part cette prétention, que le spectateur est invité à considérer comme un mensonge (v. 489), les détails véritablement
nouveaux qui viennent colorer le personnage après la présentation de la scène 1 sont les plus concrets, les plus sensibles :
son aspect physique et sa goinfrerie. On est méthodiquement
passé, dans la description de ce personnage absent, d'une
essence aux affections et accidents ou qualités secondes qui
en font un être particulier.

Toutefois ces qualités secondes ont un autre but que celui
de colorer le personnage : traits de réalisme sans doute, mais
ce réalisme est fonctionnel. D'une part, la contradiction immédiatement sensible entre une conception traditionnelle de
l'ascétisme dévot et ces traits assure le spectateur de l'hypocrisie de Tartuffe. D'autre part, de la sorte nous sont révélés
les motifs et projets de cette hypocrisie : Tartuffe est hypocrite
pour mieux *consommer*. Le faux dévot se double d'un parasite.
Il est fort possible, si l'on ramène le théâtre de Molière à ses
origines farcesques, que le parasite soit premier dans la genèse
du personnage. Dans l'ordre de composition de la pièce toutefois, le Tartuffe-parasite est révélé après la description du Tar-
tuffe-hypocrite. Non seulement Tartuffe est un obstacle à la

vie de la famille qu'il critique au nom du Ciel, mais encore il consomme les biens de cette famille et cette famille elle-même. Qu'il soit gros et gras n'est pas seulement un trait qui permet de faire ressortir l'aveuglement d'Orgon, de rendre plus dramatique la situation de Mariane, c'est aussi le signe de l'*appétit* de Tartuffe, de sa puissance d'engloutissement, de son projet : il vit *pour* manger, disons : pour consommer (gigot en hachis, jeune fille, femme, fortune, maison).

Mettant en scène un hypocrite, Molière ne s'est pas embarrassé de fausses subtilités : il a établi l'écart le plus large possible entre ce que le personnage veut paraître et le mobile de son mensonge : Messere Gaster veut se faire passer pour ascète. Le comique du personnage aussi bien que l'échec de Tartuffe, comme nous le verrons, naissent de cet énorme contraste [1].

On peut discuter le « comique » de Tartuffe et trouver le personnage plus inquiétant et répugnant que drôle, mais on ne saurait prétendre que le personnage soit obscur. Les deux premiers actes de la pièce sont un constant effort pour rendre le personnage clair, pour empêcher le spectateur d'avoir le moindre doute sur l'hypocrisie de Tartuffe.

Dans un univers de caractères et de types dont les dimensions sont fixées une fois pour toutes, Tartuffe, gras, rouge et goinfre, ne peut pas *être* dévot austère. Il faut être « aveugle » comme Orgon pour ne pas être sensible à la contradiction. Pour la famille d'Orgon comme pour le spectateur, Tartuffe est clairement un imposteur. Simplifié, ce théâtre de types donnera le mélodrame et ses « traîtres » : la moustache noire sera le signe de la méchanceté; si le personnage moustachu se montre doux et généreux, il agira nécessairement par un odieux calcul, car on ne peut pas être bon avec une moustache noire. De même que dans la farce le personnage déguisé l'est suffisamment mal pour que le public ne se trompe pas sur son identité réelle, de même dans *Tarutffe*, en dépit de l'habit noir et des comportements de dévot, le personnage est suffisamment gros et rouge pour que le public reconnaisse en lui le goinfre ou le parasite.

La dévotion de Tartuffe est en effet toujours présentée avec les caractéristiques d'un déguisement ou d'un masque. Les traits sont grossis, les couleurs intensifiées. Le masque, par sa définition même, est inhumain. Tartuffe « porte » sa

---

1. Voir chap. VI et VII.

dévotion comme Matamore arbore ses panaches rouges et ses gigantesques épées. Dans les deux personnages, le comportement (héroïque ou dévot) est un lexique parodique de la vertu dont ils se parent. Roland Barthes compare les lutteurs du *catch* à des personnages de farce italienne [1]; on peut aisément user de cette comparaison. Le comportement hyperbolique de Tartuffe est comparable aux expressions hyperboliques des catcheurs, chez qui on voit les *signes* grossis de la souffrance et non la souffrance. Chez Tartuffe, on voit les signes de la dévotion, non la dévotion. Lorsque le signe est exagéré, il devient un absolu, c'est-à-dire qu'il ne signifie plus rien que lui-même, se vide de tout contenu existentiel, au point qu'on ne s'écrie plus devant le personnage : « comme il souffre ! » mais « comme il imite bien (la souffrance !) », précisément au moment où il l'imite si mal qu'on ne pense qu'au signe et non à ce qu'il signifie. L'attention étant ainsi détournée du sens de la mimique à la mimique elle-même; si on tente de revenir à la chose imitée, on se trouve en face non plus de ce que la mimique visait à reproduire, mais de son contraire ou du moins, de son absence. « C'est trop beau pour être vrai », dit à cet égard la sagesse populaire. La mimique est devenue pure forme, c'est-à-dire forme vide, signe d'absence. La mimique exagérée signifie ou signale que précisément le personnage ne souffre pas ou n'est pas dévot.

Sans doute une appréciation historique s'imposerait-elle ici. Notre méfiance en face des comportements hyperboliques rejoint celle de Molière et de son temps. Mais si l'on songe au XIXᵉ siècle, l'analyse précédente demande à être révisée. La gesticulation et l'hyperbole romantiques (issues de la mimique du *Neveu de Rameau* et du jeu mélodramatique) se donnaient pour signes réels de ce qu'elles visaient. Si elles paraissent souvent ridicules aujourd'hui, c'est que nous sommes revenus à la notion de l'hyperbole — signe d'une absence. Il est d'ailleurs remarquable que Molière ait été « pris au sérieux » par le XIXᵉ siècle, grâce à une confusion qui a voulu voir mystère ou profondeur — c'est-à-dire une plénitude — derrière ce qui précisément signifiait un vide. Dans la pièce qui nous intéresse, Tartuffe paraissant contrit, cela veut dire que Tartuffe précisément n'éprouve pas la contrition.

En faisant faire par Orgon un portrait de Tartuffe, Molière détruit toute équivoque. Venant après les allusions à la goinfrerie de Tartuffe de la scène 4, ce portrait de Tartuffe-dévot

---

1. Roland Barthes, *Mythologies*, Pierres Vives, Éd. du Seuil, 1957 (« Le monde où l'on catche »).

est présenté avec un contraste accru du fait que la mimique exagérée du personnage est décrite avec emphase par Orgon, c'est-à-dire du fait qu'on a affaire à une double hyperbole. Insensible à ce procédé et soucieux de « réalisme », Arnavon lie le vers 272 :

> *C'est un homme... qui... ha ! un homme... un homme enfin.*

aux vers suivants en voyant dans la construction une sorte d'anacoluthe qui interdit de s'arrêter sur « un homme enfin ». Or, bien qu'il ne soit pas souhaitable que l'acteur grossisse jusqu'au burlesque la fin du vers, celle-ci néanmoins se suffit à elle-même et situe les propos d'Orgon au niveau de l'hyperbole nécessaire à la juste compréhension des deux personnages. Car ce vers reprend et confirme les propos de Dorine : « son tout, son héros ».

Il y a, si l'on veut, confusion chez Orgon entre le sublime et l'hyperbole. Il confond la grandiloquence du comportement de Tartuffe avec l'intensité d'un vrai dévot, comme Argante, dans *Les Fourberies de Scapin*, confond les rodomontades de Sylvestre avec les éclats d'un vrai capitaine outragé [1].

La description d'un personnage par un autre remplit une triple fonction. Le portrait est nécessairement le résultat d'un choix de détails que le personnage qui décrit estime caractéristiques. Ainsi, d'une part le personnage qui décrit se révèle par ce choix et par le style de son portrait tout en révélant certains aspects de l'autre; d'autre part, la durée réelle d'une présentation en action — avec la dispersion inévitable qu'elle entraîne — est remplacée par une juxtaposition de moments exemplaires : temps morts ou détournements d'attention sont évités. C'est un catalogue de gestes-clés qui se substitue à la confusion de la vie. Le théâtre classique, soucieux d'économie, abonde en portraits et récits : le réalisme est sauvegardé dans la mesure où le choix des détails ou des gestes est justifié par le caractère et la situation du portraitiste ou du narrateur.

Orgon ayant fait de Tartuffe un héros, comme l'a souligné Dorine, choisit, pour décrire Tartuffe, les détails de son comportement qui ont une allure héroïque : ceux de la dévotion spectaculaire. Là où nous voyons un « spectacle », c'est-à-dire un jeu et un mensonge, Orgon voit les signes authentiques de la dévotion. Il se trompe sur l'intention de Tartuffe. Il donne pour signe de dévotion ce qui est précisément accompli pour être *vu* par lui. Orgon croit que Tartuffe s'adresse à Dieu alors

---

1. *Les Fourberies de Scapin*, acte II, scène 6.

qu'il s'adresse à Orgon. Les notes des éditions scolaires font remarquer aux étudiants l'habileté comique ou « piquante » de Molière qui fait en sorte qu' « Orgon n'omette aucune des circonstances qui auraient dû l'éclairer sur l'hypocrisie » de Tartuffe. Or ces notes visent mal : les « circonstances » mentionnées sont précisément celles qu'Orgon *ne peut omettre*. Orgon ne croit à la dévotion de Tartuffe que parce que celui-ci se livre à des « élancements » spectaculaires. D'un autre côté, pour les autres personnages et pour le public, les aspects spectaculaires et hyperboliques du comportement de Tartuffe sont précisément le signe de son hypocrisie.

Les vigoureuses tirades de Cléante qui répondent au portrait de Tartuffe fait par Orgon sont une tentative de démystification. Sans doute sont-elles, sur un certain plan, une sorte de profession de foi religieuse qui pourrait être celle de Molière lui-même, mais au lieu de discuter leur « sincérité » et de se demander si c'est vraiment Molière qui parle ou si nous avons affaire à une sorte de correctif prudent, il convient de les interpréter dans la mesure où elles situent Tartuffe et son mensonge. Leçons peut-être, elles sont surtout moments d'une comédie, c'est-à-dire qu'elles précisent les traits des personnages et établissent des tensions dramatiques. Cléante répond à Orgon comme Dorine répondait à Mme Pernelle : les personnages étant divisés sur la vraie nature de Tartuffe (Saint ou hypocrite) il convient qu'aux personnages « pour » répondent les personnages « contre ». Comme dans la première scène, le débat sur la personne de Tartuffe est lié à un débat plus large sur des manières de vivre. Comme dans la première scène, le cas particulier de Tartuffe est rattaché à une classe ou à un genre : quelles que soient les mésaventures particulières que nous racontera la pièce, elles ne seront qu'une des possibilités d'une situation plus générale — ici, l'hypocrisie en matière de religion afin de « courir à sa fortune ». Enfin et surtout, Cléante pose en termes clairs le thème de la pièce : la confusion entre le vrai et le faux. C'est à vrai dire par là que commence Cléante, pour suivre le mouvement habituel de l'universel au particulier. D'abord il assimile les Tartuffes aux Matamores (v. 326) ce qui lui permet de poser en termes généraux le conflit du vrai et du faux (masque-visage, artifice-sincérité, apparence-vérité, fantôme-personne, fausse monnaie-bonne monnaie) qu'il illustre ensuite par la comparaison entre les faux et les vrais dévots, qui se termine par une allusion directe à Tartuffe (vv. 403-406).

Cette tentative de démystification est un échec, fortement souligné dramatiquement par le contraste entre la longueur de l'effort de Cléante (plus de 80 vers) et la brièveté de la fin de non-recevoir d'Orgon :

Orgon :   *Monsieur mon cher beau-frère, avez-vous tout dit?*
Cléante :   *Oui.*
Orgon :   *Je suis votre valet* (il veut s'en aller).

(vv. 408-409.)

L'insistance de Cléante, outre les motifs didactiques ou les raisons de prudence qui ont poussé Molière à l'accentuer, produit un double effet dramatique : elle clarifie définitivement la situation et les caractères principaux (Orgon et Tartuffe) et elle accroît la tension. Au « masque » de Tartuffe décrit par Orgon il convenait d'opposer « le vrai visage » du personnage : Dorine et Cléante en sont chargés. Le désaccord entre les personnages est l'image même de la tension sur laquelle est bâti Tartuffe : un appétit sous un masque de dévot.

Aucune équivoque ne pèse désormais sur l'aveuglement d'Orgon et sur l'hypocrisie de Tartuffe; d'autre part, si Orgon ne se rend pas aux beaux raisonnements de Cléante, c'est que son cas est désespéré, et que le conflit qui l'oppose à sa famille ne pourra se résoudre que par une crise destructive d'un clan ou de l'autre.

Au cours des deux premiers actes, Tartuffe est avant tout le mal d'Orgon, et il n'est que cela. Il est installé dans Orgon — et dans sa maison — comme un parasite interne. Il n'est pas nécessaire qu'on le voie : son action sur le monde de la pièce, c'est à travers Orgon qu'elle s'exerce.

Sans doute, au cours de la scène 1 du premier acte, est-il décrit comme un « critique zélé » qui intervient activement et personnellement dans les divertissements de la famille : on nous prévient ainsi que, plus tard dans la pièce, il se manifestera sur la scène. Mais dès l'entrée d'Orgon, le poids de celui-ci relègue Tartuffe au second plan : on découvre que le drame naît, non pas des interventions personnelles de Tartuffe, mais du fait qu'Orgon est « coiffé » de (lisons « possédé par ») Tartuffe. Le drame n'est pas qu'un parasite se goberge pendant qu'Elmire est souffrante, c'est qu'Orgon s'intéresse davantage à l'appétit de ce parasite qu'au malaise de sa femme; c'est aussi qu'Orgon veuille lui donner sa fille.

Toutefois, les deux premiers actes de *Tartuffe*, portrait en mouvement d'un possédé, sont parcourus par de constantes allusions au possesseur.

Redouté ou détesté par les personnages dont il n'a pas pris possession, Tartuffe, absent, donne aux deux actes une dimen-sion de transcendance, rare dans la comédie classique : il appar-tient à l'au-delà de la pièce. Il se meut dans cette zone interdite au spectateur et toujours rendue imprécise pour que l'attention s'attache mieux à la scène même. Dans *Tartuffe*, pendant deux actes, la coulisse est le royaume d'un être parfaitement défini, dans son physique, dans son comportement et dans sa psychologie. Parmi les fantômes de l'extérieur s'agite un être de chair, haut en couleur et responsable de gestes et d'actes nets sinon francs.

Rien ne le supporte que lui-même. Les prolongements du décor hors de scène se perdent dans la même brume que dans d'autres comédies. C'est toujours sur du flou que se dessine, avec la plus grande netteté, le visage de Tartuffe. Valère, absent, l'est au même titre que l'extérieur de la salle basse. Tartuffe absent se voit accorder le même degré d'existence que les personnages qui agissent sur scène. Cette rencontre d'une existence intense et d'une absence confère à Tartuffe une situation en quelque sorte divine : l'univers visible de la pièce se passe aisément de lui mais prend son sens, ou se met en ordre vis-à-vis de lui.

Il jouit de la même équivoque qu'un dieu. Nous avons suffisamment noté l'importance fonctionnelle du rôle d'Orgon : c'est lui le chef de l'univers de la pièce, c'est en lui que réside le mal qui met en danger l'ordre de cet univers. Et pourtant ce mal est nourri par Tartuffe. Sans Orgon, pas de Tartuffe. Sans Tartuffe, pas d'Orgon tel qu'il apparaît dans la pièce. La grâce vient de Dieu, mais l'homme est responsable de sa grâce ; le mal vient de Satan, mais l'homme est responsable de son mal.

Tartuffe peut être une invention d'Orgon ; en tout cas, Orgon ne l'aurait pas trouvé s'il ne l'avait pas cherché. Au cours de ces deux premiers actes, nous ne voyons pas Tartuffe, mais nous savons qu'Orgon a trouvé son Tartuffe. On nous le promet, on nous annonce les traits de son visage, on nous montre son action sur le monde. Ces deux actes sont pour ainsi dire une pré-initiation.

Tartuffe est absent et possède Orgon, Tartuffe absent existe intensément. Du coup, les deux premiers actes de la pièce offrent une tension dramatique presque unique dans le théâtre de Molière : outre le conflit qui oppose sur scène, pour ainsi dire horizontalement, le père buté et corrompu à sa famille, *Tartuffe* présente une seconde ligne de force, verticale, qui va d'Orgon à Tartuffe absent. La qualité de la pièce vient de l'égalité d'intérêt qu'on accorde à ses deux tensions. Le portrait de

Tartuffe dans la scène 1 du premier acte, les rappels de ce portrait ou les compléments que les personnages y apportent, sont constamment équilibrés par le portrait d'Orgon et sa passion. Si Tartuffe, dès le début, l'emportait en intérêt sur Orgon, son absence ne créerait qu'un effet assez facile de coquetterie dramatique. Équilibré par l'insistance sur l'importance personnelle et fonctionnelle d'Orgon, l'impatience se transforme en attente sage, c'est-à-dire en pur intérêt dramatique. D'autre part, si Orgon l'emportait sur Tartuffe, — c'est-à-dire si Tartuffe n'avait pas une force ou une carrure égale à la passion qu'il inspire à Orgon — la pièce, drame d'amour, serait véritablement déséquilibrée, et il n'y aurait pas de raison pour ne pas montrer immédiatement Tartuffe, comparse, ou pour ne pas le montrer du tout, comme en une sorte d'*Arlésienne*.

Ainsi l'absence de Tartuffe et l'égalité d'intérêt que Molière a su conférer aux deux tensions enrichissent le début de la pièce et lui donne un équilibre géométrique à plusieurs dimensions : à l'intrigue traditionnelle linéaire (père-obstacle-famille) il ajoute un vecteur dramatique qui lui est perpendiculaire. Il établit un rapport entre un certain théâtre de la présence scénique et un théâtre de la transcendance ; il établit un lien organique (le rapport Orgon-Tartuffe) entre deux ordres. Il conviendra de revenir, au terme de cet essai, sur cet aspect de la composition moliéresque, aspect qu'on pourra appeler baroque ou maniériste et qui révèle un sens architectural de la composition.

Le déblaiement de la scène, qui prépare et retarde à la fois l'entrée d'Orgon, et l'absence prolongée de Tartuffe s'apparentent à un procédé général fréquent dans le théâtre de Molière. On ne saurait trop insister sur le fait que ces retardements n'ont rien à voir avec le « suspense » policier. D'une part, l'intérêt que Molière dirige vers le personnage absent ou à venir est tempéré et équilibré par l'intérêt qu'il réserve pour le personnage présent qui annonce ou prépare la venue de l'autre : Dorine décrivant Orgon — en même temps partiellement Tartuffe — révèle également Dorine ; au moment même où Orgon va entrer, Damis tempère l'attente du spectateur par une allusion rapide mais précise à une double intrigue amoureuse. Enfin, nous venons de voir comment la présence d'Orgon équilibre l'absence de Tartuffe. D'autre part, le personnage annoncé est décrit et défini par les autres *tel qu'il apparaîtra*. Le film policier et

le film d'horreur nous annoncent la venue d'un criminel ou
d'un monstre sans nous le décrire : ce que nous attendons avec
impatience, c'est non seulement de le voir en action, mais de
connaître sa nature. Nous nous attendons à être surpris
(effrayés ou déçus) quand il apparaîtra. Quand nous attendons
avec une impatience tempérée, car elle ne nous occupe pas tout
entiers, l'entrée en scène d'un « monstre » moliéresque, nous
savons que nous ne serons pas surpris, mais satisfaits.

Orgon entre en scène pour illustrer en actes le portrait que
Dorine vient de faire de lui. Tartuffe entre en scène tel que
les autres personnages l'ont décrit pendant deux actes. Ces
monstres viennent en quelque sorte remplir tout naturellement
le concept que le spectateur a fini par avoir d'eux. Ce à quoi
nous assistons, c'est pour ainsi dire la genèse poétique du
personnage de théâtre. On a vu, dans le cas de Tartuffe, comment Molière passe de la notion générale d'une fonction (gouvernement usurpé) à celle d'un contenu particulier (conseils
religieux, hypocrisie) puis à des détails de comportement et
physiques (gloutonnerie, gestes hyperboliques de dévotion,
embonpoint). Enfin, lorsque le personnage s'est ainsi enrichi et
coloré *sur le papier*, il le jette sur la scène sous les traits d'un
acteur — point final, ultime réalisation : le passage du texte à
la scène.

Il ne s'agit pas de savoir si Molière construisait ses personnages selon ce plan. Les études de ce siècle sur « Molière homme
de théâtre » invitent à penser qu'au contraire, dans la réalité,
Molière pensait en termes concrets, qu'il serait plutôt parti de
la vision d'un gros hypocrite en action et aurait abouti, en
établissant les tensions dramatiques nécessaires, à un degré
suffisant d'universalité et à l'essence de son sujet : l'usurpation,
la possession, etc. Toutefois, l'ordre qu'il impose à l'apparition
progressive de ses personnages, s'il ne représente pas la chronologie réelle de l'invention, en reconstruit du moins la logique.
Molière procède, si l'on veut, comme ces savants qui découvrent
une vérité ou un être de science par intuition immédiate, mais
rédigent le rapport de leur découverte en suivant une démarche
fictive et rationnelle en même temps. Molière met en ordre les
caractères, les actions, les drames : il ne copie pas la confusion
du réel, il le réorganise, le réinvente harmonieusement.

Il semble, ici comme sur bien d'autres plans, que la destination de la comédie moliéresque soit précisément de satisfaire
en mettant de l'ordre. Le genre même de la comédie veut que
les amoureux sympathiques soient unis au dénouement : les
obstacles sont alors surmontés, les erreurs corrigées, le désordre
aboli. Mais plus profondément, la comédie tend à supprimer

l'imprévisible. Les masques de la farce italienne n'ont aucune chance de liberté : ils ne font qu'un avec leur fonction (battre, être battu, triompher en amour, etc.). De façon beaucoup plus complexe, les caractères moliéresques, dont les fonctions sont plus souples, ne font également qu'un avec eux-mêmes. Orgon, nous l'avons vu, ne se dépasse jamais. Ce que Molière exige de nous, c'est une reconnaissance répétée. Son univers est celui de la sécurité — une sécurité magique, semblable à celle que procurent les fées qui d'un coup de baguette amènent à l'existence précisément ce que nous désirons.

Qu'on songe aux *Précieuses ridicules*. Mascarille y est appelé, préparé, formé — en quelque sorte créé par Cathos et Magdelon. Son entrée, une des plus spectaculaires du théâtre de Molière, fait de lui une caricature au second degré : une hyperbole vivante de l'hyperbole imaginée par les Précieuses. Il vient remplir leur vœu, le combler, il en déborde même. Il représente excellemment la résolution magique que Molière opère au début ou au cours de ses comédies et qui leur fait frôler la féerie : les personnages « à passion » ne sont pas « frustrés », ils reçoivent magiquement satisfaction. Molière ne leur donne pas une chance de bovarysme. Les Précieuses reçoivent Mascarille, les Femmes savantes Trissotin, Jourdain ses maîtres et ses turqueries, Argan ses médecins, ses apothicaires et ses drogues. Le spectateur assiste au spectacle de l'appétit repu et de la passion satisfaite. Il est, du même coup, lui aussi comblé.

Il l'est à double titre : il l'est *avec* le personnage à passion, il l'est aussi dans la mesure où Molière le traite comme un de ces personnages. Par les promesses de ses titres et de ses portraits, Molière crée chez le spectateur un appétit pour un certain personnage. A point nommé, il nous l'offre, avec toutes les dimensions qu'il nous avait fait désirer. Les deux Précieuses viennent emplir exactement l'attente qu'avaient créée en nous le titre de la comédie et les brèves descriptions de Lagrange et de Du Croisy, comme Mascarille répondra à l'appel des Précieuses combiné au nôtre. Orgon et Tartuffe, lorsqu'ils apparaissent sur la scène, sont également destinés à épouser exactement la structure vide que Molière a peu à peu construite dans notre imagination. Le procédé est repris dans plusieurs pièces avec les mêmes étapes. Le spectateur a faim d'un personnage qui a faim d'un certain être. Le personnage est satisfait, car il obtient cet être; le spectateur est doublement satisfait, car il reçoit le personnage qu'il appelait et le reçoit rassasié. Ce trio spectateur-Précieuses-Mascarille, c'est aussi le trio spectateur-Femmes savantes-Trissotin, ou le trio spectateur-Argan-Diafoirus. C'est le trio spectateur-Orgon-Tartuffe.

Toutefois, cette satisfaction se double d'une révélation progressive : la satisfaction du personnage à passion, pour réelle qu'elle soit, n'est qu'une imposture. Disons qu'il est satisfait par une illusion, un mensonge. Mascarille, Tartuffe, Trissotin, les médecins sont tous plus ou moins des imposteurs. Les Précieuses, Orgon, Les Femmes savantes, Argan ont reçu l'apparence (le « fantôme », dit Cléante) de ce qu'ils désiraient. S'ils ne sont pas guéris de leur illusion, on ne peut que renchérir sur l'imposture *(Le Bourgeois gentilhomme, Le Malade imaginaire)*. A cet égard, le parallèle est remarquable entre le spectateur et le personnage à passion : l'un et l'autre (l'un en état « naturel » d'attente, l'autre mis artificiellement dans cet état par la préparation moliéresque) sont nourris d'une mascarade, l'un et l'autre se satisfont d'une comédie. La différence principale qui les sépare, c'est que l'un ne sait pas qu'on le trompe et que l'autre sait qu'il est au théâtre.

Quoi qu'il en soit, ce que Molière présente sur la scène, c'est une image théâtrale de la vie. La vie est une comédie, mais une comédie écrite précisément selon les principes moliéresques : l'hypocrite Tartuffe satisfait Orgon comme Orgon satisfait le spectateur; le personnage-objet de la passion se plie aux caprices de la passion du héros et épouse celle-ci comme les « caractères » de la comédie viennent combler l'attente du spectateur. Dans les deux cas, *on se contente* d'apparences : Tartuffe est un *faux* dévot, les médecins sont des charlatans, Mascarille est un valet déguisé — comme Orgon est M. X de la Comédie Française.

Ainsi, les effets de l'absence de Tartuffe sont multiples. Les analyses qui précèdent ne prétendaient nullement prêter à Molière une telle complexité d'intentions : il ne s'y agissait que d'expliquer le fait même de notre plaisir. Le retard de l'entrée de Tartuffe, bien loin de déséquilibrer la pièce, augmente l'intérêt de la représentation.

L'absence de Tartuffe permet à Molière d'insister sur la satisfaction d'Orgon, de la développer tout en conférant à *l'objet* de cette satisfaction une situation privilégiée; il peut de la sorte soutenir un intérêt égal pour Orgon et Tartuffe, en les plaçant sur deux plans différents (celui de la présence et celui de l'absence) mais liés organiquement (passion-possession); il peut surtout jouer sur deux tableaux : le spectacle plaisant d'Orgon satisfait est une image de notre satisfaction à venir. Aucun doute ne nous est permis sur ce que sera Tartuffe : un faux dévot, un hypocrite gras, un jouisseur à peine déguisé en directeur de conscience. Il nous comblera de cette vérité attendue comme il a comblé Orgon de son mensonge.

CHAPITRE VI

Échec au masque

Si, par une totale incompréhension de la comédie, on doutait encore de l'hypocrisie de Tartuffe, son entrée en scène devrait dissiper définitivement tout malentendu.

(Tartuffe apercevant Dorine)

dit le texte. C'est *parce qu'il* aperçoit Dorine que Tartuffe se tourne vers son serviteur et fait allusion à ses activités pieuses. Au moment même de son entrée — une des plus évidentes du répertoire français — Tartuffe lui-même nous crie : je suis un hypocrite. Molière, ici, réduit au minimum toutes les précautions : le choc de satisfaction provoqué par l'entrée de ce personnage tant attendu fait oublier toutes les questions qu'un esprit pointilleux en matière de réalisme pourrait poser.

La scène est claire et rapide. Personne ici n'est dupe : ni le spectateur, ni Dorine qui voit Tartuffe se composer un visage et s'écrie :

> *Que d'affectation et de forfanterie !*
>
> (v. 857.)

pour bien nous montrer qu'elle n'est pas dupe, aussi bien que pour nous ôter toute illusion sur Tartuffe, s'il nous en reste.

Cette entrée est d'une très grande efficacité dramatique pour de nombreuses raisons. D'abord par sa brutalité et son caractère très schématique. Sans aucun ménagement, Tartuffe offre immédiatement son *double visage :* il est donné dans sa totalité dès son entrée en scène. Après deux actes d'attente, la satisfaction du spectateur est soudaine et complète. C'est exactement ce qu'on appelle une « heureuse surprise ». Si le rire éclate, c'est un rire de reconnaissance, à tous les sens du mot.

En second lieu, cette entrée est essentiellement dynamique, et non seulement parce qu'on assiste au mouvement physique d'un personnage qui entre en scène : le vrai mouvement, c'est

le passage brutal, pour le spectateur, d'une image à un objet
réel. Tartuffe est descendu du ciel de l'imaginaire — du ciel de
l'absence — pour exister sous nos yeux au même titre que les
autres personnages. En outre, ce passage s'accompagne d'une
série de tensions immédiatement établies : tension entre les
deux visages de Tartuffe, tension avec Dorine. Car le changement
de visage de Tartuffe établit un rapport profond entre Dorine
et Tartuffe, il vaut un dialogue de combat.

Cette entrée rend sensible ce qui avait été suggéré ou montré
dans ses conséquences au cours des deux premiers actes : la
duplicité de Tartuffe, son conflit avec la famille représentée ici
par Dorine. Une fois de plus, on a affaire ici à une illustration
concrète et scénique d'une situation décrite précédemment. La
description ayant été longue et morcelée, pour les raisons que
l'on sait, l'illustration se déroule au contraire à un rythme
accéléré. Elle fait équilibre à la longueur de la description par la
brutalité, la couleur violente des détails choisis. A la situation
diluée dans les deux premiers actes, elle oppose un condensé
remarquable par sa densité et son intensité.

Bien qu'aucun doute n'ait été laissé au spectateur sur l'hypocrisie de Tartuffe dans les deux premiers actes, les personnages,
eux, sont en désaccord sur la vraie nature de Tartuffe : leur
groupe pose la question de la sincérité de Tartuffe et, dans cette
faible mesure, présente l'hypocrisie du personnage comme une
hypothèse. C'est-à-dire que si nous sommes convaincus de cette
hypocrisie, le groupe familial pris en bloc ne l'est pas autant
que nous : une certaine marge d'incertitude persiste sur la
scène. L'entrée de Tartuffe chasse de la scène tout point d'interrogation.

En outre, les exemples de pruderie ou d'activités pieuses de
Tartuffe « racontés » dans les deux premiers actes n'ont pas le
caractère extrême de ceux qu'offre la scène 2 de l'acte III.

Tartuffe pieux? Les personnages citaient des attitudes
spectaculaires à l'église, des dons aux pauvres, des remords
pour avoir tué une puce « avec trop de colère ». Dès son entrée,
Tartuffe fait allusion à la plus sévère, à la plus mortifiante, des
activités pieuses : le port de la haire et l'autoflagellation. Au
moment où Tartuffe apparaît en chair et en os, il nous plonge
lui-même dans sa propre chair. Cette chair, dont on nous a dit
seulement jusqu'ici qu'elle était grasse et bien nourrie, dont
on nous a fait comprendre qu'elle était peu attirante (acte II),
voici qu'elle est évoquée dans ses meurtrissures et ses punitions
— celles-ci, bien entendu, étant feintes.

Cette allusion directe à la chair châtiée de Tartuffe reprend
et intensifie le courant de thèmes charnels ou sensuels des

deux premiers actes : appétit et aspect physique de Tartuffe, répugnance physique qu'inspire Tartuffe à Dorine et à Mariane. Voir Tartuffe en chair et en os, l'entendre aussitôt parler des tortures qu'il inflige à son gros corps va pousser le thème charnel, jusque-là secondaire, au premier plan.

Tartuffe « critique zélé »? Il reprenait le train de vie de la maison; il s'attaquait aussi à ce qui est presque la chair des femmes : rubans, mouchoirs, rouge et mouches (v. 205) — à vrai dire par le truchement de son valet Laurent. Maintenant c'est Tartuffe en personne qui « critique » directement la chair proprement dite d'un personnage : le sein de Dorine.

Deux dimensions de Tartuffe, son comportement de dévot et son activité de critique, sont donc dans cette scène reliées toutes deux au thème de la chair, à la fois par la présence réelle de Tartuffe, par ses propos et par son comportement.

La réponse de Dorine :

> *Vous êtes donc bien tendre à la tentation,*
>
> (v. 863.)

est une mise au point. Tout en réaffirmant la présence charnelle de Tartuffe (« Et je vous verrais nu du haut jusques en bas... » [v. 867]), de ce corps replet et bien nourri, elle donne la raison de son comportement : il est « bien tendre à la tentation ». C'est-à-dire que Dorine rétablit une fois de plus la distance entre le vrai Tartuffe et le Tartuffe apparent. Elle affirme, une fois de plus, que son comportement est un masque, et que ce masque cache un *appétit* qui vise exactement le contraire de ce que vise le comportement apparent.

C'est dire assez qu'il y a, dans cette courte scène, vérification satisfaisante de ce que nous savions déjà de Tartuffe, accompagnée d'un renchérissement qui donne plus de plénitude au personnage sans le dénaturer le moins du monde. Tartuffe, ici, se surpasse sans se dépasser. En outre, en passant de l'absence de Tartuffe à sa présence, nous sommes orientés vers ce qu'il y a de plus concret : la présence des corps.

Dans le mouvement général du début du troisième acte, la scène 2 est une scène de transition. Elle s'inscrit entre la révolte de Damis (élément important de l'intrigue familiale) et la conversation entre Tartuffe et Elmire (elle-même provoquée par l'intrigue familiale). Elle permet de relier les deux plans de la pièce : celui de l'intrigue familiale pure (famille en conflit avec père-obstacle) et celui du portrait de l'objet de la passion du père. Elle permet en outre de rappeler, par la bouche du personnage qui l'avait déjà suggérée, la possibilité d'un détournement d'intrigue : Tartuffe « se radoucit » à l'annonce de l'arrivée d'Elmire.

La souplesse et la cohésion de l'ensemble naissent des dynamismes parallèles des différents plans. L'intrigue familiale est, par sa nature même, mouvement et conflit de forces. L' « objet » Tartuffe est lui-même en état permanent de tension. S'il reste fidèle à l'image qui a été donnée de lui, il reste fidèle à sa structure antithétique, à son oscillation du vrai au faux, du rôle à l'homme. Pour simplifier en usant des termes « vrai » et « faux », disons que c'est le vrai Tartuffe qui entre; c'est aussitôt le faux Tartuffe qui parle; c'est le vrai Tartuffe que Dorine décrit; c'est le faux Tartuffe qui lui répond; Tartuffe « radouci » serait une sorte d'équilibre entre une attitude de douceur chrétienne *calculée* et le plaisir intérieur *réel* que ressent Tartuffe.

Enfin, tandis que l'intrigue familiale se dirige vers la résolution du conflit qui oppose la famille aux ordres d'Orgon, c'est aussi une visée, un appel à l'action et au mouvement que la suggestion d'un amour contenu de Tartuffe pour Elmire. Tout, dans ce début d'acte, est mouvement ou promesse de mouvement. Dans ce théâtre de la satisfaction, il n'y a pas de fausses pistes et les perspectives conduisent toujours quelque part. Tandis que seront maintenues les forces déjà actives, la promesse d'un nouveau mouvement sera tenue; l'aliment de ce mouvement annoncé et enfin réalisé sera le thème de la chair.

La scène 3 du troisième acte, qui réunit pour la première fois Elmire et Tartuffe, a tout l'aspect d'un « morceau de bravoure ». Elle est presque trop réussie. Elle n'a pourtant rien de la « scène à faire », car elle représente un détournement de l'intrigue, une orientation nouvelle, annoncée sans doute mais suffisamment libre. La « scène à faire », ce serait plutôt Orgon devant Tartuffe, ou Mariane et Tartuffe, ou encore Damis et Tartuffe. Au contraire, cette scène est une sorte d'accident dans l'intrigue première. Elmire veut parler à Tartuffe pour le détourner d'épouser Mariane. Or il se trouve que Tartuffe en profite pour tenter de séduire Elmire. Les possibilités exploitées de la nature du personnage l'emportent ici sur la logique traditionnelle de l'intrigue. Tout se passe comme si les caractères étaient trop riches pour l'intrigue où ils sont embarqués; Tartuffe n'en joue

pas le jeu : il est trop grand pour elle, il s'évade et prend la
direction des opérations.

Cette scène est le signe de la croissance démesurée du cancer
Tartuffe. En tant que critique des mœurs de la famille et fiancé
de Mariane, il était toujours ce que nous avons appelé « le mal
d'Orgon ». Créé par Orgon pour posséder Orgon, il vivait dans
un équilibre, dans un accord avec Orgon, dont la volonté se
confondait avec les machinations de Tartuffe. Orgon voulait
qu'il mangeât bien, qu'il critiquât la famille, qu'il épousât
Mariane. Que Tartuffe ait envoûté Orgon ou qu'Orgon décide
librement, il importe peu : les deux premiers actes sont le
portrait d'un accord parfait entre les deux personnages.

Maintenant, nous allons assister à une initiative absolue de
Tartuffe. En tant que personnage de théâtre, Tartuffe, dans
cette scène, procède à sa libération. Si l'on veut voir dans les
comédies de Molière des métaphores poétiques des états pas-
sionnels (au même titre que les tragédies de Racine, mais avec
une imagerie différente), *Tartuffe* nous raconte l'histoire d'une
passion qui devient vice, c'est-à-dire le passage de l'accord
entre la volonté et la passion à l'indépendance de la passion.
Tartuffe, objet de la passion d'Orgon et symbole de cette
passion, agit sans contrôle, sans prendre la peine de convaincre
d'abord sa victime. Orgon n'est plus, désormais, maître de sa
créature. La fatalité (encore une fois voisine de la fatalité racinienne) qui se manifeste ici est tout entière dans le caractère de
Tartuffe. La séduction d'Elmire est contenue dans sa nature
comme l'alcoolisme est contenu dans l'amour du vin. A la fin
de l'acte, Orgon niera la tentative de séduction comme un
alcoolique nie qu'il est ivre.

Ce passage jette un jour nouveau sur les deux premiers actes.
Si l'on assiste à la représentation avec fraîcheur, ces deux premiers actes, en eux-mêmes, sont une excellente comédie de la
passion, où la nature dangereuse et illusoire de celle-ci est
soulignée symboliquement par le fait que l'objet en est un
hypocrite. C'est sur cette plate-forme, ce plateau nécessaire
que s'édifie la suite de la pièce, qui est une comédie du vice
— c'est-à-dire qu'on s'élève d'un degré. La passion, représentée
par son objet, devenant incontrôlable, libre en quelque sorte,
apparaît comme un être indépendant : Tartuffe. Le spectacle
de ses activités indépendantes sera équilibré par le spectacle
des justifications *a posteriori* du vicieux, Orgon. En passant de
la passion au vice, le dépassement du patient par son mal donne
au second le pas sur le premier; du même coup, ce sont deux
personnages différents qui apparaissent sur la scène. Tartuffe
n'étant plus dans Orgon se dresse à côté de lui, contre lui.

Tartuffe n'a plus besoin d'Orgon pour exister. C'est du moins ce qu'il croit. C'est ce qui le conduira, après de nombreuses hésitations, à jeter son masque, comme les plaisantes excitations internes que procure le vin se révèlent un jour comme cirrhose du foie.

A la fois prévisible — puisque Tartuffe ne « sort » pas de son caractère, de sa nature — et imprévue — puisque Tartuffe y décide de son indépendance vis-à-vis de son créateur, — la scène 3 du troisième acte est l'étape la plus importante du déroulement de la pièce, dont elle occupe le centre.

Semblable à un monstre libéré de sa cage, d'abord hésitant puis confiant dans ses forces, Tartuffe commence véritablement à *sévir*, avec la logique déterminée de sa nature. D'où l'aspect effrayant du personnage : c'est une force aveugle qui n'est plus contrôlée. Tartuffe ne peut pas faire machine arrière ni même s'arrêter. Maître d'Orgon, mais jusqu'ici de l'intérieur et dans les limites d'Orgon, Tartuffe déborde maintenant du rôle que lui a assigné Orgon et entreprend son encerclement.

Cette scène, portrait d'une libération, occupe le centre de la pièce. Tout y est calculé pour que s'opère un passage et non une rupture.

Les vœux de santé des vers 879 à 882, justifiés par le malaise dont Elmire est à peine remise, rappellent avant tout le thème de la chair sur lequel la scène 2 a attiré l'attention. Mais aussi, ils accrochent ce thème à une chair particulière : celle d'Elmire. Le « corps » d'Elmire préoccupe de plus en plus Tartuffe : par un transfert, ce ne sont plus les mots qui le suggéreront, mais les gestes de Tartuffe. Il saisit la main d'Elmire, il lui caresse le genou, il tâte la dentelle de son décolleté. Ainsi libéré de ce thème, puisque le spectacle proprement dit se charge de l'illustrer, le langage de Tartuffe va pouvoir jouer sur deux autres niveaux : l'expression du désir amoureux, et la volonté de conserver le masque de la dévotion. Le spectateur et Elmire sont ainsi aux prises avec trois comportements différents : un mécanisme sensuel, une déclaration amoureuse, une attitude dévote.

Le premier est le signe irrécusable de l'appétit de Tartuffe : le personnage saisit, s'empare ; son corps s'apprête à consommer le corps d'Elmire.

La déclaration, outre qu'elle est étroitement mêlée de propos dévots, est plus raffinée. S'il est question, au passage, du « corps » ou des « attraits » d'Elmire, si la tirade qui commence

au vers 932 est un hommage à la beauté physique d'Elmire,
le vocabulaire est suffisamment conventionnel, « poétique »
même, pour que ces allusions ne blessent pas l'honnêteté. Il y a
un écart considérable entre les « attraits », qui est une périphrase, et le geste prosaïque qui consiste à palper le genou d'une
dame. C'est qu'ici — et il conviendra d'analyser à cet égard la
tirade du vers 932, — même lorsqu'il révèle son amour, Tartuffe
lui impose un premier masque : celui de l'honnêteté. Tartuffe,
si ses gestes sont ceux d'un sensuel pressé, s'apprête à parler
comme un honnête homme amoureux.

Enfin, le vocabulaire dévot s'efforce de purifier à la fois les
gestes et la déclaration. Au début, ce vocabulaire est utilisé
comme alibi : « Le Ciel », « les prières » garantissent la pureté
des vœux de Tartuffe. Puis ce vocabulaire a une autre fonction :
« le zèle », « le pur mouvement », « la ferveur », sont en elles-
mêmes des expressions équivoques. Pur mouvement vers quoi?
Ferveur : religieuse ou amoureuse? On peut se demander si,
dans les vers 910-915, l'équivoque vient de Molière ou de
Tartuffe. Tartuffe veut-il qu'Elmire soit sensible à la double
entente? Ou est-ce seulement une habileté d'auteur? Il est
remarquable en tout cas que les gestes de Tartuffe arrivent
comme des compléments ou des épithètes qui détruisent complètement une des possibilités de l'équivoque. La scène, à ce
moment-là, aboutit à une impasse : Tartuffe ne peut plus
justifier ses propos ni ses gestes par un argument dévot, car il
a tué cette possibilité. Les explications qu'il donne de ces
attouchements sont une piètre bouée de sauvetage : l'intérêt
soudain pour la qualité d'une étoffe, pour le point d'une dentelle
(vv. 918 et 919).

Deux solutions se présentent alors : le scandale ou l'oubli.
Elmire en choisissant la seconde permet à la scène de repartir.
Mais nous venons d'assister au premier échec de Tartuffe,
— un échec plus profond que celui qui consiste à être ignoré
par Elmire. Tartuffe, pour ainsi dire trop vite libéré, se lance
sur les deux voies parallèles de son appétit et de son hypocrisie
et ne parvient pas à les faire coïncider. On le prend pour un dévot,
et il garde le masque du dévot; saisi de désir pour Elmire, il
assume un second masque, celui de l'honnête homme amoureux,
qu'il arrive à peu près à faire coïncider avec le premier, au
prix des purs jeux de mots que lui procure le vocabulaire du
mysticisme baroque [1]. Mais aucun de ces masques ne camoufle
le geste pur, le geste brut de la prise de possession charnelle.
D'où la ridicule pirouette des vers 918 et 919. L'allusion à la

---

1. Voir p. 93 sqq.,

qualité des vêtements d'Elmire, par le contraste burlesque qu'elle établit avec la dévotion et l'honnêteté, est une tentative piteuse de sauver la face, un échec comique.

A partir de ce moment-là (v. 922), la situation dans la scène est toute nouvelle. Après trois vers de transition, au cours desquels Elmire traverse une brève période de mauvaise foi, la partie est égale entre Elmire et Tartuffe. Ni l'un ni l'autre, désormais, ne sont innocents.

Elmire est une honnête femme. L'adjectif « honnête », ici, n'implique que très faiblement un jugement moral et situe simplement Elmire dans une certaine société où règnent certaines mœurs. Cette honnêteté consiste — elle l'explique plus tard à Damis (v. 1033) — à « se rire » des déclarations amoureuses et n'en pas « troubler les oreilles » du mari. Elle est en quelque sorte une garantie de l'ordre familial : les dangers de destruction de cet ordre ne sont pas combattus par le sérieux, mais par le « rire » et l'oubli pur et simple. Grâce au « rire », l'amour du soupirant est purement nié; grâce au silence, le « rire » et ce qui l'a provoqué sont tous deux effacés. Cette honnêteté a pour but de transformer en divertissement passager, en comédie d'un instant, les dangers, les tentations que d'un autre côté la philosophie moraliste du siècle considère avec sérieux. Le mal, conséquence du péché originel, est réel : tout le siècle le crie. L'ordre familial et social est le meilleur aménagement possible, le meilleur rempart contre les effets du mal. Si celui-ci s'infiltre dans cet ordre correctif, l'honnêteté le refoule en lui montrant qu'aucune place n'est prévue pour lui dans cet ordre, qu'il y est absurde, du même coup risible.

La femme honnête fait ainsi preuve de mauvaise foi, ou bien elle ment. Aux vers 922-924, Elmire est dans la première situation. Elle se prouve qu'elle n'est pas en train d'être recherchée par Tartuffe. Il lui a fourni la « distraction » nécessaire — dérisoire, mais bienvenue. « Il est vrai », répond Elmire. Par cette réponse, elle accepte de nier la tentative, pourtant si manifeste, de séduction. On dira qu'elle a un autre souci : le problème d'intrigue, le mariage de Mariane, qui la préoccupe et lui fait négliger la tentative de Tartuffe. Mais cette tentative a complètement transformé les termes du problème d'intrigue. On sait maintenant que Tartuffe ne recherche pas Mariane, il recherche Elmire ou Elmire-et-Mariane, ce qui est bien différent. Or, cette différence, Elmire l'ignore ou feint de l'ignorer. En tant que personnage de théâtre, elle s'obstine à poursuivre l'intrigue conventionnelle, alors que celle-ci vient de changer de direction. En tant que personne, en tant que femme, elle refuse de se laisser détourner de l'ordre établi : le moindre prétexte lui est bon pour nier la présence du mal. De même qu'une femme ne prendra pas au sérieux une déclaration amoureuse en vers, parce qu'elle sera rassurée par la forme poétique qui émascule le contenu, de même Elmire enlève toute valeur érotique aux gestes de Tartuffe en acceptant de les croire adressés aux étoffes qui l'habillent. Dans les deux cas, l'intention réelle de l'homme est purement et simplement la conquête du corps de la femme; la femme, dans un ordre qui la protège et la rend irresponsable, se complaît dans son irresponsabilité et feint jusqu'au bout de n'avoir vu dans les jeux d'esprit que des jeux d'esprit, dans les poèmes que des poèmes, dans les petits soins que des attentions désintéressées. Si le mal, contraire à l'ordre, arrive, elle n'y est pour rien. Elmire, touchée par les mains sensuelles de Tartuffe, ne sait pas (prétend ou feint de ne pas savoir) qu'elle est touchée : ce sont ses habits qui ont été maniés.

Il va sans dire que ces distractions qu'opère la mauvaise foi sont motivées de bien des façons. Puisque l'ordre interdit à la femme d'être attirée par un autre homme que son mari, la femme, réellement, objectivement attirée, se plongera dans cet état de distraction qui la ravit sensuellement tout en l'assurant de son innocence. Tel n'est pas le cas d'Elmire. Tartuffe « ne l'intéresse pas ». Ce serait une grossière erreur que de montrer sur la scène une Elmire troublée par la sensualité de Tartuffe, luttant avec elle-même, déchirée entre une impulsion physique et son devoir de femme mariée. Il a été dit une fois pour toutes au cours de l'acte II que Tartuffe est un vilain museau. Dans ce théâtre sans mystère, il est un vilain museau aux yeux de toutes les femmes. La mauvaise foi d'Elmire est une façon de nier, non pas qu'elle puisse être troublée par Tartuffe — cela est impensable — mais qu'autrui puisse avoir sur elle des intentions que l'ordre n'approuve pas. Plus encore que sa situation personnelle dans l'ordre, c'est l'ordre tout entier qu'Elmire fait respecter. Elle est, à cet égard, le personnage le mieux intégré, le mieux adapté de toute la famille. Son rôle, au cours de la pièce, est de maintenir l'ordre par des moyens qui sont dans l'ordre. Cléante vient de l'extérieur, il parle plus qu'il n'agit. Dorine, servante, a des verdeurs et des violences qui ne sont pas « honnêtes ». Damis est en révolte ouverte. Elmire agit sans éclat, de l'intérieur, tout en respectant à chaque instant les impératifs de l'honnêteté; si elle est contrainte de faire un écart, elle s'en excuse aussitôt (v. 1551).

Son « il est vrai » du vers 922 arrête la scène, et pourrait
permettre à la comédie de continuer sur le plan de l'intrigue
première. Mais Tartuffe est le désordre incarné sous la forme
d'une « force qui va ». Dans la seconde partie de la scène, il lance
une nouvelle attaque, qui détournera définitivement l'intrigue.

Au « il est vrai » d'Elmire répond, au vers 925, le « à vrai dire »
de Tartuffe. Ayant manifesté ses intentions réelles par des gestes
que neutralisaient les expressions dévotes ou les allusions
vestimentaires, Tartuffe va tenter maintenant de faire coïncider
son langage et son appétit. Au mensonge de Tartuffe (intérêt
pour le vêtement d'Elmire), Elmire répondait par la mauvaise
foi. A la mauvaise foi d'Elmire, Tartuffe va tenter de répondre
par une expression de la vérité.

Ce n'est pas une mince entreprise. L'effort est d'abord timide
et vague (vv. 925-928) : les charmes d'Elmire sont suggérés
par « les merveilleux attraits ». Son corps est désigné par « autre
part ». Tartuffe élimine d'abord Mariane, il se rapproche
d'Elmire par la négation d'une chose qui n'est pas elle. Mais
cet autre part, c'est tout l'univers sauf Mariane. Comme
en outre Tartuffe veut conserver jusqu'au bout son masque
de dévot, il use d'un vocabulaire religieux pour parler des
choses de l'amour : usage d'autant plus aisé que, dans les deux
domaines, son temps s'exprime avec le reliquat des vocabu-
laires baroques (Jean de La Ceppède, Desportes, etc.) [1] qui est,
d'une certaine façon, un fond commun. L'équivoque de la
« félicité » du vers 929 reprend l'équivoque des « zèles » et de la
« ferveur » de la première partie de la scène.

Elmire continue-t-elle, par honnêteté, à ne pas vouloir
comprendre, à feindre d'interpréter le refus de Tartuffe comme
un signe de sa dévotion? Ou bien ses réponses font-elles partie
maintenant d'une tactique consciente, d'un jeu calculé, tel
que le suggèrent les notes de mise en scène de Fernand Ledoux [2]?
Selon cet acteur, elle tenterait d'abord de « refroidir » l'ardeur

1. Le vocabulaire baroque se prête à cette confusion : essentiellement
métaphorique, il exprime souvent le mysticisme en termes de sensualité;
il est, en ce sens, profondément chrétien, car cette imagerie lui permet de
présenter le charnel comme une figure du spirituel, les extases de l'amour
physique comme des symboles, des annonces ou des dégradations des
extases de l'amour divin, — en un mot de sauver la chair tout en lui assi-
gnant des rôles conformes aux exigences du dogme, en une synthèse que
le symbolisme médiéval avait le plus souvent méconnue. Il se prête donc
admirablement au *passage* que tente d'opérer Tartuffe.

2. *Op. cit.*

de Tartuffe (v. 929) puis de « le forcer à s'expliquer » (v. 931). De toute façon, elle se conduit comme si elle voulait maintenir de force, sur le visage de Tartuffe, le masque de la dévotion derrière lequel il cherche à se montrer au prix de nombreuses contorsions. Elle prend ou feint de prendre ce masque pour son vrai visage, elle ne comprend pas ou feint de ne pas comprendre ce qui lui est déclaré à demi-mot. Nous pensons qu'ici Elmire ne tente pas d'obliger Tartuffe à s'expliquer, mais que, bien qu'elle soit maintenant au courant du désir de Tartuffe, elle veut au contraire l'empêcher de s'expliquer, pour éviter ce désordre qu'elle n'est pas parvenue à nier par les simples moyens de la mauvaise foi. Quels que soient les motifs d'Elmire, ses propos compriment Tartuffe et provoquent une exaspération d'où jaillit la grande tirade du vers 933.

Cette tirade commence comme un beau morceau de poésie baroque, une série d'harmonieux quatrains où s'opère en souplesse le passage du plan profane au plan religieux et vice versa — un chef-d'œuvre de poésie galante qui se terminera par une pointe particulièrement aiguë.

Le premier quatrain établit un rapport entre le ciel et la terre. Dramatiquement, il était nécessaire que ce rapport fût établi, car Elmire, par ses propos, a établi au contraire une distance entre les deux ordres, entre « le ciel » et « ici-bas », qu'elle a constitué en deux domaines radicalement séparés. A Tartuffe, non pas de redescendre sur la terre, mais de lier la terre (son appétit, son désir du moment) et le ciel (son masque).

> *L'amour qui nous attache aux beautés éternelles*
> *N'étouffe pas en nous l'amour des temporelles*
> *Nos sens facilement peuvent être charmés*
> *Des ouvrages parfaits que le ciel a formés.*

Les deux premiers vers affirment qu'il n'y a pas incompatibilité entre les deux amours. Les deux vers suivants établissent le rapport, qui est de créateur à créature.

Le quatrain suivant est coloré de platonisme, en même temps qu'il choisit, parmi « les ouvrages parfaits », une classe : celle des femmes, dont Elmire est la représentante la plus accomplie.

> *Ses attraits réfléchis brillent dans vos pareilles* [...]

C'est-à-dire qu'il y a non seulement rapport de créateur à créature, mais que la créature, désormais : la Femme, est faite à l'image du ciel.

> *Mais il étale en vous ses plus rares merveilles.*
> *Il a sur votre face épanché des beautés*
> *Dont les yeux sont surpris et les cœurs transportés.*

Dans ces vers, Elmire est encore lointaine; elle n'existe que par comparaison avec les autres femmes; elle est l'objet d'une admiration générale. C'est au quatrain suivant que Tartuffe se distingue dans la foule des « cœurs », et se rapproche personnellement d'Elmire :

> *Et je n'ai pu vous voir, parfaite créature,*
> *Sans admirer en vous l'auteur de la nature,*
> *Et d'une ardente amour sentir mon cœur atteint*
> *Au plus beau des portraits où lui-même il s'est peint.*

Ce quatrain représente la « déclaration » directe. Tartuffe y dit clairement à Elmire qu'il est amoureux d'elle. Son jeu, néanmoins, est demeuré cohérent : la raison de cet amour, c'est qu'Elmire est un « portrait » — et le plus beau des portraits — du ciel. Le lien entre l'ordre de la terre et l'ordre du ciel est maintenu. Tartuffe, de la sorte, conserve son masque religieux. Mais cette religion a changé : ce n'est plus celle du dévot catholique, c'est celle du poète platonicien. En outre, Tartuffe n'est pas arrivé à la sincérité : s'il a abordé enfin directement le thème de l'amour, il continue à rendre inoffensif celui du désir sexuel, qui est pourtant sa vérité.

Le quatrain qui commence au vers 945 marque un retour au masque de la dévotion :

> *D'abord j'appréhendai que cette ardeur secrète*
> *Ne fût du noir esprit une surprise adroite,*
> *Et même à fuir vos yeux mon cœur se résolut,*
> *Vous croyant un obstacle à faire mon salut.*

L'intrusion du thème du péché provoque un mouvement de recul, introduit le drame dans la tirade — en même temps qu'elle crée une zone d'ombre tourmentée dans un poème par ailleurs lumineux : cet enfer équilibre les constantes allusions au ciel des vers précédents.

La fin de la tirade est une pirouette, un tour de passe-passe. D'abord, la peur du « noir esprit » y est rapidement et vaguement éliminée :

> *Mais enfin je connus, ô beauté toute aimable,*
> *Que cette passion peut n'être point coupable;*
> *Que je puis l'ajuster avecque la pudeur,*
> *Et c'est ce qui m'y fait abandonner mon cœur.*

Sans donner d'explication claire, ce quatrain détruit le précédent. Comment peut-on rendre cette passion innocente, comment peut-on « l'ajuster avecque la pudeur »? Ces vers contiennent une promesse d'accommodement dont les modalités ne seront révélées, partiellement, qu'au vers 987, et complè-

tement, qu'à l'acte IV (v. 1485). Ici, l' « ajustement » est escamoté. Si Tartuffe était capable, en termes platoniciens, de lier
le ciel à la terre, par le rapport de créateur à créature-image,
il semble être incapable de rendre compatibles la « passion »
et la « pudeur », tout en affirmant cette compatibilité.

Les deux derniers quatrains sont, en termes honnêtes,
l'expression d'une passion toute profane qui ne s'embarrasse
ni de métaphysique ni de religion. Le vocabulaire, toutefois,
reste emprunté en partie à celui de la dévotion : « mon infirmité »,
« ma béatitude »; il rejoint, par son caractère équivoque, les
usages analogues du début de la scène. A la fin, c'est un amoureux de salon qui parle :

> *Et je vais être enfin, par votre seul arrêt,*
> *Heureux, si vous voulez, malheureux, s'il vous plaît.*

Bien évidemment, cette tirade, que l'on vient d'analyser
comme un poème, est intensément dramatique. Déjà, en tant
que texte poétique isolé, elle est d'un bout à l'autre maintenue
par une série de tensions, de drames propres : le ciel et la terre,
le passage du platonisme universel au cas particulier d'Elmire,
l'intrusion personnelle du poète, le recul devant l'évocation
du « noir esprit », la liquidation désinvolte de cette frayeur,
l'humble offrande d'un cœur, la prière finale, la pointe antithétique. En outre, ce poème est adressé à Elmire, dans les conditions d'une représentation dramatique. C'est-à-dire qu'il se
déroule en fonction des réactions (ou des possibilités de réaction)
d'Elmire. C'est un regard d'Elmire qui fait reculer Tartuffe au
vers 945, peut-être encore au vers 953; quant à la pointe finale,
Fernand Ledoux la décompose en quatre moments de jeu,
selon les virgules du vers [1] : du coup elle se trouve justifiée,
non pas par les conventions littéraires du poème amoureux,
mais par le rapport dramatique qui varie, de seconde en
seconde, entre Elmire et Tartuffe.

Enfin le poète a un nom, un caractère : c'est Tartuffe. Cette
tirade exprime le drame de Tartuffe, en même temps qu'elle
est le signe de son second échec. L'un et l'autre sont liés.
Tartuffe a choisi le masque directement opposé à son appétit,
pour pouvoir satisfaire à bon compte cet appétit. Au lever du
rideau, il est installé, son calcul est profitable, surtout à cause
de l'heureuse rencontre de l'apparence de Tartuffe et du vœu
d'Orgon. Mais ce qui « marche » avec Orgon ne marche pas
avec les autres, sensibles, eux, au divorce entre le masque de
Tartuffe et son appétit. Dorine ne peut pas croire qu'une

---

1. *Op. cit.*

« austère » et « dévote » personne soit en même temps un goinfre. Puisqu'il est évidemment goinfre, il ne peut pas être dévot. Et Dorine a raison, selon les vérités de l'univers de la pièce. Elmire, qui est construite et pense selon ces vérités, ne peut accepter un « dévot amoureux », pas plus que ne le peut le spectateur idéal de la comédie. Or la nature de Tartuffe est double : il veut consommer et il veut en même temps paraître ce qu'il n'est pas. Il veut posséder Elmire et paraître dévot.

C'est ce qui le voue à l'échec. Le dévot s'efface lorsque l'appétit se fait trop pressant :

> *Mon Dieu ! que de ce point l'ouvrage est merveilleux !*
>
> (v. 919.)

ou :

> *Mais j'attends en mes vœux tout de votre bonté,*
>
> (v. 955.)

— ces deux vers marquent l'élimination de l'argumentation dévote. A ces deux moments, Tartuffe n'est pas parvenu à s'unifier ni même à paraître unifié. Tout le début de la tirade de déclaration était pourtant un effort pour exprimer le désir tout en gardant le masque. Mais le « ciel » disparaît de la tirade ; Tartuffe ne se tire de la situation qu'en l'éliminant, non en l'accommodant. Il échoue dans la mesure où, tout en persistant dans son effort, il ne résout rien.

On peut imaginer un hypocrite qui trouverait le moyen de faire l'amour pieusement. Tel n'est pas le cas de Tartuffe. Sa dualité n'est jamais résolue. Si Orgon le « voit » unifié, c'est précisément l'erreur d'Orgon.

A cet égard, Tartuffe s'apparente à d'autres personnages moliéresques, chez qui le désaccord est tel entre une *visée* et un *appétit* qu'ils échouent nécessairement. D'où leur ridicule, leur valeur comique. La visée d'Alceste ne parvient pas à s'accommoder de son désir de Célimène. La visée d'Arnolphe démissionne devant son besoin d'Agnès : « Tout comme tu voudras, tu pourras te conduire... » (acte V, scène 5). Armande, dans les *Femmes Savantes*, est prête à abandonner « philosophie » pour les « nœuds de chair » (acte IV, scène 2). De même qu'Alceste ne peut pas *à la fois* aimer Célimène et persister dans son exigence de sincérité, de même Tartuffe ne peut à la fois désirer Elmire et persister dans son rôle de dévot. Le drame particulier de Tartuffe, c'est que sa visée est en même temps un moyen de satisfaire son appétit et que, dans le cas de la conquête d'Elmire, ce moyen se retourne contre lui. Il lui faut donc

démissionner de son rôle, se dépouiller de son masque : c'est le
mouvement du vers 966 :

Ah ! pour être dévot, je n'en suis pas moins homme;

— mouvement qui n'est pas sans analogie avec celui de la
scène 5 de l'acte II de *Phèdre* (même si le vers parodie Corneille). Dans la tragédie de Racine, Phèdre déguise sa passion
pour Hippolyte dans un long récit imaginaire qui se termine
par un aveu à peine voilé. La réaction étonnée d'Hippolyte
provoque un sursaut de Phèdre, un retour à la dissimulation
complète, puis un passage à la totale sincérité — sincérité
signalée par l'usage de la deuxième personne du singulier.
Dans la tirade qui commence par :

Ah ! cruel, tu m'as trop entendue !

(v. 670.)

Phèdre procède à une sorte de déshabillage psychologique —
pour reprendre l'image des critiques qui disent que Phèdre,
à ce moment-là, se met nue devant Hippolyte. C'est à un
dépouillement analogue que se livre Tartuffe à l'acte III de la
comédie. Après la tirade voilée de platonisme, en tout cas mondaine, qui provoque une réprimande nette de la part d'Elmire,
Tartuffe abandonne les masques, dévot ou platonique, et se présente nu devant Elmire — en « homme », qui n'est pas un « ange ».

Il avait certes joué à l'ange au début de la scène, s'était
transformé en ange-agent de liaison entre le ciel et la terre. Il
subit un second avatar : il apparaît dans sa nudité d'homme.
Phèdre de même « jouait » à être la reine et la femme de Thésée;
elle apparaît comme femme à l'état pur dans sa tirade d'aveu.
Tout se passe comme si l'Univers classique, hanté par la notion
du mal, en avait si peur qu'il se refusait à le reconnaître pour
peu que celui-ci se parât des couleurs de l'honnêteté : pour être
reconnu, le mal (au théâtre : la passion illégitime) doit éclater
dans toute sa nudité.

A la nudité de Tartuffe restent accrochés des lambeaux de
son déguisement : persistance du vocabulaire équivoque, mais
dont le sens n'est plus équivoque, allusions à la dévotion de
Tartuffe vaincue (« surmontée ») par sa passion. C'est que le
mouvement est ici plus souple, plus feutré que celui de la tragédie racinienne : le caractère de Tartuffe, qui a choisi l'hypocrisie, assourdit ses propres explosions.

Ces lambeaux tomberont d'ailleurs au cours de la tirade.
A partir du vers 987 :

Votre honneur avec moi ne court point de hasard [...]

Tartuffe se montre « nu du haut jusques en bas » comme l'évoquait Dorine dans la scène précédente — évocation qui apparaît maintenant comme une annonce, sur le plan physique, du déshabillage psychologique auquel se livre Tartuffe. Dorine avait raison : ce qui se révèle n'est pas « tentant ».

Cette fin de tirade est la clé du personnage, sa justification, presque l'histoire de son « cas », — ce qui est rare chez Molière. Tartuffe se plonge dans la société de son temps. Pour lui, elle se divise en trois groupes : les femmes, les galants de cour, et... « les gens comme nous ». A vrai dire, on suppose une quatrième classe, qui serait celle des maris. Tartuffe affirme que les femmes sont « folles » des galants de cour. Cette remarque ne révélerait-elle pas chez Tartuffe une haine jalouse de ces hommes à bonnes fortunes ? Ce gros, gras, vilain museau, quelle envie le torture ? N'est-il pas permis de voir, à l'origine du choix de Tartuffe, son incapacité à être un « galant de cour » ? S'il s'oppose tant, par les moyens d'une dévotion simulée, aux visites, aux bals, n'est-ce pas parce qu'il est incapable d'y prendre part, ou du moins d'y tenir une place honorable ? Intelligent, plutôt uue de singer maladroitement les galants de cour, il a choisi qne autre route — par une démarche qui ne serait pas sans analogie avec le choix du « Noir » par Julien Sorel [1]. Puisqu'il ne pouvait séduire les femmes par des éclats de blondin, Tartuffe a décidé de les séduire par les moyens de la direction de conscience. Blessé par les propos triomphants des galants plus heureux que lui, Tartuffe choisit la discrétion, et use de la discrétion comme d'un argument.

---

[1]. Cette ressemblance n'est pas un fait de hasard : on connaît assez les rapports de Stendhal et de Molière. Toutefois, il conviendrait de ne pas la pousser trop loin : le choix de Julien est imposé en grande partie par l'Histoire, et le roman, beaucoup plus que la pièce, pose le problème des motifs (vrais ou imaginaires) de ce choix, du degré de conscience du héros, et de l'hypocrisie « réflexive » :

> *Égaré par toute la présomption d'un homme à imagination, [Julien] prenait ses intentions pour des faits, et se croyait un hypocrite consommé. Sa folie allait jusqu'à se reprocher ses succès dans cet art de la faiblesse.*
>
> *Hélas ! c'est ma seule arme ! à une autre époque, se disait-il, c'est par des actions parlantes en face de l'ennemi que j'aurais* gagné mon pain.

(Le Rouge et le Noir, *I, 26.*)

Mais enfin, si l'on envisage les trois moments de l'hypocrisie, but, obstacles, moyens, le recours à cet « art » semble être, dans les deux cas, provoqué par la présence sur le chemin du héros, d'un obstacle insurmontable par tout autre moyen : il faut cesser d'être soi-même pour l'éliminer, que le but à atteindre soit la gloire ou les biens de consommation.

L'allusion au groupe des « discrets », auquel il appartient, est
une allusion à son masque de dévot, cette fois-ci décrit comme
un masque ; plus précisément comme un moyen de donner

De l'amour sans scandale et du plaisir sans peur.

Il ne s'agit plus de dévotion réelle, mais d'une tactique pour
sauver les apparences. Dans ces vers, le personnage s'est livré
tout entier.

Il ne se livre pourtant pas seul. Il livre avec lui tout un groupe,
toute une confrérie, de sorte que, pour la troisième fois dans la
pièce, le personnage de Tartuffe échappe au cas individuel
pour être représentatif d'une classe. S'il se commet un adultère
entre Tartuffe et Elmire, qu'on se dise bien que ce n'est qu'un
exemple de toute une catégorie d'adultères de même essence,
c'est-à-dire perpétrés dans les mêmes conditions. Toutefois,
lorsque Dorine faisait des portraits d'hypocrites (I, 1), lorsque
Cléante assimilait les Tartuffes aux Matamores ou décrivait
les activités des cabales (I, 5), le contraste était soigneusement
établi avec les honnêtes gens ou les vrais dévots. Ici, le « nous »
de Tartuffe est ambigu. Les « gens comme nous », sont-ce les
hypocrites ou les dévots ? Dans la bouche de Tartuffe, il n'y a
pas de distinction : la dévotion n'est rien de plus qu'un masque
qui protège « la renommée ». Et l'on imagine soudain, dans
les maisons bourgeoises de la France du temps, un grouillement de parasites vêtus de noir se gobergeant et séduisant
les femmes sous le couvert de pieuses pratiques.

Le secret de cette profession est simple : prêcher le contraire
de ce qu'on fait, afin de satisfaire ses appétits en détournant
l'attention d'une société-juge. Cette politique peut réussir
dans un monde où la croyance aux essences « nettes et dis-
tinctes » interdit toute conception dialectique de la personne :
on ne peut être à la fois dévot *et* adultère. Si l'on parvient à
faire prendre le masque de la dévotion pour une vraie dévotion,
l'adultère ne sera pas soupçonné. Orgon, convaincu de la
dévotion de Tartuffe, niera qu'il puisse songer à Elmire. Ce
qu'il aurait fallu à Tartuffe, ce n'est pas Elmire, c'est un Orgon
femelle : la tentative de séduction aurait peut-être réussi.

Tartuffe, révélant son appétit et l'usage qu'il fait de son
masque, révèle du même coup qu'il est parfaitement au courant
de lui-même : Fernand Ledoux, en forçant un peu la note, veut
que Tartuffe sourie pour montrer qu'« il se complaît dans sa
monstruosité [1] » en prononçant le vers :

Mais Madame, après tout, je ne suis pas un ange. [...]

1. *Op. cit.*

Il n'y a pas de mauvaise foi chez Tartuffe. Le personnage ment délibérément. S'il commet des erreurs, c'est qu'il se trompe sur les autres — mais jamais sur lui-même. Il ne se surprend pas : il serait vain de tenter de voir en lui l'ombre d'un « vrai dévot » — ou même d'un faux dévot qui, à force de jouer le personnage, commence à y croire, car rien en lui ne ressemble à la mauvaise foi naïve de certaines bonnes âmes de notre temps. Cette lucidité le rend d'autant plus dangereux.

Tartuffe se perd par des erreurs de calcul. Les vers 995-1000 en sont un bon exemple. Si Tartuffe est ignoble dans cette fin de tirade, ce n'est pas tant parce qu'il nous montre ce qu'il est vraiment. C'est qu'il use de cette déclaration cynique pour séduire Elmire : en conférant à ces vers la valeur d'un argument, Tartuffe porte un jugement sur Elmire. Qu'il puisse croire qu'elle cédera, voilà qui nous le rend odieux, tout en révélant une des limites de son habileté.

Odieux et maladroit, parce qu'il tente d'attirer Elmire dans le mensonge délibéré, et qu'il a confiance en cet argument, Tartuffe en outre réintroduit de façon claire le thème de la chair, jusqu'ici voilé de périphrases et présenté maintenant crûment :

> [...] *du plaisir sans peur*
>
> (v. 1000.)

et :

> [...] *un homme est de chair.*
>
> (v. 1012.)

La fonction de ses expressions brutales est triple. D'une part, elles ferment la boucle thématique dont la courbe avait été amorcée à la scène 2, par des allusions directes au corps de Dorine et à celui de Tartuffe, pour se développer dans les périphrases de la scène 3 (attraits, beautés, etc.). Le thème, à la fin de la scène 3, reprend ainsi pied. En second lieu, elles continuent d'exprimer une des dimensions du personnage : son appétit sensuel. Enfin, elles prolongent la suggestion de la maladresse de Tartuffe qui, s'il sait exactement ce qu'il veut d'Elmire, ne sait pas que sa chair ne tente pas Elmire.

La scène se referme sur le retour à la raison pour laquelle Elmire voulait s'entretenir avec Tartuffe. Tartuffe a subi un échec complet : il s'est révélé, c'est-à-dire qu'il a été contraint de dissocier son masque et son appétit, et de montrer celui-ci dans toute sa brutalité. Privé de son masque, il ne peut inspirer à Elmire que le mépris ou le dégoût. Plus profondément encore, l'honnêteté d'Elmire efface toute la scène : Tartuffe s'est démasqué, ou du moins il a révélé sa dualité et son impuissance à la surmonter, pour rien. Elmire n'est pas séduite, et il n'y a pas scandale.

L'irruption de Damis sauvera Tartuffe.

Tout, en Tartuffe, est double. Ces tiraillements équilibrés en font un personnage de théâtre exemplaire. Au cours de sa scène avec Elmire, il a confirmé la dualité fondamentale que nous connaissions déjà par ouï-dire : sa tendance consommatrice et sa volonté de paraître ce qu'il n'est pas. Cette tension et ses variations commandent le mouvement de la scène. L'effort le plus pathétique de Tartuffe est certainement celui où il tente de réunir ces deux vœux dans le compromis mensonger d'un amour platonique. L'échec le plus comique était son impuissance à rattraper son masque lorsque sa main s'égarait sur le genou et la gorge d'Elmire et qu'il était obligé d'improviser un masque de fortune. Une forme d'échec consiste, pour cet hypocrite, à révéler qu'il est hypocrite.

Mais d'autres forces s'opposent par couple à l'intérieur du personnage. Cette scène, en particulier, nous le montre à la fois beau parleur et maladroit. Les deux tirades principales sont de beaux morceaux de poésie et d'éloquence qui révèlent une culture non seulement religieuse mais littéraire. L'allure et le vocabulaire de la déclaration teintée de platonisme ont pu passer pour démodés (aux yeux de Sainte-Beuve, en particulier) [1]. En tout cas, le style n'en est pas trop vieux : un demi-siècle environ. Trouverions-nous vraiment démodé un Tartuffe moderne qui userait de l'imagerie et du style verlainiens pour séduire une dame ?

[1]. Pour Sainte-Beuve, cette tirade (comme d'ailleurs tout *Tartuffe*) est fortement influencée par le portrait que Pascal fait du Casuiste dans *Les Provinciales*. Pour le style même, il ajoute, dans une note :

> On aura remarqué (et ce n'est pas de la pure grammaire) comme Tartufe, dans sa galanterie, est suranné d'expressions et d'images :
>
> ...avec que la pudeur...
> Et d'une ardente amour sentir mon cœur atteint...
>
> J'aurai toujours pour vous, ô suave merveille...
>
> C'est le propre de la galanterie des dévots de retarder sur le siècle, et d'en être au jargon des années passées. En empruntant à la mysticité ses fruits confits et ses fleurs artificielles, ils sont en arrière de plusieurs saisons sur le dernier printemps.
>
> (Port-Royal, livre III, chap. XVI.)

Par l'abondance de ses arguments et la tenue de son style, Tartuffe montre qu'il sait manier le langage et en faire un excellent instrument. Mais, à ce don, s'oppose un manque de perspicacité, et une précipitation qui lui nuisent. Il juge mal Elmire en même temps qu'il la presse trop. N'est-ce pas un défaut analogue qui amènera sa perte au cinquième acte?

Ce couple de forces est nécessairement lié à la dualité principale : le langage, instrument comme l'hypocrisie, est bousculé par un appétit trop pressant. Tartuffe se trahit constamment : son apparence physique, sa goinfrerie non contrôlée, sa main qui se pose sur le genou d'Elmire, sa croyance enfin en l'existence chez Elmire d'une sensualité égale à la sienne. Le malheur de Tartuffe, c'est qu'il déborde de son masque.

C'est pourquoi il est obligé d'en changer et que la pièce nous le montre à la recherche de ceux qui conviennent au moment : il se fera sujet loyal au cinquième acte.

Une des ironies profondes de la comédie, c'est qu'Orgon ne permet pas ces avatars à Tartuffe, essaie de lui conférer en dépit de tout une unité et une permanence qui l'emprisonnent et l'obligent à rester fidèle à une image qui n'est plus la sienne.

CHAPITRE VII

Le trompeur trompé

Si Elmire était le personnage le plus *fort* de la pièce, la comédie s'équilibrerait à l'acte III, et la solution de l'intrigue première serait la conséquence immédiate de cet équilibre. L'honnêteté, à travers Elmire, use d'un moyen efficace et discret, le chantage — qui consacrerait l'échec total de Tartuffe et neutraliserait celui-ci. Par le silence d'Elmire, l'amour de Tartuffe est né ; par le marché qu'elle lui propose, Elmire lui permet de conserver son masque, mais l'interrompt dans sa carrière de consommateur ; non seulement elle ne se donne pas à lui, mais elle lui retire Mariane. Le triomphe d'Elmire ferait de Tartuffe un fantoche vide et désespéré, victime et proie de son propre jeu : il ne serait rien de plus que son masque, son appétit étant condamné à ne jamais être satisfait. S'il refuse le marché, il perd son masque et doit renoncer tout autant aux deux femmes, Elmire et Mariane. Par ce chantage, Elmire tente de rétablir l'ordre dans la famille. L'honnêteté apparaît ainsi comme une sorte d'ignorance des moyens — ou plutôt comme un moyen d'accommoder le mal pour que l'ordre soit préservé, une fine politique destinée à protéger à chaque instant une société polie et réglée qui se considère comme sa propre fin.

Au fond Elmire craint le scandale autant que Tartuffe. Il importe peu qu'Orgon ignore qu'il est trompé par Tartuffe, pourvu que les dégâts sociaux soient limités. La rencontre entre l'hypocrisie de Tartuffe et la promesse de silence d'Elmire est significative : c'est d'accommodements semblables à celui que propose Elmire qu'Alceste, dans *Le Misanthrope*, se plaindra, en les assimilant à l'hypocrisie dissimulatrice de méchanceté.

L'explosion passionnée et partiellement coupable, quoique sympathique, d'un tiers vient briser cet accord entre l'hypocrite et l'honnête femme. A la souplesse d'Elmire, Damis oppose le radicalisme d'un révolutionnaire. Au lieu de faire des compromis avec le mal, il veut l'extirper par un coup d'éclat.

Son intervention est brusque, mais ne surprend pas : il a assez annoncé qu'il se livrerait à « quelque coup de [sa] tête » (début de l'acte III) et on l'a vu à l'entrée de Tartuffe se cacher près de la salle basse dans le « petit endroit » signalé au vers 430. Cette intervention est généreuse, mais elle est maladroite : elle va provoquer un désordre nouveau dont Tartuffe profitera, et grâce auquel la comédie rebondira. En outre, elle sert à lier les deux intrigues : la première, celle des amoureux contrariés, et la nouvelle, la séduction d'Elmire. Pour Damis, la révélation publique de la seconde est un moyen d'apporter une solution à la première — un « moyen aisé », dit-il (v. 1044) —, car il met au crédit de son père plus de clairvoyance que celui-ci n'en a.

Tartuffe est silencieux pendant le court débat qui oppose le radicalisme de Damis à l'honnêteté accommodatrice d'Elmire. La mise en scène de Fernand Ledoux[1] fait évoluer les personnages de manière à reproduire ce conflit : Damis tente de se rapprocher de Tartuffe, Elmire s'interpose, Tartuffe recule, esquive, s'éloigne. Sans doute ajoute-t-elle au dialogue, où il est essentiellement question de révéler ou de ne pas révéler à Orgon la tentative de séduction. Mais les expressions et le style de Damis sont violents et justifient la suggestion de coups possibles.

Quant à Tartuffe, il ne peut qu'être en fuite à ce moment-là. Au chantage d'Elmire se substitue le scandale, provoqué par un témoin caché, et peut-être des coups. Mais le scandale et les coups valent mieux pour Tartuffe que la discrétion d'Elmire : celle-ci le réduisait à l'impuissance, l'action au contraire sera une occasion pour Tartuffe de tirer parti de la situation, elle offrira des failles, par lesquelles Tartuffe pourra prendre ses adversaires à revers. Dès l'entrée de Damis, le spectateur sait que Tartuffe n'est plus immobilisé, que par conséquent, même s'il est en position désavantageuse pour le moment, il aura sa chance de prendre le dessus. A travers l'action mouvementée se produira une dialectique de la situation, qui est attendue et appelée par le spectateur. Si le Mal est paralysé, le drame disparaît du monde, et du coup, il n'y a plus de théâtre. Damis permet au rideau de rester levé, en rouvrant la porte d'un enfer qu'Elmire avait subtilement fermée.

Comme le plus souvent dans le théâtre classique, l'entrée d'Orgon, à la scène 5 de l'acte III, n'a pas d'autre justification que sa nécessité purement dramatique. C'est, à vrai dire, la

1. *Op. cit.*

seule qui importe. Orgon n'entre pas pour prendre son courrier, il n'est pas « de passage » juste à ce moment-là vers quelque besogne quotidienne ; il entre parce que la situation sur scène réclame son personnage. En outre, il n'est poussé sur scène par personne, il ne vient s'entretenir avec personne. La « salle basse » est, à cet égard, semblable au carrefour de corridors ou à l'antichambre des tragédies : les personnages y apparaissent à point nommé ; cette étape d'un itinéraire qui n'a aucune importance leur est imposée par la structure et la chronologie de la pièce. Se demander à ce moment-là : « Pour quelle raison Orgon entre-t-il ? » (attiré par les éclats de voix de Damis — mais aucun « Que se passe-t-il donc ? » ne nous autorise à l'affirmer ; ou bien à la recherche de sa femme, de son ami — mais aucun « Je vous cherchais pour... » ne nous permet de le supposer), c'est détourner son attention vers de faux problèmes, comme c'était s'égarer, à l'acte I, que de s'interroger sur les conditions « réelles » de la sortie de Mme Pernelle et de l'entrée d'Orgon [1].

> *Et voici justement de quoi me satisfaire.*
>
> (v. 1054.)

dit Damis en voyant entrer son père. Orgon entre *justement*. Les scènes du théâtre classique naissent souvent d'heureuses coïncidences. Hasard, si l'on se place sur le plan du réalisme ; nécessité, si l'on songe surtout au drame. En outre, si Orgon n'entrait pas *justement* à ce moment-là, la scène aurait lieu de toute façon plus tard, différente de rythme, moins pure, diluée ou fragmentée. L'entrée *à point* d'un personnage permet de présenter l'action dans ce qu'elle a d'essentiel et de gagner du temps, comme le portrait d'un personnage fait par un autre permet de choisir le plus caractéristique dans le temps le plus court. Ces différents procédés se complètent pour donner au théâtre classique sa densité et son économie, sans fausser l'essence des caractères et des situations.

Orgon entre à point, car, si la scène Elmire-Tartuffe n'était pas la « scène à faire », la scène Orgon-Tartuffe au contraire appartient à cette catégorie. Le spectateur n'a pas encore *vu* ensemble sur scène Orgon et Tartuffe. Cependant les récits des autres personnages, les comportements et propos d'Orgon l'ont mis au courant de leur rapport : il a toutes les données pour imaginer, par exemple, le couple Tartuffe-Orgon à table. Bien

---

1. Voir chap. III. Arnavon, ici, rejette une tradition qui voulait qu'Orgon entrât *pour* embrasser Tartuffe. Mais il justifie le passage d'Orgon en imaginant qu'il traverse la scène *pour* sortir. Fernand Ledoux *(op. cit.)* reprend le jeu de scène de l'embrassade.

souvent, le théâtre classique préfère ainsi montrer les protagonistes, les amants, séparément, les faire parler l'un de l'autre
au lieu de les réunir, et réserver cette réunion sur la scène pour
les moments les plus violents de la crise.

Le spectateur a été invité à imaginer Tartuffe en prière à
l'église sous le regard ravi d'Orgon, Tartuffe à table choyé
par Orgon. Mais Tartuffe faisant la conquête d'Orgon ou Tartuffe installé chez Orgon, ce n'est pas là le sujet de la pièce proprement dite, qui traite de la crise finale de leurs relations. La
situation présente, dans laquelle Tartuffe court le plus grand
danger, dépasse en possibilités dramatiques une conquête ou
un tableau de genre. Elle représente, dans les limites de la
crise, le moment crucial : Tartuffe sera chassé, et la comédie
sera terminée; ou Tartuffe gardera la confiance d'Orgon, ce
qui promettra de nouveaux renchérissements, c'est-à-dire,
pour le spectateur, de nouveaux plaisirs.

Le rythme de la transition qui fait passer de l'intervention
de Damis au dialogue Orgon-Tartuffe est savamment établi.
Douze vers de Damis (1055-1066) mettent Orgon au courant
de la situation, mais ne provoquent pas immédiatement une
défense de la part de Tartuffe ou une réaction parlée d'Orgon.
Certes, l'étonnement d'Orgon et une attitude étudiée de Tartuffe sont, à la scène, des centres d'intérêt. Mais enfin, il appartient au langage de tout clarifier; c'est lui qui, par sa netteté
ou par ses équivoques, et grâce au contexte des propos passés
ou des gestes, nous livre l'intérieur des personnages. Lorsque
Damis a parlé, tout en prenant plaisir aux expressions et poses
de Tartuffe et d'Orgon, le spectateur souhaite que l'un ou l'autre
prenne la parole. Molière, ici encore, use du procédé de retardement : dans le silence qui suit, c'est Elmire, provoquée par
un reproche de Damis (« Et crois que vous la taire est vous faire
une offense », v. 1066), qui prend la parole. Puis elle quitte la
scène : c'est que son rôle s'arrête ici pour le moment. Elle
a servi d'appât à Tartuffe, elle l'a fait échouer; elle a pris la
décision de se taire, mais sa politique, battue maintenant par
celle de Damis, serait simplement encombrante. Il ne lui reste
qu'à abandonner la place, d'autant plus aisément — si on veut
justifier cette sortie — que le récit détaillé de la tentative de
Tartuffe pourrait être embarrassant pour une honnête femme.

Cette sortie a le mérite de déblayer la scène pour le trio
Tartuffe-Orgon-Damis, en qui s'est réfugiée l'essence de la
situation. Mais elle provoque aussi, non pas une diversion, mais
une prolongation d'attente.

Le centre d'intérêt est, en ce moment, Tartuffe. L'initiative
de la tentative de séduction a fait de lui, nous l'avons vu,

un personnage « indépendant ». Libération malheureuse, tou
tefois, puisque, au lieu de le conduire vers une domination, elle
risque de l'éloigner d'Orgon. La question que se pose le spectateur est : « Comment va-t-il s'en tirer? » car il devient très
rapidement clair pour le spectateur que l'entrée d'Orgon est
une garantie du succès retrouvé de Tartuffe. Ce que les retardements du dialogue et les pauses ménagées par certains metteurs en scène provoquent, c'est une exaspération de l'attente.
Ces procédés soulignent le travail qui se fait à l'intérieur d'Orgon, ils donnent à Tartuffe le temps de choisir une tactique;
en même temps ils rendent plus pressantes les questions que se
pose le spectateur sur cette tactique et sur la réaction d'Orgon.
L'issue de la scène est presque immédiatement prévisible; les
itinéraires que suivent les personnages, bien qu'on sache au
moins qu'ils n'apporteront pas de révélation sur la nature de
ceux-ci, demeurent inconnus.

Orgon engage la scène en posant une question :

Ce que je viens d'entendre, ô Ciel ! est-il croyable?

(v. 1073.)

c'est-à-dire en choisissant un moyen terme entre l'affirmation
et la négation absolues. A vrai dire, la forme de la question
appelle la réponse « non ». Elle est voisine de la négation : « Je
ne crois pas ce que je viens d'entendre », mais voisine seulement,
car elle laisse entrevoir une fissure : celle du doute.

La question ne porte pas sur le fait même de la tentative de
séduction, mais sur la vraisemblance du récit qu'on vient
d'entendre. En quelque sorte, la tentative de séduction elle-
même n'est pas envisagée; c'est le récit que Damis vient d'en
faire qui est l'objet d'une question. La question d'Orgon signifie
moins : « Est-il vrai que vous ayez tenté de séduire ma
femme? » que : « Peut-on croire un récit qui vous accuse d'une
telle tentative? » Il serait vain de supposer ici une subtile
intention de Molière, car cette substitution du récit au fait
comme objet mis en question est courante dans le langage. C'est
une façon, non seulement de nier la réalité du fait, mais aussi de
refuser la pensée d'une telle possibilité. User de cette substitution dans une question permet de jouer sur ces deux tableaux.

Tartuffe répond à la question d'Orgon :

Oui, mon frère [...]

(v. 1074.)

Oui, cela est croyable, ce qui ne veut pas dire : « Oui, j'ai tenté de séduire votre femme », mais : « On peut me penser capable d'une telle action. » Cette formule résumerait assez bien le contenu de la tirade qui suit. C'est en somme la forme même de la question d'Orgon, provoquée par le récit de Damis, qui offre à Tartuffe sa chance de se tirer d'affaire, par un étroit débouché entre la réalité du crime dont on l'accuse et la capacité de commettre un tel crime. Damis accusait Tartuffe d'un crime réel. La question d'Orgon fournit la transition vers une discussion des forces contenues dans Tartuffe, un passage de l'actuel au possible.

Après les retardements provoqués par le récit de Damis, la réponse et la sortie d'Elmire, le « Oui, mon frère... » de Tartuffe précipite soudain le rythme tout en opérant un complet renversement de situation. Puisqu'il s'agit de *croire* à un crime *possible*, on considère maintenant Tartuffe comme un pécheur en général, c'est de sa nature de pécheur qu'il est question. En affirmant cette nature, Tartuffe réintègre son masque de dévot.

L'expression « renversement de situation » ne rend pas compte de toute la complexité de cette scène qui permet au rapport Orgon-Tartuffe de se rétablir et consacre à la fois le triomphe de Tartuffe et son échec.

Le Tartuffe qui se reconstruit à ce moment-là, nous le connaissons déjà : c'est celui qui se flagelle, celui aussi qui s'accusait d' « avoir tué [une puce] avec trop de colère » (v. 310). Son masque, qui est celui de l'homme en prière, de l'homme charitable, du conseiller familial, du puritain, c'est aussi celui de l'homme qui s'accuse et qui s'humilie devant les autres. Mais, dans la mise en action de cet aspect du personnage, on le voit user de procédés antithétiques de ses autres moyens. Jusqu'ici en face d'Orgon, il semble que Tartuffe ait parlé hyperbolique-ment de ses actes pieux, ou les ait mimés avec exagération : il faisait ainsi la caricature de son propre contraire. Ici, il se décrit hyperboliquement dans sa véritable nature : scélérat, méchant, chargé de souillures. C'est ce que Damis dirait de lui, c'est ce que l'Exempt, au cinquième acte, dira de lui : fourbe, lâche, coupable d'une foule « d'actions toutes noires » (v. 1925). Les hyperboles de Tartuffe avaient été pour nous le signe de son mensonge, alors que pour Orgon elles étaient l'éloquence de la vérité. Dans cette scène-ci, Orgon devient sensible à la valeur des hyperboles : elles sont signes du contraire de ce qu'elles semblent exprimer. Pour Orgon, Tartuffe s'accusant de tous les crimes révèle au fond la « pureté » de sa nature. Il va sans dire que cette dialectique est fondée sur un thème chrétien réel, mais il importe surtout de remarquer le tour de force de Tartuffe qui, dans cette scène, parvient à faire passer pour un masque sa vérité aux yeux d'un homme qui jusqu'ici a pris les masques pour des vérités. Cette nouvelle tactique permet à son accord avec Orgon de se reconstruire en surmontant les oppositions.

Mais cet accord est bien particulier, puisqu'il est fondé sur le mensonge d'un personnage. Du même coup, cette tactique nouvelle met en pleine lumière le fossé réel qui sépare les deux personnages. Dans une mise en scène de la Comédie-Française, l'acteur Jean Marchat mettait en valeur cette absence de communication entre Orgon et Tartuffe en orientant la scène vers une seconde tentative de « libération » de l'hypocrite : il changeait de ton dans la deuxième tirade de Tartuffe (« Savez-vous, après tout, de quoi je suis capable? » [v. 1094]) et au lieu de continuer sur celui de la contrition, il semblait être excédé par la « bêtise » d'Orgon et venait lui parler sous le nez. Comme si, victime de son hypocrisie ou plutôt du rôle que lui impose Orgon, il avait un sursaut de révolte, il prenait en quelque sorte le ton de Damis et toute son attitude reprochait à Orgon sa complète imbécillité. Ce jeu avait le mérite de faire ressortir l'absence de communication entre Orgon et autrui, opacité telle que Tartuffe même ne le convainc pas quand il lui dit la vérité. Tartuffe est condamné par Orgon à être Tartuffe : dans la suite de la scène, il reprend son rôle, se met à genoux, etc.

En un mot, tout l'acte III consacre l'échec de Tartuffe. Sa tentative de séduction, comme cette brève révolte de sa sincérité le ramènent, l'une par l'honnêteté d'Elmire, l'autre par l'intransigeance d'Orgon, à son personnage de dévot. Tartuffe n'a en fin de compte droit à aucune initiative réelle, il est prisonnier de la famille qu'il grignote, comme un rat qui ne pourrait plus sortir de son fromage.

Réinstallé par la force d'Orgon dans son personnage, Tartuffe le maintiendra sans écart jusqu'à la fin de l'acte. Il nourrit cette force, et permet de la sorte à la comédie familiale, à l'intrigue première, de reprendre son cours : Mariane épousera Tartuffe (v. 1125) et le fils révolté est banni.

La dernière scène du troisième acte serait pure complaisance, si elle ne marquait pas un des moments importants de l'intrigue. Tartuffe et Orgon semblent se complaire dans leurs rôles reconstitués : Tartuffe se livre à un marivaudage pleurnichard qui ne fait qu'enflammer davantage Orgon, dont tout l'être appelle ces coquetteries. Le procédé de Tartuffe est simple : c'est celui qui consiste à dire « Je m'en vais » pour être prié de rester, en un mouvement de recul tactique qui engage l'autre à poursuivre, à avancer, à s'enferrer plus qu'il ne le ferait sans cette provocation. Une fois de plus, le couple équivoque Orgon-Tartuffe se prête à des comparaisons avec des couples d'amants. Orgon, nous l'avons vu, se conduit comme ces amants de signe féminin qui veulent être possédés; ici, Tartuffe joue la coquette — Célimène teintée de Bérénice. La résignation à l'exil est un moyen sûr de faire souffrir celui dont on s'éloigne. Parallèle à l'innocente perfidie des victimes raciniennes, le jeu calculé de Tartuffe est une torture pour Orgon. Grotesques parce que jetés par une dupe, les cris d'Orgon sont en eux-mêmes les élans d'un véritable amant :

> *Non, mon frère, jamais.*
> [...]
> *Non, non.*
> [...]
> *Non, vous demeurerez, il y va de ma vie.*
>
> (vv. 1161, 1163, 1165.)

Une fois de plus, depuis la tirade de Dorine (acte I, scène 2), il n'y a rien là que nous ne sachions déjà. Après la crise à laquelle nous venons d'assister, le comportement du couple Orgon-Tartuffe illustre complaisamment sa permanence. S'il y a mouvement, c'est vers une augmentation d'intensité, non vers une situation nouvelle.

Orgon avait donné sa fille à Tartuffe; il lui fait don maintenant de tous ses biens.

> *Et je vais de ce pas, en fort bonne manière,*
> *Vous faire de mon bien donation entière.*
>
> (vv. 1177-78.)

On voit bien ici le double jeu de l'échec et de la réussite de Tartuffe : il n'obtient d'Orgon que ce que celui-ci veut bien lui donner — sa fille et sa fortune. Tartuffe ne gagne que ce qu'il reçoit : il n'est pas parvenu à *prendre*. Il conviendra de revenir sur ce dilemme, qui est au fond celui-là même de l'hypocrisie. Sans aucun doute, la donation sur laquelle se termine l'acte III est une victoire de Tartuffe, et la conclusion : « La volonté du ciel soit faite en toute chose! » — complétée par la reprise du « pauvre homme » qui souligne le rétablissement du rapport Orgon-Tartuffe — est une détente comique d'un excellent effet. Mais ce rétablissement marque en même temps les limites de la prison de Tartuffe. Les personnages de la pièce et leur univers, livrés à eux-mêmes, ne peuvent ni se transfigurer ni faire marche arrière. Les rebondissements ne « sau-

vent » ni Orgon ni Tartuffe, mais les enfoncent davantage, l'un
dans son vœu de dépouillement en faveur de l'être aimé, l'autre
dans le rôle que son amant veut qu'il joue.

Permanente, la situation du couple Orgon-Tartuffe est
pourtant précaire. Tartuffe est impatient. Il a tenté, dans ce
troisième acte, de brûler les étapes. Il reçoit Mariane et le
bien d'Orgon, mais ce qu'il veut, c'est Elmire. Il a faim, on
lui offre un somptueux repas, mais on lui refuse le plat de
résistance. « On », c'est à la fois Elmire et Orgon. Orgon donne
tout, demande même que Tartuffe fréquente Elmire « en dépit
de tous » (v. 1172) — mais ne désire évidemment pas que Tartuffe devienne l'amant de sa femme (ces générosités existent
dans Boccace, et pour des raisons bien spéciales, ou bien dans
la littérature moderne); Elmire, tout simplement, *se* refuse.
Tartuffe est pris entre deux déterminismes : celui de sa nature
profonde et celui du masque qu'il a choisi. Nous disons qu'il
tente de se libérer en cherchant à *prendre*, au lieu de se contenter de *recevoir*. Mais cette libération n'est pas, au premier
abord, une tentative d'affirmation absolue de sa liberté. Tartuffe n'est évidemment pas un héros existentialiste, ni même
un Lorenzaccio. Ce qu'il recherche, c'est un passage. S'il tente
d'ouvrir une porte, cette porte est simplement une porte de
communication — d'une cellule à l'autre. Sa liberté se borne
au choix de ses prisons. C'est pourquoi on a pu reprocher au jeu
de M. Marchat, dans la tirade « Savez-vous, après tout, de quoi
je suis capable? », un degré de conscience un peu trop moderne
pour le rôle.

L'appétit de Tartuffe étant plus hâtif que ne le permet son
masque, la tension qui maintient le personnage devient du
même coup dynamique et génératrice d'action.

Tartuffe a déclenché le fonctionnement d'une machine
qui finalement le broiera. Il devait bien le savoir, pourtant!
Suffisamment au courant de lui-même et des obstacles du monde
pour se déguiser en dévot, après tant d'aventures et d'expé-
riences (le « long détail d'actions toutes noires » de l'Exempt à
l'acte V), il permet néanmoins à son masque de s'effriter au
cours de la pièce, et c'est, comme chacun sait, le commencement de sa ruine.

Nous voyons dans cette « erreur » un signe de plus de la
conception de l'homme que suppose la pièce, et que l'époque de
Molière, en gros, accepte. Dans le chapitre précédent, il a
bien fallu établir un parallèle entre la scène de déclaration

de Phèdre et la tentative de séduction d'Elmire par Tartuffe.
C'est qu'au masque de Tartuffe correspond l'attitude de la
reine Phèdre, et sa vertu, ou plutôt son vœu de vertu ; à l'appétit de Tartuffe correspond la passion de Phèdre. A la ruine
morale de Phèdre correspond la débâcle sociale de Tartuffe.
L'un et l'autre frôlent la catastrophe, s'en éloignent, s'en
rapprochent avant d'y sombrer. L'un et l'autre font le malheur
de ce qu'ils désirent (Phèdre fait tuer Hippolyte, Tartuffe en
ruinant Orgon ruine Elmire). Ni l'un ni l'autre, même aux
moments de succès apparent, n'obtiennent véritablement ce
qu'ils désirent. La différence fondamentale entre les deux personnages c'est que Phèdre veut être ce qu'elle n'est pas, et
ainsi échapper à sa passion, tandis que Tartuffe veut seulement
paraître ce qu'il n'est pas, et ainsi satisfaire son appétit. Mais
dans les deux cas, les personnages ne sont pas maîtres de leur
comportement : c'est l'appétit ou la passion qui crève les apparences assumées, qui l'emporte, qui explose à l'extérieur, en
dépit du vœu de vertu ou du calcul hypocrite de camouflage.
La vérité et la force de la corruption définitive de la nature
individuelle l'emportent nécessairement sur tous les efforts
de construction lucide et volontaire. A cet égard, en un sens
Tartuffe va plus loin que *Phèdre :* la tragédie de Racine révèle
la puissance du mal en face de la vertu ; dans *Tartuffe,* où l'effort
volontaire est lui-même au service de la nature mauvaise, celle-
ci dépasse ses propres calculs ; elle est toujours en avance sur
elle-même. Tartuffe, plus qu'aucun autre personnage, illustre
de façon éclatante la force aveugle et irrésistible de son élan.

Le retour au masque est souligné par la scène 1 de l'acte IV.
A l'aide des arguments que lui fournit la dévotion, Tartuffe
y affirme son droit aux avantages qu'il vient d'obtenir. Cléante
s'indigne, s'agite. Plus que le contenu de ses répliques, son
impuissance est significative : elle est le signe de la solidité
présente de Tartuffe. Cette scène représente ainsi une sorte de
palier, de ferme tremplin — sur lequel l'action s'arrête un
instant pour reprendre des forces et digérer ses acquisitions.
Celles-ci sont d'une part les avantages nouveaux de Tartuffe
(l'exil de Damis, la donation), d'autre part la certitude, dans
l'esprit du spectateur, que Tartuffe *est capable de laisser tomber son masque.* Tartuffe demeure semblable à lui-même, mais
les deux dimensions du personnage se sont enrichies : il est
à la fois mieux établi dans la maison *par Orgon*, et mis davantage en danger *par sa propre impatience. Tartuffe* est une pièce

où les forces en présence, données au départ, ne changent pas de nature, et où l'action naît de leur croissance ou de leur dégonflement, et des différentes manières dont elles se combinent.

La suite de l'acte IV illustre le double enrichissement apporté par l'acte III. D'une part, la scène 3 montre les conséquences du renforcement de la position de Tartuffe : elle prolonge la comédie des amoureux contrariés et l'oriente, comme on l'a vu [1], vers une impasse ; l'obstination d'Orgon s'est accrue, et le malheur de Mariane a pris un nouveau sens : Tartuffe est devenu si important qu'il s'agit moins pour elle d'être unie à Valère que d'échapper à Tartuffe. D'autre part, la fin de la scène 3 et la suite de l'acte ont pour sujet la chute du masque de Tartuffe, dont on sait bien maintenant qu'elle est possible. Les deux intrigues sont liées organiquement l'une à l'autre, et l'intrigue première reste première : Mariane est toujours en jeu. Mais l'obstacle à son bonheur est devenu si gigantesque que la lutte contre cet obstacle l'emporte, en présence dramatique, sur le malheur proprement dit de Mariane. Au fond, il se passe, dans *Tartuffe*, ce qui advient dans certaines guerres : l'ennemi est si puissant, la bataille devient si complexe, elle requiert tant d'énergie et tant d'attention, qu'on oublie un peu les raisons et les buts de la guerre. Molière toutefois, dans la scène 3 de l'acte IV, nous invite à ne pas perdre de vue les raisons pour lesquelles Tartuffe doit être combattu : il s'agit toujours et avant tout de sauver Mariane.

Tartuffe a tenté de séduire Elmire, il a été réduit à l'impuissance. Mais on réveillera son désir et on l'utilisera. Il suffira qu'Elmire prenne la direction des opérations et use d'une tactique qui consiste à profiter de la dispersion des objectifs de l'ennemi.

Les remarques d'Elmire, au cours de l'élaboration de cette tactique, sont un peu du genre « à la guerre comme à la guerre ». Judith de comédie, elle est prête à tous les sacrifices pour gagner la bataille et préserver les siens. Mais il semble bien qu'elle décide de sacrifier ce qui précisément est le symbole de ce qu'elle veut sauver.

Dans le bref dialogue d'organisation du plan de bataille, « Molière, écrit Fernand Ledoux [2], insiste une fois de plus sur la pureté d'Elmire ». Mais, ce qui importe plus que cette

1. Voir chap. IV.
2. *Op. cit.*

« pureté », c'est le fait qu'Elmire décide de l'abandonner. Elle
est « honnête », et elle sait qu'elle l'est. En face du danger,
elle décide de ne plus *agir* en femme honnête. Or, dans un
univers d'honnêteté formelle, la marge qui sépare ces gestes-là
de la réalité profonde est bien mince.

Elmire était déjà capable d'un marché avec Tartuffe; elle
se révèle maintenant capable de dresser un guet-apens. La fin
qu'elle vise est sans doute toujours la même : sauvegarder l'ordre
auquel elle appartient. La tactique qu'Elmire propose confirme
ce que nous apprenait déjà le chantage discret qu'elle exerçait
sur Tartuffe à la suite de sa première déclaration : l'honnêteté
est une fin qui exige bien souvent l'ignorance des moyens qu'on
emploie pour l'atteindre. Car ces moyens, eux, sont en eux-
mêmes peu scrupuleux : chantage et séduction mensongère.
Elmire en a conscience — d'où les notes des critiques qui
l'admirent pour ses scrupules. C'est peut-être le signe de sa
« pureté », mais il serait permis aussi de parler de sa mauvaise
foi : Elmire refuse purement et simplement de se reconnaître
adultère, elle dégage fermement sa responsabilité :

> *J'aurai lieu de cesser dès que vous vous rendrez,*
> *Et les choses n'iront que jusqu'où vous voudrez.*
> *C'est à vous d'arrêter son ardeur insensée*
> *Quand vous croirez l'affaire assez avant poussée,*
> *D'épargner votre femme et de ne m'exposer*
> *Qu'à ce qu'il vous faudra pour vous désabuser.*
> *Ce sont vos intérêts, vous en serez le maître.*
>
> (vv. 1379-1385.)

Certes, cette tactique n'est pas une excuse inventée par Elmire
pour se donner impunément à un homme qui l'attire. Tartuffe
est répugnant, Elmire ne le désire pas. Toute interprétation
de ce genre révélerait une totale incompréhension du sens de la
pièce. Mais l'argument d'Elmire soulève le problème des intentions et des actes; si l'intention d'Elmire est totalement
« bonne », il n'en reste pas moins que les actes, eux, sont condamnables (le mensonge d'une attirance feinte, et, si les choses vont
jusqu'au bout, un adultère consommé). Aussi ne peut-on s'empêcher de noter quelque jésuitisme dans l'argument d'Elmire.
L'adultère serait consommé *malgré elle*, bien qu'elle fasse tout
pour qu'il le soit. Si l'on évite de porter un jugement moral sur
les personnages (et de dire qu'Orgon n'aurait pas volé sa mésa-
venture), on entrevoit, dans la tactique d'Elmire, une nuance
de casuistique — de vraie casuistique, cette fois-ci.

Elmire se constitue *volontairement* en instrument — ce qui
est une façon précisément d'abdiquer sa volonté. Elle revendi-
quera une seconde fois son irresponsabilité par des remarques

équivoques à la fin de sa scène avec Tartuffe (vv. 1507-1519), et une troisième fois, très nettement, après cette scène (vv. 1551-1552). Le choix de la lutte entraîne pour Elmire le choix d'une morale de guerre, mais elle prétend en quelque sorte que ce n'est pas elle qui fait la guerre. Tout cela vient d'elle, et pourtant elle renie ses propres actes. Si Orgon, enfin, ne sortait pas de sa cachette, il serait cocufié — par sa faute, peut-être, mais ce serait bien Elmire qui l'aurait cocufié.

Il y a ici définitivement un cas de conscience, auquel Elmire est acculée *en partie* par les événements, mais aussi qu'elle crée *en partie*, et auquel elle veut échapper en rejetant *toute* la responsabilité sur un autre, nommément Orgon, le chef de la famille. Et sans doute est-ce là le véritable sens de l'attitude d'Elmire : non seulement il convient de détruire l'objet de la passion du père-chef, mais aussi il s'agit de réaffirmer la fonction de celui-ci. Le destin d'Orgon est lié au destin des siens, qui est entre ses mains. Il s'agit de lui faire comprendre, et de rappeler au spectateur, que la corruption du chef risque d'entraîner la corruption du monde qui lui est soumis, et réciproquement — ce sera d'ailleurs un des grands thèmes de *l'Avare*. — Aussi les scrupules d'Elmire — outre le jugement qu'ils nous invitent à porter sur le personnage même (« pureté » ou mauvaise foi) — ont-ils une double importance : ils éclairent mieux la nature de l'honnêteté, de ses possibilités, de ses limites — honnêteté qui colore la norme de l'univers de la pièce; d'autre part, ils sont fonctionnels, ils maintiennent Orgon dans son rôle de père-chef — et comment ne pas souligner l'ironie de ce moment, puisque Orgon est précisément un chef qui veut aliéner son pouvoir?

Aussi Orgon caché sous la table, ce ne sera pas seulement un souvenir de la Farce. Le jeu d'Elmire et de Tartuffe ne prend son sens que parce qu'Orgon est sous la table.

Dans sa forme, pour un spectateur qui ne serait pas au courant des intentions d'Elmire et de toutes les dimensions du rôle d'Orgon, la scène serait certainement farcesque : un gros bonhomme sensuel se rend aux coquetteries d'une jolie femme et s'apprête à la prendre, tandis que le mari de la dame assiste à la scène, ou plutôt en entend toutes les répliques et tous les bruits. Ce spectacle, dépourvu des significations que lui confère la pièce dans son ensemble, évoque les illustrations audacieuses, parfois même pornographiques des farces publiées, au même titre que le geste de Tartuffe, à l'acte III, palpant le genou d'Elmire. Molière, toutefois, suggère seulement les attaches de certains thèmes de sa pièce avec la Farce, sans exploiter les possibilités du genre.

Plus qu'une suggestion ou un rappel de la Farce, cette scène rassemble les lignes de force de la pièce. Orgon, sous la table, est acculé à assumer sa fonction. Jamais, au cours de la pièce, il n'a été aussi puissant et aussi seul — puisqu'on lui abandonne la décision, qu'on le rend responsable en dernier ressort de la ruine définitive de l'ordre familial et du même coup, de sa propre ruine. Jamais aussi il n'a été réduit à une position physique aussi grotesque. De cet écart accru naît non seulement une partie du comique de la scène, mais aussi son drame. Tartuffe est également jeté dans une situation où la tension de son personnage est, plus qu'auparavant, accentuée : tandis que plus que jamais il se camoufle sous son déguisement, plus que jamais aussi son appétit est excité, puisque Elmire se montre séduisante et se constitue en séductrice.

Au départ de la scène, dans ce dernier tournoi, chaque personnage est en position de combat, chacun pourvu des armes de son rôle, de son niveau et de sa subtilité personnelle. En un sens, ils sont tous déguisés : Elmire, en coquette ; Tartuffe, en dévot ; et Orgon, en table. Si Tartuffe use d'une arme que nous connaissons depuis le début de la pièce, Elmire, femme du monde, utilise un des moyens de son ordre : cet esprit de finesse, dont Pascal a découvert l'usage chez ses amis libertins, et qui n'est rien de plus qu'une perspicacité intuitive, une manière indiscernable de jouer avec les réactions inconscientes d'autrui. Quant à Orgon, toujours de plain-pied avec lui-même, capable d'omission, mais non de mensonge, son seul recours est de disparaître physiquement.

Scène de grand théâtre, ce moment de *Tartuffe* met en présence trois êtres qui ne sont pas ce qu'ils paraissent : une coquette, qui est une honnête femme ; un dévot, qui est un parasite sensuel ; une table, qui est un père de famille et un mari. Tout le mouvement de la scène consiste à faire surgir la vérité de chacun de ces êtres — mouvement qui n'est possible qu'à cause de l'impatience de chacun sous son déguisement. Le désir de Tartuffe s'exaspère sous l'habit noir, comme Orgon s'étonne sous la table ou comme la vertu d'Elmire se révolte sous ses coquetteries. D'autre part, chacun a son rythme propre : Tartuffe est plus rapide qu'Orgon, et Elmire, qui est l'organisatrice de cette mascarade, se révèle en dernier.

A ce bal des trois masques, la dupe sera finalement Tartuffe. On s'est étonné parfois de la facilité avec laquelle il se laisse prendre. C'est qu'on ne songe pas assez au jeu d'Elmire au début de la scène, à son rythme, à ses pauses. En outre, Tartuffe n'a pas de raison de ne pas croire Elmire. Aucun des arguments de la jeune femme n'est forcé ni extravagant. Elle utilise un *code* de conduite féminine reconnu par l'époque, accompagné d'une *catégorie* également familière, qui figure en bonne place dans le catalogue traditionnel des passions : elle se montre *précieuse*, et, du coup, dans une situation sans netteté, *jalouse*.

> *Que le cœur d'une femme est mal connu de vous !*
> *Et que vous savez peu ce qu'il veut faire entendre*
> *Lorsque si faiblement on le voit se défendre !*
> *Toujours notre pudeur combat, dans ces moments,*
> *Ce qu'on peut nous donner de tendres sentiments.*
> *Quelque raison qu'on trouve à l'amour qui nous dompte,*
> *On trouve à l'avouer toujours un peu de honte.*
> *On s'en défend d'abord ; mais de l'air qu'on s'y prend,*
> *On fait connaître assez que notre cœur se rend,*
> *Qu'à nos vœux, par honneur, notre bouche s'oppose,*
> *Et que de tels refus promettent toute chose.*

> (vv. 1412-1422.)

La précieuse ne se donne pas facilement, mais elle se donne. Si le vocabulaire d'Elmire use peu des périphrases de l'école, l'esprit de son argument n'en reflète pas moins les principes qui sous-tendent l'amour précieux. L'ironie de ces vers vient du fait qu'elle donne pour masque (assumé pour des raisons d'honneur, il est vrai) ce qui est sa vérité, à un homme qui est passé maître dans l'art de faire admettre le contraire.

> *Et lorsque j'ai voulu moi-même vous forcer*
> *A refuser l'hymen qu'on venait d'annoncer,*
> *Qu'est-ce que cette instance a dû vous faire entendre*
> *Que l'intérêt qu'en vous on s'avise de prendre,*
> *Et l'ennui qu'on aurait que ce nœud qu'on résout*
> *Vînt partager du moins un cœur que l'on veut tout ?*

> (vv. 1431-1436.)

La précieuse est méfiante, elle est aussi exigeante. Elle est prompte à la jalousie, elle s'estime assez pour n'accepter qu'un don total de l'amant. Elmire, ici, donne la clé des précieuses, et, pour plus tard, celle de certaines héroïnes de Marivaux — d'autant plus vraisemblable dans l'explication de son attitude que son style (à part le « on » de modestie) fait le moins d'emprunts possible aux clichés qui ont ridiculisé la préciosité.

En outre, Elmire, dans sa subtilité, ne fait à Tartuffe aucune révélation qui soit en contradiction avec son comportement des scènes précédentes. On ne saurait en dire autant des révé-

lations de Tartuffe. La froideur de la femme peut être une réaction de pudeur destinée à l'empêcher de se livrer trop tôt, ou
d'être dupée dans un partage. Mais les principes de la dévotion
ne justifieront jamais la goinfrerie ou l'adultère.

En face d'un personnage qui demeure cohérent malgré cet
apparent changement d'attitude, Tartuffe, en qui bouillonne
un désir pressant, ne peut que se laisser persuader. Où en est
alors son masque? Dans ses propos au moins, il se réduit à
des vestiges du vocabulaire de la mysticité (en particulier,
« béatitude », au vers 1442). Méfiant d'abord, ensuite attiré
par Elmire, Tartuffe, au milieu de la scène, n'est plus dévot.
Repoussé par un geste d'Elmire [1], il soupçonne un piège :

> *Mais ce cœur vous demande ici la liberté*
> *D'oser douter un peu de sa félicité.*
> *Je puis croire ces mots un artifice honnête*
> *Pour m'obliger à rompre un hymen qui s'apprête* [...]

(vv. 1443-1446.)

Mais il ne pense pas que ce piège puisse être destiné à faire
éclater la contradiction entre son masque et son appétit réel.
Après tout, Elmire l'a déjà vu « tout nu ». Elle a alors gardé le
silence. Elle vient de donner les raisons de ce silence. Et Tartuffe croit ce qu'on lui dit. Il révèle tout son appétit (qu'Elmire
connaît déjà) et réclame le don d'Elmire comme preuve de sa
sincérité.

Le texte et l'usage veulent qu'à ce moment-là Elmire tousse
pour avertir Orgon, pour attirer son attention sur les propos
de Tartuffe, et lui suggérer (selon la règle qu'elle s'est imposée,
elle ne peut pas faire plus) de se manifester. Mais c'est aussi
pour attirer notre attention, pour bien nous rappeler que cette
scène se déroule en présence d'Orgon, qu'il en fait partie, car
c'est pour lui qu'Elmire joue. D'où le double intérêt de cette
scène : si d'une part elle illustre avec plus d'intensité que la
scène de l'acte III la puissance de l'appétit de Tartuffe, elle
montre aussi le drame d'Orgon à l'intérieur de sa fonction
dont, par la décision d'Elmire, il est prisonnier. La toux ou
les signaux d'Elmire font la liaison entre les deux courants de
la scène. Orgon sera désormais responsable non seulement
du malheur des siens, mais de son propre déshonneur, et il
s'agit de voir qui l'emportera, de sa passion pour Tartuffe ou

---

1. Par exemple : « Elmire... affolée devant l'audace du fourbe, d'un coup
de pied rapide déplace le fauteuil... Tartuffe le reçoit dans les jambes. »
(Fernand Ledoux, *op. cit.*).
Ce jeu de scène n'apparaît ni dans la mise en scène dite « traditionnelle »,
ni dans celle d'Arnavon.

de la conscience de sa fonction, tandis que, parallèlement, Tartuffe développe son propre portrait. Orgon *pourrait* surgir dès la première tirade de Tartuffe (vv. 1436-1452), et la toux d'Elmire est une invitation. Mais la table, masque et aussi symbole de l'aveuglement et de la surdité d'Orgon, reste muette; la suite de la scène exaspère l'attente du spectateur, comme elle exaspère le désir de Tartuffe et intensifie le danger que court Elmire.

Ce retardement, qui s'apparente aux autres retardements de la pièce, non seulement aiguise les impatiences des personnages et du spectateur, mais enrichit notre connaissance de Tartuffe. Ici, comme dans toute la pièce, la pure technique du théâtre s'accompagne du développement d'un portrait, qu'elle rend dramatique et dont elle se nourrit. D'une part, Tartuffe confirme son aspect de consommateur : l'amour pour lui signifie la réalisation immédiate du désir. Il faut « convaincre sa flamme » par des « réalités » (v. 1466). Le mot « réalités », avec ce sens-là, est courant, il est vrai; il n'en est pas moins le signe du niveau où Tartuffe situe la réalité : c'est la matière que l'on consomme, l'objet ou l'acte qui satisfait l'appétit du corps. Rien de moins subtil, de moins spirituel que ce faux dévot en qui certains critiques ont voulu voir un homme qui croit *quand même* en Dieu. Sans tomber dans des obscénités, ou dans les extrémités du film de Murnau [1], il convient de jouer cette scène avec audace : c'est au corps d'Elmire qu'en veut Tartuffe; ses demandes ne sont pas des prières d'amoureux transi : si elles s'accompagnent de mains tendues, ce n'est pas pour prier, mais pour saisir. Elmire fuit, tourne autour des chaises et des tables, et ne cesse de tousser pour provoquer le surgissement d'Orgon — mais, puisqu'elle a si bien posé ses principes et dégagé sa responsabilité, il ne lui appartient pas d'arrêter le jeu. Tout ce qu'elle peut faire, en évitant les mains de Tartuffe, c'est de lui opposer ses propres arguments.

La défense qui permet à Elmire de se tirer d'affaire sans revenir sur sa décision d'être irresponsable, est l'occasion d'un second développement destiné à enrichir ou plutôt à expliquer le caractère de Tartuffe. L'appétit, déjà connu, du personnage est maintenant en pleine lumière. Où en est le masque? La suite de la scène est une analyse de celui-ci et de sa fonction.

> *Si ce n'est que le ciel qu'à mes vœux on oppose,*
> *Lever un tel obstacle est à moi peu de chose* [...]

(vv. 1481-1482.)

---

1. Si notre mémoire est bonne, l'adultère y est consommé.

La désinvolture de Tartuffe dans ces vers est le signe même de son incroyance. Quant à l'expression « lever l'obstacle », elle est parallèle à « tomber le masque ». Les vers 1485-1506 nous apprennent comment on peut se livrer à cette opération avec grâce.

> *Le ciel défend, de vrai, certains contentements ;*
> *Mais on trouve avec lui des accommodements.*
> *Selon divers besoins, il est une science*
> *D'étendre les liens de notre conscience,*
> *Et de rectifier le mal de l'action*
> *Avec la pureté de notre intention.*

(vv. 1487-1492.)

Nette allusion à la technique de la « direction d'intention », cet argument est destiné à donner bonne conscience à Elmire. Que Molière suive ici de très près le Pascal des *Provinciales* et même lui doive l'inspiration du rôle, comme le veut Sainte-Beuve [1], cela importe peu pour la valeur dramatique du moment. Ce que le spectateur apprend, c'est *pourquoi* Tartuffe a choisi le masque de la religion. Non seulement celui-ci le cache et détourne l'attention de la société dans laquelle son énorme appétit sévit, comme Tartuffe le révélait à l'acte III (vv. 995-1000) — mais aussi il peut devenir instrument de conquête et de justification. C'est ainsi dans la « direction d'intention » que réside le passage de l'appétit au masque. Les équivoques de l'acte III ne permettaient pas à Tartuffe de faire sa propre synthèse, d'où son échec. Ici, il donne la clé d'une remarque un peu hâtive, faite lors de sa première déclaration :

> *Mais enfin je connus, ô beauté toute aimable,*
> *Que cette passion peut n'être point coupable* [...]

(vv. 949-950.)

Il est certes impensable que Tartuffe *croie* ce qu'il dit. Il récite une formule apprise, il use d'une clé magique obligeamment offerte par la casuistique des Jésuites, une sorte de « Conscience, ouvre-toi ! ». Ce que Tartuffe veut, c'est son « contentement » ; ce que la casuistique tentait de faire, c'était, généreusement, de donner le plus de chances de salut possible. Du coup, Tartuffe renverse le problème de l'intentionnalisme. Il imite la caricature du casuiste selon Pascal, non le casuiste. Son argument est bref : ce n'est pas qu'il se contente de peu ; il n'a personnellement besoin d'aucune justification, mais il croit avoir affaire à quelqu'un qui désire une justification et qui se contentera de peu. C'est la deuxième fois qu'il juge mal Elmire. A

---

1. *Port-Royal*, livre III, chap. XVI.

l'acte III, il cherchait à la séduire par la promesse d'un « amour sans scandale »; maintenant, il compte la persuader par un raccourci de casuistique à l'usage des naïfs.

Dans les deux cas, son argument consiste à présenter la dévotion comme un « moyen », dont le but n'est pas le salut des âmes mais la satisfaction des besoins terrestres : par là, il révèle tout son jeu. Dans cette scène-ci, il y a toutefois progrès : la dévotion, qui ne servait qu'à cacher certains actes, contient maintenant leur justification. Et pourtant l'argument n'est pas satisfaisant. Le renversement du problème des intentions est un tour de passe-passe, une fausse « synthèse ». L'intention première est toujours la satisfaction de l'appétit. Ce que Tartuffe révèle n'est jamais une unité harmonieuse : c'est la logique illusoire et tortueuse qui lui permet de faire croire à cette unité. Quand autrui découvre la dualité de son masque et de son appétit, Tartuffe use d'une sorte de masque au second degré, qu'il plaque sur cette crevasse. Ainsi la brume de la casuistique vient tenter d'emplir le gouffre qui sépare l'humble dévot du consommateur sensuel.

Tartuffe a fait le tour de lui-même. Il ne lui reste qu'à entraîner Elmire, en lui demandant de cesser de « penser » la situation :

> [...] *n'ayez point d'effroi;*
> *Je vous réponds de tout et prends le mal sur moi.*

> (vv. 1495-1496.)

ou, plus tard, en revenant au vieil argument de « l'amour sans scandale », auquel il donne une orientation particulièrement odieuse :

> *Vous êtes assurée ici d'un plein secret,*
> *Et le mal n'est jamais que dans l'éclat qu'on fait.*
> *Le scandale du monde est ce qui fait l'offense,*
> *Et ce n'est pas pécher que pécher en silence.*

> (vv. 1503-1506.)

Plus riche que l'argument analogue du troisième acte, cette remarque est colorée par la casuistique à laquelle Tartuffe a déjà fait appel. Il repose sur l'équivoque du mot « scandale », et sur une confusion entre le regard de Dieu et le regard d'autrui. Il tente de justifier tous les crimes secrets, par le fait même qu'ils sont secrets. Du même coup, il justifie totalement l'hypocrisie.

« Et ce n'est pas pécher que pécher en silence » est le dernier mot du rôle. La structure de Tartuffe, donnée dès le début de la pièce, est maintenant pleine, — et elle s'est emplie par le

mouvement même du drame. Orgon, bien entendu, est toujours
là. Elmire tousse de plus en plus fort. Tartuffe lui offre du « jus
de réglisse »... Petit intermède saugrenu (vv. 1497-1501) : l'amoureux violent s'interrompt dans ses attaques pour fouiller dans
sa poche. Outre l'effet de drôlerie produit par cette interruption, en quelque sorte burlesque, des intensités de Tartuffe,
l'intermède a une double fonction. D'une part, il montre combien, au moment où la vraie nature de Tartuffe se révèle avec
toutes ses nuances, celui-ci est en train d'être dupe. Orgon, le
trompé, est maintenant celui qui se cache ; Tartuffe, le trompeur,
est maintenant celui qui se révèle et qu'on trompe. D'autre
part, cet intermède souligne l'obstination d'Orgon, et maintient
le spectateur en état d'impatience à cet égard. Sur ce niveau-
là, la forme de la scène est assez voisine de celle de la fin de
certains vieux mélodrames cinématographiques, où l'intérêt du
spectateur naît en grande partie des retards du héros justicier au moment où l'héroïne est en passe d'être déshonorée par
le traître de l'histoire. Si l'on peut dire, le cheval que monte
la clairvoyance d'Orgon vient de loin, et le spectateur, qui
scrute les horizons de son amour pour Tartuffe, est tenu en
haleine comme pour un sauvetage de la dernière seconde.

Plus le danger que court Elmire devient pressant et plus
Tartuffe bouscule à la fois Elmire et ses propres arguments, plus
le silence d'Orgon prend de « présence » sur la scène. Tartuffe
n'ayant qu'une chose à faire et plus rien à dire, c'est la table-
Orgon qui passe au premier plan de l'action.

Tartuffe, à la fin de la scène 5 de l'acte IV, est entièrement
dupe de la situation. Le devient-il trop aisément ? A vrai
dire, la représentation de la pièce ne donne pas au spectateur
le temps de se poser de telles questions. Tartuffe est pris, à
la fois parce qu'Elmire est habile à jouer son rôle de coquette
et parce qu'il la désire. La précipitation de son appétit, manifeste tout au long de la pièce, justifie son aveuglement en ce
moment. C'est cette précipitation, cette impatience qui est la
cause du renversement de sa situation : de trompeur, il devient
trompé. Sans doute, un froid calculateur ne se serait pas laissé
prendre. Mais ce n'est pas un portrait de l'hypocrite parfait
que présente la pièce : elle utilise un type d'hypocrite, riche
de ses tensions et de ses faiblesses propres. Tartuffe n'est pas
froid : il est sanguin, sensuel, sujet à l'emportement. Ses
bouillonnements intérieurs lui bouchent les yeux et les oreilles :
il ne voit pas les coups de pied qu'Elmire donne à la table,

il n'entend pas l'équivoque de certaines de ses remarques. La convention de scène, qui veut qu'un personnage ignore les apartés de son partenaire, est ici soutenue par le désordre même du personnage.

C'est le moment le plus ironique de la pièce. D'une part Elmire est le point tournant d'une de ces ironies; surveillée par le spectateur omniscient, elle s'adresse à deux publics : Orgon et Tartuffe. Le « on » de la tirade des vers 1507 à 1519 est la charnière d'une équivoque prolongée. *On* désigne habituellement un groupe indéfini d'individus ou représente un universel. Dans le langage codifié de la femme courtisée, de la précieuse, *on* est un voile jeté sur le *je*, une protection de style, une façon de se réfugier dans le vague pour échapper aux responsabilités de l'amour. C'est cet usage qu'en fait Elmire aux vers 1411-1436, 1455-1458... et c'est ainsi que l'interprète Tartuffe. D'un autre côté, dans la tirade qui nous intéresse, le *On* désigne, toujours dans le même langage codifié, l'amant pressant : c'est ainsi qu'Elmire veut que Tartuffe l'entende, et c'est ainsi qu'il l'entend. Mais aussi, au prix de ce passage du sens *je* au sens *vous*, Elmire trouve le moyen de s'adresser *à la fois* à Tartuffe et à Orgon. Tartuffe est la dupe de cette ironie : voile conventionnellement jeté sur l'impatience de l'amant Tartuffe (et c'est ainsi que Tartuffe le comprend), le *On* sert au contraire ici à cacher Orgon aux yeux de Tartuffe. Il va sans dire que le *On*, pivot de l'équivoque ironique, est soutenu par le reste du vocabulaire de la tirade : chaque mot peut s'interpréter dans le sens de Tartuffe, alors que son *intention* vise Orgon. Si le procédé relève de l'équivoque pure et simple, il n'en fait pas moins la joie du spectateur, qui, dans sa complicité avec Elmire, voit et comprend tout du dehors, comme un dieu, et qui est *supérieur* aux deux personnages à qui Elmire s'adresse : supérieur à Tartuffe, puisqu'il en sait plus que lui; supérieur à Orgon, parce qu'il juge sa lenteur à réagir.

D'autre part, la scène est soutenue par une ironie de situation, analogue, sur le plan comique, à l'ironie tragique. Jamais Tartuffe n'a été aussi sûr de lui-même. Il a jeté le masque, il évolue avec aisance, il « a » Elmire : *il prend enfin ce qu'Orgon ne lui a jamais donné.* Maître de la situation, il se conduit en homme qui pousse le verrou pour qu'on ne vienne pas troubler ses ébats avec sa maîtresse. Libéré de son masque et possesseur sans l'aide d'Orgon de ce qu'il désire, Tartuffe a atteint son sommet. Or, en ce moment où il peut totalement coïncider avec son appétit, cet homme qui a passé son temps à créer des illusions autour de lui-même, est lui-même la victime d'une

illusion. Installé dans ce qu'il croit être son triomphe, il lui
appartient de souligner cette ironie. Parlant d'Orgon,

> *C'est un homme, entre nous, à mener par le nez.*
> *De tous nos entretiens il est pour faire gloire,*
> *Et je l'ai mis au point de voir tout sans rien croire.*

(vv. 1523-1526.)

dit-il.

Certes, le public rit : Orgon est sous la table et s'entend
traiter d'imbécile, et le rire du public naît de la satisfaction
à la fois de voir le trompeur trompé et de savoir qu'un dangereux imbécile (Orgon) s'entend dire ses vérités. Mais aussi
la force de la réplique vient du fait que Tartuffe signe ici la
fin de sa carrière : triomphant, il n'a pu l'être qu'en se créant
un complice, en mettant quelqu'un dans la confidence de son
hypocrisie. L'hypocrite, en tant qu'hypocrite, ne peut pas
réussir [1]. Ce qui triomphe ici, ce n'est pas Tartuffe, complexe
d'un mensonge et d'un appétit, c'est seulement l'appétit de
Tartuffe — sa *vraie* nature, dira-t-on, mais qu'est devenue
la totalité du personnage qui *est* Tartuffe? Aussi les vers 1523
à 1526 ont-ils une double valeur : ils marquent la fin de la
carrière de Tartuffe-dévot-ami-d'Orgon (au Ve acte, il faudra
bien qu'il assume un autre masque) et ils plongent Tartuffe
dans un état d'innocence en quelque sorte, en face de l'ancien
innocent maintenant dissimulateur. Tartuffe est victime de sa
propre sincérité : ancien masque, il révèle sans le vouloir, à
son ancienne victime maintenant masquée (table), qu'il l'a
dupée.

Tartuffe étant installé dans sa libération — qui est en même
temps la fin de sa carrière — il est temps qu'Orgon se manifeste, il est temps que cette table, qui est pour Elmire et
pour nous plus qu'une table, mais le masque grossier à l'intérieur duquel grouille le drame d'Orgon, s'anime, et procède à
un dépouillement analogue à celui que vient d'opérer Tartuffe.

Orgon n'apparaîtra qu'au moment où Tartuffe sort. Le
« sauvetage de la dernière seconde » que nous utilisions comme
image dans les pages précédentes, serait plus simple : Orgon
surgirait, se jetterait sur Tartuffe, en délivrerait Elmire et le
dialogue commencerait au vers 1542 de la scène 7 (« Tout
doux... »). Mais enfin, Orgon était sous la table, aucun signe ne

---

1. Voir *Conclusion*.

révélait l'effet que produisaient sur lui les propos et manœuvres de Tartuffe. Pourquoi tarde-t-il tant à intervenir?

Grâce à l'absence de Tartuffe — parfaitement justifiée par la manœuvre d'Elmire, qui, selon les règles du jeu qu'elle a imposées elle-même, ne peut pas dire « non » à Tartuffe, mais peut « procrastiner » —, Orgon a la scène pendant quelques secondes, rien ne détourne de son personnage et des motifs du retard de son intervention. On attend l'indignation : toute la dévotion du monde ne rendra jamais le cocuage acceptable — et l'indignation se manifeste :

> [...] *abominable homme!*
>
> (v. 1529.)

Mais l'indignation pousse à l'action. Le retard, lui, a été provoqué par la consternation, et dans cette courte scène, c'est la consternation qui domine le ton :

> [...] *je vous l'avoue* [...]
> *Je n'en puis revenir, et tout ceci m'assomme* [...]
>
> (vv. 1529-1530.)

ainsi que le jeu du personnage. Orgon apparaît moins furieux que triste. Bête, aveugle, justifiant son sadisme par les merveilleux prétextes que lui fournissent Tartuffe et la dévotion, Orgon n'en est pas moins « sincère ». On a assez vu la force de son amour pour Tartuffe; quelles qu'en soient les causes profondes et les mauvaises raisons, cet amour, lui, existe. La révélation éclatante de la liberté de Tartuffe, créature d'Orgon, rend celui-ci aussi triste que Dieu le jour où Adam a mangé la pomme. Ève, heureusement, cette fois-ci travaille *pour* le Créateur, et non contre lui. Orgon n'aura pas à chasser Elmire, mais il chassera Tartuffe de son paradis — du moins le tentera-t-il, dans un geste grandiose, mais, dieu maladroit, il oubliera qu'il a lui-même signé le transfert de propriété. Plus justement peut-être, on devrait comparer Orgon à ces princes qu'on a fini par convaincre de se déguiser en moine ou en mendiant (Orgon ne se déguise qu'en table, mais nous avons affaire à une comédie) pour découvrir la duplicité de leur ministre, de leur conseiller, de leur confident (voir *Mesure pour mesure*, de Shakespeare, par exemple, ou certaines légendes qui courent sur Louis XI). Il n'en reste pas moins que la déception d'Orgon, comme celle de ces princes, est fondée sur la découverte de l'indépendance monstrueuse de leur créature qu'ils croyaient figée dans l'image illusoire qu'ils en avaient.

Les sarcasmes d'Elmire, au cours de cette scène, sont justifiés par le caractère de celle-ci et par l'impatience qui s'est accrue en elle — impatience provoquée par un danger qui était véritablement le sien mais dont elle avait décidé de rendre Orgon responsable, l'intégrant ainsi dans un jeu qui, en dernier ressort, ne regardait qu'elle. Ils sont néanmoins injustes : il faut donner à Orgon *le temps* de se mettre au niveau de la nouvelle situation. C'est ce que Molière a bien compris, en retardant le surgissement d'Orgon, en ne le montrant d'abord que *sans* Tartuffe. Orgon, enfermé dans son illusion — plus largement : dans son caractère —, ne vit pas au même rythme que les autres (Elmire, Tartuffe, les spectateurs). La courte scène 6 marque une étape nécessaire dans l'histoire d'Orgon : après l'illusion, avant la colère, le cœur brisé.

Orgon désabusé! voici un des grands événements de la pièce. Il mérite d'être regardé de près. Tous les actes de Tartuffe jusqu'ici ont été interprétés par Orgon comme des signes de dévotion et de « pureté », ou, plus encore, ils ont été sanctifiés. Orgon a donné à chaque acte de Tartuffe le sens qu'il voulait, — parfois sans explication, mais avec un simple élan attendri, comme le soupir du « pauvre homme » quand Dorine décrit la goinfrerie de Tartuffe. A la fin de l'acte III toutefois, Orgon n'a pas pu intégrer dans l'image de *son* Tartuffe le projet de cocuage, et sa réaction présente est la conséquence de cette impossibilité.

Pourquoi pas, en ce moment, un Tartuffe-Raspoutine, d'allure mauriacienne ou même claudellienne qui convaincrait Orgon de la nécessité de pousser sa femme à l'adultère pour mieux sauver toute la famille? La descente aux bas-fonds de l'enfer pour rendre possible le coup de pied qui fait remonter au ciel? C'est que ni Tartuffe ni Orgon ne sont si complexes, et que ni l'un ni l'autre n'ont lu les romans russes. En outre — c'est une des données de la pièce — le cocuage est la limite même d'Orgon : c'est ce qu'il reprochera avant tout à Tartuffe à l'acte V :

> [...] *le perfide, l'infâme,*
> *Tente le noir dessein de suborner ma femme.*

> (vv. 1649-1650.)

Orgon donne tout à Tartuffe : sa fille, son bien — mais pas sa femme. Dès l'acte III, il refusait cette possibilité; il ne la sanctifiait pas, il la niait. Il était donc prévisible dès ce moment-là que le jour où Orgon saurait que Tartuffe veut sa femme, la carrière d'hypocrite de celui-ci dans la maison d'Orgon serait terminée. Si Orgon fait coïncider Tartuffe avec une valeur, il possède d'avance la définition de cette valeur : c'est celle que la structure de son caractère appelle pour être comblée, et c'est à ce prix-là qu'il peut être le créateur de Tartuffe — mais cette structure n'appelle pas le cocuage.

Orgon, bourgeois, a le sens de ses propriétés. Il donne, mais ne se laisse pas voler; et il donne dans la mesure où il ne perd rien. Orgon annonce Perrichon. Que coûte à Orgon de donner sa fille? Il la donnerait de toute façon. Que lui coûte de donner son bien à Tartuffe? Le geste n'est pas, dans sa forme, une révolution. Damis hériterait, comme Mariane épouserait Valère. Valère et Damis sont tout simplement remplacés par Tartuffe. L'ordre auquel appartient Orgon veut que certains individus profitent de sa fille, de ses biens : il décide — et il en a le droit — que ces individus n'en feront qu'un : Tartuffe, objet de son amour. Orgon, dans sa création d'un univers qui le satisfait, procède uniquement à des substitutions de contenu, non à des altérations de forme. Il change des noms sur des papiers. Bien sûr, dans le cas de la donation, il change un peu aussi le papier : le testament devient un transfert de propriété. Mais, de même qu'il oublie qu'il fait le malheur de Mariane, au moment où il comble Tartuffe, il pense seulement à satisfaire son ami, sans se déposséder, et son geste d'amour, en intention, ne change rien à la forme de sa possession. Il lui reste suffisamment de gigot en hachis, sa fille, même sacrifiée reste sa fille, il continue à vivre dans *sa* maison... Il n'a rien perdu. Mais si Tartuffe veut lui prendre sa femme, non seulement le contenu de son univers est altéré, mais la forme même. Il est cocu. Il n'est plus mari d'Elmire, il est mari-trompé — ce qui est une forme nouvelle.

Orgon préservait la forme de sa fonction en se donnant l'illusion qu'il faisait des cadeaux de sa propre initiative. Ici, il ne donne plus : il est dépossédé. La révélation de la duplicité de Tartuffe est en même temps la révélation du fait que la forme qu'Orgon croyait préserver (son pouvoir de chef) a été détruite. L'univers d'Orgon s'écroule : une force irrésistible a fait éclater l'ordre qu'il imposait au monde. L'illusion (le masque de Tartuffe imposé par Orgon) n'a pas tenu devant l'invincible bouillonnement du réel.

Et puis, il faut tenir compte de la tradition dans le choix du thème. Le plus extravagant des héros de farce n'acceptera jamais d'être cocu. Au sein des pires folies, il lui reste ce noyau de dignité qui l'empêche d'échapper totalement à l'humanité. Fous, imbéciles et grotesques tiennent toujours à l'intégrité de leur mariage; c'est même tout le sujet de bien des farces. Il faut attendre *Le Cocu magnifique* de Crommelynck pour que le cocuage soit non pas accepté, mais imposé par le mari même, ce qui oriente la farce vers une sorte de tragédie.

Dans *Tartuffe*, ce n'est que devant l'évidence absolue de son cocuage projeté qu'Orgon « ouvre les yeux ». Il a fallu cette situation extrême, au-delà de laquelle il n'y a plus que la complète folie, pour qu'il reconnaisse le mensonge de Tartuffe. Triste d'abord, ensuite furieux, Orgon chassera Tartuffe.

Lorsque Tartuffe rentre en scène, après avoir rapidement inspecté « l'appartement », il a « l'âme ravie » (v. 1541), et c'est avec l'aisance empressée du séducteur professionnel, la sûreté de soi de l'homme à femmes gourmand, que doit s'exécuter cette entrée. Orgon, caché derrière Elmire, surgit — non plus en ami admiratif, mais en mari courroucé. Le public jouit certes du jeu scénique et de la surprise de Tartuffe — mais plus encore de l'effort de celui-ci pour reprendre son masque. Tartuffe s'étant avancé si loin dans l'expansion de sa nature sensuelle, c'est à un bond gigantesque qu'il doit se livrer pour retrouver sa pose de dévot. Sur scène, l'écart est au maximum, et le contraste est si fort que ce moment résume en quelque sorte toute la tension de l'hypocrite.

Le masque ne prend plus. Si Tartuffe assume tant bien que mal une mine contrite, elle ne dupe plus personne. On ne lui donne même pas le temps de s'expliquer; Orgon l'interrompt chaque fois, car « ces discours ne sont plus de saison » — expression qui révèle que la situation est irrémédiable (v. 1555). Toute l'impression, à ce moment-là, est celle d'une résolution : le passionné a découvert que l'objet de sa passion était une illusion, du coup cet objet est détruit, et chassé de l'univers du héros.

Harpagon découvrirait que son or est de la fausse monnaie, Argan que ses drogues sont des poisons, Jourdain que Dorante et Dorimène sont de faux nobles et des escrocs, le mouvement serait le même — mais Harpagon n'en resterait pas moins avare, Argan hypocondre et Jourdain socialement ambitieux. Dans *Tartuffe*, à la fin de l'acte IV, c'est la colère qui domine chez Orgon, et rien n'est dit de la permanence ou de la transformation de sa nature.

Le « caporal » Orgon, l'homme qui veut commander sans être responsable — est redevenu le chef suprême, il s'est identifié avec sa fonction : c'est au nom de lui-même qu'il chasse Tartuffe. La comédie pourrait s'arrêter là. En fait, Molière non seulement doit résoudre le problème de la donation, introduit à la fin de l'acte III, mais encore il ajoute un autre prétexte à rebondissement : l'aventure de la cassette. Est-ce, comme on a pu le dire, qu'il lui fallait écrire un cinquième acte, que celui-ci est plaqué artificiellement, afin de donner l'occasion d'un remerciement officiel à Louis XIV ? Ne serait-ce pas plutôt que la pièce n'a pas encore tout dit sur Orgon, que le drame de celui-ci n'est pas résolu par l'expulsion de Tartuffe démasqué, et que le cinquième acte a, entre autres fonctions, celle de souligner l'impossibilité d'une solution de la comédie sur le plan des caractères ?

CHAPITRE VIII

Le Prince

Le cinquième acte de *Tartuffe* a souvent embarrassé critiques
et hommes de théâtre. Son désordre, ses surprises, ses retourne-
ments de situation, en un mot l'abandon apparent du portrait
pour l'intrigue, semblent rompre l'unité de la pièce.

C'est qu'on oublie trop que le *Tartuffe* est, dans son ensemble,
une pièce de mouvement. Presque tout le deuxième acte, les
personnages cachés du troisième et du quatrième, les nombreuses entrées et sorties spectaculaires (Mme Pernelle, Orgon,
Damis) provoquent une animation scénique que la simple
lecture de la pièce fait parfois oublier, mais qu'une bonne
représentation met en valeur. En outre, l'entrée de la famille
au premier acte est un avertissement : la comédie qui va suivre,
quelles qu'en soient la tenue et la sévérité, sera un régal pour
les yeux; on s'y déplacera, les trajets des personnages sur la
scène s'y croiseront selon des règles subtiles.

Au cinquième acte, le spectacle s'enrichit et s'accélère : égarement d'Orgon, retour de Damis, réapparition de Mme Pernelle, arrivée de Valère, arrivée de Tartuffe, et intrusion de
deux nouveaux personnages, Loyal et l'Exempt. La famille
au complet sur la scène pour le dénouement, c'est sans doute un
effet traditionnel : dans *Tartuffe*, c'est aussi une reprise de
l'invasion de la scène au début du premier acte; c'est ainsi à la
fois un spectacle et un accent particulièrement vigoureux mis
sur l'importance de la famille en tant que groupe dans cette
pièce.

Quant aux renversements de situation et aux changements
d'orientation de l'intrigue, le spectateur doit y être habitué :
passage de l'intrigue des amoureux contrariés à celle du cocuage
projeté d'Orgon, Tartuffe surpris par Damis et vainqueur de
celui-ci, Tartuffe surpris par Orgon et maître de la maison...

Ce qui choque à vrai dire dans ce cinquième acte, ce sont
deux nouveautés : le vol de la cassette et l'intervention de la

justice royale. Avant de les condamner au nom d'un réalisme
de surface ou de certains principes simples de composition dramatique, il serait bon de s'interroger sur leur fonction, et de se
demander si elles n'ont pas d'autres raisons d'être que la nécessité extérieure d'écrire un cinquième acte et une obligation de
courtisan.

La cassette n'est mentionnée que tout à la fin du quatrième
acte :

> [...] *mais voyons au plus tôt*
> *Si certaine cassette est encore là-haut.*

(vv. 1571-1572.)

Nous apprenons au cinquième acte que cette cassette contient
des papiers compromettants remis à Orgon par un ami, Argas,
contraint à l'exil. Il est vrai que, sans cette cassette, le cinquième
acte ne saurait avoir le déroulement que nous lui connaissons.
Il est vrai aussi que le spectateur n'apprend l'existence de cette
cassette que bien tard dans la pièce. À la fois son existence et sa
disparition sont une nouveauté. Le spectateur est mis en présence d'un « coup de théâtre », c'est-à-dire qu'il a été *moins*
au courant des agissements du héros que le héros lui-même ; les
conséquences de ces actes sont pour lui une double surprise :
il partage celle du héros, mais aussi le héros le surprend. Ce
procédé est peu fréquent dans le théâtre de Molière, et n'est
guère utilisé que dans les dénouements proprement dits, sous
la forme d'une reconnaissance de famille.

Toutefois, ce choc peut être accepté par le spectateur, sans
que celui-ci y voie une tricherie d'auteur. C'est que l'aventure
de la cassette — pour imprévue qu'elle soit en elle-même —
prend naturellement place dans l'agencement des thèmes de
la pièce. Orgon fait deux cadeaux à Tartuffe : sa fille et sa
fortune. Tartuffe tente de voler deux des propriétés d'Orgon :
sa femme et la cassette. Dans les deux cas : une personne et une
chose. Dans les deux cas, Tartuffe renchérit sur les dons d'Orgon : non content de sa fille, il tente de lui voler sa femme ; non
content de sa fortune, il tente de lui dérober sa sécurité. Dans
les deux « vols », le point de départ est le même : Orgon a confié
sa femme comme la cassette *aux soins* de Tartuffe, pour assurer
sa tranquillité personnelle. Or Tartuffe fait de l'une et de l'autre
l'usage qu'Orgon craignait précisément que d'autres n'en fissent :
dévergonder sa femme, le livrer à la police du roi. L'aventure
de la cassette apparaît ainsi comme un parallèle nécessaire à la

tentative de séduction d'Elmire : c'est le même exemple de détournement de bien confié et de tentative d'affirmation de Tartuffe *contre* Orgon. Sur le plan de l'appropriation et du mauvais usage des biens matériels, Tartuffe se conduit comme sur le plan de la conquête des personnes : il passe du don reçu à la captation.

En outre, la cassette, par les papiers qu'elle contient, réintroduit le monde extérieur, la société politique au sein de laquelle se déroule le drame. Le Prince et les troubles ont été suggérés à l'acte I par Dorine (vv. 181-182). Le lien qui unit Orgon à l'histoire de son temps est donc déjà connu; il paraît double maintenant. Il est, sinon prévisible, du moins normal qu'Orgon, mêlé à la Fronde, en ait gardé quelque relique : que celle-ci représente l'attitude politique contraire à celle pour laquelle il avait combattu ne doit pas étonner de la part d'un personnage prêt à se mettre au service de ce qui est plus fort que lui.

Enfin le vol de la cassette permet, non seulement un rebondissement et une prolongation de l'intrigue, mais surtout une nouvelle illustration du caractère d'Orgon en action.

Tout le cinquième acte, jusqu'à la mise au point de l'Exempt (vv. 1904 sqq.), présente un triple intérêt. D'une part, sur le plan de l'intrigue — et sur le plan purement scénique — il offre un climat de débordement des personnages par leur situation, une atmosphère d'encerclement, d'où se dégage une leçon. En second lieu, la comédie se montre complaisante à l'égard du spectateur et le satisfait en prenant, sous la forme d'ironies, une revanche répétée sur Orgon avant de le sauver. Enfin, ce dernier acte a pour but de re-situer Orgon : étant donné la nature du personnage, étant donné le bouleversement de son univers (univers en grande partie inventé par lui), que devient-il? où en est-il?

Orgon est allé si loin dans sa liaison avec Tartuffe qu'une rupture crée nécessairement un désarroi, un vide dans le personnage. Ce vide, il convenait de l'explorer. Le jour où l'alcoolique cesse de boire ne marque pas la fin de l'histoire de l'alcoolique. Le jour où Orgon, qui était si plein de Tartuffe, chasse celui-ci ne marque pas la fin de l'histoire du couple Orgon-Tartuffe; comment va se comporter la nature dépossédée d'Orgon? Va-t-il remplacer la présence de son ami à l'intérieur de lui-même, et comment?

L'acte V s'ouvre sur l'affolement d'Orgon, sur la lancée

de la fin du quatrième. Son héros ayant été irrémédiablement
démasqué, Orgon n'est que faiblesse et égarement :

Cléante :   *Où voulez-vous courir?*
Orgon :   *Las ! Que sais-je?*

(v. 1573.)

L'aventure de la cassette permet de ramener à un exemple
particulier l'ensemble de la situation :

J'allai droit à mon traître en faire confidence

(v. 1586.)

souligne l'initiative d'Orgon dans cette affaire. Pendant tout
son roman avec Tartuffe, c'est lui qui a fait chaque fois le
premier pas, constituant Tartuffe en conseiller, ami, gendre,
héritier, etc. La dévotion-prétexte apparaît ensuite dans cette
courte explication, sous la forme d'un emprunt à la casuistique :
la restriction mentale qu'Orgon ramène à des termes simples,
ceux mêmes de la pièce, ceux mêmes de Tartuffe en face
d'Elmire au quatrième acte :

Par où ma conscience eût pleine sûreté
De faire des serments contre la vérité.

(vv. 1591-1592.)

La rime « sûreté-vérité » semble sortir de la bouche de Tartuffe
lui-même, dans un des moments où il révèle les motifs de son
hypocrisie.

Quand Orgon, cessant de rappeler le passé, se met en colère,
il affirme une fois de plus la permanence de son caractère.

C'en est fait, je renonce à tous les gens de bien.
J'en aurai désormais une haine effroyable
Et m'en vais devenir pour eux pire qu'un diable.

(vv. 1604-1606.)

Quand Dieu est mort, on se donne au Diable. Orgon, privé de sa
garantie, de son soutien, ne voit de solution que dans la révolte
absolue. Il confirme le portrait que Dorine a fait de lui au premier acte, particulièrement l'analogie qu'elle établit entre son
amitié pour Tartuffe et un amour passionné. L'amant trompé
choisit de haïr toutes les femmes. Orgon n'est pas loin de parler
comme Vigny dans *La Colère de Samson*.

Cléante lui donne des conseils de modération, rappelle le
thème de la pièce, le jeu de l'apparence et de la réalité, du vrai
et du faux, dans des termes qui semblent exprimer l'opinion
de Molière sur la vraie et la fausse religion, comme à l'acte I,
mais qui ont surtout pour fonction de souligner une fois de plus

l'anormalité ou la corruption de la psychologie d'Orgon; les apparences immédiates ont pour lui la valeur d'une vérité absolue et universelle. Orgon, cherchant un peu plus tard à convaincre sa mère de l'ignominie de Tartuffe, a finalement recours à l'argument qui, pour lui, est définitif :

> *Je l'ai vu, dis-je, de mes propres yeux vu,*
> *Ce qu'on appelle vu* [...]

(vv. 1676-1677.)

Orgon avait *vu* Tartuffe en prière, donc Tartuffe était dévot; il vient de le *voir* enlacer sa femme, donc Tartuffe n'est pas dévot. Le jugement d'Orgon est fondé sur des perceptions immédiates, qui sont toujours pour lui le signe de la réalité. En outre, ces perceptions d'un cas particulier entraînent un jugement sur l'ensemble du monde. Tartuffe est demeuré le « tout » d'Orgon. Voir Tartuffe est pour Orgon voir l'univers. Avertissements, appels, rapports venant d'autrui ne comptent pas. Ce sont les gestes sensibles de Tartuffe qui expriment la vérité du monde. Tartuffe faux dévot, c'est du même coup la preuve qu'il n'y en a pas de vrais.

Rien en Orgon n'a donc changé. La révélation de la duplicité de Tartuffe ne l'a pas amené à une plus juste appréciation de la réalité : il n'a pas été « éclairé ». Ce cinquième acte confirme à cet égard notre interprétation des rapports d'Orgon et de Tartuffe : la structure du caractère d'Orgon est donnée une fois pour toutes, Tartuffe est venu la remplir, en est devenu prisonnier. Tartuffe devenu « un autre » (le séducteur d'Elmire) n'a pas le pouvoir de changer Orgon : il reste son prisonnier, il a simplement changé de signe. Orgon persiste à être ce qu'il est aussi bien dans l'alliance avec Tartuffe que dans le désaccord.

D'où la portée très limitée des ironies adressées à Orgon au cours de cet acte. Entendons qu'elles n'atteignent pas le caractère en profondeur : Orgon n'y est pas jugé dans sa vision de la réalité, mais seulement dans le cas particulier de son erreur sur Tartuffe. Plus subtile, et du coup plus dramatique, l'ironie involontaire de l'obstination de Mme Pernelle donne son sens au début de l'acte.

De même qu'elle annonçait la structure d'Orgon dans la scène d'exposition, elle reparaît ici, en quelque sorte pour la prolonger : elle représente un Orgon possible, celui qui *n'aurait pas vu* Tartuffe enlacer Elmire. Au cours de la scène 3, le dialogue Orgon-Pernelle est en fait un dialogue d'Orgon avec lui-même : la seule différence qui sépare les deux interlocuteurs est une expérience; si Orgon n'avait pas *vu*, il parlerait comme

Mᵐᵉ Pernelle. Du coup, ce dialogue suggère ce que la situation *pourrait* être, à la fin de la comédie, si Orgon avait refusé de se plier au jeu d'Elmire. Plus tard, il faudra que Mᵐᵉ Pernelle *voie* également un acte irrécusable de Tartuffe pour rejoindre son fils. Elle n'aura plus de raison alors de parler, car elle ferait double emploi avec Orgon; elle se taira jusqu'à la fin de la pièce, si l'on excepte le soupir de soulagement qu'elle pousse en compagnie de toute la famille après la tirade de l'Exempt.

Ainsi, tout le début du cinquième acte est bâti sur la persistance des caractères à rester ce qu'ils sont, même si leur amour change de signe (comme les héros raciniens passent de l'amour à la haine sans changer de nature). Cette permanence ôte toute efficacité à leur action : ils ne parviennent pas à faire éclater leur situation, l'intrigue continue sur sa lancée propre, d'où le phénomène d'encerclement irrémédiable qui accompagne l'obstination des caractères.

Tout au long de la pièce, les personnages sont venus se heurter contre des murs. Ils se sont agités vainement à l'intérieur de mécanismes qui ne se souciaient pas de leurs efforts, qu'il s'agisse des obstacles offerts par autrui ou de leur propre nature. Après avoir assisté aux agitations impuissantes de la famille, il est bon de voir le héros — apparemment dominateur sur un certain plan — partager le sort de cette famille, la rejoindre dans une prison reconnue comme prison, et du même coup, non acceptée. Cet encerclement *visible* est le châtiment d'Orgon : il se sait pris dans un mécanisme qui le broie, comme il a été le mécanisme qui broyait les siens. Là encore, point de transformation de la nature d'Orgon : ce n'est pas lui qui est devenu lucide, c'est la prison qui s'est rendue sensible.

Rendu nécessaire par le caractère même d'Orgon, l'encerclement spectaculaire du cinquième acte est ainsi un effet scénique tout à fait justifié. Il fallait qu'Orgon *vît* Tartuffe prendre Elmire dans ses bras; il faut que lui et Mᵐᵉ Pernelle *voient* la manifestation sensible de Tartuffe le voleur. Le spectacle farcesque du quatrième acte ainsi que l'apparition de Loyal et de Tartuffe accompagné de l'Exempt sont donc appelés par la nature des personnages, qui ne se contentent pas d'évidences secondaires mais qui ont besoin de voir et toucher « la chose même ». A cet égard, autant de gagné pour le spectateur : la scène se meuble de personnages et de gestes, non pas par concession aux yeux du public, mais par une nécessité de la pièce elle-même.

Si les évidences concrètes et visibles s'accumulent à la fin de la comédie, s'il y a, pour ainsi dire, « insistance » des éléments spectaculaires, c'est pour satisfaire Orgon tout autant que le public. Il en est de même, avec un sens différent, des cérémonies du *Bourgeois gentilhomme* et du *Malade imaginaire*.

Enfin, de même qu'il complète le portrait d'Orgon, ce cinquième acte complète celui de Tartuffe. A plusieurs reprises au cours de la pièce, il a été suggéré que Tartuffe n'est pas seul. Les « portraits » de la scène d'exposition situaient Tartuffe dans une famille — au sens zoologique du mot — celle des hypocrites. Au troisième acte, l'expression «les gens comme nous » (v. 995) permettait d'imaginer, dans l'univers brumeux qui s'étend au-delà de la salle basse d'Orgon, toute une confrérie, ou même la répétition, dans des maisons semblables à celle d'Orgon, d'une intrigue semblable à celle à laquelle nous assistons, dirigée par des individus semblables à notre Tartuffe... Tartuffe n'est pas un cas unique : il est représentatif d'une « espèce » (« les gens comme nous »), elle-même subdivision d'une « famille » (les portraits du premier acte), comme une panthère donnée représente l'espèce panthère à l'intérieur de la famille des félins. Si cette appartenance souligne la valeur de « type » du personnage, elle suggère aussi ses attaches sociales — suggestion nourrie au deuxième acte par les allusions de Dorine aux origines provinciales de Tartuffe, etc. (vv. 656 sqq.). Le cinquième acte complète cette situation de Tartuffe dans la société de son temps : il nous révèle l'existence de ce qu'il faut bien appeler un « gang » — une bande louche dont Tartuffe est le chef. M. Loyal et ses dix acolytes surgissent du monde extérieur, où nous savons déjà que grouillent des êtres semblables à Tartuffe, et viennent sur scène représenter Tartuffe, mettre le point final à ses machinations. Les dix acolytes ne se montrent pas, ils ne sont qu'annoncés (v. 1784); il suffit de montrer ce petit homme noir, Loyal, pour que le monde extérieur devienne sensible, ainsi que les prolongements de Tartuffe hors de la maison d'Orgon.

Jusqu'ici, ce monde extérieur était resté extérieur. Son existence, encore une fois, était fréquemment suggérée, on en venait (entrée d'Orgon au premier acte) ou on y allait (exil de Damis), mais c'était à l'intérieur du décor que se situaient les moments décisifs de l'action. Voici, au cinquième acte, que l'intérieur du décor est un lieu d'attente, et que les actes ou les événements déterminants prennent place au-dehors. Ce déplacement de l'élément actif du drame change l'espace de la pièce. En quelque sorte, par l'imagination, on quitte le théâtre, comme à la fin des tragédies, les grands crimes ou les grands châtiments ont lieu ailleurs. Que les règles classiques, au premier chef celle de l'unité de lieu, entraînent nécessairement ce déplacement, cela est bien certain. Mais, quelles que soient les causes

de ce changement de perspective, l'effet scénique n'en est pas
moins remarquable. Des changements de décor ou un découpage cinématographique permettraient de mettre sur le même
plan de présence réelle les intrigues de Tartuffe à l'intérieur de
la maison, et ses rencontres avec Loyal, ou son entrevue avec la
Police royale. En gardant le spectateur prisonnier du décor
unique, la pièce classique lui communique du même coup une
impression de dépassement absolu. Il en va ici, comme de la
présence-absence de Tartuffe aux deux premiers actes. Un
centre d'intérêt se situe dans un lointain inaccessible, et le
spectateur n'a droit qu'à des signes, des messages ou des
récits. M. Loyal est un mauvais ange qui descend de ce ciel qui
nous est interdit, pour nous faire entendre que les solutions
d'un drame que nous avons cru limité au microcosme de la
maison d'Orgon viennent d'un au-delà qui le dépasse.

Ciel interdit au spectateur, disons-nous : Ciel ou Enfer,
peu importe. Le conflit entre un certain bien et un certain mal,
jusqu'ici situé entre les quatre murs de la salle basse d'Orgon,
a atteint un au-delà où il s'installe, avec des proportions décu-
plées. Orgon et sa famille, réduits à l'impuissance, deviennent
les témoins de leur propre procès : on serait tenté d'appliquer
à la situation l'épithète de « kafkaesque » si les données du
procès étaient moins claires.

Tant que la pièce s'est déroulée sur le plan de la maison
d'Orgon, les représentants du « bien » étaient les membres de la
famille, le « mal » (mal d'Orgon) s'incarnait dans Tartuffe.
Maintenant, dans le monde extérieur, le « mal » est représenté
par Tartuffe absent et le grouillement de ses complices. Qui
d'autre peut faire contrepoids dans cet au-delà qui, dans le cas
d'une comédie, est la société du temps, sinon le Prince? Le
drame, en quittant la maison d'Orgon, pour envahir le monde
extérieur, rencontre — et cela va de soi — le maître de cette
société, nommément Louis XIV.

La pièce est située dans l'Histoire par les allusions à la Fronde
(vv. 181, 182). De toute façon, sauf avis contraire, la comédie
choisit comme époque de son sujet celle où elle est écrite, puisque, en intention, elle vise les vices et ridicules du temps.
Dans le cas de Tartuffe, l'allusion aux troubles de 1648 confère
à la pièce une véritable historicité, presque une date, non seulement par la représentation de certaines coutumes, par la couleur
générale d'une époque, mais par un événement unique. Le fait
est assez rare dans le théâtre de Molière, et ne peut être rappro-

ché que des allusions au retour du Roi de telle ou telle guerre dans les prologues et ballets. Orgon, ayant été défini dès sa présentation par Dorine non seulement comme un « caractère » du temps, mais aussi comme un participant au déroulement proprement historique, peut donc, sans qu'il y ait nouveauté radicale dans la conception du personnage, être embarqué plus tard dans l'aventure de la cassette, et dans une intrigue qui se situe hors de la maison, dans l'Histoire du siècle : il est dénoncé par Tartuffe comme traître.

Cette dénonciation a pour effet d'établir, au cinquième acte, le jeu de contraires, ou si l'on veut la tension la plus forte de la pièce. Le traître Tartuffe constitue, à un niveau supérieur, sa propre victime en traître, et ce qui, sur le plan de l'amitié, était fidélité ou confiance de la part d'Orgon (fidélité envers Argas, confiance dans Tartuffe) devient, sur le plan le plus élevé, trahison, tandis que le vol et l'abus de confiance de Tartuffe deviennent accomplissement d'un devoir. Par le passage à un autre ordre (passage justifié par l'historicité partielle de la pièce), par le dépassement du cinquième acte, l'opposition de valeurs ou la confusion ontologique qui sont le thème de la pièce se trouvent incarnées dans une nouvelle réalité. Le renversement de l'ontologie normale qui est le fond de la nature d'Orgon et le but du calcul de Tartuffe (le faux devient le vrai, le mal devient le bien), mais qui est resté jusqu'ici en quelque sorte imaginaire — création, poésie spontanée ou intentionnelle de deux individus — est désormais réalisé, actualisé par le passage au plan supérieur et débordant de l'Histoire politique.

Le retour de Tartuffe, accompagné de l'Exempt, permet d'illustrer sur la scène ce moment de la dialectique du thème de la pièce. C'est le « couronnement » (v. 1866) des rapports de Tartuffe et d'Orgon. Et comme un couronnement, il élargit les horizons de la pièce tout en conservant tous les éléments de celle-ci : à l'hypocrisie religieuse s'ajoute le devoir envers le Prince.

Les premières répliques de la scène 7 marquent clairement le passage de la situation « intérieure » à la situation « extérieure ». Après avoir annoncé le fait même de l'emprisonnement d'Orgon, Tartuffe prend d'abord son masque de dévot :

> *Et je suis pour le ciel appris à tout souffrir.*
>
> (v. 1868.)

Cléante et Damis font sur cette remarque les commentaires d'usage. Puis Tartuffe passe à l'ordre qui est celui du cinquième acte : son vocabulaire devient celui d'un patriote, d'un fidèle sujet du Prince (« devoir », « emploi glorieux », « intérêt du Prince »). Ironiquement, le lien entre les deux ordres est établi aux vers 1883-1884 par la notion de sacrifice, dans des termes voisins de ceux qu'Orgon employait quand il était, lui, au service de Tartuffe-le-dévot :

> *Et je sacrifierais à de si puissants nœuds*
> *Amis, femme, parents et moi-même avec eux.*

> *Et je verrais mourir frère, enfants, mère et femme,*
> *Que je m'en soucierais autant que de cela.*

(vv. 278-279.)

Sur le plan des caractères, ce passage de la dévotion au service du prince est le signe de l'indépendance de Tartuffe : il a cessé d'être possédé par Orgon, il choisit un masque qu'Orgon ne lui impose pas. Il continue à être fidèle à sa propre nature : il demeure l'hypocrite, l'homme qui paraît ce qu'il n'est pas (ou tente de le paraître), l'homme qui affirme à l'extérieur que ses actes sont déterminés par des motifs nobles alors qu'il sait lui-même qu'ils le sont par des motifs réels condamnables ou du moins condamnés par le monde dans lequel il vit. A cet égard, ce changement de masque confirme l'impression que donnaient déjà les portraits de Dorine au premier acte ou les tirades de Cléante sur le vrai et le faux : le thème de la pièce dépasse son sujet apparent; le jeu du vrai et du faux, de l'apparence et de la réalité est venu s'incarner dans l'hypocrisie religieuse, mais ne se trouve pas limité à celle-ci.

Toutefois, le cinquième acte représente autre chose qu'un simple rappel de l'universalité du thème ou de ses nombreuses possibilités d'incarnation. Il nous révèle un plan où l'acte, quels que soient ses motifs, a une valeur en lui-même. C'est le plan de la société politique, où Orgon, objectivement, est un traître, et où Tartuffe rend un service réel à cette société. Malgré toute l'horreur que provoque l'idée de la dénonciation, il faut reconnaître que toute société qui prétend à l'ordre est fondée sur un système de dénonciation proportionné à cette prétention. Ce plan de l'ordre social et politique (et nous jouons ici sur le sens du mot « ordre ») est celui où les intentions ne comptent pas. La valeur n'y est pas un accord entre l'acte et l'intention comme sur le plan de la morale (plan sur lequel vit le groupe familial) mais l'efficacité de l'acte par rapport au salut de la société. Le cinquième acte de *Tartuffe*, en nous faisant passer de la morale à la politique, nous montre comment le même comportement change de sens et même de signe quand on passe d'un ordre à l'autre. Il serait vain d'entrer ici dans une discussion des deux morales : le point de vue de la pièce reste celui de l'intérieur, c'est au nom de la morale de la famille, au nom de l'intentionnalisme que Tartuffe est jugé. A aucun moment, la pièce ne nous demande de considérer que le pragmatisme politique puisse être absolument valable. Mais ce pragmatisme est utilisé, les « bonnes » intentions d'Orgon en font officiellement un traître, et l'appétit de Tartuffe soutenu par son calcul en fait un bon serviteur de l'État. Les personnages de la pièce sont mis en présence d'un fait qu'ils ne se permettent pas de juger : ils s'affolent, ils se lamentent, ils songent à s'enfuir, ils condamnent Tartuffe, mais ils ne se révoltent vraiment pas contre la morale même de cet ordre.

Et comment le pourraient-ils? On a vu, dans les chapitres précédents, comment le déroulement de la pièce n'est possible que grâce au conflit des personnages qui apparaissent comme les représentants et défenseurs de la « norme ». Leur drame consistait à ne pouvoir, quoi qu'ils fissent, être complètement dans le bien : s'ils acceptaient la liaison Tartuffe-Orgon, ils se faisaient complices d'une destruction de l'ordre familial par la corruption du chef; s'ils luttaient ouvertement contre cette corruption, ils luttaient du même coup contre le chef et détruisaient également cet ordre.

De même que le principe d'autorité paternelle ne saurait être contesté, sur le plan de la société politique pas un instant il ne s'agit de mettre en question la loi pragmatique, même si elle entraîne ou autorise les plus basses intentions chez l'individu. Tartuffe, ignoble lorsqu'il est vu de l'intérieur de la maison d'Orgon, car à ce niveau ce qui compte, c'est son intention de déposséder et de détruire Orgon, est au-delà de tout jugement de la part de la famille sur le plan de la dénonciation politique. Lorsque Cléante s'adresse à Tartuffe pour lui faire la morale (vv. 1887-1896), il lui reproche les motifs de la dénonciation, non la dénonciation elle-même. La culpabilité politique d'Orgon est incontestable, aucune révolte de principe n'est pensable dans l'univers de la pièce, le seul recours est la fuite — impossible maintenant, puisque l'Exempt est prêt, sur scène, à arrêter Orgon.

C'est alors qu'intervient le *deus ex machina*, au prix d'un coup de théâtre souvent discuté, et, il faut bien le dire, fort discutable, surtout si l'on applique à la pièce des jugements fondés sur notre conception du réalisme au théâtre et sur notre vision de la société. Tartuffe a été reconnu pour le fourbe et le criminel qu'il est par le Prince, et c'est lui qui est arrêté.

Il est certes permis de voir, dans ce renversement de situation, un procédé artificiel et facile, analogue à ceux qui, dans le cinéma bien-pensant d'aujourd'hui, ont pour but de démontrer que « le crime ne paie pas ». Il est permis aussi de considérer cette fin comme un remerciement adressé à Louis XIV, le prince qui a permis à Molière de triompher des Tartuffes qui voulaient le déposséder de son droit de jouer sa comédie. Ces explications, qui éclairent les causes de la composition du cinquième acte, sont sans aucun doute valables : obligations morales traditionnelles et obligations de courtisan ont certainement provoqué l'orientation de la pièce vers un dénouement qui chante la justice royale et l'écrasement de Tartuffe. Mais, si l'on explique ce dénouement par les intentions de Molière, pourquoi les simplifier à ce point? Selon la date de composition qu'on attribue à la fin de *Tartuffe*, pourquoi ne pas la considérer plus profondément et sans écarter les raisons déjà mentionnées, soit comme l'expression spontanée du vœu d'un poète de voir ses « implacables » ennemis écrasés par quelque miracle, soit comme l'explosion de joie d'un auteur persécuté enfin victorieux grâce à un tel miracle? Le faisceau des intentions est touffu, et toute explication fondée sur ce point de vue laisse à désirer, dans la mesure où elle ne parvient jamais à rendre compte de la complexité et de la richesse des motifs. En tout cas, le spectateur, à la représentation, ne devrait pas avoir à perdre de vue le monde imaginaire qui lui est offert pour se détourner vers la personne de l'auteur et ses mésaventures personnelles dans le monde réel. Nous ne sommes sans doute jamais spectateur pur, mais il convient, au cours de l'analyse de l'œuvre, de supposer ce spectateur idéal exigé par l'œuvre.

Il semble, à cet égard, que le dénouement de *Tartuffe* est acceptable même pour le spectateur qui n'a pas lu Michaut. « Rien de plus grand, de plus magnifique et de plus merveilleux, rien non plus de naturel, d'heureux, de juste, comme cette conclusion », écrit Antoine Adam [1]. Tout le monde acceptera la première partie de cette affirmation. Oui, le finale de *Tartuffe*, par l'heureuse surprise qu'il apporte et par la noblesse du style de l'Exempt (une noblesse qui s'embarrasse toutefois un peu dans les pronoms), par l'ouverture qu'il ménage avant la chute du rideau vers un ordre supérieur de justice et de gloire, est grand, magnifique et merveilleux. Mais c'est à vrai dire ce « merveilleux » que de tout temps on lui a reproché, car il semble en contradiction avec le « naturel » qu'on exige de la comédie.

La hantise du réalisme au théâtre — qui, heureusement, a commencé à se dissiper depuis une trentaine d'années, sans

---

1. Antoine Adam, *Histoire de la Littérature française au XVIIe siècle*, t. III.

toutefois que cette réaction touche beaucoup les auteurs de manuels — fait souvent oublier que le théâtre de Molière est un théâtre avant tout poétique. Du moment que ses personnages « vivent », ont une chair et un sang qui leur sont propres, on en conclut que ses comédies « annoncent » le théâtre réaliste et même naturaliste. Pierre Brisson songe aux *Corbeaux* devant la première scène du *Tartuffe*, Antoine Adam lui-même place cette comédie dans « le décor du drame réaliste de la fin du XIXᵉ siècle », des metteurs en scène poussent la production de la pièce jusqu'au vérisme... Or ces personnages — dont la « vérité » se situe en marge du réalisme — sont en fait jetés dans un univers qui, s'il a son correspondant dans l'univers réel, est loin d'en être la fidèle reproduction, et qui est destiné avant tout à fournir aux personnages les chemins et les obstacles grâce auxquels ils deviennent des êtres non réels, des héros de théâtre. L'univers moliéresque est au-delà de la réalité et se caractérise par une certaine perfection qui est celle précisément d'une forme de l'irréel : le possible.

Le monde d'événements dans lequel sont jetés des personnages prisonniers de leur nature, est une interprétation et non une copie, par le poète, du monde de la réalité. Il y a, à la base de cette démarche, la distinction classique entre le « vrai » et le « vraisemblable ». On a affaire, dans les œuvres de ce style, à une mise en ordre de la réalité, destinée à satisfaire un vœu de l'esprit. C'est aussi une façon d'élever la réalité d'une époque au niveau d'un mythe : c'est-à-dire de dégager de la réalité le meilleur schéma possible, par une abstraction systématique, pour ensuite lui redonner un contenu concret. Dans *Tartuffe*, le schéma est celui d'un ordre hiérarchisé en conflit avec le principe de désordre que représente la corruption du chef. Ce schéma premier est, à tout prendre, celui de la majeure partie du théâtre moliéresque. Il s'accompagne du postulat fondamental de la comédie : le triomphe nécessaire de l'ordre sur la corruption assuré par des moyens non héroïques, en tout cas jamais catastrophiques. Ce que Molière parvient à communiquer, c'est que ce triomphe est possible malgré l'incurable corruption. Les personnages ne sont pas sauvés par une purification (ils ne peuvent pas l'être) — mais l'ordre peut et doit néanmoins être rétabli. Le mythe qui se dégage de ce dilemme est en fin de compte celui de *l'aménagement*. Tension profonde du théâtre de Molière, le rapport entre la permanence des caractères et les aménagements possibles du monde représente en quelque sorte le contraire de l' « absurde » des visions modernes, où la liberté des hommes vient se briser contre les déterminismes.

Dans l'ensemble, les dénouements de Molière relèvent de ce mythe : soit qu'ils suivent la tradition des reconnaissances (*L'École des Femmes*), soit qu'ils usent de mystifications (*Le Bourgeois gentilhomme, Le Malade imaginaire*), ils dépendent d'une « invention » poétique, empruntée ou originale, qui permet d'affirmer que le monde garde en réserve les possibilités d'un accommodement dans des situations dont la solution ne peut absolument pas venir des caractères eux-mêmes. Ces possibilités sont merveilleuses, comme le sont les conventions, coïncidences et rencontres de l'intrigue, comme l'est dans son ensemble la structure du monde choisi par le poète pour y situer son drame : elles sont, comme toute la pièce, du domaine de ce qui *pourrait arriver* si le poète avait l'occasion d'organiser l'univers. La pièce est une création, ou la maquette d'une création. On « imite la nature » certes, mais comme on imite les anciens : on ne la copie pas, on cherche à jouer un jeu analogue au sien. Comme elle, on ne se croit tenu qu'à ses propres lois.

Les objections présentées contre le dénouement de *Tartuffe* perdent de leur pertinence si l'on veut bien considérer la cohérence de ce dénouement *selon la pièce*, et non la possibilité *historique*, en termes réalistes, d'une telle aventure. Le passage de l'intrigue familiale à la situation extérieure, on l'a vu, est légitime. Une fois installé dans ce nouvel ordre, le schéma de base doit se retrouver, sous une forme nouvelle mais analogue à celle qui l'exprimait auparavant : l'organisation du monde de la pièce, fondé sur l'opposition entre la corruption Orgon-Tartuffe d'une part, une « norme » de l'autre, exige que le couple de forces corruption-norme soit retrouvé. En termes concrets, au « gang » et aux machinations de Tartuffe s'opposera la justice royale. Le parallélisme entre les deux ordres est soigneusement et organiquement établi. Il y a une alliance Tartuffe-Roi, comme il y a eu une alliance Tartuffe-Orgon, ces deux alliances étant illustrées par des événements analogues : Damis rebelle, Orgon traître — l'un et l'autre sont condamnés. Dans les deux cas, la loi pragmatique qui constitue comme valeur suprême la sauvegarde de l'ordre est utilisée en faveur de Tartuffe : ses vrais motifs sont oubliés ou ignorés, il est considéré comme un bon serviteur du Pouvoir. Ce parallélisme est rompu par un contraste entre deux morales opposées, qui produit un équilibre et enrichit la pièce, car il en respecte la logique : dans l'ordre de la famille, où les valeurs d'intention de sincérité auraient dû l'emporter sur le pragmatisme, Orgon agit en chef politique absolu qui ne veut voir en Tartuffe que le soutien ou le garant de son autorité; dans l'ordre politique, où la loi pragmatique *peut* l'emporter, le Prince, dépassant cet ordre, rétablit les valeurs d'intention et de sincérité. C'est ainsi, au prix d'une dialectique, que la pièce prend, au cinquième acte, un essor destiné à réaliser dans sa totalité le schéma d'origine.

Les retardements — le récit de Valère et le silence de l'Exempt — des scènes 6 et 7, outre l'attente angoissée qu'ils provoquent (mais si c'était leur seule fonction, l'effet serait seulement mélodramatique) sont une étape nécessaire dans l'investigation des ordres supposés par la pièce. La dénonciation d'Orgon est, en elle-même, un service rendu par Tartuffe à l'État. Mais la pièce ne peut pas s'arrêter là : le parallèle serait incomplet. Le passage du plan familial au plan politique, qui universalise le thème selon une méthode déjà esquissée dans les portraits de la première scène de la comédie, n'est satisfaisant que dans la mesure où il permet une reprise, à un niveau infiniment supérieur, de la totalité du thème.

Si le dénouement de *Tartuffe* est satisfaisant, ce n'est pas seulement, comme La Harpe et Rousseau l'ont prétendu, parce qu'il entraîne la punition d'un méchant et qu'il « ne pouvait être autrement sans être mal ». C'est surtout parce qu'il représente un recul, une envolée, et que grâce à ce mouvement, les intrigues sont vues d'en haut et situées dans un contexte, un paysage infiniment plus vaste. De la sorte, le contexte horizontal offert par les portraits du premier acte est complété par un contexte vertical, et l'histoire d'Orgon et de Tartuffe se trouve parfaitement définie, à l'intersection de ces deux contextes. De la sorte aussi, la pièce ne nous laisse pas entrevoir seulement un fragment ou un plan de l'univers qu'elle suppose : elle nous le montre tout entier.

Nous hésitons à user de l'adjectif « baroque » : il s'applique souvent mal à ce que, nous autres Français, nous préférons appeler « classique ». Mais il est permis de rattacher le dénouement de *Tartuffe* à certains aspects des œuvres de style baroque : tout événement qui se déroule sur le plan humain, représenté dans une œuvre d'art, l'est à la fois pour lui-même et dans son rapport avec les plans supérieurs. Le point de vue « d'en haut », qui s'ajoute aux points de vue de l'intérieur ou du même ordre sans pour autant les annuler, permet de mieux *voir* comme, selon Pascal, d'un ordre supérieur on « connaît tout cela et soi », ou comme Polyeucte frappé par la grâce *voit et situe Pauline*, ou comme Auguste pardonne à Cinna. Le Prince, par la bouche de l'Exempt, exprime ce jugement d'en haut, porté sur l'aventure de Tartuffe et d'Orgon. Il est installé, comme dans de nombreuses œuvres d'art baroque, dans le ciel de la pièce. Pour l'atteindre, il a fallu passer par le pragmatisme politique,

qui était antithétique des valeurs essentielles de la norme familiale. Le Prince rassemble et transcende ces valeurs contraires,
dans une vision totale et un jugement sans appel.

En outre, le jugement du Prince fait pendant au comportement d'Orgon. Le « microcosme » de la famille, l'organisation
de celle-ci sous la direction du père, l'insistance, dans le vocabulaire et dans les situations, sur l'aspect politico-militaire de
celle-ci, appellent fréquemment une comparaison avec la société
politique proprement dite. Au père-chef corrompu (sur le plan
familial, bourgeois, comique) Molière oppose, sur le plan le
plus élevé, l'exemple du Roi éclairé et juste. Le vocabulaire de
l'Exempt montre assez que le Roi possède précisément toutes
les qualités qui font défaut à Orgon. La « norme », constamment
mise en question, évoquée par les conseils de Cléante, entre
autres, la voici maintenant réalisée, visible. Orgon ne changera
pas, mais la fin de la pièce nous donne une image du chef tel
qu'il doit être et de la politique lucide et généreuse.

Si, pour « naturel » qu'il soit, ce dénouement étonne, c'est
qu'il est rapide et que les liens qui unissent les plans de la
pièce passent parfois inaperçus. C'est aussi que le spectateur,
bien souvent, refuse toute notion de composition baroque en
littérature comme il refuse la présence d'un ange dans le ciel
d'un tableau. Ce refus est en fin de compte celui de toute
transcendance; dans le cas de *Tartuffe*, c'est refuser à la pièce
le droit d'être ce qu'elle est, c'est ne pas jouer le jeu qu'elle
demande, c'est s'obstiner à fermer les yeux sur certaines dimensions de son univers et à la considérer comme une tranche de
vie bourgeoise au xviie siècle, et non comme une œuvre poétique de ce même siècle. En fait, la liberté du poète, la qualité
mythique de son thème, les correspondances nécessaires à
l'équilibre de l'ensemble, les axes de tension, la vision assez
« baroque » du monde que la comédie du *Tartuffe* suppose, font
de ce dénouement, avec plus de grandeur, de sérieux et de discrétion [1], une détente finale aussi justifiable et aussi satisfaisante, dans sa dignité et dans la joie partagée des personnages
et du spectateur, que les mascarades du *Bourgeois gentilhomme*
ou du *Malade imaginaire*.

On peut se demander quelle impression se dégagerait de
Tartuffe, si la pièce ne se terminait pas par l'intervention royale
et le coup d'œil d'en haut qu'elle représente. Orgon et sa famille
écrasés, Tartuffe triomphant — outre l'amertume définitive qu'il

---

1. On a reproché à la mise en scène de Louis Jouvet son finale spectaculaire, le fond de scène qui s'ouvrait sur un tribunal majestueux. C'était
sans doute sacrifier la « discrétion » au « baroque ». Mais enfin, le baroque
y est.

contiendrait, ce dénouement aurait pour seul mérite d'insister sur la permanence des caractères. Le malheur définitif de la famille innocente, en désaccord avec le ton de la pièce, représenterait une catastrophe gratuite. Le rebondissement de la cassette, à la fin du quatrième acte, ne conduirait qu'à peu de chose. A quoi bon préparer et bâtir une fenêtre si c'est pour ne pas l'ouvrir? On dira que, dans la réalité, une famille bourgeoise dupée ainsi par un Tartuffe se serait vue déposséder, et le père eût été emprisonné. C'est sans doute bien ce que Molière veut nous faire entendre; il ne se fait apparemment pas d'illusion sur la réalité de son temps. Le récit de Valère et le silence de l'Exempt, à cet égard, non seulement permettent l'établissement d'une étape nécessaire dans la dialectique du finale, mais représentent aussi un coup d'œil sur la réalité qui correspond à la pièce. Mais la catastrophe, peu douteuse dans la réalité, sans doute même inévitable étant donné le traquenard dans lequel est tombé Orgon, eût transformé, sur la scène, en « document » une comédie qui se veut assurément satirique, mais surtout poétique. Ainsi le *ton* et le *style* de *Tartuffe* auraient manqué d'unité, la pièce aurait glissé d'un genre à l'autre (celui-ci, d'ailleurs, n'existant pas encore sur la scène française). Or la comédie, qui ne s'arrête pas à la réalité, tient en outre à son unité et à sa cohérence propres. L'intervention royale élève le ton mais ne le change pas. Elle le sauve au contraire d'une transformation et marque la puissance du poète sur son propre univers.

C'est lui, le poète, qui, par ce dénouement, élève l'histoire qu'il raconte au-dessus de l'anecdote, l'ouvre sur le grandiose, audace qui lui permet d'affirmer la noblesse de sa création. « Le Prince, dit Antoine Adam, y apparaît digne du Poète, et le Poète est digne du Prince [1]. » Il semble bien que ce soit à ce niveau — celui d'une métaphore de la création et du pouvoir — qu'on puisse réintroduire les personnages de Molière et de Louis XIV.

Orgon a un dernier geste de colère :

> *Hé bien, te voilà, traître...*

(v. 1947.)

Cléante le retient, fait des vœux pour la réforme morale de Tartuffe (il est le personnage de la pièce qui a toujours cru

1. *Op. cit.*

à la possibilité des réformes morales). La courte scène sur laquelle tombe le rideau permet à Molière de réaffirmer, tout à la fin, qu'Orgon est et sera toujours Orgon, et que le conflit qui a sévi dans la famille n'est pas, en fait, résolu : les caractères sont restés sur leurs positions, ils ont conservé leur structure. Il est permis de se demander ce que sera le prochain service d'Orgon et l'autorité qu'il choisira pour garantir sa fonction de père-chef...

En outre, l'envolée « baroque » du discours de l'Exempt n'a rien laissé perdre — et cela est caractéristique de ce style : on se dilate, on grandit, on s'élève, mais on garde les deux pieds sur la terre; l'ordre supérieur dépasse l'ordre inférieur, mais le contient tout entier.

Mais enfin, c'est la pièce qui s'envole. Orgon reste, lui, dans son ordre. Le Prince *voit* Orgon, mais Orgon ne *voit* pas le Prince. Il oublie même de songer à le remercier... La générosité du Prince à l'égard d'Orgon n'éclaire pas celui-ci : il ne se montre pas généreux à l'égard de Tartuffe. Traître pardonné, il ne pardonne pas à son traître. S'il y a une leçon à la fin de *Tartuffe*, elle ne s'adresse qu'à ceux qui la connaissent déjà; c'est une leçon sans fruits, et on sait pourquoi elle ne peut en porter.

C'est Orgon qui prononce le dernier mot : « sincère ». Si la sincérité est une des valeurs que la pièce cherche à glorifier, ce mot n'est en tout cas le signe ni d'une conversion d'Orgon (il croyait Tartuffe sincère), ni la preuve que le bonhomme est devenu lucide; il nous satisfait seulement parce qu'enfin, après tant de mésaventures, il nous montre que pour une fois Orgon découvre la sincérité là où vraiment elle se trouve. Piètre victoire, puisqu'il a fallu, comme tout au long de la pièce, qu'Orgon *vît* Valère se mettre à son service pour qu'il se range à cette opinion. En fait, la véritable satisfaction que le spectateur éprouve vient de l'assurance que, *malgré tout*, la nature d'Orgon a résisté et émerge de ce drame toujours semblable à elle-même.

La situation « s'arrange » à la fin de *Tartuffe*. Mais cet arrangement est produit par l'univers de la pièce, non par les caractères. Tout se passe comme si Molière, conscient à l'extrême de l'emprisonnement des hommes à l'intérieur de leur nature, bâtissait dans ses pièces un univers où ceux-ci, en restant ce qu'ils sont, puissent quand même échapper au malheur. Recréation impertinente qui explique peut-être, derrière le détail des querelles, la colère de certains de ses contemporains bien-pensants.

CHAPITRE IX

Structure

Tartuffe est une pièce composite, le fruit de remaniements successifs, sans doute imposés par les circonstances.

Les travaux de Michaut, plus récemment le petit livre de John Cairncross, ont tenté de mettre au point les données de ce problème historique, d'y apporter les solutions les plus vraisemblables [1]. En vérité, ces recherches nous font regretter la perte des deux premières versions de la pièce, surtout de la toute première qui, dans l'hypothèse d'une comédie achevée, devait être à la fois différente dans son intrigue et plus simple, plus linéaire, peut-être plus immédiatement satisfaisante grâce à une structure sans complication. Mais enfin, depuis 1669, c'est le *Tartuffe* que nous connaissons qui est joué. Même si la genèse de cette comédie est irrégulière, si la pièce est le produit du mélange d'un texte « original » en trois actes, remanié, et de rajouts successifs, quels que soient les motifs qui ont poussé Molière à gonfler son œuvre, ce *Tartuffe* est un texte garanti d'une part par son auteur, consacré d'autre part par plusieurs centaines de représentations à succès. Ce texte, comme toute œuvre d'art, est une unité imposée à une diversité. Les circonstances de composition et la petite histoire attirent l'attention des universitaires sur la diversité, le disparate même de l'œuvre. Il semblerait au contraire qu'il fût du devoir à la fois des critiques et des hommes de théâtre de mettre l'accent sur l'unité organique de la pièce.

Si l'on aborde la pièce avec suffisamment de naïveté, si l'on ne jouit pas de sa supériorité de connaisseur et d'érudit, en repérant les vestiges d'une version antérieure, ou en se répétant que Tartuffe n'apparaîtra qu'au troisième acte, et si l'on ne se prépare pas à hocher la tête avec désapprobation au cours du cinquième acte, le mouvement de l'ensemble se découvre

1. Voir Appendice.

progressivement avec toute l'efficacité de sa chronologie, de ses ralentissements, de ses accélérations, de ses changements de plan. Il convient simplement de devenir le « public idéal » de la pièce.

Chaque œuvre vise un « public idéal » qui n'est jamais le même. Chacun de nous est libre de jouer ou de ne pas jouer le jeu auquel l'invite l'œuvre.

A vrai dire, certains de ces jeux sont dégradants, certaines œuvres nous invitent à des complicités ignobles, dans la vulgarité de style ou la bassesse de contenu. Certains de ces jeux, en outre, n'ont d'autre but que de nous endormir, de nous permettre de nous justifier dans nos veuleries, dans nos abandons.

Les auteurs dits « faciles » ou « populaires » sont généralement ceux qui méprisent leurs lecteurs. Tel est le cas de bon nombre d'écrivains de nouvelles pour magazines à grand tirage, de par le monde. Telle est aussi la plaie du cinéma. Le « best-seller » pornographique ou le film alléchant sont généralement écrits par ceux qui méprisent le public. C'est une manière assez lâche « d'assommer les pauvres » à bon compte, c'est-à-dire sans que le pauvre s'en aperçoive et sans courir le risque d'une révolte. Au contraire les écrivains les plus obscurs, les plus recherchés montraient une confiance infinie dans l'homme, même lorsqu'ils n'écrivaient que pour une élite en laquelle ils voyaient le refuge de ce qu'il y a de meilleur dans l'homme. Cette élite d'ailleurs, ils ne la définissaient pas : elle se composait de tous ceux qui se sentaient soudain concernés par leur œuvre. Littérature de classe plus par ignorance que par mauvaise volonté, la littérature « difficile » était en fait un appel désespéré à tous.

Mais point n'est besoin de tomber dans la coquetterie et de se livrer systématiquement à des obscurités fin de siècle. Il suffit à la littérature de ne pas mépriser son public, c'est-à-dire de conserver sa propre hauteur.

Ainsi, dans *Tartuffe*, rien d'obscur, rien d'exacerbé, point de recherche savante comme dans certaines œuvres écrites pendant les derniers sursauts de l'humanisme, c'est-à-dire pour un public dont on aurait voulu qu'il fût humaniste. De l'autre côté, pas d'abandons, non plus, pas de concessions, pas de « facilités ». Et pourtant le genre s'y prête : le propre de la comédie étant de faire rire, que d'effets « comiques » pouvaient être tirés du sujet ! Qu'on ne prétende pas ici que certaines grossièretés répugnaient à Molière et à son temps. Si l'obscénité sexuelle, pourtant si fréquente dans la farce à l'italienne, est tenue en sourdine, la scatologie ne déplaisait pas. Les clystères de M. de Pourceaugnac sont utilisés par Molière et font bien rire la cour et les honnêtes gens. Plus généralement, la farce

était un genre recherché ; « Anything for a laugh », dit un slogan
du « show-business » américain. Le public réel de Molière aurait
répondu à tous les appels au rire. Molière, toutefois, invente pour
sa pièce un « public idéal », qui n'est en fait ni Louis XIV, ni la
bourgeoisie lettrée, ni le bas peuple, mais un groupe fictif que les
spectateurs chaque soir sont invités à incarner pendant quelques heures.

Nos études secondaires ou nos recherches historiques risquent
de nous empêcher de répondre à cette invitation. Tantôt, nous
verrons dans la représentation de *Tartuffe* une reconstitution
historique ; tantôt nous penserons à « l'inutilité » du deuxième
acte. Nous regretterons que Molière n'ait pas connu Scribe ou
Sardou, ou bien nous l'en féliciterons. La pièce ne demande
pas à être jugée sur ce plan.

Au terme de son analyse, il est permis d'affirmer qu'elle se
donnait dès le lever du rideau pour ce qu'elle serait. Elle n'autorise donc aucun regret, elle apporte pleine satisfaction dans la
mesure où elle ne fait que remplir ses promesses.

Par le choix du décor, du ton et du style des vers, la pièce
s'annonce dès le début comme une comédie *honnête*. La farce
pure n'y apparaîtra pas. Si les intrigues s'apparentent à
certains canevas traditionnels (père-obstacle ; cocuage), l'honnêteté de l'ensemble relie et ramène à un niveau unique les nombreux thèmes et procédés dont Molière fait usage. Pour ce qui
est de cette unité, Molière ne se permet aucune défaillance.

Les possibilités de violences physiques, en particulier, sont
soigneusement étouffées. Les personnages les suggèrent, vont
jusqu'au bord de l'acte, mais s'arrêtent ou en sont détournés.
S'il est vrai que Damis, à la scène 4 de l'acte III, est prêt à se
jeter sur Tartuffe, il ne va pas jusqu'à la voie de fait : Orgon
entre à temps « pour le satisfaire » — la « satisfaction » de Damis
comme celle du spectateur venant plus, dans ce genre de comédie, de l'explication par le langage que de l'explosion physique.
Dans la scène suivante, Orgon réclame un bâton pour châtier
son fils (v. 1135) — le bâton, symbole du châtiment mérité
ou non dans la farce — mais il ne l'obtient pas. Il est question
aussi de bâtonner M. Loyal (vv. 1767-68), mais Damis n'exécute
pas cette menace. A la fin de la pièce, Orgon se précipite sur
Tartuffe :

> *Hé bien, te voilà, traître...*
>
> (v. 1947.)

mais Cléante le retient au nom d'une dignité qui est en fait celle
de toute la pièce. C'est que les violences purement physiques
(bâtonnades ou bagarres) ne sont pas « dans le ton de la pièce ».

Lorsque l'action ou les caractères mêmes conduisent tout naturellement vers elles, le ton leur interdit de s'y livrer. De même
que les héros de tragédie ne se tuent qu'avec des armes nobles,
les personnages de *Tartuffe* sont tenus par le style de la pièce à
un contrôle de leur tempérament. Est-ce à dire que l'agression
physique est toujours retenue? Non pas : les serviteurs peuvent
en être victimes. Flipote est giflée et Dorine n'évite que de jus-
tesse un soufflet d'Orgon. Ces deux exemples suggèrent une
hiérarchie des personnages et des gestes. Si le bâton appartient
à la farce, au peuple, la gifle est d'un degré moins basse (ne
songeons pas ici au soufflet reçu par Don Diègue dans *Le Cid*,
pièce baroque; on ne se gifle pas dans le théâtre de Racine). Elle
fait partie du rapport normal de maître à serviteur. Remarquons en outre que ces gifles sont distribuées par Mme Pernelle
et par Orgon — personnages qui n'ont pas « la tenue » d'Elmire
ou de Cléante. Enfin, c'est en quelque sorte par surprise que
Mme Pernelle soufflette Flipote. C'est en l'absence d'égaux
qu'Orgon tente de gifler Dorine; tentative et échec qui « clas-
sent » le personnage et soulignent le danger qu'il représente
pour l'ordre honnête de l'univers de la pièce. Plus rapide, moins
spectaculaire, moins « grosse » que la bastonnade, la gifle est à
l'extrême limite de l'honnêteté de l'ensemble sans y faire
tache.

Maintenue à l'intérieur d'un style, la pièce n'en va pas moins
jusqu'aux limites de ce style : de l'élégance de Cléante ou
d'Elmire à la gifle manquée d'Orgon. Ces oscillations donnent à
la comédie une tension formelle assez voisine des tensions de la
tragédie de la même époque. De même que celle-ci contient en
puissance les viols et le sang répandu du drame élisabéthain
ou de la tragédie baroque, de même *Tartuffe* « retient » les violences de la farce.

A ce sujet, la tentative de séduction d'Elmire par Tartuffe
est caractéristique. Il suffit de se reporter à l'iconographie de la
farce italienne pour y découvrir que la main de Tartuffe sur le
genou d'Elmire n'est pas sans rapport avec un geste beaucoup
plus audacieux, lui sans équivoque. Il est certain qu'on imagine
mal les échappatoires que Tartuffe aurait pu inventer pour
justifier un tel geste. Il est certain, en outre, que si la bastonnade
est acceptée par tous les publics, un geste de ce genre n'est plus
pensable au théâtre vers 1660.

Toutefois, il n'en reste pas moins que le geste de Tartuffe
est une suggestion du geste de la farce, qu'il est celui-ci en puissance ou en intention (au moins, celle de Tartuffe). Tout le
début de la scène 3 de l'acte III est une énorme farce rendue
honnête : jeu de chaises, gestes de Tartuffe, équivoques de lan-

gage. Le burlesque d'une femme poursuivie par un gros homme, les gestes obscènes y sont ramenés à des intentions.

Il conviendrait ici de distinguer entre cette imposition d'une forme honnête à travers laquelle se révèlent des intentions brutales et les fausses pudeurs du xviiie siècle. Le « style galant » qui évite de blesser l'honnêteté, est un voile transparent; on accepte de lire comme si le voile était opaque. En fait, il consiste seulement à nommer le concret par l'abstrait. Les « transports » de Manon et de Des Grieux désignent leurs rapports sexuels passionnés. Ce style n'est fait que de périphrases destinées à suggérer des actes réels. Au contraire, le « style honnête » de Tartuffe — et du siècle en général — suggère des intentions. Le genou d'Elmire n'est rien de plus que son genou; c'est l'intention de Tartuffe qui dépasse ce genou. En un mot, l'honnêteté n'est pas un voile jeté sur la réalité des actes; c'est une retenue du personnage lui-même; c'est Tartuffe qui est — relativement — honnête dans son comportement, si les intentions le sont beaucoup moins.

Toujours en se reportant à l'iconographie de la farce, on remarque, dans les scènes où la main d'un personnage mâle s'égare sous les jupes d'une femme, la présence d'un autre homme, un vieillard, dissimulé en partie derrière un rideau. On sait bien en outre qu'Orgon caché sous une table est emprunté aux situations farcesques. Là encore, s'affirme la hiérarchie des personnages : c'est à Orgon que sont réservés les gestes ou situations les plus proches de la farce (et évidemment à Mme Pernelle, qui *représente* Orgon en son absence au début de la pièce). A côté de lui, Damis rêve de violences : s'il a un tempérament voisin de celui de son père, il s'élève toutefois au-dessus de celui-ci par le fait que ses violences sont projetées au nom de la norme. En outre, la force, le triomphe seraient de son côté; Orgon, au contraire, manque sa gifle et se ridiculise en se glissant à quatre pattes sous une table. Quant à Tartuffe, son geste « farcesque » tourne immédiatement à l'odieux.

La farce, présente mais à demi cachée dans *Tartuffe* est ainsi détournée de sa fonction purement amusante et devient véritablement comique. Elle entre en contraste avec l'honnêteté intransigeante de certains personnages (Elmire et Cléante) et le rire qu'elle provoque se complète d'un jugement (sur Orgon, sur Tartuffe) ou bien, n'étant que suggérée par le langage et non pas réalisée en actes, elle devient le signe même du contrôle qui pèse sur l'univers de la pièce.

S'il est vrai que de mauvaises mises en scène, infidèles aux exigences de la pièce, sont souvent révélatrices de celles-ci, citons quelques exemples de transpositions du *Tartuffe*. Il s'agit de mises en scène d'amateurs ou de petits théâtres d'été américains. Nous avons déjà signalé [1] l'apparition de Tartuffe au deuxième acte, surpris par Orgon derrière une porte brusquement ouverte : c'était un effet de vaudeville, qui sans doute déchaînait un rire, mais ne s'accordait pas avec la retenue et la franchise de la pièce. Dorine au deuxième acte, est vue par le spectateur avant d'être découverte par Orgon, Damis se cachera au troisième acte avec la complicité du public, Orgon dissimulé sous la table n'est un secret pour personne. L'énorme surprise de la silhouette noire de Tartuffe découverte *en même temps* par le spectateur et par les personnages, est une fausse invention de metteur en scène, une malencontreuse idée, une faute de style. En outre, elle tuait l'entrée de Tartuffe au troisième acte. Une autre mise en scène obligeait à jouer *Tartuffe* comme une comédie de la Restauration anglaise : « fops » grotesques; poursuites de Dorine par Orgon à coups de canne, Elmire jetée sur un divan par Tartuffe qui la chevauche, etc. Inutile de dire que le texte avait été copieusement « adapté » car rien dans le langage, ou les situations, n'autorise ces joyeuses démonstrations. L'honnêteté du langage et la tenue de l'ensemble invitent au contraire clairement à les éliminer. On songe à la réflexion de Voltaire devant les représentations anglaises de sa *Zaïre :* l'héroïne s'y roulait par terre et son amant s'étonnait *ensuite* de la voir pleurer. « Madame, vous pleurez » est une indication claire du ton, du style et de la tenue de la tragédie, qui interdisent les exubérances élisabéthaines. Au même titre, le langage de *Tartuffe* interdit les déploiements farcesques ou les excès de la Restauration anglaise.

Il va sans dire que l'honnêteté peut être joyeuse. Point n'est besoin de tomber dans un excès contraire et de s'autoriser de la réserve de la pièce pour la monter comme un sombre drame. Les souvenirs et les suggestions de pure farce n'apparaissent dans ce cas que comme des intermèdes, alors qu'ils sont intégrés dans le ton général, plaisant et de bonne compagnie. L'odieux de Tartuffe perce tout autant dans le comique retenu que dans la monstruosité sérieuse, de même que Phèdre n'a pas besoin de s'arracher les cheveux pour communiquer son tourment. L'entrée mouvementée du premier acte, le mécanisme des dialogues, les retardements et les satisfactions soudaines visent toutes à provoquer une joie du spectateur.

En fin de compte, l'honnêteté de la pièce consiste à réjouir avec le minimum de moyens — avec une économie calculée qui ne signifie nullement l'austérité. La farce y est déplacée

1. Voir chap. v.

et portée sur le plan des intentions, ce qui lui permet de colorer d'un bout à l'autre le sérieux de l'intrigue et du sujet sans l'étouffer. Pour ne prendre qu'un exemple, le cocuage d'Orgon n'y est que possible. Ignoble tentative de séduction, adultère projeté, voilà des sujets plus inquiétants que risibles. Mais un cocuage consommé, accompagné de bastonnades et de poursuites, c'est une farce, où l'énormité du spectacle étouffe la tristesse du sujet. Orgon n'est pas cocufié, les coups de bastonnade ne sont pas administrés, Tartuffe, à tout prendre, ne se tient pas plus mal que tout amoureux encouragé — mais la suggestion d'un cocuage réel, de véritables bastonnades et d'obscénités physiques, est présente. Cette honnêteté est un moyen terme, un équilibre.

Il serait vain d'étendre cette conclusion à tout le théâtre de Molière. Mascarille est prêt à se déculotter dans *Les Précieuses* et Scapin administre une vigoureuse bastonnade dans *Les Fourberies* — sans compter les clystères de *Pourceaugnac* et les spectacles burlesques du *Bourgeois*. D'un autre côté, le ton des *Femmes savantes* ou du *Misanthrope* est d'un degré plus sévère que celui de *Tartuffe*. Les comédies de cour ont un ton bien à elles, et *Dom Juan* est conçu comme un habit d'arlequin. *Tartuffe*, lui, présente la continuité d'un « style moyen », un ton de bourgeoisie honnête, suffisamment transparent pour que des rappels de la farce — conscients ou fortuits, en tout cas évidents, — y fassent jouer un joyeux chatoiement. Ce que la pièce nous demande, c'est d'adapter notre œil à cet effet.

Les chapitres qui précèdent ont longuement insisté sur le double aspect de la pièce, sur une *intrigue première* dont l'inspiration semble de source traditionnelle (le père faisant obstacle au mariage de ses enfants) et une *intrigue seconde*, annoncée mais développée surtout à partir du troisième acte. On a fait remarquer aussi comment ces deux intrigues sont organiquement liées par la nature même de l'objet de la passion du père.

Sur ce plan aussi, il convient de se constituer en « public idéal ». On pourrait très bien regretter que Tartuffe se fît trop envahissant et empêchât Molière de jouer sur les intrigues de Dorine qui veut réunir Mariane et Valère : c'est qu'on se mettrait, en face de *Tartuffe*, dans l'état d'esprit qui convient à des comédies de Térence, à *L'Étourdi* ou au *Dépit amoureux* de Molière. On commettrait la même erreur que certains contemporains de *Polyeucte* qui réclamaient une tragédie galante (celle de Pauline et de Sévère) et fermaient les yeux devant le drame de Polyeucte. On peut au contraire condamner le second acte, au nom de l'histoire de la pièce, au nom de la puissante création qu'est le personnage de Tartuffe, qu'on nous fait trop attendre. En fait, la pièce n'existe qu'à travers le double jeu des intrigues : il exprime la destruction de la famille d'abord avec l'accord d'Orgon, ensuite malgré Orgon. Dans cette perspective, le sujet de la pièce est celui du débordement d'un personnage par sa passion. S'attendre au déroulement d'une comédie d'amoureux contrariés, ou au spectacle des agissements d'un hypocrite, serait appliquer de l'extérieur à une pièce, qui a sa structure propre, des catégories toutes faites, empruntées à la tradition (la comédie des amoureux contrariés) ou aux manuels (la comédie « de caractère »). Le propre des grandes comédies de Molière est de toucher à ces catégories, à la périphérie : mais leur centre est ailleurs. Elles sont toutes plus ou moins inclassables et, tout en usant de procédés, de styles faciles à « rattacher » aux catégories connues, elles ne sont rien de plus qu'un accord entre un thème et son expression scénique. A vrai dire, elles méritent toutes plus ou moins le mépris dans lequel était tombé, pour un temps, *Dom Juan* qu'on ne pouvait « rattacher » à rien.

Un portrait, en lui-même, n'est pas dramatique. Du moins ne le devient-il à la rigueur que s'il se confond avec une biographie, s'il suit la chronologie d'une vie et permet de découvrir dans celle-ci un devenir, un passage vers une fin porteuse de significations sans appel : il est alors « dramatique » au même titre qu'un roman. En lui-même, le spectacle des vingt-quatre heures de la vie d'un « type » ne fait pas une comédie — à moins que, à la lumière d'une philosophie du quotidien, ces vingt-quatre heures n'aient pour but, non elles-mêmes, mais le lendemain et la série des jours à venir, c'est-à-dire si le sujet de la pièce n'est pas ces vingt-quatre heures, mais la répétition de jours semblables. Dans le monde de la comédie classique, dépourvu de ce pessimisme du quotidien, le catalogue des gestes caractéristiques d'un type ne saurait constituer une pièce. L'*Onuphre* de La Bruyère est un portrait, du même coup l'antithèse d'une comédie. L'unité de ce texte réside dans le caractère, non dans sa situation : c'est au contraire une poussière de situations, juxtaposées sans lien organique propre, c'est-à-dire sans un mouvement continu dans le temps. *Onuphre* ne mène à rien qu'à sa propre dispersion. Il en est de même avec les « caractères » à passion voisins d'Orgon analysés par La Bruyère. Parfois La Bruyère tente de « dramatiser » ses portraits mais la destination de ces ébauches de dialogue, qu'on appelle de « véritables petites comédies », n'est pas d'aboutir à un rudiment de théâtre; La Bruyère au contraire y utilise des procédés de théâtre pour préciser le portrait et non l'art du portrait pour faire du théâtre.

C'est souvent ainsi qu'on a interprété Molière : le théâtre serait pour lui un *moyen* grâce auquel il rendrait plus sensibles les défauts et ridicules de certains types ou caractères. D'où la gêne que d'aucuns éprouvaient en face des scènes ou même des pièces où Molière n'est pas un La Bruyère dramatisé. En réalité, comme la critique récente l'a révélé de manière convaincante, c'est le portrait qui est un moyen, disons une matière à théâtre. La représentation scénique est le but de l'auteur-acteur : les traits de caractère, les caractères eux-mêmes sont choisis en fonction de leurs possibilités dynamiques, en fonction des conflits en mouvement qui les déchirent ou les dressent contre autrui. Dans l'ensemble du théâtre de Molière, le sujet n'est pas le portrait du bourgeois ambitieux ou de l'hypocondre, c'est le conflit entre une création et une destruction : création d'un monde imaginaire, destruction d'un ordre « normal » et réel.

Dans *Tartuffe*, le portrait d'Orgon permet une expression concrète de ce conflit. Parallèlement, le portrait de Tartuffe fournit la matière d'une autre expression. L'un par sa création passionnée de Tartuffe, l'autre par son choix conscient du mensonge, bâtissent un monde incompatible avec l'ordre d'Elmire, de Cléante, de Damis, de Mariane, de Dorine. En outre, au conflit fondamental qui donne son unité à l'œuvre moliéresque, s'ajoute dans chaque pièce un sujet particulier qui lui est propre. *Tartuffe* n'est ni le portrait d'Orgon ni le portrait de Tartuffe : c'est l'utilisation de ces caractères comme contenu du conflit fondamental; c'est en outre, et plus particulièrement, la démonstration théâtrale du dépassement d'Orgon par Tartuffe, d'un inventeur ou d'un créateur de monde par un autre, le second étant d'une certaine façon la création du premier. Dans cette mesure, *Tartuffe* est une pièce de théâtre, un drame, c'est-à-dire la représentation d'un mouvement qui a un sens.

Inversement, une mode récente pour la pure comédie d'intrigue ou la farce mécanique, l'intérêt qu'on a repris aux *Fourberies de Scapin* ou encore à la *commedia* italienne, peuvent conduire à une interprétation tout aussi fausse, parce que limitée, du théâtre de Molière : le théâtre dit pur. *Tartuffe*, ce n'est pas seulement l'entrée du premier acte, l'automatisme de la scène du « pauvre homme », le ballet du deuxième acte, les remuements de chaises du troisième. Ces emprunts ou rencontres, s'ils sont la matière d'un plaisant spectacle, sont aussi pris dans le mouvement d'ensemble d'où ils tirent leur

signification. En elles-mêmes, la comédie des amoureux
contrariés (avec ses allées et venues, ses dépits et réconciliations mécaniques) et la farce du cocuage projeté d'Orgon (avec
ses chaises, ses esquisses de gestes obscènes, sa table-cachette)
sont des sujets factices : ce ne sont guère qu'une comédie
traditionnelle et une farce traditionnelle *de plus*. Elles maintiennent le public dans ses propriétés et n'apportent de nouveau
que les pirouettes d'une virtuosité de forme (virtuosité qui
se manifeste entre autres dans le vernis d'honnêteté qu'on a
examiné). Ce sont en quelque sorte des exercices de style
qui, s'ils étaient isolés, viseraient un « public idéal » d'*esthètes*.
Toutefois, chargées par la tradition de leur drame propre,
ces deux intrigues prennent tout leur sens du fait qu'elles sont
liées l'une à l'autre par le sujet même de la pièce : la première
illustre l'accord d'Orgon et de Tartuffe, la seconde le dépassement d'Orgon par Tartuffe. Dans la première, Tartuffe pourra
consommer une femme qu'Orgon lui donne; dans la seconde
il cherche à consommer une femme qu'Orgon ne peut ni ne
veut lui donner. La pièce raconte donc clairement à la fois
la libération de Tartuffe et la surprise douloureuse d'Orgon
devant cette libération, les deux histoires étant indissolublement liées par le rapport d'amour ou de création qui lie Orgon à
Tartuffe.

L'univers dans lequel se déroule ce drame du dépassement
est précisé dès la première scène : c'est l'univers familial
bourgeois d'un certain moment de l'histoire. La pièce, à vrai
dire, ne nous demande pas de nous constituer en bourgeois
riche parisien de 1650-1660, mais de reconnaître cet ordre
soigneusement défini comme la base du drame.

La famille y apparaît comme un bloc; elle est livrée en une
sorte de portrait collectif dès le lever du rideau. Portrait agité,
fond mouvementé — c'est-à-dire être collectif vivant et non
figé. Ce groupe qui entre au rythme d'une parade de music-hall,
qui s'organise autour de Mᵐᵉ Pernelle, qui tourne autour
d'elle, s'en éloigne, s'en rapproche, a l'unité d'une flaque de
mercure répandue en gouttelettes qui se fondent les unes
dans les autres, se séparent, se rejoignent. Dans d'autres comédies, la famille sera faite d'une addition continue de personnages apparaissant à tour de rôle sur la scène (*Les Femmes
savantes*; *L'Avare*, pièce qui s'ouvre sur une intrigue individuelle où le danger qui donne son intérêt à la scène est celui
d'un ou deux personnages, non du groupe). Dans *Tartuffe*,
on voit *d'abord* un groupe, dont les membres affirment leur
individualité *ensuite*. Le vocabulaire même souligne ce caractère collectif : « eux », « ce ménage-ci »... dit Mᵐᵉ Pernelle, dont

une des fonctions est de juger la famille *dans son ensemble*.
Elle est le témoin d'une vie en groupe, elle nous la montre
du doigt, en bloc — comme, au coin d'un Callot, un grotesque
nous montre l'ensemble du tableau. Le jugement d'ensemble
de Mme Pernelle sur le « ménage » fait de la famille une colonie,
dont chaque membre sera inspecté séparément après coup.

C'est également en groupe que la famille se présente devant
Orgon au début de l'acte IV; c'est en groupe qu'elle souffre
et se désespère, pour enfin retrouver la paix au dénouement,
avec l'adjonction de Valère. Sans doute était-il (est-il encore)
de tradition de réunir toute la troupe sur la scène avant la
chute du rideau. C'est que la tradition a la même raison d'être
que les réunions successives au cours de *Tartuffe* : la fin d'une
comédie est le spectacle d'un ordre rétabli, où chacun est présent pour occuper la place qui lui est propre. Quand l'ordre
n'est pas rétabli, la « tradition » n'est pas respectée : témoin
la fin du *Misanthrope* ou celle de *George Dandin*. Dans le
Tartuffe, la présentation répétée (acte I, acte IV, acte V) de la
famille au complet oblige à accorder la plus grande importance
au concept d'ordre familial.

Cette famille présentée avec tant d'insistance est d'un certain
niveau social. Elle n'appartient pas à la vague aristocratie du
Misanthrope. Ce n'est pas non plus la bourgeoisie récemment
enrichie par le commerce du drap des Jourdain. Ce renseignement, dans *Le Bourgeois gentilhomme*, confère à la famille
Jourdain un caractère historique épisodique. La famille d'Orgon
est évidemment « aisée » : maison à étage, train de vie large,
visites, etc.; c'est peut-être aussi une famille de nouveaux
riches. Mais elle n'est pas décrite comme telle : elle est vue
hors de son histoire [1]. Elle est donnée comme famille bourgeoise
riche sans aucun souci de ses origines et de son avenir sociaux.
Elle est de toute éternité ce qu'elle est au moment de la pièce.

La même donnée se retrouve dans *Les Femmes savantes*
où, au fur et à mesure qu'elle se révèle dans sa totalité, la
famille jouit d'un statut bourgeois que ne justifie aucune
Histoire.

Non que Molière eût dû nous informer de cette Histoire.
L'intérêt de cette omission donne à la famille un sens particulier. L'enrichissement récent de la famille de Jourdain
donne une autre couleur au fond sur lesquel se déroule l'histoire de Jourdain et à cette histoire elle-même. De même, le
fait qu'Arnolphe décide de se faire appeler M. de la Souche

---

1. L'Histoire politque apparaît dans lesallusions à la Fronde, — mais
il s'agit à présent de l'histoire économique et sociale de la famille d'Orgon.

est lié au drame même d'Arnolphe : son vœu de possession intégrale et reconnue, sa création d'un univers où possession égale
reconnaissance, son effort de donner un contenu humain à la
propriété abstraite. Si Molière se tait sur l'histoire ou les ambitions sociales de la famille d'Orgon, c'est qu'il envisage cette
famille *sans* histoire et *sans* ambitions. Cette omission n'est
pas le résultat d'une absence de sens historique et social, elle
est plutôt une immobilisation de l'Histoire et de la Société.
Elle renforce la valeur d'ordre du fond familial de la pièce en
lui confiant un statut éternel.

C'est à l'intérieur de cet ordre, si nettement présenté, que
se développe, comme un germe de destruction, le drame Orgon-
Tartuffe. Ainsi, le sujet de la pièce n'est pas seulement psychologique, il n'est pas suspendu dans la sphère inoffensive de la
pure analyse; il est franchement en situation. Sur le plan du
théâtre proprement dit, il importe peu que l'ordre familial
représenté par la famille d'Orgon soit un document fidèle
qui nous révèle l'ordre réel de la famille française au XVIIe siècle.
Ce que la pièce nous demande, c'est de considérer cet ordre
comme la Valeur — dans la mesure où, tout simplement, les
défenseurs de cet ordre sont « pris au sérieux », et ne provoquent
jamais le rire contre eux-mêmes. Si, comme Damis, ils s'agitent
trop et sont en quelque sorte en retard sur le jugement du
spectateur, c'est que, dans une faible mesure, ils sortent précisément de cet ordre. A cet égard, peu importe également que
cet ordre représente le vœu, sincère ou opportuniste de Molière :
il est seulement la norme de la pièce. Il est la référence par
rapport à laquelle un jugement est porté sur les actes des
personnages — norme ou référence qui varient selon les pièces,
selon leur sujet et leur style.

Dans *Tartuffe*, l'écart le plus grand possible est établi entre
la norme et le drame qui est jugé en fonction de celle-ci. La
famille y est formelle plus que réelle : Elmire n'est pas la mère
de Damis et de Mariane. Il n'y a pas de lien de chair entre
cette femme et les jeunes gens. Orgon n'étant plus tout jeune,
de là à en conclure que le mariage Orgon-Elmire a eu surtout
pour but de reconstituer, c'est-à-dire de maintenir coûte que
coûte la forme traditionnelle de la famille, il n'y a qu'un pas.
La galanterie mécanique et peu approfondie du jeu Mariane-
Valère accentue cet aspect formel de l'ordre normal selon la
pièce. Au contraire, le rapport Tartuffe-Orgon est un rapport
d'amour; le comportement de Tartuffe est sensuel, proche
des « réalités », organique. Dorine, par ses allusions (acte II)
comme par son corps (acte III), établit un rapport entre les
deux niveaux, celui de la norme et celui du drame des héros

— encore que ce lien soit négatif : elle fait le procès du physique de Tartuffe, non pas l'éloge de celui de Valère par exemple.

Ce que le drame Orgon-Tartuffe fait passer dans cet univers de l'honnêteté, c'est le frisson de la passion. C'est le bouleversement d'une aventure totalitaire, synthèse d'imagination, de calcul et de chair, dans la froide éternité d'un ordre qui se veut formel. La pièce nous invite à penser que cette aventure est dangereuse : à vrai dire elle est destructrice. Le drame Orgon-Tartuffe n'éclate pas dans quelque espace perdu, comme ces étoiles qui explosent pour rien dans le vide du ciel : il éclate à l'intérieur d'un univers réglé. Si Vendredi avait dévoré Robinson sur leur île déserte, le symbole n'aurait concerné personne.

Au contraire, Tartuffe dépassant Orgon, qui l'a créé, au sein de cette famille modèle, de cette société modèle, c'est une métaphore de l'une des infinies possibilités de la condition humaine.

Avec une remarquable fidélité à la notion d'éternité, la pièce suggère les dimensions et les prolongements stables de la famille. Les personnages, incidemment, peuvent mettre en question certains rapports, certaines valeurs — dès lors ils sont coupables, le plus coupable de tous étant Orgon qui a aliéné son pouvoir de chef.

Au sein même de la famille, les rôles sont assignés une fois pour toutes. Si Dorine est « forte en gueule », elle l'est au nom même de l'ordre. Elle n'excite pas à la révolte ouverte : elle conseille à Mariane de « prêter l'apparence d'un doux consentement » (v. 798). Comme Elmire oppose au désordre le silence et un discret chantage, Dorine propose comme remède au mariage projeté, les malaises feints, les faux présages. La forme sera préservée, les désordres mourront d'eux-mêmes si l'ordre persiste, *comme s'ils* n'existaient pas. Cet ordre subsiste par l'ignorance volontaire de ce qui n'est pas lui. De la sorte, Dorine, comme Elmire, tire son épingle du jeu, elle ne trahit rien. Car ce serait trahison de l'ordre que de se mutiner franchement contre Orgon, chef perverti, mais chef malgré tout ; ce serait trahison aussi que d'obéir à cette perversion, qui est Orgon dans la mesure où il cesse d'être un chef. Tant bien que mal, les personnages demeurent au poste assigné.

Damis, banni, l'est avec raison. Malgré les conseils de Dorine (III, 1) et ceux d'Elmire (III, 4) il agit en mutin. Sa révolte, pour compréhensible qu'elle soit, met en danger d'une part l'honnêteté qui est l'idéal de la pièce, d'autre part le peu de puissance qui demeure entre les mains d'Orgon. Il n'a pas tort de lutter contre la passion de son père, mais il a tort de

lutter contre *tout* son père. Prendre à partie Tartuffe est une
atteinte à l'autorité paternelle : l'univers de la pièce invite à
convaincre Orgon de l'imposture de Tartuffe, et ce sera à
Orgon qu'il appartiendra de chasser ou de punir Tartuffe.
L'effet dramatique naîtra du fait qu'à ce moment-là, Tartuffe
sera hors de portée d'Orgon.

Cet univers, que nous avons d'abord qualifié d' « honnête »,
puis que nous avons décrit comme un « ordre formel », se révèle
en fin de compte d'allure assez militaire. Hiérarchie des pouvoirs et postes assignés — on dirait presque : affectations —
suggèrent une sévère discipline dont les ambiguïtés alimentent en
partie la pièce. Du fait que le désordre a sa source dans le chef,
le problème du droit de désobéissance est posé [1]. Dans un roman
de Melville adapté pour la scène, *Billy Bud*, un marin tue un
officier sadique dans des conditions telles que ce meurtre est,
sur le plan humain, totalement justifié; cet officier était l'incarnation même du mal; Billy Bud n'en est pas moins condamné
à mort par son capitaine qui l'aime, et il accepte d'être pendu.
Le symbolisme simple parce qu'épique de Melville a le mérite
d'offrir, parmi tant d'œuvres écrites sur des sujets analogues,
un schéma facile du problème, d'autant plus qu'il le situe dans
les meilleures circonstances : celles de la vie militaire en temps
de guerre et de mutineries. Dans la société de Tartuffe, il ne
s'agit pas de l'application d'un règlement, mais de la volonté
d'un chef absolu. Tartuffe, puissance maléfique, est malgré
tout garanti par Orgon le père. Sur le plan du royaume, il
ne s'agirait pas de l'application d'un code ou d'une constitution, mais du bon plaisir du Roi. Le dilemme est là sans issue :
l'ordre est garanti par la personne du chef; si cette personne
erre, se révolter contre l'erreur, c'est du même coup se révolter
contre l'ordre. Ne pas se révolter, c'est se faire complice d'une
erreur qui met cet ordre en danger. La seule solution est celle
d'Elmire ou de Dorine : sauver la forme.

Il nous est arrivé de qualifier l'ordre de la pièce de politique,
tout en insistant sur le caporalisme d'Orgon. Les deux aspects
sont étroitement liés par la notion d'obéissance et de service.
Il n'est pas sans intérêt à cet égard de noter un curieux parallélisme entre le destin familial de Damis, et le destin politique
d'Orgon. Damis se révolte contre son père en proie à un mauvais conseiller : il est banni, mais revient courageusement à ses
côtés au moment du danger; Orgon, lui, semble avoir hésité
entre deux attitudes : il a aidé Argas, un factieux, c'est-à-dire
un homme qui s'était révolté contre le jeune roi (était-ce un

---

1. Voir chap. III, IV et VII.

Frondeur? ou un partisan de Fouquet?), mais il a montré du courage pour servir son Prince menacé par la Fronde.

Une étude du dénouement montre comment la pièce oppose aux désordres d'une famille dont le chef est corrompu l'ordre harmonieux d'un royaume dont le Prince est lucide et sage. Mais ce contraste édifiant n'est pas simplement une idée de la dernière heure ou un hommage au protecteur de l'auteur : c'est une des tensions permanentes de la pièce.

Orgon revit le drame de son Prince. Il est sauvé de la ruine par la grâce du Prince comme le fut Louis XIV par la grâce de Dieu. La métaphore est, bien entendu, des plus générales et des plus libres. Mais elle permet de souligner la stricte organisation de la famille, patriarcat analogue à la monarchie absolue, et du même coup, une vision du monde fondée, sinon sur l'analogie, du moins sur un système de figuratifs.

A tout prendre, la structure de *Tartuffe* est faite de paliers et d'étages superposés. Le mouvement qui les lie, sans être à proprement parler dialectique, procède par antithèses.

Au-dessus de l'ordre familial se développe le désordre du chef, au-dessus de qui règne l'ordre du Prince. La sagesse de ce dernier répare le mal du second qui mettait en danger l'harmonie du fond familial. Coincés entre deux ordres, le mal et son histoire font le sujet de la pièce, qui montre comment le mal naît en l'homme (par les récits d'Orgon), comment l'homme vit avec lui, comment il dépasse et dévore l'homme. Le mal d'Orgon souille l'ordre inférieur, y fait tache, s'y étend, jusqu'à ce que l'œil supérieur remarque cette plaie, et l'efface.

En quoi consiste ce mal? En quoi, surtout, peut-il être transmué en matière de théâtre? Toute passion représentée peut certes devenir un drame : le passionné est en conflit permanent avec le monde dans la mesure où sa passion transforme ses rapports avec celui-ci. Dire à une femme qu'on rejoint : « Dans l'Orient désert quel devint mon ennui! », c'est suggérer un dialogue à trois, une tension triangulaire dont l'équilibre est toujours menacé : le passionné, l'objet de sa passion, le monde transfiguré. La passion d'Antiochus appelait le retour de Bérénice en Orient : un amour partagé aurait empli l'univers, l'aurait immobilisé dans une lumière nouvelle mais définitive — ce serait la fin de la pièce, ou le temps d'un entracte.

Pendant les deux premiers actes de *Tartuffe*, c'est en quelque sorte à cette immobilité qu'on assiste. Dans la maison pleine de Tartuffe, quelle est la paix d'Orgon! Mais cette paix, Orgon la goûte aux dépens de sa maison, que sa passion transforme. Or, l'univers résiste à ces transformations. Comme Damis, nous leur donnons le nom de « désordres », quand nous nous plaçons

au point de vue de l'univers ou de l'ordre. Si nous rejoignons
Orgon, le désordre n'est rien de plus qu'un système de significations nouvelles imposées à l'univers où sévit la passion
d'Orgon. L'étude du caractère d'Orgon nous a montré comment
Orgon imposait à autrui un masque ou une personnalité apparente dont autrui ne parvenait pas à s'évader.

Le mal d'Orgon, c'est donc un vœu intransigeant d'obliger
le monde à coïncider avec une image idéale, qu'il lui impose
de l'extérieur. L'exemple le plus frappant de ce vœu se trouve
au début de l'acte II où Orgon impose à sa fille de coïncider
avec son désir :

Mariane :   *Pourquoi me faire dire une telle imposture ?*
Orgon :   *Mais je veux que cela soit une vérité* [...]

(vv. 450-451.)

Tartuffe lui-même, à la fin de l'acte III, sera prisonnier de
l'image qu'Orgon a de lui. Dans la scène avec Mariane, la
rime « imposture » s'oppose à la rime « vérité ». Dans la tirade
de Tartuffe (III, 6), « l'apparence » s'oppose à la « vérité pure ».
La tyrannie d'Orgon consiste donc à figer son entourage dans
des attitudes qui ne viennent pas de la volonté des personnages,
de leur « vérité ».

Il tente de leur faire jouer une comédie, de leur faire représenter sous ses yeux une autre famille, une autre histoire,
qui sont son idéal. Dans *Le Lys brisé*, la pauvre Lilian Gish
faisait remonter les coins de sa bouche à l'aide de ses doigts
pour offrir au regard de son mari qui la martyrisait le sourire
qu'il exigeait. Orgon, comme ce mari cruel, impose à sa famille
un masque, qui est le reflet de son vœu. De même, il voit en
Tartuffe ou lui impose le masque de la dévotion.

Le mal, le désordre, apportés par la « passion » d'Orgon,
c'est un bouleversement de la réalité des choses. Orgon renverse
le rapport de l'ombre et de la proie; c'est un poète qui situe
la réalité dans les fantômes aux dépens des êtres de chair et
de sang. A accorder ainsi la qualité « d'être » au « paraître »,
Orgon fait culbuter l'ontologie normale, celle que Cléante
définit à la fin de l'acte I en reprochant à Orgon de ne pas la
respecter (vv. 331-345).

D'autres personnages moliéresques sont atteints de la
même aberration. Le plus frappant est sans doute Bélise,
dans *Les Femmes savantes*, dont la confusion ontologique est
poussée jusqu'au burlesque. Mais à vrai dire, presque tous
les héros de Molière participent à cette erreur : ils cherchent
à imposer au monde réel dans lequel ils vivent (monde réel
selon la pièce, — mondes différents selon les pièces) les appa-

rences d'un autre monde, et croient que ces apparences sont
la réalité même. Arnolphe, M. Jourdain, la comtesse d'Escarbagnas, Alceste, Argan sont de cette famille.

Nié en faveur du *paraître*, *l'être* ne se laisse pas maltraiter
aisément. Les protestations se manifestent dans les révoltes
des personnages, dans les échecs des héros. Dans *Tartuffe*,
l'être grouille vigoureusement derrière les apparences imposées, si l'on peut dire : révolte de Damis, projets d'intrigues
et verdeurs de Dorine, plaintes de Mariane; il fait même sa
propre théorie par la bouche de Cléante. Il explose dans la
nature de Tartuffe lui-même. Ce à quoi la pièce nous fait assister, c'est à une revanche de la vérité sur les apparences, de
l'être sur le paraître lorsque celui-ci usurpe la place du premier.

De la sorte, la comédie se joue entre trois forces : la réalité
des choses et des gens, qui est ce qu'elle est, sur laquelle on
peut porter des jugements moraux opposés : favorables aux
plaintes de Mariane, défavorables aux appétits de Tartuffe;
l'ordre établi, les rapports existants de la société honnête qui
sont le meilleur aménagement possible; enfin la comédie
qu'Orgon cherche à imposer comme une réalité. L'ordre de
l'honnêteté est ici formel, mais il se reconnaît comme tel et
ne bouleverse pas l'ontologie. En outre, il n'est pas le fruit
d'un « pur caprice », mais jouit d'une garantie éternelle. Orgon
cherche à lui substituer un autre ordre où la forme est prise
pour le contenu.

Les revanches de l'être ont des conséquences diverses dans
ce jeu des trois forces. Si Cléante s'agite à l'intérieur de l'ordre,
Damis est contraint d'en sortir. Elmire, qui parvient à domp-
ter la « réalité » de Tartuffe sans défaillance à l'acte III —
car l'ordre, nous l'avons vu, lui fournit les moyens de régler
et de neutraliser cette réalité, — est contrainte à l'acte IV, par
l'intransigeance d'Orgon, à sortir de l'honnêteté. Comme on
le sait, elle « s'en excuse » avant et après. Ce mouvement,
déjà analysé dans la chronologie des événements de la pièce [1],
est caractéristique du conflit des trois forces. Elmire, honnête
femme, peut tenir en respect la « réalité » de Tartuffe en restant dans l'ordre. Celui-ci en effet est son égal : il ne confond
pas « le vrai avec le faux ». Il suffit à Elmire de demander à
Tartuffe qu'il continue à porter son masque. Tartuffe est fort
capable de se plier au jeu que lui impose Elmire, comme le
prouvent ses réticences au début de la scène 5 de l'acte IV.
Elmire démontre ainsi comment l'ordre établi, en pleine

1. Voir chap. VII.

connaissance des dangers de la réalité, aménage lucidement un monde de paix. C'est ensuite Orgon, en persistant dans sa confusion ontologique, qui oblige Elmire à agir différemment. Il s'agit moins pour Elmire, à la scène 5 de l'acte IV, de démasquer Tartuffe que de montrer à Orgon sa propre confusion, c'est-à-dire de faire exploser la réalité aux yeux d'Orgon, pour rétablir l'équilibre ontologique de celui-ci. Il ne lui suffit plus d'obéir aux formes de l'honnêteté, il lui faut jouer une comédie particulière, antithétique de celles-ci. Dans cette mesure, l'intransigeance d'Orgon est créatrice de théâtre. Non seulement elle impose un masque à Tartuffe, non seulement elle tente d'en imposer un aux membres de sa famille — confondant, dans les deux cas, ces apparences avec la réalité — mais elle est source de comédies accidentelles. Tantôt parce que, prisonniers, les personnages, en cherchant à échapper à l'image qu'Orgon fabrique d'eux, échappent à la retenue qui est le vœu de leur groupe et d'eux-mêmes et passent ainsi de leur rôle social, de leur fonction assignée dans l'ordre, au désordre de la réalité (Mariane, Damis). Tantôt parce qu'ils sont contraints à inventer de nouvelles mascarades, en contradiction à la fois avec l'ordre et le vœu d'Orgon, pour permettre à celui-ci d'entrevoir la réalité.

C'est assez dire que grâce au jeu de *l'être* et du *paraître*, grâce à leur rivalité qui naît de la prétention du *paraître* à passer pour *être*, *Tartuffe* est un constant effort de travestissement ou de dépouillement. L'équilibre éternel et formel de l'ordre établi est en fin de compte précaire : l'endiguement de la réalité ne résiste qu'en temps calme. Qu'un autre ordre — à vrai dire, une autre ontologie : celle d'Orgon — tente de le supplanter, cet ordre craque de toutes parts, et par les fissures jaillit la réalité brute de la vie. A cet égard, la voracité de Tartuffe prend toute son importance : dans le conflit entre un ordre formel consacré et le caprice ontologique d'Orgon, elle apparaît comme force primordiale, comme une troisième force qui serait en fait la force première, celle de l'homme à l'état de nature et qui profite d'un conflit de l'humanité civilisée pour se manifester.

Pour décrire la structure d'une œuvre littéraire, on use tantôt d'images architecturales, tantôt de termes musicaux. On sait, par exemple, comment Thierry Maulnier[1] justifie en quelque sorte le récit de Théramène en le comparant à un grand portail baroque qui protège et annonce le sanctuaire,

---

1. *Lecture de Phèdre*, Gallimard, 1943.

le saint des saints de *Phèdre :* la mort de l'héroïne. On sait aussi que les métaphores musicales s'imposent dès qu'on cherche à rendre compte de l'annonce et de l'agencement des thèmes dans les grandes œuvres romanesques. Ces analogies ont au moins le mérite de rendre *sensible* la structure des textes.

Morceau de musique, le *Tartuffe ?* Si l'on veut, accord puis désaccord de deux instruments sur un fond sage d'orchestre — sage mais troublé par cet accord insolite, puis bouleversé par le désaccord ; triomphe claironnant et sauvage d'un des deux instruments en vedette, tandis que le premier rejoint l'orchestre ; enfin fanfare qui redonne le rythme juste à l'orchestre tandis que s'évanouit l'instrument un instant triomphant. Concerto pour trombone (Orgon), trompette tantôt bouchée (Tartuffe dévot), tantôt débouchée (Tartuffe « libéré ») et orchestre. Il y aurait là matière à une sorte de *Pierre et le Loup* à la manière de Prokofiev.

Monument ? Plusieurs fois, nous avons parlé de niveaux et d'étages. Si l'on suit la chronologie de la pièce, il serait aisé de voir dans l'ensemble un édifice dont les assises seraient classiques, dont le classicisme serait envahi, à un niveau supérieur, par l'entrecroisement de deux jeux d'extravagants motifs ; puis un jeu l'emporterait sur l'autre et commanderait le style de tout un étage ; enfin le tout serait couronné d'un harmonieux rapport de masses et de trophées, d'où seraient bannies les extravagances intermédiaires et qui serait l'affirmation éclatante des principes suggérés par les assises. Si bien que l'œil, se promenant de bas en haut, y assisterait à une dialectique de la pierre, à la reconquête et à la mise en ordre rationnelle de l'espace, à travers une crise évoquée par un chaos calculé.

Ce qu'un tel concerto ou un tel morceau d'architecture baroque tenteraient de signifier, comme *Tartuffe*, c'est, non pas le triomphe de l'ordre, mais la valeur esthétique de la tension entre l'ordre et le désordre, le plaisir ambigu qui consiste à reconnaître les possibilités de subversion de l'homme tout en affirmant le pouvoir inverse de leur imposer des limites calculées. La présente comédie est à cet égard rassurante : elle ne réduit pas l'homme à une simple forme car l'homme n'est pas seulement l'honnête homme ; l'honnêteté (la norme de la civilisation) est, encore une fois, simplement une forme — la meilleure possible — inventée par les hommes qui vivent en groupe, sous le regard de leur Roi et de leur Dieu. Mais l'homme est capable de transformer cette forme (Orgon), de la faire disparaître (Tartuffe en face d'Elmire). Ces jeux sont

dangereux, mais ne dirait-on pas que c'est un beau risque?
« Un homme est de chair », dit Tartuffe. La pièce est une permanente invitation à ne pas l'oublier, et cherche à nous faire
rire par ce rappel.

Il y a deux grands *coupables* dans *Tartuffe* : Orgon et Tartuffe. Le premier est en faute parce qu'il est subversif sans
le savoir. Comment le saurait-il, puisque les apparences sont
pour lui la réalité? Il refuse des deux côtés, obstinément, le
désordre primitif et l'aménagement consacré. Si Tartuffe
mange bien, il s'écrie : « le pauvre homme! »; s'il rote, il lui dit :
« Dieu vous aide » : ce n'est pas reconnaître la chair de Tartuffe,
c'est la transfigurer d'emblée. L'ordre nouveau imposé par
Orgon n'est pas valable parce qu'il ne reconnaît pas la vie.
Tartuffe, lui, est coupable d'une autre faute : il reconnaît la
vie, la chair — à vrai dire : la sienne; il impose à cette vie une
discipline; mais celle-ci n'est pas un aménagement : c'est un
moyen au service de la chair. Tartuffe ne juge pas le désordre
primitif : il est de plain-pied avec lui. Sa discipline n'est inventée
que pour le regard des autres. Elle lui sert en même temps,
non pas à endiguer et à imposer un ordre, mais au contraire,
à permettre toute licence à son appétit. Elle n'existe que
pour supprimer toutes les contraintes. Dans cette mesure,
ce n'est pas une forme, qui moule et contient; c'est un
masque, sous lequel toutes les grimaces sont possibles.

La pièce, elle, reconnaît ces élans de la vie, ces pouvoirs de
l'homme, ces imaginations créatrices d'ordres nouveaux; en
même temps, elle les organise, les met en place, les situe dans
une histoire exemplaire, les laisse transparaître sous les harmonies du style « honnête ». Elle est elle-même l'image d'une
solution : elle informe sans renier — solution suprême, qui
s'oppose à la forme aveugle que présente Orgon, à l'accepta-
tion déguisée que présente Tartuffe. Elle est, en fin de compte,
le triomphe du théâtre. Outre les fréquentes ébauches de théâtre au second degré — c'est-à-dire les moments où les personnages « jouent la comédie » à leur partenaire (railleries de
Dorine, coquetterie d'Elmire au quatrième acte) — outre les
rôles assignés aux personnages malgré eux par le vœu d'Orgon,
outre l'hypocrisie de Tartuffe, le sujet de la pièce est déjà
une image de la comédie de la vie : le conflit permanent entre
les forces et possibilités primaires de l'homme, et les formes,
masques, et surtout débouchés que l'homme invente pour
contrôler ou libérer ces forces. La pièce libère et contrôle à la
fois.

L'image qui représente les forces (la tyrannie d'Orgon,
l'appétit de Tartuffe) et celles qui évoquent les aménagements

ou échappatoires possibles (honnêteté, ordre royal, « aveuglement » d'Orgon, hypocrisie de Tartuffe) composent entre elles une métaphore complexe mais claire à travers laquelle le conflit s'exprime avec puissance.

Toutefois, cette métaphore est elle-même une forme : elle est pièce de théâtre, elle a un style, un langage, des catégories qui lui sont propres. Elle est à la fois exercice de lucidité et création : elle connaît en inventant. Elle est un parfait exemple de la connaissance par l'expression poétique : expression immédiate d'un sens du monde par un concret imaginaire. Du même coup, elle est une fin en elle-même : elle est l'égale du réel, s'oppose à lui. Quand j'assiste à sa représentation, que j'y prends plaisir, mon plaisir naît de cette indépendance. L'imaginaire qu'on m'offre est porteur de ses propres significations. Je prends connaissance à travers lui d'un sens universel. Sans doute, telle est ma situation devant bon nombre de grandes œuvres. L'unité et le poids particuliers de *Tartuffe* résident dans le fait que ce sont les imaginations des hommes qui sont figurées par les imaginations de la pièce, que le plaisir de l'illusion théâtrale naît du spectacle d'êtres fictifs eux-mêmes créateurs de fictions, qu'elle est enfin la comédie de la comédie, dans la mesure où Molière réussit l'intégration tentée par ses propres personnages.

CHAPITRE X

Théâtre et hypocrisie

Aucun ensemble ne symbolise mieux l'impatience de l'homme en face des problèmes de la vérité que le théâtre de Molière. Aucun n'est aussi riche en tentatives de duperies, qu'accompagnent les mouvements inverses de démystification. Aucun n'est aussi riche en tentatives d'imposition d'une réalité fictive, qu'accompagnent les mouvements inverses de révoltes « raisonnables ». Aucun n'est aussi riche en tentatives désespérées de révéler la vérité, ou de la noyer au contraire dans les folles tentatives de s'imposer une nature nouvelle. *Tartuffe* occupe dans cet ensemble une place privilégiée, car le problème y est posé dans les termes les plus généraux et les plus simples.

A prendre cette pièce pas à pas, on y voit que chaque moment est fondé sur un mensonge, une erreur involontaire ou consciente, ou une révélation. Dès la première scène, le jugement de Mme Pernelle sur la famille est dramatique, et non seulement protatique, parce qu'il est faux, parce qu'il y a tension entre cette fausseté et la vérité des faits sur lesquels il se fonde. Mme Pernelle prétend leur dire à tous « leurs vérités », en fait elle exprime surtout la sienne, — qui consiste précisément à se tromper. Ensuite des scènes de « jugement » apparaissent tout au long de la pièce, chacune avec sa valeur dramatique propre : certaines, comme celle où Dorine décrit à Cléante le comportement d'Orgon, sont doublement révélatrices, car Dorine révèle à la fois le vrai Orgon et elle-même; d'autres, comme celles où Cléante fait la leçon à Orgon ou à Tartuffe, mettent en lumière à la fois la vérité, — et son échec; d'autres enfin suggèrent toute la complexité des rapports entre vérité et sincérité. Telle la fin de l'acte II (le dépit amoureux) qui se présente comme une arabesque autour de la sincérité d'un amour : le dépit impose un masque, sous lequel la passion amoureuse subsiste — ou encore les scènes entre Elmire et Tartuffe, qui offrent à la fois les passages du masque de Tar-

tuffe à sa vérité, et les nombreuses nuances de la mauvaise
foi honnête, du silence volontaire et enfin de l'adoption
d'un comportement fictif, par lesquelles passe Elmire. Le cinquième acte se dirige tout entier vers un triomphe miraculeux
de la vérité.

Plus profondément, les analyses des chapitres précédents
ont longuement insisté sur la tension entre le masque et l'appétit réel de Tartuffe d'une part, c'est-à-dire l'oscillation constante entre un mensonge calculé et une nature « vraie », sur
l'erreur d'Orgon, le renversement ontologique par lequel il
prend les apparences, même fausses, pour des réalités, et son
vœu d'imposer aux autres une personnalité conforme à sa
nature, mais contraire à la leur. Pièce complète, le *Tartuffe*
offre un catalogue, à tous les niveaux, de nombreux « sujets »
de théâtre, si l'on veut bien admettre que toute pièce représente une recherche de la vérité. Sur le plan du *mensonge :*

Masque : Tartuffe s'habille en dévot.
Guet-apens : Orgon se cache sous la table.
Faux comportement : Tartuffe se comporte en dévot.
Comédie calculée : Tartuffe — Elmire en face de Tartuffe.
Silence d'attente : Orgon sous la table — l'Exempt.
Mensonge par dépit amoureux : Valère et Mariane.

Tous ces mensonges ont un but : obtenir une « réalité ». Pour
Tartuffe, ses objets de consommation; pour les autres, la
révélation du vrai visage de Tartuffe.

Sur le plan de l'*erreur*, l'éventail est plus réduit. Le ton
honnête de la pièce interdit aux personnages de buter contre
un objet qu'ils n'ont pas vu, ou de prendre un homme pour
une femme, etc.

Masque pris pour un vrai visage : Mme Pernelle, Orgon, en
face de Tartuffe.

Erreur de jugement : les mêmes sur les intentions de Tartuffe; Mme Pernelle, sur le comportement de la famille; Orgon,
sur les intentions de Damis (acte III) et de la famille (acte IV).

Sur le plan de l'*imposition d'une nature :*
Orgon imposant à Mariane un amour fictif.
Orgon imposant à Tartuffe son masque.
Sur le plan de la *révélation d'une vérité :*
Par la description : Dorine décrivant Orgon et Tartuffe.
Par la description hyperbolique qui révèle la vérité de son
contraire : Orgon décrivant Tartuffe.
Par le comportement hyperbolique : Tartuffe.
Par le comportement évident : Entrée de Tartuffe avant qu'il
ne voie Dorine; Tartuffe à certains moments devant Elmire.

Par le discours : Tartuffe à Elmire; Cléante, Dorine, Elmire.

La richesse de la pièce tient également au fait que le spectateur possède toutes les données : il possède la vérité ou du
moins il sait où elle se trouve (la « vraie » nature de Tartuffe
d'une part, l'honnêteté lucide de l'autre); il est aussi mis en
présence des manifestations du mensonge, qui lui est donné
comme mensonge. Jamais dupe, le spectateur assiste, avec
le regard d'un dieu clairvoyant, au conflit du vrai et du faux.
Rien de mystérieux pour le spectateur ne vient détourner
son attention de ce conflit essentiel vers une curiosité policière. On sait que Tartuffe est un parasite goulu comme on
connaît le secret d'Œdipe avant Œdipe lui-même. En outre
la pièce ne cherche à nous convaincre de rien : ce qui est vrai
et ce qui est faux au début le reste jusqu'à la fin. Tartuffe
ne s'identifie jamais avec son masque, comme le fera un Lorenzaccio. Il n'y a pas non plus de renversement définitif des
valeurs au cours ou à la fin de la pièce, comme dans *Le Journal
d'une canaille* d'Ostrovsky ou, sans aller si loin, comme dans
certaines réconciliations cornéliennes.

En choisissant l'hypocrite comme centre d'une comédie,
Molière a réussi, avec *Tartuffe*, à exprimer l'essence même du
théâtre par les moyens du théâtre. L'hypocrite et sa dupe
forment un couple dont chaque membre est le symétrique
de l'autre. Trompeur et trompé permettent d'exploiter toutes
les combinaisons possibles des quatre moments du jeu de la
vérité dans les rapports humains : le mensonge, la sincérité,
l'illusion, la connaissance. Ces combinaisons prennent tout
leur sens si on les organise sur un fond de références : le monde
des personnages qui ne sont ni trompeurs ni dupes et représentent une norme.

En outre, le trio trompeur-trompé-norme permet de considérer les hypocrisies de Tartuffe comme une comédie jouée
devant un double public. Tartuffe est un acteur qu'une partie
de son public confond avec son rôle, qu'une autre partie dissocie complètement de son rôle. Nous avons vu que chacune de
ces attitudes est la cause d'un échec de Tartuffe. Confondu
avec son rôle, Tartuffe est prisonnier de celui-ci et ne peut
« être lui-même »; c'est ce à quoi le condamnent, chacun à
sa manière, Orgon et Elmire. Si on dissocie Tartuffe de son
rôle, celui-ci apparaît comme une fiction, une apparence, et
Tartuffe n'est plus pris au sérieux. Or Tartuffe exige ce sérieux.
L'acteur qui joue le rôle de X, pris pour X par un spectateur
naïf, cesse d'être lui-même. L'acteur dont on sait qu'il n'est
pas X perd le prestige de X, est replongé dans l'humanité
courante, et ne se trouve plus justifié. C'est-à-dire que l'hypo-

crite (ou l'acteur) s'engage dans une situation sans issue.

L'hypocrite et l'acteur, dans leur effort d'être autre chose qu'eux-mêmes sans l'être vraiment, exigent l'un et l'autre de leur public une attitude irrémédiablement équivoque. Dans la comédie de *Tartuffe*, Molière analyse cette équivoque, la décompose en ses deux éléments, établit séparément les deux pôles entre lesquels elle oscille. Ce que Tartuffe voudrait, c'est être sauvé (c'est-à-dire, selon sa nature : être reconnu, nourri, satisfait) par Elmire *à la fois* dans son humanité réelle et dans son masque. Il voudrait vivre intégralement sur le mode du *comme si*. La pièce nous montre l'impasse où conduit ce désir : non seulement Tartuffe échoue s'il est démasqué, — car il ne peut à la fois satisfaire librement son appétit et être considéré comme dévot; en outre la révélation de son mensonge le conduit, en dernier ressort, en prison — mais aussi, confondu avec son masque, soit par la naïveté des autres (Orgon) ou par leur calcul (Elmire), il est soumis à leur bon plaisir, il est confiné dans les limites de son rôle : l'hypocrite, en tant qu'hypocrite, ne peut pas réussir. L'acteur, lui, est à la recherche d'un public qui aime en lui non le rôle qu'il joue, non sa personne réelle, mais la synthèse des deux, un public qui accepte ce mode tout particulier du *comme si :* le vœu de Tartuffe et le vœu de l'acteur sont identiques. En fin de compte, dans cette comédie, tout se passe « comme si » le poète-acteur, tentant de donner un équivalent imaginaire d'un des visages de la condition humaine, l'avait construit en termes de sa propre condition.

DEUXIÈME PARTIE

Dom Juan

CHAPITRE PREMIER

Avant la pièce

Le spectateur moderne a peine à se mettre devant *Dom Juan* dans l'état de naïveté qu'on attend de lui. Pièce longtemps négligée parce que difficile et parce que différente apparemment du reste de l'œuvre de Molière, *Dom Juan* a été remis à la mode depuis la dernière guerre par deux metteurs en scène de premier plan, Louis Jouvet et Jean Vilar [1]. On n'illustre plus les éditions de la pièce de vignettes du XVIIe siècle, mais de photographies de ces deux productions modernes. Si le *Tartuffe* de Jouvet reste présent à l'esprit de la plupart d'entre nous, il ne s'en inscrit pas moins dans toute une série de mises en scène et s'impose moins au souvenir que son *Dom Juan*, qui avait presque la valeur d'une création.

En outre, Tartuffe nous paraît généralement comme une invention du seul Molière. On peut entrevoir des sortes de réincarnation du personnage dans des figures postérieures, le Julien Sorel de Stendhal, dans une certaine mesure le Vautrin de Balzac, ou encore le Coûture de Mauriac. Mais enfin ce sont là des enfants, ou de lointains descendants de la créature originelle, le Tartuffe de Molière. Le personnage de Dom Juan, lui, n'appartient pas à Molière, et nous le savons : nous ne sommes que trop au courant de ses origines espagnoles, même si nous ignorons les héros de Dorimon et de Villiers qui l'ont précédé sur la scène française [2]. A cela s'ajoute,

---

1. En 1947, année où parut l'ouvrage d'André Villiers, *Le Dom Juan de Molière* (« Masques »), Louis Jouvet monta la pièce à l'Athénée. La première du *Dom Juan* de Jean Vilar eut lieu au Festival d'Avignon de l'été 1953. Entre-temps, fin 1952, la Comédie-Française avait confié le rôle du grand seigneur méchant homme à Jean Debucourt. Voir Maurice Descotes, *Les Grands Rôles du théâtre de Molière*, Presses Universitaires de France, 1960.

2. Dorimon, *Le Festin de Pierre ou Le Fils criminel*, 1659; Villiers, même titre, 1660. Ces deux pièces étaient sans doute des traductions

outre l'inévitable déformation romantique de l'esprit moliéresque, l'approfondissement et l'enrichissement, au cours des
siècles, du mythe même du donjuanisme. A bien des égards,
la pièce de Molière ne nous semble qu'une étape dans l'évolution de ce mythe. Pour un peu, nous lui donnerions un
numéro, comme Giraudoux l'a fait pour son *Amphitryon*.

Pièce redécouverte, jouissant du coup du prestige des
nouveautés; pièce montée de nos jours de deux ou trois façons
différentes, profitant du coup de l'actualité des controverses;
pièce enfin considérée comme une des multiples expressions
possibles d'une légende-mythe et, du coup, comme bien des
réinterprétations modernes de mythes antiques, difficilement
séparable de ce que nous pensons, savons et sentons à propos
de ce mythe, — le *Dom Juan* de Molière est dans nos esprits
une des plus impures de nos œuvres classiques. Peut-être
est-ce la raison pour laquelle nous transformons si aisément
sa richesse en ambiguïté.

Cette fois-ci encore, tentons de reléguer au second plan les
considérations qui précèdent, et de jeter sur le programme
un regard aussi neuf et aussi peu prévenu que possible.

Dès le premier coup d'œil, la liste des personnages s'offre
comme un étonnant mélange. « Dom Juan, fils de Dom Louis.
Sganarelle, valet de Dom Juan. » Un nom noble espagnol,
suivi d'un nom de masque de farce. Nous pouvons nous attendre à un mélange de style héroïque et de pitreries tirées des
pièces de cocuage, des farces à médecins. Les noms d'aristo-
crates espagnols qui suivent et ceux de paysans français ne
font que confirmer cette première impression. Aucun de ces
noms n'étant grotesque, l'hypothèse d'une pièce burlesque
à proprement parler est exclue. Il va s'agir tout simplement
d'un univers de fantaisie où des « genres » divers vont se côtoyer.
Il y avait moins d'écart entre les personnages de *Tartuffe*,
porteurs tantôt de noms bourgeois, tantôt de noms de théâtre
traditionnels. Ici, le contraste est majeur et révèle à la fois
des « horizons » littéraires différents, et la plus grande distance
sociale possible : des paysans et des pauvres à la noblesse,
en passant par la bourgeoisie marchande et la domesticité.

La pièce nous montrera aussi une statue et un spectre :
vaste univers que celui de *Dom Juan*, où l'éventail social
s'ouvre en quelque sorte jusqu'au surnaturel, où la fantaisie
déborde dans le fantastique. On sait que le spectre est rare
dans le théâtre classique français. Dieux et génies de la mytho-

libres du *Convitato di pietra*, de Giliberto (1653), œuvre perdue. Voir
Gendarme de Bévotte, *Le Festin de pierre avant Molière*, Cornély, 1907.

logie gréco-latine ne dédaignent pas les divertissements et les tragédies-ballets; le monstre marin y sévit aussi à ses heures. Mais le simple fantôme, anonyme et pour ainsi dire mal incarné, semble répugner à un siècle qui a le goût de la netteté et des contours bien définis. Attendons-nous donc à une œuvre un peu bizarre, qui rompra avec les habitudes et les poncifs.

Enfin, la liste des personnages est longue. Dix-sept individus, plus deux « suites » promettent une scène fort peuplée, et cela, dans une comédie sans ballets [1].

Si nous pouvons dès maintenant espérer une œuvre insolite, nous pouvons aussi entrevoir certains fils conducteurs de la pièce. Dom Juan et son valet Sganarelle dominent la liste. Le couple maître-valet s'impose sans qu'un tiers vienne le briser, — comme dans la distribution de *L'Étourdi* (Lélie-Célie-Mascarille) ou dans celle du *Dépit amoureux* (Eraste-Albert-Gros René). Ne pouvons-nous supposer, dès l'abord, que le couple occupera le centre de la pièce, que non seulement celle-ci reposera sur la permanence de leur rapport, mais que toute intrigue servira à éclairer ce rapport, se subordonnera à lui au lieu de l'utiliser pour son propre développement [2]? Quant au père, à la femme, aux deux frères de celle-ci, ils laissent deviner une intrigue de complications familiales, post-maritales, — c'est-à-dire que nous savons que l'intrigue ne sera pas faite de victoires successives sur les obstacles à un mariage, que le rôle du valet ne sera pas d'aider son maître dans la conquête de sa future femme. Qui ne connaît pas le mythe de Dom Juan se doute toutefois, avant le lever du rideau, d'une exploitation nouvelle de l'équipe maître-valet : celle-ci va se trouver en conflit avec une situation familiale *déjà* établie, et avec des « mondes » différents (paysans, marchands, surnaturel). Dom Juan et Sganarelle vont avoir à se battre sur plusieurs fronts à la fois ou successivement; ils vont faire bloc, tandis qu'autour d'eux l'univers prendra des visages divers. Il y a, dans cette distribution, une sorte de saveur picaresque qui tient non seulement aux noms espa-

---

1. Si l'on exclut les « masques » de *L'Étourdi*, la foule de musiciens et de voisines qui envahissent la scène à la fin des *Précieuses*, et si l'on met à part les comédies-ballets, il semble bien qu'avant *Dom Juan* le nombre maximum de personnages se soit tenu autour de onze ou douze. Après *Dom Juan*, *L'Avare* comptera quinze personnages, *Le Bourgeois gentilhomme* dix-sept, plus les participants aux ballets.

2. Ce déplacement de l'intérêt est évidemment l'apport essentiel de Molière au genre comique : le drame proprement dit prend le pas sur les aspects anecdotiques et narratifs.

gnols mais aussi au contraste entre le couple posé au début et
la variété de ce qui suit.

La tâche du metteur en scène sera encore plus délicate que
dans le cas de *Tartuffe*. L'unité de l'ensemble est certes le
but premier de toute réalisation. Mais un Dom Louis, un
Pierrot, un M. Dimanche et une statue arrivent sur scène
chacun avec son style de jeu et même son éclairage. Et le
couple Dom Juan-Sganarelle est déjà, par principe, disparate.
Ces rencontres de personnages qui, de par leur origine ou
leur tradition littéraire, ne sont pas faits pour s'entendre,
promettent une pièce bâtie avant tout de désaccords, où les
alliances mêmes sont imposées en dépit des répulsions naturelles. L'unité, s'il y en a une, dépendra donc d'une organisation profonde, d'un postulat de base, car elle ne saurait
être fondée sur la simplicité d'intrigue, ni même sur un thème
immédiatement apparent comme celui de l'imposture dans
Tartuffe.

Certes, dans tous les cas, la pièce elle-même dépasse les
indications que donne la liste des personnages. Dans le cas de
Dom Juan, ce dépassement est d'autant plus prévisible que
la liste oriente l'attente surtout vers le disparate, et ne donne
aucun renseignement préalable sur la fonction du couple
maître-valet. Mais aussi, comme toujours chez Molière, cette
liste n'est pas trompeuse. Elle prépare à un aspect de la pièce,
et non un des moindres. Molière nous met en appétit pour une
surabondance de conflits variés, de contrastes dans les tons
et les styles; sur ce point, la pièce ne décevra pas.

Reste le décor. « La scène est en Sicile », dit le programme.
Pas d'indication de « maison », ni même de « place publique »,
ni même de précision sur la ville où se situe l'action (Dans
Les Fourberies de Scapin, comédie dont la scène se trouve hors
de France, nous saurons au moins qu'il s'agit de Naples).
C'est tout un pays qui sert de lieu de l'action. Et sans doute s'y
déplacera-t-on, comme dans l'ancienne tragi-comédie ou comme
dans les pièces à machines. Si le programme reproduit certaines
notes du registre de Mahelot [1], nous apprendrons que le décor
du premier acte représente un palais; celui du second, « une
chambre et une mer »; celui du troisième, une forêt et un tombeau; celui du quatrième, une salle prête pour un festin; et
qu'au cinquième acte, outre quelques sièges, on nous montrera
le maniement d'une trappe et on fera usage de feux de Bengale.

---

1. Son *Mémoire* contient bon nombre de dessins et de notes concernant
le décor de pièces jouées entre 1633 et 1678. Voir H. C. Lancaster, *Le
Mémoire de Mahelot, Laurent et autres décorateurs de l'Hôtel de Bourgogne*,
Champion, 1920; et les ouvrages de S. Wilma Deierkauf-Holsboer.

Comédie donc où les personnages se déplacent d'acte en acte. Qu'il suffise, pour chaque lieu, que le décor soit utile et « dans le ton ». Si on sentait pour *Tartuffe* la nécessité d'évoquer, de suggérer un intérieur parisien bourgeois du XVIIe siècle, il semble bien qu'ici ce peu d'exigence réaliste soit encore réduit : pour cette Sicile de fantaisie, où se mêlent nobles espagnols et roturiers français, où la farce côtoiera le style héroïque et le merveilleux, un XVIIe siècle stylisé, avec une pointe d'extravagance, à la rigueur d'exotisme [1], fera l'affaire.

Contentons-nous pour le moment de voir, au premier acte, un palais de fantaisie. Le choix d'un « palais » suppose chez l'auteur le besoin d'un grand espace, dégagé, dans lequel les personnages puissent se mouvoir en liberté. Ce sont ces mouvements, ces personnages, qui comptent. Il est permis de penser que ce décor n'est pas loin du « palais à volonté » de la tragédie, si habituel qu'on finit par ne plus le voir, tant il est réduit à sa pure fonction. Les bustes, les fers forgés, les palmiers et les mimosas d'Arnavon [2] sont ici un contresens. L'atmosphère de cette pièce est beaucoup plus subtile et discrète que celle des mimosas méditerranéens : de la lumière et des couleurs, oui, mais celles du théâtre, celles qui conviennent à la rencontre d'un Gusman si peu espagnol, et d'un Sganarelle tout droit sorti de l'irréalité de la farce française.

---

1. Le franc espagnolisme de certains costumes utilisés par Louis Jouvet était à cet égard discutable.

2. Ici, comme pour *Tartuffe*, les outrances du naturalisme d'Arnavon (*Le Dom Juan de Molière*, Gyldendal, 1947) faisaient échapper la pièce à certaines fausses traditions, mais la rendaient prisonnière de recherches hors de propos.

CHAPITRE II

Le valet et le maître

Au cours de la première scène de la pièce, Sganarelle dit de son maître qu' « il est jeune encore ». Il ne semble pas qu'on puisse être fidèle à la pièce sans tenir compte de cette remarque. Dom Juan n'est pas un libertin vieillissant, c'est un homme jeune. Le valet qui le juge « jeune encore » est plus âgé que lui, — ce qui expliquera par la suite, non pas ses remontrances (elles font partie du rôle de valet au service d'un écervelé), mais le ton de celles-ci, et surtout rendra plus dramatique la peur de Sganarelle devant son maître. Si l'on veut faire appel à l'Histoire en pareil cas, elle nous aide ici : quand le rideau s'est levé sur la première représentation de *Dom Juan*, le 15 février 1665, le rôle de Sganarelle était tenu par Molière, âgé de quarante-trois ans, dans une scène d'exposition qui préparait l'entrée en scène de son élève favori, Lagrange, âgé de vingt-six ans, dans le rôle de Dom Juan. Lagrange était le jeune premier de la troupe; quant au masque de Sganarelle, il avait toujours été porté par des personnages mûrs ou « barbons [1] ». Au cours des analyses qui suivent, il faut donc imaginer cette différence d'âge entre les deux protagonistes, sans toutefois l'exagérer : Dom Juan n'est pas un jouvenceau, il est simplement « jeune *encore* », et l'on sait qu'au xviie siècle, on n'est plus tout à fait jeune à vingt-six ans. Pour un public moderne, il s'agirait de trouver des acteurs capables de donner une équivalence de l'effet que produisirent Molière et Lagrange en 1665 : le contraste entre une jeunesse finissante et une maturité déjà avancée mais encore vigoureuse. Inutile ensuite de s'embarrasser des subtilités de Faguet qui voyait Dom Juan vieillir au cours de la pièce [2].

Voici donc, au lever du rideau, un valet vieillissant inter-

1. Voir les analyses que René Bray fait de ce masque et de son enrichissement en personnage, dans *Molière, Homme de théâtre*.

2. Émile Faguet, *En lisant Molière*.

prêté par l'auteur et chef de troupe. Le rôle, comme celui
d'Orgon dans *Tartuffe*, sera central. Comme *Tartuffe*, *Dom
Juan* racontera l'aventure d'un couple, fait de l'éponyme de
la pièce et de sa victime principale. Si le nom aristocratique
et espagnol du héros apparent faisait espérer quelque tragi-
comédie, la présence de Sganarelle et l'importance de son
rôle ramène celle-ci à un type de comédie traditionnel et cher à
Molière : celui où l'intrigue est menée conjointement par un
jeune maître et son valet. Si l'on en juge par *L'Étourdi*, ou
encore par le pendant féminin de ces équipes, le couple Mariane-
Dorine dans *Tartuffe*, on sait que le but de telles coalitions
est la réalisation des entreprises amoureuses, la concentration
des forces pour démolir ou surmonter les obstacles et parvenir
aux fins désirées. Le valet ou la servante agit là où le maître
ou la maîtresse ne peut agir personnellement, pour des raisons
de décence, de prudence, etc. Les surprises comiques sont
provoquées tantôt par les ruses, tantôt par les bévues de l'un
ou de l'autre.

Dans *Dom Juan*, ce genre et ce schéma de base vont éclater.
Mais la pièce s'y rattachera fortement, c'est par rapport au
jeu traditionnel du couple d'intrigants que certaines scènes
prendront tout leur sens, et, tout en étant déformé, appro-
fondi et perverti, le lien maître-valet sera une des constantes
de la pièce.

Bien que Sganarelle occupe vingt-six scènes sur vingt-sept,
ce serait également trahir la pièce que de faire de lui le seul
héros. Il est néanmoins vedette, tout autant que son maître.
C'est dans la complexité de leurs rapports qu'il faudra rechercher la principale expression du sens de la pièce.

Les premiers propos de Sganarelle sont à vrai dire inattendus :
il tient un discours sur les bienfaits du tabac. Les tirades ou
les débats d'exposition de la comédie classique ont ordinaire-
ment pour sujet un des conflits principaux ou une des idées
centrales de la pièce à venir. Aussi a-t-on souvent méprisé
ce début, en y voyant seulement une allusion à l'actualité [1].
Certaines éditions scolaires offrent ici des notes sans réplique :
« Le couplet burlesque de Sganarelle est sans rapport avec la
pièce. » Tout au plus accorde-t-on qu'Aristote est mentionné
comme « symbole des esprits systématiques et arriérés ».

---

1. Introduit en 1560 par Nicot, le tabac était encore l'objet de controverses et de menaces d'interdiction.

On oublie un peu trop vite qu'un tel hors-d'œuvre est
impensable dans l'œuvre de Molière, où les allusions à
l'actualité ont toujours une fonction authentiquement dramatique.

Sganarelle est un masque de farce, celui de Molière lui-même.
Le montrer la tabatière à la main, vantant les qualités d'un
produit, c'est, au départ, ancrer la pièce dans ce qui est la
véritable source de la comédie : la farce, et cela, en remontant
à une des origines possibles du genre, au boniment du bateleur,
du charlatan de foire. C'est, de la part de Molière, avant qu'il
ne se lance dans une œuvre qui peut-être frôlera la tragédie,
une façon d'affirmer ce qu'on pourrait appeler la « race » de
ses créations.

En outre, comme d'habitude, Molière commence au milieu
d'un mouvement, mais cette fois-ci, il saisit ses personnages
juste au moment d'une apparente digression, semblable à ces
parenthèses qu'on trouve parfois, en haut de la page de gauche,
quand on ouvre un livre au hasard. Digression et non fausse
piste, car il est permis de supposer que le bon sens et les connais-
sances les plus élémentaires du spectateur lui interdiront de
penser que les vertus du tabac vont faire le sujet d'une comédie
intitulée *Dom Juan*. Cette tirade a la valeur d'une pause,
d'une détente de ce qui était tendu avant le lever du rideau.
N'est-il pas possible de voir ici la suggestion d'un palier,
l'image d'un monde au repos, en quelque sorte horizontal et
satisfait de son horizontalité, par rapport auquel le mouvement
qui va suivre doit être compris? Sganarelle discourant sur le
tabac, c'est le calme avant la tempête, le trou dans les nuages
par lequel on aperçoit un ciel paisible (même s'il est caricaturé),
un monde de valeurs stables et acceptées sur lequel va déferler
le désordre donjuanesque. Ce repos du début, — repos des
grotesques « pères tranquilles » — c'est précisément ce qui va
nous être interdit pendant tout ce qui suit.

Si l'on en croit James Doolittle [1], le tabac apparaît dans ce
discours comme une « substance matérielle », douée de propriétés
psychologiques et métaphysiques, capable d'apprendre aux
hommes les vérités de la science (il « purge les cerveaux
humains »), les devoirs de la religion (« il instruit les âmes à la
vertu »), et ceux de la société (« l'on apprend avec lui à devenir
honnête homme »); le tabac enfin enseigne la vertu et l'honnêteté à cause des gestes qu'il impose à ceux qui en usent. Le
valet ne fait pas de distinction nette entre les apparences et la

---

1. James Doolittle, « The Humanity of Molière's *Dom Juan* », *P.M.L.A.*,
vol. LXVIII, nº 3, juin 1953.

réalité (après tout il est de la même famille que le Sganarelle du *Cocu imaginaire*), et comme il se pique de philosophie, il confond manières et significations profondes. Retenons de cette explication que le couplet sur le tabac pose, au début de la pièce, la vision du monde, le vœu de Sganarelle : repos, interpénétration paisible des plaisirs matériels et des vertus morales, en une sorte d'alliance magique, qui ouvre la porte à toutes les confusions.

Les mots et expressions qui frappent l'oreille du spectateur sont : « honnêtes gens », « digne de vivre », « âmes (instruites) à la vertu », « honnête homme », « manière obligeante », « sentiments d'honneur et de vertu », — tout un climat d'honnêteté qui, précisément, sera bouleversé et détruit lorsque Dom Juan se mettra à sévir. Toutefois on ne nous invite pas à prendre ce programme au sérieux : le rapport à la Tabarin établi entre les vertus que ces mots désignent et le tabac (nommé et présenté spectaculairement sur scène) dégrade les premières. Repos avant le mouvement, « honnêteté » avant le scandale, — mais repos « bas », burlesque de l'honnêteté. La cause de Dieu va être bien mal défendue, mais s'agit-il pour le moment de la cause de Dieu?

Molière présente dès le lever du rideau un personnage qui est dramatique avant même d'entrer en conflit avec autrui. Sganarelle est en état d'erreur poétique ou ontologique, comme Orgon dans *Tartuffe*. Sa tirade sur le tabac, mis à part le piquant de son actualité, est essentiellement fonctionnelle : elle est l'expression métaphorique du contraire de Dom Juan, elle est le tremplin d'où tout ce qui suit prend son élan, et comme ce tremplin est bancal, on peut s'attendre, dans le conflit Dom Juan-Sganarelle, aux rebondissements les plus cocasses.

Dernier coup d'œil, avant un voyage sans retour, sur le monde rêvé de Sganarelle, la digression sur le tabac est abruptement interrompue, et d'une façon trop évidemment maladroite pour ne pas être voulue :

> *Mais c'est assez de cette matière. Reprenons un peu notre discours. Si bien donc,* [...]

Aussitôt, les mots dominants sont : « surprise », « mise en campagne », « trop fortement », « venir chercher ici ». La philosophie burlesque du repos a fait place au récit rapide d'une aventure de passion et de mouvement dans l'espace. La tirade, d'ailleurs, se referme. Sganarelle revient, pour terminer, à son vœu profond : «...à ne bouger de là ». Dans son ensemble, le premier discours de Sganarelle annonce la principale ligne de force de la pièce : un personnage de première importance, par nature

plongé dans une fausse vision de la réalité, va être entraîné
dans une aventure romanesque, contraire à tous ses vœux.
Contre son gré, le monde de la tranquillité populaire va être
charrié dans l'infini des tempêtes par le monde de l'amour
et de l'héroïsme, dont il est le satellite.

Dom Juan a arraché Élvire à un couvent, l'a épousée et
aussitôt abandonnée. Les vertus chères à Sganarelle sont
fortement ébranlées par une telle aventure. Dans le dialogue
Gusman-Sganarelle, le vocabulaire des questions et des réponses
est riche de mots de mouvement, qui tantôt désignent directement le départ de Dom Juan, tantôt suggèrent de façon oblique
l'atmosphère d'agitation qui semble devoir être celle du séducteur. Nous sommes désormais lancés, en compagnie de Sganarelle, dans le tourbillon donjuanesque.

Le dialogue de Sganarelle et de Gusman ne contient pas
seulement la répétition de ce thème, qui va s'exprimer sous
les formes les plus variées tout au long de la pièce. Il a aussi
pour but de nous renseigner davantage sur la situation et la
fonction de Sganarelle, et aussi d'introduire la notion du disparate du monde que Dom Juan bouleverse.

Gusman disparaîtra pour toujours de la scène à la fin de ce
dialogue. Est-ce à dire qu'il est purement protatique, qu'il
n'est qu'une oreille indifférenciée dont la seule fonction est
de justifier l'exposition faite par Sganarelle? Doolittle [1] souligne le vocabulaire de Gusman : abstractions et métaphores
conventionnelles. Cet écuyer parle comme un héros de roman
précieux, il est le reflet inconscient de ses maîtres, sans coïncider avec eux. Ce n'est pas un des moindres attraits
théâtraux de cette scène, que le contraste entre la veulerie
bonhomme du personnage de farce française et la silhouette
raide d'un lointain reflet de personnages vaguement « à
l'espagnole ».

L'écuyer d'Elvire souffre de ce défaut qui condamne tout
personnage de comédie au ridicule : il est figé dans un ordre
donné d'avance et sans souplesse qui lui interdit de « comprendre » ce qui se passe. Il vit dans un système où il n'y a absolument pas de place pour le donjuanisme. Le voilà du coup
rejeté au rang des aveugles et des imbéciles, de ceux qui ne
sont pas à la hauteur de la situation, qui n'imaginent même
pas qu'on puisse tenter de l'être. Il ne peut être pris au sérieux.

1. *Ibid.*

Il est mis « hors jeu » dès qu'il ouvre la bouche. On n'aura plus besoin de lui pour le reste de la pièce.

Que signifie donc le rapide passage de Gusman dans la scène préparatoire du drame qui va suivre? D'abord, que toute alliance entre les ennemis de Dom Juan est précaire. Leur seul langage commun est celui qui condamne Dom Juan. Pour le reste... Mais surtout, en ridiculisant dès le début, et en éliminant le romanesque traditionnel, Molière se débarrasse d'une orientation possible de la pièce. Doolittle [1] rattache à la Carte du Tendre la description que Gusman fait de la campagne de séduction de Dom Juan auprès d'Elvire : Dom Juan est comparable aux héros de romans, cela doit être admis une fois pour toutes, mais son aventure va dépasser considérablement ce genre de romanesque-là. Sganarelle et Dom Juan, ce ne sera pas une reprise de Gorgibus et de Cathos et Magdelon. Dom Juan s'est peut-être comporté comme un personnage de Mlle de Scudéry, mais sa vérité est ailleurs, — cette vérité que Gusman « ne comprend pas ». Attendons-nous donc à des soupirs et des emportements, mais sachons bien qu'ils ne seront pas le sujet de la pièce ni l'objet de la satire, s'il y en a une.

Dès maintenant, la comédie est la proie d'un mouvement de dépassement continuel : dépassement du vœu de repos vers le mouvement romanesque, dépassement du romanesque vers autre chose. La silhouette de Dom Juan est sans doute encore imprécise, nous attendons néanmoins un personnage débordant, un personnage qui franchit les frontières des ordres reconnaissables. Quelques dimensions sont d'ailleurs déjà suggérées : personnage qui ne tient pas en place, séducteur infidèle, qui se moque du sacré, et dont le comportement n'est pas en accord avec les actes véritables (ce qui annonce non seulement les tromperies de Dom Juan mais aussi son hypocrisie du cinquième acte).

Ce début d'acte, jusqu'à la grande tirade de Sganarelle (« Je n'ai pas grande peine à le comprendre, moi ») impose une atmosphère générale d'illusion, d'erreur et de tromperie. Chacun à sa manière, Sganarelle et Gusman sont atteints du mal d'Orgon. L'un confond les gestes extérieurs avec la vertu elle-même, l'autre a été la dupe des transports hyperboliques de Dom Juan devant Elvire; ceux-ci, en effet, ne sont pas loin des soupirs et des gémissements de Tartuffe. Aveuglé par l'aristocratie qu'il sert, Gusman ne voit pas que l'exagération dans les signes extérieurs, au lieu de révéler la passion logique-

1. *Ibid.*

ment correspondante; manifeste bien souvent une réalité
contraire. Pour le moment, une situation simple est donnée :
le jeu du dupeur et des dupes, le premier étant Dom Juan, les
autres étant Gusman et ses maîtres.

Sganarelle voit la vertu dans le repos, Gusman voit le
« cœur » dans le romanesque respectueux : le second dépasse
le premier, mais le premier dépasse à son tour le second, dans
la mesure où il « comprend », et ce second dépassement est
préparé par le ton même de Sganarelle pendant son dialogue
avec Gusman. Sganarelle a un avantage sur Gusman : il
connaît Dom Juan, il a de « l'expérience ».

> *Eh! mon pauvre Gusman, mon ami, tu ne sais pas encore
> crois-moi, quel homme est Dom Juan.*

Emporté contre son gré dans l'aventure donjuanesque,
Sganarelle s'en nourrit pour se gonfler, pour se bâtir une
supériorité. Orgon avait besoin de Tartuffe pour se garantir,
mais il n'y avait pas de contradiction entre la bonne vie selon
Orgon et les apparences de Tartuffe. Sganarelle est également
« garanti » par Dom Juan, mais cette fois-ci le drame est plus
compliqué, puisque Sganarelle désapprouve la vie et les valeurs
(ou l'absence de valeurs) de son maître. Nous avons attribué
à Orgon une mentalité d'adjudant [1]; la métaphore s'appliquerait moins facilement à Sganarelle, qui n'est pas tyrannique
et ne commande à personne, mais retenons le fait qu'il a besoin,
pour s'épanouir, de suivre ce maître qu'il n'aime pas. Il déteste
son chef, mais ce chef le fait exister. Ce déchirement, qui
deviendra de plus en plus évident au cours de la pièce, enrichit
le personnage et en fait une des créations les plus complexes
de Molière.

Dès le début de la tirade de Sganarelle (« Je n'ai pas grande
peine à le comprendre, moi ») se manifeste la satisfaction du
valet, à qui le privilège de servir un maître aussi « méchant »
donne le pouvoir de dominer un auditoire; et se trouve réaffirmé
le mouvement physique qui est déjà une des caractéristiques
de Dom Juan : Sganarelle appelle son maître « le pèlerin ».

Certes, le mot a une valeur ironique ou péjorative, il désigne
ce que nous appellerions aujourd'hui « un drôle de type ».
Mais les synonymes ne manquaient pas à Molière, et le choix
de ce terme est significatif. Au-delà du sarcasme ou de l'inso-

---

1. Voir analyse de *Tartuffe*, chap. II.

lence, l'image du voyageur demeure vivante. Et c'est bien
de Dom Juan voyageur, instable, qu'il va s'agir en grande partie
dans la tirade. Non seulement le voyage récent de Dom Juan
est mentionné pour la troisième fois, mais encore l'expression
« en divers lieux » apparaît au milieu de la tirade. Enfin,
Dom Juan est le pèlerin des cœurs, qui court de sanctuaire
en sanctuaire.

Et pourquoi ne pas retenir aussi l'auréole de religion qui
entoure le mot « pèlerin »? Ironie supplémentaire, puisque
presque aussitôt Sganarelle nous révèle la totale incrédulité
de Dom Juan.

Nous sommes ici aux antipodes de la tranquillité du priseur
de tabac. Calme, vertu, honnêteté, tout est détruit. Dom Juan
est un incroyant total, Dom Juan est un épouseur « à toutes
mains ». Il est dominé par sa recherche du plaisir, et par « sa
passion ». Rien d'autre ne compte pour lui. En fait, les faits
proprement dits révélés par Sganarelle sont assez minces. Les
explications, qui doivent montrer la « compréhension » de
Sganarelle, sont simples : « les saints nœuds du mariage » ne
sauraient l'engager parce qu'il est athée; les soupirs et les
emportements ne sauraient être la promesse d'un amour
fidèle, car il ne s'en sert que comme « piège » pour attirer les
belles.

Tout cela est vrai, et sera confirmé ou illustré par la suite
de la pièce. Mais ce portrait a des limites, et il est débité
sur un certain ton, et dans un certain style : il nous apprend
plus sur Dom Juan que ne le croit Sganarelle, et il enrichit
encore le personnage qui parle. Il est inutile de revenir ici sur
la double valeur des « portraits » dans le théâtre moliéresque.
Quand Orgon décrivait Tartuffe, il se révélait lui-même
tout entier; il en va de même ici avec Sganarelle décrivant
Dom Juan.

> [...] *je t'apprends*, inter nos, *que tu vois en Dom Juan, mon
> maître, le plus grand scélérat que la terre ait jamais porté, un
> enragé, un chien, un diable, un Turc, un hérétique, qui ne croit
> ni Ciel, ni Enfer, ni loup-garou, qui passe cette vie en véritable
> bête brute, un pourceau d'Épicure, un vrai Sardanapale, qui
> ferme l'oreille à toutes les remontrances qu'on lui peut faire,
> et traite de billevesées tout ce que nous croyons.*

Il croit comprendre Dom Juan, il est en fait dépassé par
lui; il donne une explication simple, mais le langage noie
cette simplicité qui ne saurait en vérité rendre compte de
Dom Juan. Sganarelle prétend et croit saisir son maître, alors
que son énumération et son envolée finissent par créer l'impression que Dom Juan est insaisissable. Dom Juan échappe à la

définition promise. Sganarelle en viendra même naïvement à déclarer forfait :

> [...] *et si je te disais le nom de toutes celles qu'il a épousées en divers lieux, ce serait un chapitre à durer jusques au soir [...] ce n'est là qu'une ébauche du personnage, et pour en achever le portrait, il faudrait bien d'autres coups de pinceau.*

Dom Juan est un sujet inépuisable. Troisième moment du dépassement qui commande cette scène, la tirade de Sganarelle qui va au-delà du monde de Gusman nous montre Sganarelle submergé par son sujet. Cette fois, toutes les barrières sont brisées, les frontières effacées, les bornes reculées à l'infini [1]; la scène peut s'arrêter là, l'exposition est terminée, si l'on accepte comme base du personnage de Dom Juan son rejet, ou plutôt sa négation pure et simple de toute limite.

Incapable de cerner son maître, Sganarelle n'a qu'un recours possible : le courroux du Ciel. C'est le châtiment céleste qui seul sera capable de mettre un terme à cette expansion, dans le temps comme dans l'espace. Préparation du « dénouement », des flammes du tableau final? Certes. Mais il ne s'agissait pas seulement pour Molière de nous annoncer frustement que nous aurions droit aux feux de Bengale avant la chute du rideau; l'auteur-acteur, Molière ici devenu Sganarelle, nous révèle la structure de sa pièce, et son lien avec le sujet. La nature de Dom Juan commande la nature de la pièce. Une fois posée l'expansion donjuanesque, le personnage échappe à son auteur, il est impossible de lui faire produire de l'intérieur ce qui justifierait la fin de son histoire. Tout ce qu'on peut faire, c'est ajouter les scènes aux scènes, les coups de pinceau aux coups de pinceau. Pour la paix et le malheur de Molière, comme pour la paix et le malheur de Sganarelle, le point final ne peut être posé que par une main étrangère, celle d'un être dont l'infinité est supérieure à l'expansion indéfinie de Dom Juan.

Pour le moment, ce qui frappe surtout, c'est le contraste entre la prétention de Sganarelle à « comprendre » son maître, et son échec. Peut-être cet échec reflète-t-il celui de Molière lui-même aux prises avec son personnage, mais surtout il permet d'englober Sganarelle dans une famille de créatures moliéresques à laquelle appartiennent, à bien des égards, Arnolphe *(L'École*

---

1. Dans le livret de Lorenzo da Ponte, pour l'opéra de Mozart, les « seicento e quaranta » filles italiennes, les « duecento trent'una » allemandes, les « cento » françaises, les « novant'una » turques, et les célèbres « mille e tre » espagnoles, représentent sans doute un record impressionnant. Néanmoins, Leporello a pu en tenir le compte exact. Don Giovanni se laisse plus aisément cerner que Dom Juan. C'est définitivement une autre forme du mythe.

des Femmes) et Alceste *(Le Misanthrope)* : celle des personnages qui parlent « d'expérience ». Ils partent de vérités obser-
vées, de faits réels considérés pour eux-mêmes et dans leur
répétition. Il faut accepter pour vrai le fait que Dom Juan
est un « épouseur à toutes mains », comme il convient de croire
à la fréquence des cocuages dans la ville d'Arnolphe, ou aux
fourberies et hypocrisies de la société qui entoure Alceste.
Derrière le grand seigneur, il y a le séducteur, le trompeur et
le libertin; derrière les maris, il y a les cocus; derrière les
honnêtes gens qui hantent la cour et les salons, il y a les arri-
vistes et les escrocs. Sganarelle, Arnolphe et Alceste sont
capables de faire tomber un premier masque, mais effrayés
par ce qu'ils découvrent ainsi, ils s'arrêtent là pour organiser
toute leur vision du monde et tout leur système de vie autour
de cette frayeur. Ce sont, pour user d'un vocabulaire quasi
pascalien, des « demi-naïfs ». Et Molière semble bien sous-
entendre toute une hiérarchie des couches d'être, des motifs
de plus en plus profonds, des causes et des « raisons des effets »,
qui n'est pas fort éloignée, toutes proportions gardées, de
certaines hiérarchies de l'auteur des *Pensées*.

Gusman ne voyait dans Dom Juan que le grand seigneur et
le code que cette qualité implique, — d'où sa surprise devant
un acte spectaculaire et irréfutable, voisine de la surprise
d'Orgon devant l'indéniable concupiscence de Tartuffe. Sganarelle sait par expérience que Dom Juan, derrière sa qualité, est
un libertin et un trompeur de femmes. Mais il ne va pas plus
loin. Il s'accroche à cette image de son maître, et l'indignation
admirative qu'elle provoque en lui prend la place de toute
tentative d'investigation plus profonde. Pendant toute la
pièce, c'est en fonction du portrait fait à la scène I de l'acte I
que Sganarelle agira et réagira. Sans en être conscient, il
communique au spectateur le *sens* des deux crimes principaux
de son maître : le déploiement d'un être à l'infini, — mais cela,
il ne le comprend pas, il ne le voit pas.

Il ne voit même pas ce que c'est ce qui le retient auprès de
Dom Juan. Sans doute, Sganarelle est-il indissolublement lié
à Dom Juan, du fait même qu'il est le valet et l'autre le maître.
Sganarelle « est à » Dom Juan; c'est une donnée, qu'il ne convient pas plus de discuter que la parenté dans d'autres comédies. Toutefois, si nous, modernes pour qui des allégeances de
ce genre n'ont pas le même degré de nécessité, nous pouvons
penser : « Que ne quitte-t-il son maître, puisqu'il le déteste
tant? » c'est que nous n'avons pas compris que, sans Dom
Juan, Sganarelle n'est plus rien. Montesquieu expliquera plus
tard que ce qui assure la perfection et la conservation d'un

régime despotique, c'est la crainte. Si le despote cesse de lever
le bras, « tout est perdu; car le ressort du gouvernement, qui
est la crainte, n'y étant plus, le peuple n'a plus de protecteur [1] ».
Tout serait perdu pour Sganarelle, si Dom Juan cessait de le
terroriser tout autant qu'il terrorise le monde autour de lui.

A aucun moment, au cours de la pièce, Sganarelle ne cherchera d'autre protection que celle de Dom Juan. L'amusante
équipe de *L'Étourdi* ou des *Fâcheux*, ou encore celle du *Dépit
amoureux*, avec leur entente et leurs différends de surface, ont
conservé leur lien nécessaire, et le ressentiment de Sganarelle,
bien loin de rendre le rapport précaire, le renforce. C'est toute
la brutalité contradictoire de l'alliance maître-esclave qui
apparaît ici. Le maître n'est plus seulement celui avec qui
on s'amuse en le servant, c'est aussi le tyran odieux sans la
contrainte duquel le serviteur n'existerait pas. Si Sganarelle ne
détestait pas Dom Juan, il cesserait d'être ce qu'il est, socialement et psychologiquement. Il faudra attendre Beaumarchais
pour trouver une synthèse entre l'aimable jeu traditionnel et
cette répulsion nécessaire.

Le contraste dramatique entre les deux protagonistes est
évident dès cette première scène : l'un n'existe qu'emprisonné
par le service de ce qu'il déteste; l'autre n'existe que libéré de
toute contrainte, et dans l'abandon à ce qu'il aime. Les malentendus qui ont entouré le personnage de Sganarelle ont reposé
sur une fausse interprétation de la nouveauté du personnage.
On accepte les valets fripons, menteurs, traîtres même, — mais
on s'étonne de cette loyauté (Sganarelle ne semble trahir
Dom Juan qu'une fois, à l'acte II, mais c'est plus pour se
gonfler devant les paysannes que pour les sauver) fondée sur
un mélange de haine et d'admiration. Dans *L'Avare*, les fripons
n'admirent pas Harpagon. Ils sont corrompus par Harpagon,
ils jouent avec lui à le duper, mais leur fonction s'arrête là :
ils ne sont pas le contraire dramatique du vieil homme et ils
n'existent pas seulement par lui. Sganarelle en revanche, c'est
le portrait d'une âme qui ne peut que se soumettre à ce qu'elle
sait être le mal, parce que ce mal a infiniment plus d'envergure
que ce qu'elle croit être le bien. Servilité, haine et admiration
sont les trois conséquences visibles de ce drame intime.

Le tandem Dom Juan-Sganarelle illustre une certaine relation entre les hommes. Au milieu de tant de personnages
aveuglés dans l'amour, Molière nous offre en Sganarelle un
personnage ébloui dans la haine. Dom Juan est l'objet de Sganarelle, à la fois éblouissant et détestable. L'attente créée chez

---

1. Montesquieu, *Esprit des Lois*, livre III, chap. ix.

le spectateur est sans doute celle des rebondissements d'une
intrigue romanesque d'ailleurs assez banale; c'est surtout
l'espoir d'un conflit permanent et complexe à l'intérieur du
couple maître-serviteur, le maître étant « absolu » à tous les
sens du mot, le serviteur étant plongé dans les contradictions
de la servitude proprement dite.

Dom Juan entre en scène tandis que Gusman s'enfuit. On sait
que ces « fuites », par le vide partiel qu'elles créent sur la scène,
mettent en relief le personnage pour lequel elles font place
nette. C'est un héros qui entre, — plus précisément, l'autre
protagoniste. Il a donné son nom à la pièce, il vient d'être
annoncé par un discours dont le contenu en fait un athée et
« un épouseur à toutes mains », et dont le style et le ton en font
un être illimité. En outre, rappelons qu'il est « jeune encore ».
Ce n'est pas un jeune étourdi, libertin parce que c'est la
mode : une telle frivolité ne justifierait pas la tirade de Sganarelle. Ce n'est pas non plus un séducteur proche du retour d'âge,
dont le visage exprime tantôt une humide concupiscence,
tantôt les profondeurs d'une méditation métaphysique. Dans
la suite de la pièce, il n'apparaît ni comme satyre, ni comme
philosophe. Et jusqu'ici, il n'a été défini que comme un
incroyant et un « épouseur » de tout ce qui passe à sa portée.
André Villiers [1] souligne le fait que le Dom Juan de Molière
n'est pas l'homme à bonnes fortunes, le sensuel dont le seul
nom fait penser à des « secrets d'alcôve ». L'accent principal
n'est pas mis sur les aspects charnels et sensuels de son comportement. D'un autre côté, Dom Juan n'est pas non plus le
discoureur de G. B. Shaw, ni la sombre silhouette byronienne
que Baudelaire imposera à l'imagination française. Quand il
entre en scène, il ne sent ni le stupre ni le soufre (malgré l'annonce du châtiment surnaturel qui seul peut arrêter sa course).
Tel qu'il nous a été présenté, il est tout entier action — mauvaises actions — et ne comporte ni « pensée » ni luxure à proprement parler.
Il est mouvement et négation, avant tout. Et son entrée est,
d'une certaine façon, une entrée négative. Quand il arrive,
quelqu'un s'enfuit. Quand il ouvre la bouche pour la première
fois, il n'affirme pas, il questionne. Il est certain que sa première
question est justifiée sur le plan du réalisme immédiat : Dom
Juan est surpris de voir s'enfuir à son approche l'interlocuteur

---

1. André Villiers, *Le Dom Juan de Molière*, « Masques », 1947.

de son propre valet, et il n'a pas pu reconnaître vraiment Gusman. Il est donc incertain. Toutefois, il est remarquable que Molière ait refusé à Gusman le temps de s'enfuir avant que Dom Juan puisse l'entrevoir; on ne se gêne pas, d'habitude, dans le théâtre classique, pour empêcher que les personnages se rencontrent quand on ne veut pas qu'ils se rencontrent. Voir à cet égard les scènes 2 et 3 du premier acte de *Tartuffe*. Dom Juan est ici délibérément mis dans une situation qui fait de lui un questionneur. Et il est encore plus remarquable que Dom Juan continue à interroger quand il n'a plus de raison de le faire. Depuis « Quel homme te parlait là? » jusqu'à « Tu le crois? », Molière opère un glissement de la curiosité naturelle à une curiosité qu'on pourrait considérer comme perverse. L'interrogation, chez Dom Juan, n'est pas seulement un accident provoqué par telle ou telle circonstance : c'est une attitude constante, c'est une pratique qui s'étend à tous les domaines. Ce n'est toutefois pas une quête métaphysique, c'est une dérobade.

Lorsque Dom Juan demande à son valet sa « pensée » sur leur départ précipité, ou son jugement sur une vie d'infidélités, il ne cherche pas à connaître l'âme ou la personne de Sganarelle. Ses questions ne sont pas de celles qui fouillent un être (même si finalement ce résultat est obtenu par Molière), ce sont ce qu'on pourrait appeler des questions « en creux », des vides dans lesquels vient basculer son interlocuteur, tandis que Dom Juan lui-même, du bord du précipice, intact et désengagé, regarde cette catastrophe. Tout au long de la pièce, Sganarelle sera la victime de ce procédé, et il ne sera pas le seul. Dom Juan, annoncé comme insaisissable, illustre ici ce qu'on attendait de lui. Masque unique, que celui qu'il porte. Tartuffe entrait en scène avec un masque positif (« Laurent, serrez ma haire », etc.). Celui de Dom Juan est tout spécial : on ne saurait dire qu'il déguise le personnage, il lui permet tout simplement de s'absenter.

Ces absences ne sont pas gratuites. Elles attirent autrui dans un piège, et donnent à Dom Juan l'occasion de se manifester par surprise. L'ensemble produit l'effet d'un jeu de cache-cache; Dom Juan recule, échappe, et soudain, le voici, magnifiquement redressé, s'affirmant avec une extraordinaire vigueur, mais n'offrant à son interlocuteur que l'aspect de son choix. Dom Juan est un tacticien, dont la méthode consiste à se replier jusqu'au moment où l'adversaire offre le flanc à précisément telle ou telle arme.

Dans le cas présent, Dom Juan attend que Sganarelle, aspiré par les questions, parle de « quelque nouvel amour ».

Il attend aussi que Sganarelle lui ait fourni les images de mouvement (« [votre cœur] se plaît à se promener de liens en liens et n'aime guère à demeurer en place ») qui nourriront sa grande tirade, ainsi qu'une condamnation. Héros négateur même lorsqu'il s'affirme, Dom Juan laisse le champ libre à son valet, l'y laisse poser les fondations d'un édifice, et soudain attaque pour détruire.

Peu importe qu'il soit « vilain » ou non « d'aimer de tous côtés »; ce qui compte, c'est que Sganarelle, avec toutes les réticences que provoque sa crainte, se soit trouvé amené à répéter, en le résumant, le contenu de sa tirade de la première scène : Dom Juan est volage, et cela n'est pas bien. Le fait, et le jugement sur le fait étant établis, Dom Juan s'empare de cette matière, pour jouer avec elle, l'analyser, la réduire en poussière, et demeurer seul avec toute son expansion et toute sa magnificence. Cette tactique et son résultat seront constants tout au long de la pièce.

La première grande tirade de Dom Juan (« Quoi? tu veux qu'on se lie à demeurer... ») est avant tout fondée sur une métaphore spatiale, étroitement liée au mouvement de dépassement continuel qui entraîne tout le début de la pièce. Dom Juan commence par développer le thème de l'immobilisme, sous la forme d'une image de claustration (au sens propre comme au sens large du mot, car les expressions « renoncer au monde » et « s'ensevelir dans » ont une saveur nettement monastique) :

> *Quoi? tu veux qu'on se lie à demeurer au premier objet qui nous prend, qu'on renonce au monde pour lui, et qu'on n'ait plus d'yeux pour personne? La belle chose de vouloir se piquer d'un faux honneur d'être fidèle, de s'ensevelir pour toujours dans une passion, et d'être mort dès sa jeunesse à toutes les autres beautés qui nous peuvent frapper les yeux!*

La tirade se terminera par l'évocation du contraire :

> *[...] je souhaiterais qu'il y eût d'autres mondes, pour y pouvoir étendre mes conquêtes amoureuses.*

Après la toute première tirade de Sganarelle, après les dépassements successifs de la première scène, après cette tirade de Dom Juan, c'est-à-dire après tant d'insistance sur le rapport entre une imagerie spatiale et la nature du héros, on ne peut douter de l'importance à venir de cette analogie dans la structure et l'unité de la pièce.

Prison de l'immobilité et de la fidélité; espace indéfini de la

conquête perpétuelle et de l'expansion de l'être, — la première
est condamnée et détruite par l'ironie, le second est exalté par
le lyrisme. L'ironie consiste ici essentiellement à reprendre
le jugement moral que Sganarelle portait sur la conduite de
Dom Juan, et à le mettre en rapport avec les résultats désastreux de son application, en soulignant ce désastre par une
antiphrase : « La belle chose... » L'ironie ayant mis en lumière
une absurdité, Dom Juan peut conclure clairement :

> *Non, non : la constance n'est bonne que pour les ridicules* [...]

C'est un fréquent argument chez les « raisonneurs » du théâtre
moliéresque et dans le siècle en général, que cet appel à la
crainte du ridicule [1]. Dom Juan l'utilise ici en premier; c'est
un des motifs de ses actions qu'il ne faudra pas oublier : l'in-
constance fait partie de sa dignité, de sa « figura »; c'est par là
qu'il évite de se faire moquer de lui. Il met sa gloire dans son
infidélité, mais, personnage de comédie, la gloire, pour lui,
n'est pas le contraire de l'infamie, c'est le contraire du ridicule.
En passant de la tragédie à la comédie, le héros plus ou moins à
l'espagnole se dégrade, certaines de ses valeurs s'embourgeoisent.
Ce premier argument n'interrompt pas la réponse à Sganarelle. Dom Juan poursuit en conservant le thème moral offert par
Sganarelle, qu'il exprime en termes de « droit » et de « justice » :

> [...] *toutes les belles ont droit de nous charmer, et l'avantage
> d'être rencontrée la première ne doit point dérober aux autres
> les justes prétentions qu'elles ont toutes sur nos cœurs.*

La morale est renversée; le bien est devenu la mort et le
ridicule; le mal est devenu le bien. Cette dialectique est ironique, rapide et superficielle. Dom Juan s'amuse à mettre en
pièces la morale de son valet. Il ne croit pas à ce qu'il dit
lui-même; ce n'est pour lui qu'une affaire de mots. Il montre
simplement à Sganarelle qu'il peut justifier moralement sa
conduite : il suffit de savoir manier les mots et les formules.
A partir de « Pour moi... », Dom Juan se situe au-delà de la
discussion morale. Certes, il reparlera d' « injustice », mais le
mot apparaîtra plus comme une préciosité que comme un
élément de la discussion morale.

> *Pour moi, la beauté me ravit partout où je la trouve, et je cède
> facilement à cette douce violence dont elle nous entraîne.*

La discussion proprement dite est abandonnée et fait place à
l'affirmation de certains *faits*. Après les généralités, bousculées

---

1. C'est en tout cas l'argument que Philinte utilisera devant Alceste
pour l'engager à plus d'indulgence.

et traitées à la légère, le « moi » de Dom Juan s'affirme. Le bien
et le mal étant réversibles, aucune barrière ne se dresse devant
les emportements d'une nature qui est ce qu'elle est. A un seul
moment, une « philosophie » se laisse entrevoir :

> [...] *(je) rends à chacune les hommages et les tributs où la nature
> nous oblige.*

Cette nature est si l'on veut la Nature. Disons qu'elle est celle
des libertins du siècle. Mais ce n'est pas son nom qui inquiète ici,
c'est le verbe qui suit. Dom Juan nous fait-il comprendre que,
la morale établie par les hommes étant si facilement réversible,
notre seule obligation est d'obéir aux lois naturelles? C'est une
Nature qui a bon dos, et on pourrait pressentir ici le syllogisme
sadien : tout ce qui vient de la nature est juste, or le crime est
un effet de la nature, donc le crime est juste.

Il semble plutôt que Dom Juan soit convaincu qu'on peut
toujours, par le langage, créer les apparences d'une justification. Il vient de retourner la morale des hommes en sa
faveur, il peut aussi, en s'abandonnant à certaines périphrases
précieuses, rejoindre une philosophie naturelle qui lui donnerait
aussi raison. Mais il sait que tout cela n'est que du langage. Ce
qui compte, c'est son « moi ». Il avait interrompu son argument
« moral » avec « Pour moi »; il refuse de développer une nouvelle
philosophie fondée sur les obligations ou les droits naturels,
et revient à lui-même :

> *Quoi qu'il en soit, je ne puis refuser mon cœur* [...]

Dom Juan s'emploie à *être*, non à *se fonder*. On peut imaginer
d'autres Dom Juan : celui qui choisit le mal en sachant que
c'est le mal; celui qui se convainc et convainc les autres qu'il
est dans le bien. Le Dom Juan de Molière n'est ni un démo-
niaque ni un penseur libertin. Son aveuglement spécifique,
qui en fait un personnage de comédie, consiste à ne voir
que soi-même, comme être brut.

Le héros cornélien, bien souvent, ne voyait que soi. Mais
aussi, il se voyait toujours « dans le bien ». Trouver sa gloire
dans le crime, c'est poser en face de soi une forme de bien. Le
héros cornélien refusait toujours de reconnaître qu'il se « laissait
aller à... ». Tout son être était tendu à transformer chaque
acte, à en faire, même après coup, le produit d'un choix volontaire et difficile. Dom Juan est bien loin de la rationalisation
cornélienne : il n'aimerait pas faire rire, mais il ne trouve pas
contraire à sa gloire de dire qu'il « cède facilement », qu'il « ne
peut refuser son cœur », qu'il le donne dès qu'on le lui demande,

qu'il s'abandonne à « l'impétuosité de ses désirs », sans même valoriser ceux-ci en généreux emportements.

Aussi, après s'être amusé à des sophismes, Dom Juan se contente-t-il de se décrire, comme son propre spectateur (que peut-il être d'autre?). Il présente en détail son comportement, affirme le plaisir qu'il en tire, mais n'explique rien.

> *Les inclinations naissantes, après tout, ont des charmes inex-*
> *plicables [...]*

Il est difficile de pousser plus loin le refus de se poser des questions à propos de soi-même.

Si Sganarelle se nourrit de Dom Juan, Dom Juan se nourrit de lui-même. Sganarelle s'échauffait en décrivant son maître, prenait des couleurs, de l'ampleur, et finalement se trouvait dépassé. Dom Juan s'enflamme à la vue de soi-même, grandit, mais s'accompagne en quelque sorte jusqu'au déploiement final. Le personnage est de plain-pied avec lui-même, et clos.

Son crime, — sa faute comique — est autre que celui dont l'accuse Sganarelle. Il ne voit qu'un niveau du monde : son être à lui, et cet être se satisfait de peu. Il goûte « une douceur extrême », il parle du « beau de la passion », mais ces superlatifs et ces grands mots sont en contraste avec les « petits progrès », les « petites résistances » et les « scrupules » vaincus, — avec toute la minutie de la « conquête », travail de souris, si l'on peut dire, qui accouche d'une montagne. Son délire n'est pas en proportion avec ces grignotages. On sait la valeur des obstacles dans le développement de l'amour. Mais le donjuanisme, ici, rapetisse et pervertit le thème : l'amour est confondu, par Dom Juan lui-même, avec la titillation pure et simple, les obstacles sont réduits à des piqûres d'épingle. La tension comique du personnage est, en fin de compte, exprimée par le contraste entre les « petits progrès » et l'Alexandre de la fin, avec ses « autres mondes ».

Insaisissable, libéré, illimité, Dom Juan est d'autre part prisonnier d'un mécanisme à la fois élémentaire et méticuleux. En fait, il est libéré et insaisissable, précisément parce qu'il n'est concerné que par ce mécanisme. Aussi convient-il de définir la « liberté » de Dom Juan, à la lumière de la pièce, et non à celle d'œuvres postérieures ou récentes comme le *Caligula* d'Albert Camus [1].

---

1. Dom Juan n'est pas l'expérimentateur volontaire et systématique des œuvres modernes. Il n'est pas à la recherche de l'homme. Il inquiète sans doute autrui, mais il ne s'inquiète pas. Il n'a pas d'angoisse, il n'a que des difficultés (qui viennent de la résistance d'autrui). Il ne se révolte même pas : il se défend.

Dom Juan paraît libre par rapport à un monde entièrement,
bien que diversement, informé par des codes stricts. Sganarelle
et Gusman étaient les représentants de deux de ces codes,
incapables d'embrasser Dom Juan, puisque celui-ci les ignore.
C'est avec eux que la pièce a commencé; dès ce début aussi, une
des situations qui permet au conflit de se développer est la
situation amoureuse. La grande tirade de Dom Juan vient de
nous montrer que la « conquête » est l'acte par excellence qui
permet à Dom Juan d'exister. Mais il est certain que la pièce
va dépasser la simple représentation de cette petite idée fixe
dans ses conséquences immédiates. La grande tirade a mis en
lumière, à propos de la conquête amoureuse, un certain type
d'être humain : les conséquences vont s'épanouir dans toutes
les directions. Dom Juan étant totalement aveuglé par la
satisfaction sensuelle et amorale de son être, totalement occupé
par le travail de patience qui seul peut provoquer cette satisfaction, piétine les codes du monde qu'il traverse, et ne s'aper-
cevrait pas des dégâts qu'il commet si on ne les lui signalait pas.
C'est là sa liberté : celle de l'homme à idée fixe qui pénètre dans
des propriétés interdites parce qu'il ne voit pas les pancartes;
si on les lui montre, l'idée fixe est trop possessive pour qu'il
les prenne au sérieux.

Dans certains films modernes de « science-fiction », on présente un être d'une autre planète, ou un produit de labora-
toire, qui se met à sévir sur la terre afin de satisfaire les seules
exigences de sa nature ou de sa structure (cela se limite généralement à un appétit, une activité de nutrition), dans l'ignorance totale de nos sentiments et de nos codes. On l'appelle
« un monstre en liberté » : il transcende l'humanité, parce
qu'il est en dehors d'elle, parce qu'il fonctionne selon des
lois différentes, et que rien d' « humain » n'a de prise sur lui,
ni raison, ni cœur, ni armes (si on consent à oublier les emprunts
naïfs et d'ailleurs accidentels au mythe de la Belle et la Bête).
Le Dom Juan de Molière est semblable à ce monstre : libéré
de tout, sauf de son appétit, dont il est en revanche totalement prisonnier.

Sans doute, tous les personnages de Molière sont-ils aveuglés par un appétit fondamental : mais, dans les autres cas,
ce qu'ils désirent comporte un code, des règles de conduite,
une vision des rapports avec autrui fondés sur une forme de
morale. Le « bien » qu'ils visent est, pour eux, une valeur
extérieure. Ils la déforment, l'interprètent mal, mais ils se
pensent en termes de morale. Tels sont Arnolphe, Orgon ou
Jourdain. Ici, Sganarelle. Même si en fin de compte ils n'agissent que pour leur « moi », ils font appel, pour le satisfaire,

aux règles de la religion, par exemple, ou à ce qu'ils croient être le code aristocratique. Leur faim englobe des « garanties » extérieures, qui les limitent. Jourdain est l'exemple le plus éclatant de cette restriction : il suffit finalement de faire la surenchère sur les garanties qu'il recherche pour le maîtriser. Dom Juan n'emprunte rien. Il n'y a pas moyen, de l'extérieur, de le maîtriser en le satisfaisant. Aucune morale, aucun code ne peut fournir la mascarade qui le confinerait sans danger.

« Tout le plaisir de l'amour est dans le changement », disait-il. Peut-être peut-on imaginer une grosse farce, où le héros serait rendu inoffensif par l'usage des masques : on lui donnerait une seule femme, qui changerait perpétuellement de masque et de costume. Mais le ton de la pièce s'oppose à un tel procédé. Et surtout, il ne serait pas comparable à celui du *Bourgeois gentilhomme* ou du *Malade imaginaire :* là, les mascarades du dénouement copient des institutions existantes ; la femme à transformations copierait une polygamie condamnée par tous les codes.

Ni le sérieux ni la mascarade ne peuvent, même illusoirement, ramener Dom Juan dans l'ordre. Il se confond avec un appétit d'une absolue simplicité, malgré l'apparente complication des tactiques utilisées pour le satisfaire. Cette simplicité entre en conflit avec la complication du monde ; cet appétit se heurte aux sentiments, aux lois, à la nature même des autres. Il n'a pas été choisi pour permettre une investigation de la psychologie amoureuse : il a été choisi parce qu'il entraîne, de toutes les « idées fixes » dont les hommes sont capables, la plus pure, la plus dépouillée de tout appel à la garantie extérieure, et par conséquent la plus prometteuse de conflits avec... « tout ce que nous croyons ».

Ce qui va rendre ces conflits d'autant plus riches, c'est qu'une intelligence est mise au service de cet appétit. La grande tirade du premier acte nous donne exactement la mesure de l'une et de l'autre. Dom Juan est une force indépendante ; son lyrisme, qui naît de l'intensité de la satisfaction qu'il éprouve, est le signe de sa puissance. Si ces conquêtes le comblent à ce point (et elles le comblent nécessairement à ce point, puisqu'il est tout entier désir de conquête), jusqu'où n'ira-t-il pas ? Tout se tient en lui : son armure impénétrable d'indifférence à tout ce qui n'est pas sa satisfaction, vient d'une nature qui n'est rien d'autre que la recherche de cette satisfaction ; sa force vient de la simplicité de son appétit, grâce à laquelle toute l'énergie de l'être peut se concentrer en un seul point, orientée vers une seule direction. L'intelligence, elle, est au service de cette force, et c'est une intelligence

au-dessus du médiocre : il suffit de l'entendre retourner la
morale de Sganarelle. Mais il est notable qu'elle soit ramenée
au rang d'une fonction calculatrice. Encore une fois, Dom Juan
ne la gaspille pas dans la discussion théorique ; il suffit qu'il
montre qu'il *serait capable* de bâtir intellectuellement une nouvelle morale ; s'il le faisait, n'y aurait-il pas contradiction
entre le total désengagement moral de son être, la nature absolument amorale de la force avec laquelle il se confond, et
l'usage sérieux de l'intelligence pour donner un fondement
éthique à ce qu'il est ?

Dom Juan va se servir de son intelligence pour se débarrasser d'autrui, non pour convaincre ; il va s'en servir, dans la
direction de son appétit, pour conquérir autrui ; enfin, elle
lui sert à se regarder, du moins dans cette tirade, où le plaisir
naît d'un double recul, où il se voit regardant faiblir une
jeune beauté. Cette « intellectualisation » de l'amour, ou
plutôt du désir, fera fortune, dans la galanterie du xviiie siècle,
à travers le Valmont de Laclos et les héros de Sade, pour
aboutir au Ferral de Malraux. Ici, il convient néanmoins de
considérer la fonction propre de cette prise de conscience, de
cette réflexion. C'est d'abord une réplique à la description que
Gusman faisait des « transports » de Dom Juan ; Gusman ne
parvenait pas à les lier avec l'infidélité du personnage ; il
les prenait pour les signes d'un amour entier et définitif ;
Dom Juan explique ici que ces transports sont non des signes,
mais des moyens. Ils suscitent un plaisir immédiat, et ce sont
des armes pour aboutir à la victoire complète. Le rôle de
l'intelligence est donc double : calcul et prévision. La satisfaction naît de la conscience du fait que la seconde sera réalisée
par le premier.

Les « moyens », ce seront les mensonges, les promesses de
mariage, toutes les ruses qui permettent de combattre « l'innocente pudeur d'une âme qui a peine à se rendre ». Mais là où
Tartuffe dévore, Dom Juan déguste. Tartuffe a mille calculs
en tête : se faire nourrir, détourner des héritages, séduire, et
aussi il se dépense beaucoup à fignoler son masque de dévot.
Dom Juan, limité à un calcul et un seul, peut jouir de tous
les raffinements de son unique activité. Plus que la perversité
soulignée par écrivains et psychologues postérieurs, ce qui
compte ici, c'est le fait que tout en Dom Juan est ramené au
vœu unique ; c'est celui-ci qui colore et justifie tout l'être, qui
profite de tout, même des atermoiements. En ce début de
pièce, Dom Juan est heureux.

Sganarelle ne l'est pas. Son drame, c'est qu'il ne peut pas
vivre autrement. On a déjà remarqué que Sganarelle n'existe
que par Dom Juan. Il est attiré par son maître comme nous
le sommes par un criminel de tragédie. C'est pour lui un spectacle qu'il ne cesse d'admirer :

> *Vertu de ma vie, comme vous débitez! Il semble que vous ayez*
> *appris cela par cœur, et vous parlez tout comme un livre.*

Quoi qu'en disent certains commentateurs, la grande tirade de
Dom Juan, tout en étant protatique, est adressée à Sganarelle,
et ne doit pas être comprise comme un procédé d'exposition,
qui serait maladroit dans la mesure où un valet n'est en fait
pas digne d'entendre une telle confidence. Dans l'univers
irréel de la scène, ce sont les fonctions qui comptent.

La tirade n'est pas un monologue au seul usage du spectateur. C'est une réplique à une provocation, au cours de laquelle
le personnage, par sa nature, est entraîné au-delà d'une simple
réponse. Et l'ensemble ne peut être compris qu'en fonction
de la réaction de l'interlocuteur muet. S'il y a « invraisem-
blance », elle est aussi négligeable que celles qu'on a pu voir
dans *L'École des Femmes*, où les longs récits d'Horace ont
essentiellement pour but de se réfléchir sur le visage d'Arnolphe. Arnolphe comme Sganarelle est un rôle que Molière a
écrit pour lui-même : confiant dans la prodigieuse efficacité
de sa mimique, il savait qu'à la scène, les longs discours parfois
ennuyeux à la lecture, ou apparemment invraisemblables,
seraient en fait des *dialogues*, où sa pantomime répondrait
au langage de son partenaire (dans les deux exemples,
Lagrange [1]). Nous ne pouvons ici proposer le jeu de Sganarelle en détail : mais il est certain que le valet ne reste pas
planté passivement devant son maître pendant cette tirade,
et qu'il traverse un certain nombre d'états définissables. Il
peut répondre affirmativement et vigoureusement de la tête
à l'interrogation oratoire du début, puis paraître surpris,
essayer d'intervenir, se laisser séduire par certains agréments
de la conquête amoureuse, se reprendre, tenter de protester,
enfin paraître ébahi par le déluge verbal de la fin. Quel que
soit le jeu choisi, au cours de la tirade se déroule une lutte
comique, dans laquelle Sganarelle est finalement vaincu —
et ébloui. Car, comme tout vaincu à l'âme servile, il admire
son vainqueur.

---

1. Molière et Lagrange ont souvent constitué un « couple » scénique
(valet-maître, père-fils, etc.) que le public devait aimer retrouver.

On vient d'assister à ce que Sganarelle avait annoncé dans la
première scène : le dépassement de Sganarelle par Dom Juan.
Et il est dépassé en grande partie parce qu'il ne comprend
pas. Pour le spectateur, il est clair que Dom Juan se situe, et
est situé, en dehors de toute discussion morale. Ne disons donc
pas que Dom Juan est infini : disons qu'il est « ailleurs », pour
le moment. Sganarelle, lui, ne quitte pas son propre plan.
Alors que Dom Juan affirmait « l'impétuosité de ses désirs »,
Sganarelle en est toujours à se demander qui a raison et qui
a tort; au lyrisme de son maître, il continue à vouloir opposer
des « raisonnements ».

On a beaucoup raillé la bêtise de Sganarelle, ce qu'il appellera
plus tard « son petit sens », « son petit jugement ». Pour
« petit » qu'il soit, ce jugement n'est pas en lui-même complètement imbécile. Simplement, il s'attaque à une situation où
il n'a que faire. Dans la présente scène, Sganarelle est capable
de diviser la morale en deux : une morale de l'amour profane,
et le respect des mystères sacrés. Son « code » s'exprime souvent en termes maladroits, mais il est systématique, respectueux de la séparation des « ordres ». L'erreur comique de
Sganarelle, c'est de croire que ce code rend compte de tout,
et de l'appliquer avec constance à l'être qui, par définition
même, y échappe.

Après avoir été vaincu dans ce qu'il a cru être la discussion
de la morale profane, défaite qu'il accepte provisoirement,
il s'élève très logiquement à l'ordre supérieur. Certes, cet
ordre est représenté surtout par l'effroyable châtiment qui
menace ceux qui ne le respectent pas. Point de charité, simplement la croyance aveugle et la peur de l'enfer. Arnavon
entrevoit là l'image d'une « divinité, considérée selon les idées
espagnoles [1]... ». Il s'agit plutôt tout simplement d'une saine
et solide peur, dite « populaire », qu'Arnolphe avait déjà
essayé d'éveiller chez Agnès pour la maintenir dans le droit
chemin [2]. Il est normal que Sganarelle, masque de farce
française, pense en ces termes. Il est encore plus normal que
le Sganarelle de *Dom Juan*, — lui qui confond la vertu à la

---

1. « Sganarelle, on le voit, n'insiste que sur la question religieuse. A la
vérité, elle a trait non à une mais à toutes les religions, à cette réserve
près que la divinité, selon les idées espagnoles, est considérée, beaucoup
moins comme la souveraine bonté et la suprême vertu que comme une force
vengeresse, distante et superbe. » (Jacques Arnavon, *op. cit.*, p. 203.)

2.   [...] *sur un tel sujet, il ne faut point de jeu;*
           [...] *il est aux enfers des chaudières bouillantes*
           Où l'on plonge à jamais les femmes mal vivantes.

                           (L'École des Femmes, III, 2, vv. 726-728.)

fois avec une substance matérielle (le tabac) et avec les gestes
extérieurs qui passent pour en être le signe, lui qui estime
qu'Elvire aurait mieux fait de ne pas se lancer à la poursuite
de Dom Juan parce qu'elle n'y « gagnera » rien, — il est normal
qu'il envisage la religion dans ses résultats *pratiques* : le repos
dont il rêve, le châtiment qui le fait frémir. Dans le code de
Sganarelle, le bien et le mal sont très concrètement incarnés.
Il est mal d'être libertin, parce qu'il sait d'expérience (il a
« ouï dire ») que les libertins sont finalement punis.

Mais cette cohérence de Sganarelle et de son code est essentiellement prétexte à théâtre, à situation dramatique. A ce
point de la scène, l'intérêt s'accroche moins à la « pensée » de
Sganarelle qu'à son attitude devant son maître. Il s'agit moins
du dialogue entre le Croyant et le Libertin que du rebondissement répété d'une bonne volonté maladroite contre la tranquillité d'une force sûre d'elle-même. En gros, l'argumentation est simple : « C'est mal. — Mais c'est agréable. — C'est
impie. — Cela ne regarde que le Ciel et moi. — Vous serez
puni. — Tais-toi. » Dom Juan est en sécurité derrière ses
murailles; le seul argument positif qu'il présente est celui de
son plaisir, c'est-à-dire qu'il se répète. Pour le reste, une fois
de plus, il s'absente. Sganarelle se lance à l'assaut, retombe,
repart; il ne fait que rencontrer un mur. Il a le comique et la
drôlerie du clown qui s'obstine à conquérir un obstacle, rebondit
à chaque fois, alors que le mieux à faire serait de le contourner...

Et puis Sganarelle a peur de Dom Juan. Il est à la fois ébloui
et terrorisé par « le grand seigneur méchant homme », parce
qu'il est grand et parce qu'il est méchant. Au-delà des règles,
Dom Juan est imprévisible pour un Sganarelle qui est le dernier
à savoir par où le prendre. L'attraction-répulsion, qui est la
base de la nature de Sganarelle, se manifeste ici par la simultanéité d'un désir de familiarité et d'une peur des coups.
Sganarelle ne peut s'empêcher d'essayer d'établir un contact,
et ne peut non plus s'empêcher d'avoir peur. Seul un subterfuge lui permettra de faire sa « remontrance ».

Ce subterfuge n'est pas neuf : Molière l'a déjà utilisé dans
La Critique de l'École des Femmes, le « je me parle à moi-même »
de Dorine dans *Tartuffe* est un procédé voisin; enfin, Alceste
se servira de ce détour dans *Le Misanthrope*[1]. Ce n'est qu'une

---

1. Acte I, scène 2. Alceste, invité à dire ce qu'il pense du sonnet
d'Oronte :

> *Mais un jour à quelqu'un, dont je tairai le nom,*
> *Je disais* [...]

(vv. 343-344.)

convention qui ne dupe personne et qui n'est censée duper
personne. C'est un masque volontairement transparent, une
fausse prosopopée. Ceux qui en font usage escomptent qu'autrui
consentira à jouer le jeu, et fera semblant de ne pas se reconnaître tout en profitant intérieurement de la remontrance.
Pour la bonne marche des rapports sociaux et pour qu'en
même temps la vérité soit sauve, on use de ces ménage-
ments qui permettent de raviver des valeurs un peu noyées
sans pour autant interrompre la douceur du cours des choses;
du moins, on l'espère. Ici, dans la bouche de Sganarelle, il y
a dégradation du procédé. La forme de son discours est commandée par la peur et le contenu ne fait que révéler combien il
se trompe sur Dom Juan.

A aucun moment dans la pièce, Dom Juan ne s'autorise de
la mode ou de sa qualité pour être libertin et se croire tout
permis. Il ne fait pas l'esprit fort « parce qu'il croit que cela
lui sied bien »; il ne confond pas sa qualité avec sa perruque
et ses rubans (cette confusion, c'est Sganarelle qui la fait,
nécessairement); et ses rubans ne lui confèrent pas plus la
liberté absolue que le tabac ne confère la vertu. Sganarelle
décrit Dom Juan comme il décrivait le tabac. Ou plutôt, il
accuse Dom Juan de se penser dans les termes où lui-même
pensait le tabac. L'intérêt de cette tirade, c'est qu'elle est
révélatrice de Sganarelle et de sa fonction. Il cherche à se rendre
Dom Juan « assimilable » en le réduisant. Cette tirade est le
pendant antithétique de la tirade de la scène 1. Après avoir
reconnu le dépassement donjuanesque, le farceur Sganarelle
cherche à rendre le personnage inoffensif en voyant en lui
un type « comique » : le petit marquis libertin; or c'est précisément ce que Dom Juan, que nous venons d'entendre, que
nous voyons en ce moment, n'est pas.

Nous voyons ici que Sganarelle en a gros sur le cœur, qu'il
a besoin d'un masque illusoire pour étaler sa hargne, pour
rapetisser ce maître trop grand pour lui : « la terrible chose »
qu'était « le grand seigneur méchant homme », il en fait maintenant un « petit ver de terre », « un petit mirmidon » enrubanné.
Ce discours est le signe de son impuissance, non de sa compréhension de Dom Juan. C'est seulement en se contredisant,
c'est seulement dans la mauvaise foi et la rancœur, qu'il par-

---

Déjà, dans *La Critique de l'École des Femmes*, Dorante détournait l'irritation du Marquis en s'écriant :

> *Mon Dieu, Marquis, ce n'est pas à toi que je parle; c'est à
> une douzaine de Messieurs* [...]

(sc. 5.)

vient à croire qu'il « saisit » enfin ce maître en fait insaisissable.

Dom Juan et Sganarelle ont suffisamment montré ce qu'ils sont, et leur rapport est désormais clair : l'un vit totalement pour soi, l'autre vit totalement en fonction du premier sans parvenir à le saisir. La fin de l'exposition, le tournant de l'acte sont très nettement marqués par l'échange : « Paix! » « De quoi est-il question? ».

René Bray, examinant les rapports dramatiques des personnages de Molière, voit en Dom Juan « l'agent moteur », en Sganarelle « le sujet ridicule [1] ». Ces fonctions dramatiques sont indépendantes du jugement moral qu'on peut porter sur les personnages. Le trompeur peut être séduisant ou odieux, le sujet ridicule peut être condamnable ou pathétique. Toutefois, dans un théâtre qui ne s'encombre guère de sentimentalité et qui a conservé ce que nous appelons aujourd'hui la « cruauté » de la farce, la tromperie appelle la sympathie, si elle est joyeuse et sans bassesse, et les victimes sont là pour faire rire et non pleurer, surtout si la peur les abaisse.

Sganarelle, le farceur dont la roublardise est réelle mais limitée, dont le dos est fait pour le bâton (« en dépit qu'il en ait ») et le front pour les cornes, est ici enrichi, mais garde les grandes lignes de son personnage. Mais il n'est pas choisi pour lui-même : Molière avait d'autres valets dans son sac, rien ne l'aurait empêché de reprendre un Mascarille, ou de créer déjà un Hali ou un Scapin. Sganarelle est choisi pour cette comédie parce qu'il est le contraire de Dom Juan, parce qu'il est précisément celui qui va s'obstiner à saisir ce qui est insaisissable, à chercher à convaincre celui qu'il ne comprend pas.

En tout, il désapprouve son maître. On sent qu'il en veut même à son costume de grand seigneur. Il en veut en tout cas à sa qualité, lui qui est valet; il en veut à son amoralisme, lui qui est prisonnier d'un code strict; il en veut à sa grandeur, lui qui est petit. Plus tard, il en voudra à son courage, lui qui est peureux.

Une sorte de parallélisme est établi entre les activités de Dom Juan et celles de Sganarelle. Le maître se consacre entièrement à séduire les belles, à jouir des petits progrès qu'il accomplit auprès d'elles... Sganarelle, dans ce début, se consacre

1. *Molière, homme de théâtre.*

à convertir son maître à son code, à le séduire en quelque
sorte. Mais sa méthode est négative : il use de reproches moraux,
il parle de châtiment à redouter, non de plaisir à gagner. Et
tandis que Dom Juan progresse et réussit, Sganarelle est
renvoyé à lui-même, recule au lieu d'avancer, et finalement
échoue. Au mouvement d'expansion représenté par Dom Juan,
il oppose un rapetissement et un piétinement.

En un mot, il n'est pas le défenseur de la cause de Dieu et
de la morale traditionnelle ; il est, dans la ménagerie des masques, le pôle diamétralement opposé au personnage de Dom
Juan. Non seulement nous retrouvons ici le goût de Molière
pour les plus grands écarts possibles entre thèmes ou personnages, mais aussi nous entrevoyons les possibilités symbo-
liques du masque de Sganarelle : Sganarelle est le risque que
nous courons en condamnant Dom Juan. Combien de commentateurs n'ont-ils pas insisté sur la double impression que leur
fait Dom Juan : séduisant et effrayant à la fois ? C'est précisément cette attraction-répulsion qui constitue Sganarelle.
Et lorsque nous essayons de « saisir » Dom Juan, pour pouvoir
le juger enfin, nous penchons dangereusement vers le sgana-
rellisme. Peut-être le crime profond de Dom Juan, c'est, par
sa présence même dans le monde, de nous réduire à être des
Sganarelles. Il conviendra, en analysant la suite de la pièce,
d'examiner les nuances qu'elle apporte à cette réduction
d'autrui, dont Sganarelle est la forme extrême.

CHAPITRE III

Quatre amours de Dom Juan

I. LES AMOURS ROMANESQUES

Quand Dom Juan s'est décrit lui-même, il n'a parlé que de
son goût pour la conquête amoureuse. Il est impie et athée,
mais non militant. S'il s'abandonne à sa nature, son action
consistera, non pas à aller commettre des sacrilèges dans les
églises, mais à séduire les femmes. Livré à lui-même, non
provoqué par Sganarelle ou par le monde extérieur, il est tout
à ses plaisirs.

A la fin du premier acte et au cours du second acte, cette
action, ou plutôt cette activité, est représentée par trois aventures : un projet d'enlèvement, les conséquences d'un abandon, et
une tentative de coup double. Une jeune fiancée, Done Elvire,
Charlotte, Mathurine : s'il est bien vrai que le sujet de la pièce
dépasse le donjuanisme d'alcôve, il serait injuste de reprocher
à Molière, comme le font certains commentateurs, d'avoir
négligé sur tous les plans cet aspect du mythe.

Dom Juan a interrompu Sganarelle au moment où celui-ci le
menaçait pour la seconde fois des flammes de l'enfer. Dom Juan
n'aime pas qu'on lui promette une punition. S'il interrompt
Sganarelle, c'est par déplaisir et par agacement, non parce
qu'il éprouve obscurément une angoisse qu'il cherche à étouffer.
Sganarelle se répète, Sganarelle en revient toujours à cette
méchante mort ou cette méchante « fin ». Dom Juan lassé
l'interrompt sans avoir peut-être même écouté. Il est dans un
état comparable à celui d'Orgon à la fin du premier acte de
Tartuffe.

Orgon : *Monsieur mon cher beau-frère, avez-vous tout dit?*
Cléante : *Oui.*
Orgon : *Je suis votre valet.*

(vv. 408-409.)

Le héros moliéresque est imperméable aux raisonnements
d'autrui. Il ne répond pas : il ignore, il « néantise » proprement, sans la réfuter, toute démonstration de son erreur. Le
comique naît de la disproportion entre l'effort de l'un, considérable, souligné par la longueur et l'éloquence de sa tirade, et
le « zéro » que lui oppose l'autre. C'est en fait le comique de
l'échec. Le ridicule proprement dit s'applique nécessairement
au personnage qui échoue si platement. Dans *Tartuffe*, à ce
moment-là, Cléante est ridicule; sa tirade a eu une double
fonction : souligner l'erreur ontologique d'Orgon, et montrer
que la raison ne peut rien contre la force aveugle des « natures ».
Cléante a raison de distinguer le faux du vrai, mais il a tort
de croire à l'efficacité de sa démonstration — Sganarelle, dans
la scène de *Dom Juan* qui nous occupe en ce moment, est doublement ridicule : son discours était faux, et également inefficace [1].

Quand il demande : « De quoi est-il question? », il souligne
lui-même à la fois son erreur et son échec. Sa tirade en effet
était hors du sujet : Dom Juan n'est pas le blondin prétentieux
dont il vient de faire le portrait, Dom Juan est « inconver-
tible ». La vraie « question » est ailleurs. Mais nous savons
maintenant que le drame va essentiellement consister dans la
tension entre cette « question » et le fait que Sganarelle passe
perpétuellement à côté de celle-ci. Depuis le début de la pièce,
il y a eu alternance et contraste entre erreurs et coups manqués,
et l'affirmation de Dom Juan par lui-même. La présente transition, qui par sa brutalité accentue le drame, fait passer au
premier plan la « question » proprement dite. C'est, pour un
certain temps du moins, de l'Alexandre de l'amour qu'il va
s'agir.

Et c'est, après la déplaisante leçon de Sganarelle, toute
la grâce romanesque, avec les mouvements sentimentaux et
physiques qu'elle suppose, qui réapparaît :

> *Il est question de te dire qu'une beauté me tient au cœur, et*
> *qu'entraîné par ses appas, je l'ai suivie jusques en cette ville.*

1. A la représentation, cette inefficacité apparaît comme la chair de
Sganarelle : tout son corps « rentre dans l'ordre » de Dom Juan, par une
sorte de réflexe au coup de fouet du mot « Paix ». Chez Cléante, il y avait
surprise. Ici, l'obéissance, la soumission automatique vient d'abord.
Dom Juan est bloc imperméable comme Orgon, mais Sganarelle échoue
à la fois à cause de cette nature de Dom Juan et de la sienne propre.

Sganarelle, lui, s'accroche à son propre personnage, à sa fonction. Il a encore quelques sursauts qui troublent l'envolée de l'aventure dont Dom Juan veut l'entretenir. Certes, ceux-ci permettent d'annoncer les scènes de la Statue, et suggèrent une atmosphère de danger. Les « parents » pleins de « ressentiment » ne seront pas ceux du Commandeur, mais ceux d'Elvire : il n'importe, les remarques de Sganarelle apportent les nuances nécessaires au climat des équipées donjuanesques. Mais surtout, les interventions du valet, par leur decrescendo même, sont un avertissement pour le spectateur : le reproche, la désapprobation de Sganarelle sont refoulés peu à peu; si Sganarelle ravale en quelque sorte son moralisme et sa peur, ceux-ci n'en seront pas moins présents dans le personnage, comme un feu qui couve. C'est-à-dire que par la suite, même quand le valet obéira à son maître ou l'aidera, le drame de l'opposition n'en sera pas moins intense. Les silences ou les « oui » de Sganarelle seront lourds d'ambiguïté. Au fond de lui-même, Sganarelle ne cessera pas de rapetisser Dom Juan. Sganarelle est une espèce d'anti-Scapin, qui au lieu d'intensifier la poésie de son maître, cherche constamment à la rabaisser ou à l'étouffer.

Mais Dom Juan va de l'avant. Une fois de plus, il dépasse et recouvre Sganarelle. Le valet a peur des conséquences du passé, le maître est tout entier tourné vers son avenir. Nous savons, avec Sganarelle, qu'une aventure passée est à la poursuite de Dom Juan; il est évident que celui-ci s'en est débarrassé, comme il s'est débarrassé de la mort du Commandeur. La fin de la scène 2 met en lumière une autre tension de la pièce : au contraste entre la nature du maître et celle du valet vient s'ajouter le conflit entre un personnage qui vit dans le présent et dans l'avenir, et un passé qui s'accroche à lui. Rien de plus oublieux du passé, rien de plus projeté dans l'avenir que Dom Juan en ce moment.

C'est là sans doute le sens de ce chapitre de roman. Le projet tombera à l'eau, à proprement parler. Ce qui importe, ce n'est pas que Dom Juan réussisse, c'est qu'il soit tout entier tourné vers l'aventure à venir, au moment même où l'aventure passée vient le surprendre, sous la forme d'Elvire. Toutefois, considérée en elle-même, l'entreprise n'est pas indifférente. Que Dom Juan s'enflamme pour une jeune fiancée, au mépris des codes et du respect de la personne humaine, cela ne fait que prolonger les déclarations de la grande tirade sur la conquête. C'est une illustration, un exemple concret de l'attitude donjuanesque. On peut le trouver plus choquant que la tirade générale, à cause de la situation « sympathique » dans laquelle se trouve

la jeune fiancée, — mais enfin il était clair dès la grande tirade
que le goût de la conquête et du plaisir s'accompagnait chez
Dom Juan d'un mépris total des circonstances. S'il y a renchérissement, c'est dans la mesure où le spectateur est plus sensible à
l'atrocité « en chair et en os » qu'aux généralités qui la supposent. Il en va un peu de même dans le premier acte de *Tartuffe :*
Dorine avait fait le portrait d'Orgon ; la scène du « pauvre
homme » est contenue dans ce portrait ; et pourtant, pour
le spectateur, elle semble renchérir, dans la mesure où Orgon
est « lui-même » dans des circonstances spéciales, nommément
la maladie d'Elmire. Ce passage du portrait général à l'exemple
concret permet à la fois de rester fidèle au principe de permanence du caractère et de créer une progression.

Dans le cas présent, il y a plus :

> *La tendresse visible de leurs mutuelles ardeurs me donna de*
> *l'émotion ; j'en fus frappé au cœur et mon amour commença*
> *par la jalousie. Oui, je ne pus souffrir d'abord de les voir si bien*
> *ensemble ; le dépit alarma mes désirs, et je me figurai un plaisir*
> *extrême à pouvoir troubler leur intelligence, et rompre cet attache-*
> *ment, dont la délicatesse de mon cœur se tenait offensée ;* [...]

La perversité, la pointe de sadisme sont évidentes. De fait,
elles sont communes aux grands héros moliéresques, elles
sont inséparables de leur appétit de tyrannie. Avec l'aide
d'Eric Auerbach, nous l'avons déjà relevé dans *Tartuffe :*
Orgon a tout le sadisme d'un tyran familial. Cela peut s'étendre
à Arnolphe, Harpagon, Philaminte, etc. On ne possède
vraiment que ce qui ne se donne pas aisément, ce qu'on forme,
pétrit, fabrique — et quand il s'agit d'êtres humains, le *signe*
de cette fabrication est leur souffrance, provoquée par la
perte de leur liberté. Dom Juan aime posséder par conquête ;
plus la difficulté est grande, plus la conquête est véritablement conquête, et du coup, la possession, réelle. A cet égard,
Arnolphe était un artisan ; Dom Juan est un voleur. Mais tous
deux savent, ou sentent, ce qu'est la possession *concrète*. Plus
donc que d'une plongée dans les profondeurs secrètes de l'âme
de Dom Juan, il s'agit ici d'un corollaire nécessaire de tout
ce que nous savons déjà du héros : non pas motif profond
de ses actes, mais conséquence de la structure posée dès le
début, la perversité exposée ici n'est que l'expression d'un
moi « totalitaire », comme le sont à peu près tous les « moi »
du théâtre moliéresque. Si Dom Juan compte pouvoir éprouver
« un plaisir extrême » à briser l'attachement de deux jeunes
gens, c'est que cet attachement sera source de « petites résistances » et de « scrupules », et que tout un travail de transformation de la situation fera davantage de lui le « maître » de

la fille. C'est sans doute pour la même raison qu'il était allé chercher Done Elvire dans un couvent.

En un mot, il est faux de placer le plaisir de Dom Juan dans la destruction consciente : il est au contraire dans la possession d'autrui arraché, détourné et recréé. La destruction est conséquence, non cause. Dom Juan détruit comme Arnolphe détruit, — et pourtant, quel personnage est plus totalement créateur qu'Arnolphe! L'un et l'autre sont bien obligés de tailler dans la chair vive pour faire d'autrui leur « objet ».

L'ordre même dans lequel Dom Juan énumère ses différentes réactions devant le jeune couple est révélateur. Beauté de la fille d'abord. Ensuite, elle est évidemment et publiquement amoureuse de quelqu'un d'autre. D'où jalousie de Dom Juan. Cet ordre révèle que si toutes les belles « ont droit de le charmer », en outre elles n'appartiennent qu'à lui. Le plaisir de la destruction vient ensuite. Dom Juan est méchant par jalousie, il n'est pas méchant d'abord. Il est méchant dans la mesure où on dresse des obstacles devant lui, et il recherche ces obstacles dans la mesure où, une fois détruits ou surmontés, ils rendent sa victoire, sa possession, la satisfaction de son moi, plus achevées.

Cette tirade, conséquence de la grande envolée qui l'a précédée, démontre, en quelque sorte, comment le mal, la « méchanceté » dont parlait Sganarelle, sont nécessairement contenus dans l'attitude donjuanesque, c'est-à-dire dans un moi qui se confond tout entier avec un appétit absolu.

Nous l'avons signalé : cette tirade montre aussi comment Dom Juan est tourné vers l'avenir. Plus encore : elle illustre concrètement et de façon réaliste l'expression de la tirade sur la conquête en général : les « autres mondes ». Elle élargit l'espace de la pièce, et cela, non plus métaphoriquement. Aux voyages ou fuites de Dom Juan, elle ajoute la mer, espace illimité par excellence. Elle confirme et illustre le sentiment de mouvement vers l'avant et d'expansion, constamment suggéré depuis le début de la pièce.

C'est précisément à ce moment-là qu'apparaît derrière Dom Juan Done Elvire, symbole du passé, personnage évocateur du couvent, de la prison des corps et des cœurs. Pour la première fois dans la pièce, Dom Juan donne l'impression d'être « coincé ». Et c'est cette impression qui donnera son unité à la série d'anecdotes dont est faite la pièce, aux aventures successives que traverse le couple dramatique Dom Juan-Sganarelle.

Le mouvement est très rapide. Entre l'apparition d'Elvire et l'attaque du dialogue proprement dit, Molière profite des quelques secondes qu'exige le déplacement des personnages sur la scène pour situer exactement, en quelques mots, Dom Juan et Sganarelle. D'abord, l'arrivée d'Elvire gêne Dom Juan, c'est une « rencontre fâcheuse ». Lorsqu'on interprète la scène 3, dans laquelle Dom Juan semble jouer avec Elvire en « dilettante », il faut se souvenir de cet « ennui ». Lorsque Dom Juan reproche à Sganarelle de ne pas l'avoir averti de l'arrivée d'Elvire, et que Sganarelle lui répond : « Monsieur, vous ne me l'avez pas demandé », c'est une confirmation de l'oubli du passé, caractéristique de Dom Juan, et un rappel de l'ambiguïté du service de Sganarelle. Enfin, la remarque de Dom Juan sur la tenue d'Elvire, son « équipage de campagne », montre très exactement comment, mis dans une situation déplaisante, Dom Juan la surmonte : sa supériorité réside toujours dans une forme ou une autre de dérobade. Signe de sécheresse de cœur et de souci d'élégance, certes, mais surtout signe du pouvoir de Dom Juan de s'absenter, d'échapper à ce que les autres considèrent comme la réalité d'un moment donné. C'est là un des procédés de « néantisation » de l'obstacle, de l'entrave à la liberté du moi donjuanesque, comparable, quoique moins conscient, au « Monsieur, si vous étiez assis, vous en seriez mieux pour parler » de la scène 4 de l'acte IV.

Cette dérobade est normalement suivie d'un silence : lorsque Elvire est près de lui, Dom Juan se tait. Elvire attend. Sganarelle est le spectateur. Par son silence, par son visage détourné, par son « absence », Dom Juan crée un vide dans lequel Elvire va basculer. Elle est d'ores et déjà mise dans une situation comparable à celle de Sganarelle à la scène précédente. Elle ne connaît pas Dom Juan, et elle arrive avec son univers, sa norme, son ordre : malgré l'abandon, la fuite de Dom Juan, elle « espère », — le verbe est prononcé deux fois.

La première tirade d'Elvire est l'exposé d'une démystification. Moment intense et de pur théâtre, préparé par le silence du début de la scène, soutenu par les mimiques de Dom Juan : un masque est tombé, un aveugle voit, un personnage atteint la vérité d'un autre.

> *Mais enfin cet abord ne me permet plus de douter, et le coup d'œil qui m'a reçue m'apprend bien plus de choses que je ne voudrais en savoir.*

Mais la scène ne s'arrête pas là. Elle rebondit quand, en dépit de l'évidence, Elvire demande à Dom Juan de se justifier.

Du coup, le personnage s'enrichit d'une troisième dimension : déchirée entre son vœu (Dom Juan amoureux, fidèle) et la vérité qu'elle vient de découvrir, elle tente de dépasser ce conflit, de l'absorber en quelque sorte, par le recours à un code dont le contenu sera exposé plus tard dans la tirade : « Ah! que vous savez mal vous défendre... » Ce code, comme tout code, est proche d'un jeu, d'une illusion. Tout vaut mieux que la ruine de l'univers d'amour et de fidélité qu'elle a bâti autour d'elle. Elle accepte de « faire comme si... », en bon personnage moliéresque irrévocablement attaché à une structure précise du monde. Elle n'est pas loin d'Alceste demandant à Célimène qu'elle fasse semblant de lui être fidèle.

Ce passage de l'illusion à la vérité, puis à l'appel à une illusion supérieure suffirait à faire toute la matière d'une scène. Mais le sujet de *Dom Juan* n'est pas seulement le portrait d'un cœur volage et la présentation des réactions qu'il provoque chez les femmes : c'est l'incarnation d'une nature, entièrement centrée sur elle-même, qui sauvegarde son intégrité en se dérobant. D'où l'intermède, le sketch de Sganarelle.

On devrait dire : le sketch de Molière. Quelle occasion pour le grand acteur comique! Le voici tout à coup jeté, avec ses mimiques et ses bizarres effets de voix, dans une sorte de tragédie galante. Mais enfin, ce sketch est bien plus qu'une complaisance de l'auteur-acteur. La farce ici, n'est pas gratuite, elle n'introduit même pas une détente : elle contribue au contraire à exploiter la richesse de la situation et à intensifier le conflit. Le drame Elvire-Dom Juan n'est pas indépendant, il se comprend en fonction du couple Dom Juan-Sganarelle. Si avec Dom Juan la pièce communique une sorte de vertige de l'illimité, elle communique aussi, avec Sganarelle, sinon un vertige du moins une tentation de la bassesse. Dom Juan maintient Sganarelle dans sa bassesse, le réduit à être bas, et même fait des autres des espèces de Sganarelle. Dans la scène qui nous occupe, Dom Juan se contente d'abord de s'absenter, puis il jette Elvire vers Sganarelle, il la pousse vers le bas. La figure d'Elvire est admirable, parce qu'elle réussit, en dépit de ce double piège, à maintenir sa ligne, à poursuivre sa démarche vers ce que nous avons appelé une « illusion supérieure ».

C'est donc au couple Dom Juan-Sganarelle que Done Elvire a affaire. Fondamentalement, il s'agit ici d'un souvenir de la comédie d'intrigue, où le valet est délégué par son maître auprès de la belle, pour machiner une rencontre, un enlèvement, etc. Dans cette scène, Sganarelle est délégué pour se débarrasser de la belle. Sganarelle est le négatif du Mascarille de *L'Étourdi*, ou de Scapin : non seulement il sert les intrigues de son maître à contrecœur (« en dépit que j'en aie »), mais encore il est chargé, toujours à contrecœur de *défaire* une intrigue. Enfin, il est incapable d'accomplir sa mission. L'équipe de la comédie d'intrigue est ainsi conservée, mais elle prend un sens nouveau. Elle est en quelque sorte dévalorisée. Derrière l'apparente complicité se révèle le manque de communication réelle, le désaccord, le jeu du mépris, de la peur et de la haine. Dom Juan est évidemment responsable de cette dévalorisation : nous le savons depuis la première scène, l'attitude donjuanesque entraîne l'indifférence totale à l'égard de tous les ordres, de tous les codes, et du coup leur destruction. Ici, nous sommes témoins de la destruction du poncif « équipe maître-valet ».

Il est logique, finalement, que Sganarelle ne soit d'aucun secours. Valet détourné de sa fonction comique normale, il est voué à l'échec. Il n'invente pas, il répète, lorsqu'il renvoie Dom Juan à lui-même en citant la métaphore d'Alexandre et des autres mondes :

> *Madame, les conquérants, Alexandre et les autres mondes sont causes de notre départ. Voilà, Monsieur, tout ce que je puis dire.*

Le comique de ce trait vient du fait que d'une part l'explication est ici à sa place (c'est bien en effet le désir de conquête amoureuse qui a provoqué l'abandon d'Elvire) mais que, d'autre part, coupée de son contexte et de sa préparation, son lyrisme est inattendu et sa valeur métaphorique effacée.

Sganarelle vient de donner la vraie raison du départ de Dom Juan. C'est, pour le héros, une occasion de sincérité. Depuis son entrée en scène, Dom Juan n'a pas menti. Il a donné de lui-même une image fidèle, il a exposé devant Sganarelle ses projets sans les adoucir. Ici, lorsque Elvire lui demande d'« éclaircir ces beaux mystères », il répond par :

> *Madame, à vous dire la vérité...*

Qu'allait-il dire? Elvire l'interrompt sur ce mot de « vérité ». Allait-il inventer quelque mensonge? Allait-il vraiment dire la vérité? Son embarras, sensible à ce moment-là, n'est pas nécessairement signe de mensonge; le mot « vérité » n'est pas nécessairement ironique. En fait, ce qui importe ici, c'est l'interruption, c'est le vide après le mot « vérité ». L'hésitation de Dom Juan — en dehors de toute considération sur ce qu'il aurait dit s'il avait continué sa phrase —, a la valeur d'un nouveau sable mouvant, d'une autre de ces dérobades ou de ces pièges qui aspirent autrui, amènent autrui à se compro-

mettre, à fournir à Dom Juan les armes de sa réponse. La fin
de la scène 3 de l'acte I est faite d'un magnifique mouvement
en trois temps qui situe exactement et définitivement Dom
Juan, met une fois pour toutes sa force en relief, et illustre
son « crime ».

Elvire sait que Dom Juan ne l'aime plus; elle en a eu la
révélation brutale à son entrée en scène. Elle a échappé au
grotesque dans lequel Dom Juan avait tenté de la jeter en la
renvoyant à Sganarelle. C'est un personnage fort, qui sait
se maintenir à une certaine hauteur. Si elle tombe dans le
piège donjuanesque, on peut dire qu'elle y tombe « debout »,
— et non pas, comme Sganarelle, la tête la première.

Il va sans dire que dans la tirade : « Ah! que vous savez
mal vous défendre », elle cherche à humilier Dom Juan. Elle
l'attaque, elle lui montre qu'il n'est pas à la hauteur de la
situation. Peut-être même, ironiquement, lui rappelle-t-elle
certaines des formules qu'il a utilisées pour l'arracher à son
couvent : « rien n'est capable de vous détacher de moi que la
mort », « éloigné de moi, vous souffrez ce que souffre un corps
qui est séparé de son âme ». Mais en fin de compte, ce qu'elle
lui propose n'est qu'un rôle, construit et écrit selon un certain
code. Dans cette aventure romanesque, elle invite Dom Juan
à être le « héros perfide » selon les règles du genre. Ce jeu,
c'est précisément celui que reflétait Gusman à la scène 1,
sans le comprendre, sans y voir la part de jeu. Elvire — et
c'est par là qu'elle échappe au ridicule esprit de sérieux dont
faisait preuve Gusman et qui a été éliminé dès le début — est
lucide et consciente de l'illusion romanesque. Mais son drame,
c'est que cette illusion est tout ce qui lui reste.

Elle vit, en ce moment, une situation de choix : celle de
l'amour non partagé. Et elle la vit d'un bout à l'autre, c'est-à-
dire depuis la découverte du désamour jusqu'au vœu d'illusion.
De façon exemplaire, l'amoureux (ou l'amoureuse) est plongé
dans une contradiction fondamentale. Il veut, par définition,
la totalité de l'être aimé, mais réclame en fin de compte le
masque de l'amour partagé. « Redis-moi tes mensonges »,
refrain d'une chanson populaire des années 30, résume assez
bien le vœu d'Elvire.

Elvire, tout à l'heure, a été comparée à Alceste. Comme lui,
elle en vient à réclamer l'ombre de l'amour. Mais enfin, malgré
son pathétique, Alceste est drôle, la contradiction existant
non seulement à l'intérieur de la situation amoureuse propre-

ment dite, mais aussi et surtout entre le vœu d'illusion et la nature du caractère. Le ridicule est, bien sûr, encore plus fort chez Arnolphe. Ici, Elvire n'est pas un « caractère » : mise à part une hauteur aristocratique non particularisée, elle est faite tout entière de cette dialectique amoureuse. Elle incarne un drame tout pur. En outre, à la différence d'Arnolphe et d'Alceste, elle ne présente pas son vœu d'illusion comme un échec [1]. Elle le transforme en règle de conduite, elle lui est supérieure. Elle ne présente pas l'illusion qu'elle réclame comme une solution, mais comme une étape dans le déroulement régulier d'une tragédie d'amour.

Enfin, c'est elle-même qui rend sa proposition inacceptable. Le temps grammatical est le présent, mais le sens est celui d'un irréel du passé : « Que ne me jurez-vous », « Que ne me dites-vous », sont les équivalents de « Vous auriez pu me jurer », « Vous auriez pu me dire ». Par son ton, elle brûle le masque au moment même où elle le propose. C'est-à-dire qu'elle sait qu'avec Dom Juan le code, le roman ou la tragédie de la perfidie qui correspond à sa vision du monde, est impossible. Ce que les silences, les hésitations, les dérobades de Dom Juan ont réussi à faire, c'est déblayer le terrain, — ou plutôt le faire déblayer par Elvire elle-même.

C'est précisément au moment où tout a été dit, où le roman est consumé, que Dom Juan prend la parole. Elvire l'avait interrompu sur le mot « vérité », il reprend sur une déclaration de sincérité :

> *Je vous avoue, Madame, que je n'ai point le talent de dissimuler et que je porte un cœur sincère.*

Entre les deux, la proposition de mensonge faite par Elvire. Il répond à la tirade d'Elvire comme on répond à un défi. D'une part, il rejette la proposition de mensonge, d'autre part il la dépasse.

Elvire vient de tuer toute possibilité de solution selon les règles, il montre qu'au-delà des règles il reste encore bien des possibilités. D'abord celle de la sincérité. Et là, il se montre brutal et cruel :

> *Je ne vous dirai point que je suis toujours dans les mêmes sentiments pour vous, et que je brûle de vous rejoindre, puisque enfin il est assuré que je ne suis parti que pour vous fuir [...]*

---

1. Car la possibilité de cette illusion lui a échappé : c'est ce qui *aurait pu arriver*. Ce dont elle accuse Dom Juan, c'est d'une sorte de vol injuste : il lui refuse d'abord l'amour qu'elle attend de lui, puis il lui vole son dû — cette tragédie du mensonge. Pour Micheline Sauvage (*Le Cas Don Juan*, Éd. du Seuil, 1953), il y a ici confusion du plan de la passion et de celui du droit, donc une mauvaise foi.

Il ne trompe pas Elvire sur ce point, et tout au long de la scène, il n'a rien dit qui puisse la tromper. A vrai dire, c'est tout ce qui concerne directement Elvire. On dira qu'il lui *doit* des explications. Mais c'est précisément là que Dom Juan se sépare de l'humanité « normale », romanesque ou honnête : ses motifs ne regardent que lui, il n'a d'obligation qu'envers sa nature, son appétit, sa satiété. Mais si l'on veut qu'il mente, il entend alors choisir son propre mensonge. Le remords qu'il invente n'est pas une justification : c'est une démonstration ironique de son indépendance.

Dom Juan choisit le plus dramatique des mensonges possibles. Elvire a été séduite et arrachée à un couvent, épousée, trompée, une jeune fiancée va être enlevée à celui qu'elle aime : ici, le masque du scrupule religieux est on ne peut plus opposé à ce qu'il recouvre : l'infraction à toutes les règles morales et religieuses. Ce contraste est souligné par l'usage des mots « conscience », « péché », « scrupules », « repentir », « sainte pensée ». Puisqu'on semble regretter qu'il n'ait pas menti, Dom Juan montre qu'il est capable du mensonge le plus flagrant.

Certes, il joue ici au Tartuffe. Mais surtout, il joue. Il ne désire pas qu'Elvire croie à son scrupule ; bien au contraire, il veut qu'elle sache qu'il ment. « Vous venez de m'exposer ce que j'aurais pu dire ; en revanche, je vous montre ce que je pourrais inventer. » Tel est à peu près le sous-entendu de cette tirade, que le ton de l'acteur doit suggérer. De même qu'au début de sa tirade sur la conquête amoureuse, Dom Juan avait rapidement montré à Sganarelle comme il était facile de renverser la morale et la « justice » en amour, de même il montre ici à Elvire comme il serait aisé de satisfaire ce qu'il y a de plus élevé en elle (sa religion) par un mensonge qui n'engloberait pas les sentiments qu'il éprouve pour elle. En fin de compte, ce que Dom Juan vient de démontrer deux fois dans ce premier acte, c'est que l'esprit et l'imagination sont capables de tout justifier, et que du coup, on ne peut plus considérer les justifications avec sérieux. Tout se vaut, il n'y a comme réalité que le désir ou l'élan individuel. Quand Dom Juan joue à se justifier, il montre tout simplement ce qu'il *pourrait* utiliser comme argument, s'il partageait la forme de sérieux des autres, et cela, sans tomber dans les codes qu'on lui propose.

Le troisième moment de cette fin de scène est une réduction de l'univers de la pièce à ses deux éléments irréductibles : le Ciel et la nature individuelle toute pure. Et c'est bien tout ce qui reste : par la surenchère ironique, Dom Juan a montré la vanité des cadres dans lesquels on cherche à enfermer les

comportements individuels, et il s'est moqué du Ciel. Elvire
est amenée, comme l'était Sganarelle, à le menacer du courroux
céleste. Seconde annonce du dénouement, sans doute, mais
surtout signe de l'impuissance à laquelle Dom Juan réduit
autrui. Dépassée par Dom Juan, qui a détruit non seulement
son espoir d'être aimée mais aussi la possibilité d'une tragédie
humaine de l'amour et de la trahison, avec l'ordre, la logique
conventionnelle qui permet un minimum de communication
même dans la lutte à mort, consciente d'avoir perdu toute
prise sur Dom Juan, Elvire est obligée de faire appel à une
force supérieure et transcendante, à laquelle par définition,
rien n'échappe. Elvire a le droit de dire qu'elle connaît maintenant Dom Juan « tout entier » : elle en est au même point que
le spectateur, ou — encore une fois — au même point que
Molière : elle sait que Dom Juan est insaisissable, elle sait du
coup qu'il est vain de tenter de le persuader, de lui faire suivre
une ligne donnée, et que la seule borne qui puisse être fixée à
la carrière de Dom Juan est le châtiment divin.

L'abandon des codes et des règles par Elvire est souligné
par le passage du « vous » au « tu ». Telle une héroïne de Racine,
Elvire dit « tu » quand elle est totalement dépossédée, et en
quelque sorte mise à nu. Car, dans cet appel au Ciel, il y a
avant tout le désir de meurtre, le vœu de détruire l'être qui a
complètement échappé. En poussant Elvire à bout, en lui
démontrant la futilité de son ordre, Dom Juan a réussi à la
réduire à ce qu'il est lui-même : une pure force, indépendante,
identifiée à un désir passionné mais élémentaire. Le Ciel est ici
arme de destruction, non source de grâce. Par la moquerie de
Dom Juan (« Sganarelle, le Ciel! »), cette arme tombe pour ainsi
dire des mains d'Elvire. Quand elle dit « Il suffit », elle est
vraiment nue. La beauté dramatique du personnage de Done
Elvire tient ici au fait qu'elle accepte alors sa nudité, qu'elle
rejette comme « lâcheté » et « paroles vaines » les scènes conventionnelles d'explication et de reproches, les attitudes dont elle
avait pensé se revêtir. Elle sort sur la menace d'une vengeance
toute humaine : « ...appréhende du moins la colère d'une femme
offensée. » En fin de compte, cette femme religieuse et aristocratique sort dépouillée de tous les codes (sociaux et littéraires)
de sa caste, et même de sa confiance dans la justice divine;
elle est entrée dans le monde de Dom Juan, elle est devenue
comparable à lui : un individu libéré de tout, sauf d'une passion
qui l'occupe tout entier.

Fondamentalement, Dom Juan, au cours de ce premier acte, a traité Sganarelle et Done Elvire de la même façon. Devant l'un comme devant l'autre, il use de diverses « dérobades », les fait parler, les attire, répond pour bouleverser les ordres ou les codes auxquels ils croient, et qui sont la structure de leur univers; il leur échappe, les dépasse, les oblige de la sorte à faire appel à ce Ciel qui seul semble être de taille pour mettre un terme au débordement donjuanesque, mais dont Dom Juan se moque. Du coup l'un et l'autre révèlent, au-delà des conventions qui leur sont nécessaires, le fond de leur nature, disons plutôt : deux formes d'un même désir fondamental.

Ni l'un ni l'autre ne peuvent accepter la « liberté » donjuanesque. Tous deux en viennent au désir de détruire le monstre. Il conviendra, dans les conclusions, d'éclairer le sens de ce thème de la destruction du monstre, — celui-ci étant une nature individuelle identifiée avec une forme de la Nature proprement dite. Pour le moment, contentons-nous de souligner le rapport des fonctions des personnages, et l'effet dramatique que produit ce jeu d'action et de réaction. Il semble que Dom Juan réduise autrui à ce qu'il est : un élan spontané et élémentaire, et qu'autrui ainsi réduit apparaisse comme force hostile à Dom Juan et destructrice. Le processus comporte deux étapes : 1° autrui est constitué en personnage de théâtre; 2° grâce à cette dissociation d'un rôle, comique ou tragique, et d'un individu, l'individu émerge dans toute sa pureté, dans son vœu primordial de meurtre. Ironiquement, c'est en détruisant le sérieux d'autrui que Dom Juan révèle un sérieux plus profond, plus inquiétant, qui se situe au-delà de tout contrôle.

Doolittle insiste sur la « présence corrosive » de Dom Juan, qui amène chacun à réaliser la « pleine vérité de sa propre individualité [1] ». Il est certain que la « présence-absence » de Dom Juan, la vision de son indépendance, le vertige que communiquent les possibilités de celle-ci, réduisent autrui à un vœu fondamental de destruction, qui, en soi, n'est pas dimension caractéristique du personnage, mais qui, au-delà de chaque nature individuelle, est constitutif de la Nature en général. En un mot, Dom Juan ne renvoie pas les autres à eux-mêmes, mais à l'élémentaire et à l'universel. Plus encore, il les empêche d'être eux-mêmes, dans la satisfaction de leurs appétits particuliers, il les frustre des univers qu'ils se sont bâtis : ils se retrouvent, non pas à vrai dire avec leur individualité, mais noyés dans un jeu de forces primordiales. Il leur faut détruire Dom Juan pour se retrouver.

1. *Op. cit.*

Certes, le vœu de destruction ne s'exprime pas de la même façon chez Sganarelle et chez Done Elvire. Les personnages demeurent concrets, gardent leur langage, leur niveau, leur degré de force. Sganarelle, personnage de farce, cherche à détruire en rabaissant, en rapetissant Dom Juan; il est incapable de colère, il n'est capable que de hargne. Done Elvire peut se donner à sa « colère »; héroïne qui frôle la tragédie, elle menace de meurtre proprement dit. Mais, fondamentalement, le désir est le même.

Du coup, le rôle et la fonction de Sganarelle sont précisés. Il reflète les autres personnages, vit leur drame en face de Dom Juan, se débat comme eux, est réduit comme eux au désir de détruire Dom Juan. Mais il les reflète dans la bassesse. Dans ce premier acte, il est « en dessous » d'Elvire, par sa situation de valet d'abord, mais surtout par ses limites : veule, il remplace la belle colère par une agressivité oblique de roquet; peu intelligent, il remplace les attitudes ou gestes définitifs par un espoir illusoire :

> .. *Si le remords le pouvait prendre!*

dit-il à la fin du premier acte. Son ridicule, c'est celui dans lequel nous tomberions (celui dans lequel Molière tomberait) si nous croyions qu'il est possible que Dom Juan se convertisse [1].

Ce premier acte était fait de trois mouvements : la protase, et son élan de dépassement continuel; l'échec de Sganarelle devant Dom Juan; la réduction d'Elvire au désir de meurtre. L'unité du tout était assurée par la fusion progressive du premier et du second mouvement et par le parallélisme entre le second et le troisième. Lorsque le rideau tombe, la scène d'Elvire, en elle-même si révélatrice, est « mise à sa place » dans le monde de Dom Juan :

> *Allons songer à l'exécution de notre entreprise amoureuse* [...]

lance Dom Juan en quittant la scène. Pour Dom Juan, la rencontre d'Elvire, c'est-à-dire un rappel du passé, n'a été qu'un ennuyeux temps d'arrêt, un retard, dont il élimine le souvenir comme il a éliminé le monde d'Elvire; l'élan fondamental du héros n'a pas été brisé : c'est vers l'avenir et vers l'espace qu'il s'élance.

---

1. Au quatrième acte, Elvire forme et exprime ce vœu. Mais le motif qui la pousse la fait échapper au ridicule. Voir chap. vii.

Mais nous savons qu'un double avenir l'attend : la recherche du plaisir, le plaisir lui-même, c'est-à-dire un avenir selon son vœu; la vengeance, le danger de mort, la destruction, c'est-à-dire un avenir selon le vœu de l'univers qu'il bouleverse.

Quatre amours de Dom Juan

2. LA PASTORALE FARCESQUE

Quand le rideau se lève sur le deuxième acte, la scène est résolument *ailleurs*. Le théâtre se déplace avec Dom Juan, et nos habitudes pseudo-classiques sont bouleversées comme le sont les ordres du monde par le passage du héros.

Après le « palais à volonté » où nous venons d'assister à une scène de comédie sérieuse, après le langage et la sortie racinienne d'Elvire, ce bord de mer et ces paysans avec leur patois produisent un fort effet de disparate. Dans la structure d'ensemble de la pièce, le contraste entre Elvire et les paysans ne fait que reprendre, en l'intensifiant, le contraste entre Dom Juan et son valet, entre le niveau du romanesque héroïque et le niveau de la farce. Le premier acte a son unité propre, mais il est étroitement lié au second par cette tension entre la scène d'Elvire et la farce des paysans. Dès le lever du rideau, la fonction de ce deuxième acte est évidente : à la fois élargissement de l'espace de la pièce et illustration du pôle farcesque, — ces deux éléments ayant été annoncés avec insistance et déjà largement exploités tout au long du premier acte.

Ces paysans sont conventionnels. Leur langage est un mélange d'emprunts au *Pédant joué* de Cyrano de Bergerac, au parler d'Ile-de-France, et à l'imagination de Molière. Ils ont toute la naïveté que leur accorde, sans les connaître, un public de citadins. Du coup, aux oreilles de ce public, ils sonnent vrai. Ils sont ce que ce public a convenu qu'ils devaient être.

Ils sont présentés dès le début de l'acte comme les acteurs d'une farce plus « basse » que celle de Sganarelle, mais comparable à elle. Sganarelle se tenait dans l'attitude du marchand de foire, du bonimenteur qui vante les qualités de son produit, de sa drogue. Pierrot se décrit dans le jeu le plus simple, le plus brutal aussi :

> [...] *moi et le gros Lucas, [...] je nous amusions à batifoler avec des mottes de tarre que je nous jesquions à la tête* [...]

La suggestion d'une telle activité relève définitivement plus de la tranche de farce que de la tranche de vie.

Cette farce plonge le spectateur dans la matière. Aux « sentiments » exprimés par Elvire, à l'expression semi-abstraite de Dom Juan à la fin du premier acte (« l'exécution de notre entreprise amoureuse ») s'opposent assez exactement les mottes de terre, le coup de vent et les corps qui « grouillent » dans l'eau. Et cette matière emplit toute la tirade de Pierrot : images comme « le trépassement d'un chat », allusions à l'argent en espèces, à un verre de vin, au feu d'une maison paysanne, enfin à Dom Juan et Sganarelle « dépouillés tout nus pour se sécher ».

Il est entendu que les paysans sont proches de la matière. Mais plus que d'un trait de mœurs, il s'agit ici d'un effet littéraire et dramatique : Pierrot reflète les thèmes donjuanesques sur le mode de la farce, c'est-à-dire que cette tirade et l'acte qu'elle ouvre vont être une transposition burlesque de ces thèmes.

Dès le début, l'univers de Pierrot est posé comme un univers de *jeu*. Pierrot batifole et parie à coup sûr. On est tenté d'opposer la bataille de mottes de terre aux agréments et plaisirs recherchés par Dom Juan, et le pari à coup sûr (« je ses hazardeux, moi, et je vas à la débandade. Je savais bian ce que je faisais pourtant. ») au goût de l'aventure montré par Dom Juan et à son mépris des conséquences. Mais il y a plus qu'un contraste entre Dom Juan et le monde de Pierrot : le héros est introduit dans cet univers. C'est lui qui « grouillait » dans l'eau, c'est lui qui, à la fin de la tirade, est nu devant un feu paysan.

De même, dans la tirade suivante, Pierrot décrivant le costume de Dom Juan, ce n'est pas seulement un prétexte à contraste entre l'attitude de Pierrot (mélange d'étonnement et de fierté à être celui qui a vu la merveille) et le costume du grand seigneur à la mode, dont la complication et l'exubérance sont d'ailleurs satirisées ici, c'est aussi et surtout une suggestion de Pierrot revêtu du costume de Dom Juan. En décrivant le costume, Pierrot singe Dom Juan. Le texte l'indique, la description étant encadrée par les deux remarques :

> *Je me pardrais là dedans, pour moi,*

et :

> *[les souliers] sont faits d'eune façon que je me romprais le cou aveuc.*

Il va sans dire que le ridicule porte sur Pierrot. Mais c'est, comme souvent chez Molière, un ridicule à double tranchant. Quand dans *Les Précieuses ridicules*, Mascarille apparaît en costume de marquis à la mode, la satire est équivoque : on rit du valet qui se déguise et se prend à son propre jeu, mais on rit aussi du marquis qu'il imite. En dépit de l'affirmation de Molière dans la préface des *Précieuses*[1], quand un farceur singe un roi, la royauté, d'une certaine façon, se colore de farce. La parodie burlesque est d'abord une satire du parodiste, mais aussi elle colore la chose parodiée. Ici, l'habillement de Dom Juan est dévalorisé par la suggestion d'un Pierrot revêtu du même costume. Une des fonctions de ce second acte est de dégonfler, au moins partiellement, un personnage dont la grande allure, la séduction et les victoires au cours du premier acte risquaient de le faire échapper au jugement comique.

Dom Juan restera sans doute supérieur aux autres personnages, non seulement par son caractère, mais par le traitement littéraire même. Toutefois, pour être grand, il n'en est pas moins héros de comédie, c'est-à-dire sujet aux petites mésaventures qui défrisent la grandeur, — plus précisément ici, la perruque du héros. Molière choisit très exactement le niveau où il est possible de le soustraire à l'héroïque ou au tragique de ton, sans le faire sombrer dans le burlesque franc : Dom Juan trempé, Dom Juan tout nu, Pierrot revêtu du costume de Dom Juan, sont évoqués par le récit ou par la supposition verbale et une mimique, mais ne sont pas vus par le spectateur[2].

Le héros ayant été mouillé, mis à nu puis rhabillé, le dialogue Pierrot-Charlotte s'engage sur le sujet qui précisément préoccupe le plus Dom Juan : celui de l'amour. La transition est apparemment brusque :

Pierrot : *O! acoute un peu auparavant, Charlotte : j'ai queuque autre chose à te dire, moi.*

1. « ...et que, par la même raison que les véritables savants et les vrais braves ne sont point encore avisés de s'offenser du Docteur de la comédie et du Capitan, non plus que les juges, les princes et les rois de voir Trivelin ou quelque autre sur le théâtre faire ridiculement le juge, le prince, ou le roi,... »

2. Arnavon ne manque pas de prévoir toute une pantomime, où l'on verrait des « nageurs ruisselants », puis l'arrivée en barque de Dom Juan et de Sganarelle.

Mais les deux parties de la scène sont liées en profondeur. Charlotte s'intéresse déjà à Dom Juan, dont elle sait qu'il est « bien pu mieux fait que les autres ». D'une part sa curiosité est toute charnelle :

Charlotte : *Est-il encore cheux toi tout nu, Piarrot?*

Si l'on peut dire, l'aspect matériel qui dominait dans les propos de Pierrot va être conservé, et se prolonger dans la querelle amoureuse, et finalement à travers tout l'acte. D'autre part, l'intérêt que Charlotte porte à Dom Juan intensifie le drame de la querelle amoureuse. Dans celle-ci, il y a trois personnages : Pierrot qui se plaint d'être mal aimé, Charlotte, et Dom Juan qu'elle brûle d'aller voir. L'impatience et l'irritation de Charlotte ne viennent pas seulement du fait qu'elle est importunée par un amoureux qu'elle n'aime guère, mais surtout du fait qu'elle est retenue, qu'on l'empêche de courir vers Dom Juan vers qui ses regards sont déjà tournés. Du point de vue du drame Pierrot-Charlotte, le récit et la description de Pierrot ont pour fonction d'introduire l'interlocuteur absent de la querelle amoureuse. Et le comique de cette querelle naît à la fois du contenu des propos de Pierrot et de son aveuglement : il joue ici le rôle d'un « fâcheux » inconscient qui retarde les premières étapes de l'entreprise amoureuse de Charlotte. La désinvolture et l'automatisme des répliques de Charlotte sont dus non seulement à son indifférence à l'égard de Pierrot, mais aussi à l'intérêt qui la pousse vers Dom Juan : Pierrot s'adresse à une fille qui est non seulement ennuyée, mais ailleurs.

De même que le parallélisme entre la situation Dom Juan-Sganarelle et la situation Dom Juan-Done Elvire ne pouvait être considéré comme géométriquement exact, de même il serait vain de tenter d'établir des correspondances point par point entre les thèmes et situations donjuanesques et les thèmes et situations du présent dialogue. Toute une part d'irrégularité, de spontanéité est conservée, et c'est elle qui communique au spectateur le sentiment de la vie, perpétuellement différente d'elle-même. Mais il entre aussi dans ce sentiment de la vie la notion plus ou moins inconsciente d'un ordre, d'une structure, de la répétition cachée de certaines séquences, — logique sans laquelle la vie ne serait qu'un insaisissable cauchemar. Il en va de même dans l'œuvre d'art qu'est la comédie de *Dom Juan*. La multiplicité des épisodes, les différences entre les milieux représentés, l'apparent désordre de l'ensemble sont un équivalent de l'apparente et diverse spontanéité des aventures vécues. Mais, en profondeur, plusieurs liens assurent l'unité de structure de l'ensemble, — et il ne s'agit pas seulement de l'unité garantie par le passage du héros Dom Juan.

L'épisode des paysans apporte la surprise de l'imprévu vécu, mais il n'est pas gratuit. Tout un jeu de correspondances entre les situations et traits psychologiques de l'acte II et ceux de l'acte I fait de cet épisode un contrepoint des scènes précédentes, symbolise une certaine rationalité de la vie, et donne une *forme* à la comédie. Si l'on veut, l'acte II est la chaumière qui correspond au palais du premier acte : à première vue complètement différente, mais en fin de compte bâtie selon les mêmes principes.

Pierrot est plongé dans une situation comparable à celle d'Elvire : celle-ci venait implorer Dom Juan au moment où toute son attention se portait vers une aventure à venir, Pierrot implore Charlotte au moment où elle est tendue de curiosité pour une aventure possible. En outre, Pierrot est un anti-Dom Juan, non seulement à cause de sa rusticité et de son échec, mais parce que sa psychologie est l'inverse de celle du héros. Il souffre des résistances qu'on lui oppose, au lieu de voir en elles un défi et d'y puiser un surcroît de plaisir; il n'a aucun désir d'en aimer « queuque autre »; il quémande au lieu de conquérir [1].

Dans l'ensemble, il agit selon un code extérieur à lui, et non selon un élan personnel, inventeur de ses propres tactiques. Il fait des cadeaux, comme on doit en faire, et il attend l'amour en échange. Cet amour lui-même, il le situe dans des signes convenus.

Les cadeaux sont en eux-mêmes comiques : des rubans de « marciers » ambulants, des « marles », des concerts de « vielleux ». Molière ne va pas jusqu'au morceau de fromage du *Dépit amoureux* [2], mais produit le même effet cocasse par le contraste d'une part entre les exigences de l'amour et la bassesse des cadeaux, d'autre part entre cette bassesse et la noblesse ou le faste des « cadeaux » galants courants au xviie siècle, et que nous connaissons par *Le Menteur* de Corneille, par la « promenade sur mer » dont le fiancé comptait « régaler » sa belle au premier acte de *Dom Juan*, avant d'assister à l'un d'eux dans les divertissements que Dorante offre à Dorimène, aux frais de M. Jourdain dans *Le Bourgeois gentilhomme*. C'est sur ce fond de cadeaux élégants, sur ce fond de violons que les vielles de Pierrot sont ridicules, comme ses « marles » le sont par rapport

---

1. On pourrait imaginer une autre situation : Pierrot serait un coq de village.

2. Acte IV, scène 4.

au petit oiseau de *Mélicerte* [1]. Vrais ou faux, ces paysans sont
ridicules dans la mesure où ils représentent une dégradation
du langage, des codes et des procédés de la société honnête.

D'autre part, il est impossible de ne pas opposer les procédés
de Pierrot aux tactiques de Dom Juan. Dom Juan soupire,
a des emportements, se livre à une campagne à la fois impa-
tiente et minutieuse, s'empare finalement de la belle convoitée.
Chez Pierrot, la conquête amoureuse n'est plus une opération
quasi militaire, c'est une sorte de marché.

> *Vois-tu, ça n'est ni biau ni honnête de n'aimer pas les gens qui*
> *nous aimont.*

Cette maxime morale conclut le catalogue des cadeaux de
Pierrot. Elle est en contraste direct avec la recherche amorale
de Dom Juan, avec son attitude en face de Done Elvire. Pour
Dom Juan le principe, l'obligation de réciprocité en amour
n'existe pas. Nous savons aussi, par sa réponse aux reproches
de Sganarelle, où se situerait pour lui la « justice » en amour, s'il
en fallait absolument une.

Amour-marché, amour-obligation, — mais aussi amour qui
existe par les signes extérieurs, visibles et convenus. Pierrot
manifeste son amour par des cadeaux, il escompte des bour-
rades en échange. Outre le comique du contraste entre l'image
convenue de la délicatesse de l'amour et ces gestes brutaux,
Pierrot est imprégné ici d'un comique plus profond et proprement moliéresque : rejoignant Gusman, Sganarelle et aussi
Orgon, il ne sépare pas le « code » plaqué de l'extérieur et la
vérité intérieure qu'il est censé conventionnellement exprimer.
Si les « signifiances » convenues ne sont pas fournies, l'amour
n'existe pas; il est vrai que Charlotte ne l'aime pas, mais il
suffirait qu'elle appliquât ce code pour que Pierrot crût à son
amour. C'est ainsi que son monde est fait, il n'en voit pas d'autre
possible, et il a poussé, dès le début de la scène, le cri moliéresque par excellence, le cri des ridicules qui ne peuvent
supporter qu'une partie de l'univers échappe à l'ordre sans
lequel ils ne peuvent vivre :

> *Jerniquenne! Je veux que tu m'aimes.*

---

1. Acte I, scène 5; acte II, scène 3. Petit oiseau que Myrtil offre à
Mélicerte en ces termes :

> *J'ai fait tantôt, charmante Mélicerte,*
> *Un petit prisonnier que je garde pour vous,*
> *Et dont peut-être un jour je deviendrai jaloux.*
> *C'est un jeune moineau...*

La pastorale est ici galante, la périphrase ennoblit l'oiseau.

Tyran maladroit, parent rustique d'Arnolphe, d'Orgon et même
d'Alceste, Pierrot veut obliger Charlotte à se conformer à son
vœu, — une Charlotte parfois de bonne volonté, mais surtout
une Charlotte qui échappe, une Charlotte qui, elle, n'est pas
trop éloignée de Dom Juan et compte, non sur le respect des
codes, mais sur sa spontanéité :

> *Eh bian! laisse faire aussi, et ne me presse point tant. Peut-être*
> *que ça viendra tout d'un coup sans y songer.*

Et plus tard :

> *J'y ferai tout ce que je pourrai, mais il faut que ça vienne de*
> *lui-même.*

Pierrot, anti-Dom Juan, par la situation amoureuse dans laquelle il se trouve, contribue aussi à faire le burlesque d'Elvire.
Son « Vlà où l'on voit les gens qui aimont » est comme un écho
du « Voilà comme il faut vous défendre » de Done Elvire. L'un
et l'autre veulent imposer à des êtres spontanés les règles de
leur univers, — Elvire sur le plan d'une mauvaise foi noble et
tragique, Pierrot sur le plan de la farce. Non qu'Elvire devienne
elle-même personnage farcesque, par la comparaison : mais
derrière sa dignité, son erreur comique en devient plus apparente.

Dans ce théâtre, le contraire appelle le contraire. Pierrot,
anti-Dom Juan, se rapproche d'Elvire considérée dans son
conflit avec Dom Juan. Charlotte, considérée dans son conflit
avec Pierrot, se rapproche de Dom Juan. Avec toute la richesse
de détails, d'inventions libres et « vivantes » qui sauvent ces
correspondances de l'abstrait et du mécanique pur, l'unité
dramatique de la fin du premier acte et de ce début du second
acte est assurée dans la mesure où, opposant le mode farcesque
au mode sérieux et presque tragique, Molière présente, avec
le couple Charlotte-Pierrot, un analogue inversé du couple
Dom Juan-Elvire.

Il reste à jeter le héros dans l'univers de son propre burlesque.
Pendant un bref instant, Dom Juan et Pierrot sont ensemble
sur scène. Point n'est besoin de les faire dialoguer : le spectacle
de leur présence simultanée est suffisamment riche de tensions,
le lien étant assuré par le regard de Charlotte [1]. La magnificence

---

1. Ceci est tout autant valable si Dom Juan entre après la sortie de
Pierrot.

du costume de Dom Juan, vue en même temps que le costume paysan de Pierrot, ou très peu de temps après, vaut tous les échanges de répliques. A l'intérieur de l'univers de farce où l'ont plongé les récits et descriptions de Pierrot, Dom Juan conserve sa supériorité.

Dès qu'il ouvre la bouche, Dom Juan affirme la permanence de son personnage : le passé est vite oublié, les projets de séduction naissent à chaque instant. En même temps, Dom Juan, répétons-le, supérieur à ses nouveaux comparses, est néanmoins attiré vers leur univers : il ne s'agit plus de Done Elvire ou de quelque aristocratique fiancée, mais d'une paysanne.

Sganarelle, de même, rappelle sa fonction : étonnement devant ce maître qui le dépasse, désapprobation, peur qui conduit à la servilité. Le rythme est ici accéléré. Le « Assurément, autre pièce nouvelle » de Sganarelle clôt la mise en place, et lance le dialogue Dom Juan-Charlotte en en soulignant la nouveauté, mais aussi, par le ton désabusé de la remarque, le caractère répétitif. En gros, nous allons avoir affaire à une variation farcesque sur un thème connu.

Mais il y a plus pour le spectateur qu'un changement de ton : pour la première fois, Dom Juan le séducteur est vu en action. Nous savons qu'il est séducteur, nous connaissons sa méthode, mais il nous manquait l'illustration concrète. Il est certain qu'une séduction dans le ton de la scène d'Elvire ou sur un mode « réaliste » occuperait facilement les cinq actes d'une pièce. Ce que Molière nous offre ici, c'est une schématisation poétique; la mécanique conventionnelle de la farce lui permet de réduire « l'entreprise » à ses grandes lignes, à un enchaînement de traits essentiels. La farce lui permet aussi de montrer la séduction dans les meilleures conditions : par le contraste entre l'impressionnant aspect du grand seigneur et la simplicité « naïve » de la paysanne, les *pouvoirs* de Dom Juan sont amplifiés.

On dirait presque qu'il s'agit ici d'une situation idéale, telle que Dom Juan lui-même la rêve. Charlotte est déjà amorcée, mais elle oppose les résistances qui conviennent. Pudeur :

> *Monsieur, vous me rendez toute honteuse.*

Méfiance :

> *Monsieur, cela vous plaît à dire, et je ne sais pas si c'est pour vous railler de moi.*

Obstacle fourni par un engagement antérieur :

> *[...] je dois bientôt [...] être (mariée) avec Piarrot, le fils de la voisine Simonette.*

Résistance morale, vertu :

> [...] *j'ai l'honneur en recommandation, et j'aimerais mieux me voir morte, que de me voir déshonorée.*

Demande ultime de sursis :

> *Oh ! Monsieur, attendez que je soyons mariés, je vous prie ; après ça, je vous baiserai tant que vous voudrez.*

Cette scène illustre assez exactement les « petits progrès » sur les « petites résistances » d'une jeune beauté que Dom Juan a décrits dans sa tirade sur la conquête amoureuse. Elle illustre surtout le déséquilibre nécessaire à la satisfaction donjuanesque : il y a toujours « progrès » du séducteur, les résistances sont toujours surmontables. Avec un rythme comparable à celui de la tirade de l'acte I, on va de la rencontre, — sinon à la réalisation du désir de Dom Juan, du moins à ce qui en est le plus proche tout en restant décent : le consentement de la fille.

La farce permet la concision : à la fois concrète et schématique, elle se présente comme un squelette en raccourci de la méthode de Dom Juan, auquel sont attachés les muscles essentiels. Compliment (surprise ravie), prise de connaissance, éloge précis des appas de la belle, promesse d'un destin meilleur, déclaration d'amour, promesse de mariage : l'essentiel de sa tactique consiste à exalter la jeune fille, à lui faire prendre conscience de ses qualités exceptionnelles, à l'attirer en quelque sorte hors de son monde habituel, pour lui promettre plus facilement de l'en arracher physiquement. On peut se demander si le même genre d'argument n'a pas été utilisé pour séduire Done Elvire. Ce que Dom Juan propose, c'est une évasion, bien en accord avec ses autres dimensions. Cet homme qui hait les prisons et les « ensevelissements » est tout naturellement celui qui cherchera à persuader les belles qu'elles sont emprisonnées, et que grâce à lui les portes de la liberté s'ouvrent toutes grandes. Et bien sûr, sa méthode n'est pas purement géométrique. Il parle aussi et peut-être surtout au cœur. Il trouble par un flot de paroles qui est d'autant plus sensible qu'en dehors des grandes tirades de l'acte I, Dom Juan parle peu. Sa faconde, jointe à son apparence physique (beauté : il est bien fait et « gentil », dit Charlotte ; costume à la mode) et à son rang donne, le vertige à Charlotte.

Ici encore, il est permis de transposer le trouble de Charlotte, son vertige, et de concevoir qu'au fond il est analogue à celui qu'a dû éprouver Elvire.

Le pouvoir de Dom Juan est finalement résumé dans la réplique de Charlotte :

> *Mon Dieu! je ne sais si vous dites vrai, ou non; mais vous faites que l'on vous croit.*

Ces quelques mots sont à la pointe extrême de ce dialogue. Ils frôlent le pathétique. Jusqu'ici, toutes les répliques de Charlotte, bien que son langage soit moins patoisant que celui de Pierrot, ont comporté au moins un élément, si discret soit-il, de « rusticité ». Cette réplique n'en comporte aucun [1].

Mais surtout, elle fait ressortir une autre face du « crime » de Dom Juan. Il a été dit que ce crime consistait à nous réduire à être des Sganarelles, dans la mesure où nous le condamnons. Ici, il est évident que son crime consiste aussi à nous faire perdre la notion fondamentale de la distinction du vrai et du faux. Les deux crimes se rejoignent : en face de lui, nous perdons pied, nous devenons bêtes, ou nous perdons le sens du réel. Sganarelle est l'image farcesque, le symbole burlesque de toute condamnation de Dom Juan; Charlotte est ici le symbole également farcesque du « oui » que le héros, par ses pouvoirs de séduction, peut nous arracher. Dans les deux cas, c'est l'espace, l'élargissement de la vie qui provoquent la répulsion ou l'attraction. Dire « non » à Dom Juan, c'est s'emprisonner dans des codes ou des ordres que l'évidence même de son existence rend illusoires; dire « oui » à Dom Juan, c'est renier toute solidité, toute certitude, c'est accepter un monde d'où se sont enfuies les valeurs.

Certes, Charlotte reste accrochée à son code : le mariage d'abord. Elle se méfie encore. Mais ses réticences sont précisément le signe de l'évanescence de la lucidité. Elle ne sait pas si la proposition de mariage est « vraie ou non », mais elle y croit. Les ultimes résistances qu'elle oppose ont pour but d'illustrer la confusion du doute et de la croyance exprimée dans la réplique analysée plus haut.

La fin de la scène est précipitée, et interrompue. Dom Juan saisit la main de Charlotte, l'embrasse avec fougue. Il y a là la suggestion d'un assaut physique qui pourrait aller très loin, si les bienséances scéniques le permettaient, et surtout si Pierrot ne survenait pas.

Car c'est cela qui compte; la scène Dom Juan-Charlotte avait une double fonction : à la fois illustrer de façon farcesque la conquête donjuanesque et mettre Dom Juan en échec.

---

1. Le langage de Charlotte devient de moins en moins paysan au cours de cette partie de la scène. La prononciation rustique disparaît la première, puis les fautes de grammaire.

Tout au long de l'acte I, Dom Juan a été averti, directement ou indirectement, d'une résistance qui s'oppose à son élan, et qui n'est pas seulement le jeu des « petites résistances » des belles hésitantes. Il est entendu que seule la puissance infinie du Ciel pourra mettre un terme à ses débordements, au développement de sa nature. Mais, sur la terre des hommes, Dom Juan est en danger, Dom Juan est poursuivi : il risque la mort physique, et tout le monde essaie d'enrayer ses entreprises.

De même que l'apparition d'Elvire venait interrompre le mouvement donjuanesque exprimé par la grande tirade sur la conquête et par l'exposé d'une « nouvelle entreprise amoureuse », de même ici le retour de Pierrot vient briser l'élan, la progression de la séduction de Charlotte. Ce ne sont pas les arguments qui arrêtent Dom Juan, mais des présences, des intrusions physiques, au nombre desquelles il faut compter l'intrusion de la tempête entre les deux premiers actes.

Ce qui est jeté ici en travers du chemin de Dom Juan, c'est Pierrot avec son univers, tel que nous le connaissons déjà : univers d'obligations, car reviennent dans la langue de Pierrot les expressions « il faut », « ça n'est pas bian », univers de codes établis, de respect de la parole donnée, de marché, apparent dans les expressions « nos accordées », « la récompense », « tu m'es promise ». A cette parodie des codes correspond un équivalent farcesque de l'attitude donjuanesque : ici comme ailleurs, Dom Juan refuse la discussion et y joint les coups, les soufflets. Nul doute que cette farce soit quelque peu cruelle, surtout pour un public moderne humanitaire. Mais il est évident aussi que Pierrot souffre ici du ridicule de la victime. Il est drôle au même titre que George Dandin cocufié, ou qu'Alain et Georgette brutalisés par Arnolphe [1]. Comique dur, mais comique qui fait rire. Silence et gifles sont les armes de Dom Juan; devant un égal, il aurait tiré l'épée. Cette farce met en lumière le caractère élémentaire de l'élan donjuanesque.

Le silence de Dom Juan a une double fonction. D'abord, il joue son rôle habituel de dérobade, il fait que Pierrot n'a aucune prise sur lui. D'autre part, il permet à Charlotte de s'expliquer librement. Certes, l'échange de répliques est bref et rapide, mais il représente un des moments les plus complets du théâtre de Molière. Il n'a de sens que par le silence de

---

1. *École des femmes*, acte II, scène 2. Ils se vengent d'ailleurs à la scène 4 de l'acte IV, et transfèrent alors leur ridicule sur Arnolphe, car c'est lui, en fin de compte, qui doit supporter toute la dérision.

Dom Juan, par le trou de silence dans lequel bascule Charlotte. C'est Dom Juan le coupable; il est en train d'accomplir ici le second crime, dont nous parlions plus haut : Charlotte a dit « oui » à Dom Juan, et ce « oui » a entraîné la disparition de toute considération charitable. Elle est en dehors de l'amour que lui porte Pierrot, elle ne le comprend plus, — alors que dans la première scène, sans le partager, elle l'acceptait. Don total de Charlotte, d'où aussi abandon total, — c'est en termes de « totalité » que s'exprime Charlotte, à qui Pierrot oppose la totalité exactement inverse.

Charlotte :   [...] *Si tu m'aimes, ne dois-tu pas être bien aise que je devienne Madame?*
Pierrot :   *Jerniqué! non. J'aime mieux te voir crevée que de te voir à un autre.*

Explosives parce que schématiques, ces deux répliques jouent sur l'ambivalence de l'amour, et établissent la plus grande distance possible entre deux conceptions de ce sentiment. L'amour que Charlotte attribue à Pierrot est l'amour-sacrifice, alors que l'amour de Pierrot est précisément le contraire, l'amour-possession.

La rapidité de l'échange, son absence de préparation, la « naïveté » paysanne de Charlotte usant du prestige du titre de « Madame », le juron de Pierrot, son emploi du mot « crevée » pour « morte », tous ces éléments font la farce du passage. Ici encore, celle-ci permet de souligner sans perdre de temps les désordres apportés par Dom Juan, tout en évitant le tragique. Car, au fond, les élans de Charlotte et de Pierrot ont quelque chose de racinien. Mépris total de ce qu'on n'aime pas quand on aime ailleurs, désir de tuer ce qu'on aime quand ce qu'on aime se donne à un autre. De la sorte, le parallélisme Pierrot-Elvire est soutenu; se heurtant à l'indifférence, n'ayant plus de prise sur ce qu'il aime, Pierrot devient sanguinaire, et inclut d'ailleurs Dom Juan dans son recours au meurtre :

[...] *je gli aurais baillé un bon coup d'aviron sur la tête.*

Malgré les lazzi qui terminent la scène, Pierrot demeure parallèle à Elvire, et s'éloigne en faisant appel, non au Ciel qui n'a pas de place dans une farce aussi pure, mais à une autorité également supérieure, celle de la tante de Charlotte.

Ces lazzi eux-mêmes ne font que prolonger la violence de la farce, qui est ici aussi la violence du désir de meurtre de Pierrot et de l'élémentaire brutalité de Dom Juan. Entre Dom Juan et ses adversaires, il n'y a pas de dialogue possible. Il n'y a que des forces en présence, et la solution réside dans la destruction de l'une ou de l'autre. C'est ainsi qu'il faudra comprendre la sortie de Dom Louis à l'acte IV et le cri de Dom Juan : « Eh! mourez le plus tôt que vous pourrez... » Nous savons que Dom Juan a tué un commandeur, nous savons qu'il n'hésite pas à emporter des armes dans ses entreprises amoureuses, mais nous savons aussi que le duel à l'épée sur scène est ou malséant, ou non comique. La farce a encore le droit d'étaler la brutalité physique, par les moyens « bas » du bâton ou de la gifle, et elle est comique. Sur le mode de la farce, la fin de cette scène illustre ce que le langage avait suggéré au cours du premier acte : la seule solution est la destruction physique de Dom Juan, et Dom Juan n'a pas d'autre moyen que la destruction physique de ce qui s'oppose à lui.

En outre, on voit ici pourquoi Dom Juan n'est pas encore détruit, pourquoi on fait appel au Ciel, pourquoi on menace pour l'avenir, sans agir immédiatement : Dom Juan est fort, il fait peur. Il a « bien tué » le Commandeur, et il jouit d'une supériorité à la fois physique et sociale sur Pierrot.

Reste le mouvement de Sganarelle :

> *Eh! Monsieur, laissez là ce pauvre misérable. C'est conscience de le battre [...] Écoute, mon pauvre garçon, retire-toi, et ne lui dis rien.*

Dans sa mise en scène, Arnavon supprime purement et simplement cette réplique ainsi que toute la fin de la scène, y compris les soufflets. Il fait cette coupure au nom de la sensibilité du public moderne [1]. Mais enfin, sans ces lazzi, sans cette remarque

---

1. « Ailleurs, les coupures porteront sur quelques lignes, au deuxième acte, notamment, afin d'éviter à l'assistance de la surprise ou du dégoût : le grand seigneur souffletant Pierrot qui vient de lui sauver la vie, ce même Pierrot, pour se garer des coups s'abritant derrière sa propre fiancée, incidents qui ne sont mis là que pour amuser, en un temps où le paysan, rossé en scène, faisait rire. Le spectateur du xxᵉ siècle ne comprend plus et s'indigne de voir tant de vile ingratitude en haut, tant de lâcheté en bas. Pourquoi le rebuter par une tradition de tréteaux, qui le heurte, et qui, littérairement, n'a pas plus de valeur que les cabrioles d'un Auguste de cirque. » (*Le Dom Juan de Molière*, p. 85.) Le dégoût dont parle Arnavon ne naît que si on oublie la convention farcesque qui domine tout l'acte. Paysan ou pas, un homme battu de façon « réaliste » est toujours un spectacle qui indigne. Ici, il fait rire, car les personnages sont déterminés, par le genre même de l'acte, à cette vaine poursuite et à cette « lâcheté », et le spectateur est d'avance supérieur aux personnages. Quant au spectateur du xxᵉ siècle qui ne comprend plus, et aux « traditions de tréteaux », il semble que ce soit à la fois par une ignorance de l'évolution du public du xxᵉ siècle et par une méconnaissance de l'évolution du théâtre (nous ne parlons même pas des farces noires qui ne seront acceptées que vers 1952, mais du prestige du cirque pendant les années 20 et 30, de l'influence de certains comédiens de cinéma qui nous ont réappris à rire de la violence et de la lâcheté) que ces lignes ont pu être écrites en 1947. La même année, André Villiers *(Le Dom Juan de*

de Sganarelle et le jeu qu'elle entraîne, la scène n'aboutit à
rien qu'à un départ plat de Pierrot. Certaines éditions scolaires
voient, elles, dans ce jeu une bouffonnerie facile destinée à
« égayer la fin d'une scène qui tournait à l'odieux[1] ». Il y a,
bien sûr, beaucoup plus.

C'est précisément au moment où le raisonnement n'a plus
de place, où seule compte la lutte physique, que Sganarelle
se présente en médiateur et en raisonneur. Il fait appel à la
« conscience » de Dom Juan, il conseille à Pierrot de se retirer
en silence : il se montre à la fois dans son vœu de repos sans
grandeur et dans son état de perpétuelle erreur en face de
Dom Juan. Et cela est plus important que les bons sentiments
dont il fait preuve, — si toutefois son intervention est motivée
par d'authentiques bons sentiments. L'adjectif « pauvre »
est équivoque dans la bouche de Sganarelle : il est autant le
signe de son sentiment de supériorité que de sa pitié. « Mon
pauvre garçon » rappelle « mon pauvre Gusman » de l'acte Ier.
C'est l'acteur qui fera ici comprendre au public ce qu'il
voudra. Il fera du geste de Sganrarelle un beau sursaut
d'humanité, un élan de charité venu des profondeurs du valet
corrompu, une tentative d'alliance du roturier tyrannisé avec
le paysan comme lui victime du grand seigneur, — et dans ce
sens-là, jusqu'où ne pourrait-on aller? Ou bien, devant la vaine
poursuite de Dom Juan (car jusqu'ici Pierrot le nargue et lui
échappe), Sganarelle lassé, trouvant que son maître perd son
temps, tente de mettre un terme à ce remue-ménage inutile
en faisant appel à un code commode, ou même en rabaissant
encore Pierrot, si le ton de « c'est conscience de le battre »
évoque un « il ne vaut pas la peine d'être battu ». Dans ce
cas, on suivrait l'interprétation d'Antoine Adam qui voit
dans le couple Dom Juan-Sganarelle une « inquiétante paire
de coquins[2] ».

En fonction des interventions à venir de Sganarelle, dans
la scène du pauvre ou dans celle de Monsieur Dimanche,
il semble bien qu'ici le motif qui doive ressortir soit celui
du vœu de repos, et que le ton soit celui d'une supériorité
protectrice qui, au lieu de mettre Sganarelle du côté de Pierrot,
le range plus nettement au service de Dom Juan. Mais dramatiquement, ce qui compte le plus, c'est le soudain conflit

Molière) écrivait sur Pierrot berné quelques mots discutables, mais plus
à propos : « N'exagérons rien, le sauveteur de Dom Juan n'est pas un
héros, il n'a nullement risqué sa vie... » (p. 31) et ne s'indignait pas des
coups qu'on lui destine.

1. Édition classique Larousse.
2. *Histoire de la Littérature française au XVIIe siècle*, t. III, p. 335.

entre le vœu de repos de Sganarelle et la combativité de Pierrot.

Pierrot (passe devant Sganarelle, et dit fièrement à Dom Juan) : *Je veux lui dire, moi !*

L'indication de jeu a son importance : « fièrement ». Elle ne se comprend que si on accepte l'idée que Molière a voulu une fois de plus, non pas rendre Sganarelle « sympathique », mais mettre en lumière son erreur et son ridicule. Pierrot est, pendant un dixième de seconde, un adversaire digne de Dom Juan, et sa « fierté » passagère est là pour faire ressortir la médiocrité grinçante de Sganarelle. Et c'est cette médiocrité aveugle qui reçoit finalement la gifle si longtemps suspendue. La scène est soudain détendue, — mais seulement si on refuse de s'émouvoir devant la « charité » de Sganarelle.

Cette détente est essentiellement théâtrale. Pierrot n'a pas de raison « réaliste » de quitter la scène à ce moment-là, à moins qu'on n'admette que, comme le spectateur, il « retombe », après l'explosion de la gifle, conclusion d'un crescendo physique. Quoi qu'il en soit, la sortie de Pierrot est, théâtralement, acceptable : il s'est passé quelque chose de satisfaisant pour le spectateur tandis qu'un conflit insoluble, celui de la force Dom Juan et de la force Pierrot est resté, comme il se devait, sans solution. C'est d'ailleurs de la même façon, avec sans doute plus de subtilité et aussi d'éclat, que Molière met fin à certaines de ses comédies [1].

Du point de vue de Dom Juan, qu'il ait giflé Sganarelle ou Pierrot n'a pas grande importance. Il a simplement porté un coup d'une violence suffisante pour faire de lui le vainqueur de la situation. L'obstacle est éliminé pour le moment.

L'arrivée de Mathurine est assez inattendue pour mettre en valeur un des aspects du sujet de la pièce : Dom Juan est certes vainqueur, mais n'en continue pas moins à se heurter aux obstacles. Depuis le début de la pièce, il en a été ainsi. Il va son chemin, mais de plus en plus il apparaît que c'est un chemin accidenté. Elvire n'était qu'un retardement ; la tempête noyait un projet ; Pierrot venait retarder la conquête définitive de Charlotte ; et maintenant, Dom Juan a à peine

---

1. Nous ne songeons pas ici aux dénouements où le héros est simplement noyé dans sa propre folie *(Le Bourgeois gentilhomme, Le Malade imaginaire)*, mais à la fin de *George Dandin* ou à celle des *Femmes savantes.*

le temps de se retourner qu'intervient Mathurine. Le peu de
temps qui sépare la sortie de Pierrot de l'entrée de Mathurine
est le signe d'une accélération : Dom Juan est de plus en plus
« coincé ». A partir du troisième acte, il ne s'agira que de
Dom Juan poursuivi, harcelé, nous le ne verrons plus faire de
projets, il sera constamment en train de se défendre. Par son
schématisme, son irréalisme, la farce permet d'annoncer avec
évidence ce glissement de la pièce vers le thème d'un Dom Juan
non plus conquérant mais poursuivi.

En plus, l'obstacle Mathurine marque un progrès sur l'obstacle Pierrot. Pierrot est un rival, obstacle qui peut se présenter même dans les situations non donjuanesques : Mathurine
est l'obstacle au contraire qui naît du donjuanisme même,
de cette dispersion du cœur accompagnée de promesses exclu-
sives, de cette polygamie. Si le couple Charlotte-Pierrot pouvait
être considéré comme un parallèle libre et farcesque du couple
Dom Juan-Elvire, l'intervention de Mathurine auprès de
Dom Juan reprend la fonction d'Elvire auprès de Dom Juan,
réduite au désir tout simple de la possession.

S'il y a parodie ici, c'est celle de la crédulité d'Elvire avant
qu'elle cesse de « se tromper elle-même ». Oui, Mathurine et
Charlotte sont des « pauvres filles », comme les appellera
Sganarelle à la fin de la scène, usant une fois de plus de sa
supériorité. Elles deviennent, dans la dispute aveugle, deux
marionnettes, et là encore, Dom Juan étant la figure centrale
de ce ballet mécanique, c'est lui le coupable si ce sont elles les
ridicules. Charlotte et Mathurine sont ici des caricatures de
femmes accrochées à Dom Juan, en une sorte de grotesque
allégorie.

Tiraillé d'un côté par Charlotte, de l'autre par Mathurine,
au centre, se tient Dom Juan. Finalement, Molière indiquera,
en tête de sa longue tirade : *Dom Juan, embarrassé...* Il reste
certes supérieur aux deux paysannes, par sa taille, la magnificence de son costume, — symboles du pouvoir qu'il exerce
sur les femmes. Mais lui aussi, il se mécanise dans cette fin
d'acte. Il est notable que dès l'arrivée de Mathurine, il se précipite pour sauver la situation; jusqu'ici, il n'avait fait que
questionner ou attendre. Pour la première fois aussi, il *ment*
totalement et effrontément.

Si l'on jette un coup d'œil sur ce qui a précédé, on s'aperçoit
que jusqu'ici les mensonges de Dom Juan n'ont été que des
demi-mensonges. Il a été franc et net avec Sganarelle; avec
Done Elvire, il ment, mais nous l'avons vu, de telle façon
qu'on sache qu'il ment et qu'on en soit humilié. Pour en rester
au premier acte, c'est par les propos d'autrui que nous savons

que Dom Juan ment; c'est par l'étonnement de Gusman devant le contraste entre les « transports » de Dom Juan et l'abandon de Done Elvire que nous savons qu'il y a divorce entre ce que fait Dom Juan et ce qu'il paraît.

Gusman ne comprend pas que le comportement hyperbolique cache un piège, et il est évident que ni Elvire ni Charlotte ne s'en aperçoivent non plus. Mais il est bon de préciser maintenant, à la lumière du second acte, de quel piège il s'agit. Chez Tartuffe, c'était simple : le comportement exagéré dévot cachait exactement le contraire de la dévotion, ou plutôt, le révélait à tous, sauf à Orgon et à Mme Pernelle. Chez Dom Juan, c'est plus compliqué : l'exagération du transport amoureux ne cache pas le contraire de l'amour, mais une autre forme d'amour que celle qui est *normalement* admise. Dom Juan promet le mariage, et il épouse. Il dit aux filles qu'elles sont belles, et elles le sont, ou du moins il le pense. Il leur promet une évasion, et il la leur donne. La faille se situe entre la notion d'une permanence de ses sentiments et de ses dons, et celle d'un élan dans l'instant. Dom Juan ne ment pas aux belles, il profite d'un malentendu. S'il dit : « Je vous épouse », elles croient que c'est pour la vie, alors qu'il ne sera mari, selon les lois, que pour une nuit. Il a une sorte de sincérité de l'instant. Moins qu'un mensonge, son piège est fait d'une omission : il omet de dire qu'il ne garantit pas le lendemain. Certaines héroïnes de Marivaux se souviendront de la leçon, et exigeront ces garanties [1].

Dans un monde où toutes les institutions, tous les codes sont fixes, permanents, Dom Juan omet de dire que pour lui ces institutions et ces codes sont momentanés; dans un monde où la valeur est dans la fixité des cadres, extérieurs à l'homme mais le liant par obligation pour toute sa vie, Dom Juan omet de dire que pour lui la valeur est en lui, et qu'au moment où il cesse de remplir, de par sa spontanéité même, ses obligations, celles-ci cessent purement et simplement d'exister.

Dans la scène où Dom Juan est pris entre Charlotte et Mathurine, il y a plus qu'une omission, il y a mensonge caractérisé. Le fait est donc nouveau, mais ne surprend pas : il a assez été dit que Dom Juan est capable de tout. La farce permet de

---

1. « Je les connais un peu, ces Messieurs-là; je remarque que les hommes ne sont bons qu'en qualité d'amants; c'est la plus jolie chose du monde que leur cœur, quand l'espérance les tient en haleine; soumis, respectueux et galants, pour le peu que vous soyez aimable avec eux, votre amour-propre est enchanté... Mais les épousez-vous, la déesse s'humanise-t-elle, leur idolâtrie finit où nos bontés commencent. Dès qu'ils sont heureux, les ingrats ne méritent plus de l'être », dit Lucile au début des *Serments indiscrets*, par exemple.

le faire mentir abruptement. Et ce mensonge de farce prépare
à la suite de la pièce. Il nous montre comment Dom Juan
véritablement acculé peut avoir recours au mensonge, au
masque, à l'hypocrisie. Il ne sera pas surprenant dès lors de
le voir déguisé au troisième acte et faux dévot au cinquième.

Il va sans dire qu'ici, comme dans toute farce où la machine
devient évidente, ce n'est plus le contenu à proprement parler
de ce qui est dit qui importe, mais la symétrie des répliques,
celle des gestes, et en fin de compte le spectacle d'un balance-
ment ou d'allées et venues dont tout le monde semble avoir
perdu le contrôle. Le thème du double mensonge et des deux
obstinations aveugles et féminines étant donné, les mouvements se suffisent à eux-mêmes.

Le jeu s'accélère, jusqu'au bref échange, précipité et pressant,
qui accule définitivement Dom Juan :

Charlotte :   *Monsieur, videz la querelle, s'il vous plaît.*
Mathurine :   *Mettez-nous d'accord, Monsieur.*
Charlotte   (à Mathurine) :   *Vous allez voir.*
Mathurine   (à Charlotte) :   *Vous allez voir vous-même.*
Charlotte   (à Dom Juan) :   *Dites.*
Mathurine   (à Dom Juan) :   *Parlez.*

Sans doute convient-il de faire ici une pause. Car Dom Juan
est « embarrassé ». « Vous plaît-il, Dom Juan, nous éclaircir
ces beaux mystères? » demandait Elvire. Cette fois-là aussi,
il était embarrassé, il montrait sa « confusion » à Elvire. C'était
elle qui lui proposait un mensonge, sans lui laisser le temps
d'en inventer un, et, piqué au jeu, il se moquait d'elle par un
sur-mensonge. Ici, les machines Charlotte et Mathurine sont
épuisées, et dans le silence peut se faire entendre le mensonge
donjuanesque, dans toute sa pureté, dans toute sa pauvreté
même, — le schématisme de la farce faisant ressortir comme
ailleurs la simplicité du véritable squelette de natures ou de
situations apparemment subtiles et compliquées.

L'intérêt de cette tirade, c'est qu'elle a pour but, non plus
la conquête, mais la fuite : Dom Juan essaie de retirer son
épingle du jeu. A cet égard, cette fin de scène intensifie l'atmosphère de dérobade qui se fait sentir de plus en plus depuis
le premier acte. Dom Juan est pris dans une impasse, créée
par son donjuanisme même. Dans le domaine de l'amour,
le donjuanisme contient en lui-même son propre échec. La fin
de la tirade situe exactement l'attitude de Dom Juan lui-même
en face de ce problème :

> *J'ai un petit ordre à donner; je viens vous retrouver dans*
> *un quart d'heure.*

L'échec est reconnu comme tel, se retirer est la seule solution. Mais comme l'amour, l'échec n'est que temporaire. L'avenir reste ouvert. Pas plus que l'élan d'aujourd'hui n'engage demain, l'échec de maintenant n'engage le quart d'heure qui vient.

Après la sortie de Dom Juan, nouveau geste de charité de Sganarelle... C'est, dans la pièce, le seul moment où Sganarelle semble trahir Dom Juan, si l'on excepte sa couardise du troisième acte, qui a un sens différent d'ailleurs. « Mon pauvre Gusman », « ce pauvre misérable », « mon pauvre garçon », maintenant : « pauvres filles », et plus tard, ce sera, à propos de Done Elvire : « pauvre femme », en attendant le moment de panique où, devant la Statue, Sganarelle s'écrie : « pauvre Sganarelle! » Le comique de cette dernière exclamation tiendra en grande partie au fait que Sganarelle sera finalement amené à s'appliquer l'épithète par laquelle il se montrait supérieur aux autres. Ici, sous le couvert de la pitié, Sganarelle ne peut résister à son envie de montrer qu'il en sait plus que les « pauvres paysannes ». Ses propos sont un résumé des révélations qu'il avait faites à Gusman : le « croyez-moi l'une et l'autre », est dit du même ton que les répliques dans lesquelles il se vantait de son expérience; le « demeurez dans votre village », reprend très exactement le « vous eussiez autant gagné à ne bouger de là » du premier acte; enfin le rapide portrait « Mon maître est un fourbe... » est un condensé de la grande tirade sur le scélérat qu'est Dom Juan, et l'expression « c'est l'épouseur du genre humain » répète, avec les détails qui l'encadrent, l'expression « c'est un épouseur à toutes mains ». En un mot, Sganarelle ici, toujours semblable à lui-même, se repaît de ce qu'il n'aime pas, se remet à exister (il a été silencieux pendant toute cette scène) uniquement par le plaisir équivoque que lui procure la description de Dom Juan. Plaisir puisé dans la haine, satisfaction d'être plein de ce qu'on déteste et qui, par son énormité, élève au-dessus d'autrui. Il est évident une fois de plus que sans Dom Juan, Sganarelle s'effondrerait.

La comédie moliéresque n'est pas allégorique. Les personnages sont d'abord ce qu'ils sont, et ne représentent d'abord pas plus qu'eux-mêmes. Les paysans du deuxième acte de

Dom Juan ne sont pas l'incarnation de la naïveté paysanne,
ce sont des paysans naïfs, du moins tels qu'un public de citadins se plaît à imaginer les paysans, pourvu qu'on lui offre,
en guise de garantie de véracité, quelques éléments de langage rustique.

Mais enfin, ces personnages ne sont pas des portraits : ce
sont des nœuds de forces prises dans un drame, et si nous
sommes satisfaits par la représentation d'une pièce de Molière,
c'est parce que l'élément dramatique y est constamment
sensible. Les fameux « traits » qui font le type sont aussi ceux
qui font le drame : ils sont l'expression d'une vérité de l'homme,
ils sont surtout l'incarnation d'une force en conflit. Ce qui est
grossi et fait « trait », c'est ce qui est dynamique, ou plutôt
ce qui résiste, ce qui attaque ou ce qui déchire.

Dans le cas du deuxième acte de *Dom Juan*, notre satisfaction est triple. Apparente vérité humaine de ces paysans
et drame (farce) dans lequel ces paysans sont pris, en une
sorte de parodie du jeu du Chevalier et de la bergère, — drame
qui pourrait presque se suffire à lui-même, à tel point qu'on
fait parfois de cet acte une représentation séparée, dans des
récitals ou des exercices d'élèves — telles sont les deux premières sources de notre satisfaction. Mais, considéré comme
partie d'un tout, ce deuxième acte apporte une satisfaction
supplémentaire, et d'ailleurs celle sans laquelle la pièce ne
semblerait pas tenir : il est à sa place et s'impose par sa nécessité
même. Série de sketches, comme le remarque Bray, il est
semblable aux autres sketches moliéresques dans la mesure
où il est intégré à un ensemble, l'éclaire et lui est nécessaire [1].
Nous avons déjà signalé la valeur du deuxième acte de *Tartuffe*, souvent méprisé par des commentateurs plus soucieux
de règles pseudo-classiques que de rapports réels, véritablement
dramatiques, c'est-à-dire de classicisme vrai. Le deuxième
acte de *Dom Juan*, proche d'une « arlequinade », comme le
veut Antoine Adam, est lui aussi lié organiquement à l'ensemble de la comédie.

La pièce est loin d'être parfaite, et il est permis d'y voir
bon nombre de disproportions, dues à la hâte de l'auteur ou
à une certaine complaisance. Mais enfin, ces excroissances se
nourrissent du sang même de la pièce. Ce ne sont pas des

---

1. « Ces paysanneries n'ont en elles-mêmes pas grand-chose à voir
avec l'action; l'art de séduire de Dom Juan pourrait s'exercer avec plus
de prestige et de difficultés s'il s'agissait de grandes dames. Leur raison
d'être est de mêler de toute force au romanesque et au dramatique *(sic)*
ce gros sel qui plaisait au spectateur », dit Daniel Mornet (*Molière*, p. 101).
Cet acte serait un exemple du « sans-gêne » moliéresque, rien de plus.

hors-d'œuvre. Le deuxième acte de *Dom Juan* ne surprend que les commentateurs; pour les spectateurs, il est tout simplement accepté parce qu'il est senti comme intimement lié à ce qui précède par une quantité de ces parallélismes libres dont nous avons déjà signalé quelques-uns.

Au premier acte, Dom Juan oublie Elvire pour se lancer à la poursuite d'une jeune fiancée. Au second acte, il oublie Mathurine pour se lancer à la conquête de Charlotte, elle-même jeune fiancée. Mathurine, comme Elvire, vient l'interrompre dans son élan. Il y avait menace de lutte armée dans l'enlèvement de la jeune fiancée; il y a coups et gifles lorsque Pierrot intervient. En outre, nous avons vu toutes les comparaisons qu'on peut faire entre le code de Pierrot et celui d'Elvire, entre l'élan donjuanesque et la spontanéité de Charlotte, entre le village-prison de Charlotte et le couvent d'Elvire, entre le « matérialisme » de Pierrot et celui de Sganarelle. Il va sans dire que le spectateur ne compte pas sur ses doigts le nombre de ces parallèles, qui créent autant de tensions dramatiques par le contraste même des genres : mais il les sent, il les subit avec ravissement, comme il subit la symétrie d'une façade sans compter le nombre des fenêtres ou des pilastres. La réussite de cet acte réside précisément dans le fait que le spectateur éprouve une reconnaissance des thèmes et même de l'intrigue sans avoir à la penser.

Le drame du donjuanisme, avec toutes les forces en jeu, déjà développé sur le mode sérieux au premier acte, est revécu ici sur le mode de la farce, et cela, presque point par point. Si bien que, presque point par point, le donjuanisme et ses conséquences sont tournés en dérision : ce deuxième acte est destiné à nous empêcher de prendre Dom Juan au sérieux. Et par Dom Juan, entendons tout ce qui l'entoure. Il y a un crime donjuanesque, c'est vrai; mais il y a aussi une erreur, qui consiste à faire de tout cela une tragédie. C'est l'erreur d'Elvire, ce sera celle de Dom Louis au quatrième acte. Avec le deuxième acte de *Dom Juan*, nous sommes mis en présence d'une des plus fortes tensions du théâtre moliéresque, dont un pôle est la prise de conscience d'un très grave problème humain, et l'autre, le refus de faire de cette prise de conscience une crise d'angoisse. La gravité est en fin de compte une question d'éclairage, et ce deuxième acte est un mouvement de recul, ou plutôt une façon de s'élever. Dans cette pièce, Dom Juan est un criminel, mais tous les autres ont tort. Dans le cas présent, parler de religion, c'est se constituer en Sganarelle. Invoquer avec sérieux les codes admis, c'est se contredire, c'est se retrouver tout nu avec le meurtre en tête : grâce

à la farce, il est permis de voir, derrière les grands mots et
derrière la souffrance personnelle, un mécanisme ridicule.
Le *Dom Juan* de Molière, version très particulière du mythe
du burlador de Séville, essaie d'en être, à certains égards, le
burlesque. Il est clair, maintenant, que cette pièce représente
un effort de faire entrer Dom Juan dans l'univers comique, que
la revanche qu'on cherche à prendre sur cette intolérable
nature est d'ordre théâtral, non moral.

CHAPITRE V

Le libertin

Il est remarquable que des trois projets amoureux de Dom Juan, aucun ne réussisse. La tempête fait échouer la conquête de la jeune fiancée, l'intervention de Pierrot puis celle de Mathurine interrompent la conquête de Charlotte, et l'espoir de Dom Juan de pouvoir trouver une solution dans le quart d'heure qui vient est finalement dissipé par la nécessité de fuir devant la menace de « douze hommes à cheval ». Retardé par Elvire, Dom Juan échoue à cause d'une tempête. Retardé par Pierrot, Dom Juan aboutit dans une impasse. Maintenant, plus que gêné ou interrompu, Dom Juan est poursuivi. On pourrait dire que les obstacles sont passés à l'attaque. Le mouvement d'ensemble, qui allait de l'avant à l'acte Ier, va être un mouvement de retraite, du bord de mer à la forêt, de la forêt à l'antre de Dom Juan. Il conviendra de préciser le sens du lieu indéfini où se déroule le cinquième acte.

Quand Dom Juan ne conquiert pas, il se dérobe, d'ordinaire par des silences, et, nous venons de le voir, acculé, par des mensonges. La fuite et le déguisement ne font que prolonger concrètement, spectaculairement, cet aspect du donjuanisme.

Certes, les déguisements du troisième acte ne sont pas exactement ceux qui ont été annoncés à la fin du second. Mais ce changement ne fait que produire une surprise au sein de l'attendu, et non un choc brutal. L'atmosphère de déguisement étant annoncée, liée au théâtralisme général de la farce, Molière en tire à la fois un trait final pour son deuxième acte et une symbolique pour son troisième acte, au prix d'une légère entorse à la parfaite logique pseudo-classique. Mais n'avait-il pas agi de même avec l'atmosphère politique de *Tartuffe?*

L'échange de costumes proposé à la fin du deuxième acte est en lui-même banal. Mais il permet au couple Dom Juan-Sganarelle de réaffirmer sa cohésion, et, en quelque sorte, de

signer conjointement tout ce qui précède. Pendant la majeure
partie de l'acte, à part deux interventions apparemment
charitables, Sganarelle est resté au second plan. Présent,
toutefois, témoin permanent de son maître[1]. En fait, on
n'avait guère besoin de lui : la farce roulait bon train. Mais
c'est lui qui assure la permanence de ce niveau tout au long
de la pièce, et s'il laisse toute liberté à la farce des paysans de
se développer sur sa lancée, il rappelle à plusieurs reprises
que c'est là son « genre », et c'est lui qui a le mot de la fin. Il
s'est fait gifler, il s'est piteusement contredit à la fin de la
scène 4, il manifeste sa peur pour terminer.

Il a de quoi avoir peur : c'est bien de mort qu'il s'agit.
L'effort de Molière a consisté ici à faire entrer la mort dans
la farce. Ou du moins, le danger de mort, qui est un des caractères, dans la théorie officielle de la distinction des genres,
qui permet de reconnaître, vers 1660, la tragédie. L'allusion
au Commandeur « bien tué », et les menaces d'Elvire au premier acte avaient déjà introduit ce thème de la mort, renforcé
par les remarques de Sganarelle sur la « mauvaise fin » des
libertins. Par cette fin d'acte, nous sommes invités à considérer
le danger de mort couru par Dom Juan avec le même détachement que celui avec lequel la farce vient de traiter le thème de
la conquête. Il y a là manifestement un refus du sérieux devant
l'aventure donjuanesque et sa conclusion, ce qui est la meilleure
façon de la dominer, de n'en être ni la dupe ni la victime.
Jusqu'à la mort inclusivement, le deuxième acte de *Dom Juan*
est une invitation à ne pas nous laisser prendre à cette histoire.
Car, si on s'y laisse prendre, la suite va se charger de nous
montrer que tout cela n'est pas beau, d'un côté comme de
l'autre.

Quand le rideau se lève sur le troisième acte, dans une forêt,
Dom Juan est à peine déguisé, alors que Sganarelle l'est radicalement. Habillé en médecin, celui-ci se dissocie le plus qu'il peut
de son maître. Certes, ils voyagent ensemble, mais quel contraste
entre le premier projet et cette désolidarisation vestimentaire !
Autant Dom Juan reste proche de lui-même, — car son « habit
de campagne » ne fait de lui qu'un autre individu, mais de la
même classe, avec la même noblesse, la même allure — autant

---

1. Rappelons que Molière jouait Sganarelle, Lagrange, Dom Juan :
pour le spectateur de 1665, par sa présence sur scène, le maître bouffon
Molière soutenait son élève Lagrange, élégant jeune premier obligé ici à
un exercice de farce.

Sganarelle cherche à échapper non seulement à sa propre personne, mais à son rang et à son métier. Du coup, il passe au premier plan de l'attention du spectateur, sensible à cette tentative d'indépendance, qui voile sans le briser le lien profond entre le maître et le valet, et qui ne fait qu'intensifier le caractère attraction-répulsion qui commande l'être de Sganarelle.

Le débat sur la médecine qui s'engage peu de temps après le lever du rideau est inséparable de la mascarade qui lui sert de prétexte. Sganarelle n'est pas médecin, il a usurpé un habit de médecin. De même, ses propos ne sont pas sérieux, il ne croit pas ce qu'il dit lui-même. Il joue le rôle que lui impose son costume. La plaisanterie sur l'homme qui ne pouvait mourir et que le vin émétique fit enfin mourir tout d'un coup donne le ton des discours de Sganarelle sur la médecine. Le valet se permet le luxe d'une parodie de discussion avec son maître. Plus : il fait la parodie de sa propre attitude. Des expressions comme : « vous êtes aussi impie en médecine », et : « vous avez l'âme bien mécréante », en sont le signe. Il se constitue ici en bouffon de son maître en se moquant de lui-même, ce qui est une façon de révéler sa complaisance et sa bassesse de caractère. Quand il dit : « Voulez-vous rien de plus efficace? » il fait éclater sa joie d'avoir, par un habile détour où il a paru se ridiculiser, montré qu'il y avait des domaines où il était un esprit fort comme son maître. C'est là un moment de comique grinçant, où le valet réussit à obtenir une seconde d'*accord* avec son maître, comme un chien reçoit un morceau de sucre.

Tous les commentateurs ont signalé que la médecine elle-même, dans cette scène, reçoit une première attaque, fort violente, de la part de Molière. Mais l'attaque est d'autant plus savoureuse que ce n'est pas un médecin qui parle, mais un bouffon qui joue au médecin : aucun des deux personnages ne prend la médecine au sérieux, elle est tout juste bonne à servir de matière à des pitreries.

Pendant cette première partie de la scène, Dom Juan reste au second plan. Il est le spectateur du divertissement servile que lui offre son valet. Il joue aussi le rôle du « compère », complice du public, qui fait ressortir les bouffonneries du « comique » dans les numéros à deux du music-hall moderne. Ou, pour rester proche de Molière, le couple Sganarelle-Dom Juan évoque ici les charlatans, les personnages de Tabarin, comme Sganarelle, au lever du rideau du premier acte, évoquait les marchands de produits miraculeux. Cette scène est un exemple de plus de l'effort de Molière pour ancrer sa pièce dans les sources mêmes de son art, ou pour absorber l'horreur

du drame espagnol dans la bonne humeur salutaire de la vieille
farce française.

Pourtant, Dom Juan ne sombre pas complètement dans
l'anonymat d'un personnage-repoussoir. Sa condamnation de
la médecine comme « pure grimace » est une prise de position
déclarée, même si le ton est désinvolte, et rappelle que ce
compère complaisant est toujours Dom Juan, l'homme qui ne
croit à rien.

C'est à vrai dire la première fois que Dom Juan fait véritablement une « théorie », — sa tirade du premier acte sur la
conquête amoureuse étant essentiellement une description de
sa propre nature. Cette théorie vient tout droit de Montaigne
(II, 37), — mais cela nous autorise-t-il à gloser sur les bienfaits de la Nature, et à faire de Dom Juan une étape entre Montaigne et certains philosophes du xviiie siècle ou encore les
Christian Scientists modernes? Il y a deux façons d'écouter cette
courte tirade : comme une thèse, que l'auteur nous invite soit
à accepter soit à condamner, ou comme une illustration de plus
des forces dramatiques en jeu.

Si l'on s'en tient à la première de ces attitudes, il est évident
que Dom Juan exprime l'opinion de Molière sur la médecine, —
du moins la médecine de son temps, telle que la pratiquaient la
plupart des médecins. Plus tard, gravement malade, il lancera
contre elle, et en son propre nom, des attaques encore plus
nettes, tout en n'hésitant pas, comme il l'avait fait pour *Les
Précieuses* et sans doute pour les mêmes besoins comiques,
à puiser à droite et à gauche les détails les plus grotesques,
et même les plus anachroniques. Ceci accepté, on conclut que,
puisque Molière est d'accord avec Dom Juan sur la médecine,
il doit l'être aussi, dans la suite de la scène, sur le rejet de toute
religion. En fait, cette conclusion ne s'impose pas, la scène
dans son ensemble étant une scène de passage, de glissement,
une illustration du « dépassement » donjuanesque.

Sur le plan purement dramatique, rappelons que cette
discussion sur la médecine est avant tout un moment de
complicité louche entre le maître et le valet. Sganarelle s'amuse
à paraître plus bête qu'il n'est pour ensuite surprendre son
maître. La courte tirade de Dom Juan est l'indication du fait
que, quoi que tente Sganarelle, Dom Juan est toujours en avance
sur lui. Sganarelle trouverait « plaisant » que les malades gué-
rissent de ses ordonnances données « à l'aventure ». C'est-à-
dire qu'il n'exclut pas l'hypothèse. Dom Juan accepte celle-ci
totalement, et la justifie.

Il la justifie par « les faveurs du hasard et les forces de la
nature ». La nature dont il est question ici n'est ni bonne ni

mauvaise, elle n'apparaît pas comme une sorte de déterminisme
providentiel, elle est au contraire étroitement liée au hasard.
Du coup, ce qu'il est permis de voir dans cette théorie, c'est
non pas une philosophie de la nature, mais une reprise du
thème des rencontres, des aventures accidentelles, qui est
inextricablement lié à l'attitude donjuanesque. On rencontre
la guérison comme on rencontre les femmes. C'est le « hasard »
qui a montré à Dom Juan la jeune fiancée, — ce même hasard
que dans son ravissement et pour mieux bouleverser la belle à
conquérir il appelle ironiquement « Ciel » lorsqu'il rencontre
Charlotte. Le rejet de la médecine par Dom Juan, pour louable
qu'il soit, est fondé avant tout sur la tendance profonde du
personnage à s'abandonner à tout ce qui vient.

Le point final de cette fausse discussion est le « Tu as raison »
de Dom Juan. Satisfait, Sganarelle passe à un sujet plus sérieux.

> *Mais laissons là la médecine, où vous ne croyez point, et parlons
> des autres choses* [...] *Est-il possible que vous ne croyiez point du
> tout au Ciel?*

La transition est brutale, et une fois de plus apparemment
maladroite. Un lien profond est fourni toutefois par le vocabulaire : à propos de la médecine, Sganarelle n'a pas cessé d'user
de termes réservés d'habitude à la religion : « impie », « croire
à », « l'âme bien mécréante », « miracles », et peut-être même
« efficace » qu'on attribue si souvent à la grâce. L'unité de toute
la scène, c'est le thème de la croyance. Le mouvement de la
scène consiste dans le contraste entre la permanence de l'attitude donjuanesque quand on passe d'un ordre à l'autre, tandis
que Sganarelle respecte ce passage, du scepticisme en matière
de médecine à la croyance en matière de religion.

Il y a plus : la scène tient par un lien spectaculaire, nommément le costume de Sganarelle. Le rideau s'est levé sur le
spectacle d'un Sganarelle fier de son costume de médecin.
Au moment de l'abrupte transition entre la discussion sur la
médecine et la discussion sur la religion, ce costume est rappelé
à l'attention du spectateur par une remarque de Sganarelle :

> [...] *car cet habit me donne de l'esprit, et je me sens en humeur
> de disputer contre vous.*

James Doolittle estime que Sganarelle est « plus qu'à moitié
prêt à croire que son costume de médecin lui a donné les talents
d'un médecin, et ce qui est plus important, l'esprit de discuter
avec Dom Juan [1] ». Et cela fait partie de son ingénieuse expli-

---

1. Doolittle, *op. cit.*

cation du personnage, déjà signalée à propos de la tirade sur
le tabac : Sganarelle se définit essentiellement par une confusion entre l'apparence et la substance des choses, entre les gestes
et images et le sens profond des croyances. Et certes, cette
confusion typiquement moliéresque est une des dimensions
principales de Sganarelle. L'univers du valet est presque
magique : propriétés miraculeuses du tabac, vertu du costume
médical, croyance au Moine bourru, etc. Mais il nous semble
qu'ici, le jeu est plus subtil.

L'habit de médecin est considéré par Sganarelle comme un
masque, qui a une fonction définie : lui permettre de passer
inaperçu aux yeux des ennemis de son maître. Tant qu'il s'agit
de cette vertu protectrice, il serait absurde de parler de confusion entre l'apparence et la vérité des choses; l'attitude de Sganarelle est là parfaitement normale. La deuxième étape est
positive, mais extérieure à Sganarelle : les paysans le prennent
pour un vrai médecin, et Sganarelle trouve cette erreur « plaisante » : il rêve, sans y croire, à un monde où ses remèdes
seraient efficaces. A partir de ce moment-là, nous entrons dans
un jeu, où le costume ne cesse pas d'être un costume de théâtre,
dont Sganarelle se sert pour jouer une comédie ironique et
servile par laquelle il démontre que précisément il ne croit ni
à la vertu de son costume ni à la médecine. Troisième étape :
« cet habit me donne de l'esprit ».

Nous sommes en plein théâtre, et dans une pièce écrite par
un acteur, qui connaît l'importance du costume, la confiance
qu'il donne au comédien. Déjà Mascarille, dans *Les Précieuses*,
valet déguisé en marquis précieux, finissait par s'identifier avec
son rôle, ou du moins semblait, dans l'enthousiasme de sa mascarade, se prendre à son propre jeu. Il en sera de même avec le
Sganarelle du *Médecin malgré lui*, qui accepte de se faire passer
pour un médecin pour éviter les coups de bâton, mais qui, une
fois revêtu du costume sacré, joue son rôle à la perfection.
Jean Anouilh, tout au long de son œuvre, reprendra ce thème,
bon nombre de ses personnages ne pouvant jouer leur rôle que
dans le décor et le costume appropriés, — mais en se souvenant
un peu trop des leçons de Diderot et de Pirandello. Sans
l'expliquer ni le démontrer, Molière use tout spontanément de
ce pouvoir du costume. Mais il ne s'agit que d'une comédie,
garantie par les prestiges de l'habit de théâtre, et non d'un
changement réel d'identité.

Sganarelle est de nature un raisonneur. Il l'a montré au premier acte, où il n'avait pas besoin d'un déguisement pour
faire des remontrances à son maître. Le costume de médecin ne
fait que lui donner confiance, — aidé d'ailleurs en cela par

le sentiment d'accord avec Dom Juan. Ici, Sganarelle entre
à fond et avec émerveillement dans l'univers du « comme si »
théâtral. Tout se passe comme si cet habit lui donnait de l'esprit. Parti de la notion du déguisement-camouflage, passant
par celle de l'habit de théâtre sous lequel on satirise ce qu'on
représente, Sganarelle aboutit à l'idée de l'habit-avec-lequel-
on-s'identifie. Grâce à l'habit, il peut être le raisonneur qu'il
rêve d'être ; l'habit lui permet de réaliser sa vocation [1].

Ce que Sganarelle appelle « esprit » et « humeur », c'est en
fait du courage, — le courage, d'ailleurs enveloppé de précautions, d'interroger son maître sur lui-même. Qu'on ne s'étonne
pas qu'après une si longue fréquentation de Dom Juan, Sganarelle en soit encore à lui poser de semblables questions. Il
paraît certes connaître les réponses d'avance : il a affirmé devant
Gusman que Dom Juan était un « hérétique qui ne croit ni Ciel ni
Enfer, ni loup-garou... et traite de billevesées tout ce que nous
croyons ». Mais il semble bien aussi que Dom Juan ne lui ait
jamais vraiment dit son incroyance. Sa conduite d'une part,
des haussements d'épaules d'autre part, sont les seules preuves
que possède Sganarelle. Cette fois-ci, garanti par son costume,
Sganarelle veut « savoir (les) pensées (de Dom Juan) à fond ».
Il veut savoir s'il ne croit « point du tout » au Ciel, à l'Enfer,
etc. En un mot, Sganarelle ne parvient pas à croire ce qu'il sait
déjà ; il a besoin d'une confirmation absolue. C'est une fois de
plus le signe du dépassement de Sganarelle par Dom Juan.

Dom Juan, bon prince en cette occasion, mis sans doute de
bonne humeur par les bouffonneries sur la médecine, se laisse
interroger, mais oppose aux questions de Sganarelle sa tactique
habituelle : réponses floues, haussements d'épaules, un éclat de
rire. Il va sans dire que ce comportement est l'équivalent d'une
franche négation, mais la forme n'est pas satisfaisante pour
l'interlocuteur, et on comprend que Sganarelle ait dû répéter
un interrogatoire qu'il avait sans doute souvent déjà fait.

Sganarelle : [...] *Est-il possible que vous ne croyiez point du tout au Ciel?*
Dom Juan : *Laissons cela.*
Sganarelle : *C'est-à-dire que non. Et à l'Enfer?*
Dom Juan : *Eh!*

---

1. L'habit de médecin prend évidemment ici un sens plus large. Molière
a abandonné le « docteur », le pédant de la farce, devenu pure convention
(il le reprend toutefois sous la forme des deux philosophes du *Mariage
forcé*). Dans l'ensemble, il le remplace par le médecin, type d'actualité.
Il faut attendre *les Femmes savantes* pour trouver une forme moderne
du pur pédant de profession : Vadius. Dans *Dom Juan*, par sa fantaisie
même (fantaisie justifiée par le fait que l'habit a été acheté à un vieux
médecin) le costume de médecin englobe à la fois la médecine et toute la
pédanterie du monde.

Sganarelle :   *Tout de même. Et au diable, s'il vous plaît?*
Dom Juan :   *Oui, oui.*
Sganarelle :   *Aussi peu. Ne croyez-vous point l'autre vie?*
Dom Juan :   *Ah! ah! ah!*
Sganarelle :   *Voilà un homme que j'aurai bien de la peine à convertir. Et*
               dites-moi un peu, le Moine bourru, qu'en croyez-vous, eh?
Dom Juan :   *La peste soit du fat* [1] *!*

La demi-dérobade de Dom Juan est ici utilisée au maximum de ses possibilités dramatiques et scéniques. La forme de ses réponses oblige Sganarelle à formuler lui-même les conclusions, présentées d'abord de façon explicative : « C'est-à-dire que non. » Sorte d'aparté, prononcé peut-être après réflexion, mise au point que Sganarelle est contraint de faire pour lui-même, et même, si l'on veut, explication donnée au public, ce « c'est-à-dire » est le début d'une série de va-et-vient, exécutée par Sganarelle, de Dom Juan à lui-même ou au public. Ce jeu correspond à celui de la deuxième scène du premier acte : ici encore, Sganarelle se heurte contre Dom Juan, rebondit et retombe, puis se relance à l'assaut, — mais cette fois, de façon beaucoup plus mécanique, beaucoup plus farcesque. Signalons dès maintenant l'effet produit : si l'on « joue » avec la médecine, il n'y a pas de raison pour ne pas jouer aussi avec le Ciel et l'Enfer. Le rire indifférent de Dom Juan reste égal à lui-même.

Derrière cette farce, bien entendu, une attitude fondamentale se révèle : Dom Juan, qui n'est pas militant, est tout simplement indifférent. Il égalise tout : médecine, la « vraie religion », et le Moine bourru sont balayés du même haussement d'épaules. Or, Sganarelle est incapable de penser en termes d'indifférence : il lui faut du positif. Il faut que Dom Juan dise franchement *non*. Il faut ensuite qu'il dise *oui* à propos de quelque chose : « encore faut-il croire quelque chose ». Et quand Dom Juan répond :

> *Je crois que deux et deux sont quatre, Sganarelle, et que quatre*
> *et quatre sont huit* [...]

il ne semble pas que l'acteur chargé du rôle doive prononcer cette remarque d'un ton de défi, avec l'héroïsme agressif de la pensée libérée. Non, Dom Juan ne jette pas cette remarque comme plus tard on brandira le flambeau de la Raison. Ces mots viennent tout naturellement; ils ne supposent aucune méditation, aucun examen critique de l'univers. Ils jaillissent de la nature donjuanesque comme la plupart des « traits » jaillissent de la nature d'autres héros moliéresques. Comme eux

---

1. Ceci étant le texte apparemment le plus complet.

ici, ils ont des conséquences que le personnage lui-même ne
soupçonne pas [1].

Ceci est de la plus haute importance pour la compréhension
du personnage : il est, sur le plan de la pensée comme sur le
plan des mœurs, le plus élémentaire des êtres. Nature tout
entière consacrée à sa satisfaction, il est aussi pensée réduite
aux vérités mathématiques. Il n'est rien de plus que quelques
évidences premières. C'est un fait de nature, non le résultat
d'une culture, d'une édification ou d'une libération calculée.
En face de cet être dépouillé au maximum, Molière a dressé
en Sganarelle un être revêtu de tous les fatras, comme il l'est
de son costume de médecin : habit emprunté, croyances
empruntées, — ce qui n'exclut pas la sincérité de Sganarelle,
la foi dans les idées reçues étant, pour certains esprits, aussi
évidente que les vérités géométriques. C'est ce conflit qui
commande la pièce, beaucoup plus que la sympathie personnelle
de Molière pour l'une ou l'autre « cause ». Antoine Adam, par
une analyse qui suit d'autres voies, renvoie Dom Juan et Sganarelle dos à dos : Molière se moque et se venge des deux sortes
d'hommes, les imbéciles dévots, les grands seigneurs méchants
hommes. Et c'est sans doute vrai. Mais il a surtout choisi ce
ressentiment-là, ce double ressentiment, parce qu'il lui permettait, par le grossissement et la simplification, d'opposer
deux types avec le plus grand contraste possible. En un mot,
Molière ne nous demande de sympathiser ni avec l'un ni avec
l'autre : il présente le drame de deux attitudes humaines
extrêmes, toutes deux possibles, et contraires l'une à l'autre.
Débat, cette scène vaut moins par le contenu de l'un et l'autre
argument, que par leur incompatibilité.

Car les « contenus » sont on ne peut plus simples : l'un est
l'expression schématique de l'indifférence libertine, l'autre
le développement naïf des clichés de la superstition et, comme
le signale Antoine Adam, des livres élémentaires de dévotion.
De même que le deuxième acte était la farce du donjuanisme
en amour, cette scène est la farce du débat entre le libertin et
le dévot, c'est-à-dire une invitation lancée aux spectateurs de
prendre sur ce conflit un recul salutaire.

Certes, comme à l'acte II, la farce est déséquilibrée. Il
y a, tout au long de la pièce, une incontestable supériorité de

---

1. L'apostrophe qui sépare les deux membres de la phrase, « Sganarelle »,
donne à la remarque une allure didactique ou solennelle à première vue.
Mais Dom Juan s'amuse : il parodie le ton didactique, pour se moquer du
sérieux de Sganarelle. Que de tels propos aient été tenus, selon Balzac,
par Maurice d'Orange sur son lit de mort ne nous autorise en rien à trans-
férer la gravité des circonstances réelles à la farce moliéresque.

Dom Juan : c'est qu'il est le « danger », tandis que ses adversaires sont le « ridicule ». Il est le danger parce qu'il est inexpugnable. Il n'insiste guère : il se dérobe, et il attire les autres par son mystère qui n'est en fait que son absence. Ici, comme ailleurs, Dom Juan parle peu, jette avec désinvolture sa profession de foi arithmétique, et Sganarelle vient basculer dans le vide qui l'entoure. C'est lui le clown, Dom Juan lui opposant un M. Loyal nonchalant et glacé.

Du coup, la démonstration de Sganarelle, fondée sur un mélange de preuve cosmologique et de preuve par les causes finales, est un spectacle pour Dom Juan. Alors que Sganarelle est passé de la bouffonnerie volontaire à la bouffonnerie inconsciente, Dom Juan continue à le traiter de la même façon : le tout est un numéro de plus. De plus en plus se précise un des aspects du danger donjuanesque, du désordre qu'il apporte dans le monde : devant son silence, devant ses haussements d'épaules, tout ce qui n'est pas passion élémentaire chez autrui est transformé en geste de théâtre, en mascarade. Oui, l'argument de Sganarelle est fait de clichés : il n'en a pas moins, comme celui du premier acte, une structure, un enchaînement, une dialectique. Sganarelle part du mystère (celui de l'au-delà) pour en revenir au mystère (celui du libre arbitre), en passant par le domaine même du rationalisme (les lois physiques qui régissent l'univers). Mais Dom Juan constitue cet argument en démonstration farcesque, dans la mesure même où il refuse de jouer le jeu. Rien n'est spectacle dans le monde s'il n'y a pas de spectateur; mais tout devient spectacle si un homme décide de se poser comme spectateur, — et de n'être que cela.

C'est là le danger représenté par Dom Juan, c'est aussi sa limite : étant donné sa nature élémentaire, il ne peut pas être autre chose qu'un spectateur. Par la faute de Dom Juan, les ordres humains perdent leur sérieux; Molière sauve en quelque sorte la situation en faisant, à son tour, de Dom Juan un « spectacle ». Dom Juan disparaîtra dans les rougeoiements des feux de Bengale, — un peu comme Sganarelle trébuche et tombe grotesquement à la fin de son raisonnement.

Apparaît le Pauvre, et se déroule la scène célèbre dont on sait qu'elle est, dans sa substance, profondément originale.

Le spectacle, divertissement d'une halte en forêt, est terminé, le déplacement à travers l'espace reprend. Dom Juan en fuite, Dom Juan égaré fait demander par Sganarelle son chemin à un pauvre vagabond. Le dialogue qui suit occupe exactement le milieu de la pièce; il n'est toutefois pas isolé à cette place privilégiée : il sert aussi de premier volet au triptyque qui constitue la fin de l'acte, et qui est fait de la rencontre des frères d'Elvire, encadrée par deux exemples d'impiété. Il est enfin la mise en action de l'incroyance de Dom Juan, et prolonge de la sorte la tentative d'approfondissement engagée par Sganarelle à la scène précédente.

Ce dialogue ne révèle rien de neuf sur Dom Juan : il est l'aboutissement logique de tout ce que nous savons sur lui. Il ne fait qu'accentuer la notion de « danger », que Dom Juan représente pour le reste du monde. Les circonstances l'aident : son pouvoir de maître, son prestige de grand seigneur, sa puissance d'homme riche. Sa condition permet à son action d'être directe, en quelque sorte pure. Et c'est celle-ci qui compte.

Le point de départ de la scène est l'usage d'un code que Dom Juan ne respecte pas : on fait l'aumône au pauvre qui rend un service. La situation est donc habituelle : une fois de plus, Dom Juan ignore une norme. Le rebondissement se produit quand le pauvre rappelle Dom Juan à l'ordre. Mais c'est l'attitude anormale — par oubli, et désinvolture complète — de Dom Juan qui entraîne ce rappel à l'ordre, et fait du pauvre un mendiant. Quant au rappel à l'ordre, il provoque une réaction de Dom Juan, qui n'accepte jamais qu'on tente de le faire rentrer dans la norme.

Dom Juan remplace le code convenu par une explication logique. Il établit un lien de cause à effet entre l'obligeance du Pauvre et sa demande d'aumône, et rien de plus : mais, de la sorte, il détruit la mystique d'un code, et y substitue un instinct élémentaire. Le dialogue est désormais lancé sur le thème du marché, du « donnant-donnant ». Certes, Molière utilise ici l'attitude habituelle du pauvre, qui remercie en promettant de dire des prières pour son bienfaiteur. Mais Dom Juan a coloré d'avance tout ce que le Pauvre pourra dire.

A cela se joint son agacement, lorsque le Pauvre parle du Ciel, de ce Ciel dont tout le monde lui rebat les oreilles : il renvoie le Pauvre à lui-même, et se met, comme toujours, en dehors de la question. Mais il revient à la charge. Et c'est là l'élément nouveau qu'apporte cette scène : pour la première fois, Dom Juan attaque, pour la première fois, il ébauche une démonstration, destinée à prouver qu'il est dans le vrai. Toutefois, il est évident qu'il le fait sans sérieux. Ayant posé dès le début le thème du marché, il s'amuse à des variations sur lesquelles il fait en quelque sorte danser le Pauvre, — comme si les bouffonneries de Sganarelle l'avaient mis en appétit pour ce genre de spectacle.

Le Pauvre n'est pas un théologien; il est même moins habile que Sganarelle. Il représente une foi toute pure, irréfléchie, avec ce que cela comporte d'idées reçues et « crues » au-delà de toute démonstration, de toute question. Il ne comprend pas la moquerie de Dom Juan. Il ne raisonne ni sa pauvreté, ni sa foi. Il s'oppose à la fois à Dom Juan et à Sganarelle : il est le sérieux non-bouffon.

Dom Juan, le spectateur, devient en plus ici le tentateur. Et c'est d'une double tentation qu'il s'agit ici, en un mouvement qui rapproche Dom Juan du diable proprement dit : la tentation de la raison (contradiction visible dans l'inefficacité des prières) et la tentation de la chair (le louis d'or qui permettra au Pauvre de « se mettre un morceau de pain sous les dents »). Mais Dom Juan reste égal à lui-même dans la mesure où il tente avec désinvolture, cette désinvolture étant soulignée par le geste final, le don du louis d'or en dépit du refus du Pauvre. Toute cette scène est un jeu pour Dom Juan, et un jeu auquel il ne saurait s'attarder plus qu'aux autres. En un mot, il ne fait que passer dans la vie du Pauvre, comme il passe dans la vie des femmes. Ou doit-on retourner la formule et dire que le Pauvre ne fait que passer dans sa vie?

Dramatiquement, la valeur de la scène réside dans l'opposition nette entre ce « passage » de Dom Juan, et l'obstination du Pauvre, qui tient à ce qu'il croit jusqu'à la mort.

> *Non, Monsieur, j'aime mieux mourir de faim.*

Pour Dom Juan, la tentation offerte au Pauvre est du même ordre que les tentations offertes aux femmes : on trouve du plaisir à surmonter de petits obstacles, de petites résistances. Mais comment insisterait-il outre mesure, là où lui, il n'a rien à gagner? Dom Juan est ici diabolique sans le savoir. Dans la pièce de Molière, au moment où Dom Juan est « le pire », il est aussi le plus aveugle, il ne se rend pas compte de l'infinie importance de ce qu'il fait, il *rate* purement et simplement l'occasion d'être le philosophe, le « libérateur » ou l'antéchrist, comme on voudra, que certains commentateurs aimeraient voir en lui. Il passe (la scène est très courte), s'en tire par une pirouette, presque un jeu de mots :

> *Va, va, je te le donne pour l'amour de l'humanité.*

Cette formule, loin de marquer une victoire philosophique, est le signe d'une paresse. Ce louis d'or que Dom Juan tient à la main, qu'il fait briller aux yeux du Pauvre, il est finalement plus facile de le donner que de le remettre dans une poche ou dans une bourse. La formule veut bien dire « pour l'amour des

hommes », elle remplace bien, et intentionnellement, la formule
« pour l'amour de Dieu », mais c'est un haussement d'épaules,
non une reconnaissance du courage humain dans le Pauvre, ni
une leçon de charité laïque. Il est remarquable d'ailleurs que
dans les éditions coupées, si la tentation est supprimée, cette
formule ait été conservée : ce n'est donc pas elle qui est cho-
quante. Elle a simplement la valeur d'une dérobade spirituelle,
finalement assez plate.

La scène du Pauvre, située au centre de la pièce, éclaire
celle-ci d'un bout à l'autre; elle sert de point d'arrivée à la
longue montée qui précède, elle explique d'avance tout ce qui
va suivre.

L'épouseur à toutes mains, l'hérétique qui traite de billevesées tout ce que nous croyons, enfin le grand seigneur méchant
homme, ces trois dimensions de Dom Juan, liées d'ailleurs de
façon inextricable, sont maintenant pleinement illustrées.
Présentes toutes trois dans la scène 2 de l'acte Ier, elles ont
à tour de rôle passé au premier plan. Ou plutôt la « méchanceté » étant en quelque sorte la résultante des deux autres, nais-
sant logiquement de l'absence de scrupule ou de respect, celle-ci
était permanente, tandis que le polygamisme prenait le dessus à
la fin du premier acte et tout au long du second (qui liquidait le
problème par l'usage de la farce), — pour laisser place à l'hérésie
au troisième. Disons « hérésie » comme Sganarelle; en fait il
s'agit de totale irréligion.

La farce du deuxième acte a dévalorisé les aventures amoureuses. Il semble bien maintenant que l'aventure intellectuelle
soit aussi fort décevante. Dans celle-ci comme dans les premières, la pièce souligne à la fois le danger que représente
Dom Juan, et son échec. Après l'élan quasi épique de la tirade
sur la conquête amoureuse, la pièce dégonfle progressivement le
personnage, tout en conservant la notion de danger. Au centre
de ce troisième acte, une évidence s'impose à cet égard : la
pièce ne triche pas avec la réalité du danger donjuanesque, mais
tente par tous les moyens de le conjurer; et ces moyens sont
essentiellement des moyens de théâtre.

Dans la farce du deuxième acte, Dom Juan s'est mis dans
une impasse. Mais si le personnage a été ainsi dégradé théâtralement, il n'en reste pas moins que dans les coulisses rôde une
Done Elvire à jamais meurtrie. Dans la farce « intellectuelle »
du début du troisième acte, Dom Juan n'a pas cessé d'être
supérieur à Sganarelle : là, c'est la farce qui échoue. Mais aussi-

tôt après, le personnage est vaincu par la résistance du Pauvre
qu'il a tenté. Certes, on peut dire ici que la revanche de la
comédie sur Dom Juan consiste à le mettre en échec d'abord
grâce à un « genre » qui ne devrait pas être le sien, ensuite au
moyen d'un individu qui appartient à la classe la plus éloignée
de la sienne. Théâtralement, c'est d'en bas que vient sa défaite.
On sait que son écrasement proprement dit viendra au contraire
de ce qu'il y a de plus haut. Mais pour le moment, une sorte de
leçon se dégage de ce double échec : on ne relance pas Dom Juan,
on le met en présence d'univers ou d'êtres élémentaires, pour
ainsi dire aussi primitifs que lui : la machine aveugle et pure de
la farce, la foi brute et non réfléchie. Dom Juan ne peut être
neutralisé que par des résistances primordiales, — que ce soient
les forces de la nature physique (tempête), celles de l'irrémédiable farcesque, ou celles d'une nature individuelle entièrement occupée d'une conviction sans faille. Parallèlement, et
métaphoriquement, c'est un bloc de pierre qui aura raison de
Dom Juan.

Certes, la pièce n'est pas démonstrative. Les rapports de
cause à effet sont escamotés. On se contente d'illustrer l'échec
de Dom Juan par tous les moyens dont dispose un dramaturge
ou un poète; l'arbitraire poétique de cette revanche sur le
héros est évidente dès le moment où Molière s'amuse à le faire
tomber à l'eau. Le « sérieux » de la scène du Pauvre est en fait
étroitement lié à cette absence de sérieux, ainsi que le sera la
terreur des prodiges infernaux.

Seulement, ces échecs de Dom Juan ne sont pas satisfaisants.
Non seulement on pense à Elvire, mais aussi aux autres pauvres
qui, eux, se sont laissé corrompre. Le héros est neutralisé un
instant, mais continue. Et surtout, — et c'est là ce qui fait que
la pièce se prolonge, que les épisodes se multiplient ou se répètent sous des formes différentes, — le héros, de par sa nature
même, *n'éprouve* pas son échec. Il est si élémentaire que ses
échecs ne le tracassent même pas. Le danger donjuanesque
demeure réel. La scène du Pauvre nous donne ainsi l'exacte
mesure du personnage, qui pour ainsi dire puise sa force dans sa
propre futilité.

Rien ne le touche vraiment. Du coup, il est supérieur à ceux
qui s'agitent, qui donnent de l'importance à tout; il est le
spectateur désintéressé de leur souci. Son regard les transforme en marionnettes, car il a décidé d'avance que ce souci ne
comptait pas. Donc Elvire sur le plan sérieux, Sganarelle sur
le plan bouffon ne peuvent que jouer un rôle devant lui. Mais
aussi, il est facilement vaincu, car ses défaites ne le touchent
guère. Ses acharnements sont de courte durée. Molière a pré-

senté dans sa pièce, non pas un Tartuffe méthodique, non pas
non plus un rationaliste conscient et « organisé », mais le désordre même de l'indifférence, une nature qui est la Nature, allant
de l'avant, mais ballottée, avec un appétit et les curiosités
passagères d'un animal. L'erreur des personnages en face de lui,
c'est de le prendre pour un homme, d'essayer de lui tenir un
langage d'homme : ils frôlent alors le ridicule de ceux qui parlent aux chiens. Le plus ridicule de tous, c'est Sganarelle,
qui sait ce qui en est (« un chien..., véritable bête brute »)
mais ne parvient pas à agir en conséquence, et insiste tant
pour parler à son maître d'homme à homme.

Et c'est là sans doute que réside toute l'ironie de « l'amour
de l'humanité ». Que ce soit précisément Dom Juan qui utilise
la formule !

A ce moment de la pièce, nous sommes en mesure de définir
exactement le « libertinage » de Dom Juan. Il va sans dire
qu'*a priori*, il est double ; le mot doit être entendu à la fois
dans sa signification philosophique, et dans sa signification
(historiquement plus tardive) galante. La polygamie du personnage (ses « petits plaisirs »), et son indifférence en matière
de religion sont liées par la pièce, et l'étaient dès le début, à
la fois par Sganarelle, et par le dialogue de la scène 2 de l'acte Ier.
La scène du Pauvre établit le lien final, par l'attitude même de
Dom Juan, qui cherche à surmonter ce qu'il appellerait des
« petites résistances » chez le Pauvre, comme il le fait chez les
femmes. Et non seulement cela nous autorise à définir ce genre
de libertinage à double visage, mais aussi à juger la réussite
de la pièce : le lien est-il solide, ou du moins, en quoi consiste-
t-il ?

Certes, le spectateur n'a pas le temps (ni le devoir) de se
poser ce genre de question. Mais nous pouvons, dans la convention artificielle d'un essai de ce genre, nous demander pourquoi
le spectateur est satisfait, s'il l'est ; pourquoi il est dérouté
ou déçu, si la pièce ne le contente pas. Et même, nous pouvons
décider si le spectateur a raison ou tort d'être satisfait ou
déçu.

D'abord, en soi, le parallélisme entre l'illustration de ce que
nous avons appelé la polygamie, — le libertinage galant — et
l'indifférence — le libertinage de l'esprit, — est, sur le plan
de la forme, à peu près exact. Dans les deux cas, la pauvreté
du résultat est criante. Dans les deux cas, l'impression de
dépassement donjuanesque se dissipe en une sorte de néant.

Mais, plus profondément, quelle est la cause et quel est
l'effet ? Molière fait-il le procès d'un tempérament qui déter-
mine une forme de pensée, ou celui d'une pensée qui entraîne

un type de conduite? Il semble bien que le tempérament (la
nature du personnage) soit premier. Dom Juan est libre penseur
non pas parce qu'il a réfléchi sur le monde, mais parce qu'il est
prisonnier d'une nature qui l'empêche de se poser des questions
sur le monde. Et c'est sans doute là l'originalité de Molière
par rapport à Dorimon et Villiers, chez qui Dom Juan est un
rebelle raisonneur [1].

Nous savons que Molière a connu les Libertins de son temps,
et nous pouvons penser que le libertinage a été pour lui au
moins une tentation intellectuelle, peut-être même la seule
philosophie selon son cœur. Mais, comme toute comédie,
Dom Juan est, par les moyens propres au théâtre, une mise en
garde : le libertinage y est mis en question, il y est présenté
comme une source d'action, comme un moyen de démystification, mais aussi comme un danger, comme une mystification
nouvelle : la pensée « forte » ne serait-elle pas tout simplement
une justification *a posteriori* et paresseuse de l'abandon total
au pur amour de soi? Dom Juan commence, dans la pièce de
Molière, par affirmer la priorité absolue de son plaisir; c'est
seulement ensuite qu'il en arrive à son « deux et deux sont
quatre », formule qui apparaît non comme le résultat d'une
recherche de la vérité, mais comme le résidu d'un esprit vide
de toute pensée, et même de tout autre intérêt que celui qu'on
porte à la satisfaction charnelle élémentaire.

Outre l'ordre même des thèmes dans la pièce (d'abord le
plaisir, ensuite la « discussion » philosophique), les étapes
successives de l'acte III (médecine, religion, scène du Pauvre)
éclairent nettement le sens du personnage de Dom Juan. Par
nature, il ne voit dans le monde que ce qu'il peut consommer;
le reste n'est que spectacle, un spectacle auquel il refuse de
participer, toute participation le détournant de la satisfaction
de sa nature. Par là, il rejoint l'auteur dramatique, qui voit
par vocation le monde comme comédie. Mais il s'éloigne de
celui-ci dans la mesure où il ne voit pas plus loin que le masque
d'autrui. C'est autrui, par exaspération, qui est réduit à se
dénuder devant lui. Dom Juan lui-même ne découvre rien sur
l'homme : il s'en nourrit, ou il n'en voit que la surface. Son
monde est un kaléidoscope, où son instinct repère par instant
les femmes à dévorer. La scène du Pauvre est le coup final
porté à la « pensée » de Dom Juan. Mystérieux par ses silences,
transcendant par son indifférence, il finit par émettre son trop
fameux « deux et deux sont quatre ». Au cours de la scène du

---

1. Chez ces deux auteurs, il a même des angoisses et de vertueux
retours.

Pauvre, Sganarelle répète cette formule, pour bien montrer que cette scène a pour but d'en révéler le sens. Tout ce que Dom Juan tente de démontrer, en se jouant, c'est que les prières sont inefficaces sur le plan matériel, le plan de la consommation des biens de ce monde, et ensuite, par la tentation, que seuls ces biens comptent. Il est dans cette scène l'aveugle qui ne voit que lui-même. Le don du louis d'or est, pour le spectateur, la confirmation définitive de la frivolité absolue de Dom Juan à l'égard de ce qui n'est pas objet immédiat de sa satisfaction.

Chez Molière, Dom Juan ne se croit pas tout permis parce que Dieu n'existe pas. Bien au contraire, Dom Juan, par nature, se croit tout permis dès le départ. La libre pensée est ici une absence de pensée, et si Dom Juan en de rares occasions semble y faire appel, c'est comme à un masque commode, qui n'est même pas là pour le rassurer intellectuellement, mais pour être jeté en pâture aux autres.

CHAPITRE VI

Les dangereux rendez-vous

En ce début d'acte, Sganarelle ne s'est guère racheté. Bien au contraire : son erreur est devenue évidente, ainsi que sa complaisance et son propre drame. Il est devenu plus farcesque que jamais en prenant son maître au sérieux, en continuant à s'agiter sous un regard vide. Il a en outre utilisé son maître une fois de plus pour se montrer supérieur à autrui (« Vous ne connaissez pas Monsieur, bonhomme,... ») en une sorte de double jeu où il assouvit son ressentiment contre Dom Juan, par un sarcasme prudent, tout en dominant le Pauvre. Il a enfin sombré une fois de plus dans son vœu de tranquillité, au moyen d'un compromis assez ignoble : « Va, va, jure un peu, il n'y a pas de mal. »

Dans la scène du Pauvre, toutefois, il est au second plan. Il se contente d'être égal à lui-même. Puis il s'efface de plus en plus dans ce qui suit. Il manifeste encore une fois sa couardise, puis il se tait.

Dans une vie faite de déplacements et de rencontres dus aux « hasards » naturels, le cliquetis d'armes qu'on entend dans la coulisse à la fin de la scène 2 est du même ordre que la tempête, la rencontre des paysannes et celle du Pauvre. La brusque transition montre aussi, comme à l'acte II, combien l'attention de Dom Juan se laisse aisément détourner.

> *Mais que vois-je là? Un homme attaqué par trois autres? La partie est trop inégale, et je ne dois pas souffrir cette lâcheté.*

Courage physique de Dom Juan. Certes. Mais avant de démêler le sens de ce courage, il est bon de remarquer la valeur dramatique de la remarque. Les commentateurs ont beaucoup insisté sur le fait que Molière, après nous avoir montré Dom Juan

profondément et ignoblement odieux, se devait de racheter
un peu son personnage. Cela est sans doute vrai, mais la tension
entre la méchanceté de Dom Juan et son acte de courage est
encore accrue par l'ironie de la réplique. « Partie trop inégale »,
cette formule convient parfaitement au débat que Dom Juan
a engagé avec le Pauvre. En outre, la « lâcheté » des voleurs est
simplement mathématique : trois contre un. Sans aller jusqu'à
voir ici un rappel du « deux et deux sont quatre », on peut sentir
dans ce passage la même simplicité de pensée.

En tout cas, le spectateur est soudain jeté dans l'héroïque.
Danger de mort, épée brandie. Sganarelle nous rappelle une
dernière fois sa présence, et laisse la place à deux nobles,
ostensiblement porteurs du symbole de leur fonction originelle : l'épée. Après le méchant homme, nous voyons en Dom
Juan le seigneur.

A première vue, Dom Juan qui jusqu'ici a méprisé ou plutôt
ignoré tous les codes, devient ici la proie d'un code donné.
« Je ne dois pas... », « honneur », — il use, sérieusement, d'un
vocabulaire d'obligation et il fait intervenir une valeur apparemment autre que sa propre satisfaction immédiate. Il maltraite les femmes, ainsi que ses inférieurs, mais il ne déroge
pas, il conserve la *forme* de son rang, depuis ses soucis d'élégance et de bonne tenue, depuis sa peur du ridicule, jusqu'au
geste de prendre place dans une bataille à l'épée quand la
partie est inégale. Dans ce dernier cas, le Spectateur devient
Homme d'action, sans qu'il y ait là une femme à gagner.

Mais ce que Molière s'empresse de montrer, c'est que cette
obligation, Dom Juan ne l'éprouve en fin de compte qu'envers
lui-même.

> *Notre propre honneur est intéressé dans de pareilles aventures,*
> *et l'action de ces coquins était si lâche que c'eût été y prendre part*
> *que de ne pas s'y opposer.*

Arnavon veut que l'acteur prononce ces mots de façon « sympathique », et, de fait, dans la bouche de tout autre, qui masque-
rait sa générosité par ce genre de fausse excuse due à la modestie,
c'est bien « sympathiquement » que ces mots sonneraient. Chez
Dom Juan, il y a une sorte de naïveté fondamentale : il s'est
senti personnellement visé, c'est en fait lui-même qu'il a
défendu. Tout imprégné du prestige de sa caste, il s'identifie
à elle. Noblesse oblige, mais envers la noblesse ; rien ne s'oppose
à ce qu'on maltraite les roturiers, mais tout oblige à une réputation de courage, quand il s'agit de soi-même. Le spectacle
de la lâcheté touche Dom Juan lorsqu'en tant qu'aristocrate
il en est la victime. La scène du Pauvre nous montrait à la fois

le danger représenté par le méchant homme et ses limites, le
début de la scène avec Dom Carlos nous montre en quoi Dom
Juan est grand seigneur, avec exactement ce que cela comporte
de courage physique spectaculaire, et aussi avec les limites
précises du « principe » qui le guide. Fondamentalement, le personnage se réduit à son moi. Il *profite* de son aristocratie ; il
réduit les droits et les devoirs de celle-ci au service intégral
de son moi. Plus qu'une perversion, Dom Juan est un résidu,
comme le suggère Paul Bénichou [1].

Quand Dom Carlos se plaint des lois de l'honneur, qu'il
faut appliquer, mais qui font dépendre « sa vie, son repos et
ses biens de la fantaisie du premier téméraire » venu, la réplique
de Dom Juan ne fait que confirmer la constance du personnage, la réduction qu'il opère à sa propre personne.

> On a cet avantage, qu'on fait courir le même risque et passer mal
> aussi le temps à ceux qui prennent fantaisie de nous venir faire
> une offense de gaîté de cœur.

Le code compliqué et souvent douloureux de l'honneur est
ramené à une médiocre vendetta ; l'obligation morale du code
aristocratique, au plaisir élémentaire de rendre le mal pour le
mal. On dira que Dom Juan remonte ici sans doute aux sources
mêmes du point d'honneur. Mais ce qui compte dans le portrait
que nous offre la pièce, c'est précisément le parallélisme criant
entre le polygamisme amoral, primitif du personnage et le
caractère tout aussi élémentaire, purement égoïste, de sa
conception de l'honneur. La formule « obtenir satisfaction »
reprend ici un sens pour ainsi dire physique, et peut s'appliquer
indifféremment aux aventures amoureuses et à l'application
du code de l'honneur : il s'agit uniquement d'un plaisir personnel, dépouillé de toute considération de valeur. Dans les deux
cas, autrui n'est rien de plus qu'objet destiné à satisfaire une
nature simple.

En face de cette simplicité, Dom Carlos seul, puis Dom Carlos
et Dom Alonse, développent la casuistique du code de l'honneur. Ces scènes sont, il est vrai, longues et verbeuses. Elles
ont tous les caractères de la tragi-comédie de type cornélien,
malgré l'usage de la prose, sans en avoir ni la densité ni le
coloris. Elles ennuient un peu un public moderne. Le public
du xviie siècle s'intéressait davantage à elles, dans la mesure où
elles reprenaient des thèmes un peu démodés, mais du même
coup admis et familiers : le drame de la vengeance, le drame des
individus déchirés entre les devoirs imposés par l'honneur et
l'obéissance au Prince qui interdit le duel, le conflit entre la

1. *Morales du Grand Siècle*, pp. 171-172.

reconnaissance due à qui vous a sauvé la vie et le devoir de tirer
vengeance de qui vous a ôté l'honneur. Pour nous, le débat
auquel Molière nous fait assister est formel, il n'atteint pas la
profondeur du débat authentiquement cornélien où se trouve
engagée toute une philosophie de la passion, du choix des valeurs
et de la liberté, — en un mot toute une définition de l'homme.

Néanmoins, notre intérêt est retenu par la situation même :
Dom Juan court ici un danger immédiat, et c'est la première
fois dans la pièce. Double danger : d'abord, celui d'être reconnu,
ensuite celui d'être tué.

Ce que nous guettons, c'est la réaction de Dom Juan. Ce
que nous éprouvons avec satisfaction, c'est la permanence du
personnage malgré la nouveauté de la situation. Tandis que
Dom Carlos, particulièrement scrupuleux et déchiré, est
embarqué dans une casuistique de plus en plus compliquée,
Dom Juan se fige de plus en plus dans ce qu'il est, et sa fonction, devant les frères d'Elvire, est identique à sa fonction
devant Sganarelle ou Elvire elle-même : par son attitude, il
transforme celle d'autrui en spectacle.

En ne révélant pas son identité à Dom Carlos, Dom Juan
rejette en quelque sorte en dehors de lui-même le drame de
la vengeance qui est en train de se jouer. Son ironie le rend
(et le spectateur avec lui) supérieur à Dom Carlos, dont le
déchirement entre la haine de Dom Juan et la gratitude due
à l'inconnu qui vient de lui sauver la vie est réduit à une
comédie fondée sur une duperie. Dom Juan s'amuse avec
Dom Carlos, comme il lui arrive de s'amuser avec Sganarelle :
il lui a tendu le piège nécessaire pour que celui-ci donne le
spectacle des contradictions de son code. Dom Juan « s'oblige »
finalement à « faire trouver » Dom Juan au lieu que choisira
Dom Carlos et quand il lui plaira. Noble courage qui rend
Dom Juan estimable ? Si on regarde le dialogue d'un peu près,
cette histoire de rendez-vous n'est pas parfaitement claire.

Arnavon souligne l'équivoque qui règne dans cette scène
sur le genre de vengeance que recherchent les frères d'Elvire[1].
La réplique :

> *Et quelle raison peut-on faire à ces sortes d'injures ?*

indique assez nettement que les deux frères comptent se
venger par un assassinat. C'est-à-dire que si on a pu croire,
au début de ce dialogue, que Dom Carlos et son frère recher-
chaient Dom Juan pour lui lancer quelque défi cornélien en
vue d'un combat selon les règles, on s'est trompé. Le beau

---

1. *Le Don Juan de Molière*, p. 320.

vocabulaire de Dom Carlos cachait la plus élémentaire des vengeances : il prolonge en quelque sorte l'état dans lequel se trouvait Elvire à la fin de la scène 3 du premier acte, il sait d'avance que les codes ne s'appliquent pas dans le cas de Dom Juan. En dépit de son vocabulaire, Dom Carlos est déjà réduit, par la faute de Dom Juan, à une force meurtrière primitive. Il incarne la colère brute de la « femme offensée ».

Ensuite, Arnavon voit dans le cartel de Dom Juan l'expression de son humanité, de son innocence loyale, de sa sincérité. On peut se demander si ce jeu n'a pas pour but d'éviter l'assassinat pur et simple, tel que le projette Dom Carlos, et si Dom Juan ne cherche pas à se tirer d'affaire en renchérissant sur le code de l'honneur qui semble si cher à Dom Carlos. On peut même se demander si tout cela n'est pas moquerie pure et simple, comme l'était le « repentir » religieux utilisé devant Done Elvire au premier acte, et si Dom Juan compte vraiment se rendre au rendez-vous.

En fin de compte, cette scène vaut surtout par la présentation dans un langage nouveau, dans une situation nouvelle, dans un « genre » nouveau, des éternelles dimensions de Dom Juan : en face d'un certain code, il se dérobe, et du coup transforme la conduite d'autrui en agitation de théâtre; puisqu'il est en dehors de tous les codes, la seule action possible contre lui est une action également dépouillée, le meurtre pur et simple; il utilise néanmoins les codes soit pour se moquer soit pour obtenir ce qu'il veut, soit pour se tirer d'affaire.

La permanence des thèmes tient à la permanence du personnage et de sa fonction. Néanmoins, la pièce « avance ». Pour la première fois Dom Juan est en danger de mort sous nos yeux, pour la première fois il est en face d'un égal : un mâle de sa caste. Au début de la scène, Molière, par l'élan qui jette Dom Juan au secours de Dom Carlos, a pu nous faire espérer que sur ce plan-là, dans cet ordre-là, Dom Juan sortirait de sa solitude, qu'il reconnaîtrait la personne d'autrui. Même dans cet univers supérieur, Dom Juan remplit exactement l'idée que nous avons de lui. La pièce consomme les ordres, comme Dom Juan consomme les hommes; après les femmes et les inférieurs, un gros morceau : les égaux nobles.

Toujours dans cet ordre, il s'agissait d'illustrer la dérobade donjuanesque par excellence : le silence.

La scène se peuple : entre Dom Alonse, suivi de trois valets. Cette suite (nous disons « valets », mais on sait que ces hommes étaient à moitié serviteurs, à moitié tueurs à gages), accroît l'impression du danger qui menace Dom Juan. Ce qui n'était qu'avertissement ou menace dans les actes précédents, est maintenant visible. Dom Juan prend alors une attitude héroïque :

> Dom Juan (se reculant trois pas et mettant fièrement la main sur la garde de son épée) : *Oui, je suis Dom Juan moi-même, et l'avantage du nombre ne m'obligera pas à vouloir déguiser mon nom.*

Le spectateur n'a pas le temps de se demander si, une fois si nettement reconnu par Dom Alonse, Dom Juan a la moindre possibilité de nier son identité. Ce qui frappe ici, c'est le panache du geste et de la formule. Dom Juan, pour la suite de la scène, reste figé dans cette pose. Il est physiquement courageux, prêt à défendre sa vie, — mais se tait.

Sur la scène le contraste est fort, entre le héros immobile et les agitations des frères d'Elvire. Nous avons déjà assisté à des spectacles de ce genre, mais les agitations étaient généralement celles de Sganarelle, et la farce était nette. Ici, les personnages en mouvement sont nobles, et c'est de la vie de Dom Juan qu'il s'agit. Mais l'impression est analogue : de même que Sganarelle, devant le silence de Dom Juan, finissait par s'empêtrer dans son raisonnement, et même dans ses propres jambes — et devenait, en tombant, la victime d'une loi de la nature alors qu'il voulait montrer sa liberté, — de même les deux frères s'empêtrent dans les subtilités d'un « cas » d'honneur, jusqu'à ce que Dom Alonse en vienne à cette étrange remarque :

> *O l'étrange faiblesse, et l'aveuglement effroyable d'hasarder ainsi les intérêts de son honneur pour la ridicule pensée d'une obligation chimérique !*

La passion pure du meurtre l'emporte sur le code proprement dit. En fin de compte ce sont les « transports » qui décident de la valeur d'une obligation. Comme le signale James Doolittle [1], Dom Carlos en est réduit à une sorte de marchandage :

> [...] *cette suspension d'un jour* [...] *ne fera qu'augmenter l'ardeur que j'ai de le satisfaire (mon honneur).*

Le débat entre Dom Alonse et Dom Carlos est, à lui seul, un drame : il oppose un effort de justice à un aveuglement passionné. Dom Carlos tente d'être cohérent autant qu'il est

1. *Op. cit.*

possible, Dom Alonse a choisi une fois pour toutes. Dom Carlos applique à contrecœur une morale, et c'est sans doute parce qu'il l'éprouve comme difficile qu'il la pense, et qu'il se montre scrupuleux. Dom Alonse a la passion de son honneur, et c'est pourquoi il se moque des « cas ». Dom Carlos, dès la scène 3, s'était déclaré « malheureux... d'être asservi par les lois de l'honneur » aux dérèglements d'autrui. C'est par une réflexion sur sa condition qu'il en est arrivé à la conclusion que la seule réparation possible est le meurtre de Dom Juan. Mais, à la fin de cette même scène 3, un élément nouveau est introduit : un cartel lui est présenté par son sauveur. Le meurtre fait tout naturellement place à un duel régulier, avec engagement des seconds. A la scène 4, encore un élément nouveau : son sauveur est Dom Juan lui-même. Cet élément, avec ses obligations, entre aussitôt en ligne de compte. Le raisonnable Dom Carlos impose une logique au code de l'honneur, et décide que le bien, aussi bien que le mal, doit être rétribué. Dom Alonse, au contraire, ne tient compte de rien : l'honneur n'est pas dans la justice, mais dans la prompte vengeance. Le drame qui se déroule est celui d'un double affaiblissement : Dom Alonse, violent et sanguinaire au début, retenu physiquement par son frère, perd peu à peu de son élan ; il ne démord pas de son point de vue, mais sa dernière réplique est un haussement d'épaules, non un assaut à l'épée ; de son côté, Dom Carlos, tendu physiquement au début, se détend au fur et à mesure que son frère perd de sa violence, et, bien qu'il parvienne à faire respecter sa décision, aboutit à la formule de consolation équivoque que nous avons signalée plus haut. La « raison » gagne, mais c'est une piètre victoire.

Tout cela se passe sous le regard de Dom Juan silencieux. Il est, au départ, responsable du désordre apporté dans la vie des deux frères : c'est lui qui a suscité, chez l'un, l'application d'un code moral, chez l'autre un transport passionné — les deux étant couverts par le vocabulaire de l'honneur. C'est lui aussi, qui, par hasard, a compliqué les choses en sauvant la vie de Dom Carlos. Par sa présence, il transforme le débat en procès. Par son silence, il fait que ce procès est moins le sien que celui de ses accusateurs. Ceux-ci se donnent en spectacle devant lui, — ou plutôt ils donnent le spectacle de leur désaccord. On ne juge plus Dom Juan, mais les principes de la justice qu'on entend appliquer. Par hasard, répétons-le, Dom Juan a trouvé le moyen de brouiller les cartes.

Ce qui est frappant, c'est moins sa méthode pour s'en tirer, que son absence de méthode. Dans le *Dom Juan* de Molière, nous n'assistons pas à la réussite machiavélique du séducteur

et du libertin, mais à l'échec des conduites et des codes normaux devant la simplicité de la plus élémentaire des natures.

Quand les frères d'Elvire quittent la scène, on tombe de
haut : de l'héroïque à la farce la moins honnête. Mais ce contraste
n'est qu'un rebondissement, destiné à nous lancer encore plus
haut : de la farce la moins honnête au domaine du merveilleux.

Le silence, puis la fuite de Sganarelle (à l'entrée en scène
de Dom Alonse) [1] avaient plusieurs fonctions : souligner une
fois de plus le caractère de Sganarelle, et utiliser sa valeur de
symbole farcesque. Le trait psychologique et le motif théâtral sont inséparables. Sganarelle doit s'enfuir parce que c'est
un couard, mais aussi par cette fuite la scène est purifiée de
la farce, même pour l'œil du spectateur. Le débat entre Dom
Alonse et Dom Carlos est, à ce point de la pièce, la scène qui est
la plus éloignée de la farce. La grosse plaisanterie de Sganarelle
à son retour fournit une compensation, au terme de laquelle
l'équilibre des tons de la pièce est rétabli. Le costume de
Sganarelle, avec ses pouvoirs plus ou moins magiques auxquels
Sganarelle fait semblant de croire (qu'il utilise en tout cas
comme excuse, soit pour discuter avec son maître, soit pour
« couvrir sa poltronnerie ») est vigoureusement rappelé : hautes
couleurs de la farce, qui viennent recouvrir et font disparaître
l'éclat gris et glacé des épées.

Dans le dialogue qui suit, Dom Juan, à sa manière, efface
aussi ce qui vient de se passer, en nous ramenant à son « principe », par un rappel sans équivoque de sa tirade sur la conquête
amoureuse. Le drame de l'honneur est balayé avec nonchalance : le frère d'Elvire

> *est assez honnête homme, il en a bien usé, et j'ai regret d'avoir*
> *démêlé avec lui.*

1. L'édition de 1734 (citée par René Bray et Jacques Scherer, *Œuvres
de Molière*, Club du Meilleur Livre) contient cette indication : « D. Alonse
met la main à l'épée, et Sganarelle court se cacher. » La liste des personnages des scènes 3 et 4 inclut le nom de Sganarelle. Il est donc en scène.
Il n'a pas de raison de se cacher quand Dom Juan et Dom Carlos entrent
en scène après la bataille. Mais comment peut-il ignorer, au début de la
scène 5, que Dom Carlos est un frère d'Elvire? Disons qu'au cours de la
scène 3, il se tient à distance des deux seigneurs. Il s'enfuit à l'entrée de
Dom Alonse, c'est-à-dire qu'il va se cacher derrière un élément de décor.
Invisible, mais présent sur scène, il a droit à la liste des personnages.
Au metteur en scène de décider si le spectateur doit voir trembler son
chapeau de médecin au-dessus du rocher ou du tronc d'arbre qui lui sert
d'écran; cela, toutefois, risquerait de détourner l'attention du drame qui
se joue au premier plan.

Acceptons l'idée que Dom Juan a en ce moment l'intention
de tenir sa parole, il l'a assuré à la fin de la scène précédente.
Là n'est pas la question. Ce qui frappe, c'est la condescen-
dance de Dom Juan, et son oubli complet des motifs de ce
démêlé. Sganarelle prétend qu'il serait aisé de « pacifier toutes
choses ». Et, de fait, Dom Carlos a fait allusion à des « moyens
doux » pour satisfaire la famille d'Elvire, — ce qui n'est guère
en accord avec la férocité meurtrière de Dom Alonse, et même
avec le premier projet apparent de Dom Carlos. Ici, c'est le
signe une fois de plus du vœu de repos de Sganarelle, — ce
qui entraîne naturellement son contraire : le mouvement de
Dom Juan.

Le cœur renfermé « entre quatre murailles » reprend une
image familière, et la liberté dont il est question est, une
fois de plus, un abandon à « une pente naturelle ». La passivité
de la nature de Dom Juan, en ce cas, est encore accentuée :

> *Mon cœur est à toutes les belles, et c'est à elles à le prendre tour
> à tour, et à le garder tant qu'elles le pourront.*

Le lyrisme du premier acte a fait place à un schématisme un
peu las. Dom Juan continue sur sa lancée, rien ne le change,
rien ne le touche, mais la monotonie de sa perpétuelle aventure est particulièrement sensible. Et pourtant, il continue...

Un hasard, une rencontre de plus : celle du tombeau du
Commandeur. Les machines jouent pour la première fois
dans la pièce [1]. La comédie s'est élevée progressivement,
depuis le début, non pas de façon linéaire, mais avec des
retombées et des reprises, et une constante : la farce. Ici, après
le genre héroïque, si proche du tragique, le merveilleux. Là
où les hommes ont échoué, voyons ce que le Ciel peut faire,
— un Ciel souvent annoncé, par Sganarelle et par Elvire. Et
les déplacements de Dom Juan font qu'il rencontre le Ciel
comme il rencontre hommes et femmes.

L'univers qui entoure Dom Juan devient de plus en plus
dangereux, au cours de ce troisième acte. Sganarelle, l'attaquant sur le plan des idées, est tourné en ridicule complet ;
le Pauvre résiste ; les frères d'Elvire sont à deux doigts de le
tuer ; maintenant, Dom Juan se trouve face à face avec le
surnaturel, les puissances supérieures. A cette intensification
du danger correspond l'intensification de la peur comique de
Sganarelle. Au centre, Dom Juan conserve la même froideur
et la même désinvolture.

---

1. Plusieurs documents et prospectus (1665, 1670, 1746) décrivent ce
changement à vue, la transformation des arbres en statues, la magnificence du tombeau de marbre, le gigantisme de la statue.

Le passage de l'humain au surnaturel n'est pas chose facile en comédie, — si l'on exclut des comédies comme *Amphitryon* où le surnaturel est donné dès le début. Ici, malgré la rapidité du mouvement, le passage est progressif. La convention héroïque des scènes 3 et 4 a déjà fait échapper au « réalisme » de la comédie : c'est en quelque sorte par un usage de plus en plus intense du théâtralisme que Molière ménage sa transition. La conscience du spectateur est peu à peu détournée vers une appréciation formelle. Certes cette conscience théâtrale n'est pas une nouveauté dans la pièce. L'irréalité du monde moliéresque la tient constamment en éveil, et elle est excitée à plusieurs reprises : schématisme de la farce du deuxième acte, déguisements du troisième, ces procédés évidents empêchent le spectateur d'oublier qu'il est au théâtre. Ici, le théâtralisme est intensifié au point d'arracher le spectateur au drame proprement dit, en l'étonnant par le spectacle, et de créer ainsi un tremplin pour le projeter dans « un autre ordre ». Ce que nous admirons en ce moment, c'est l'habileté du décorateur dont les machines sont un piège : quand celui-ci se referme sur nous, nous sommes en face du miraculeux.

Le drame se joue à quatre, plus que jamais, dans cette fin d'acte, entre le monde, Sganarelle, le spectateur et Dom Juan. Le monde fait de son mieux pour étonner les hommes, et cet étonnement prend chez le spectateur la forme d'une admiration enchantée, chez Sganarelle la forme d'une admiration mêlée de peur. Dom Juan demeure insensible; il est le meurtrier du Commandeur, c'est-à-dire celui qui est le plus lié à ce tombeau, et le voilà qui fait du tourisme. Un vague esthétisme, l'usage d'un lieu commun qui frôle la platitude sur la magnificence des tombeaux, — ici encore, Dom Juan est en dehors du jeu. Et aussi, ici encore, la présence de cet homme sur qui rien n'a de prise fait apparaître notre admiration aussi comique que la peur de Sganarelle.

Celle-ci toutefois a une autre fonction. Pour ridicule qu'elle soit, elle n'en souligne pas moins l'attitude sacrilège de Dom Juan; ses remarques sur la statue dont on dirait qu'elle « s'en va parler », créent une atmosphère trouble et menaçante. Tout contribue ici à nous faire accepter le miracle de la Statue qui bouge : nous passons aisément du truc scénique déjà signalé au merveilleux *dans* la pièce; les châtiments surnaturels ont été vigoureusement appelés sur la tête de Dom Juan, il n'y a qu'une différence de degré entre notre admiration et la peur de Sganarelle, et le tout, bien entendu, est soutenu par notre connaissance du mythe de Dom Juan. Nous savons que la Statue bougera comme nous savons qu'Œdipe se crèvera

les yeux. Après avoir pris bon nombre de libertés avec les
événements « humains » de l'histoire de Dom Juan, Molière,
en faisant s'ouvrir le tombeau devant nos yeux, nous fait du
même coup rentrer dans la légende du personnage.

Dom Juan « attaque » la Statue, comme il a attaqué le
Pauvre. Il joue avec la première comme il l'avait fait avec le
second. Dans les deux cas, il a affaire à des personnages raides,
inébranlables, qui, au fond, ne lui demandent rien, mais qui
s'offrent à lui comme des blocs, — l'un de foi, l'autre de pierre.
Son goût des « petites résistances » en amour est transféré à
d'autres domaines. La tension ne se situe pas entre le sacré
et une perversité consciente et persévérante, mais entre le
caractère inébranlable du sacré et la frivolité du jeu donjuanesque. Ce qu'il y avait d'effrayant dans la tentation du Pauvre,
c'était que Dom Juan ne se rendait pas compte de l'importance
de son geste. Ce qu'il y a d'effrayant dans l'invitation qu'il
fait à la Statue, c'est qu'il ne se rend pas compte du sacrilège
qu'il commet. Et, ce qui est plus effrayant encore, c'est qu'il
ne prête pas attention aux deux réponses qu'il reçoit.

Dans la structure de la pièce, ce finale du troisième acte est
de première importance. Une mise en scène comme celle
d'Arnavon, qui escamote ce moment (et les moments analogues du quatrième et du cinquième acte) trahit la pièce,
la déséquilibre, et fait dire à Molière ce qu'il ne dit pas. Si la
scène du Pauvre est le trait final du portrait de Dom Juan,
elle est aussi le pendant de la scène du tombeau. Dans les
deux cas, il s'agit du mystère, de l'ordre surnaturel. Avec le
Pauvre, il s'agit de cet ordre vu à travers l'homme; avec la
Statue, il s'agit d'une métaphore théâtrale. Le truc est peut-
être gros, il semble relever plus d'un tour de prestidigitateur
que du miracle divin, mais c'est qu'il est imposé à la fois
par la tradition de la légende et par les limites du théâtre.

Cette métaphore du Ciel, pour primitive et maladroite
qu'elle soit, n'en est pas moins le parallèle de la métaphore
de la conquête amoureuse que présentait le second acte. Là
aussi, Molière utilisait, pour faire pendant à une scène
« humaine » (la scène avec Elvire au premier acte) tout un
arsenal, non de machines certes, mais de procédés de farce
traditionnelle : une poésie essentiellement scénique répondait
au dialogue analytique de la comédie sérieuse. Il en va de
même ici. Derrière l'apparent hasard de l'ordre des scènes,
qui contribue à maintenir le sentiment de l'aventure donjua-

nesque, malgré les disproportions et les irrégularités, on décèle
un équilibre qu'on pourrait représenter par le schéma suivant :

$$\text{Magie des machines : métaphore}$$
$$\text{de l'ordre supérieur.}$$

$\updownarrow$

Elvire, amoureuse sérieuse $\leftrightarrow$ Pauvre, humain porteur de la foi

$\updownarrow$

Farce des paysans : métaphore
des aventures amoureuses

Il est bon de remarquer que ce sont les mêmes commentateurs qui trouvent à la fois inutile la farce du deuxième acte
et peu sérieuse l'histoire de la statue... Molière aurait vite tra-
vaillé, aurait fait des concessions, etc. En fait, il a cherché,
dans le drame de Dom Juan, ce qui était prétexte à théâtre,
et réciproquement a usé de moyens authentiquement théâtraux pour éclairer ce drame.

Dom Juan est aussi détaché dans le jeu de l'invitation à
souper que dans celui de la tentation du Pauvre. Il envoie
son valet, et on peut se demander si ce jeu n'est pas plus destiné à ridiculiser Sganarelle qu'à commettre un sacrilège :
tandis que Sganarelle parle à la Statue, Dom Juan regarde
ailleurs, son attention étant déjà détournée vers quelque
détail d'architecture. Et Sganarelle se ridiculise, quelle que
soit la façon dont l'acteur joue le rôle. Ou bien Sganarelle
trouve simplement cette invitation une « sottise », et sa remarque : « Je ris de ma sottise, mais c'est mon maître qui me la
fait faire » est dite au public ou en aparté, et il se trouve que
c'est précisément au moment où il est incrédule qu'un prodige
survient ; ou bien il adresse cette remarque à la Statue, et il
est ridicule par la contradiction entre la peur qu'il éprouve
devant la Statue et qui l'oblige à s'excuser, et le genre d'excuse
qu'il choisit.

Pour Dom Juan, le Pauvre aurait dû jurer et prendre le
louis d'or, — or le Pauvre ne jure pas. Pour Dom Juan, la
Statue n'est qu'un bloc de pierre, — or elle s'anime. Dans ce
moment de merveilleux terrible, la pièce n'oublie pas son
schéma de base. Les trois personnages, dans ce finale du troisième acte, ont une importance égale, chacun à sa place : le
monde, exaspéré par l'indifférence donjuanesque, joue la
carte du merveilleux, Sganarelle croit immédiatement ce qu'il
voit et ce qu'il voit le plonge dans une horreur sacrée, Dom
Juan est impassible parce qu'il n'a pas vu, parce qu'il était
d'une certaine façon ailleurs. Jamais jusqu'ici le monde ne
s'est dressé si spectaculairement contre Dom Juan, jamais

Sganarelle n'a autant pris la valeur d'une parodie de l'humanité déformée par la présence de Dom Juan : il a raison d'avoir peur, sa peur est néanmoins grotesque.

La dernière étape de la scène est rapide, et condense avant la chute du rideau les thèmes essentiels. Dom Juan voit la Statue baisser la tête; c'est un fait dont le spectateur est témoin [1]. Sganarelle triomphe : il est transi de peur, mais il tient une « preuve » contre son maître, et ne céderait pas sa place pour dix pistoles. Devant cette preuve, devant cette joie due au ressentiment, Dom Juan se contente de dire : « Allons, sortons d'ici. »

Quel est le ton de cette dernière réplique? Doit-elle être précédée d'un geste de recul, qui révèle l'inquiétude de Dom Juan? Il semble plutôt que, après une légère surprise, Dom Juan hausse les épaules, une fois de plus, et se laisse aller à sa prodigieuse capacité d'oublier ce qui pourrait le gêner. « S'en aller » est sa conduite habituelle quand le monde lui résiste trop ou ne l'amuse plus. On ne saurait le dire inquiet : le début de l'acte IV nous montre assez qu'il ne peut pas l'être; il ne l'a d'ailleurs jamais été. Il traite en fait à la légère le mouvement de tête de la Statue comme il a traité à la légère la résistance du Pauvre. Certains commentateurs voient dans les deux cas un trait d'orgueil : beau geste de « l'amour de l'humanité »; torse bombé et coup de menton en direction de la Statue. Nous voyons plutôt, ici comme là, le signe de la limite de Dom Juan : certains faits, qui sont pour d'autres les signes des mystères, ne sont pour lui que des faits, auxquels il ne prête qu'une attention passagère. Il ne croit pas, par nature, à ce qui les sous-tend, et il n'a pas envie de se donner la peine de rechercher les causes. En dépit de ce que les critiques ont pu dire, le Dom Juan de Molière n'a pas de curiosité. La connaissance, même rationaliste, ne l'intéresse pas. Tout entier au désir de possession des femmes, il n'y a pas de place en lui pour autre chose. Le reste du monde est ce qu'il est, dans l'immédiat. « Quoi qu'il en soit, laissons cela », voilà sa « philosophie ».

Il n'empêche que Dom Juan s'est engagé à deux rendez-vous : l'un avec la mort physique, l'autre avec la mort éternelle. Dans les deux cas, il a encore des chances de s'en tirer. Dom Juan poursuivi a rencontré les deux instruments possi-

1. Ceci est important. Arnavon cache la statue au spectateur et provoque en lui un doute, une incertitude. Or Molière joue franc jeu : il faut que le spectateur possède tous les éléments.

bles de son châtiment. On peut dire que sur le plan de l'intrigue le troisième acte noue définitivement tous les fils : le portrait est apparemment achevé, et Dom Juan est acculé à un double règlement de comptes.

Mais une comédie moliéresque n'est pas seulement une pièce d'intrigue : elle est exploitation, jusqu'à épuisement, de toutes les possibilités dramatiques et théâtrales d'un conflit initial simple. Le trio Dom Juan-Sganarelle-le monde est suffisamment riche en possibilités de ce genre pour que les variations de théâtre l'emportent sur le déroulement linéaire de l'anecdote proprement dite.

CHAPITRE VII

Les visiteurs du soir

A la fin du premier acte, Dom Juan sort de scène pour attaquer. Les sorties de la fin de l'acte II et de la fin de l'acte III
ressemblent fort à des fuites, — la première devant les hommes,
la seconde devant le surnaturel. Dom Juan cède la place à ce
qui le menace, — avec désinvolture, mais il cède la place.
Au quatrième acte, les hommes et le surnaturel viennent
chercher Dom Juan chez lui. Partis d'un palais, nous avons
été entraînés à la suite du héros au bord de la mer, et nous
voici, par le détour d'une forêt, enfermés dans sa maison. « Une
chambre », dit le registre de Mahelot. Le décor s'est en quelque
sorte refermé sur Dom Juan comme un piège, et l'impatience
du monde à vaincre Dom Juan va être symbolisée par la
précipitation, l'accélération avec laquelle sont repris les thèmes
de ce qui précède.
   Mais si le danger que court Dom Juan est devenu évident
et de plus en plus pressant, le personnage, lui, malgré sa fuite
physique, n'a pas changé. Il est cerné dans sa demeure, mais
son indifférence dans le danger — indifférence qui exaspère
le monde ainsi ridiculisé dans ses valeurs mêmes — permet
à la pièce de repartir de zéro, de reparcourir la hiérarchie des
genres et des thèmes des trois premiers actes, dans un ordre
nouveau, plus serré, plus cohérent.

   Au lever du rideau, Dom Juan est irrité. Est-ce à dire qu'il
est « troublé » ? Est-ce à dire qu'il interdit à Sganarelle de lui
rebattre les oreilles avec son histoire de statue animée parce
qu'il craint le mystère ? Il semble plutôt que son raidissement
vienne, non pas d'un germe d'inquiétude, mais d'une impatience
qui est proportionnelle à l'insistance du monde. L'hyperbole
du nerf de bœuf et des mille coups dont il menace Sganarelle est

destinée à faire taire un valet qui a ignoré des ordres plus doux, et ne rappelle pas, comme le veut Arnavon, le despote antique qui faisait mettre à mort le messager, croyant effacer ainsi la mauvaise nouvelle [1]. Il n'y a ni messagers funestes ni « mauvaises nouvelles » pour Dom Juan, il n'y a que des fâcheux, et des pertes de temps.

La retombée de Sganarelle et sa réplique, après cette menace, est un effet de farce : il reconnaît que le bâton est le meilleur des arguments. La première scène du quatrième acte de *Dom Juan* lie, en fait, le niveau le plus élevé de la pièce (le surnaturel) et son niveau principal, qui se trouve être le plus bas (la farce), et c'est Dom Juan qui oblige Sganarelle à reprendre son rôle de valet de farce. La pièce peut repartir alors du thème initial du couple maître-serviteur, l'un dominant l'autre, mais de telle façon qu'une certaine complicité existe entre eux.

Première étape de cette reconstruction de la pièce : la comédie proche de la farce où jeune maître et valet s'entendent pour berner un tiers. La complicité entre Dom Juan et Sganarelle, bien que souvent sensible au cours des actes précédents, a néanmoins été dans l'ensemble assez diffuse. Tantôt admiration horrifiée de Sganarelle, tantôt usage que Sganarelle fait de la monstruosité de son maître pour se rendre supérieur à d'autres, une fois au moins accord dans la moquerie (début du troisième acte), elle est ici reprise franchement et nettement, en action.

La scène de M. Dimanche, une des meilleures de la pièce, par la situation, par la vivacité et la rigueur du dialogue, paraît d'abord moins intégrée que d'autres dans l'ensemble. C'est un sketch parfait, et cette perfection est due en partie à une légère modification du caractère de Dom Juan : pour la première et la seule fois dans la pièce, le héros y joue à être un Scapin de qualité. Il a « le secret » de se débarrasser de ses créanciers, et il s'en vante.

Mais enfin, il s'agit, au début de ce quatrième acte, d'un nouveau départ, d'un portrait réorganisé. Se jouer d'un marchand est le crime le plus bénin de Dom Juan. On sait que Molière utilise ici un trait de mœurs courant, peu honnête sans doute, mais qui, à première vue, ne met en cause aucune grande valeur. Une victime de comédie est toujours ridicule, et le fourbe, quand il a du brio, attire les sympathies. Avec cette scène, on remonte en quelque sorte dans l'histoire de Dom Juan :

1. *Le Don Juan de Molière*, p. 346.

certes, son attitude est immorale, mais elle est source de gaieté ; c'est Dom Juan *avant* les grands crimes, c'est le jeune héros dont les désordres sont encore superficiels et dont les tromperies ne tirent pas à conséquence.

Pourtant tout y est : le mépris complet d'autrui, la dérobade, la constitution d'autrui en personnage de farce. En se plaçant sur le plan d'une dette non payée, Molière insiste également sur le dégagement du personnage, sur son ignorance de toute obligation. Il prend, il ne donne jamais, et surtout ne rend jamais. Rien ne l'engage, — tout engagement ayant disparu dans le néant du passé ou, s'il est rappelé, n'étant qu'un obstacle à la réalisation de l'avenir. Comme à l'acte II, la farce, avec son schématisme qui entraîne une accélération, qui fait passer le temps plus vite que même le temps conventionnel de la pièce, met en relief cet irrésistible mouvement vers le futur qui est la caractéristique de Dom Juan.

Dom Juan s'arrange pour que les choses arrivent avec tant de rapidité que la conscience de Dimanche (comme celle de Charlotte au deuxième acte, et aussi comme celle du spectateur) doit se consacrer tout entière au surgissement précipité du présent : à la fin de la scène, c'est Dimanche lui-même qui parle de son futur (« Il faut que je m'en retourne tout à l'heure. ») C'est alors que Dom Juan peut, ironiquement, rappeler ce que d'autres considèrent comme une obligation : « Je suis votre serviteur, et de plus votre débiteur. » Mais il est trop tard : Dimanche est debout, Sganarelle a « promptement ôté les sièges », les personnages sont en marche vers la porte. Dimanche est « projeté », il est sur le chemin du retour chez lui...

Dom Juan oublie ses obligations, et veut les oublier. Sa volonté est d'accord avec sa nature. Sa « liberté » n'est pas créatrice, elle consiste à accepter ce qu'il est. Tout l'acte IV est construit de façon à mettre en lumière cette coïncidence du personnage avec lui-même. Ces personnages qui arrivent les uns après les autres, c'est le passé de Dom Juan, avec ses revendications, ses créances. Elvire, Mathurine avaient une fonction analogue aux deux premiers actes, ainsi que les frères d'Elvire au troisième, ainsi que la statue du Commandeur — mais cet appel du passé se trouvait en équilibre avec les projets de Dom Juan, ou avec son comportement présent. Ici, Dom Juan ne fait rien (il veut dîner, c'est tout), ne projette rien de grand. Il est chez lui, il est. Ce repos permet de mettre en lumière l'énorme facture qu'il doit payer. Facture qu'il a spontanément jetée dans les tiroirs de l'oubli : chaque nouvelle entrée est une surprise pour lui ; deux d'entre elles au moins sont des surprises pour nous, celle de Dimanche et celle de

Dom Louis, personnages nouveaux, non annoncés, inconnus de nous. Notre ignorance de leur existence est le corrélatif de l'oubli de Dom Juan; la structure de l'acte, sous forme de sketches séparés, inattendus, correspond au surgissement inattendu d'un passé oublié par Dom Juan. La nuit qui s'est établie derrière la porte (il faut des flambeaux pour aller dans les coulisses) est celle de la mémoire de Dom Juan. L'accord est parfait entre la nature du personnage et celle de cet acte.

Devant les personnages qui viennent réclamer leur dû, la volonté de Dom Juan se met au service de sa nature, de son oubli. N'ayant ici aucun projet, il est entièrement négateur. Sa tactique consiste purement à effacer délibérément ce qui se présente. Chaque sketch illustre une forme différente de la tactique. Chacun aussi offre un Dom Juan sans faille, — sans hésitation, sans remords, uniquement occupé à rétablir l'ordre de sa propre nature, que les intrus ont tenté si désespérément de troubler.

L'attitude de Sganarelle au cours de cette scène suffirait à justifier la formule d'Antoine Adam : « une paire de coquins ». C'est lui qui, sans même que son maître lui en donne l'ordre, fait disparaître les sièges dès que Dom Juan et Dimanche se lèvent; dans ce geste, il n'est pas meneur de jeu : il ne fait que compléter, que servir le numéro de son maître. C'est-à-dire que même au moment où il rejoint ses ancêtres et compagnons (les valets qui travaillent à faire réussir les intrigues de leur maître), il reste servile. C'est Dom Juan qui a en quelque sorte accaparé la supériorité d'un Mascarille *(L'Étourdi)* ou d'un Scapin; Sganarelle n'est que son assistant.

Lorsqu'il reste seul avec Dimanche, — un Dimanche qui s'arrête à la porte, mais pour contempler son propre échec —, il se contente de répéter, en l'amplifiant, ce que Dom Juan a déjà dit. « Il n'y a rien au monde que je ne fisse pour votre service » est développé et, bien entendu, orienté vers la méchanceté : « Je voudrais... que quelqu'un s'avisât de vous donner des coups de bâton : vous verriez de quelle manière... » L'apport unique de l'imagination de Sganarelle, c'est la vision délectable d'un Dimanche non seulement volé, mais battu. L'allusion à la brutalité physique complète la farce — le reste n'est que mouvement, mise à la porte pure et simple de Dimanche, soutenue par des phrases inachevées et par un langage où, à part le mot « argent », les mots et les cris ne sont que le fond sonore, l'accompagnement bruyant d'une action physique.

De même que Dom Juan dans cet acte est essentiellement négation des obligations, de même Sganarelle est réduit à sa fonction la plus simple. Avec la réorganisation des thèmes, l'accent est mis d'abord sur la complicité de Sganarelle avec Dom Juan et sur la servilité du valet. Lié irrévocablement à Dom Juan, Sganarelle en est d'abord le reflet grotesque. La répulsion, certes, jouera, mais elle sera dominée par cette affirmation première de l'attraction, de l'imitation, et du manque d'invention.

Une dupe fait rire, et tel est le sort de M. Dimanche. Il ne souffre pas : il est abasourdi. L'habileté de Dom Juan, la rapidité de Sganarelle, malgré leur signification louche et immorale, sont satisfaisantes par leur réussite même. Au spectacle, les personnages sont au-delà de la sympathie ou de l'antipathie : on assiste simplement au fonctionnement d'une machine qui détourne inexorablement un individu de son projet et le transforme lui-même en machine.

Le contraste est fort entre ce tour bien joué, et l'entrée de Dom Louis. Le père de famille marchand fait place au père de famille noble; le comique farcesque, au genre héroïque; à la faconde de Dom Juan, son silence. Le mouvement ici reprend abruptement un des procédés qui a été constant au cours des trois premiers actes : la plongée dans la farce pour mieux rebondir vers le sérieux, le noble ou le merveilleux.

Dom Louis sort de l'ombre de la porte comme il sort du passé de Dom Juan — un passé dont il n'a jamais été question. Certes, son discours développe une des premières remarques de la pièce, celle de Gusman : « Un homme de sa qualité ferait une action si lâche? » Mais cette « qualité », il s'agit de l'incarner véritablement, de la définir tout en la représentant.

Dom Juan oublie ses obligations personnelles, les engagements qu'il a pris en tant qu'individu. Et de cela, on peut rire : on l'a fait au second acte, on vient de le faire à propos de M. Dimanche. On est au niveau des ricochets de fourberies, qui n'engagent rien de plus que les personnes en jeu. Dom Louis arrive pour démontrer que la trahison est plus profonde, plus grave : en dupant autrui, en négligeant ses engagements, Dom Juan trahit non seulement des individus isolés, mais sa race même, et avec elle, tout un monde de valeurs.

Avec M. Dimanche, il s'agissait d'une obligation envers la société marchande. Avec Dom Louis, il s'agit de l'obligation

envers l'aristocratie même qu'on incarne. Après la scène la plus
« légère » de la pièce, la moins embarrassante (rien ni personne
n'est véritablement en danger), Molière nous impose la tirade
la plus « lourde », la plus « nombreuse ». Après le plaisir pur
d'une démonstration tactique, voici l'exposé d'une signification,
d'une mystique qui va plus loin que le code amoureux d'Elvire
ou que le code de l'honneur de ses frères. Autant la scène avec
M. Dimanche dépouillait et amincissait la drôlerie du comportement donjuanesque, autant la tirade de Dom Louis en élargit
et en approfondit l'infamie. Autant l'aventure de M. Dimanche
était anecdotique, autant le discours de Dom Louis met en jeu
l'ensemble de la vie de Dom Juan, à la fois comme individu
et comme chaînon dans sa lignée.

Comme individu : sa naissance, entourée des espoirs de son
père. Comme chaînon : le sang qui coule dans les veines de
Dom Juan, et qui est celui d'illustres et vertueux ancêtres. En
ne donnant aucun exemple précis des actions indignes de
Dom Juan, Dom Louis élève le débat à la hauteur des grands
principes. Il dégage le sens de la vie de Dom Juan, sur le plan
humain, en insistant sur ce qu'elle n'est pas. Sur ce fond de très
hautes obligations se détache la silhouette noire de Dom Juan.

Le procédé est évidemment cornélien : des maximes générales sont affirmées avec force, et c'est par rapport à elles
que se définissent des actes accomplis ou à accomplir. Elvire,
au contraire, usera du procédé racinien du récit personnel, de
l'accumulation de faits concrets qui prennent d'eux-mêmes
une valeur démonstrative. Non que le récit soit exclu de la
technique cornélienne, — mais il prépare la maxime, la formule qui dépasse l'aventure individuelle. Cornélienne dans sa
forme, la « leçon » de Dom Louis l'est aussi dans son contenu.
Le monde de Dom Louis est celui des vieux Romains, des
pères espagnols de la tragédie : vertu, gloire et honneur sont
les mots clés de cette tirade, l'idée que l'on doit « mériter »
sa race en est le thème central. Certes, tous les thèmes cornéliens ne sont pas utilisés : liberté de l'individu, pouvoir de
donner un sens après coup aux actes accomplis, etc. Mais l'essentiel d'une morale de l'effort, de l'intransigeance et de la gloire
est vigoureusement affirmé.

C'est là une des fonctions de la tirade de Dom Louis : opposer
à une anecdote où l'on voit le grand seigneur s'autoriser de sa
noblesse pour s'abandonner à une médiocre frivolité, une norme
exactement contraire, faite de sérieux, d'obligation, d'effort,
de grandeur; opposer à la légèreté passagère un idéal permanent.
Car c'est bien d'un idéal qu'il s'agit ici, d'un vœu de la conscience
morale, d'une perfection.

Dans cette mesure, la nostalgie qu'elle éveille dépasse le cas Dom Juan. Ce père qui surgit du passé de Dom Juan surgit aussi du passé des spectateurs, — passé réel ou passé mythique, peu importe. Il évoque une vieille morale oubliée, l'effort de grandeur d'un temps qui n'est plus. Dom Louis parle un langage qui n'a plus cours, il affirme des lieux communs — c'est-à-dire des valeurs vers lesquelles on ne tend pas, mais dont on s'éloigne et qu'on regrette. Le spectateur est alors en face non seulement d'un document sur l'évolution morale du XVIIe siècle, mais d'un postulat sur l'évolution en général et sur sa direction : le monde se dégrade peu à peu. *Dom Juan*, du coup, est le spectacle d'une chute : d'où son ambiguïté, car le héros, en tombant de très haut, entraîne le malheur de ses égaux comme nous le montre cette tirade; avons-nous affaire au comique de ce qui est bas, ou au tragique de ce qui se précipite d'un sommet?

Au cours de la pièce, le ton est sérieux et le rire s'arrête quand on rappelle à Dom Juan l'altitude à laquelle il devrait se mouvoir. Le comique et la drôlerie surgissent chaque fois que ces hauteurs sont oubliées, et que le personnage se meut sans nostalgie dans sa propre déchéance. Les deux premières scènes du quatrième acte ont, entre autres fonctions, celle de juxtaposer nettement les deux « genres » entre lesquels oscille la pièce : d'une part, « l'imitation d'hommes de qualité morale inférieure », c'est-à-dire la comédie selon Aristote; d'autre part, la vision de héros qui tombent dans le malheur (Elvire, Dom Louis), c'est-à-dire la tragédie. Il ne s'agit pas de faire de Dom Juan un héros tragique, mais de voir en lui l'objet de l'erreur d'autres personnages, qui, eux, sont du coup plongés dans la tragédie. Dom Louis en est l'exemple : il a commis l'erreur d'obliger le ciel à lui donner un fils, et son malheur découle directement de cette erreur.

Affirmation de l'obligation la plus profonde de Dom Juan, affirmation aussi d'une dégradation universelle, exposé concis du sens tragique de l'aventure donjuanesque, la tirade de Dom Louis est enfin et peut-être surtout l'occasion d'une illustration de plus du pouvoir démystificateur et négateur de Dom Juan. Comme il le fait toujours devant ses égaux, Dom Juan se tait; il se tait même ici de façon beaucoup plus évidente que dans les actes précédents. Encore une fois, c'est que cet acte a pour but de souligner les caractéristiques déjà connues, mais dispersées dans les aventures qui ont précédé. Construit, périodique, commandé par les maximes qui y éclatent et par l'insulte finale, ce beau discours se trouve isolé par le silence de Dom Juan, et demeure suspendu dans le vide, parfait et inutile comme un astre éteint. Dom Louis parle, — et a parlé pour rien. Ici encore, le théâtre de Molière est un théâtre d'écouteur-qui-est-ou-fait-le-sourd : tandis que Dom Louis chante en quelque sorte son grand air héroïque, on assiste au spectacle d'un Dom Juan qui file de plus en plus vers l'absence. Dom Louis a commencé à peu près dans les mêmes termes que ceux d'Elvire au premier acte : « Je vois bien que je vous embarrasse... » (Elvire : « Oui, je vois bien que vous ne m'y attendiez pas... ») Dom Juan est d'abord surpris, gêné, par ces résurgences d'un passé oublié. Puis, par son attitude même, il le néantise. La haute remontrance qui était aussi un appel ne provoque aucune réaction (défense, excuse, justification, réfutation, etc.). Ici est poussée à sa pointe extrême la dérobade donjuanesque.

Ici aussi est manifeste l'erreur de tous ceux qui tentent d'engager le débat avec Dom Juan. Celui-ci est inchangeable, intouchable, les arguments et les reproches le traversent sans laisser de trace, ses adversaires attaquent dans le vide; quand Dom Juan parle, ce n'est que pour montrer comme il est intact.

> *Monsieur, si vous étiez assis, vous en seriez mieux pour parler.*

La tragédie se joue debout. Ce sont les pères de comédie qui s'assoient pour faire la leçon [1]. L'insolence de Dom Juan consiste très exactement à constituer la figure tragique de Dom Louis en masque comique de père-obstacle. Du coup, tout ce qu'a dit Dom Louis devient pose, rôle, mascarade : Dom Juan a échappé une fois de plus à l'esprit de sérieux, il a été spectateur-auditeur, extérieur et ennuyé. Comme avec Elvire, ses frères ou Sganarelle, sa présence-absence a transformé un univers de valeurs vivantes et de sentiments vrais en numéro d'acteur.

Comme avec Elvire, également, Dom Juan parvient de la sorte à faire tomber ce qu'il a lui-même constitué en masque : il ne reste à Dom Louis d'autre recours que l'allusion à la force brutale, à la vengeance meurtrière au-delà des codes et de l'idéal [2]. C'est finalement de la honte personnelle de Dom Louis qu'il est question; c'est la destruction pure et simple de Dom Juan, des mains mêmes de son père, qui saura seule satisfaire celui-ci.

---

1. « Prends un siège, Cinna... » (*Cinna*, V, 1). Le roi ou l'empereur cornélien *trône*. Dans *Cinna*, la scène célèbre où Auguste invite Cinna à s'asseoir à ses côtés est en fait un piège : la familiarité comique introduite en début d'acte est avant tout un tremplin, pour faire rebondir plus haut la tragédie de la trahison, de l'aveu et du pardon.

2. Voir Doolittle, *op. cit.*

Avec Dom Louis, le spectateur a été remis en présence du monde d'Elvire et de ses frères, et conduit plus loin dans la compréhension des hautes obligations de race que Dom Juan ignore dans ses trahisons individuelles. Il a été aussi une fois de plus le témoin de l'effondrement des valeurs de ce monde devant Dom Juan, de la réduction des débats au conflit le plus élémentaire : autrui en est réduit à n'avoir d'autre vœu que la mort de Dom Juan, la destruction du monstre.

Dom Juan répond à cette menace par le souhait de voir mourir son père : cri spontané, par lequel la nature de Dom Juan menacée de mort répond par un vœu identique de destruction. Certes Dom Juan ne va pas jusqu'à frapper son père comme chez Villiers et chez Dorimon, mais le cri ici vaut un meurtre. Dom Juan souhaite être débarrassé de ce père « qui vit autant que son fils », de ce passé qui cherche à faire obstacle, qui surtout, incapable de freiner, menace d'anéantir. Dans les derniers mots de Dom Louis et dans le cri de Dom Juan, on touche à quelque chose de primitif, où de grandes forces s'opposent l'une à l'autre dans un combat sans merci.

Bref numéro de Sganarelle : « Ah! Monsieur, vous avez tort. » Ce cri-là, c'est un peu celui du spectateur. Bien sûr, Dom Juan a tort! Le conflit entre le père et le fils est, en fin de compte, terrifiant; le désordre extrême et meurtrier, provoqué par Dom Juan, est bien fait pour engager Sganarelle à souhaiter de son côté que tout cela s'arrête avant la catastrophe.

Les sursauts soi-disant moraux de Sganarelle ont été jusqu'ici provoqués par la crainte des châtiments et un vœu de tranquillité. Il est clair ici que les allusions de Dom Louis au courroux du Ciel, à la punition paternelle amènent Sganarelle, joyeux complice de son maître quand aucun châtiment n'est en vue, à prendre peur, et à tenter de moraliser. Dom Juan ne lui en laisse pas le temps, et le menace à son tour : par « complaisance », Sganarelle donne alors raison à son maître.

Mais il est pris ici entre deux peurs, et sa courte tirade (« Oui, Monsieur, vous avez tort d'avoir souffert... ») est une expression nette et condensée du « drame » de Sganarelle tel qu'il a été présenté de façon plus variée et plus développée dans les actes précédents. Sganarelle sait très bien où est le danger le plus grave, mais sa veulerie l'oblige à parer au danger le plus proche. Saisi de l'angoisse des feux de l'enfer, il risque de s'y condamner par peur des coups sur cette terre. Il croit se tirer d'affaire — du moins il le tente — par l'usage de l'ironie : ici, « A-t-on jamais rien vu de plus impertinent? Un père venir faire des remontrances à son fils... » Cette sorte de casuistique, et la conscience qu'il a de son caractère illusoire, font de Sganarelle un personnage très riche dramatiquement, surtout si l'on songe à l'autre dimension de sa nature, son attraction-répulsion devant Dom Juan. Des deux membres du couple, il est le plus complexe, et ce n'est pas une des moindres tensions de la pièce que ce contraste entre la richesse des déchirements de Sganarelle et la très élémentaire simplicité de Dom Juan.

Contraste qui éclate ici, quand après cette dense petite tirade, faite du jeu de la double peur et de la connaissance que Sganarelle a de lui-même, Dom Juan en revient à sa seule préoccupation de la soirée, son souper.

Comme ailleurs, la peur complexe mais farcesque de Sganarelle sert de tremplin à une scène sérieuse. On annonce Elvire, elle entre, dans l' « équipage » d'une femme qui a décidé de se retirer du monde. C'est-à-dire qu'avant même qu'elle parle, on sait qu'elle ne va pas rejouer sa scène du premier acte : ce n'est plus la voyageuse à la poursuite de l'époux infidèle, c'est la femme qui renonce. De Dom Louis, qui vient de résumer et de généraliser le drame de Dom Juan sur la terre, à Elvire, on s'élève à un autre ordre.

« Ne soyez point surpris, Dom Juan... » Dom Juan est surpris, par le costume d'Elvire (il l'avait déjà été par celui du premier acte), mais surtout par sa venue. Ici encore, surgissement du passé, que Dom Juan a oublié, — mais avec, cette fois-ci, pour lui comme pour nous, un élément supplémentaire : un certain mystère, dont le sentiment est communiqué par le voile qui recouvre le visage de Done Elvire. Réalité matérielle et sociale avec Dimanche, mystique de la race avec Dom Louis, mystère d'un cœur frappé par la grâce avec Done Elvire : l'acte s'achemine peu à peu vers son finale, le mystère inhumain de la Statue.

Nous avons souvent répété que Dieu n'est pas un personnage de comédie, et que du coup, les solutions dans ce genre dramatique chez un auteur qui croit à la permanence des caractères, c'est-à-dire à l'incurabilité des passions et des vices par des moyens humains, ne sont que des solutions d'intrigues, non des illuminations ou des retours sur soi. *Dom Juan* est à cet égard une pièce à part : Dieu y est présent. Et pour que le finale aux feux de Bengale ait vraiment un sens, il faut qu'il soit dit dans la pièce que, dans l'univers qui nous est présenté, Dieu peut agir. C'est à la lumière de cette scène-ci que se comprennent à la fin certaines des répliques, certaines des apparitions, et la destruction de Dom Juan.

La première tirade d'Elvire insiste beaucoup sur la conversion du personnage, sur la grâce qui l'a frappé. Elvire a « changé », et ce changement vient du Ciel. On peut, certes, minimiser ce changement : il n'est pas du vice noir à la dévotion parfaite ; Elvire a été arrachée d'un couvent, et après sa malheureuse aventure avec Dom Juan, elle y retourne. Néanmoins, il est évident que de l'acte Ier à cette scène, elle a changé d'univers, de code, de moyens d'action, de but.

Elle est, pourrait-on dire, désormais installée dans la charité. Il est normal qu'elle tente de sauver celui qui précisément a failli entraîner sa damnation. Son amour pour Dom Juan a été transformé : il ne s'agit plus de « transports tumultueux » ni de « commerce des sens », mais d'une « flamme épurée », d'un amour « qui n'agit point pour soi ». On imagine ici la possibilité de développements claudéliens sur la clé de l'âme de Dom Juan possédée par Elvire, sur le prix que les âmes paient pour leur salut réciproque, etc. En tout cas, cette femme, qui souhaitait que le Ciel frappât Dom Juan vit maintenant dans la terreur de le voir damné.

L'avertissement qu'elle apporte à Dom Juan n'est pas éloigné de ceux de Sganarelle, mais il est plus authentique. Pour Sganarelle, c'est par « ouï-dire » qu'il sait que les libertins ne font jamais une bonne fin. Elvire, elle, vient « de la part » du Ciel :

> [...] ce même Ciel, qui m'a touché le cœur [...], m'a inspiré de venir vous trouver, et de vous dire, de sa part, que vos offenses ont épuisé sa miséricorde [...]

Si cette menace d'en haut ne nous apprend rien de neuf sur le destin du héros, elle est néanmoins plus directe, plus pressante. De même que la race parlait à Dom Juan par le seul intermédiaire de son père qui l'incarnait, le Ciel se manifeste tout près de Dom Juan par la grâce visible d'Elvire, et par le message personnel qu'elle récite.

Une fois de plus, Dom Juan se tait. Tout ce que nous entendons de lui, c'est un sarcasme chuchoté à Sganarelle : « Tu pleures, je pense. » En fait, ceci est murmuré à un moment où Elvire reprend son souffle, attend une réponse, se heurte au silence, à l'absence de Dom Juan. La supplique chrétienne se fait de plus en plus insistante, et le thème qui se met à la dominer est celui d'une obligation toute spéciale : « je me suis perdue pour vous, semble dire Elvire, sauvez-vous pour moi ». Au début de sa tirade, Elvire avait nettement distingué entre le « grossier » amour du passé, et le « parfait et pur amour » de maintenant. Mais c'est de plus en plus au nom de ce passé qu'Elvire supplie Dom Juan. Sa passion était « condamnable », certes, mais elle ne cesse de l'évoquer :

> *Je vous ai aimé avec une tendresse extrême, rien au monde ne m'a été si cher que vous ; j'ai oublié mon devoir pour vous, j'ai fait toutes choses pour vous ; et toute la récompense que je vous en demande, c'est de corriger votre vie et de prévenir votre perte.*

Scène bouleversante, où le silence donjuanesque agit une fois de plus, oblige l'adversaire à aller au-delà de ce qu'il croit être la vérité de son propre univers — et ici, quel univers ! celui même de la grâce divine, — et à se trouver en face d'un élan élémentaire. Elvire ne parle plus au nom du Ciel, mais au nom de son amour pour Dom Juan, un amour qui, loin d'être parfait et pur, est fait du souvenir ému des désordres passés.

Certes, quelque chose est arrivé à Elvire : elle n'est plus épée prête à frapper. Mais la missionnaire objective du début de la scène n'en est pas moins redevenue la femme amoureuse du seul Dom Juan.

Sa sortie n'est rien d'autre qu'une fuite qui souligne cette replongée dans l'amour. Tout concourt à montrer le danger renouvelé : déjà conduite par son propre langage à une prière fort proche d'une déclaration, voici qu'elle voit Dom Juan s'approcher d'elle, qu'elle l'entend l'inviter à passer la nuit dans cette maison. Dom Juan, en se taisant, l'a laissée bâtir son propre piège, y tomber, et le voici prêt à le refermer sur elle. Une courte phrase montre qu'Elvire sent ce danger : « Ne faites aucune instance pour me conduire... » Il ne faut pas que Dom Juan bouge d'un pas ; un geste de lui, et la rechute définitive d'Elvire est au moins possible. Plus encore que dans les scènes précédentes, le pouvoir du silence de Dom Juan éclate ici : il en arrive à faire chanceler dans un cœur le rocher de la grâce divine.

Bien entendu Dom Juan n'a retenu de cette scène que le danger couru par Elvire, c'est-à-dire pour lui, une occasion de plaisir. Tous les commentateurs comparent son « émotion » devant la tenue et les larmes d'Elvire au trouble de Néron dans *Britannicus* (v. 402). Il s'agit là de sensibilités voisines, c'est vrai, mais Dom Juan est à bien des égards plus superficiel et plus délicat : Néron tombe véritablement amoureux, Dom Juan est attiré par une nouveauté piquante ; chez Néron le

goût des larmes de Junie ne fait qu'un avec une passion qui
consume l'être entier; chez Dom Juan il n'y a que titillation.
Mais pour être différent, l'effet dramatique n'en est pas moins
fort : il repose dans le contraste violent entre la profondeur,
la complexité de la tragédie d'un amour à la fois terrestre et
divin, et l'évocation d'une petite perversité à fleur de peau.
Les « petits restes » sensuels que mentionne Dom Juan, s'ils
sont révélateurs de son idée fixe, de sa dimension unique,
sont en eux-mêmes justement bien « petits ». Et pourtant, ce
petit libertinage, c'est tout ce qui reste de la belle et émouvante scène d'Elvire... avec, bien entendu, le désir de pouvoir
enfin souper en paix [1].

La fonction de Sganarelle dans cette scène est une des plus
intéressantes de la pièce. Il est attendri par Done Elvire, sans
nul doute. Mais son attendrissement est comique : il pleure trop
tôt, au cours de la tirade d'Elvire. Il est spectateur naïf, surpris et bouleversé immédiatement par l'atmosphère de religion,
et presque de miracle, qui enveloppe Elvire.

Il fait équilibre à Dom Juan : Elvire parle entre un indifférent et un témoin attentif et immédiatement touché, entre le
silence de l'un et les reniflements de l'autre. Il contribue de la
sorte à isoler la tirade, à la suspendre, à en faire un malentendu. Elvire, comme Dom Louis, a parlé pour rien, non seule-

---

1. Dans le livre qu'elle a consacré au mythe de Don Juan à travers les
âges et à son sens, Micheline Sauvage (*Le Cas Don Juan*) insiste sur l'importance du rôle d'Elvire dans la comédie de Molière; pour elle, Elvire est
« omniprésente » dans la pièce, elle est unie à Dom Juan par un lien « ontologique »; elle apparaît sur scène aussitôt après Dom Juan et quand elle
s'en retire, la fin de Dom Juan est proche; absente, elle est représentée par
ses frères. Les « petits restes d'un feu mal éteint » seraient le signe du fait
que le Dom Juan de Molière, Elvire est « inoubliable ». En cela,
Micheline Sauvage, sans s'en cacher, assimile l'Elvire de Molière à celle de
l'œuvre de Mozart, telle que la voit P.-J. Jouve (*Le Don Juan de Mozart*,
Egloff, 1942). Finalement, « le Dieu qui meut la statue, c'est celui à qui
Don Juan a enlevé Elvire ». Tout cela est en partie vrai dans une pièce
où tout est soigneusement relié à tout. Mais enfin, la pièce de Molière n'est
pas le drame du couple, et son Dom Juan n'est pas l'infidèle ambigu qui
« n'arrive pas à consommer sa rupture avec Elvire ». Dans ce quatrième
acte, elle surgit de l'oubli au même titre que M. Dimanche, et il est absurde
de dire, en transposant ce que P.-J. Jouve dit de l'œuvre de Mozart, que
« l'*odor di femmina* est surtout l'odeur d'Elvire ». Elvire est oubliée, et,
quand elle reparaît, elle évoque un vague souvenir, tout simplement
parce que son « odeur » est *odor di femmina*. Dans la comédie de Molière,
le monde insiste auprès de Dom Juan, — mais Dom Juan ne s'accroche à
rien. C'est Elvire qui fait de son mieux pour faire de la pièce une tragédie
de l'impossible infidélité; elle n'y réussit pas.

ment parce qu'elle a traversé l'absence de Dom Juan, mais aussi parce que son discours a eu pour fond la mimique grotesque d'un valet. Par sa présence, Sganarelle, à sa manière, a rejeté la tragédie dans le néant. Certains ont pu parler du bon cœur, au fond, de Sganarelle, — mais ce qui frappe ici, c'est le son dégradant de ses sanglots, et le ridicule d'une émotion qui parodie trop la nôtre, en la précédant. Plus que jamais ici, le sens du rôle de Sganarelle est manifeste. Ce qu'on nous demande, ce n'est pas de décider s'il est bon ou mauvais, mais c'est de le considérer à sa place, « en situation », dans son déchirement et dans son conflit avec le monde. Le sujet de *Dom Juan* est, sur un plan, le pouvoir de transformation réciproque que possèdent, consciemment ou non, les êtres les uns sur les autres. Celui de Sganarelle, au-delà de sa lâcheté aussi bien que de sa naïveté qui peut le conduire vers une certaine forme de « bien » qui est plus un préjugé du bien que le bien lui-même, consiste à avilir, à rapetisser. Au premier acte, il rapetissait Dom Juan, sciemment et hargneusement. Ici, son émotion et ses larmes nous empêchent de jouir pleinement de la tragédie de Done Elvire. Avec Dom Juan, la grandeur tragique est niée, avec Sganarelle elle est « burlesquisée ».

La scène 7 de l'acte IV est une nette illustration de ce comique double. Le fond : le désir fixe de souper, quoi qu'il arrive, le besoin permanent d'assouvissement corporel, — besoin dont la satisfaction est retardée par les visites, par le rappel inopportun d'obligations et de dettes de plus en plus hautes, mais qui s'affirme de plus en plus impérieusement. Sur ce fond, au début de la scène, Sganarelle représente le burlesque brut de l'espoir des visiteurs de Dom Juan et annonce la crédulité de Dom Louis au cinquième acte :

Dom Juan   (se mettant à table) : *Sganarelle, il faut songer à s'amender pourtant.*
Sganarelle :   *Oui-da!*
Dom Juan :   *Oui, ma foi! il faut s'amender; encore vingt ou trente ans de cette vie-ci, et puis nous songerons à nous.*
Sganarelle :   *Oh!*

Toute la pièce repose ainsi sur le jeu des schémas de rapports et leur exploitation, leur développement. Sganarelle ici, en quelques secondes, exprime l'erreur de Dom Louis, de Done Elvire, et l'espoir vain des spectateurs : que Dom Juan puisse changer! Ici, le rôle de Dom Juan est de démontrer — une démonstration dont la force tient à sa rapidité même, — que s'il y a erreur de sa part, il y a aussi erreur de la part des autres. La belle tragédie chrétienne que serait *Dom Juan* si, au moment de la catastrophe finale, le héros voyait la lumière, s'élevait, se convertissait, demandait son pardon au Dieu de miséricorde! Dom Juan, par la dérision, nie cette possibilité. Sganarelle de son côté, par son étonnement de clown, par sa déception quand il comprend que Dom Juan se moque, démontre le ridicule de tout espoir de conversion.

Ensuite, les lazzi du souper, dans lesquels certains s'obstinent à voir simplement la tradition des pièces précédentes sur Dom Juan, représentent le seul résidu possible. Emprunts aux sources, certes; prétexte à numéro spectaculaire pour le mime Molière, aidé de jeunes comédiens, sans aucun doute; et bien sûr, détente risible entre la scène d'Elvire qui frôle la tragédie et l'apparition fantastique de la Statue. Le merveilleux est plus élevé que le tragique humain, mais ce sont les deux « genres » les plus hauts, et il était bon que la scène de transition de ce moment-là descendît dans la farce la plus simple, la plus gratuite, et même la plus éloignée des hauts problèmes de la pièce. Mais cet éloignement même est fonctionnel : au moment où ce qu'il y a de plus universel, de plus cosmique, de plus transcendant se referme sur le maître et le valet, les montrer dans un sketch anecdotique, quotidien, terre à terre, entièrement dégagé de l'univers entier qui les menace. Et répétons-le : ceci vaut aussi bien pour le valet que pour le maître, la seule distinction entre eux consistant dans le raffinement de l'un (son souper, qu'il déguste avec délicatesse) et la goinfrerie de l'autre. Ils se rejoignent ici, dans un petit drame intime, où l'on voit entre eux une différence de degré beaucoup plus que de nature. Sganarelle s'empiffrant au passage d'un plat a oublié tout autant que Dom Juan les grands dangers et les grandes obligations.

L'intimité maître-valet, avec à la fois ce qu'elle implique d'habitudes communes et de hiérarchie, est plus claire ici que partout ailleurs. Pour le reste, on entend un dialogue particulièrement plat et insignifiant, qui ne sert que de fond sonore ou de ponctuation au ballet des personnages, au spectacle de Dom Juan maître chez lui — et maître à la conscience tranquille — doublé d'un Sganarelle dont la vocation est d'être dupé ou victimisé : les laquais s'arrangent pour lui enlever son assiette avant qu'il ait eu le temps de se rassasier. Tout est rythme ici, et le comique visuel naît du décalage entre le rythme rapide de Dom Juan et la lenteur de Sganarelle.

Les coups à la porte, auxquels le metteur en scène peut donner le maximum d'effrayante solennité, plus encore que l'entrée de Dom Louis ou de Done Elvire, sont le signe d'une intrusion brutale, du rappel d'un univers de significations dont le pur jeu scénique, prolongé à plaisir, s'efforçait de nier l'existence.

Avec la scène de la Statue, l'acte IV rejoint le point d'aboutissement des trois premiers actes. Mais aussi, comme pour les thèmes plus humains repris par les scènes précédentes, l'expression est plus concentrée, plus claire, plus pressante : la statue ne se contente pas de hocher la tête, elle marche et elle parle. Plus d'équivoque, plus de recours possible à quelque « faux jour », ou à une « vapeur ».

Allons voir, et montrons que rien ne me saurait ébranler.

Dom Juan n'est pas un philosophe, il ne se constitue pas en champion du rationalisme, il ne tient pas aux explications scientifiques qu'il a suggérées au début de l'acte pour faire taire un valet importun. Dom Juan est tout simplement un obstiné. A qui donc compte-t-il montrer qu'il ne saurait être ébranlé? Au surnaturel lui-même. La présence réelle de la Statue sur la scène est la preuve que la nature de Dom Juan continue d'être en dépit des évidences mêmes [1].

Comme les personnages précédents, la Statue vient réclamer son dû, et il est certain que ce dû, comme dans le cas de Dom Louis et de Done Elvire, c'est le repentir de Dom Juan. Celui-ci, qui invitait son père à s'asseoir et qui faisait de louches politesses à Done Elvire, invite le Commandeur à partager son souper, et tente même de lui offrir un divertissement. Le jeu de réduction à l'humain qu'il avait commencé dans le tombeau par son invitation, il le poursuit ici : c'est-à-dire qu'il refuse de prendre la Statue pour ce qu'elle est, essentiellement un signe surnaturel. Il en nie la signification, comme il niait le sens du discours de son père et un sens au moins de la prière d'Elvire.

Dom Juan persiste spontanément dans sa fête personnelle; quand les obstacles à cette fête se font trop gênants, quels qu'ils soient, sa volonté se met au service de son désir : ici, il soupe et boit à la santé du Commandeur. Défi, — mais qui consiste essentiellement à continuer à vouloir être ce qu'il est.

---

1. Pour Arnavon *(op. cit.)* c'est une espèce d' « hallucination collective » (p. 394, note 1). La scène est bien entendu coupée. Il est pourtant bien évident que, sans manifestation visible pour le spectateur, l'obstination de Dom Juan perd toute force — qu'on l'interprète comme révolte contre le divin, contre la superstition, ou, comme nous le faisons ici, comme fidélité de la nature à elle-même.

La Statue parle, et elle parle peu : les commentateurs
félicitent Molière de cette discrétion, en le comparant à
ses prédécesseurs qui faisaient de la statue un moraliste et un
théologien verbeux[1]. C'est que l'évidence même du miracle se
suffit à elle-même. Ce marbre en mouvement vaut toutes les
rhétoriques. Et d'ailleurs, que pourrait dire la statue, qui n'ait
été développé par Dom Louis et surtout par Done Elvire? Après
les appels des paroles et des larmes humaines, le Ciel envoie à
Dom Juan un messager qui ne fait appel ni à l'intelligence ni
au cœur, mais à la simple vérité de la perception (une pierre
en marche), celle à laquelle Dom Juan devrait être le plus
sensible.

On pourrait imaginer un Dom Juan positiviste qui ferait
le tour de la statue pour voir si elle ne dissimule pas quelque
machine, si elle ne contient pas quelque « prêtre menteur ».
Mais ce Dom Juan-ci ne se soucie pas de preuves ou de contre-
preuves. Il est la proie de son propre être jusqu'à l'absurde.
Il ne détruit pas le miracle par l'enquête ou le raisonnement,
il le rend inefficace par défaut.

La Statue s'en retourne, comme les autres personnages de
l'acte, après avoir raté son effet sur Dom Juan.

La peur de Sganarelle au cours de cette scène se manifeste
par une pantomime ridicule (il hoche la tête comme la Statue,
quand il l'annonce) et par des dérobades maladroites («Monsieur,
je n'ai plus faim », « Je suis enrhumé, Monsieur », « Je vous rends
grâce, il est demain jeûne pour moi. ») La Statue se trouve du
coup dans une situation analogue à celle de Done Elvire :
niée d'un côté, « burlesquisée » de l'autre. Elle, qui a pour mission
de provoquer une horreur sacrée, n'est vue par les deux personnages que comme une présence momentanée, que chacun
traite selon son caractère. Il n'y a rien de plus chez Sganarelle
qu'une peur immédiate. (« Ah! pauvre Sganarelle, où te cache-
ras-tu?), » en conflit avec la crainte que lui inspirent les ordres
de son maître. D'où ses excuses détournées, qui, comme celle
de l'habit purgatif du troisième acte, ont pour but de lui
épargner les deux dangers à la fois. Ce qui prouve qu'il ne met

1. Voir par exemple la tirade de l'Ombre, adressée à Dom Jouan, dans
le Festin de pierre de Dorimon, et le dialogue entre le héros et cette ombre
(scène 2 de l'acte V); de même dans la pièce de Villiers, acte V, scène 2
(vv. 1511-20), en particulier), où, en plus, l'Ombre fait la leçon à
Philipin, valet de D. Juan. Ces textes se trouvent dans : Gendarme de
Bévotte, *Le Festin de pierre avant Molière*.

pas la Statue à sa place, que sa peur est toujours de même nature, et que s'il voit un « plus » du côté de la Statue en ce moment, celui-ci ne correspond pas au choix véritable d'un autre ordre.

M. Dimanche, Dom Louis, Done Elvire, la Statue : l'univers entier est venu prier Dom Juan de faire un retour sur soi-même, de racheter sa conduite, de se mettre en règle. On s'est élevé du plus matériel au spirituel [1], et chaque fois Dom Juan a su détourner la scène, réduire le créancier à une figure de farce, à une force purement vengeresse, à un cœur élémentaire-ment amoureux, à une présence anecdotique et inefficace. A ses côtés, Sganarelle s'est fait complice, ou bien il est passé à côté de la vraie signification, du vrai « ton » de la visite. A eux deux, Dom Juan et Sganarelle ont trouvé le moyen de constituer les visiteurs en fâcheux d'un nouveau genre.

1. Notons dès maintenant que ce « spirituel », en désespoir de cause, si l'on peut dire, se manifeste finalement sous la forme d'une *pierre*. Miche-line Sauvage *(op. cit.)* l'a bien vu.

CHAPITRE VIII

L'hypocrite

Après l'invitation à souper adressée par la Statue à Dom Juan, le spectateur est prêt pour l'annihilation du personnage, seule solution possible après tant d'obstination. Quand le rideau se lève sur le cinquième acte, le décor est fait pour ce châtiment impressionnant : une campagne, certes, mais une campagne indéterminée, un espace libre, dans lequel peuvent se croiser, sans souci de réalisme, hommes et fantômes. Peut-être un tombeau, peut-être le tombeau même du Commandeur, une perspective d'arbres et de statues, — mais dans le doute où nous sommes du décor construit par Molière lui-même [1], il convient d'insister sur le vague de la localisation, non de faire un effort de précision. Quelque part, dans le monde, Dom Juan, hors de chez lui, à découvert, continue sa course vers sa propre destruction.

Mais cette course fait un détour qui peut surprendre le spectateur : Dom Juan s'est lancé dans l'hypocrisie, étape de sa carrière qu'on ne trouve pas chez les précurseurs de Molière. L'intention polémique, en pleine bataille de *Tartuffe*, est ici hors de doute. Mais au-delà de l'intention de Molière, quelle est la fonction dramatique de cet épisode dans le déroulement et la structure de la pièce?

Au lever du rideau, le spectateur voit et entend un Dom Louis à mi-chemin entre l'incertitude et le ravissement, devant un

1. L'édition Bray-Scherer (Club du Meilleur Livre) fait état d'un « pro-gramme-annonce » d'une troupe de campagne vers 1670, selon lequel la scène serait à ce moment-là « un théâtre de statues à perte de vue », c'est-à-dire une perspective somptueuse, mais tout à fait anonyme puisque parfaitement décorative.

Dom Juan apparemment contrit et pieux. Le texte dit : « Dom Juan, faisant l'hypocrite. »

L'indication vaut autant pour le lecteur que pour l'acteur qui prend connaissance du rôle pour la première fois : Dom Juan imite les dévots, et même ceux qui réussissent le mieux à convaincre autrui : les faux dévots. Son attitude, comme d'ailleurs les propos qui suivent, est donc hyperbolique — avec sans doute plus de mesure que celle de Tartuffe, car il a affaire non à un Orgon, mais à Dom Louis.

Ce début d'acte a pour fonction d'insister sur l'erreur des personnages qui croient possible une transformation de Dom Juan, et aussi d'établir le lien entre l'abaissement d'autrui par Dom Juan et le thème religieux. A la fin du quatrième acte, avec l'intervention d'Elvire puis celle de la Statue, la pièce s'est définitivement située sur le plan du salut de Dom Juan; le cinquième acte se maintient sur ce plan. Mais en même temps, il envisage de ce point de vue la tactique et les pouvoirs de Dom Juan. Ici, le héros utilise la religion pour prolonger tout simplement le traitement qu'il avait fait subir à son père à l'acte précédent. Après avoir, en l'invitant à s'asseoir, ramené le père cornélien à un grondeur de comédie, il va plus loin, et le constitue, sous nos yeux, en une espèce d'Orgon.

Le discours de Dom Juan est emprunté d'un bout à l'autre. A certains moments même, il rappelle certains des repentirs de Done Elvire. Mais surtout, et c'est là que réside l'hyperbole révélatrice, il utilise un vocabulaire pieux qu'Elvire, pourtant élevée dans un couvent, évitait : « abominations », les « grâces », une « pleine rémission », — et il réclame un directeur de conscience. Il en fait trop, et trop vite : le début abrupt de l'acte contribue à rendre le spectateur conscient de l'hypocrisie du personnage.

La joie de Dom Louis le situe entre Orgon et le pathétique : grâce à elle, l'hypocrisie de Dom Juan est encore plus odieuse, Dom Louis est à la fois la dupe de comédie, et la victime qui ne mérite pas de l'être. Dom Juan a peut-être trouvé une nouvelle tactique, mais son résultat sur autrui n'a pas changé. Quant à la joie de Sganarelle, elle est, comme les autres attitudes du personnage, une caricature qui avilit son modèle : malgré l'émotion que peut communiquer Dom Louis, il n'est pas foncièrement différent de Sganarelle, en face de Dom Juan.

Sganarelle passe aisément de ce burlesque d'autrui à l'admiration horrifiée pour Dom Juan qui est un des traits profonds de son caractère : « Oh! quel homme! quel homme! quel homme! » s'écrie-t-il et répète-t-il quand Dom Juan lui apprend qu'il ne pense pas un mot de ce qu'il dit. Et là encore, il est l'image de ce à quoi nous réduit Dom Juan.

On peut s'étonner que Dom Juan, que ne gêne aucun scrupule, ait découvert si tard le « stratagème utile » de l'hypocrisie. Ses moyens d'action étaient, jusqu'ici, sa prestance, son rang, son habileté de beau parleur, son silence et ses dérobades. Au besoin, son épée. Cet arsenal était suffisant. Suffisant tant qu'il s'agissait d'attaquer ou de se défendre sur le plan humain et dans le domaine des institutions humaines. Mais maintenant, par la bouche des hommes et par le truchement d'un prodige, le divin s'est vraiment mis de la partie. Dom Juan a besoin d'une autre arme. On apaise les femmes en leur promettant le mariage et même en les épousant; on apaise les nobles en leur promettant le duel; on apaisera de même les croyants en leur promettant de faire pénitence — et peut-être du même coup, apaisera-t-on le Ciel? En tout cas, l'hypocrisie est le dernier recours d'un homme menacé par le monde *au nom* du Ciel.

Ce recours s'est en quelque sorte offert de lui-même. Dom Juan s'en empare, mais ne s'identifie pas avec lui : c'est un accident dans sa carrière, le fruit d'une rencontre, comme les duels, comme les séductions. Le masque tombe aisément, et Dom Juan est toujours le même; il l'affirme et le montre. A Sganarelle qui lui rappelle le prodige de la Statue « mouvante » et « parlante », il répond :

> *Il y a bien quelque chose là-dedans que je ne comprends pas; mais quoi que ce puisse être, cela n'est pas capable ni de convaincre mon esprit, ni d'ébranler mon âme [...]*

Est-ce là un aveu de Dom Juan? En reconnaissant qu'il ne comprend pas, admet-il enfin l'irrationnel, le divin? Et son geste final sera-t-il un orgueilleux et satanique défi? Ce qui frappe ici, comme au cours de l'interrogatoire de Sganarelle au troisième acte, ou dans les scènes avec la Statue, c'est la désinvolture, le haussement d'épaules, le désintérêt. « Quoi que ce puisse être », Dom Juan continue sur sa lancée. De même qu'il vivait l'amour sans l'expliquer (les charmes « inexplicables » du premier acte), c'est sans le penser que Dom Juan refuse de vivre le surnaturel. Certes, il y a en ce moment une toute petite hésitation : avec la Statue, deux et deux ne font plus tout à fait quatre, mais enfin ce n'est pas cette boutade qui fonde l'être de Dom Juan. Son esprit et son âme ne sont pas au service des vérités, mais au service de son désir.

Sur le plan de la polémique, il est certain que ce début d'acte est destiné à préparer la longue tirade « Il n'y a plus de honte

maintenant à cela... » Molière y fait le portrait de la cabale
qui lui nuit et le menace, de ses tactiques, de ses moyens d'attaque et de défense, — et puisque Dom Juan passe aux yeux du
monde pour fraîchement et spectaculairement converti, les
contemporains ont pu voir à ce moment-là une satire du prince
de Conti, ancien protecteur de Molière, converti et ennemi de
Molière dans l'affaire *Tartuffe* [1]. Mais le spectateur moderne
peut négliger cet intérêt d'actualité, et être sensible à ce qui
donne à la tirade son intérêt permanent dans la pièce.

Par sa situation même, la tirade sur l'hypocrisie répond
très exactement à la tirade du premier acte sur la conquête
amoureuse, d'une part, et d'autre part elle est mise en équilibre avec le galimatias de Sganarelle qui la suit.

Au premier acte, Dom Juan était l'Alexandre solitaire dont
la seule action était la conquête. Maintenant, vêtu de noir,
il se confond avec la foule des dévots, pour se défendre. Il
n'abandonnera certes pas ses « douces habitudes », mais la
stratégie défensive est maintenant au centre de ses préoccupa-
tions. Pressé par autrui depuis le premier acte, il a été de plus
en plus gêné, menacé, poursuivi jusque chez lui ; il s'est dérobé
autant qu'il a pu, voici la dérobade suprême : le masque. Au
cours de la pièce, il a fait feu de tout bois ; il a peu menti, mais
le mensonge n'est qu'un moyen de plus. Que Dom Juan choi-
sisse enfin l'hypocrisie n'est, à tout prendre, pas surprenant : sa
cohérence n'est faite que de son désir unique et élémentaire. Le
reste, c'est une surface chatoyante, insaisissable : si on l'analyse
en elle-même, elle est faite d'attitudes contradictoires ; si on
la considère comme un faisceau de moyens au service d'une fin
unique, elle satisfait l'exigence de cohérence. Ce qui fait agir
la force appelée « Dom Juan », ce n'est pas un ensemble de vertus et de vices, c'est le but à atteindre. C'est pourquoi ici,
pressé par les circonstances, il n'hésite pas à abandonner sa
grandeur solitaire, ses bravades de grand seigneur, et là où
l'épée et les beaux rubans ne suffisent plus, il usera en toute
bonne conscience de l'onctuosité, du jabot blanc et du soutien
de ses frères en dévotion.

En toute bonne conscience... et même avec plaisir. Le ton
de cette tirade rappelle parfois celui de la tirade du premier
acte : au lyrisme de l'Alexandre de l'amour correspond celui
du Tartuffe embrigadé. Pour Dom Juan, tout est plaisir quand
l'action consiste à surmonter l'obstacle. Cet « obstacle » n'est
d'ailleurs pas celui de certains philosophes, l'obstacle qui crée

---

1. Sur le prince de Conti, ses rapports avec Molière, sa conversion,
voir Francis Baumal, *Molière et les dévots.*

la valeur... La valeur est ici donnée d'avance : les « douces
habitudes » de Dom Juan. Son plaisir consiste à avoir trouvé le
moyen de pouvoir s'y adonner sans danger. Comme dans sa
première tirade, le plaisir que procure une tactique sûre se
confond avec celui de l'accomplissement. Molière sans doute se
complaît à montrer combien ses ennemis sont astucieusement
organisés et tortueux, mais Dom Juan, lui, éclate de joie en songeant à l'efficacité de cette astuce et de ces manigances. Emporté
par la vision de cette puissance nouvelle, il en arrive à un enthousiasme qui est le parallèle de celui dont il faisait preuve à la
fin de la tirade amoureuse; curieusement, ce discours sur une
stratégie de défense se termine par la description d'une offensive :

> *Je m'érigerai en censeur des actions d'autrui, jugerai mal de*
> *tout le monde, et n'aurai bonne opinion que de moi. Dès qu'une*
> *fois on m'aura choqué tant soit peu, je ne pardonnerai jamais et*
> *garderai tout doucement une haine irréconciliable. Je serai le*
> *vengeur des intérêts du Ciel, et, sous ce prétexte commode, je*
> *pousserai mes ennemis, je les accuserai . d'impiété, et saurai*
> *déchaîner contre eux des zélés indiscrets, qui, sans connaissance*
> *de cause, crieront en public contre eux, qui les accableront d'injures,*
> *et les damneront hautement de leur autorité privée.*

Dans un contexte différent, avec moins d'ambition mais plus
de complexité psychologique, Arsinoé, dans *Le Misanthrope*
se souviendra de la recette. Ce qui compte ici, c'est de voir
finalement Dom Juan, acculé à la défensive, la transformer
en agression, en conquête, en mouvement de l'avant — par
cet élan qui lui est propre : dérobade, fuite, masque, la conduite
de Dom Juan, sous les apparences d'un recul, est toujours en
fin de compte une offensive qui met autrui en échec. Ici, le
masque choisi lui permet d'absorber une forme d'autrui qu'il
ne peut nier de front (après Elvire et la Statue, cela ferait de
lui non pas un obstiné, mais un imbécile), pour la détruire
avec ses propres armes.

Dans sa composition même, cette tirade n'est pas sans évoquer celle de l'acte I. Dom Juan commence par des généralités, par une inversion de la morale normale : il déclare que
le vice est vertu, quand il est à la mode. Puis il passe à la
théorie de l'hypocrisie, enfin à lui-même, à son plaisir, à son
ambition dévorante.

Le héros qu'on nous a montré de plus en plus menacé se
retrouve égal à lui-même, en sécurité, prêt à reprendre,
avec le même enthousiasme, sa vie de plaisir. Le moyen qui
semble devoir ainsi le sauver, c'est l'hypocrisie. *Ultima ratio*
malorum. En outre, la comédie de la pièce est enfin complète :

Dom Juan, force simple, réduisait autrui à être personnage
de théâtre, de comédie; voici qu'il consent à le devenir, pour
des raisons de pure efficacité. En face d'un monde d'acteurs
inconscients, il sera l'acteur conscient. Il y va de son bonheur,
et de la tranquillité d'autrui. On sent ici comme ce début du
cinquième acte de *Dom Juan* est proche, non seulement de
Tartuffe, mais du *Misanthrope*.

Dom Juan hypocrite, ce n'est pas seulement couronner
son ensemble de crimes par le crime suprême, le crime même
des ennemis de Molière, l'usage du sacré à des fins sacrilèges,
c'est aller plus loin que la légende traditionnelle, c'est montrer
que Dom Juan peut se mettre à l'abri; dans la comédie de
Molière, le héros n'est pas seulement obstiné dans son vice,
il échappe, il glisse, il fuit. Cerné finalement, il trouve le moyen
de jeter une ombre en pâture à ses adversaires. Or, ces adversaires, d'un bout à l'autre, ont bien semblé ne réclamer qu'une
ombre... Ce qu'ils ont tous demandé de Dom Juan, c'est un
geste, un comportement conforme à un code, parfois même
un mensonge. Les « signes » donnés à Dom Juan sont toujours
extérieurs à lui : les larmes ou la colère d'une femme, la foi
d'un mendiant, une statue qui marche et qui parle. Dans
Dom Juan, comme plus tard dans *Le Misanthrope*, le drame
qui se joue est celui qui repose sur le conflit entre les apparences et les vrais motifs qui nous font agir; un monde heureux,
c'est celui où l'on maintient un système cohérent d'apparences;
l'ironie de la comédie moliéresque consiste ici à montrer que
c'est précisément au moment où le héros consent à « jouer le
jeu », que le désordre est le plus profond et le crime le plus
grand.

Au premier acte, Dom Juan avait décrit son plaisir, et
Sganarelle avait tenté hargneusement de le définir en le rapetissant. Au troisième acte, Dom Juan avait, par une boutade,
résumé son absence de philosophie, et Sganarelle lui avait
répondu par un système complet de l'univers. Dans les deux
cas, l'attitude de Dom Juan, son silence ou la peur qu'il inspire
à son valet, faisaient de Sganarelle un clown; de ses descriptions ou démonstrations, des numéros, au cours desquels
l'intérêt du spectateur se portait plus sur la forme théâtrale,
la veulerie et la naïveté de Sganarelle, que sur le contenu
même. Il en va de même ici; au moment où le portrait de
Dom Juan est « achevé de tout point », Sganarelle est lui
aussi poussé à l'extrême. Il débite d'un trait sa démonstration

la plus bouffonne, il exécute le numéro de farce le plus extravagant devant son maître-spectateur.

Dom Juan l'avait pris comme « témoin du fond de son
âme ». A son tour, Sganarelle entend « décharger son cœur ».
Il sait ce qu'il risque : « Battez-moi, assommez-moi de coups,
tuez-moi si vous voulez. » Mais c'est précisément la fois où il
affirme son courage, que Sganarelle en dit le moins, — en tout
cas, que ses propos sont les moins dangereux pour lui : la forme
en est complètement impersonnelle, ni Dom Juan ni le spectateur n'y reconnaissent le cas Dom Juan.

Quel est donc le sens de ce galimatias? Doolittle suggère
une paraphrase philosophique, selon laquelle chaque proverbe est un emblème doué d'une signification anagogique[1].
Mais il est certain que dans les conditions du spectacle, on
n'a guère le temps de se livrer à ce déchiffrage, d'autant plus
qu'une bonne partie de l'attention est prise par la gesticulation
de Sganarelle. Tout ce qu'on en retient, c'est le premier proverbe, certaines images cosmiques ou sociales, et la dernière
formule. « Tant va la cruche à l'eau qu'enfin elle se brise »
est évidemment un avertissement, la répétition de la menace
qui pèse sur Dom Juan : il en fait tant que la bonté du monde
et du Ciel se lassera, et qu'il sera anéanti. Puis, au fur et à
mesure que se déroule la série de coq-à-l'âne, sont évoquées
différentes idées, toutes rattachées à la notion centrale du
lien de l'individu avec le reste de l'univers; Dom Juan se
trompe en croyant pouvoir être seul, sans se plier aux impératifs de l'univers. D'un côté, les courtisans suggèrent à la
rigueur l'élégante personne de Dom Juan; de l'autre le Ciel,
la terre, la mer, les tempêtes, tout le mystère du cosmos, dont
Sganarelle a déjà fait état à l'acte III. L'évocation de la
prudence (sagesse) et de l'obéissance a un peu la valeur d'un
conseil. Enfin « vous serez damné à tous les diables » reprend
la hantise de Sganarelle, ce qu'il a toujours pensé de son maître, et rejoint le proverbe de la cruche par lequel commençait
le discours.

Mais enfin il n'y a pas de lien logique entre les proverbes
et les différentes affirmations de faits; il n'y a qu'une parodie
de logique. La ligne de la « démonstration » est garantie uniquement par associations. La phrase toute faite ou la constatation d'un fait en appellent une autre, non par leur signification d'ensemble, mais par le dernier mot, en quelque sorte
isolé du reste, et servant ainsi de point de départ pour une
autre proposition sans autre rapport avec la précédente.

1. Voir Doolittle, *op. cit.*

Tout l'univers, avec tous ses niveaux est évoqué, — mais
son ordre n'est qu'une illusion d'ordre, une juxtaposition
absurde. Ceci en réponse au discours logique, démonstratif,
parfaitement centré sur une personne simple, qu'était la tirade
de Dom Juan. En un mot, une fois pour toutes, à travers
Sganarelle, nous voyons comment la permanence de Dom Juan
met en danger la cohérence de l'univers. Devant ce monstre,
l'univers s'éparpille, devient parodie de lui-même. Il n'y a
pas la place pour les deux dans la création, et « par conséquent,
Dom Juan sera damné à tous les diables », entendons : anéanti.

Après avoir ridiculisé ou réduit à des forces absurdes ses
adversaires humains, par le dernier sacrilège de l'hypocrisie,
la force donjuanesque ridiculise le cosmos. Quant à Sganarelle,
chargé de présenter le burlesque des attitudes humaines en
face de Dom Juan, le voici, comme point suprême (non toutefois final, car il y aura le « mes gages » de la dernière scène)
de son rôle, chargé de représenter le burlesque du désordre
universel apporté par Dom Juan.

La théorie de l'hypocrisie (et le burlesque de ses conséquences cosmiques) est encadrée par deux illustrations, par
deux exemples de l'hypocrisie à l'œuvre. C'était au début de
l'acte la scène entre Dom Juan et Dom Louis, c'est maintenant la rencontre de Dom Carlos. Celle-ci est d'ailleurs liée
au retour de la Statue : Dom Juan va se trouver pour la dernière
fois en présence des deux niveaux du monde qu'il bafoue,
l'humain et le divin.

Dom Louis a été dupe de son fils. Il a été l'exemple d'un
des pouvoirs de Dom Juan, celui de réduire autrui à une figure
de comédie. Dom Carlos ne se laissera pas tromper par cette
soudaine conversion : en face de Dom Juan, il n'aura d'autre
recours que le vœu de meurtre.

La rencontre de Dom Carlos et de Dom Juan, dont l'imprévu
est plus souligné que dissipé par la remarque « je vous trouve
à propos », est moins surprenante toutefois, quand on est
dans l'atmosphère de la pièce, sensible au jeu permanent du
hasard dans le destin de Dom Juan, que les renseignements
que Dom Carlos nous donne sur la situation de Dom Juan et
de Done Elvire. Certes, Dom Carlos confirme ici ce que Gusman
nous avait appris dès le début : Dom Juan et Elvire sont
mariés et bien mariés. Tout ce qu'il demande maintenant,
c'est de voir ce mariage confirmé « publiquement », c'est-à-
dire que la réparation consisterait à installer Elvire dans la

maison de Dom Juan, et à donner au monde le spectacle d'un mariage normal. Mais, d'une part, cela signifie qu'il ignore la retraite de sa sœur, et, d'autre part, son grief était autre au troisième acte : « une sœur séduite et enlevée d'un couvent ». Il est vrai qu'il avait alors fait allusion à des « moyens doux » pour satisfaire son honneur et celui de son frère, mais sans donner de précisions.

Toutefois, si l'on cesse de se poser des questions d'ordre réaliste — et sans doute le spectateur, tout en se souvenant du débat sur l'honneur et les moyens de le satisfaire, a-t-il oublié le « point » à proprement parler de cet honneur — on est surtout sensible au sens de la proposition de Dom Carlos : il offre à l'hypocrite une occasion d'exercer son hypocrisie, il se satisfera d'un geste, d'une apparence « publique ». Il demande à Dom Juan de réparer aux yeux du monde. De tout le reste, il n'est pas question.

L'hypocrisie, pour Tartuffe, était un moyen de s'approprier et de consommer le bien d'autrui. Même si la pièce montre son échec, c'est une hypocrisie qu'on pourrait appeler positive. Celle de Dom Juan est avant tout moyen de défense, elle représente sa tactique la plus récente pour se dérober. Si elle le conduit à la fin de sa grande tirade vers une sorte de lyrisme de la conquête, c'est une conquête destructrice. En somme hypocrisie négative, car elle a pour fonction de lui permettre de disparaître ou d'anéantir l'adversaire. Ici, l'hypocrisie lui sert pour continuer sur sa ligne. Elle est un moyen pour échapper à « l'ensevelissement », à l'obligation de vivre de façon permanente avec une femme unique. Certes, on peut imaginer un Dom Juan usant de son jabot blanc et d'un charme onctueux de dévot pour séduire quelque autre couventine. Mais ce n'est pas là le but premier de sa nouvelle méthode; Dom Juan s'est fait dévot pour satisfaire son goût du changement, pour protéger ce désir qui ne reconnaît ni prolongements ni obligations, pour continuer à être tel qu'il s'est décrit dans la tirade de l'acte I. La scène avec Dom Carlos ferme en quelque sorte la boucle de la pièce sur le plan humain. On en revient à la dimension unique de Dom Juan, à son élan élémentaire, après en avoir exploré les conséquences dans tous les domaines.

Dom Carlos :   [...] *notre honneur demande qu'elle vive avec vous.*
Dom Juan :   *Je vous assure que cela ne se peut.*

Ces deux phrases sont en fait le centre de la scène. La prison, même apparente, de la monogamie est impensable dans le cas de Dom Juan.

Nanti de son arme nouvelle et merveilleuse, Dom Juan joue sur le sens de cette impossibilité. Nous savons qu'elle est en lui, qu'elle vient de lui, de son intransformable nature, et, lui, il en fait un ordre du Ciel. Il est remarquable que Dom Juan, jusqu'ici tantôt embarrassé, tantôt silencieux, usant parfois de sarcasme, parfois du mensonge, parfois de ce que lui offrent à propos les circonstances, ait enfin trouvé un système cohérent de dérobade. Il est encore plus remarquable que, du coup, il se montre beaucoup plus bavard en face d'un égal qu'il ne l'a jamais été dans la pièce. Le seul moment où il ait autant parlé devant quelqu'un de sa caste se trouve à l'acte I, devant Done Elvire : dans la tirade sarcastique, où il utilise déjà les arguments que nous entendons maintenant. Tout se passe comme si la dévotion fût seule capable de lui fournir un langage qui lui permît de se dérober avec volubilité.

Au premier acte, Dom Juan utilise ce langage pour insulter. « Si je voulais vous mentir, voilà le mensonge que je choisirais. » Au cinquième acte, il a choisi ce mensonge. Le *Dom Juan* de Molière se déroule entre le moment où le héros découvre la valeur défensive du masque de la dévotion, et celui où il met ce masque sur son visage.

Devant Dom Carlos, l'hypocrisie échoue. Avant que le Ciel ne prenne définitivement l'affaire en main Dom Juan se retrouve poursuivi par les hommes : ce qu'il a cru être la solution idéale ne fonctionne pas comme il l'espérait. Le rendez-vous du troisième acte tient toujours.

Dom Louis considérait la vie de Dom Juan en gros, son déshonneur dans son ensemble, dans son sens le plus vaste. Il a donc été aisé de le contenter par un repentir général. Avec Dom Carlos, il s'agit du cas particulier. L'obligation de Dom Juan n'est pas ici envers un idéal de race et de vie, mais envers l'honneur d'un individu ou d'un groupe d'individus. C'était à une véritable casuistique que se livraient les deux frères à l'acte III; Dom Juan ici leur répond par une autre casuistique. Et du coup réapparaît le conflit des forces individuelles. Dom Juan et Dom Carlos sont chacun la proie d'une idée fixe élémentaire, et ces deux idées sont contradictoires.

L'hypocrisie est un beau manteau, mais quand on le regarde de près, dans une situation particulière, il a des trous. Grâce à la dévotion, Dom Juan a désormais réponse à tout. Mais ces réponses ne sont en fin de compte que du langage : le monde

des hommes exige des actes sur le plan humain. Le dévot ne
satisfait que le dévot. Mais qu'il se trouve en face d'un individu
pour qui les tâches terrestres doivent être accomplies les premières, qui s'identifie avec un code terrestre, et la dévotion
perd toute son efficacité. C'est le cas de Tartuffe en face
d'Elmire. Finalement, il y a deux visions religieuses du monde :
l'une selon laquelle le divin, valeur suprême, réduit à néant
toutes les autres valeurs ; l'autre, selon laquelle le divin n'exclut
rien de ce qui est humain, et où la prière ne remplace pas l'exécution des obligations terrestres ; Dom Juan use de la première,
devant un individu qui vit selon la seconde :

> Dom Carlos :   [...] *la compagnie d'une femme légitime peut bien s'accommoder
>   avec les louables pensées que le Ciel vous inspire.*
>
> Dom Juan :   [...] *lorsque (j')ai consulté (le Ciel), j'ai entendu une voix qui
>   m'a dit que je ne devais point songer à votre sœur, et qu'avec
>   elle assurément je ne ferais point mon salut.*

L'hypocrisie dont use Dom Juan, et avec elle les formes
extrêmes de dévotion, font bon marché trop aisément de
l'humain.

Cette scène avec Dom Carlos est à la fois un portrait du
drame de l'hypocrisie, et un avertissement aux hypocrites.
Après l'enthousiasme de Dom Juan devant sa nouvelle méthode,
dont il décrit avec plaisir la perfection, nous le voyons échouer.
L'hypocrite se trompe : il oublie chez autrui ce qui est le motif
de son hypocrisie à lui, la force irrésistible de la nature. La
casuistique ne convainc l'esprit et n'ébranle l'âme que de
ceux qui sont déjà convaincus, ceux qui n'attendaient que
cette garantie pour avoir le courage d'être eux-mêmes (voir
Orgon, dans *Tartuffe*). Mais si elle tend vers des conclusions
qui vont contre le vœu profond de l'interlocuteur ? L'hypocrite (ou le dévot extrême) passe alors pour ce qu'il est, ou
pour un monstre. Ironiquement, Dom Juan échoue devant
Dom Carlos « endurci » dans son vœu de réparation terrestre,
comme Sganarelle échouait devant Dom Juan. Plus largement, au terme de la comédie de *Dom Juan*, le héros qui a été
imperméable à l'appel de tous les codes qui étaient contraires
à sa nature, est renvoyé à lui-même par une humanité
réfractaire au code qu'il a fait semblant de choisir.

Il ne reste à Dom Juan et à cette humanité qu'à s'égorger.
Certes, Dom Juan ne quitte pas le masque : il ne manque pas
de faire appel à la direction d'intention (... « ce n'est point moi
qui veut me battre : le Ciel m'en défend la pensée ; et si vous
m'attaquez, nous verrons ce qui en arrivera.»). Il est néanmoins

acculé à accepter le règlement de comptes meurtrier, qui est la seule solution d'un vaste conflit entre des forces naturelles, — conflit dont l'élémentaire violence et le primitif aveuglement sont valorisés par toutes sortes de codes, c'est-à-dire de masques transformés mensongèrement ou spontanément en idéal.

CHAPITRE IX

Les deux salaires

Arnavon, dans sa mise en scène, n'hésite pas à voler au Ciel le châtiment de Dom Juan. Celui-ci meurt dans une embuscade[1]. C'est un peu comme si on remplaçait le monstre marin de *Phèdre* par une attaque de pirates ou le spectre dans *Intermezzo* de Giraudoux, par quelque terroriste. Il convient ici de respecter non seulement la légende de Don Juan, mais aussi le spectacle réinventé par Molière. Le surnaturel, en outre, est présent dans la pièce; en remplacer les manifestations sensibles par des activités humaines, c'est tout simplement supprimer un niveau de la pièce, c'est récrire un autre *Dom Juan* que celui de Molière.

La pièce, fidèle à la légende, s'est acheminée vers une solution surnaturelle, non vers une fin de mélodrame de cape et d'épée[2]. Dom Juan a bafoué non seulement les hommes mais le Ciel. Après nous avoir montré que le conflit avec les hommes ne peut être résolu que par le meurtre de Dom Juan, il s'agit de nous montrer que son conflit avec le Ciel ne peut trouver de solution que dans l'anéantissement infernal du personnage. Et ceci, bien entendu, est de l'ordre du théâtre, de l'incarnation visible d'une hypothèse : s'il existe un Dom Juan et s'il existe un Ciel, voici leur lutte, voici le dénouement nécessaire. Et puis, comme nous l'avons suggéré dès l'analyse du premier acte, la force donjuanesque ne peut être arrêtée que par la destruction, une destruction qui ne peut venir que de son créateur. Dieu ne s'en tire qu'en le consumant dans les feux de

---

1. Arnavon, *op. cit.*, p. 433.
2. Même si l'on pense que le surnaturel est tourné en dérision, il faut montrer ce dont Molière s'est moqué. Giraudoux se moque des dieux dans *La Guerre de Troie*, mais il montre Iris traversant le ciel. Sartre bafoue le divin, mais il montre Jupiter dans *Les Mouches*, et n'hésite pas à faire des effets de planétarium, c'est-à-dire à user d'une « machine » de théâtre pour représenter concrètement une idée que précisément il nie.

l'Enfer; Molière, qu'en l'escamotant par des machines et des
feux de Bengale.

Tartuffe n'est pas foudroyé. Il est puni par le pouvoir central. Il est vrai que le style d'ensemble de la pièce s'opposait
à une fin merveilleuse. Mais surtout, c'est que son « crime »
est moins effroyable que celui de Dom Juan. Tartuffe utilise
le masque dévot pour voler, s'approprier, consommer. Dom
Juan utilise finalement la religion pour mettre le divin
en contradiction avec l'humain, — et cela sur deux plans :
celui du code généreux, et celui de la nature humaine toute
pure.

On peut discuter à perte de vue sur le parti à prendre. Il
n'en reste pas moins vrai que la présence de Dom Juan et sa
conduite font disparaître toute cohérence : le cosmos devient
une série de coq-à-l'âne, et un « généreux » en vient à rejeter
le Ciel : « Eh quoi? toujours le Ciel? » dit Dom Carlos.

A travers Dom Juan, le Ciel en vient en quelque sorte à se
retourner contre lui-même. Le désordre est porté à son comble.
Le monde n'est plus harmonie, il est tout entier incompatibilité. Et cette incompatibilité, Dom Juan la crée ou la fait
éclater en parlant au nom même du principe suprême.

L'horreur de Sganarelle au début de la scène 4 annonce le
prodige à venir. Cette horreur est comique : à cause de Dom Juan,
les hommes ont peur, et la peur est grotesque et avilissante.
A cette peur, Dom Juan continue à opposer son indifférence
sous la forme d'une remarque qui annonce les développements
de Giraudoux sur les dieux qui « travaillent en gros » :

Va, va, le Ciel n'est pas si exact que tu penses [...]

Cette croyance à l'arbitraire du Destin ou des dieux, qui
aboutit à la terreur devant l'absurde ou à l'indignation
devant l'injustice, a l'effet contraire chez Dom Juan : il y voit
la chance de s'en tirer, la possibilité de la dérobade, et s'en
satisfait.

Sganarelle est toujours le premier à voir le surnaturel. C'est
d'abord lui qui a vu la Statue hocher la tête, c'est lui qui l'a
le premier rencontrée dans le sombre corridor de la maison
de Dom Juan, c'est ici lui qui remarque d'abord le spectre.
Dans *Dom Juan*, le surnaturel se fait annoncer avant d'entrer,
et se fait annoncer par Sganarelle. Ce qu'il y a de plus haut
n'est d'abord vu par Dom Juan que comme une farcesque
superstition.

A partir du moment où l'attention du spectateur est attirée par le coin de la scène où va apparaître le spectre, le spectacle l'emporte sur le texte. Celui-ci est réduit à quelques formules essentielles, mais le drame est désormais beaucoup plus vu qu'entendu. Les mots ne font que souligner des attitudes, des rapports de formes et de masses dont le sens est clair. Le tout est allégorique, jusqu'à l'entrée de la Statue, — mais enfin l'allégorie est le langage du Ciel, ses signes sont des chiffres plus immédiatement intelligibles que les discours philosophiques des humains.

La forme de femme voilée vient à la fois comme un rappel des femmes séduites et abandonnées, (— et si elle ressemble fort à Elvire, s'il convient même de faire jouer le rôle par la même actrice, c'est que, de toutes les séductions consommées par Dom Juan, Elvire a été le seul exemple donné dans la pièce) et comme une « grâce » à saisir *in extremis*. Les deux sens sont liés étroitement, ils l'étaient dès la visite d'Elvire à l'acte IV. Elvire contenait en elle à la fois le crime de Dom Juan et sa chance de pardon; d'une certaine façon, elle apportait déjà la grâce. Le spectre résume d'ailleurs ce que la tirade d'Elvire contenait de purement religieux. Il représente Elvire touchée par la grâce, toutes les Elvires repentantes et miséricordieuses, *moins* la tendresse tout humaine, ce piège dans lequel basculait de nouveau l'Elvire de chair. Ce dernier appel n'est pas seulement une dernière chance accordée par le Ciel; ce n'est pas non plus seulement le prétexte à quelque spectacle qui fait frissonner : c'est, à la fin de cette aventure, le pendant du dernier effort de Dom Carlos. Sur le plan humain, Dom Juan vient de refuser les réparations formelles que les hommes lui demandaient; il convient encore qu'il refuse le mouvement du cœur qui pourrait satisfaire, non des hommes comme Dom Carlos, mais des femmes comme l'Elvire du IVe acte. Il s'agit certes ici de son salut, mais il s'agit aussi et peut-être surtout de ce qu'il doit sur terre aux femmes qu'il a meurtries.

Dom Juan ignore cette dernière prière, et comme toujours répond ou agit « à côté ». L'apparition se transforme en allégorie du Temps : étonnant spectacle, — mais qui a un sens. Il est clair que maintenant il est trop tard, ce qui va suivre est désormais « résolu » et va se dérouler inexorablement. Dom Juan ayant tout refusé, ni le Ciel ni Dom Juan ne vont faire machine arrière.

Pendant toute la pièce, Dom Juan s'est moqué du temps. « Jeune encore », disait de lui Sganarelle. Cet indéfini temporel n'était-il pas, dès le début de la pièce, le signe de cette erreur de Dom Juan? Il a été question souvent de la « fin » de Dom Juan, mais le héros a rejeté chaque fois cette idée. Dans sa course, il n'y avait que présent et futur immédiat, il n'y avait ni passé, ni fin. Chacun menaçait de mettre une borne à ses dérèglements; Elvire de son côté à l'acte IV se montrait particulièrement sensible au peu de temps qu'il restait (« peut-être vous n'avez pas encore un jour... », « je ne demande qu'assez de vie... », « ne perdons point de temps en discours superflus... »). A ces menaces, à cette hâte prémonitoire, Dom Juan répondait par la boutade : « Encore vingt ou trente ans de cette vie-ci... » Si l'on peut dire, Dom Juan croyait avoir le temps, c'est maintenant le temps qui l'a. Il a vécu, non pas dans l'immobilité de l'éternité, mais dans la désinvolture de l'immortalité. Il ne se croyait ni infini ni fini, mais indéfini. Loin d'être un héros moderne, existentialiste ou à la Camus, qui affirmerait sa liberté contre la mort en fonction de cette finitude, le Dom Juan de Molière vit à la pointe aveugle de sa propre nature, dans une ignorance. A la fin de la pièce, Dom Carlos, la Femme voilée, le Temps viennent incarner symboliquement les trois victimes de la désinvolture donjuanesque.

Tout juste bon à manier une épée, c'est encore celle-ci que Dom Juan brandit devant l'allégorie du Temps :

> [...] *je veux éprouver avec mon épée si c'est un corps ou un esprit.*

Avant de gloser sur la « curiosité » de Dom Juan, il est bon de souligner l'expression « avec mon épée ». Oui, sans doute, veut-il « voir ce que c'est ». C'est qu'il entend prendre connaissance de l'obstacle avant de le supprimer, comme il l'a fait autrefois du Commandeur, comme il comptait vraisemblablement le faire du jeune fiancé en bateau. Signe de courage physique, — mais nous ne voyons pas là un signe de curiosité scientifique. Ce ne sera pas l'épée que Fontenelle conseillera dans l'analyse de la dent d'or.

Il n'est pas question de convaincre Dom Juan. Lui-même ne fait aucune allusion ici à tel ou tel doute de sa raison, à telle ou telle hypothèse explicative. Il s'agit de l'obliger à se repentir, c'est-à-dire à revenir en arrière, à reconsidérer le passé. De cela, comme il le dit lui-même, il n'est pas capable.

Ici, comme dans les scènes où il a eu affaire aux hommes, Dom Juan met sa volonté au service de sa nature. Au besoin, il dédiviniserait le divin. Nous assistons en ce moment, alors que le héros est cerné sans échappatoire possible, aux prolongements d'une conduite que nous connaissons déjà et qui est le produit de son être. Les prodiges qui l'entourent, il les voit comme nous voyons la fantasmagorie scénique qui les représente : machines qui se mettent sur son chemin pour l'empêcher d'être ce qu'il est. Dom Juan n'est pas d'abord un rebelle, un maudit par choix, un athée par système, un curieux avide d'explication rationnelle, un homme qui a pris sur lui d'assumer la dignité humaine contre la superstition ou l'arbitraire divin. Tout personnage qui dit « je veux » dans Molière est suspect : la libre volonté n'est en fait qu'un masque inventé par les hommes pour dissimuler leur incapacité de résister à leur nature. Le Dom Juan de Molière n'est pas un libérateur militant, il est le grand seigneur corrompu, et cela non par choix, mais par nature.

Dom Juan produit incidemment de vagues idées, ou une conduite qui semble être celle de la noblesse humaine — mais c'est un peu comme la seiche produit son encre. En ce moment de la pièce, il « produit » éperdument de la dignité, et cette éjaculation a une telle force et une telle densité qu'on est tenté, surtout aujourd'hui, de prendre la pièce à l'envers. Si nous interprétons la pièce en termes de liberté existentielle, c'est parce que le problème se trouve posé *pour nous* par la puissance négatrice du héros; mais ce n'est pas, en fait, la perspective de la pièce. Sur un certain plan, l'immense métaphore qu'est *Dom Juan* exprime une question sur les rapports de l'homme et du monde; mais là où nous sommes tout prêts à voir une liberté, la pièce de Molière, elle, dit clairement : illusion d'une liberté qui n'est que justification *a posteriori* d'un déterminisme inexorable. Répétons-le : Molière, ici, est hanté par cette question, — mais il la pose (sans véritablement y répondre philosophiquement, ce que d'ailleurs nous ne lui demandons pas) en termes d'une vision essentialiste, plus encore : en termes d'un univers quasi janséniste dominé par une prédestination.

Brandir son épée contre le surnaturel est absurde. C'est le signe d'une incapacité naturelle d'être autre chose que celui qui possède des corps ou les tue. Le refus de se repentir qui suit, c'est une fidélité aveugle à soi-même, une incapacité absolue de choisir, sur laquelle on plante tant bien que mal un panache.

Entre la Statue. Elle vient chercher Dom Juan qu'elle a invité à souper. On sait gré à Molière de n'avoir pas exhibé le festin de serpents et de crapauds de ses prédécesseurs [1]. Dans le mouvement rapide de cette fin, des horreurs de détail

---

1. Villiers, *Le Festin de pierre*, V, 7 : « ... et l'on voit la table garnie de crapauds, de serpents, et tout le service noir. » En outre, chez Dorimon et chez Villiers, l'Ombre fait une fois de plus de longs discours à Dom Jouan ou D. Juan...

détourneraient l'attention. La pièce de Molière s'en tient au grandiose, avec un sens sûr du spectacle. Et puis, on sait bien qu'il ne s'agit pas de souper! Il s'agit pour Dom Juan d'accepter le monde de la Statue, d'y pénétrer, comme la Statue a accepté de pénétrer dans la maison de Dom Juan. Les flammes de l'enfer, voilà l'écot que paie la Statue, elle qui a subi les sarcasmes trop humains de Dom Juan. Il y a là, d'un ordre à l'autre, une équité de traitement.

Quand la Statue rappelle à Dom Juan sa promesse, il ne se dérobe pas. On sait que Dom Juan n'est pas lâche. Il oublie très aisément ses obligations, mais quand un danger est présent il ne l'évite pas par peur. Il donne la main à la Statue, et tous deux se mettent en marche : deux mondes parallèles et irréconciliables. Plus qu'au spectacle du courage de Dom Juan, nous assistons à l'allégorie d'une incompatibilité fondée sur une double obstination, à une épreuve de force dont l'issue n'est pas en doute : la Statue est gigantesque (huit pieds de haut [1]), elle est de marbre, elle est machine, elle est faite pour broyer le petit homme qu'est Dom Juan. Ses derniers mots sont moins le résumé d'une théorie de la grâce, du salut et de la damnation que l'affirmation de rapports nécessaires de cause à effet : le comportement donjuanesque déclenche nécessairement le mécanisme de la damnation. Il n'y a pas de place dans l'univers pour Dom Juan et pour le divin à la fois, et le divin est le plus fort. De la nature de Dom Juan découle nécessairement son anéantissement.

Le spectacle final est traditionnel, il n'en est pas moins efficace : cris de Dom Juan, tonnerre, la terre s'ouvre, éclairs, flammes, Dom Juan disparaît. Il est éliminé.

Tout usage du merveilleux visuel, allégorique ou féerique sur scène, peut être bien ridicule. Les feux de Bengale ne s'allument pas au bon moment, les machines grincent, les

---

1. Entre six et huit, selon les documents. Molière toutefois a supprimé le cheval sur lequel certains des prédécesseurs installaient la statue. Dans son film *L'Œil du Diable* (1959), Ingmar Bergman réunit en une seule scène (muette, car c'est un flash-back) la visite de la statue chez Don Juan et la fatale poignée de main. L'angle de prise de vue permet de créer la double impression que seul le cinéma peut communiquer : grâce à une contre-plongée visant la statue, le spectateur la sent *à la fois* d'une taille raisonnable *et* gigantesque. En tout cas, répétons-le, le théâtre et le cinéma d'aujourd'hui ont bien compris que Don Juan ne prend tout son sens que s'il est mis en présence d'une forme visible, concrète et franche du surnaturel.

acteurs chargés de rôles surnaturels ont l'air trop humains, du balcon on voit l'acteur qui est sensé tomber dans l'enfer descendre un escalier ou plonger vers un matelas... Ou bien la perfection technique détourne l'attention du sens de l'épisode vers une admiration pour les machinistes. Dans le premier cas, c'est tout simplement que le travail de la troupe et de ses techniciens est mal fait, et le merveilleux lui-même n'est pas en cause.

Dans le second cas... Mais y a-t-il un second cas? Le problème ne se pose que pour un metteur en scène réaliste et un public pour qui il n'y a point de théâtre en dehors du réalisme. Ce qu'illustrent les mises en scène d'Arnavon. Mais Molière n'a jamais été réaliste au sens « xixᵉ siècle » du mot, dans *Dom Juan* encore moins qu'ailleurs. Nous le sentons d'autant mieux que nous avons été réhabitués au drame poétique, avec Giraudoux, Cocteau, Claudel. Nous acceptons de nouveau les machines d'opéra dans le théâtre non lyrique. Des anges, une lune en forme de belle femme et qui parle, des spectres et des ondines suspendues par des fils de fer, — en un mot une certaine forme d'enchantement théâtral, éprouvé dans son théâtralisme même, ne nous paraît plus du tout incompatible avec la vérité humaine, et n'interdit plus une participation réelle avec l'action et les personnages.

Dom Juan n'est ni un drame psychologique, ni une démonstration philosophique. C'est une comédie sur la comédie humaine. Dans la grande mise en scène de l'univers, chacun joue son rôle, — en comédien sans paradoxe. Chaque adversaire de Dom Juan vient réciter, dans le style qui lui convient, et à la place qui lui est assignée, ce qu'on attend de lui. Dom Juan est le mauvais acteur, celui qui joue autre chose, ou plutôt qui, hors du jeu, gâche le spectacle. On lui demande à chaque instant de rentrer dans le rang ou de quitter la scène. Les machines du troisième acte et celles du cinquième sont, sur le plan visuel, le pendant des tirades théâtrales des autres personnages sur le plan du langage. Le spectateur qui participe à la destruction réelle de Dom Juan tout en étant conscient du travail des techniciens, saisit précisément le sens profond de la pièce : le grand lieu commun shakespearien, « the whole world is a stage »... une scène, une machinerie, des acteurs. Les procédés de Dieu sont ceux d'un metteur en scène, le metteur en scène ne fait que répéter la comédie de Dieu.

Sganarelle est jusqu'au bout le clown de cette comédie. La bouffonnerie : « Ah, Monsieur, c'est un spectre : je le recon-

nais au marcher », est destinée à provoquer le rire au milieu
du déploiement de merveilleux, et le provoque : une fois de
plus, Sganarelle représente le burlesque des grands événements
dont il est le témoin. Le spectre a déjà parlé, de grâce, de
miséricorde, et de damnation éternelle. Au doute de Dom Juan,
Sganarelle répond par une preuve purement matérielle, qui
révèle une basse conception des mystères. La dégradation
du surnaturel est d'autant plus risible ici qu'elle est involontaire, — et le trait est propre à Sganarelle : il rapetisse tout ce
dont il parle.

Son affolement a en plus la drôlerie des agitations inutiles :
ce qui se passe en ce moment ne le concerne pas, il n'est que
témoin, la fin spectaculaire de Dom Juan va se dérouler en
dehors de lui, comme s'il n'existait pas. Il est la mouche qui
bourdonne tandis que se déroule un mystère. Pendant la scène
de la Statue, il se tait : toute l'attention est concentrée sur
l'anéantissement de Dom Juan.

Il se manifeste de nouveau, sur une scène vide, débarrassée
de Dom Juan, abandonnée par les signes divins qui n'ont plus
rien à y faire, tandis que le vent des coulisses chasse les dernières fumées des feux de Bengale. Et c'est un Sganarelle
absolument dépossédé : que reste-t-il de lui, sans ce maître
dont, comme on l'a vu, dépendait son existence ?

Comme si les pauvres artifices de la scène ne suffisaient pas
à jeter la dérision sur la fin de Dom Juan, il faut que la farce
vienne prendre une éclatante revanche — si éclatante, d'ailleurs,
qu'un certain esprit de sérieux s'y trouve définitivement bafoué,
et qu'on dut supprimer le cri de Sganarelle dès les premières
représentations. « Ah! mes gages; mes gages! » : du tabac à
ses gages, Sganarelle a bouclé son histoire, d'un vœu de paix
impossible à un salaire qui lui échappe à jamais. Dans un monde
blessé d'où la bête a été escamotée, c'est sous sa forme la plus
basse qu'est rappelé une dernière fois le crime de Dom Juan.
Partir sans payer son valet est tout aussi anodin qu'ignorer
les factures de M. Dimanche.

En jetant ce cri, Sganarelle gagne la partie — sans le savoir,
bien sûr. Lui qui au premier acte tentait de réduire son maître
à un petit jeune homme à la mode, voici qu'il a réussi. Ou
plutôt voici que le coup le plus épouvantable des puissances
supérieures lui fournit cette victoire de la bassesse. Dom Juan
n'est vraiment rien de plus, pour Sganarelle, qu'un maître désormais insolvable.

Victoire, mais qui se retourne contre Sganarelle. Sous cette
forme farcesque, la plainte de Sganarelle, qui est le trait final
de la pièce, a bien plus de valeur que les vers d'apaisement

qu'on trouve à la fin de certaines tragédies, — bien qu'on ait souvent trop tendance à en minimiser la fonction On l'a vu tout au long de la pièce, remarques et comportements de Sganarelle sont toujours plus ou moins le burlesque des grandes attitudes et des grands discours caractéristiques de personnages plus nobles. Sganarelle frustré est ici l'image burlesque d'une humanité frustrée par la mort de Dom Juan. Oui, l'ordre du monde semble être rétabli :

> *Voilà par sa mort un chacun satisfait. Ciel offensé, lois violées, filles séduites, familles déshonorées, parents outragés, femmes mises à mal, maris poussés à bout, tout le monde est content.*

Tout le monde, en vrac, est content — et nous aussi — dans la mesure où Dom Juan créait en chacun une exaspération telle qu'il éveillait en tous le vœu primitif du meurtre, de la destruction pure et simple. Mais enfin, c'est une bien maigre réparation que fournit cette sommaire justice punitive. Seule la haine des adversaires « poussés à bout » (c'est cette expression qui compte, dans la phrase de Sganarelle, — non le nom « maris » qui la précède) est satisfaite : les dettes, elles, ne sont pas payées. La bête a été escamotée, mais le mal est fait, le monde demeure irrémédiablement blessé. L'audace de cette comédie réside tout entière dans ce court monologue, où la blessure du monde est le prétexte à un dernier éclat de rire.

Seul le courroux du Ciel pouvait mettre fin aux agissements de Dom Juan, mais avec le monstre disparaît toute possibilité de réparation. Chacun est libre d'imaginer Dom Juan « payant » dans quelque enfer; d'autres adaptateurs du mythe se sont amusés à évoquer ces châtiments. Mais il s'agissait d'abord, pour chaque personnage de la pièce, d'obtenir réparation sur cette terre. On se serait contenté de réparations formelles, mais enfin cela se serait passé sous nos yeux, dans nos familles, ou sur la lice d'un duel. Elvire venait réclamer au moins un beau mensonge; Dom Louis, après avoir réclamé la vertu, s'empressait d'être ébloui par la grossière apparence de celle-ci; Dom Carlos se serait satisfait d'une cohabitation de Dom Juan et de Done Elvire. On prenait certes soin de mettre Dom Juan en garde contre le courroux céleste, mais Dom Louis entendait fermement « prévenir » cette vengeance d'un autre ordre. En somme, on brandissait le Ciel pour faire peur à Dom Juan, pour le ramener à tout prix à de meilleurs sentiments, mais on comptait bien que le règlement de comptes se ferait d'homme à homme. L'humanité n'envisageait que deux solutions véritables : convaincre Dom Juan de respecter les codes, ou se payer elle-même en sang. Le coup du Ciel frustre tout le monde de l'une

et l'autre solution, et c'est la fonction essentielle du cri de Sganarelle, que de mettre en lumière cette universelle frustration.

Que le Ciel n'y ait pas gagné grand-chose non plus, cela
ne nous regarde guère. Sganarelle se charge de nous faire
rester sur la terre, où se pose le vrai problème — celui de la
comédie en tant que genre, celui des personnages de cette pièce-
ci, et, du même coup, le nôtre. Clairement, nous sommes
invités, à la chute du rideau, à éviter toute théologie. Sur le
plan humain, rien n'est véritablement réglé.

De ce finale se dégage, non une leçon, mais une vision dramatique de la nature humaine et des rapports des hommes entre
eux. L'univers de Dom Juan est celui de l'incompatibilité
entre la satisfaction de la nature individuelle et celle d'autrui.
Qui se satisfait prend sans donner; qui donne veut fondamentalement être rétribué. Dans le monde sans charité ni sacrifice
de Molière, le conflit est inévitable. Dans *Dom Juan*, les autres
se laissent « avoir » parce qu'ils comptent sur la rétribution
que leur assurent les codes qu'ils n'ont, jusque-là, jamais
songé à mettre en doute. L'erreur de tous les adversaires de
Dom Juan, c'est de croire que les codes qu'ils appliquent sont
dans la nature des choses, alors qu'ils ne sont que des constructions destinées à enjoliver le principe brutal de rétribution.
Qui ignore les codes ne paie pas ses dettes, et voilà autrui
réduit à réclamer son dû par-delà les codes, avec l'élan sanguinaire d'une jungle primitive. Le « mes gages, mes gages » de
Sganarelle éclaire rétrospectivement toute la pièce de cette
lumière qui serait effroyablement inquiétante si la drôlerie
du trait final ne la colorait salutairement.

On a oublié la race de Dom Louis (et avec elle, l'idée même
d'aristocratie) à jamais déshonorée; on a oublié aussi, non
seulement Dom Carlos seul au rendez-vous dans la « petite rue
écartée », mais surtout les « larmes » et le « cruel déplaisir »
qu'éprouve Done Elvire à la nouvelle d'un Dom Juan irrémédiablement perdu à la fois sur terre et dans le Ciel. Imagine-t-
on ce qu'aurait pu être le spectacle de l'insupportable horreur
dont aurait été la proie une Elvire accourue vers l'abîme
refermé? Le thème de la rétribution et de la frustration aurait
pris toute sa valeur tragique — et l'ambiguïté profonde du
châtiment céleste aurait été soulignée de façon bien plus scan-
daleuse. La dernière réplique de Sganarelle nous fait oublier le
Ciel, mais sauve le thème tout en nous faisant échapper au
tragique.

Ramener en fin de compte Dom Juan à un maître qui est
parti sans laisser d'adresse et sans régler son domestique,
c'est sans doute sombrer dans le mauvais goût, dans la mesqui-

nerie de Sganarelle lui-même : or, dès la première grande
tirade de l'acte I, nous n'avions pu nous empêcher d'établir
un parallèle entre Sganarelle et Molière lui-même. Pour arrêter
cette force en marche, il faut dans la réalité le bras de Dieu;
au théâtre, celui du machiniste. C'est en accompagnant Dom
Juan pas à pas que se nourrit Sganarelle; c'est en bouffonnant
à côté de ce monstre impressionnant, à propos de lui, tantôt
en l'admirant, tantôt en le haïssant, qu'existe Sganarelle.
Parallèlement, c'est avec l'idée fixe d'une nature inexorable
que Molière nourrit ses farces et ses comédies : celles-ci sont
le « petit côté » du drame humain. Sans le « moi haïssable » des
jansénistes, point de comédie.

Il y a plus. Quand Sganarelle reflète à sa manière les plaintes
de Done Elvire, ou les reproches de Dom Louis, il représente
la situation de la comédie moliéresque par rapport à la tragédie.
Molière jouant Sganarelle affirme par là-même son choix littéraire, sa vocation. Si l'on part de la défense de la comédie telle
qu'elle est prononcée par Dorante dans *La Critique de l'École
des Femmes*, Sganarelle semble être ce « plus » que Molière
revendiquait en faveur de son genre. En face des personnages qui « se guindent sur de grands sentiments », en face de
« portraits à plaisir » où il suffit de suivre « les traits d'une
imagination qui se donne de l'essor », Sganarelle a « les défauts
de tout le monde » et fait « rire les honnêtes gens ». Dom Louis,
Dom Carlos, Done Elvire, situés dans le romanesque et dans
l'héroïque, disent il est vrai des choses « de bon sens et bien
écrites »; mais ce n'est pas assez; avec Sganarelle : « il y faut
plaisanter ». Dans la tirade de Dorante, il est certain que
Molière vantait la comédie au nom du naturel, de la « ressemblance » avec « les gens de (son) siècle ». En fait, il soulignait
le fait que la comédie est le parallèle du quotidien non héroïque,
la tragédie, celui de l'exceptionnel et du grandiose. Derrière
cette tirade se profilaient les définitions aristotéliciennes.

Sganarelle est à chaque pas dans la pièce le pendant non
héroïque des adversaires de Dom Juan, et, à l'occasion, de
Dom Juan lui-même. Sganarelle en face de la Statue, c'est
Monsieur-tout-le-monde avec ses défauts devant la pointe
extrême des grands genres : le merveilleux.

Représenter systématiquement l'homme dans ses défauts,
c'est-à-dire dans ses manques, c'est nécessairement le rapetisser.
En face de l'univers d'héroïsme et de merveilleux de *Dom Juan*,
en une tension poussée jusqu'au bord de la rupture, Sganarelle
est une *somme* de défauts comiques. Le défaut comique primordial, c'est la peur : peur des coups, peur des fantômes.
Les gens du siècle ont peur des fantômes : le Cardinal de Retz

lui-même l'avoue dans une anecdote savoureuse du début de
ses *Mémoires*. Sganarelle vit dans la peur : peur de son maître,
peur des châtiments de toute sorte (humains ou divins), peur
de tout ce qui dérange la petite paix du quotidien confortable
(le tabac) — et, logique avec lui-même, il s'étonne que les
héros ne partagent pas cette pusillanimité. Il est goinfre
(acte IV), autre défaut comique primitif. Plus subtilement, il
est frappé d'une certaine impuissance : il affirme ne pas aimer
sa situation, mais il ne peut y échapper car c'est elle qui en
quelque sorte le définit; c'est le cas traditionnel des personnages passifs ou victimisés de la farce. Plus subtilement encore,
il aime le travesti, il s'apparente à « Trivelin qui fait le roi »,
c'est-à-dire que le costume emprunté qu'il porte, au lieu
d'agir sur l'imagination des autres, ou en plus de cette action,
ironiquement agit sur la sienne. Sur le plan du cœur, sur celui
de l'imagination, et sur celui de l'intérêt matériel, Sganarelle
rassemble les défauts traditionnels du personnage de comédie,
et même de basse comédie.

Du coup, à cause de cet ensemble exemplaire et de sa présence simultanée avec les grandes attitudes héroïques, il pose
le problème de la comédie. Chargé à chaque instant de rapetisser le sujet dans lequel il est jeté, il n'attire pas la sympathie.
Nous nous rangeons ici, comme au cours de cette étude, à
l'avis d'Antoine Adam qui estime que Molière renvoie les
« deux coquins » dos à dos dans cette pièce, et qui souligne
aussi bien la méchanceté de Dom Juan que la veulerie et les
aveuglements de Sganarelle. A bien des égards, la comédie
n'attire pas la sympathie sur l'homme, puisque par définition
elle interdit ou dégonfle la grandeur; si on la considère comme
miroir, c'est un miroir cruel. En face de la tragédie qui exalte
et nous fait prendre le même essor qu'elle (dans l'héroïque
ou le crime, peu importe), la comédie marque les limites
étroites, souligne les courtes vues, et, dans la mesure où elle
est plus strictement burlesque, établit le plus grand écart possible entre les hyperboles du langage ou de l'imagination et la
réalité des sentiments et des accomplissements. On comprend
que certains ne puissent supporter ce genre, qui leur paraît
dégradant. Mais c'est qu'ils oublient que la comédie ne se
complaît pas dans sa propre bassesse, qu'elle ne nous dit
pas : voici l'homme avec ses exactes dimensions, et c'est
bien [1]. La comédie souligne l'odieux de ces limites; elle les
fait bien connaître pour mieux les mettre en accusation. Plus
encore, ce n'est pas une accusation morose et fermée sur le

_____

1. Ce que, tristement, Marcel Achard a semblé nous inviter à croire
dans un de ses derniers efforts : *Patate*.

lamentable spectacle de l'inculpé : c'est une accusation libé
ratrice par la mystérieuse explosion du rire. C'est celui qui ne
rit pas à la comédie (parfois, la responsabilité en revient au
metteur en scène, qui monte « au sérieux » telle ou telle
comédie) qui est du même coup prisonnier de ses limites au
même titre que les personnages de la pièce.

Sganarelle est odieux, mais fait rire. Et ce rire se reflète sur
l'abominable drame de Dom Juan. Par l'éclat de rire des
dernières secondes de la pièce, non seulement l'auteur, la
pièce et nous-mêmes, nous nous élevons au-dessus des tristes
déchirements de la pusillanimité, mais aussi nous rejetons
dans le dérisoire les comportements sanguinaires, inhumains
à force d'être proches de la nature toute nue, des hauts personnages de la pièce. Dans d'autres interprétations du mythe,
Dom Juan est doué d'un rire satanique : pas ici. Le rire n'est
pas de son côté. Bien que désinvolte, il appartient à l'univers
du sérieux. En face de la dangereuse et inquiétante querelle
qui oppose Dom Juan à ses adversaires, devant les forces qui
se révèlent et qui, en dernier ressort, sont farouchement annihi-
latrices, cette pièce représente le choix du rire contre le tragique.
On y voit trop comment l'éclairage tragique conduit à un abîme.
Le tour de force a consisté ici à ne pas faire le burlesque direct
des grandes attitudes ni celui de la force donjuanesque : à
aucun moment, quand Elvire, Dom Louis ou le Pauvre sont
en scène il n'y a parodie *directe* des grands sentiments
généreux ou criminels. Il n'y a pas de tricherie. Le sérieux est
donné pour ce qu'il est, et conduit jusqu'à ses désastreuses
conséquences.

Mais à chaque instant, le parallèle comique (odieux, petit,
risible) a été présent sur scène, c'est lui qui a le dernier mot.
Dom Juan représente l'effort d'affirmer le « plus » de la comédie,
c'est-à-dire de la suprématie du rire sur tous les autres moyens
de dominer les tortueuses ténèbres de la condition humaine.

Plus largement, la pièce, dans ce finale, donne une solution
authentiquement théâtrale à l'aventure du couple qui en est
le centre : l'équipe du maître et du valet. Il va sans dire que
chacun reçoit le salaire qui convient au genre auquel, originelle-
ment, il appartient. La merveilleuse machine pour le héros
romanesque, la misère matérielle pour le farceur. C'est là
l'irrémédiable séparation entre deux mondes dont le lien était
admis, semblait-il, une fois pour toutes, mais qui de fait
étaient séparés par une irréductible différence de nature. A la

chute du rideau, la tension majeure de la pièce aboutit à une
éclatante rupture. Au dérisoire priseur de tabac entraîné par
l'Alexandre de l'amour correspond le valet non payé par un
grand damné en faveur de qui le Ciel a cru devoir mettre en
branle son arsenal de prodiges.

Ainsi, par l'écart extrême qui sépare les deux « fins », est
mis en pleine lumière le sens profond du lien des deux personnages. Le destin de l'un est indépendant de l'autre : Dom Juan,
ici, meurt seul. L'existence de l'autre, avant tout fondée sur
la matière, dépend entièrement du premier. Sganarelle reflète
son maître, dans l'admiration ou dans la haine, mais toujours
dans la servitude. A eux deux, ils représentent une société
qui est parvenue à une impasse — celle même où se trouve
Sganarelle à la fin de la pièce. Il serait ridicule de voir là
la moindre leçon pré-révolutionnaire, — mais il s'agit bien
d'un coup d'œil lucide sur la situation fondamentale d'une
société fondée sur une forme d'asservissement, et de l'exploitation savante du drame profond qui en est la structure même.

CHAPITRE X

Structure

Dom Juan occupe une place à part dans l'œuvre de Molière, sans aucun doute, — mais cette comédie est-elle le monstre que tant de critiques ont voulu voir en elle? « Macédoine », disait Jules Lemaître; « pièce bizarre, incohérente », déclarait Maurice Donnay [1]. Tous s'accordent d'ailleurs pour ajouter que c'est néanmoins une des œuvres les plus intéressantes de Molière, malgré (ou à cause de) son obscurité et son allure peu classique. Dans les dernières décades, avant et après les mises en scène de Jouvet et de Vilar, l'accent a été mis beaucoup plus sur la vigueur de *Dom Juan*, ses qualités théâtrales, et même une cohésion propre. Antoine Adam, en définissant la pièce comme « une sorte de parade », refuse de parler « d'incohérence dans une œuvre qui ressortit à une esthétique extrêmement libre [2] ». Disons que cette pièce a son esthétique à elle, qui naît du sujet même et qui n'est pas imposée de l'extérieur comme un corset.

Au moment où nous insistions sur l'honnêteté qui assure l'unité de *Tartuffe*, nous comparions la structure de *Dom Juan* à un habit d'Arlequin [3]. Ce bariolage, à vrai dire, ne fait que tenir la promesse du programme. *Dom Juan* est annoncé comme une pièce disparate, et fait preuve, d'un bout à l'autre, d'une fidélité au disparate qui ne se dément pas. Mais quand on aura répété cent fois cette évidence, on n'aura pas rendu compte de la satisfaction finale du spectateur, satisfaction provoquée par le sentiment de la cohésion de l'ensemble : habit d'Arlequin, mais habit, et non bande bigarrée et indéfinie; pièce solide et cen-

1. Jules Lemaître, *Impressions de Théâtre*, première série, Lecène et Oudin, 1888; Maurice Donnay, *Molière*, Fayard, 1911. Ajoutons Francisque Sarcey (cité par Descotes, *op. cit.*), dans *Le Temps* du 20 avril 1868 : « pièce mal faite ».
2. *Op. cit.*, p. 336.
3. Cf. étude de *Tartuffe*, chap. IX.

trée, et non simple série de sketches dont le fil serait seulement
la présence de la vedette Molière et de son meilleur compagnon
Lagrange, dans une sorte de revue des possibilités de chacun.
Derrière l'apparente parade, la succession des scènes est
commandée par l'alliance d'un complexe unifié de thèmes
dramatiques et d'une forte structure.

Du lever à la chute du rideau s'est déroulée l'aventure d'une
étrange complicité, depuis la description de son ambiguïté
jusqu'à l'irrémédiable rupture. L'examen du double finale de la
pièce a montré l'importance, à vrai dire la primauté de ce
thème du couple. L'équipe Molière-Lagrange a fait plus que se
mettre en valeur : elle a illustré avec constance un drame à
deux, qui est la colonne vertébrale de la pièce.

Si l'on néglige quelques brefs moments, le couple Dom Juan-
Sganarelle ne quitte pas la scène. Dom Juan n'est physiquement absent que quatre scènes sur vingt-sept; trois fois, c'est
pour laisser le champ libre à Sganarelle, en quelque sorte :
dans la scène d'exposition avec Gusman, à la fin de la visite
de M. Dimanche, et, bien entendu, dans la scène finale. Il est
remarquable que même avec ses coudées franches, Sganarelle
ne parle guère que de son maître, se contente de l'imiter ou,
très ironiquement, de le regretter. Sganarelle, lui, est présent
pendant vingt-six scènes sur vingt-sept. Les deux personnages,
en outre, se retirent parfois du jeu, tout en restant sur scène :
Dom Juan esquisse une fausse sortie au deuxième acte, Sganarelle se cache au troisième pendant le débat héroïque entre les
frères d'Elvire (au même moment, d'ailleurs, Dom Juan est
remarquablement silencieux). L'absence la plus importante du
couple se situe au début de l'acte II, mais c'est là la seule scène
en apparence complètement indépendante. Dans l'ensemble,
donc, le spectateur a constamment sous les yeux le couple
maître-valet.

Dom Juan et Sganarelle sont pour ainsi dire « collés », ils
prennent leur place dans une immense tradition, qui est non seulement celle du jeune amoureux et de son affranchi, mais plus
largement celle de tous les compères de farce, depuis ceux des
tréteaux primitifs jusqu'à ceux du *Godot* de Beckett [1]. Quelles

1. Dans la pièce de Beckett, la raison pour laquelle les compères restent
ensemble est mise en question. C'est dans le couple Pozzo-Lucky, liés l'un
à l'autre par une corde, symbole de la servitude de l'esclave mais aussi
de celle du maître, qu'il convient de voir l'aboutissement moderne de la

que soient les initiatives ou les passivités momentanées de
l'un ou l'autre membre de l'équipe, leur présence simultanée
fait d'eux une unité, un bloc — avec ses fissures, ses éclate-
ments et ses recollages — à la fois permanent et pris dans le
temps : un être dramatique en dialogue avec lui-même.

Ce qui frappe dès le début et tout au long de la pièce, c'est
que ce dialogue n'est certes pas un dialogue d'égaux. Sganarelle, par exemple, n'a droit à aucune aventure personnelle
indépendante : flirt avec une servante ou avec une paysanne,
par exemple [1]. D'un autre côté, ce dialogue n'est pour ainsi
dire jamais interrompu : Dom Juan est toujours sous le regard
de Sganarelle, même dans les scènes qu'on pourrait appeler
intimes, — reproches d'Elvire ou de Dom Louis, séduction de
Charlotte.

A l'origine, le couple jeune maître-serviteur des intrigues
traditionnelles. Mais dans cette pièce, l'action du couple est
remplacée par un débat (fait d'échanges verbaux, mais aussi
d'attitudes contrastées). Nous n'assistons pas aux « machines »
d'un valet au service des intrigues amoureuses de son maître,
ce dernier étant tout amour mais se trouvant retenu par les
bienséances ou tout simplement par son manque d'habileté :
par-dessus Dom Juan, à cet égard *L'Étourdi* et *Les Fourberies
de Scapin* se rejoignent. On a vu comment, très ironiquement,
à l'acte I, Sganarelle est chargé de débarrasser Dom Juan
d'Elvire, et comment il échoue piteusement dans cette mission
négative. Cette situation et cet échec signifient clairement
qu'il ne s'agit à aucun moment dans Dom Juan de l'alliance
entre un lyrisme amoureux et l'habileté d'un serviteur qui :
1º sait faire son métier, 2º a un faible pour la jeunesse amoureuse, 3º est fier de ses talents. Sganarelle accompagne Dom
Juan, il ne l'aide pas : il lui parle, il le commente, il le reflète.
Confidents de tragédie et certains serviteurs de comédie existent ainsi uniquement en fonction des projets des protagonistes,
mais ils ne sont pas eux-mêmes des protagonistes. S'ils le sont,
comme Scapin, on s'aperçoit vite que le motif de leur action
dépasse le simple service, et se situe dans une satisfaction indépendante et même supérieure. Sganarelle, avec le rôle le plus
long de *Dom Juan* ne vit pas une seconde « pour lui-même », et,

tradition du couple maître-valet comme fait accompli. Toutefois, c'est
dans Gogo et Didi que s'incarne la complicité scénique pure et simple.

1. Dans la version en vers de Thomas Corneille, qui remplace la pièce
de Molière sur scène de 1677 à 1841 (voir Descotes, *op. cit.*), Sganarelle a
plus d'invention — sans atteindre toutefois à l'indépendance de Leporello.
Mais si la complicité avec le maître semble ainsi devenir plus positive, le
rôle néanmoins en devient plus conventionnel, et perd de sa déchirante
servilité.

d'un autre côté, ne fait rien. C'est un complexe de signes (mots et gestes), qui s'adressent à Dom Juan ou le représentent avec la déformation que l'on a remarquée.

L'interlocuteur de Sganarelle est un distrait. Il répond quand il n'a rien de mieux à faire. Mais il ne cesse de se faire accompagner. Par ailleurs, il ne se fait guère servir par Sganarelle. Il l'utilise une fois pour une insolence (acte I); une autre fois, quand il lui demande d'aller inviter la Statue, c'est pour se moquer de sa peur, non pour lui faire faire son métier. Il lui donne si peu à faire, qu'il le fait asseoir à sa table, et servir par d'autres. Ce rapport d'un gentilhomme et d'un valet familier est certes emprunté aux usages du temps. On peut imaginer un passé où le pédagogue (au sens grec du mot) Sganarelle guidait l'enfant Dom Juan dans ses jeux; maintenant l'enfant est devenu homme et grand seigneur, le pédagogue n'est plus qu'un suivant désœuvré. Du coup, le lien qui maintient côte à côte les deux personnages est un fait de nature au-delà de toute justification pratique, de toute mission, de toute action. Notre attention n'a pas d'occasion d'être détournée, elle peut se fixer tout entière sur le dialogue inégal de ces deux êtres.

Il ne s'agit pas ici d'Hylas et Philonous. Autrement dit, ce dialogue n'est pas suspendu dans la sphère des idées, il est avant tout drame, ancré dans les natures opposées des deux interlocuteurs, nourri des rencontres concrètes que leur offre le monde, en fin de compte fait d'un commentaire réciproque et destructeur et d'un jeu permanent de qui-perd-gagne.

Le finale de la pièce mettait en lumière cette dernière tension qui, par réflexion, apparaît comme la plus importante de la pièce, car c'est en elle que se lient étroitement la psychologie de la pièce et son intense théâtralisme.

Le monde, dans *Dom Juan*, est épisodique; il est aventure et surgissement d'êtres et de situations qui ne s'attardent guère. On a vu qu'il en est ainsi à cause de la nature même de Dom Juan. Sur ce plan-là, la pièce nous présente le monde tel que Dom Juan le voit. Or c'est précisément ce caractère épisodique qui à la fois provoque les reproches de Sganarelle et met en question quelques grands principes du drame classique. Ou du moins, les formes que nous appelons maintenant classiques, auxquelles Molière était parvenu au temps des différentes versions de *Tartuffe* et à la veille de composer *Le Misanthrope*. Par sa nature même, Dom Juan échappe aux salles basses bourgeoises et aux salons aristocratiques; c'est lui qui commande la forme de la pièce. A celui qui va (dans la conquête d'abord puis dans la fuite), s'oppose celui qui souhaite « ne pas bouger de là »; aux folies du romanesque, aux extravagances du merveilleux, s'opposent les lazzi, le mélange de grosse poésie de farce et de bon sens à courte vue, le masque établi, pesant, stable dans un comique connu et reconnu. Il n'est pas un élan de Dom Juan que Sganarelle ne songe à freiner; il n'est pas un moment de tragi-comédie vagabonde qui ne soit finalement cloué au sol par la comédie proprement dite. *Dom Juan* est une tragédie romanesque freinée à tel point par la comédie, par la farce même, que c'est avant tout cet antagonisme qui frappe, qui a pu choquer [1], en fin de compte qui explique la pièce.

Sganarelle frein : non seulement il met constamment son maître en garde contre le danger de la perpétuelle aventure, mais encore il estime qu'Elvire aurait mieux fait de rester où elle était, il conseille aux paysannes de ne pas se laisser prendre à la promesse d'évasion donjuanesque, au Pauvre de faire un compromis. Personne ne l'écoute; tous les autres personnages continuent dans leur univers; l'obstacle Sganarelle ne convainc personne, et ne suscite aucune surenchère d'action. Vanité de la comédie, échec de la leçon bouffonne; aucune nature n'est changée après le numéro plus ou moins didactique du clown. Dom Juan n'est ni pire ni meilleur, le Pauvre demeure tout entier la proie d'une foi sans fissure.

Ce clown sans efficacité, nous ne cessons de le voir. Même quand il se tait, il est présent; à la lecture du texte, devant la tragédie d'Elvire ou la noble colère de Dom Louis, nous oublions parfois le spectacle : tandis que les grands personnages prennent leurs poses héroïques ou sanguinaires, tandis que les échanges de répliques sont graves et même meurtriers, nous omettons de voir le clown dans son costume bien connu [2], agitant la main dans un geste qui signifie : « Oh! là, là, eh bien alors! », se mordant les doigts quand les choses vont mal, marquant par sa mimique qu'il interprète trop hâtivement certains propos apparemment conciliateurs, à chaque instant manifestant son vœu d'accommodement et de paix. Or, c'est de ce vœu de paix que nous rions : la comédie ici fait son propre procès.

Au cours de l'analyse du finale, nous rappelions la tirade

1. Loret parle dans sa *Gazette* du « solide et beau sérieux », mais il n'a pas vu la pièce. Rochemont, dans ses *Observations sur une Comédie de Molière intitulée « Le Festin de Pierre »*, s'indigne contre la Farce et le Farceur, et son pamphlet, qui vise à faire condamner Molière, révèle que la pièce est odieuse parce qu'elle est farcesque sur un sujet sacré.

2. Rochemont *(Ibid.)* : « Un Molière habillé en Sganarelle... » Voir discussion du costume porté par Molière dans ce rôle, dans *Molière, homme de théâtre*, par René Bray, pp. 193-194.

de Dorante, dans *La Critique de l'École des Femmes*, en faveur
du « plus » qui est du côté de la comédie. S'il y a démonstration dans *Dom Juan*, c'est bien en effet celle de la supériorité
de la comédie — mais c'est aussi un exercice de lucidité sur
la genèse et le fonctionnement de celle-ci. Pour qu'il y ait un
Sganarelle, il faut qu'il y ait un Dom Juan, et un univers de
Dom Juan. Le non-héroïque n'existe que par l'héroïque ; c'est
en ayant conscience de la grandeur dans le crime, dans la douleur, dans la dignité, que l'auteur comique peut se livrer à son
jeu de rapetissement. La dangereuse admiration de l'inhumain
entraîne un désir de vengeance : Sganarelle a tort quand il fait
de Dom Juan, à la scène 2 de l'acte I, un Acaste ou un Clitandre ; mais, en dernier ressort, a-t-il davantage tort que Molière
quand il crée l'Acaste et le Clitandre du *Misanthrope* ? La comédie ôte ses pouvoirs au criminel, par son langage, son éclairage
— mais seulement sur scène. Tartuffe ridiculisé sur scène n'en
continue pas moins à sévir à la ville. Au milieu du portrait
que Molière fait de lui, il crie « Paix ! », et Molière cesse de
jouer *Tartuffe* comme Sganarelle se tait soudain devant Dom
Juan.

Il est des comédies moins ambitieuses : celles qui flattent
en se livrant à des burlesques plus ou moins traditionnels, en
ridiculisant avec la complicité du public telle ou telle minorité
sans grand pouvoir. Molière-Sganarelle revêt le costume d'un
vieux médecin. Ensemble, Dom Juan, Sganarelle, Molière, son
public s'en donnent à cœur joie. Pendant les années qui ont
suivi le premier *Tartuffe*, difficiles à bien des égards, mais aussi
marquées par une faveur royale toute spéciale, Molière monte
L'Amour médecin et *Le Médecin malgré lui*. Le début de l'acte III
de *Dom Juan* est une question posée sur les droits de la comédie
et les interdits qui pèsent sur elle, ainsi que sur son pouvoir et
sur les limites de son efficacité.

En bref, l'aventure de Dom Juan est, dans la pièce qui nous
occupe, le prétexte à une illustration du processus de la création comique, présentée non pas dans le langage des théoriciens,
sans même le genre de commentaire qui gâche *Les Faux-Mon-
nayeurs* par exemple, mais sous la forme d'un effort toujours
concret de transmutation. Qu'on ne dise pas que ce point de vue
est trop moderne, que Molière ne se posait pas les problèmes
d'un Valéry ou d'un Gide. Le xviie siècle est très conscient de
son esthétique, non seulement sur le plan de la forme, mais sur
celui du réel, de sa transposition et du mystère de son avatar. La
littérature burlesque tout entière est le signe de cette conscience,
à la fois dans le domaine des rapports de la réalité et de la fiction, et dans celui d'une littérature au second degré, du pas-

sage systématique d'une fiction à l'autre. Furetière, dans son *Roman bourgeois*, prend le recul d'un auteur d'anti-romans en face des œuvres de son temps; à chaque instant il annonce le Diderot de *Jacques le Fataliste*, en précisant qu'il se veut fidèle à la réalité, qu'il ne se reconnaît pas le droit d'imaginer les scènes sur lesquelles il lui a été impossible de recueillir des témoignages sûrs... Tricherie, certes, mais qui révèle une méditation sur la nature du réalisme et sur celle de la fiction en général. Dans *Dom Juan*, le dialogue des deux protagonistes oppose la fiction à la fiction, du même coup une réalité à l'autre.

Au lever du rideau, Sganarelle est posé une fois pour toutes comme le porteur de la comédie. Sa nature, ses aveuglements sont donnés d'ores et déjà dans la tirade sur le tabac. Quels vont être ses rapports avec un mythe terrible, qui fait intervenir ce qu'il y a de plus grand : la haute noblesse, le sang et la mort, le Ciel et l'Enfer?

Avec Gusman, une préciosité trop factice, un romanesque de Carte du Tendre, sont rejetés. « Mon pauvre Gusman... », il s'agit de bien autre chose que de ces fadaises. *Dom Juan* ne sera pas fait du conflit entre un Sganarelle-Gorgibus et l'homme rêvé par Cathos et Magdelon. Le sujet dépasse une simple satire dramatique des mœurs : la vraie comédie va plus loin; elle vise, au-delà des comportements et des modes, les natures. Mais dès ce moment-là, la pièce reconnaît les limites de la comédie : ces natures sont inépuisables, la comédie ne peut qu'ébaucher, la comédie ne peut changer les natures, cela reste dans les mains de Dieu.

La scène 2 de l'acte I présente une nature forcenée prise dans son élan, et, par Sganarelle, s'offre comme une démonstration des erreurs et des ressources du comique. Que Sganarelle gronde véritablement son maître, ou qu'il commente ses projets avec une sorte d'horreur admirative, l'effet dramatique reste celui d'un freinage de l'essor à la fois de la nature livrée à elle-même et de l'imagination romanesque. La présence du clown, ses cris, ses mimiques viennent gâcher les attitudes de Dom Juan, rompent la continuité de l'envol vers quelque chose de grandiose — sauf au moment de la grande tirade sur la conquête amoureuse; et pourtant, même ici, le commentaire mimé de Sganarelle peut, au gré du metteur en scène, détourner l'attention du spectateur. Mais cette tirade est le résultat d'une erreur de Sganarelle : pour la première fois dans la pièce, il fait directement la leçon à Dom Juan : la comédie didactique se retourne contre elle-même, la leçon moralisante, bien loin de corriger, suscite au contraire une puissante réaction de la nature condamnée. L'esprit de sérieux joue un jeu qui n'est pas celui de la comédie; si celle-ci s'y livre, elle est sûre de perdre. Dans cette scène, où la comédie cherche sa voie, la prosopopée de Sganarelle, qui annonce les portraits des marquis du *Misanthrope*, est une tentative manquée dans la mesure où l'ironie y est commandée par la lâcheté, le rapetissement par la hargne, et où l'indignation didactique l'emporte finalement sur le portrait. En bref, dans cette scène, Sganarelle perd quand il tente de faire la leçon et il perd sur deux plans : la grandeur de Dom Juan s'affirme mieux, et le personnage de Sganarelle se rend odieux « pour rien ». D'un autre côté, c'est quand Sganarelle suit pas à pas son maître dans ses propos, quand il se contente de réagir d'instant en instant devant les manifestations de cette nature qu'il réussit le mieux à jouer son rôle de frein, commentant spontanément par son comportement pur et simple, fait de petitesses ridicules, la marche terrifiante de Dom Juan. Ce n'est pas le moment de rire, et pourtant Sganarelle nous fait rire — contre lui, au moins : de lui. Tout simplement, la comédie de la médiocrité, présentée comme le résultat de l'élan donjuanesque, vole la scène. Or, c'est cela la comédie : non les leçons, toujours inefficaces et hors de propos, mais le tableau des lamentables conséquences, des résultats mesquins de l'élan grandiose de la nature corrompue. La comédie envisage les hommes par le petit bout de la lorgnette (elle est par là toujours plus ou moins burlesque), et c'est ce point de vue qui lui donne son efficace tout en marquant ses limites.

Après cet exercice à deux sur les rapports entre la comédie et l'irrépressible élan de la nature, la scène 3, où apparaît Done Elvire, se présente comme un exercice à trois : la comédie en face de cette nature et d'une autre perspective, celle du tragique. La pièce ne triche pas sur les données : de même qu'elle donnait libre jeu à Dom Juan dans sa tirade sur la conquête, elle ne burlesquise pas d'avance l'aventure de Done Elvire. Bien qu'en prose, ses tirades sont un peu des modèles du genre, ou plutôt (et ce sera plus tard le cas des tirades des frères d'Elvire, et du discours de Dom Louis), elles se présentent comme des résumés de chefs-d'œuvre, elles ont quelque chose de la beauté très spéciale que cherchera Cocteau dans ses versions abrégées de tragédies grecques ou shakespeariennes. La pièce, nous l'avons vu, à aucun moment ne se moque d'Elvire; celle-ci est personnage de genre héroïque ou tragique, donné pour ce qu'il est. En outre, il est, dans le mouvement d'ensemble de la pièce,

épisodique : c'est-à-dire matière donnée en pâture au dialogue
Dom Juan-Sganarelle. La tragédie se joue en quelques minutes,
et il est évident qu'elle n'est possible qu'à cause de la simplicité brute de la nature donjuanesque. C'est déjà là un commentaire, mais sur l'essence de la tragédie, d'une tragédie
très proche de la tragédie racinienne, malgré la coloration
parfois cornélienne du vocabulaire. La cruauté des ironies, la
tyrannie amoureuse et ses contradictions, l'effondrement du
décorum, la menace de meurtre sont fondamentalement des
manifestations de la nature obstinée ou exaspérée. On a vu
comment par son attitude Dom Juan fait d'Elvire un personnage de théâtre, comment du même coup il l'oblige à le rejoindre sur le plan d'une nature démasquée; comment d'un autre
côté cette même attitude fait de Sganarelle un bouffon. Dans
la présente scène, la comédie reconnaît ses limites : Sganarelle
est impuissant à satisfaire son maître qui lui demande de tourner
Done Elvire en dérision. Ici, le sérieux résiste, malgré la présence sur scène du clown. Si la comédie veut gagner, si elle veut
à sa manière rendre en quelque sorte inoffensif le potentiel de
tragique contenu dans le choc des natures brutes, il lui faut
user d'une autre tactique.

Cette autre tactique, c'est celle de l'acte II. Le renversement de perspective est complet. Pourtant les thèmes, les
situations sont analogues. Ce qui provoquait la terreur et
l'indignation provoque maintenant le rire. Il s'agit bien des
mêmes exigences, des mêmes aveuglements, des mêmes appétits égoïstes, des mêmes élans possessifs ou destructeurs — mais
les voici devenus dérisoires. Sganarelle, témoin, n'a presque rien
à dire. Dom Juan, dans cet univers de la farce, est à son aise;
toujours semblable à lui-même, il séduit, oublie, est embarrassé,
passe... C'est-à-dire que la même nature, ailleurs objet de notre
effroi, peut sans tricherie être éclairée de façon à ce que nous
lui soyons supérieurs. Envions la désinvolture de Dom Juan,
ou jugeons-la sévèrement, là n'est pas la question : l'aventure
qui lui est offerte, les trucs de farce qui servent à la raconter
(activités de Pierrot, parler paysan, manières rustiques, sché-
matismes des élans de spontanéité et des réactions de défense),
la couleur constante de parodie, enlèvent ici au mythe son venin,
sa grandeur, tout en gardant de justes proportions, car Dom
Juan lui-même n'est pas directement grotesque.

Certes, un metteur en scène pourrait, comme l'a fait Planchon
pour *George Dandin*, en décortiquant les répliques, en isolant
du contexte telle ou telle expression afin de pouvoir la prononcer de façon pathétique, en noyant le tout dans une débauche
d'effets réalistes, transformer Charlotte et Mathurine en émou-

vantes victimes, symboles de la paysannerie ignoblement exploi-
tée par les méchants seigneurs. Le Dom Juan de Molière est
méchant, il est vrai ; dans une certaine mesure, il symbolise une
caste que la pièce attaque, — mais, dans cet acte-ci, l'attaque
a la forme d'une diminution théâtrale du personnage, non d'une
diatribe sociale : il ne s'agit pas de nous faire haïr Dom Juan
en nous montrant en lui le bourreau d'innocents opprimés, mais
de nous faire rire de lui en le jetant dans une aventure qui n'est
pas digne de lui. La comédie consiste à donner en pâture aux
appétits gigantesques de la nature des miettes qui ne sont pas
proportionnées à ce gigantisme ; le rire supérieur naît du fait
que la nature ne s'aperçoit pas de cette disproportion, et semble
satisfaite de si peu.

Dom Juan épousant Elvire, puis la trahissant, voilà le
sérieux. Quand Sganarelle nous disait que son maître épouserait
aussi bien un chien, voilà le comique (le très gros comique, dans
cette remarque). La pièce nous a montré, en style sérieux, Dom
Juan en face d'Elvire : Sganarelle pouvait, par ses mimiques,
affirmer la permanence du but de la pièce, la scène n'en était
pas moins proche du tragique. Où le vrai comique intervient,
c'est lorsque la logique imperturbable d'une nature est poussée
sinon jusqu'à l'absurde, du moins jusqu'à une disproportion
qu'elle ne voit pas. La faim dévorante n'est pas drôle en elle-
même : elle le devient quand l'affamé, après le biftek, se met à
manger l'assiette. Orgon admirait Tartuffe pour de mauvaises
raisons, mais il devenait franchement drôle quand il l'admirait
pour s'être reproché « d'avoir tué une puce avec trop de colère ».

L'acte II de *Dom Juan*, après la lutte hésitante et ordonnée
de l'acte I entre l'énormité de la nature et le vœu de comique,
affirme la possibilité d'un *Dom Juan* entièrement comique,
d'une drôlerie qui s'apparente à celle de la farce. Mais la pièce
ne s'arrête pas là, malgré la valeur éclatante de cette démonstration. C'est que l'acte ne dévalorise que le comportement
amoureux de Dom Juan — et de ce comportement, il ne sera
guère question désormais : sur ce plan, la comédie a gagné, et en
a montré le visage dérisoire. Reste le Ciel, reste la conséquence
ultime de l'appétit total de Dom Juan, son mépris de ce qu'il
y a de plus hautement respectable. Les trois actes qui suivent
sont une série de tentatives pour parvenir à se jouer de celui
qui se joue du Ciel.

Tentatives : disons plutôt essais dramatiques de démonstrations, grâce auxquelles la pièce met en lumière les fausses solutions, les trucs qui se retournent contre la comédie. A vrai dire,
il est aisé de créer un climat comique dès le lever du rideau : on
déguise par exemple les personnages, on jette sur scène deux

compères vêtus d'oripeaux qui ne sont pas les leurs, et on les
lance dans un numéro qui évoque irrésistiblement quelque tradition de tréteaux. Le début du troisième acte, comme celui du
premier, est une façon de réaffirmer la visée de la pièce autant
que les origines de la comédie moliéresque. Sganarelle est de nouveau le porteur de la démonstration, une sorte de cobaye dont
les échecs ou les réussites éventuelles représentent les possibilités
et les limites du genre comique aux prises avec un sujet sacré.

On a signalé à plusieurs reprises le « succès » du dialogue
sur la médecine. La complicité idéale est réalisée entre le
public, Dom Juan, Sganarelle, — et Molière lui-même —,
mais c'est qu'apparemment on n'y parle ni du public, ni de
Dom Juan, ni de Sganarelle : tout le monde joue à propos
d'autre chose. A partir de « Mais laissons là la médecine »,
une question est posée : usant exactement des mêmes éléments
(costumes, natures des personnages) la comédie peut-elle
réussir quand elle touche aux choses de la foi? Et là, il ne s'agit
plus de ridiculiser une illusion, il s'agit de mettre un personnage
en face d'une vérité. Or, comme on l'a vu, la scène est comique,
elle est drôle, il y a ici une réussite du genre dans le numéro
de Sganarelle, précisément parce que ce numéro se solde par
un échec. On sait aussi que des numéros analogues, mais avec
des degrés de sérieux et des partis pris différents, abondent
dans le théâtre de Molière : nombreux sont les « raisonneurs »
qui se donnent beaucoup de mal et ne parviennent qu'à rebondir
contre le mur d'une nature obstinément close sur elle-même.
Ailleurs, les raisonneurs étaient de bon ton, gens honnêtes
comme Cléante — ou bien la surenchère dans une apparente
sagesse opposée à l'aveuglement du héros finissait par les
rendre à leur tour fort cocasses, comme Chrysalde dans *L'École
des Femmes*. Dans *Dom Juan* même, Molière a présenté un
autre « raisonneur », à qui, par contraste avec Sganarelle, il a
donné le plus de noblesse possible : Dom Louis. Dans ce genre
de scène, plus le raisonneur est digne, plus son interlocuteur
est marqué par le ridicule d'abord, par l'odieux ensuite. Du
coup, on devine à travers ces scènes une hiérarchie des natures
obstinées, — hiérarchie qui dépend du choix du raisonneur
par le poète comique; si le raisonneur est farcesque, on rit de
lui *avec* l'interlocuteur, quelle que soit la faute de celui-ci.
A moins que cet interlocuteur ne soit véritablement pris au
jeu de la farce, tels les personnages du *Mariage forcé*, ou
même Orgon avec Dorine, à l'acte II de *Tartuffe*. Ici, l'interlocuteur ne se laisse pas entraîner dans la farce. Le comique
de l'échec du raisonneur s'en trouve accentué. Son raisonnement est burlesque (dans la mesure où il parodie une logique

acceptée) mais non odieux. On rit sans amertume avec Dom
Juan de Sganarelle, et le spectacle de la chute finale efface
toute autre portée à cette scène. Dans le débat entre la nature
brute et la comédie qui tente d'avoir le dessus, voici donc une
apparente solution, grâce à laquelle éclatent certaines qualités
de la seconde : l'absence de hargne, ici, met en valeur la santé
même du rire que la comédie provoque. Mais aussi, comme le
souligne encore davantage la scène du Pauvre qui suit immédiatement, cette comédie n'a été possible que parce que son
efficacité morale est nulle. C'est la tentative de réforme qui a
été ridiculisée, non l'être à réformer. Le ton comique est maintenu, malgré la gravité du thème, — mais à quel prix?

Quelques haussements d'épaules de Dom Juan, une boutade
et deux ou trois courtes ironies, c'est assez dire combien le rôle
est réduit. C'est d'ailleurs là, avec l'absence de hargne chez
Sganarelle, le principal progrès sur la scène 2 de l'acte I.
Le comique l'emporte sur le sérieux que suscite la nature de
Dom Juan en grande partie parce que cette nature est tenue
en sourdine. Ce silence est piège pour l'adversaire, comme dans
les scènes sérieuses, mais il est moins révélateur de la nature
donjuanesque qu'occasion de plaisant numéro pour Sganarelle.
Grâce à lui, Dom Juan se fait spectateur avec nous, non « vide »
qui nous exaspère comme il exaspère Elvire. Faire passer
ainsi obligeamment Dom Juan au second plan, c'est plus
escamoter le problème que le rendre dérisoire. D'un autre
côté, le didactisme de Sganarelle ne peut être véritablement
intégré dans la saine comédie que s'il est parodique, c'est-à-dire
si son efficacité est détruite. Disons qu'ici la réussite de la comédie a été de s'affirmer en marge de Dom Juan, dans le burlesque
du didactisme, et que son échec a été de laisser Dom Juan
intact. Le haut sujet des rapports d'une nature brute et du
sacré n'a pas été touché, mais la joyeuse satire d'une démonstration maladroite et sans effet a été menée avec le plus grand
bonheur.

Sganarelle ne parviendra pas à rendre « drôles » les scènes
suivantes : scène du Pauvre, scènes des frères d'Elvire. Il freine
sans doute la première; présent-caché dans les suivantes, il est
le signe d'une attente de la farce, réduite au silence mais prête
à saisir l'occasion de se manifester, de tenter de détourner le
sujet à son profit. Dans la scène du Pauvre, où se manifeste
la « méchanceté » de Dom Juan, c'est-à-dire son aveugle désinvolture, le ton est à la hauteur du crime : au centre de la pièce,
le héros est totalement lui-même, dans un « genre » très particulier qui est peut-être le seul qui convienne au personnage :
hors des genres admis, une atmosphère de sérieux grinçant où

nature du personnage, geste qui l'exprime et jugement porté ne font qu'un. Mais si Dom Juan y est jugé, il ne l'est pas par les moyens propres de la comédie : on y voit Dom Juan pris au sérieux, au niveau exact qui lui convient. Si le sérieux du donjuanisme amoureux a été liquidé par la farce pastorale de l'acte II, le sérieux du donjuanisme libertin s'affirme avec la plus grande vigueur. En jetant Dom Juan dans l'univers de ses égaux, puis dans celui du merveilleux, la fin du troisième acte reconnaît la grandeur du sujet, et attire Dom Juan de plus en plus loin de la comédie qui veut le dominer. Celle-ci, sous les formes les plus basses de la farce (allusion scatologique, peur panique) y affirme qu'elle demeure la base de la pièce, colore et dégrade dans une certaine mesure son contexte d'héroïsme ou de mystère, mais ne l'absorbe jamais.

On a vu comment le quatrième acte est une reprise, dans un ordre plus clair, de thèmes et surtout de « genres » des actes précédents. La comédie de Monsieur Dimanche n'est pas sans analogie, dans son ton, avec celle de l'acte II : en mettant Dom Juan aux prises avec ce qui n'est pas digne de lui, on dévalorise sa méchanceté. C'est en montrant Dom Juan en action dans de petites choses qu'on le rend inoffensif. Sganarelle, ici, non seulement n'a pas à intervenir au cours de la scène pour y réaffirmer l'intention comique, mais après coup il ne peut que singer son maître. Mais, dès qu'on passe à un autre ordre, le sérieux reprend le dessus : Sganarelle y est réduit à son rôle de frein, de parodiste dont les interventions, au lieu de ridiculiser Dom Juan, rendent au contraire dérisoires les attitudes sérieuses de ses adversaires. C'est-à-dire que la comédie, ici, risque de jouer le jeu de Dom Juan. C'était déjà la leçon du premier acte, en partie celle du début du troisième. Il est remarquable que chaque fois que rire et didactisme tentent de s'allier, le premier retourne le second contre lui-même. Dom Juan demeure peut-être odieux, mais supérieur, et ce qui éclate, c'est la vanité des efforts de ses adversaires, quelle que soit leur noblesse de rang et de cœur.

La pantomime du repas est bouffonne : Dom Juan en pantoufles, c'est un nouveau triomphe du comique, — mais, plus encore que dans le dialogue sur la médecine, ou dans la scène avec M. Dimanche, le vrai problème à dévaloriser n'est pas posé (alors qu'il l'était, rappelons-le, dans la parodie de la conquête amoureuse de l'acte II). Cette pantomime est comme un palier où la comédie se rassurerait à bon compte sur ses possibilités, avec l'intervention du merveilleux terrifiant.

Celle-ci, au terme d'un acte en quelque sorte « reprise », aboutit à peu près au même équilibre que celui de la fin de l'acte III. La farce exacerbée, sous la forme de la peur panique, y est simultanée avec l'expression de la force sérieuse que représente Dom Juan et une manifestation véritablement terrifiante. La Statue n'est pas un burlesque de statue : le merveilleux est donné avec tout son « sérieux » de merveilleux, comme le sont, dans leurs ordres, Dom Louis ou Done Elvire. Mais la terreur de Sganarelle, elle, est farcesque. Rien de comparable avec la terreur d'un Sosie en face de Mercure, dans *Amphitryon*, où Sosie, certes, est farcesque, mais où Mercure est un Scapin supérieur, non un instrument du Dieu d'Abraham et de Jacob. Nul doute qu'il y ait ici dégradation du mystère, comme à la fin de l'acte III, comme aussi les veuleries de Sganarelle devant Dom Juan, par leur petitesse, dégradent celui-ci. Mais la dégradation est indirecte, imposée de l'extérieur. Impasse du dialogue entre Dom Juan et Sganarelle comme entre Dom Juan et l'univers dont il se moque : équilibre entre les pouvoirs de la farce et l'affirmation du sérieux du sujet sacré.

C'est qu'ici le danger est voisin de celui que nous signalions à propos des personnages porteurs de reproches et de leçons : étant donné la nature de Dom Juan, toute intervention du comique dans ces moments-là colore, non Dom Juan, mais ses adversaires. Sganarelle commentant (par sa peur sur le moment ou par certains rappels par la suite) les rapports de Dom Juan et de la Statue, fait immanquablement le burlesque de la Statue, et sans le vouloir joue le jeu de Dom Juan.

Comme exaspérée par la résistance de Dom Juan à se laisser entraîner dans la diminution comique, la pièce lui fait commettre une bassesse au début de l'acte IV. On a vu que le choix de l'hypocrisie est dans la ligne de la nature donjuanesque; il n'y a donc pas ici tour de passe-passe. Mais sur le plan d'une enquête sur les pouvoirs et les limites de la comédie en face de l'horreur de la Nature corrompue, il y a ici net changement de tactique. Masque efficace mais grossier, l'hypocrisie religieuse non seulement accroît l'aspect odieux du personnage, mais elle lui ôte son panache romanesque, lui fait rejoindre les types à fonctions définies, constitue l'univers autour de lui en univers traditionnel de dupes et de trompeurs, c'est-à-dire en univers de comédie.

Véritablement odieux maintenant, dépouillé d'une grandeur qui jusqu'ici avait pu faire illusion sur certains esprits, le personnage, certes, ne provoque pas le rire comme Tartuffe : mais il a cessé d'être admirable. Il n'est plus pris par un scandaleux élan : son enthousiasme n'est plus produit par l'idée du plaisir sans bornes, il naît d'une théorie de l'ignoble, de la

mascarade en noir, du mensonge. La bête, sentant que le
piège va se refermer, jette son encre. Ce net glissement vers le
non héroïque, sans diminuer le danger donjuanesque, rend
le personnage saisissable. L'arme de l'hypocrisie qui, dans le
monde, peut être un sûr moyen d'échapper à autrui, rend,
sur le plan théâtral, le personnage vulnérable, inférieur :
Dom Juan a cessé d'être la force impressionnante par son
caractère unique et sans faille, il éclate en un masque et une
nature : lui qui était monstrueusement authentique, le voici
devenu de la fausse monnaie.

L'impression de diminution du personnage est accrue par
le fait que ce masque, efficace devant Dom Louis, cause d'une
véritable désintégration de l'univers avec Sganarelle, ne
« marche » pas avec Dom Carlos. En dépit de lui-même, Dom
Juan est relancé dans l'héroïque et dans le jeu des règlements
de compte meurtriers. Disons que Dom Juan ne parvient pas
à se constituer définitivement en personnage de comédie.
Personnage de comédie quand il est masqué, à cause de ce
masque même, voici qu'on l'oblige à donner à la comédie son
dénouement : la chute du masque. La nature toute nue reparaît,
et sans tricherie: on parle de nouveau de sang, de matière à
tragédie. De cet intermède comique se dégage une leçon :
la matière de la comédie, c'est la superstructure d'illusions et
de mensonges; le but de la comédie, c'est de faire éclater
celle-ci. Mais après? De même qu'en détruisant les codes d'autrui
Dom Juan faisait surgir un appétit fondamental de sang, la
comédie laisse voir, en fin de compte, une réalité de base sur
laquelle elle n'a pas de prise.

Tartuffe démasqué, ce n'est pas la fin de Tartuffe : le personnage consommateur continue à consommer; il faut une
intervention supérieure pour l'éliminer, un finale baroque où
la solution comique impossible fait place à un dénouement
d'un autre ordre. Dom Juan enfin saisi par la comédie n'en
reste pas moins Dom Juan : dans son être même, il ne peut
être éliminé que par ce qui lui est supérieur. Mais puisqu'il
s'agissait ici du problème des rapports du comique et de la
réalité profonde de la Nature corrompue, ce serait signer
sans équivoque la faillite de la comédie si la pièce se terminait
sur l'embrasement final. Certes, il y aurait une victoire du
théâtre sur Dom Juan, mais du théâtre sérieux, merveilleux :
grandes machines, pour faire honneur à un grand monstre. Les
derniers mots de Sganarelle font que le rideau tombe sur un
éclat de rire.

Le *Dom Juan* de Molière ne représente pas une tentative de faire une comédie unifiée avec un mythe appartenant évidemment à un autre genre. En un mot, il ne s'agit pas ici d'un simple *Dom Juan travesti* ou *burlesque*. Il s'agit d'un exercice lucide sur la part qui revient à la comédie — et d'une prise de conscience de ce qui lui échappe. L'effort comique est constant, et le plus souvent proche des sources du genre : la farce. Cette dernière ne cesse de grignoter, ou de se livrer à des évolutions *à propos de* ce qui se passe; elle n'a parfois d'autre recours que de tourner en rond, de faire rire d'elle-même. Elle est tentative permanente de détournement de l'attention : ses succès partiels comme ses échecs se reflètent dans le déchirement même du personnage de Sganarelle. Tout se passe comme si Molière avait pris le parti de faire rire à tout prix, même de lui-même, même en faisant certaines bassesses, afin de triompher par les moyens de son art de cette Nature qui est toujours à la base de ses personnages et que, pour mesurer ses pouvoirs exactement, il présente ici en quelque sorte à l'état pur.

Premier acte : mise en place du problème et de ses données.

Deuxième acte : victoire de la comédie en ce qui concerne le comportement amoureux.

Troisième acte : acheminement vers les conséquences ultimes de l'élan naturel jusqu'au conflit ouvert avec le surnaturel.

Quatrième acte : reprise des thèmes du troisième acte, par ordre, en vase clos; malgré la farce permanente, l'élan donjuanesque demeure objet de sérieux.

Cinquième acte : la nature donjuanesque produit sa propre comédie — mais le fond du problème demeure ; le rire final est un exorcisme, mais qui ne fonctionne qu'*après coup*.

En face d'une réalité dont l'horreur même est honnêtement reconnue, l'auteur comique fait œuvre d'accompagnateur. Il ne change rien à cette réalité, mais il peut, au moins pendant le temps d'une représentation, nous faire prendre le recul du rire sur le sérieux des choses.

Que Molière ait incarné la Nature corrompue dans le maître, les déchirements de la comédie dans le valet, il n'y a là rien de très étonnant. Pour représenter le sérieux des choses, il a choisi un personnage qui appartient aux genres sérieux; pour représenter l'effort comique, un type traditionnellement réservé à la farce. L'époque ne faisait que confirmer la validité de ce choix : le grand seigneur libertin, dégagé, comme l'a montré Bénichou, de ses anciennes responsabilités aristocratiques, usant aveuglément de son pouvoir pour satisfaire des appétits qu'il considérait comme la seule valeur, en tout cas comme un droit imprescriptible, n'était pas homme à faire rire. On pouvait trouver drôles ses rubans et ses aventures amoureuses, mais non son mépris aveugle de tout ce qui n'était pas lui, ou son coup d'épée. Vengeance de théâtre, mais vengeance tout de même, que de le consumer dans les feux de Bengale? Quant au drame de Sganarelle, on l'a vu, il représente une prise de conscience aiguë du problème de la servilité ou de la servitude. Mais il va sans dire que la dénonciation d'un état social n'est pas le but de la pièce. De même que le tableau d'une monarchie familiale livrée au désordre, marquée par une injuste tyrannie, ne mettait pas en cause, dans *Tartuffe*, les principes de la monarchie (bien au contraire), le portrait ici du couple maître corrompu-esclave veule n'est pas destiné, en une sorte de métaphore à la Brecht, à provoquer un sursaut salutaire par lequel éclaterait la structure d'une société; s'il est représentatif d'un phénomène observé dans le siècle, il est avant tout brossé pour sa valeur dramatique.

Cette valeur dramatique est différente de celle de *Tartuffe*. Dans cette pièce-là, la tension majeure était établie entre certaines vérités simples et un complexe d'illusions et de mensonges entre une norme faite de la reconnaissance de ces vérités et des moyens de vivre avec elles, et des corruptions aveugles ou calculatrices. Ici, la norme est devenue un ensemble de codes, en quelque sorte un catalogue d'obligations. La corruption du héros consiste à nier purement et simplement ces obligations. Le résultat, le « résidu », c'est, non pas le malheur d'une famille soumise à une injuste tyrannie, mais un désordre primordial, un chaos de jungle, — avec son parallèle métaphysique : au terme du mépris total du « code » divin, Dom Juan parvient à provoquer, chez Sganarelle, l'image d'un univers en quelque sorte atomisé. A rechercher l'être dépouillé de tout, on finit par constituer tout ce qui n'est pas lui en « paraître », en surface fragile, qui masque mal les forces et le désordre élémentaires. Le drame n'est pas ici dans l'effort de rétablir les vérités, mais dans celui de dominer par le théâtre et plus précisément par le théâtre comique la réalité découverte.

Aucune sagesse, aucune leçon ne se dégage de *Dom Juan* sur le plan de la morale pratique. Dom Juan peut provoquer l'admiration, il n'est à aucun moment présenté comme un modèle à imiter; Sganarelle peut, une ou deux fois, avoir raison, si l'on préfère la paix à toute chose (il est vrai, par exemple, que d'une certaine façon, Elvire aurait mieux fait de rester chez elle), il est essentiellement fonction dramatique, non porteur du bon sens. Les autres personnages ont courage, dignité, force passionnelle — mais ils ne « tiennent » pas devant Dom Juan : ils peuvent approcher de la grandeur de certains personnages de tragédie, mais comme eux, ils s'effondrent dans le malheur et dans la brutalité primitive quand ils sont touchés par la force aveugle qu'est Dom Juan. Il n'est pas jusqu'au Ciel qui, à cause de Dom Juan, ne soit finalement réduit à une fantasmagorie horrible et annihilatrice. Dans cette pièce, l'affirmation de soi ne se fait que par la négation du reste, et la négation appelle la négation. Le dernier rire éclate devant un abîme.

Le couple Orgon-Tartuffe faisait passer dans l'univers de l'honnêteté le frisson de la passion. La pièce consistait à reconnaître cette passion, à en faire sa matière, et à l'intégrer de deux façons : d'une part dans l'anecdote même, puisque finalement l'ordre normal était rétabli; d'autre part sur le plan esthétique, puisque la forme même de la pièce contenait, ordonnait de façon très « classique », par un langage et une structure, la passion source du drame. Ici, l'intégration est beaucoup moins simple. Même si l'anecdote se moque du désordre qui subsiste (par les derniers propos de Sganarelle), la marque de Dom Juan reste sur le monde. Quant à la forme, elle n'est pas solution au problème de l'intégration, elle est position du problème : pas de langage unifié, pas d'honnêteté permanente qui contient, mais farce qui va jusqu'à ses excès extrêmes, éléments tragiques, etc. Le *Dom Juan* de Molière est en un sens une pièce de dramaturge, disons : elle n'est pas comédie, elle est recherche d'une comédie. D'où son théâtralisme très particulier, unique sans doute dans le répertoire des chefs-d'œuvre proprement classiques, mais différent aussi de celui des œuvres baroques de théâtre au « second degré », telles que le *Saint Genest* de Rotrou, ou encore que *L'Illusion comique* de Corneille : car il ne s'agit pas ici de pièce dans la pièce, ni de pirandellienne identification de l'illusion théâtrale et du réel dans le sujet même. Le problème technique, ici, ne fait qu'un avec une vision du réel : sérieux et farce au théâtre sont les parallèles exacts du sérieux et de la farce de la vie.

Ce qui est sérieux est totalement démasqué, — donné, à vrai dire, dès le début, sans masque. La pièce elle-même est un déchirement sans solution. Le rire final, c'est peut-être celui de Molière prenant du recul sur son art, et rejetant délibérément, comme Dom Juan dans son néant, la Nature fondamentale qui lui a résisté jusqu'au bout.

CHAPITRE XI

La Nature toute nue

Dom Juan n'a pas besoin d'être un penseur profond pour que la pièce pose de graves problèmes. Et il semble bien que ces problèmes soient moins exprimés par le contenu explicite des boutades de Dom Juan, des discours de Sganarelle, que par la forme même de la pièce, forme que l'on vient de tenter de décrire. Car ici, comme dans *Tartuffe*, comme plus tard dans *Le Misanthrope*, le métier même du dramaturge est indissolublement lié à la vision de l'homme et du monde qui est à la base de l'anedocte que raconte la pièce.

Ce Dom Juan qui à aucun moment n'accepte la discussion est le plus exaspérant, pour le monde qui l'entoure, de tous les personnages moliéresques. Orgon fait rire Cléante, comme Alceste fera rire Philinte — ce qui n'est peut-être ni à l'honneur de Cléante, ni à l'honneur de Philinte, ni non plus à celui de Molière et de ses spectateurs, si l'on se place d'un point de vue humanitaire. Dom Juan échappe en fin de compte à ce genre de rire. C'est que le personnage, frivole ou visiblement méchant, silencieux surtout, par indifférence, par mépris ou par défi selon les interprétations, échappe, glisse, se fait brume que l'on traverse sans avoir de prise sur elle, ou rocher contre lequel on rebondit. Du coup, au lieu d'être objet de rire, il crée chez le spectateur au moins une inquiétude, et chez ses interlocuteurs il provoque la colère — une colère à la mesure de chacun : hargne de Sganarelle, rage meurtrière de ses égaux, ire annihilatrice du divin.

Or, comme on l'a vu, cette imperméabilité de Dom Juan produit un résultat essentiellement théâtral, qui met en jeu le destin même de la comédie, et par contrecoup celui de la comédie humaine. Quelles que soient les raisons pour lesquelles Dom Juan refuse de jouer le jeu de la vie sérieuse, ce refus, cette absence le constituent en un « autrui absolu » par rapport à qui ce jeu n'est d'abord plus que jeu, ce sérieux n'est qu'une illusion de sérieux. On peut s'arrêter là, et voir du coup dans Dom Juan le grand Démystificateur. De là à en tirer, comme l'a fait Maurice Donnay, des conclusions sur le fait que Molière était évidemment « du parti de Dom Juan [1] »... Nous préférons, c'est certain, la conclusion d'Antoine Adam, qui renvoie Dom Juan et Sganarelle dos à dos. Et ceci, pour la raison bien simple que ce n'est pas à cette démystification salutaire, à cette destruction salutaire d'une *certaine forme* de sérieux que s'arrête la pièce.

Elle l'inclut certes, et Sganarelle, par son contrepoint constant, la souligne clairement. Les codes sérieux se révèlent comme des mascarades, sans doute — mais derrière ces masques surgit, non la bonne nature, la nature raisonnable, souriante du philosophe libéré, mais au contraire l'instinct brut et destructeur.

Qu'on songe encore une fois aux dernières métaphores qui précèdent le finale de la pièce : le cosmos n'est qu'un galimatias (qui n'est pas sans annoncer les atomisations du réel dans certaines pièces d'Ionesco, lorsque enfin la raison y a fait faillite, ou encore le discours de Lucky dans *Godot*), et par ailleurs les personnages ne peuvent que s'entre-égorger. C'est-à-dire qu'ayant détruit un certain sérieux, celui de ce qui dans d'autres pièces serait représenté par des normes d'honnêteté ou même de raison, la pièce en retrouve un autre, plus vertigineux, plus vrai peut-être mais proprement atroce : celui de la Nature toute nue.

Cette Nature toute nue est incarnée centralement par Dom Juan lui-même. Il n'est — et n'exprime — que des instincts, certainement pas une liberté. Il est, il consomme, il se camoufle. Il est l'image d'un déterminisme naturel, redécouvert par Molière dans l'effondrement de la morale aristocratique qui s'efforçait, elle, de susciter la liberté, ou au moins, comme

---

1. *Op. cit.* Ceci n'est qu'un exemple d'une interprétation fréquente mais contraire à la nôtre. Molière pourrait être « du parti de Dom Juan » si le personnage était libre d'une part, si la Statue ne se mettait pas en marche d'autre part. Mais Dom Juan est le contraire d'une liberté et représente la corruption fondamentale qui s'appelle Nature. Le prince de Conti, parmi les premiers (*Sentiments des Pères de l'Église sur la Comédie et les Spectacles*, 1665), voyait dans la pièce « une école d'athéisme ». Quels que fussent ses motifs (on a dit que Dom Juan hypocrite est un portrait de Conti converti), il se trompait. La pièce est le portrait d'un monde qui est ce qu'il est précisément parce que Dieu existe et que la chute est une vérité. Alors, si Molière était « du parti de Dom Juan », il serait byronien ou baudelairien avant la lettre, ce qui est impensable, à la lumière de son œuvre qui révèle constamment un vœu d'ordre, d'harmonie, de bonheur moyen — même si la vanité de ce vœu se fait de plus en plus évidente pendant les années 1664-1666.

l'a un jour remarqué Sartre à propos du théâtre cornélien, de
réaliser la synthèse lucide de la passion et de la volonté libre.
Le Dom Juan de Molière n'est, par exemple, même pas capable
d'assumer ses propres répétitions : il se contente de « refaire »
perpétuellement sans penser cette répétition. Le « Je le ferais
encore si j'avais à le faire » cornélien est remplacé par une
remarque *de l'extérieur*, le très comique « Autre pièce nouvelle »
de Sganarelle à l'acte II. Dom Juan ne parle pas au conditionnel, car il est en dehors de toute délibération, de tout choix. Il ne
compare jamais non plus son présent et son passé, il n'agit
au nom d'aucune fidélité. Il se limite à des plans en vérité
fort simples qui ne visent qu'un avenir immédiat, plans uniquement prometteurs de possession concrète, puis, quand les
affaires tournent mal, de survie.

Nous ne parvenons à voir, sous l'habit du grand seigneur
(qui d'ailleurs lui « tient au corps » comme les plumes somp-
tueuses tiennent au corps de certains oiseaux mâles pendant la
saison des amours) qu'une force animale assez voisine de celle
qui éclate dans quelques documentaires de Walt Disney (malgré
le commentaire à la Bernardin de Saint-Pierre qui accompagne
généralement, en une saisissante contradiction, des images
d'un technicolor particulièrement sanglant). Bien sûr, Dom
Juan est un homme — une créature à l'image de Dieu et douée
d'intelligence — mais cette « humanité » est formelle, cette
intelligence avec les raffinements qui l'accompagnent, sont
mises au service d'un appétit de jungle.

Ce n'est pas un hasard si, dès le premier acte, Dom Juan est
appelé « bête brute ». Ce n'était pas un hasard non plus si, à
propos d'Agnès, les femmes étaient traitées d' « animaux »
dans *L'École des Femmes*. Il est vrai que dans les deux cas, la
comparaison vient d'un grotesque : Arnolphe ou Sganarelle,
mais il s'agit ici, comme toujours chez Molière, de faire la part
de la vérité et la part du caractère qui prononce la formule. La
métaphore bestiale qui désigne la Nature à l'état pur a une
double fonction dramatique. Puisqu'elle est utilisée ironiquement ou péjorativement par le personnage qui parle, elle révèle
l'état d'ignorance dans lequel il se trouve à propos de sa propre
nature : animale, elle aussi. Chien veule (pensons au *Chien et
le Loup* de La Fontaine) dans le cas de Sganarelle, vautour
jaloux de l'œuf caché dans un nid secret dans le cas d'Arnolphe.
L'erreur de ces personnages, bien entendu, c'est qu'ils ne voient
pas la bête qui est en eux. Mais enfin, il y a un rapport éclatant
entre l'aveu spontané d'Agnès dans *L'École des Femmes* :
« Le moyen de chasser ce qui fait du plaisir? » (v. 1527) et la
réponse de Dom Juan aux reproches de Sganarelle : « Y a-t-il

rien de plus agréable? » (I, 2). D'une pièce à l'autre, le jugement
comique a changé, mais la vision fondamentale de la nature
est restée la même. L'homme déchu, dans un univers pascalien,
n'est plus ange, mais bête. La bête-femme peut séduire, la
bête-homme terrifie.

Un long chemin a été parcouru depuis l'optimisme théâtral
— car il serait vain de parler ici d'optimisme métaphysique —
du temps de *L'École des Femmes*, à l'incertitude tout aussi
théâtrale de *Dom Juan*. Dans l'aventure d'Agnès, d'Arnolphe
et d'Horace, le recours à la nature est prudent, et en quelque
sorte noyé dans une confusion entre le concept de nature et
celui de normalité. On peut en dire autant de l'aventure de
la famille d'Orgon, aux prises avec son chef et son mauvais
« ministre ». Il est « normal », et cela est synonyme de « naturel »,
qu'Agnès épouse Horace, que Mariane épouse Valère. Remarquons que dans les deux cas, cette alliance du naturel et de la
norme se fait finalement au prix d'un tour de passe-passe qui,
lui, est hautement théâtral : norme et nature ne sont satisfaites
à la fin de *L'École* que par un appel conscient et parodique à
la pire convention de la comédie ou de la tragi-comédie baroque
d'intrigue (les reconnaissances familiales, les arrangements
matrimoniaux faits depuis longtemps à l'insu à la fois des
personnages et des spectateurs); parodie voulue, disons-nous,
car le procédé éclate dans le burlesque presque shakespearien
des distiques amoebés, d'une désinvolture explicative qui
frôle le mépris du spectateur, des vers 1740 à 1759. Quant à
la « solution » de *Tartuffe*, on a vu comme elle s'intègre dans
l'économie et la thématique de la pièce, mais aussi comme cette
économie et cette thématique sont essentiellement poétiques,
théâtrales : Mariane et Valère se marieront non pas parce que
c'est dans l'ordre des vérités naturelles, mais parce que c'est
dans l'ordre de la justice poético-politique de la pièce. Avec
Dom Juan, cet optimisme déjà si peu réaliste est *diablement* mis
en question.

Dans cette pièce, à la fois la comédie et la nature et la
convention vont toutes les trois jusqu'au bout de leur propre
innocence et n'aboutissent qu'à une bouleversante ambiguïté.
Car si la pièce se termine par un éclat de rire, c'est celui de la
servilité. Le triomphe du théâtre, si on tient à considérer comme
tel le double finale des flammes artificielles et de la plainte de
Sganarelle, n'est que celui du théâtre. Dom Juan n'a pas payé
sa dette, le Ciel même a échoué devant la Nature corrompue.
La satisfaction offerte par le dénouement est bien ténue,
et relève de l'esthétisme plus que d'une véritable résolution;
car, comme nous l'avons dit, aucun « ordre » n'est en fait

rétabli : le mal est fait, et reste fait, il n'y a qu'impossibilité pour le mal de continuer à sévir activement.

Le passage de la bête laisse une plaie béante dans le monde. Et pourtant, elle s'est contentée de vivre selon sa nature. Dom Juan a joué avec la femme comme le chat avec la souris, et comme le chat, *il ne s'est pas expliqué* le plaisir de ce jeu. Il a été polygame, comme la plupart des animaux; comme la plupart des mâles, il est compétitif : une femelle déjà en mains l'attire plus qu'une autre. Attaqué, il fuit, et ne se défend que lorsqu'il ne peut pas faire autrement. A bout de ressources, il se camoufle, grâce à un mimétisme bien connu des naturalistes. Le monde autour de lui est une sorte de jungle, peuplée d'espèces variées qui sont toutes ses ennemies. Le surnaturel même ne parvient pas à le « dénaturer » : il traite celui-ci comme n'importe quelle autre espèce des environs... On pourrait prolonger la métaphore à l'infini, et peut-être même faire de la pièce une étude purement écologique. En tout cas, on ne raisonne pas avec cet animal-là : sinon, on se ridiculise comme Sganarelle.

Dans *Tueur sans gages* d'Ionesco, la raison de Bérenger défaille devant la citadelle de nature brute que représente le Tueur. Un peu plus tard, Ionesco nous a montré, dans *Rhinocéros*, la vertigineuse attraction qu'exerce sur les hommes le pur élan de cette Nature brute. Il est permis de se demander si l'attraction qu'exerce sur nous le personnage de Dom Juan n'est pas comparable à l'admiration que les amis de Bérenger éprouvent pour les superbes monstres qui se multiplient dans la ville. Et alors, la pièce de Molière se révèle comme porteuse d'un sens qui non seulement inclut les deux comédies (l'humaine et la théâtrale), mais révèle aussi une prise de conscience plus particulièrement sociale et politique. Nous avons souvent souligné l'importance de l'équipe maître-valet, colonne vertébrale de la pièce, les usages qu'en fait Molière, les transformations qu'il y apporte, le sens purement dramaturgique qu'il lui donne. S'extasier devant le maître Dom Juan, c'est un peu s'abandonner à l'attitude de Daisy qui, dans *Rhinocéros*, finit par trouver « beaux » les animaux qui encerclent la maison (acte III); c'est du même coup ressembler à ceux qui, en écoutant les chants nazis de Nuremberg, en venaient à dire innocemment : « Ça a quand même de la gueule... » Dom Juan a de la gueule : celle d'un animal; il y a un prestige de l'énergie irréfléchie, aveugle à tout autre chose qu'elle-même, qui se confond trop aisément avec la révolte libre.

La Nature est un piège. Le personnage de Molière est un piège, non le symbole d'une libération. La pièce de Molière le

décrit à la fois avec ses appâts et la mort qu'il contient. Si
Dom Juan n'est qu'un homme, il est le symbole de l'inhumain
(si l'on veut bien admettre avec les penseurs modernes et en
utilisant le vocabulaire de Vercors que l'homme se définit
précisément comme « animal dénaturé »); mais s'il est aussi
le maître, s'il représente le pouvoir d'une caste sur d'autres,
il symbolise ce qu'il y a d'illégitime dans ce pouvoir, puisqu'il
est fondé sur exactement le contraire de la loi.

Dom Juan représente la découverte et l'exploitation théâtrale
de l'horreur de la Nature toute nue. Certes, le problème est
« projeté » plus que « résolu », le double jeu de sa découverte
et de son théâtralisme n'en est pas moins une étonnante réussite.
Mais ce double jeu demeure extrêmement métaphorique : la
fantaisie, le fantastique même (celui de la tragi-comédie comme
celui de la farce) dominent la pièce. Il s'agissait ensuite pour
Molière de réincarner ses découvertes dans un univers moins
fantastique, plus proche du quotidien du spectateur, d'en
exploiter les possibilités dans le contexte de l'actualité, d'en
faire (sans perdre de vue l'irréalisme foncier du théâtre) l'application à la fois particulière et laïque au monde qui l'entourait,
de les faire descendre sur la terre, de remplacer enfin une métaphore quasi métaphysique par une métaphore humaine. Ce
qu'il fit, un an après *Dom Juan*, en jouant *Le Misanthrope*.

TROISIÈME PARTIE

Le Misanthrope

CHAPITRE PREMIER

Avant la pièce

Sur le programme, quelle liste de personnages fade et ennuyeuse! Pas un nom qui ressorte ou qui sonne. On croirait revenir à une comédie à l'ancienne manière, aux intrigues à quatre, comme celle qui fait la majeure partie du *Dépit amoureux*, comme celles qui faisaient le sujet des comédies de type cornélien. L'uniformité fantaisiste et galante des noms, loin à la fois de la farce et du réel, évoque le monde romanesque des imbroglios amoureux, où se perdent et se retrouvent au rideau des jeunes gens plus ou moins interchangeables, issus de familles honorables, porteurs d'épées, à la fois élégiaques et soucieux de leur gloire.

· Célimène a deux amants, Alceste et Oronte : au moins, comédie de rivaux. La présence d'une cousine, Éliante, et d'une amie, Arsinoé, ainsi que d'un ami d'un des rivaux, Philinte, laisse présager une comédie non à deux couples, mais à trois, c'est-à-dire un harmonieux arrangement final et un triple mariage au dénouement. Si on joint à cette impression celle que provoque le titre : *Le Misanthrope, ou l'Atrabilaire amoureux*[1], on peut imaginer la possibilité d'une comédie voisine du *Menteur* de Corneille : les rebondissements de l'intrigue amoureuse sont amenés par le défaut du protagoniste, — ici sa bile noire, qui rebute Célimène en dépit de l'amour ou du penchant qu'elle a pour lui. Ce sera une comédie d'intrigue et d'analyse : querelles d'amants, leçons, amour-propre blessé, dépits, petites vengeances, soumissions, etc. En moins héroïque, en moins fantastique aussi, ce sera l'équivalent de *Dom Garcie de Navarre*, situé dans un salon et non plus dans un palais espagnol. Comme dans la plupart des œuvres de ce genre, l'intérêt dramatique sera double : non seulement on fixera

---

1. « L'Atrabilaire amoureux » est le sous-titre donné à la pièce, lors de la demande de privilège.

son attention sur la manière dont l'auteur amène le mariage
— ou les mariages — de la fin, mais on se posera aussi la question : qui va épouser qui? Car si Dom Garcie est accepté finalement par celle qu'il aime, dans les comédies de type cornélien
le héros à défaut ne reçoit bien souvent au rideau qu'un prix
de consolation.

Quittons un instant l'hypothèse de notre ignorance complète
de la pièce. Nous savons que le sujet du *Misanthrope* est bien
différent de celui qui vient d'être esquissé. Mais il est bon de ne
pas perdre de vue l'horizon d'où viennent les personnages.
Pour être lointain, il ne s'en laisse pas moins deviner. C'est
sur lui que se découpe la silhouette des personnages, c'est lui
qui leur confère une partie de leur signification. Comme
Dom Juan, *Le Misanthrope* est une mise en question de visions
traditionnelles — conventions morales et conventions littéraires.

Dans la liste des personnages, empruntée au romanesque
galant, un aspect qui tient sans doute à ce genre est particulièrement frappant : si l'on excepte deux valets et un garde,
rejetés à la fin et manifestement de l'ordre des utilités, tous
les personnages sont du même rang. Leurs noms se valent.
Éliante, on le verra, est un peu inférieure à sa cousine; mais
c'est là le seul lien familial de la pièce, les autres personnages
étant unis les uns aux autres seulement par des rapports
amoureux ou amicaux. A première vue, le spectateur va assister
à une comédie qui se jouera entre *égaux;* les obstacles ne
viendront pas de quelque autorité supérieure, sociale ou familiale. La liste ne contient ni père, ni mère, ni prince, ni suivante.
En un mot, dans cette pièce, il ne s'agira ni de mésalliance
(Célimène jetée dans les bras d'un Sganarelle) ni de tyrannie
familiale.

Certes, il y a Acaste et Clitandre, *marquis.* Ils sont réunis
par une accolade — dans laquelle il serait exagéré de voir un
signe annonciateur de leurs embrassades, mais qui les constitue en équipe, les met à part du groupe principal. Ils ne sont
pas, comme les autres, définis par leurs liens affectifs avec autrui,
mais par leur rang. Ce à quoi il faudra prêter attention en
eux, ce sera moins leur psychologie, que leur costume, leurs
manières, tout ce qui, de tradition moliéresque, tient au
« marquisat ». Très proches des autres par les noms qu'ils portent (noms d'amoureux de comédie), ils représentent un sup-
plément comique : ils ajoutent un spectacle à ce qui s'annonce
comme un jeu intérieur. Le fait que Molière ait omis de titrer
les autres personnages montre suffisamment que « marquis »
n'est pas destiné ici à situer Acaste et Clitandre dans la hié-

rarchie sociale de la pièce [1], mais à annoncer un type de jeu et une certaine diction. Pour le reste, il est évident que tous les personnages, à l'exception des valets et du garde, sont aristocratiques : ils le sont en quelque sorte de droit, par la vertu des noms de théâtre qu'ils portent, comme on est nécessairement prince ou roi dans la tragédie.

Cette élégante comédie d'intrigue amoureuse, dans laquelle deux marquis viennent apporter un comique plus superficiel, se joue à Paris, dans la maison de Célimène. Espace clos, comme celui de *Tartuffe ;* simplement la salle basse de la maison bourgeoise fait place au salon d'hôtel aristocratique. Ici encore, Arnavon proposait des changements de décors [2], au nom de la vraisemblance de certains mouvements, de certaines entrées et sorties. Mais ici encore, ce déploiement scénique ne pourrait que contribuer à disperser l'attention. Des mises en scène récentes, comme celle de la Comédie-Française ou de Jean-Louis Barrault, se sont très bien tirées d'affaire avec un décor unique, suffisamment stylisé pour suggérer un salon élégant tout en projetant vers le public les personnages eux-mêmes, dans la richesse de leurs costumes et les nuances de leur jeu. *Le Misanthrope* installe dans un salon parisien du xviie siècle des personnages dont les origines lointaines plongent dans la fantaisie romanesque : il appartient au décorateur et au metteur en scène de faire une synthèse suggestive des deux, l'accent étant mis bien entendu sur le « parisianisme », mais en évitant toute reconstitution réaliste qui ferait de la pièce un document.

Car *Le Misanthrope* est si peu un document sur une époque que c'est, de toutes les pièces classiques françaises, celle qui se prête le plus aisément à une mise en scène « en completveston ». Aujourd'hui, on joue ainsi même *L'École des femmes,* et Jean Anouilh met en scène *Tartuffe* dans les costumes qui lui sont chers : fin de siècle. Mais c'est avec *Le Misanthrope* qu'au xxe siècle on a commencé cette mode [3].

---

1. Chez Molière, le marquis est un guignol qui s'agite parmi ses égaux. Dans la comédie du xviiie siècle, son descendant, marquis ou chevalier, est moins un « bel esprit », un élégant ou un « fop » à l'anglaise qu'un petit-maître désargenté qui sévit parmi des inférieurs enrichis. Le personnage se charge alors nettement d'une signification sociale. Mais ainsi, il descend plus du comte Dorante du *Bourgeois gentilhomme* que d'Acaste et de Clitandre. Voir *Le Chevalier à la mode* de Dancourt (dès 1687), et surtout *Turcaret* de Lesage (1709).

2. Acte I : terrasse de la maison de Célimène. Actes II, III et IV : salon de Célimène, avec riche mobilier « d'époque », clavecin, luth sur un fauteuil, etc. Acte V : autre perspective extérieure, le parc de Célimène, sorte de Versailles en un peu plus petit. Voir *Le Misanthrope de Molière*, édition illustrée, Plon, 1930.

3. D'après Descotes, *op. cit.*, dès 1910, le premier acte aurait été donné

Tant que le costume moderne ne détourne pas l'attention du spectateur vers l'habileté d'un metteur en scène occupé à résoudre les problèmes que posent certaines contradictions entre le texte et ce modernisme même, il est sans doute légitime. Et s'il permet de maintenir une marge d'irréalité (les contradictions que nous venons de signaler peuvent être très précieuses à cet égard), il est certainement beaucoup plus légitime que toutes les surcharges de couleur locale Louis XIV dont ont rêvé réalistes et naturalistes. Ce qui compte au même titre que la tension entre le réalisme des personnages et la fantaisie de leurs origines, c'est l'unité de lieu. La salle ou le salon unique, ici comme dans *Tartuffe*, ont autant de valeur symbolique que les changements de *Dom Juan*. Vraiment « fonctionnel » sera le décor qui évoquera le pôle opposé au « désert » où Alceste menace de se réfugier : salon-carrefour, lieu clos voisin du palais de la tragédie où les individus sont constamment ramenés l'un vers l'autre, l'un sur l'autre, mais aussi lieu en quelque sorte « surpeuplé », où le manque d'espace (le manque de liberté physique même) oblige chacun aux efforts les plus dramatiques s'il veut être lui-même tout en évitant les heurts douloureux.

Dans ce décor fermé où vit une société d'égaux, un drame va se dérouler que suggère le titre, *Le Misanthrope;* les personnages, qu'aucune loi ne soumet les uns aux autres, même pas celle de l'âge (ils sont tous jeunes) se définissent par leurs amours ou leurs amitiés, mais l'un d'eux, Alceste, se définit par sa haine. C'est sur ce contraste simple que va se concentrer la pièce.

à la Comédie-Française « en habits noirs ». Mais peut-être était-ce pour économiser sur les frais de la représentation, car il s'agissait d'un gala de charité, pour le secours aux inondés.

CHAPITRE II

Les deux amis

Alceste, au lever du rideau, est *assis*. Non seulement cette indication est donnée par l'édition de 1682, mais aussi c'est assis qu'Alceste est représenté dans la gravure qui orne la première page de l'édition originale du *Misanthrope*. La mise en scène « traditionnelle » (celle du xixᵉ siècle) avait remplacé cet usage par une entrée tumultueuse d'Alceste suivi de Philinte, c'est-à-dire qu'elle cherchait ses justifications non dans l'équilibre dramatique des forces, mais dans les détails de l'anecdote. Arnavon[1], malgré son naturalisme, a heureusement retrouvé l'esprit de cette ouverture : il perd du temps à faire entrer Alceste, à lui faire jouer une scène muette avec Basque, mais enfin, il le fait asseoir pour le début du dialogue avec Philinte.

Alceste assis, c'est Alceste installé, — dans sa bouderie, dans sa mélancolie. La colère et le mouvement qu'elle suppose ne sont pas premiers chez lui. Du choix de la mise en scène de ce début dépend l'interprétation du personnage pour le reste de la pièce, au moins dans l'esprit du spectateur. Ou bien le premier choc que celui-ci reçoit est le spectacle d'un Alceste rageur, piaffant et tournoyant, ou bien c'est le tableau figé d'un Alceste immobile, réfugié dans son fauteuil, et « renfermé ». Ou bien Alceste est compris comme une force active, tourbillonnante, prise d'une giration inverse de celle des autres personnages, ou bien il représente un poids de solitude, un agent d'immobilisation qui freine l'univers en mouvement dans lequel il est jeté. Une interprétation n'exclut pas totalement l'autre, mais le choix du début donne une fois pour toutes la dominante.

Il est évident qu'au lever du rideau, Alceste ne remonte

1. *Op. cit.*

pas le courant : il est arrêté. Aux questions de Philinte, il répond :

> *Laissez-moi, je vous prie.*
>
> (v. 1.)

> *Laissez-moi là, vous dis-je[...]*
>
> (v. 3.)

Des trois héros analysés dans cet essai, Alceste est le seul qui n'attaque pas d'une façon ou d'une autre, au début de son rôle, mais qui soit attaqué. Quand nous le voyons pour la première fois, il est installé dans une préfiguration temporaire de son désert. Sans doute déjà, dans ce fauteuil, a-t-il « la liberté d'être homme d'honneur ».

Il ne s'agit pas ici de chronologie des motifs : quelle que soit l'histoire psychologique d'Alceste, sa structure est décomposée, non dans l'ordre de sa genèse, mais dans l'ordre d'importance des éléments. Il est avant tout l'homme assis qui ne demande qu'à être seul, jeté dans un monde qui s'agite considérablement autour de lui.

Ce monde, c'est d'abord Philinte. Il arrive, il tourne, il questionne, il relance. Avec la mesure que le ton de la pièce impose, il convient, par la mise en scène, de souligner la tension purement théâtrale entre l'agitation et la main offerte de Philinte, et l'immobilité renfrognée et isolatrice d'Alceste. Cette dernière attitude est, aux yeux de Philinte, aux yeux des « gens » auxquels il s'assimile, une « bizarrerie » (v. 2). Le monde de la pièce aura constitué une norme, qu'Alceste ne respecte pas. Très simplement, en ce début, dans un monde où la norme consiste à s'agiter, s'asseoir seul dans un coin est anormal; dans un monde où l'on parle et s'explique sans se fâcher, le silence chagrin est incompréhensible. Ce ne sont là que les premiers points de repère, la position élémentaire et en quelque sorte symbolique des pôles principaux de tensions dont sera fait l'essentiel de la pièce. En fait, — et le mot « amis » qui apparaît au vers 7 le confirme —, le sujet de la pièce va être le conflit entre un monde de « gens », ouvert et maître de ses propres lois, et un univers privé, fermé sur lui-même.

Philinte : *Et, quoique amis, enfin, je suis tout des premiers...*
Alceste : *Moi, votre ami? Rayez cela de vos papiers.*

> (vv. 7-8.)

C'est le mot « amis » qui déloge Alceste. D'après l'édition de 1682, qui enregistre certains usages de mise en scène de la troupe de Molière, à ce moment-là, Alceste « se lève brusquement ». Ce mouvement souligne d'une part l'importance du thème de l'amitié (et, conjointement, de l'amour), d'autre part le passage à la seconde dimension d'Alceste : la colère. Au vers 14, la bile noire passera nettement à l'action. Alceste est en quelque sorte un personnage qui passe son temps à s'asseoir et à se lever, un personnage partagé entre les rentrées en soi-même et la lutte coléreuse contre autrui. Enfermé en lui-même, il se conduit comme la garnison d'une ville assiégée, et, provoqué, fait occasionnellement des sorties agressives.

Après avoir dessiné le squelette du drame, Molière, à propos d'une anecdote, le charge de sa chair. Le long débat qui suit reste fidèle aux lignes générales données dans les premières secondes de la pièce, et ne quitte guère le thème de l'amitié : il représente une tentative de définir cette amitié, tantôt selon la norme de l'univers des gens, tantôt selon les exigences d'un univers privé. Il contient en outre toute une dialectique de jugements sur les deux attitudes.

Du vers 14 au vers 28, Alceste décrit un phénomène caractéristique de l'univers des gens. Comme toujours chez Molière, cette tirade révèle à la fois le fait même qu'elle rapporte et le caractère du narrateur. Elle est tout autant à double tranchant que les portraits que fait Mme Pernelle au début de *Tartuffe* ou que la première grande tirade de Sganarelle dans *Dom Juan*. Les embrassades en usage au XVIIe siècle sont comiques, elles le sont même davantage pour nous que pour les spectateurs de Molière. Mais — et ici intervient une question de degré — l'indignation d'Alceste l'est encore plus. C'est que, comme Sganarelle au début de *L'École des Maris* ou comme le valet de Dom Juan, Alceste part d'une observation vraie, d'un fait qui mérite sans doute d'être raillé, pour se perdre dans sa propre erreur. Et, dans cette tirade, l'erreur est donnée *d'abord* :

> *Allez, vous devriez mourir de pure honte ;*
>
> (v. 14.)

lance une série d'hyperboles, qui étouffent l'anecdote elle-même, et ne sont pas proportionnées au « crime ». Chaque vers de la tirade contient au moins une amplification, que nous soulignons :

> *Allez*, vous devriez mourir de pure honte ;
> *Une telle action* ne saurait s'excuser,
> *Et tout homme d'honneur* s'en doit scandaliser.

Je vous vois accabler *un homme de caresses,*
Et témoigner pour lui les dernières *tendresses ;*
De protestations, d'offres et de serments
Vous chargez la fureur *de vos embrassements :*
Et, quand je vous demande après quel est cet homme,
A peine pouvez-vous dire comme il se nomme ;
Votre chaleur pour lui tombe en vous séparant,
Et vous me le traitez, à moi, d'indifférent.
Morbleu ! *c'est une chose* indigne, lâche, infâme,
De s'abaisser ainsi jusqu'à trahir son âme,
Et si par un malheur j'en avais fait autant,
Je m'irais, de regret, pendre tout à l'instant.

Quand on voit, sur scène, la nonchalance souriante de Philinte, il est difficile de croire à la « fureur » dont l'accuse Alceste.
Et surtout, le sérieux et la violence des invectives d'Alceste
ne sont pas en rapport avec le caractère mineur de l'usage
condamné. A ce moment précis, Alceste, déjà personnage
dramatique par la tension entre son immobilité silencieuse
et son explosion, est définitivement personnage comique,
par son usage de l'hyperbole appliquée à un aspect superficiel des mœurs.

Lorsque au xviiie siècle Fabre d'Églantine écrira *Le Philinte*
de Molière (et aussi *Les Précepteurs*, où apparaissent des vertueux indignés par la frivolité du siècle), non seulement il fera
d'Alceste (ainsi que de ses émules) un être sensible, charitable,
prêt à se sacrifier pour autrui, mais il le dépouillera du ridicule
de ses hyperboles. Il est vrai qu'alors l'indignation hyperbolique contre les vices du temps ne paraît plus ridicule ; chez
certains auteurs comme dans la partie « sensible » du public,
l'esprit de sérieux l'emporte sur l'esprit tout court, le prosélytisme passionné sur la satire et sur la raillerie. C'est que le
vice n'est plus risible, il est infâme. Ce glissement mène les
auteurs comiques à une forme élémentaire de pièce à thèse
morale, où un personnage donné ne peut avoir à la fois tort
et raison ; en outre, il conduit à une fausse interprétation de
la comédie moliéresque [1]. En fait, ce que Molière fait ici, c'est
d'avance le portrait comique d'une attitude sérieuse et vertueuse
du xviiie siècle. Celui-ci s'y est d'ailleurs reconnu : voir Jean-
Jacques Rousseau et Fabre d'Églantine.

1. Cette faute d'interprétation éclate, bien entendu, dans le *Philinte*
de Fabre d'Églantine. Mais déjà Rousseau n'avait vu dans les hyperboles
d'Alceste que la manifestation de « la force de la vertu » dans un personnage par ailleurs injustement rendu ridicule *(Lettre à d'Alembert)*. Pour
d'autres exemples de la simplification du problème du bien et du mal, de
la vérité et de l'erreur, etc., sans attendre *Le Père de Famille* de Diderot,
on peut se reporter au *Méchant*, de Gresset (1747), pièce d'autant plus
intéressante que le moule en est à bien des égards moliéresque.

Ici, comme pour la tension fondamentale posée tout au début, le comique d'Alceste n'exclut pas des nuances à venir : l'erreur comique pourra se colorer de pathos, mais même dépouillée de sa drôlerie, elle n'en restera pas moins la base du personnage. Alceste ne voit pas le monde tel qu'il est : par son langage, il le constitue en monde criminel. En ce début d'acte, Alceste apparaît comme le personnage doué d'une certaine nature, aveugle et déchirée, qui cherche à faire passer cette nature pour un choix délibéré, fait en connaissance de cause.

Pourquoi suis-je tantôt boudeur et mélancolique, tantôt coléreux et agressif? Parce que je le veux. Pourquoi ce choix? Parce que le monde est invivable, criminel, mensonger, etc. Il y a chez Alceste, comme chez Orgon, un besoin injustifié, qui est de l'ordre du fait brut naturel, mais que le personnage « légitime » après coup. L'élan passionné ou émotionnel est constitué en acte volontaire. Quand Philinte lui reproche d'être fâché, au vers 4, il répond, comme Orgon, qu' « il veut se fâcher ». On sent, par-delà *Dom Garcie de Navarre*, une certaine atmosphère très ambiguë de rationalisation cornélienne, de révolte orgueilleuse de la volonté libre contre la nature, dont le jansénisme du siècle a fini par montrer la vanité. Au temps du *Misanthrope*, cette attitude n'est plus source de grandeur : elle est signe d'illusion, et se ridiculise d'elle-même dans le très fréquent et pitoyable « je veux me fâcher ».

Chez Alceste, d'autres « je veux » viennent compléter le premier. Et là encore, le personnage n'est pas loin d'Orgon.

> *Je veux qu'on soit sincère* [...]
>
> (v. 35.)
>
> *Je veux qu'on me distingue* [...]
>
> (v. 63.)
>
> *Je veux que l'on soit homme* [...]
>
> (v. 69.)

Alceste, comme tous les grands héros moliéresques, est tyrannique. Non qu'il puisse, comme un père de famille, obliger autrui à agir selon son vœu, en se réfugiant derrière le pouvoir que lui confère sa fonction. Mais il impose, ou veut imposer au monde sa vision dans toute son intransigeance : un univers déchiré entre sa réalité, faite de mensonges et de crimes, et une valeur, faite de sincérité et d'honneur. Étant donné sa nature, Alceste ne peut être à l'aise (ou plutôt dans le malaise qui lui convient) que si les deux niveaux ne coïncident pas.

En face d'un « homme d'honneur » au sens où il l'entend, Alceste serait pris de court. Si l'on admet que Philinte est, de tous les hommes de la pièce, celui qui est le moins éloigné de l' |« idéal » d'Alceste, puisqu'il est son ami, il est remarquable qu'Alceste ne l'en félicite jamais. Quant à Éliante, sincère lorsqu'elle ne garde pas un silence prudent, Alceste l'ignore. Alceste ne cherche pas à être « atrabilaire » : il l'est. Ce qu'il cherche, ce sont des justifications de sa bile.

Il convient, lorsqu'on explique un personnage de Molière, de ne pas tomber dans l'erreur que précisément Molière lui reproche. Or, le plus souvent, cette erreur consiste à trouver le « pourquoi » d'un comportement dans les stimuli extérieurs. Alceste serait amer parce que le monde est méchant... En fait, les stimuli ne sont qu'une pâture qui vient satisfaire le vœu d'une nature donnée d'avance, ou, comme dit M. Jasinski [1], un « tempérament ». Et si ces stimuli, en eux-mêmes, manquent de vigueur, la nature du personnage crée une vision du monde, disons : suffisamment nourrissante. Certes, les personnages moliéresques ne sont pas complètement mythomanes : il fallait bien les soupirs dans l'église pour qu'Orgon crée le Tartuffe qui règne sur lui et sur sa maison; il faut bien les embrassades faciles de Philinte et un procès injuste pour qu'Alceste bâtisse un univers de mal.

> *Je veux qu'on soit sincère, et qu'en homme d'honneur*
> *On ne lâche aucun mot qui ne parte du cœur.*

(vv. 35-36.)

> *Je veux que l'on soit homme, et qu'en toute rencontre*
> *Le fond de notre cœur dans nos discours se montre ;*
> *Que ce soit lui qui parle, et que nos sentiments*
> *Ne se masquent jamais sous de vains compliments.*

(vv. 69-72.)

Isolé du contexte, ce principe répété est évidemment très noble. Prétendre, comme l'a fait le XVIIIe siècle, que Molière a voulu le railler, est une absurdité. C'est faire du sujet de la pièce, non plus un conflit de natures et d'attitudes, mais un conflit de principes. Plus que le principe, ce qui compte ici, c'est la forme qui lui est donnée, c'est le « je veux », ce sont les mots « aucun », « en toute rencontre » et « jamais ». Si l'on veut, c'est la tyrannie d'Alceste et la couleur kantienne de la formule. Alceste rejette toute casuistique, et affirme l'uni-

1. René Jasinski, *Molière et le Misanthrope*, Colin, 1951.

versalité pratique. En même temps, il se donne comme l'individu qui décide de cette universalité.

Non seulement Alceste impose au monde l'image qui justifie sa mélancolie, mais il se présente comme le créateur des principes de la morale. Il donne comme fait objectif ce qui est sa vision (le monde corrompu et méchant), il donne comme acte de sa volonté ce qui est un fait de nature (sa bouderie ou sa colère), une conséquence inévitable de son comportement (la perte prévisible de son procès) ou une définition objective de l'honneur.

Un des intérêts principaux de ce débat réside dans le drame intime d'un personnage qui a renversé le rapport objectivité-subjectivité, un peu comme Orgon renversait le rapport de l'être et du paraître.

Enfin, il y a dans cette scène un troisième « je veux » : c'est celui du vers 63 :

> *Je veux qu'on me distingue, et, pour le trancher net,*
> *L'ami du genre humain n'est point du tout mon fait.*

Modestement, les éditions scolaires notent que « l'amour-propre et l'orgueil d'Alceste percent ici ». Mais enfin ce « je veux » est la conclusion d'une longue tirade, encadrée par les deux maximes kantiennes citées plus haut.

La tirade des vers 41 à 64 n'est pas kantienne du tout : elle est tout imprégnée d'individualisme cornélien. Les mots « estime » et « estimer » y reviennent cinq fois. Alceste s'y assimile à un « honnête homme », à une « âme un peu bien située ». Il y fonde l'amitié sur l'estime, celle-ci étant accordée au mérite. C'est cette tirade qui nous ramène au thème central, annoncé aux vers 7 et 8 : celui de l'amitié, et donne la définition de celle-ci dans les termes d'Alceste.

La tirade commence par une description indignée et satirique des comportements en usage, qui ne fait que continuer les hyperboles des vers 14-20. Simplement, Alceste passe du cas particulier de Philinte, de l'événement unique auquel il vient d'assister, à une généralisation. Philinte n'est qu'un exemple, représentatif d'une classe entière, et Alceste fait le procès de ce groupe. Il demeure apparemment sur le plan des généralités quand il distingue dans le monde entre « l'honnête homme » et « le fat ». Dès ce moment, il est évident que sa théorie est que seul « l'honnête homme » a droit aux démonstrations d'amitié. Puis, peu à peu, il replonge dans le cas particulier, d'abord par

le passage à « un homme » (v. 49) et au « vous » (v. 49), ensuite,
aux vers 59 et 60, en revenant à Philinte et à lui-même. Le « je »
qui éclate au vers 61 et au vers 63 montre que l'apparente
objectivité de la théorie générale de l'amitié fondée sur l'estime
est en fin de compte supportée uniquement par le vœu individuel d'Alceste.

Alceste veut être distingué par Philinte. Il ébauche en hâte
une théorie cornélienne pour justifier ce vœu. Alceste est, de
nature, possessif et exclusif, mais, ici encore, n'acceptant pas
le fait brut et absurde de cette nature, il la fonde rationnelle-
ment, et, comiquement, se constitue en « âme bien située », en
exemple de générosité et de mérite, pour légitimer son besoin
exclusif de Philinte. Son argument, en fin de compte, se réduit
à ceci : on ne doit accorder les signes de l'amitié qu'aux gens
d'honneur, or je suis un homme d'honneur, donc vous ne devez
accorder les signes de votre amitié qu'à moi. Ce n'est pas seulement l'orgueil d'Alceste qui « perce » ici, c'est sa capacité de se
constituer en orgueilleux pour les besoins de sa cause.

A ce point de la scène, que savons-nous donc d'Alceste?
(vv. 1-72). Alceste est une nature pesante, un « moi » particulièrement dense. Il est à jamais prisonnier de sa propre structure,
contradictoire c'est-à-dire dramatique : refermé sur lui-même,
et en même temps ouvert sur quelques autres individus qu'il
veut absorber tout entiers, et sans partage. C'est un avare de
l'amitié, qu'il reçoit mais dont on se demande tout au long
de la pièce s'il la donne jamais. Son second déchirement, et
qui fait le sujet de la comédie, c'est qu'il ne s'accepte pas
pour ce qu'il est. Ou plutôt, qu'il veut à tout prix justifier ce
qui est injustifiable, qu'il est constamment à la recherche des
« responsables » — lui-même en tant qu'être libre et volontaire,
ou le monde autour de lui. La pièce sera d'un bout à l'autre
une fantasmagorie de principes improvisés ou d'images défor-
mées de la réalité. Ce solitaire par nature, compliqué d'un avare
gourmand, passe son temps à chercher éperdument des justifications rationnelles de sa solitude de fait, de son avarice, de sa
gourmandise. Molière rend le drame plus intense en jetant cette
double nature dans le monde qui précisément est le moins fait
pour le satisfaire. Et finalement, c'est dans cette opposition
même qu'Alceste trouve les justifications nécessaires.

Philinte, du vers 1 au vers 72, joue le rôle d'un compère,
destiné à mettre en lumière la structure du héros. Il commence
par poser des questions ou par « ne pas comprendre », c'est-à-

dire qu'il crée sur scène le vide nécessaire qui appelle un remplissage par le portrait d'Alceste. Il est, dans la grisaille de ses répliques, le repoussoir d'Alceste. A l'esprit de sérieux de celui-ci, il oppose une « plaisanterie de mauvaise grâce » qui ne fait que renforcer le sérieux d'Alceste. Au « je veux qu'on soit sincère » du vers 35, il oppose l'impersonnel « il faut bien » du vers 38. Au lever du rideau, il s'agitait devant et autour d'un Alceste assis, et cette agitation continue, mais elle est légère, et dès qu'Alceste se lève, et attaque, cette agitation, égale à elle-même, semble par contraste de bon ton. Philinte est le frémissement mondain par rapport auquel se situent les immobilités et les explosions d'Alceste. De là à en faire l'idéal de Molière...

Philinte est présenté comme un exemple de la norme du monde de la pièce, non comme un modèle à suivre dans la vie. Simplement, il dit (et représente) « les gens », alors qu'Alceste dit « je » et ne représente que lui-même. Il applique les règles du groupe. Il affirme au début qu'on « doit entendre les gens sans se fâcher », et il laisse parler Alceste sans se fâcher. Il fait plus : il signale le fondement de ces règles, que nous soulignons :

> *Lorsqu'un homme vous vient embrasser avec joie,*
> *Il faut bien* le payer de la même monnoie,
> *Répondre comme on peut à ses empressements,*
> *Et* rendre *offre pour offre et serments pour serments.*

> (vv. 37-40.)

Avec Philinte, le pacte social a tout l'air d'un marché. Avec lui, le terme d' « honnêteté » a changé de sens. Pour Alceste, un honnête homme est presque un généreux cornélien. Pour Philinte, c'est presque l' « honnête » commerçant.

Cette honnêteté n'engage pas l'être profond. Par deux fois (vv. 35 et 37; vv. 63 et 65), au « Je veux » d'Alceste, il répond par « il faut bien » : obligation à laquelle « on » se résigne, mais qui n'est pas réinventée de l'intérieur. Marché et usage (vv. 38 et 66), tels sont les principes de Philinte. Lui-même est ailleurs, sans qu'on sache très bien, tout au long de la pièce, où il est exactement.

Philinte n'est ni hypocrite ni aveugle : à aucun moment il ne prétend que ses « embrassades » soient le signe d'un sentiment réel. Il vit masqué, en le sachant, et en ne cachant pas le fait qu'il est masqué. Il justifie son masque par des règles extérieures à lui, qui veulent qu'on vive masqué. Il s'oppose parfaitement à Alceste qui vit dans l'erreur sur ses propres motifs et sur la réalité qui l'entoure, et qui croit justifier sa nature tantôt par des règles objectives, quand elles ne viennent que

de lui, tantôt par des actes libres, quand ils ne sont que les
conséquences nécessaires de sa nature.

Jusqu'ici, un événement mineur et particulier a permis
d'établir les tensions essentielles entre la structure d'Alceste
et celle de Philinte, et entre les « principes » qu'ils invoquent.
Après le vers 73, Philinte continue à jouer son rôle de repoussoir, ou plutôt de provocateur et, choisissant le principe de sincérité intégrale affirmé par Alceste, aide son ami à en tirer les
conséquences.

> *Il est bien des* endroits *où la pleine franchise* [...]
>
> (v. 73.)

Ces « endroits » — c'est-à-dire ces cas particuliers — s'opposent
évidemment au « jamais » absolu d'Alceste (72). A l'intransigeance kantienne, la casuistique. Au nom de « ce qui est permis », au nom de l'opportunité et de la bienséance, Philinte met
en question le principe d'Alceste. Et, clairement, il annonce
que, « parfois » :

> *Il est bon de cacher ce qu'on a dans le cœur.*
>
> (v. 76.)

Dans l'univers moliéresque, qui n'est ni sentimental ni charitable, la blessure d'amour-propre infligée à autrui compte
peu [1]. Jamais Philinte n'invoque la pitié, ni même le respect
d'autrui. Attribuer au personnage de tels sentiments, c'est bâtir
un autre Philinte, qui n'apparaît pas dans la pièce de Molière.
Ce n'est pas au nom de la sensibilité d'autrui, mais au nom de
l'ordre du groupe que Philinte parle. C'est-à-dire, réciproquement, qu'au nom de ce même ordre, Philinte n'hésiterait pas à
blesser autrui. La preuve en sera faite au second acte.

Ici, quand il pousse Alceste vers les conséquences de son
principe, les « cas » qu'il choisit sont tout à fait caractéristiques. Ce sont simplement de petits, tout petits « scandales »

---

1. La souffrance ou l'humiliation *en amour* peuvent entraîner un certain
pathétique. Mais les sursauts de l'amour-propre blessé sont comiques.
La notion moderne du respect gratuit de la personne et les attendris-
sements qu'elle entraîne à l'occasion échappent nécessairement à Philinte. Comment pourrait-il en être autrement, puisque l'amour-propre est
en fin de compte la source des folies humaines? A peu près au même
moment, d'ailleurs, Molière se livrait aux joyeuses cruautés du *Médecin
malgré lui ;* en cette année 1666, l'insensibilité de la farce et le jugement
janséniste se rejoignent... Là où Philinte inquiète, c'est quand il semble
ménager tout le monde, sauf précisément Alceste.

sociaux, auxquels il ne sied pas de rajouter un second scandale. Émilie et Dorilas sont des ridicules dignes des portraits mineurs de La Bruyère. D'une certaine façon, ils méritent d'être raillés, ils méritent qu'on leur fasse la leçon. La littérature satirique du siècle, y compris celle de Molière, ne s'en prive pas.

Non seulement ces deux exemples situent la morale de Philinte, et la fondent sur un concept de bienséance par ailleurs mal défini, mais ils ont aussi pour fonction à la fois d'élargir le monde de la pièce, et de souligner le comique d'Alceste.

La pièce commence avec deux personnages, ils se disputent à propos d'un tiers absent. Puis Alceste inclut Philinte dans une collectivité, celle des « donneurs d'embrassades frivoles », et divise le monde des autres en honnêtes gens et en faquins et fats. Dorilas et Émilie illustrent cette dernière catégorie. Ils n'apparaîtront pas personnellement dans la pièce, mais ils sont apparentés à Oronte ou aux marquis. Ils ont, par rapport à ceux-ci, la fonction qu'ont les « exemples » de Dorine, au premier acte de *Tartuffe*, par rapport à Tartuffe lui-même : les personnages de la pièce sont fortement individualisés, et il est nécessaire de fréquemment rappeler leur appartenance à un groupe d'individus, non pas identiques à eux, mais voisins par certains grands traits généraux. Ici, Alceste sera en butte à Oronte et à Arsinoé : Molière aurait tout aussi bien pu le mettre en présence de Dorilas et d'Émilie. L'anecdote aurait suivi un autre cours, les individus en jeu auraient été différents, mais les rapports dramatiques, les tensions et conflits auraient été essentiellement les mêmes. Individus et anecdotes, chez Molière, sont uniques, — mais le drame qui fait la pièce est, dans son essence, universel. Exemples, portraits, expressions telles que : « les gens comme nous » *(Tartuffe)*, emploi du « on » collectif, etc. sont des rappels constants de la participation en profondeur de l'aventure racontée sur scène avec un monde qui dépasse cette scène, mais fonctionne selon les mêmes lois.

En second lieu, ces deux exemples permettent d'illustrer le caractère « catégorique » de l'impératif d'Alceste. Son « Oui », son « Sans doute » et son « Fort bien » des vers 81, 84 et 87, incarnent les « jamais », « en toute rencontre » et « aucun » des déclarations précédentes. Ils établissent une cohérence du caractère toute linéaire, le personnage n'offrant aucune contradiction entre les principes qu'il affirme et son attitude en face de situations concrètes.

Il est sans doute vain de découper cette scène en morceaux : elle est faite, au moins jusqu'au vers 144, d'un seul mouvement, qui va rebondissant, s'élargissant et passe du cas Alceste-

Philinte aux autres, au genre humain tout entier. La blessure
d'amour-propre lance l'attaque contre les petits mensonges
de la politesse, puis contre la méchanceté de tous les hommes :
Alceste invente un univers de mal à la taille de sa colère; ou
plutôt, plus sa colère devient profonde, plus le mal se généralise. Mais dans ce mouvement continu, certains éléments viennent à point nommé l'accélérer ou en accroître l'ampleur. Tel
est, au vers 87, le « Vous vous moquez » de Philinte.

Cette remarque permet de situer plus précisément les deux
personnages l'un en face de l'autre. Rien ne change dans leurs
positions, mais celles-ci deviennent plus claires et plus riches.
Philinte a déjà plaisanté (v. 32), Alceste n'a pas cessé d'être
sérieux. « Vous vous moquez. — Je ne me moque point » est une
mise au point pour le spectateur, une affirmation nette d'une
différence fondamentale, et aussi un tremplin de plus pour
l'élan d'Alceste. Le conflit est désormais défini comme celui
entre l'esprit de sérieux, qui est installé (ou se croit installé)
au cœur des choses, et l'esprit de jeu, qui regarde de l'extérieur.

Au moment où Philinte se retire dans l'esprit, dans le jeu, au
moment où il se détache, Alceste au contraire devient véritablement militant.

Philinte est un acteur-spectateur. Les comportements sont
des représentations, des divertissements. Alceste, dans ses
éclats, ne saurait être sérieux : « il se moque ». Et s'il est vraiment sérieux, qu'il sache au moins qu'il n'est rien de plus, aux
yeux de Philinte, qu'un spectacle :

> *Je ris des noirs accès où je vous envisage* [...]
>
> (v. 98.)

Le présent débat, qui pour Alceste est vital, est pour
Philinte une scène de comédie, qui était, en quelque sorte,
écrite d'avance. Philinte, lui, le sait, et sans doute ne peut-
il y échapper. Mais au moins il se réserve le beau rôle. La
vie est une comédie qu'il s'agit de tourner à son avantage :
Philinte l'acteur met Philinte le spectateur-rieur de son côté.
Il est Ariste, non Sganarelle.

L'allusion à *L'École des Maris* (v. 100)[1] n'est pas seulement
une coquetterie d'auteur dramatique, elle est une mise en
place des personnages à la fois dans la pièce et dans la tradition
moliéresque. Elle donne la clé de Philinte, montre comment il

---

1. Cet échange de répliques sur *L'École des Maris* pose évidemment le
problème du théâtralisme de la vie, mais aussi, et de manière fort équivoque, celui de la valeur même de la comédie et du métier de dramaturge.

se voit et voit autrui : moins en tant qu'individus qu'en tant
que rôles, — et, par ricochet, comment Alceste refuse ce point
de vue, ces « comparaisons fades ». En outre, elle situe Philinte dans la lignée des « sages » moliéresques, — le sage étant
défini non comme le porte-parole de Molière mais comme le
contraire du protagoniste obsédé, — et Alceste dans la lignée
des Sganarelle (et des Arnolphe, et des Dandin). Il va sans dire
qu'Alceste *n'est pas* Sganarelle, mais, dans une comédie élégante et aristocratique, il a une fonction analogue; Molière
l'affirme ici sans équivoque, et le confirme avec la plus grande
netteté par la rime « maladie-comédie » des vers 105-106.

Dans la suite de la scène, Philinte restera fidèle à son point
de vue, comme Alceste restera fidèle au sien. Pour le premier,
le monde des hommes est un jeu d'apparences où il s'agit avant
tout de faire bonne figure. Installé, sans se demander pourquoi,
au théâtre de la vie, Philinte voit défiler devant ses yeux toute
la gamme des « genres », depuis la comédie des « ridicules »
jusqu'aux sanglantes tragédies où les hommes se conduisent
comme

> [...] *des vautours affamés de carnage,*
> *Des singes malfaisants et des loups pleins de rage.*
>
> (vv. 177-8.)

Par son détachement de spectateur de bonne compagnie, ce
personnage d'abord grisâtre, qui semblait ne devoir servir que
de fond pour les fortes couleurs d'Alceste, a poussé jusqu'au
bout sa propre logique, est en fin de compte devenu inquiétant
à force d'être « mesuré »[1]. On cite comme sages maximes les
vers 150-153 :

> *A force de sagesse on peut être blâmable;*
> *La parfaite raison fuit toute extrémité*
> *Et veut que l'on soit sage avec sobriété.*

Mais ces vers n'ont de sens que dans la mesure où ils s'opposent

---

1. Dans l'ensemble, le « raisonneur » se distingue surtout de son interlocuteur par son calme (soit « goguenard » comme l'Ariste de *L'École
des Maris*, soit aimablement souriant comme Cléante ou Philinte), c'est-à-
dire par une absence d'hyperboles, car l'interlocuteur « raisonne » (à faux,
peut-être) tout autant (par exemple Sganarelle dans *L'École*, Alceste ici).
Ce qui nous intéresse, c'est la fonction dramatique de ce calme, qui peut
passer aux yeux de certains pour une authentique sagesse : il sert de fond
aux sursauts du protagoniste, et quand Molière établit le plus grand écart
possible entre ses deux personnages, le raisonneur quitte le plan de la
norme pour s'éloigner vers un défaut moins coloré que celui du protagoniste mais fondamentalement comique. Dans *Dom Juan*, Sganarelle a
souvent la fonction du raisonneur, mais comme son interlocuteur garde son
calme, dramatiquement Sganarelle sombre dans les hyperboles : dans
cette pièce, la situation est renversée, en quelque sorte, « expérimentale-

à l'intempérance morale d'Alceste. Au vertige de « haine » qui s'empare d'Alceste, Philinte répond par le vertige de l'indulgence; paradoxalement, contradictoirement, il est la preuve vivante d'une autre intempérance : celle de l'indifférence.

Mais il y a plus : au vers 178, Alceste et Philinte se rejoignent sur le plan psychologique. L'un et l'autre n'est occupé que de soi. Nous le savions déjà pour Alceste; au début de la scène, son motif profond s'était révélé, au milieu des déclarations de principes; il veut qu'on le distingue. Ici même (vv. 118-144), il vient de montrer encore qu'il s'agit avant tout de lui-même, en justifiant sa haine contre le genre humain par le portrait développé de *son* ennemi personnel. Du vers 145 au vers 178, Philinte suit une démarche parallèle : les maximes générales sur la sagesse, sur la mesure, font place à une déclaration de totale indifférence. Il ne reste que deux « moi », dont chacun est à soi-même son propre but, mais qui ne trouvent leur satisfaction que par des moyens diamétralement opposés.

Le monde des hommes est ce qu'il est, sa réalité se situe quelque part entre les hyperboles d'Alceste et les litotes de Philinte. Le premier se nourrit de sa chair même, et pétrit cette chair selon son goût; le second s'en retire, le nie en le constituant en spectacle. Alceste, tout entier esprit de sérieux, ne saurait appliquer cette méthode : s'il veut nier le monde, il faut qu'il en sorte physiquement, qu'il se réfugie dans un désert. Philinte, lui, a déjà conquis sa solitude.

De ces deux amis, c'est évidemment à Alceste que revient la plus belle part dramatique. C'est lui le plus complexe, le plus déchiré, le plus contradictoire, c'est son rapport avec le monde qui est le plus riche en conflits.

Alceste représente l'individu qui, paradoxalement, se donne en spectacle et *paraît* ridicule à force de vouloir *être* lui-même. A force de prêcher la sincérité, il devient masque comique. Il ne s'agit pas de savoir ici s'il a tort ou raison, mais de souligner le fait de cette tension entre son vœu exprimé et la réalité de sa situation. Dans le théâtre moliéresque, à force de se garantir contre le cocuage, on finit par être trompé; à force de monter la garde près de son argent, on finit par être volé; à

ment ». Mais dans les autres cas, le protagoniste étant hyperbolique, le raisonneur insiste sur une litote philosophique, sur une minimisation, sur un « hyper-calme » qui accroît la tension tout en diminuant ou tuant la portée pratique (ou sérieuse) de ses propos. De toute façon, il échoue toujours.

force de rechercher les élégances extérieures, on sombre dans le grotesque, — c'est-à-dire que telle ou telle attitude poussée à l'extrême aboutit à son contraire. Avec Alceste, on perd de vue les situations ou les passions particulières, et on envisage le problème plus général de coïncidence avec une nature. Du coup, le théâtralisme du personnage d'Alceste est plus pur que celui d'autres personnages, « être ou ne pas être » n'est plus modifié par « cocu », « volé », « tout-puissant », « de qualité » ou autre attribut évocateur d'un objet concret et limité, mais par le pronom « soi-même ». Or, voulant être lui-même en toute occasion, Alceste, aux yeux du monde, ne fait que jouer un plaisant personnage, il devient quelque chose d'autre que lui-même : un rôle.

Certes, le rôle n'existe qu'aux yeux d'autrui : c'est Philinte et la société qu'il représente qui constituent Alceste en Sganarelle. Mais enfin, la sincérité revendiquée par Alceste, elle aussi, n'existe qu'en fonction de cette société. Alceste tout entier se définit par son dialogue avec la société. Il dit « je suis moi-même », on lui répond « vous faites le pitre ». Alceste au désert ne serait (ou ne sera) rien. Il existe par son dialogue avec ce qu'il déteste, comme dans *Dom Juan* Sganarelle n'existe qu'en fonction de son maître. La contradiction entre l'affirmation d'Alceste et la réponse de la société est insurmontable : elle est le personnage, elle est son déchirement.

Ce drame d'Alceste est comique dans la mesure où le personnage est peu conscient de l'impasse dans laquelle il se trouve. Là encore, il n'est pas fort éloigné de Sganarelle se lançant vainement et aveuglément à l'assaut de Dom Juan : ni l'un ni l'autre ne voit clairement qu'il est voué à l'échec. Ce comique n'est pas nécessairement drôle, et n'exclut pas le pathétique : il suffit pour cela que le personnage non seulement échoue, mais soit consciemment humilié dans son échec. Répétons que Dandin humilié ne cesse sans doute pas d'être drôle, car c'est un paysan; Alceste, lui, appartient à une caste où l'humiliation est grave. Sganarelle ennobli perd en drôlerie ce qu'il gagne en pathétique. Dans cette première scène néanmoins, qui donne le ton général de la pièce, Alceste échoue (Philinte lui glisse entre les doigts), Alceste est raillé (discrètement, mais nettement, lorsqu'on l'assimile au Sganarelle de *L'École des Maris*), mais ses réactions ne sont que des hyperboles rageuses : sa défaite ne l'écrase pas, elle nourrit au contraire sa colère. Et cette colère elle-même n'est en rien terrifiante : les hyperboles en sont dégonflées par le sourire de Philinte, par une sorte d'absence de l'interlocuteur, voisine de celle de Dom Juan.

Dès cette première scène, Alceste est réduit à l'impuissance :

lui qui parle de réformer les hommes ne les égratigne même pas.
Tout ce qu'il réussit à faire, c'est à passer pour un ridicule.
Or, cela même, il ne le voit pas. A Philinte qui le met en garde
contre la « comédie » que donne sa « maladie », il répond :

> *Tous les hommes me sont à tel point odieux*
> *Que je serais fâché d'être sage à leurs yeux.*

(vv. 111-112.)

Par une déclaration de ce genre, Alceste s'intègre dans l'univers de la pièce, et en même temps proclame sa différence. Tous
les autres personnages, que celui de Philinte annonce en ce
début, se savent en représentation, et tous leurs efforts portent
sur la figure qu'ils font. Cette théâtralité voulue entraîne leur
comique propre ou leur drame : il y a décalage entre ce qu'ils
veulent ou croient représenter et ce qu'ils représentent vraiment, ou surtout il y a malentendu de la part des autres sur le
sens de cette « figure ». Mais enfin, tout leur comportement est
offert aux yeux des autres, et c'est de ce regard que les personnages attendent différentes formes de satisfaction (protection
ou nourriture du moi profond). Si nous l'en croyons, c'est aussi
de ce regard qu'Alceste attend une certaine forme de contentement — qu'il exprime ici, il est vrai, de façon négative. Toutefois, ce contentement, au lieu de venir de l'approbation, doit
venir de la condamnation ou de la raillerie. Si la société est une
comédie, Alceste y revendique le rôle dont personne ne veut.
Mais, plus profondément, il nie que ce rôle soit un rôle : c'est
une illusion d'autrui. Il renverse en quelque sorte le théâtralisme des autres. Il ne se voit pas fou (comme les autres se
voient sages, ou doués de toutes les perfections), il revendique
comme signe de sa sagesse et de sa dignité l'erreur des autres.
Il se voit comme anti-masque.

Or, et c'est son erreur à lui, il porte un masque. Mais ce
masque, est-ce la maladie dont parle Philinte et qu'a cliniquement
analysée René Jasinski[1]? Or dans le cadre de notre explication,
il s'agit d'en préciser le sens. Sur le plan purement théâtral,
un masque est rendu apparent par l'explication de Philinte :
en traitant Alceste de « malade », il le dissocie de son comportement et de ses propos. Philinte analyse la personne d'Alceste,
et découvre deux éléments : le vrai Alceste, et la maladie
d'Alceste. Pour lui, des humeurs, des agents étrangers viennent
déformer, revêtir, colorer grotesquement le « moi » authentique
de son ami. Les arguments de Philinte ont ainsi une double
portée : ils devraient montrer à Alceste qu'il se trompe sur le

---

1. *Op. cit.*

monde, et aussi lui ouvrir les yeux sur lui-même, l'empêcher de prendre pour sa vraie nature ce qui est en fait rajouté à son moi par la maladie. Il conviendra de revenir sur ce point tout au long de la pièce : les autres personnages attendent d'Alceste qu'il revienne à ce qu'ils croient être sa vraie personnalité, qu'il se dépouille de sa bizarrerie, qu'il cesse de jouer sans le savoir un jeu que mène en fait un autre être que lui-même.

Alceste, nous le savons, refuse de se dissocier de son comportement : il ne se voit pas double, mais tout d'une pièce, de plain-pied avec lui-même. Mais l'exposition nous montre qu'il se trompe, par le contraste net entre les maximes générales et les brutales émergences d'un « moi » tyrannique. Ce moi, qui veut qu'on le distingue, ce moi exclusif, produit, à l'extérieur de lui-même, tout un système de valeurs apparemment universelles, mais essentiellement destinées à satisfaire son appétit. Vieille ou originale, la morale d'Alceste a l'aspect d'un code objectif; elle n'est en fait inventée ou adoptée que pour le motif le plus subjectif qui soit. Par l'alternance entre les discours généraux et les anecdotes personnelles, entre une philosophie catégorique et les blessures d'amour-propre, Alceste nous montre comment tout est lié en lui, mais aussi et surtout sa dualité. Oui, il fait preuve, à certains égards, de « cette grande raideur des vertus des vieux âges » (v. 153) : il n'est pas loin de certains personnages cornéliens qui, pour assouvir leur passion d'eux-mêmes, l'enveloppent de justifications hautement morales. Comme chez eux, le moi d'Alceste est possessif, dominateur, alors que celui de l'honnête homme cherche moins à tyranniser qu'à se protéger, moins à se nourrir qu'à demeurer intact.

Philinte se trompe : la « maladie » d'Alceste n'est pas un phénomène supplémentaire, c'est la structure même de son moi, c'est sa nature. Quant à la « comédie » d'Alceste, son masque si l'on veut, c'est sa vertu intransigeante, qui n'est pas assumée pour elle-même, mais comme *moyen*. Orgon était dévot pour mieux tyranniser sa famille, par les détours de l'irresponsabilité que nous avons analysée. Alceste fait la guerre aux bassesses et aux hypocrisies du genre humain, parce que par ces « vices », autrui lui échappe. Ce « parce que » demandera à être nuancé. Mais enfin, même en reconnaissant toutes les ambiguïtés du personnage, on doit bien se rendre à l'évidence de cette première scène, qui pose la priorité du « moi » exclusif sur les principes moraux qu'il développe.

A partir du vers 179, la scène n'a de sens que si cette priorité a été bien comprise et définitivement acceptée par le spectateur. Certes, elle continue l'exposition : Alceste a un procès et est destiné à le perdre, il est amoureux d'une jeune veuve d'humeur coquette et d'esprit médisant. Mais surtout, ces deux renseignements servent à illustrer ce que nous avons appris dans la première partie de la scène.

Il est certain que l'adversaire d'Alceste est un sinistre individu, quelque membre du gang Tartuffe, quelque M. Loyal ennobli. Le mépris et la colère d'Alceste sont justifiés (voir vv. 118-144). Mais surtout, ce « pied plat » a pour fonction de servir de tremplin à Alceste : c'est sa bassesse qu'Alceste projette sur « tous les hommes » (v. 118) et qui donne à Alceste envie de fuir « l'approche des humains » en général, c'est elle qui touche Alceste personnellement, c'est l'injustice qu'on lui fait, à lui, qui le conduit à ses généralisations.

L'échange de répliques qui commence au vers 179 (« Je me verrais trahir... ») montre Alceste véritablement en action, ou plutôt, en inaction.

> *Je me verrais trahir, mettre en pièces, voler,*
> *Sans que je sois... Morbleu ! je ne veux point parler,*
> *Tant ce raisonnement est plein d'impertinence.*

Dans ces vers, le « sans que je sois » peut suggérer un élan vers l'action. En fait, le contexte le prouve, Alceste n'agit pas, il se contente de *parler*, il se contente d'être en colère. En outre, il s'agit ici uniquement du mal qu'on fait à Alceste lui-même. Quand Philinte lui conseille de donner au procès « une part de (ses) soins », il refuse :

> *Je n'en donnerai point, c'est une chose dite.*

> (v. 185.)

Par « soins », il faut entendre les visites aux juges, les démarches d'usage, les dons d'épices. Alceste compte uniquement, pour gagner son procès, sur « la raison, son bon droit et l'équité » ; c'est-à-dire qu'il est un « pur », qu'il estime qu'une juste cause doit triompher d'elle-même. Le personnage vient de passer au plan des principes : il est cohérent dans son système, en refusant de mettre des moyens douteux au service d'une fin légitime.

A ce point de la pièce, — et ceci sera sans doute nuancé par la suite, — ce qui frappe, c'est le refus d'agir. Alceste assis, les bras croisés, regardant triompher son adversaire, — heureux de le voir triompher? L'échec, au moins, nourrira son tempérament. Plus le mal triomphe, plus il a raison d'être en colère. Le système, par lequel il affirme son intégrité est sans doute cohérent, mais le fonctionnement psychologique que masque ce système ne l'est pas moins : jusqu'ici le parallélisme entre le visage « objectif » d'Alceste et son envers subjectif est exact. D'où encore une fois la solidité d'Alceste comme personnage de théâtre.

Le « Mais » de Philinte, au vers 205, a la valeur de : « Mais, ce qui est bien plus important... ». Il y a net crescendo des embrassades à un procès puis à un amour. On oubliera les premières, le second servira d'intrigue secondaire, le troisième fournira l'intrigue principale. Aimer ou ne pas aimer les hommes, ce problème s'incarnera centralement dans l'amour pour une femme.

Philinte s'étonne de l'amour d'Alceste pour la dame de céans. Avant même de la nommer, il insiste sur cet étonnement, il souligne ce que cet amour peut avoir de contradictoire avec les principes d'Alceste. Étonnement bien fondé ou signe d'une erreur, il n'en reste pas moins que ces vers ont pour but de nous mettre en garde. Qu'il soit étonnant qu'Alceste aime une femme, cela est une boutade du « spirituel » Philinte; mais si le choix est « étrange », nous sommes en droit de nous attendre à être surpris. Ce que le reste du dialogue révèle, c'est que le choix d'Alceste n'est surprenant que si on le juge selon les principes du personnage; pour le reste, il est fait brut, au-delà des principes. La naïveté avec laquelle Alceste se justifie est profondément ironique et « achève le portrait » du personnage.

Notons rapidement l'existence de la sincère Éliante et de la prude Arsinoé (celle-ci annoncée sans moquerie), toutes deux attirées par Alceste, — car ce bourru a du mérite. Et attachons-nous surtout aux derniers éléments que ce débat nous donne sur la nature des deux personnages.

Le champion de la sincérité et de l'exclusivité est amoureux d'une coquette médisante. Il ne s'aveugle pas sur les défauts de la belle, il les condamne même. Il ne la condamne pas, elle : c'est-à-dire que, comme Philinte le faisait à son égard, il sépare l'être profond de Célimène de « vices » en quelque sorte plaqués de l'extérieur; ce ne sont même pas à proprement parler les vices de Célimène, ce sont, d'après lui, « les vices du temps » (v. 234).

L'amour, qui est le domaine où le personnage est en contradiction avec ses principes, est aussi celui d'une lucidité accompagnée d'une erreur. La lucidité, qui se fera émouvante à l'acte IV, consiste à reconnaître la contradiction, et aussi l'impuissance de la volonté devant les « grâces » de Célimène, —

impuissance qu'on retrouvera dès le début de l'acte II, dans le passage du « je veux » au « je ne peux pas » qui se remarque dans le vocabulaire d'Alceste. L'erreur, bien moliéresque, consiste à croire qu'il sera possible de « changer » Célimène, de « purger son âme »; nous le savons : une telle catharsis des personnages est impossible dans un univers de natures immuables.

Alceste met à part le sentiment amoureux, il en reconnaît le caractère irrationnel. « La raison n'est pas ce qui règle l'amour », dit-il (v. 248), et cela ne doit pas surprendre de la part d'un personnage qui ne s'est jamais jusqu'ici réfugié derrière la raison. L'obligation morale absolue dont il se fait l'avocat se présente sous la forme d'un impératif qui n'a d'autre fondement que lui-même. Tout, en fin de compte, est irrationnel en Alceste : son désir de possession exclusive d'autrui comme les principes par lesquels il tente de justifier objectivement ce désir. Sa cohérence profonde, c'est celle d'un état passionnel totalitaire, qui, dans sa logique propre, contient la possibilité d'un amour apparemment surprenant. Ce qui serait véritablement surprenant, c'est que l'amour le rende indulgent aux défauts de Célimène. Or, il ne l'est pas, et veut réformer celle-ci pour la posséder exclusivement et tout entière :

> *C'est qu'un cœur bien atteint veut qu'on soit tout à lui.*

(v. 240.)

Tout au long de ce début d'acte, Philinte a parlé « raison ». Ici, à la fin de ce long débat, son caractère raisonnable est poussé jusqu'à ses dernières conséquences, comme l'est de son côté le caractère irrationnel d'Alceste. Le bref portrait qu'il fait de Célimène (vv. 218-222), s'il a une importante fonction protatique, est aussi le signe du bien peu de charité dont est doué le bon ami Philinte. Quant aux vers 243-246, ils aboutissent à un conseil dont précisément toute passion est exclue, une sagesse de glace qui représente l'aménagement paisible et honnête, mais déshumanisé, en face du désordre et du drame de la passion d'Alceste, source de douleur et de catastrophe, mais humaine.

A la fin de cette première scène de la pièce, outre les nombreux renseignements sur les thèmes et possibilités d'intrigues (la plus importante étant fondée sur un amour mal assorti, avec querelles et rivaux) les deux pôles d'une tension profonde sont établis. Les deux amis s'opposent comme une présence et une absence : fait brut d'un moi totalement tyrannique, se justifiant tyranniquement, contre chatoiement d'une raison qui ne travaille qu'en surface. Il est évident que l'un rend le monde invivable, mais il est tout aussi évident que l'autre le réduit à une mince mascarade. De l'honnêteté-norme de *Tartuffe* à l'inhumaine absence de Philinte (en considérant que le sens de *Tartuffe* était posé dès la première version), s'est opéré un désenchantement en ce qui concerne les possibilités d'aménagement de la vie des hommes, du coup un changement de perspective dans la comédie elle-même. Il nous semble que l'exercice de *Dom Juan* a été décisif à cet égard.

CHAPITRE III

Oronte

La scène 2 de l'acte I du *Misanthrope* est une des plus riches de tout le théâtre moliéresque. Une des plus typiques aussi : Molière y accumule ses procédés familiers, les unifie, et maintient l'équilibre entre le sketch qu'on peut isoler et une solide continuité. L'entrée d'Oronte est une surprise, dans la mesure où le personnage n'est pas annoncé, où il interrompt Philinte au milieu d'une phrase : c'est un événement scénique, imprévu et de bonne taille qui vient mettre fin à une très longue exposition. Oronte est l'intrus, le tiers jeté entre les deux amis, avec insolence et volubilité. On parlait de vertus et de vices, de franchise et de compromis, de procès et d'amour; on faisait le tour d'Alceste, on découvrait à la fois la logique de sa nature et ses contradictions. Avec Oronte, le monde extérieur vient interrompre le débat intime et philosophique, et l'action s'engage véritablement. Toutefois, de nombreux fils relient ce sketch à ce qui précède, et cela, à tous les niveaux de la composition.

Oronte, nous le savons d'après le programme, est l'autre « amant » de Célimène. Il est un de ces « rivaux » d'Alceste mentionnés à l'instant même, au vers 239. Puisque le sujet de la fin de la scène 1 était la vie amoureuse d'Alceste, l'entrée du rival est, en fin de compte, dans la ligne même du développement. Oronte et Alceste n'entament pas une discussion sur ce thème : Oronte offre à Alceste son amitié. C'est-à-dire qu'une fois le lien établi, Molière laisse la nouvelle scène prendre une sorte d'indépendance. Mais cette indépendance est plus apparente que réelle : le thème des premiers propos d'Oronte et du dialogue qui suit (les amitiés rapides...) prolonge ceux du débat entre Alceste et Philinte, les illustre, les incarne. Toute la première scène avait pour point de départ et pour centre l'amitié (ou l'amour) et ses signes extérieurs, il s'agissait d'un bout à l'autre d'aimer ou de haïr, ou encore d'être indifférent, de faire

semblant d'aimer ou d'aimer vraiment. Oronte met Alceste
au pied du mur, l'oblige à une application pratique des principes
qu'il a affirmés au cours de la discussion. Enfin, Oronte interrompt Philinte au cours d'une phrase dont *espoir* est le mot le
plus important (v. 249) : le thème du sonnet d'Oronte sera celui
de l'espoir, et on verra comment le poème et la chanson font le
pont entre ce qui précède et ce qui suit dans la pièce, comment
leur contraste réfléchit très exactement le conflit entre le vœu
profond d'Alceste et la réalité de sa situation.

    Molière ménage à Oronte une entrée éclatante, dont les
acteurs chargés du rôle profitent généralement au maximum!
La tentation la plus forte est de faire du personnage un Mascarille, authentiquement noble et plus pompeux, mais tout aussi
extravagant. Et, de fait, l'entrée du personnage se prête aisément à de tels effets. N'oublions pas toutefois qu'Oronte est le
rival d'Alceste, qu'il sait plaire à Célimène, que celle-ci ne se
donnerait pas le ridicule de laisser croire au monde qu'elle
accepte les soupirs d'un grotesque, et que le poète plein de lui-
même est capable d'une apparence de dignité réelle, comme il le
montre à la scène 2 de l'acte V. Disons donc que si Oronte
vient des modèles possibles de Mascarille, il s'en éloigne autant
qu'Alceste s'éloigne de son parent roturier, Sganarelle. La différence entre Mascarille et Oronte est assez exactement représentée par la différence entre leurs moyens de locomotion, si
l'on peut dire : tous deux « montent », mais l'un le fait en chaise
à porteurs, l'autre plus naturellement à pied. Ce qui les rapproche, c'est que l'un comme l'autre, dès son entrée, occupe
toute la scène.

    Arnavon remarque justement qu'Oronte n'entre pas en scène
pour lire ses vers [1]. Il est avant tout grand seigneur, et même
honnête homme à certains égards, il entre avant tout pour
proposer son amitié à Alceste. La lecture du sonnet ne sera
qu'une tactique de séducteur pour attirer sur lui l'admiration
et l'estime d'Alceste. Le spectateur idéal qui voit la pièce pour
la première fois ne rit donc pas de l'intrusion d'un élément
absolument nouveau (le poète de salon) mais d'un hasard qui

---

1. *Op. cit.*, p. 45. Il est vrai qu'Arnavon est un peu indécis sur ce point.
Mais son indécision vient de trop d'insistance sur le passé psychologique
du personnage, à la veille de son entrée en scène. En tout cas, faire entrer
Oronte un rouleau de papier à la main, c'est en faire un Trissotin et reléguer
au second plan les véritables thèmes de cette entrée : voici un rival
d'Alceste, voici un exemple de « recherche de l'amitié ».

fait bien les choses, et qui lui offre l'illustration exacte des usages en matière d'amitié vraie ou feinte, tels qu'ils nous ont été révélés par Alceste et Philinte derrière le conflit de leurs jugements.

Certes, Oronte n'est pas attendu au même titre qu'Orgon, que Tartuffe ou que Dom Juan. Il vient néanmoins remplir les cadres préparés dans l'esprit du spectateur. A son entrée, sa fonction consiste à nous montrer, en chair et en os, ce que nous savons déjà. Puisqu'il n'est pas annoncé à proprement parler (pas de portrait préalable de la personne d'Oronte, comme il y a portrait d'Orgon, de Tartuffe, de Trissotin, — ou de Célimène et d'Arsinoé dans la présente pièce; pas même de laquais criant son nom en guise de transition), disons que sa présence soudaine est une surprise, — mais non sa nature, ses propos, ses gestes. Sa forme existait déjà chez le spectateur, qui a été soumis, au lever du rideau, à un débat sur les embrassades, sur les amitiés bruyantes, rapides, et suspectes. Oronte serait-il moins pompeux, il n'en serait pas moins comique : on rirait au moins de sa situation, du fait que sans le savoir il arrive à point. Il provoque de toute façon la remarque familière : « Il tombe bien, celui-là », qui définit bien l'ironie d'une entrée où le personnage tombe à la fois à propos, et mal. Il a donc une double fonction : il incarne sur scène des mœurs que nous connaissons déjà, et du même coup il va nourrir la mauvaise humeur d'Alceste. Nous rions de lui parce que nous lui sommes supérieurs grâce à ce que nous savons et qu'il ne sait pas : on vient en quelque sorte de parler de lui, et il est de ceux qui exaspèrent Alceste. Comme souvent chez Molière, la pièce a peu à peu bâti un piège exactement fait pour le personnage qui vient innocemment s'y précipiter.

A l'enchaînement de formes qui s'épousent dans le temps se superpose une continuité faite de rappels de thèmes, de reprises de mots. La première tirade d'Oronte résonne de plusieurs échos des tirades d'Alceste, en particulier de celle qui commence par « Non, je ne puis souffrir cette lâche méthode... » (vv. 41-64). Oronte est un « grand faiseur de protestations ». Et son vocabulaire est celui d'Alceste, ses mots-clés sont les mêmes : « estime », « mérite ». Et là perce une des ironies de la pièce, une des ambiguïtés du langage : dans cette tirade, comme dans le reste du dialogue de ce début de scène, Oronte, si l'on prend ses propos à la lettre, fait précisément ce qu'Alceste veut : Oronte « distingue » Alceste, Oronte se déclare sincère.

Le défaut de la cuirasse, le décalage entre la lettre des propos et la réalité de la chose est signalé, comme c'est presque toujours le cas chez Molière, par les hyperboles du langage.

Grâce à elles, nous ne croyons pas à la complète authenticité des déclarations d'Oronte, un divorce est immédiatement sensible entre une apparence et une nature profonde. Le « plus » contenu dans l'hyperbole a toujours une cause suspecte, dans un univers où l'enthousiasme est de mauvais aloi par définition. On a vu que chez Tartuffe, la cause était contenue dans un motif profond, contraire à celui que révélait la lettre des propos ; du coup l'hyperbole était signe du contraire de ce qu'elle tentait de représenter [1]. Chez Alceste lui-même, la cause était l'exaspération non d'une conscience morale offensée, mais d'un *ego* blessé. Oronte est-il un Tartuffe ou un pendant d'Alceste ? Arnavon signale qu'il n'y a pas de raison de mettre en doute la sincérité d'Oronte [2] : il croit au mérite d'Alceste, il cherche à se lier avec lui sans arrière-pensée délibérée. Alceste non plus n'a pas d'arrière-pensée délibérée : mais l'hyperbole révèle chez lui la blessure profonde, le vœu fondamental, l'exigence foncière, dévorante, source du système moral mais différente de lui.

Ce que révèlent les hyperboles du style d'Oronte, c'est la haute estime dans laquelle il se tient lui-même. En louant Alceste, Oronte, en vérité, fait avant tout son propre éloge. Il porte aux nues sa propre sincérité, sa propre clairvoyance, la vigueur de ses sentiments. Ses compliments viennent de haut, — et même de très haut. (L'hypocrite, au contraire, flatte en s'humiliant apparemment, tout en sachant qu'il domine.) Pour éviter toute équivoque, Molière fait prononcer à son personnage les vers 259 et 260 qui, d'ordinaire, renouvellent les rires des spectateurs :

> *Je crois qu'un ami chaud, et de ma qualité,*
> *N'est pas assurément pour être rejeté.*

Les propos d'Oronte ne contiennent qu'un seul compliment derrière lequel Oronte s'efface, — ou du moins semble s'effacer :

> *L'État n'a rien qui ne soit au-dessous*
> *Du mérite éclatant que l'on découvre en vous.*

(vv. 267-8.)

Isolé, cet éloge n'est pas à proprement parler hyperbolique. Il est tout au plus superlatif. Mais il vient après une série de « protestations » commandées par un « je » envahissant. Du coup, il est moins un compliment adressé à Alceste qu'une « preuve »

---

1. Voir chap. v de *Tartuffe* de cet ouvrage, et la référence à Roland Barthes qu'il contient.
2. *Op. cit.*, pp. 44 sqq. Certes, Oronte n'est pas un hypocrite. Mais son motif profond n'est pas celui que propose Arnavon.

de la clairvoyance, du bon goût et des hautes exigences d'Oronte. Oronte en quelque sorte décerne son amitié à Alceste, et grandit Alceste pour se grandir lui-même.

Au comique du personnage même, qui réside dans ce cercle, dans ce décalage entre la lettre de sa proposition et la fatuité d'un moi qui trouve sa propre grandeur en s'arrogeant le droit de la conférer à autrui, vient s'ajouter un comique de situation : non seulement celui du personnage qui arrive à point, mais celui qui naît de l'attitude d'Alceste, présent lui aussi sur la scène, et suffisamment connu de nous, suffisamment central d'ores et déjà pour que notre attention, une fois assimilées la silhouette et la structure d'Oronte, se reporte sur lui, surveille sa réaction, que nous allons ramener nécessairement à ce qu'il nous a dit de lui-même, à ce que nous avons appris sur sa nature, son aveuglement, sa structure à la fois humaine et théâtrale.

Il n'y a pas une seule scène dans le théâtre de Molière où le dialogue cesse. C'est-à-dire : nous avons affaire à un théâtre sans digression lyrique *per se*. Le partenaire, le témoin silencieux d'un monologue ne s'efface jamais. Certes, certains monologues, en eux-mêmes, sont de merveilleux numéros d'acteur. Mais ils ne sont complets que par le spectacle de l'effet qu'ils produisent sur celui qui les écoute ou les subit. A la fin du premier acte de *Tartuffe*, le beau discours de Cléante sur le vrai et le faux [1] ne serait qu'un morceau de ferme éloquence s'il ne s'accompagnait du jeu d'Orgon : il n'est pas prononcé pour lui-même, mais pour donner à Orgon l'occasion de manifester, par sa mimique, son aveuglement, sa fermeture. Dans *Les Fâcheux* mêmes, les récits (celui du chasseur, en particulier, inspiré par le caprice royal) toujours un peu ennuyeux à la lecture, malgré leur tenue et leur vigueur satirique, ne sont acceptables à la scène que par la mimique exaspérée (et fort difficile à jouer, — mais c'était Lagrange qui tenait le rôle) de l'amoureux entravé dans la quête de sa belle. Le théâtre de Molière n'est pas un théâtre de tirades indépendantes, c'est avant tout un théâtre d'écouteurs : les deux tiers de *L'École des Femmes* le prouvent. Ce qui le prouve aussi, c'est que le rôle de l'écouteur est très souvent le rôle que Molière a écrit pour lui-même.

A l'emphase d'Oronte s'oppose d'abord une fuite d'Alceste :

> (... Alceste paraît tout rêveur et semble n'entendre pas qu'Oronte lui parle.)

---

1. *Tartuffe*, acte I, scène 5.

Cette fuite est-elle accidentelle (comme le veut Arnavon :
Alceste ne prête pas attention au discours d'Oronte, parce
qu'il est tout absorbé par ce qu'il vient de dire à Philinte, ses
soucis, les blessures qu'il vient d'évoquer, la bizarrerie de son
amour pour Célimène, etc.), ou voulue (Alceste, qui déteste
ce genre de démonstration, n'a d'autre recours que de paraître
absent)? Il a en tout cas entendu ce que disait Oronte. Ou bien
il a cru que ce discours s'adressait à Philinte et s'est mis à
penser à ses propres affaires, ou bien, coincé dans ce salon,
il fait de son mieux pour plonger en lui-même, pour échapper
dans un « désert » intérieur. Certains commentateurs s'étonnent
du fait qu'Alceste ne se fâche pas tout de suite, après les explosions dont il s'est montré capable dans son dialogue avec
Philinte : mais c'est qu'Alceste n'est pas *d'abord* explosif.
Son premier mouvement, ici comme au début de l'acte, est
la fuite vers l'intérieur, le silence, l'absence. Il demande d'abord
qu'on le laisse tranquille.

Le discours d'Oronte n'est pas tombé dans l'oreille d'un
sourd, il a produit son effet : mais cet effet est l'opposé de
celui qu'escomptait Oronte. Le procédé est voisin de celui qu'on
a remarqué à la fin du premier acte de *Tartuffe* (v. 408) :
« *Orgon :* Monsieur mon cher beau-frère, avez-vous tout dit? »
L'échec du discoureur rend celui-ci comique, sans rien enlever
au comique de l'écouteur. Le couple ainsi créé devient l'image
d'un monde où les hommes ne communiquent pas, un monde
sans conversion, où celui qui parle, cherche à convaincre
(Cléante, Sganarelle) ou à séduire (Oronte) le fait par ignorance
de la permanence des natures, par méconnaissance d'autrui,
et où celui qui écoute est prisonnier de lui-même et se clôt
de plus en plus, — un monde en fin de compte où la bonne
volonté aussi bien que la mauvaise volonté est aveugle. En
lui-même, le sage n'est pas ridicule (Cléante dans *Tartuffe*),
alors que l'imbécile veule (Sganarelle dans *Dom Juan*) et le
fat hyperbolique (Oronte) le sont : mais la surprise de chacun
des trois devant l'inexpugnabilité d'autrui rejette le sage
aussi bien que l'imbécile et le fat dans l'univers de la faute
comique, de l'échec par aveuglement. Connaissant Alceste,
nous savons qu'Oronte va échouer : le jeu de l'acteur qui
écoute consiste à distiller pour nous ce que nous attendons,
jusqu'à la pleine satisfaction que nous procure son : « A moi,
monsieur? » (v. 262). Cette fuite d'Alceste est polie, et non point
bougonne et sombre comme elle l'était devant Philinte au
début de l'acte. Mais le parallélisme est frappant entre les spectacles offerts par ces deux moments : tandis qu'Alceste cherche
un refuge en lui-même, le monde des autres s'agite autour

de lui, le relance, refuse de le laisser en repos. Alceste est
assiégé par Oronte un peu comme il l'était par Philinte. Pour
la seconde fois, lui qui ne demande qu'à être seul, on vient
lui parler d'amitié : Philinte rappelait celle qui les lie, Oronte
lui en offre une toute fraîche. Dans la ligne générale de son
comportement, Alceste se conduit de la même façon dans les
deux cas : fuite en soi-même, puis, poussé à bout par l'insistance
d'autrui, une déclaration, des maximes générales, enfin la
révélation d'un motif purement personnel. La leçon sur l'amitié
(« L'amitié demande un peu plus de mystère ») conduit à l'allusion très subjective :

> [...] *nous pourrions avoir telles complexions*
> *Que tous deux du marché nous nous repentirions.*

(vv. 283-4.)

Nous sommes ramenés au moi d'Alceste, — ici, sinon à ses
blessures, au moins à sa peur de nouvelles blessures.

Le refus d'Alceste est à peine voilé. Il l'est toutefois suffisamment pour donner à Oronte la possibilité de ne pas le
comprendre : nouvelle image d'un monde où personne ne
persuade personne. Oronte ne voit, dans ce que dit Alceste,
que ce qu'il veut voir, et cette première partie de la scène
aboutit à une stabilisation des positions : Alceste a dit non,
Alceste ne s'est pas trahi lui-même, ne s'est pas laissé séduire;
Oronte de son côté n'en continue pas moins aveuglément sur
sa lancée.

Le comportement d'Alceste a donc au moins deux fonctions :
mettre Oronte dans la situation comique par excellence, celle
de l'échec non reconnu, et illustrer ce que nous savons déjà
d'Alceste. La démarche (fuite, maxime générale, révélation du
moi profond) est caractéristique du personnage. Néanmoins
Alceste ne se fâche pas ouvertement; Alceste ne dit pas « non »
d'emblée, non seulement parce qu'Oronte ne lui en donne pas
le temps, mais aussi parce qu'il hésite, parce que le refus ne
jaillit pas immédiatement de lui, — et lorsque enfin il parle,
son refus est un peu déguisé. Mille raisons peuvent expliquer
cette apparente contradiction entre les fureurs d'Alceste à la
scène 1 et la mesure dont il fait preuve ici. Les unes, d'ordre
psychologique : Alceste n'a pas été trahi par Oronte comme il
croit l'avoir été par Philinte, rien ne saurait blesser son amour-
propre dans l'offre d'Oronte. D'autres relèvent de l'univers
même de la pièce, de son niveau : la présence d'Alceste dans
cette société honnête ne se comprend que si Alceste est capable
d'un minimum de tenue. D'autres encore sont purement dramatiques : la mesure d'Alceste fait mieux ressortir les hyper-

boles d'Oronte, permet à celui-ci de s'enliser dans son propre rôle, contient juste ce qu'il faut pour alarmer un peu Oronte, le faire insister, le faire rebondir, en un mot le développer pleinement.

Mais il y a plus : Alceste est ici mis au pied du mur, le spectateur attend qu'il soit fidèle à lui-même. Alceste en action doit correspondre à Alceste en théorie. Or une bonne partie de cette théorie c'est, avec la démarche première de fuite, une incapacité d'agir positivement. Un des nombreux déchirements d'Alceste, c'est qu'il sait mal se défendre. Les maximes générales sont une compensation de cette impuissance. La scène 2 en donne deux illustrations : alors qu'il s'agit de *personnes*, par deux fois Alceste se montre maladroit, se réfugie derrière le masque des généralités, — masque percé de trous, d'ailleurs. Mais nous le savions bien : dans la première scène, il nous en a assez dit sur sa conduite dans son procès et sur son amour pour Célimène. Quels que soient les motifs psychologiques ou réalistes qui peuvent justifier la mesure, la politesse, les « compromis » d'Alceste dans cette scène, ce qui frappe c'est la maladresse de ce moi vulnérable, c'est la pauvreté de ses défenses, c'est le drame d'une énorme exigence égoïste qui n'a pas les moyens de se satisfaire.

> *Enfin je suis à vous de toutes les manières ;*
> *Et, comme votre esprit a de grandes lumières,*
> *Je viens pour commencer entre nous ce beau nœud,*
> *Vous montrer un sonnet que j'ai fait depuis peu,*
> *Et savoir s'il est bon qu'au public je l'expose.*

(vv. 293-297.)

L'introduction du sonnet est vraiment faite « dans le mouvement ». Le sonnet est pour Oronte avant tout un moyen : c'est l'objet autour duquel se cristallise le double jeu de la flatterie et de l'amour-propre. Ce sonnet sert aussi à confirmer l'impression que nous a déjà donnée Oronte : avec cette arme en main, Oronte accélère son propre mouvement, la machine que rien n'arrête se précipite. Alceste tente une fois de plus de se dérober, il fait allusion à sa dangereuse sincérité, et Oronte se nourrit avec euphorie de ces petits obstacles, qui n'ont d'autre effet que de le faire courir de plus belle sur sa propre voie.

La lecture du sonnet est bien entendu un document sur les mœurs du temps : elle entre dans le catalogue des habitudes de salon, avec les portraits, les jeux d'esprit, les discussions de casuistique amoureuse et d'idées libertines. Mais surtout, elle est parfaitement à sa place dans une pièce comme *Le Misan-thrope*, où les documents sont choisis en fonction de leur rapport avec le thème central. D'un bout à l'autre, il s'agit d'individus en « représentation ». Ce qui compte ici, ce n'est pas la qualité du sonnet, mais le fait qu'Oronte en lise un, c'est le décalage entre la qualité du gentilhomme et le rôle de poète. Le sonnet d'Oronte est un atour destiné à lui donner une brillante appa-rence, comme la perruque blonde et les grands canons des Marquis les parent pour la comédie mondaine qu'ils jouent à chaque instant. Chacun tient sa place dans le salon de Céli-mène comme il peut, ou plutôt choisit ses brillants où il peut.

Les petites pièces de Mascarille dans *Les Précieuses* sont ridicules, et doivent l'être, puisqu'il s'agit d'une imitation maladroite de la vraie préciosité, étant sous-entendu que la vraie préciosité elle-même comporte une bonne dose de gro-tesque.

Ridicules aussi, les poèmes de Trissotin dans *Les Femmes savantes* : ils sont destinés à mettre en lumière le thème central de la pièce, qui est l'aveuglement de la fausse science, par l'énorme tension entre la pauvreté des vers de Trissotin et l'enthousiasme de ses trois admiratrices. Dans *La Comtesse d'Escarbagnas*, la première scène de récitation fait partie de la norme selon la pièce : limitée à l'intimité amoureuse, elle est donnée comme divertissement privé qu'on prend à peine au sérieux; en outre elle a pour fonction de faire ressortir la seconde scène, — celle où les poèmes doivent être mauvais et plats pour mieux établir le contraste entre la médiocrité provinciale et les prétentions de ce petit monde.

Dans *Le Misanthrope*, le sonnet n'est pas mauvais. Il n'est en tout cas pas pire que certains passages des divertissements écrits par Molière lui-même, ou que le sonnet du Vicomte dans *La Comtesse d'Escarbagnas*. On sait que les contemporains ne l'ont pas trouvé répréhensible. « Le sonnet n'est point méchant, selon la manière d'écrire d'aujourd'hui », dit Donneau de Visé [1]. En un mot, ce sonnet n'accapare pas l'attention par son ridicule propre. Car il n'est pas le pôle d'une tension dont l'autre serait l'admiration d'Alceste. L'autre pôle, c'est le goût démodé d'Alceste. En littérature comme en morale, il se rattache aux « vieux âges ». Toute la mascarade de son temps, qu'elle soit condamnable ou innocente, Alceste la rejette en bloc. Nous condamnons Philinte (comme on l'a fait au XVIIIe siècle) ou nous en faisons un modèle de sagesse (comme le fait René Jasinski), — mais le centre du drame, c'est le « non » qu'Alceste

---

1. Donneau de Visé, *Lettre écrite sur la Comédie du Misanthrope*.

oppose à Philinte. « Et ne faut-il pas bien que Monsieur contredise? » dira Célimène à l'acte II.

Le comique de la scène, ici encore, a pour source principale notre prescience. Aidé certes par les maniérismes et la fatuité d'Oronte, le sonnet nous fait rire parce que nous savons d'avance qu'Alceste va le détester. Mais Molière aurait aussi bien pu faire réciter par Oronte, — disons, le sonnet du Vicomte de *La Comtesse d'Escarbagnas*. On peut imaginer une pièce moderne où un personnage aurait fait les déclarations les plus violentes contre l'exotisme, et à qui on ferait cadeau, dans la scène suivante, d'un beau masque africain. Pour épicer la scène, imaginons que le donateur ait son comique propre, qu'il soit un enthousiaste ou un snob des choses africaines, et la scène serait fort voisine de celle d'Oronte. Le sonnet est neutre, « normal », il est coloré par les personnages, par la suffisance d'Oronte, par l'impatience d'Alceste devant son temps. Quand Alceste consentira à juger le sonnet, il lui opposera les paroles d'une chanson populaire, ancienne (du temps du roi Henri), qui elle aussi vaut ce qu'elle vaut : le débat portera non sur la qualité propre de l'une et l'autre pièce, mais sur les mérites respectifs de la poésie moderne de salon et de la poésie ancienne populaire en général.

La scène est faite de retards successifs. Oronte dit « Sonnet... ». S'il se croit obligé d'ajouter, en guise d'explication : « C'est un sonnet » (v. 305), c'est qu'Alceste s'est réfugié dans sa solitude, ou du moins qu'il essaie de gagner son « désert » intérieur. Il ne réagit pas, et du coup déçoit Oronte qui s'attendait au « Ah! » qu'exigent les règles du jeu de salon. Ce qui suit (« L'espoir... » et les explications sur le genre et le ton du sonnet) tient en haleine à la fois Oronte et le spectateur : Oronte s'attend encore à un « Ah! », nous nous attendons à quelque mimique bourrue, mais Alceste demeure silencieux et impassible. Impartialité de l'honnête Alceste qui ne juge qu'en connaissance de cause? La cause devrait être déjà entendue, lorsque Oronte parle de « petits vers doux, tendres, et langoureux ». La *captatio benevolentiae* d'Oronte provoque peu à peu une impatience, qui aboutit, comme d'habitude, à une maxime : « Le temps ne fait rien à l'affaire » (v. 314).

Philinte, après avoir salué Oronte, s'est tu pendant tout le début de la scène. Il a été le témoin de la tentative de séduction d'Oronte, de son échec non reconnu : il a été, dans une certaine mesure notre complice, mais surtout il a servi de fond à la scène, c'est par rapport à lui que se sont imposées, avec une vigueur à peu près égale, les couleurs d'Alceste et celles d'Oronte. Il a joué le rôle de la « norme » de la pièce. Comme dans la

première scène, sa double fonction est ici évidente : le voici
maintenant qui se met à jouer son rôle propre, à devenir un
véritable personnage de comédie et cela, en connaissance de
cause. Il dira cyniquement, à la scène 3 (v. 441) qu'il a bien vu
qu'Oronte voulait être flatté... Philinte n'est pas de la famille
des Précieuses ou de celle des Femmes savantes : il ne croit
pas que le sonnet soit beau ou il ne cherche pas à s'en convaincre
lui-même. Ce qu'il pense du sonnet reste enfoui au fond de
lui-même et ne nous est jamais dit. Tout ce qu'il fait, c'est
d'offrir à Oronte le visage que celui-ci attend de lui, et de lui
prodiguer exactement les compliments qu'il recherche. Le
petit dialogue Oronte-Philinte repose sur le choix d'une valeur,
qui n'est pas la vérité ou la sincérité, mais l'euphorie de
la société : chacun se fait aimer en satisfaisant l'amour-propre
d'autrui.

Oronte n'est pas assez grotesque, son sonnet n'est pas assez
mauvais pour que la dignité des hommes et celle de la poésie
soient véritablement mises en danger. Le sonnet n'est rien de
plus que le produit, à la fois soigné et inintéressant, de la société
et de la mode. Il est l'objet sur lequel Oronte compte pour se
faire féliciter, il est l'objet qui sert de prétexte à Philinte pour
le satisfaire. L'euphorie partagée des deux personnages est
comique dans la mesure où le prétexte — le sonnet — est
non pas détestable, mais insignifiant : les formes heureuses de
cette vie ne reposent sur rien. Comique aussi parce qu'à propos
de ce même « rien », Alceste commence à bouillir. Dans un
sens comme dans l'autre, on fait beaucoup de bruit pour peu
de chose.

Scène à trois personnages, c'est-à-dire à trois couples : une
sorte de huis clos provisoire et de bonne compagnie. Philinte
flatte Oronte qui recherche Alceste qui se fâche contre Philinte.
Car c'est d'abord contre Philinte qu'Alceste se fâche. Ses premiers vrais cris, il les pousse parce qu'il est trahi par Philinte
(vv. 320, 326, 338). Dans ce bref échange sont confirmées certaines des fonctions des deux amis : Alceste possessif et exclusif,
Philinte indifférent; Alceste, à cause de la tyrannie qui le
constitue, est un trouble-fête, il est le bâton qui se glisse dans
la roue harmonieuse des formes mondaines; Philinte, tout à
son rôle, préfère la perfection de son jeu aux obligations de
son amitié, — il n'hésite pas à se mettre dans le clan d'Oronte
malgré Alceste, comme il jouera le jeu des marquis et de
Célimène contre son ami à l'acte II (vv. 667-686).

Après nous avoir en quelque sorte rassurés sur la permanence du rôle comique de Philinte et de son rapport avec Alceste, Molière nous offre enfin, avec un geste net, ce qu'il a annoncé et que nous attendons : Alceste mis au pied du mur.

Oronte (à Alceste) : *Mais pour vous, vous savez quel est notre traité :*
Parlez-moi, je vous prie, avec sincérité.

(vv. 339-340.)

Tout est clair à ce moment de la scène : Alceste d'une part n'aime pas le sonnet (« sottises », v. 326), et d'autre part son désir le plus profond est qu'on le laisse seul, — mais il a promis de dire ce qu'il pense. Dans presque toute la pièce, les situations sont imposées à Alceste par autrui et contraires à son vœu; dans bien des cas, il ne demande qu'à partir, mais on l'oblige à rester, ou bien on vient le relancer. Alceste finit peut-être par dire ce qu'il pense, mais il fait très rarement ce qu'il veut. Il est là, c'est un fait, physiquement, et son entourage cherche à chaque instant à l'assimiler. En général, dans le monde moliéresque, les monstres ou les trouble-fête sont ainsi constamment en butte à une attaque de la « norme » ou de la majorité : on espère d'eux un comportement normal par ignorance de leur nature véritable, ou une conversion, par ignorance du principe de permanence des natures individuelles. Mais la plupart d'entre eux sont actifs ou militants : Alceste est le plus passif de tous. Nous le savons par sa bouderie du début de l'acte, et par la décision qu'il prend de ne pas s'occuper de son procès. Il ne passe à l'action — et une action toute verbale — que lorsqu'il est poussé à bout, comme on fait une sortie désespérée d'une citadelle assiégée. Alceste, pour sauver son « moi », ne veut pas être mangé par la société qui l'entoure. Il se protège par son abord « loup-garou » et renfermé, et ne contre-attaque que lorsque ce repliement ne suffit plus.

C'est ainsi que s'explique le minimum de politesse dont fait preuve Alceste dans ses premières réponses à Oronte. Il y a drame dans le personnage entre la fanfaronnade « mon dessein est de rompre en visière à tout le genre humain » et les précautions qu'il prend pour dire son fait à Oronte. Comme on l'a vu, ce drame est contenu dans la première scène, où le désir de fuite, de retraite l'emporte de beaucoup sur la belligérance. Certes, les vers 341 et suivants révèlent la politesse d'Alceste, mais la tension du personnage n'est pas établie entre son vœu de sincérité et une irrésistible honnêteté, elle tient, plus profondément, au conflit entre deux moyens contradictoires de satisfaire son moi : la dérobade et l'affirmation agressive de

sa différence. La politesse est un moyen, non pas de ménager
Oronte, mais de faire retraite.

On a déjà vu, dans *Dom Juan,* un usage de ce genre de
prosopopée : « je disais à quelqu'un d'autre ». Sganarelle
profitait d'une convention pour rapetisser son maître tout en se
préservant des représailles. Et le maître jouait le jeu, tout
simplement parce qu'il avait autre chose en tête. Le procédé
est gros, et Alceste l'utilise avec très peu de subtilité. L'agressivité peu à peu prend le pas sur la précaution; dans la prosopopée, on passe du discours indirect au style direct, et d'un
vocabulaire mesuré (« amusements », v. 348) aux injures (« ridicule et misérable auteur », v. 372). Au crescendo d'Alceste
correspond le crescendo d'Oronte : de la surprise à la certitude.
Au vers 375, Oronte a compris qu'Alceste trouve son sonnet
mauvais.

« Franchement, il est bon à mettre au cabinet » (v. 376) déchaîne
les rires, par sa brutalité et la mimique qu'elle provoque chez
Oronte, mais aussi parce que la scène a atteint son sommet :
Alceste, dans une situation concrète, a décrit sa courbe naturelle, de la tentative de fuite à l'explosion de franchise. Oronte
est pour Alceste un piège : tout ce qu'Oronte propose, c'est
de rendre Alceste pareil aux autres, c'est de l'entraîner dans
l'uniformité d'une distribution où tous les rôles se ressemblent.
Alceste refuse ce jeu qui, à ses yeux, le noie, lui fait perdre
l'unicité de son moi.

Du vers 341 au vers 376, Alceste a fait la leçon à
Oronte. A l'intérêt dramatique du crescendo et du drame d'Alceste s'ajoute ainsi l'intérêt d'un jugement, lui-même dramatisé
par la présence de l'individu sur lequel on le porte. Alceste, ici,
récite un beau morceau de satire comme, dans d'autres pièces,
des « raisonneurs » récitent de beaux morceaux d'éloquence
morale. Mais ce morceau ne serait qu'un hors-d'œuvre si son
thème et sa forme ne s'intégraient dans le drame.

Il s'agit du conflit, chez certains individus, entre leur nature
d' « honnête homme » (vv. 345, 360 et 370) et une « démangeaison » qui leur fait jouer « un mauvais personnage » (v. 350).
C'est-à-dire qu'Alceste « explique » Oronte comme Philinte
expliquait Alceste. La vision de l'homme est la même : fondamentalement, la vérité de l'individu, à laquelle se superpose
une maladie qui, en quelque sorte de l'extérieur, cache l'individu sous un masque grotesque. Alceste a une vision théâtrale
d'Oronte comme Philinte avait une vision théâtrale d'Alceste,
et à peu près dans les mêmes termes. Comme Alceste en face
de Philinte, Oronte refuse de se laisser analyser, décomposer :
il se voit tout d'une pièce. L'appétit fondamental d'Oronte

n'est satisfait que par les éloges que lui apporte sa poésie :
celle-ci est un moyen, pour posséder autrui dans l'admiration.
Quand Alceste demande à Oronte de « dérober au public ces
occupations » (v. 368), il commet la même erreur que celle de
Philinte, lorsque celui-ci lui demande d'être moins sauvage.
Chacun de ces deux « moi » est avide d'être « distingué », chacun
a produit le moyen qu'il croit être le meilleur; l'ironie de la
rencontre d'Alceste et d'Oronte, c'est que tous les deux ne
réussissent qu'à se rendre ridicules aux yeux d'autrui.

Certes, dans cette leçon, Alceste met plus ou moins le spectateur de son côté. Le spectateur lui demeure supérieur, par
sa connaissance préalable et à cause de l'ironie de cette « explication » d'Oronte, — mais il approuve le contenu de la leçon,
toujours heureux quand un personnage en démasque un autre.
La complexité d'Alceste, comme celle de Dom Juan, consiste
dans sa double fonction dans la pièce : il est à la fois mystifié
par lui-même et démystificateur.

Alceste échoue, comme Philinte échouait. Oronte ne se
laisse pas décomposer par le moraliste, il ne fait qu'un avec
son sonnet, avec ce produit de lui-même sur lequel compte son
moi tout entier.

La critique qu'en fait enfin Alceste est sommaire. Il ne suffit
pas de répéter des fragments de vers pour démontrer qu'ils sont
mauvais — pas plus qu'il ne suffit de les répéter pour en montrer
la beauté, comme le font les *Femmes savantes*. Ce qui compte
ici, c'est un spectacle : c'est le geste d'Alceste montrant sur le
papier d'Oronte ce qu'il n'aime pas, désignant du doigt et
éliminant d'un revers de main la *chose même*.

Ce qui suit (vv. 385 sqq.) montre le réactionnaire en littérature, comme la première scène avait montré le réactionnaire en
morale. Les mœurs du passé comme la poésie du passé sont meilleures que les « vices » du temps présent ou que le « méchant goût
du siècle ». Ce qu'Alceste reproche à la poésie de son temps,
c'est l'effort qu'elle fait pour envelopper la vérité et la nature
sous les figures de style. Le « système » d'Alceste, quel qu'en soit
l'origine, est cohérent. Certes, dans certains de ses élans, il
lui arrivera bien d'user de métaphores peu naturelles (le « cœur »
qui « donne les mains », du vers 1761), — mais enfin, avec tous
les retards que provoque le vœu de retraite d'Alceste, ce qui
est toujours finalement exprimé ou illustré, c'est un principe
unique, celui de la fidélité à la nature, à la vérité, à ce qu'il
y a de nu et de spontané. C'est à ce principe qu'Alceste s'accro-

che quand on ne le laisse pas en paix. C'est sa réponse à tout.

Mais il y a plus dans ce sonnet et dans la critique qu'en fait Alceste. Oronte est le rival d'Alceste, il est entré au moment où Philinte prononçait le mot « espoir » à propos de l'amour d'Alceste pour Célimène, le sonnet d'Oronte commence par ce même mot, qui est d'ailleurs souligné par une interruption et une répétition (vv. 305-307), — enfin le sujet du sonnet préfigure le comportement de Célimène. Celle-ci aura de la « complaisance » pour ses admirateurs, mais sans doute ne leur donne-t-elle que l' « espoir ». Pour Oronte, pour Alceste, « rien ne marche après lui », et dans les dialogues entre Célimène et Alceste, on verra comme celui-ci est exactement dans la situation où « on désespère alors qu'on espère toujours ». Le sonnet d'Oronte, s'il utilise les clichés du temps, s'il est artificiel, n'en est pas moins inspiré par Célimène, — ou par une coquette qui lui ressemble fort et qui l' « annonce ». En tout cas, il décrit la situation réelle d'Alceste en face de Célimène, alors que la chanson décrit le vœu d'Alceste.

Dans le sonnet, l'amant ne possède pas Philis. Dans la chanson, « l'amour de ma mie » ne fait aucun doute, il y a exclusivité de part et d'autre. Mais, foncièrement, cette exclusivité sans détours n'est pas plus « vraie » ou naturelle que le conflit de l'espoir et du désespoir dans l'amour incertain. L'ironie de ce tournoi de récitation poétique consiste dans le fait que le poème artificiel figure la situation réelle d'Alceste tandis que le poème « naturel » n'exprime que son rêve. Certes, le système d'Alceste a pour but de faire tomber les masques, mais il aboutit aussi à une simplification finalement mensongère de la réalité, qui vise à créer un monde où le moi exclusif et tyrannique d'Alceste soit immédiatement satisfait [1].

La chanson populaire que récite Alceste a, dans son genre, à peu près la même valeur que le sonnet d'Oronte dans le sien. C'est un document sur le goût d'un temps et d'une classe, très neutre sur le plan littéraire. Molière aurait pu choisir ou inventer une pièce plus émouvante, ou plus archaïsante. La simplicité de celle-ci frôle la platitude ; elle repose en tout cas sur un cliché populaire. Pas question de tenir compte ici d'une musique, puisque Alceste, par deux fois, *dit* la chanson et ne la chante pas.

La démonstration d'Alceste est interrompue, au vers 413, par le rire de Philinte. Pourquoi Philinte rit-il ? Pour bien montrer à Oronte qu'il est de son côté ? Ce serait donner trop

---

1. Les rapports entre les thèmes du sonnet et de la chanson, et ceux de la pièce, ont été analysés par F.-W. Lindsay : « Alceste and the Sonnet », *French Review*, n° XVIII, 1954-55.

de veulerie à Philinte, qui sait fort bien abandonner Alceste, mais ne va pas jusqu'à la bassesse. Philinte rit à cause du ton d'Alceste. Au cours de sa seconde récitation, Alceste se laisse prendre par sa chanson : Arnavon indique fort bien la façon dont Alceste doit la réciter, avec émerveillement, ardeur, et émotion, mais il en tire des conclusions un peu surprenantes sur l'intimité qui se crée de la sorte entre Alceste et le public... Il semble plutôt que ce soit à cause de cette récitation émue qu'Alceste perde au contraire le public à ce moment de la scène. Oui, il a raison de démasquer Oronte, il a raison même de se plaindre des clichés de son sonnet, il a tous les droits de lui préférer un peu de folklore, mais il commet une erreur comique : il se trompe sur le degré de gravité de la discussion. Alceste, comme dans la scène 1, se montre atteint d'un « esprit de sérieux » très aigu. La seconde récitation de la chanson souligne ce trait, fait rire d'Alceste par la disproportion entre son émotion et la pauvreté de la chanson.

Il ne reste plus à Molière qu'à renvoyer Alceste et Oronte dos à dos. En principe, une lecture de sonnet est un divertissement, rien de plus, — et c'est bien ainsi que l'envisageait Voiture, ou le Vicomte de *La Comtesse d'Escarbagnas*. Ici, avec Alceste et Oronte, nous avons affaire à deux individus pour qui le divertissement, en fait, n'existe pas. Pour l'un comme pour l'autre, ce sonnet engage le moi le plus profond; du coup, il n'y a plus de place pour le jeu, et le drame qui se déroule ici repose sur le conflit entre deux « esprits de sérieux » opposés, dont la lutte a pour objet apparent ce qui, par définition, n'est pas sérieux.

Le rire de Philinte est un signal. Il lance, ce qui est fréquent chez Molière une fois que le sens profond du débat est bien compris, une sorte de ballet à la fois verbal et physique, dont le charme dramatique tient non pas au contenu mais aux équilibres de forme, à la mécanique pure de la stichomythie et des gestes parallèles. Oronte et Alceste se jettent à la tête des insolences de moins en moins acceptables, la symétrie éclate dans l'échange « Mais, mon petit monsieur... »/« Ma foi, mon grand monsieur... », le départ d'Oronte fait croire que ce jeu est terminé, mais il reprend entre Alceste et Philinte après un court repos : cette fin d'acte est essentiellement mouvement.

La querelle finale entre Oronte et Alceste est le moment de la pièce qui évoque le plus la farce (si l'on excepte le petit sketch de Du Bois à l'acte IV) : les deux personnages sont près d'en venir aux mains. C'est-à-dire que leurs origines lointaines viennent affleurer, — mais Philinte « se met entre deux » : la farce est suggérée, l'intervention de Philinte est ici un rappel à l'ordre, au ton d'ensemble de la pièce. De l'extérieur, une honnêteté vient imposer la tenue et les bonnes manières à des natures brutales qui, d'elles-mêmes, sont prêtes à user de violence physique.

Ensuite, le rôle de Philinte redevient celui qu'il jouait dans la première scène : tandis qu'Alceste, une fois de plus, ne demande qu'à s'enfuir dans sa solitude à cause de la trahison de Philinte, Philinte se lance à sa poursuite, pose des questions, lui interdit ce « désert » qui est, dans ce premier acte, à la fois le premier et le dernier vœu d'Alceste.

Dans ce premier acte, Philinte est loin d'être un simple comparse, et Oronte au cours de son sketch est l'égal comique d'Alceste. Toutefois c'est bien évidemment Alceste qui est le centre de l'ensemble : il est le héros comique différent des autres à la fois en degré et en nature. Son caractère est le plus complexe, et l'arme de son amour-propre est tout à fait originale.

On voit déjà l'aspect principal du conflit entre Alceste et le monde qui l'entoure. Ce dernier vise surtout à l'euphorie. Elmire, du *Tartuffe*, n'y serait pas déplacée : on est prêt à tout, même à ignorer ce qu'on sait, pour conserver à la vie son apparence de machine bien huilée. C'est peut-être ce qu'on appelle l'honnêteté, c'est surtout une revanche sur les forces obscures et désordonnées de la nature. Philinte est de toute évidence celui qui, en toute connaissance de cause, a choisi de vivre sur le monde du « comme si[1] ». La comédie du bonheur est valorisée, du coup la réalité n'est plus envisagée avec sérieux. On décide de ne considérer que les apparences et les signes, en soi-même et chez autrui. Philinte flattant Oronte, c'est l'image de la réussite de cette façon de vivre : Philinte se protège à peu de frais par quelques compliments hyperboliques et conventionnels, car la « convention », par définition n'engage pas la personne profonde. Oronte n'en demande pas plus, il ne cherche pas le consentement intime d'autrui, son regard s'arrête à la surface, et c'est de cette surface qu'il se nourrit. Que le mondain soit au courant ou non de la jungle humaine, lucidement ou aveuglément il fait comme si les signes conventionnels de la politesse coïncidaient à la lettre avec un sentiment réel. Ce monde est en fin de compte celui de la prudence : par

---

1. Une fois de plus est posé ici, et avec ambiguïté, le problème du théâtralisme dans la vie elle-même.

peur d'horribles blessures ou de cruelles insatisfactions, le moi une fois pour toutes a décidé de ne croire que ce qu'il voit, son appétit de respect ne veut rien de plus que l'application en sa faveur des règles conventionnelles de pur comportement. Les hyperboles de la politesse se comprennent alors, car que risque-t-on? Une convention ne saurait abaisser le flatteur. Ce qui compte, ce n'est pas le corrélatif réel du signe, c'est le fait pur et simple qu'on use du signe.

La scène à trois, Alceste-Philinte-Oronte, met en présence trois attitudes incarnées, différentes et extrêmes. Philinte accepte lucidement ce pacte social. Oronte le vit intégralement, en perd de vue le sens, en est la proie aveugle. Alceste le refuse. Cette situation permet tout un réseau de tensions dramatiques, qu'on peut réduire mathématiquement à six : ab/c, ac/b, bc/a, a/b, a/c, b/c, selon que les personnages s'opposent un à un, ou que deux font alliance contre le troisième.

Alceste-Philinte/Oronte : Oronte est un intrus dans le dialogue des deux amis; scéniquement, il est « en plus », il est un objet qui arrive de l'extérieur et sur lequel les deux amis vont se livrer à une illustration du débat qui les liait dans l'opposition même. Après son « sketch », ce sera le drame Philinte-Alceste qui continuera. En outre nous savons que, chacun à sa manière, ni Philinte ni Alceste ne sont dupes du personnage; tous deux ont percé son motif : il veut être flatté. C'est-à-dire qu'en gros leur jugement sur Oronte est foncièrement identique.

Alceste-Oronte/Philinte : Alceste et Oronte ont ceci de commun qu'ils sont tous deux *sérieux*. Leur querelle est un spectacle pour Philinte. Celui-ci n'attache guère d'importance au sonnet *per se*, ni à la chanson d'Alceste, alors que le sonnet est pour Oronte vital, comme la chanson l'est pour Alceste. Leurs « moi » sont véritablement engagés dans le débat, alors que celui de Philinte demeure lointain, inconnu, toujours préservé par son extraordinaire pouvoir d'absence, par son sourire, par les conventions et les silences.

Philinte-Oronte/Alceste : Philinte et Oronte sont parfaitement à l'aise dans l'univers de conventions. Le second est satisfait des louanges que le premier est tout prêt à lui donner. A eux deux, ils incarnent la bonne marche de la société, sa facile euphorie, l'heureux résultat du « pacte » de la politesse. Alceste, évidemment, se met délibérément en dehors de ce pacte, du coup il détruit l'euphorie; en outre, il est au départ traité de la même façon par Philinte et Oronte qui viennent tous deux le relancer dans sa citadelle, dans son vœu de solitude.

Alceste-Philinte : Dans la mesure où Philinte joue le jeu

avec Oronte, la scène illustre ce qui n'avait été que dit dans la première scène : la trahison d'Alceste par Philinte. Philinte faisant des grâces à un tiers, c'est ce qu'Alceste ne peut supporter. Ce conflit est peut-être le plus complexe de ce premier acte, et peut-être de toute la pièce. Alceste se fâche-t-il contre Philinte parce que celui-ci manque de sincérité en flattant (ou en embrassant) autrui, ou parce qu'Alceste alors ne se sent plus « distingué » par Philinte? Comment Alceste sait-il que Philinte n'aime pas le sonnet d'Oronte? Il pourrait l'accuser de mauvais goût, non d'insincérité. La querelle d'Alceste est ici très proche d'une querelle d'amoureux : dans le vœu d'exclusivité (qui est par exemple celui de Pierrot dans *Dom Juan* comme ce sera celui d'Alceste devant Célimène dans le reste du *Misanthrope*) se produit une confusion de l'être et du paraître. L'exigence d'Alceste en face de Philinte préfigure celle d'Alceste devant Célimène. C'est là véritablement que le lien entre la tyrannie du moi et le système moral qui lui sert d'arme apparaît dans toute son ambiguïté.

Alceste-Oronte : Aux yeux de Philinte pendant une bonne partie de la scène, et surtout aux yeux du spectateur, ils font couple comique. Ils vivent pendant quelques minutes une aventure, au cours de laquelle l'un poursuit l'autre qui fuit, jusqu'à ce que l'autre se retourne et passe à l'attaque, pour aboutir à l'équilibre de l'échange final. A part l'esprit de sérieux, qui est leur trait commun et permet la lutte entre les deux, Oronte est tout ce qu'Alceste n'est pas (voir Philinte-Oronte). Le tout est coloré par l'ironie de la première déclaration d'Oronte, où réapparaît le vocabulaire même d'Alceste, et par celle de l'analyse d'Oronte par Alceste qui suit la même méthode que celle de Philinte dans son analyse d'Alceste. Oronte est hyperboliquement de son temps, de son monde. Avec un acharnement égal, Alceste refuse ce temps et ce monde. La tension qui existe entre eux, et va s'accroissant, les pousse l'un et l'autre dans deux excès radicalement opposés.

Philinte-Oronte : Philinte est au courant d'Oronte, alors qu'Oronte n'est au courant ni de Philinte ni de lui-même. Ils jouent le même jeu, mais l'un sait qu'il joue alors que l'autre ne le sait pas. Oronte est la dupe de Philinte, non que Philinte ait l'intention de le duper : toute la faute en est à Oronte qui donne une valeur absolue aux conventions de politesse respectées par Philinte. Alors que Philinte a lucidement fait le partage entre les conventions, d'ailleurs très valables, d'un comportement qui rend la vie de société vivable, et son moi lointain et intouchable, Oronte se répand à la surface de lui-même, par une opération exactement inverse de celle du

« système » d'Alceste : son moi est parvenu à fleur de peau, il a pour vœu de se confondre avec son apparence. Philinte est l'acteur à paradoxe, Oronte, dont le moi est semblable à une chambre à air gonflée à l'intérieur d'un pneu, est, à ses propres yeux, indiscernable de son rôle. On comprend ainsi qu'on ait pu dire plus haut que Mascarille, dans *Les Précieuses*, est une joyeuse caricature d'Oronte : valet chargé d'une supercherie, par enthousiasme pour son rôle, il finit par être absorbé par lui. Philinte et Oronte face à face font ressortir les dangers contre lesquels s'élève Alceste (en les exagérant pour les raisons que l'on sait) : au nom de l'euphorie sociale, ou bien on perd tout contact réel avec autrui comme Philinte, ou bien on s'aliène aveuglément dans une mascarade.

Cet acte, qui se boucle par une situation analogue à celle par laquelle il s'était ouvert, a un rythme tout particulier fait des accélérations et des ralentissements du comportement-modèle d'Alceste : solitude boudeuse, déclaration de principes, explosions du moi blessé. Il y a là une sorte de pulsation de l'intérieur à l'extérieur qui traduit le drame de l'impossible solitude. Impossible, parce que le moi se nourrit d'autrui et parce qu'autrui ne laisse pas le moi en repos.

CHAPITRE IV

Célimène et son groupe

Le premier acte du *Misanthrope* répond aux promesses du programme : dans une compagnie d'égaux, c'est bien de liens affectifs entre les hommes qu'il s'agit, de l'amitié, de la déception amicale, de la recherche de l'amitié, et aussi de l'amour. Les incidents succèdent aux incidents (de « légers incidents, selon Schlegel, sans aucune liaison entre eux »), mais si différents qu'ils soient en apparence (les embrassades de Philinte, le procès d'Alceste, le sonnet d'Oronte) ils sont tous rattachés à ce problème central, qui les provoque et qu'ils illustrent. Chaque fois on a affaire à un complexe de gestes et de propos qui, pris à la lettre, manifestent l'amour ou la haine. Derrière ces signes, sont révélées la tyrannie du moi, la fatuité, l'indifférence.

Le premier acte a fait le tour de l'amitié; un second cycle, déjà annoncé, commence avec le second acte et est parallèle au premier.

Certes, le début en est escamoté : on ne commence pas avec la première étape du comportement-modèle d'Alceste (le refuge dans la solitude intérieure), mais par l'attitude agressive. Le second acte commence en plein mouvement, — les silences d'Alceste sont réservés pour plus tard. Mais les ressemblances sont frappantes entre ce « débat » entre Alceste et Célimène et certains points de l'acte précédent. Alceste menace Célimène de rupture, à cause de ses « façons d'agir », comme il menaçait de rayer Philinte de son amitié au début du premier acte. C'est que Célimène traite « le premier venu » (v. 458) comme Philinte traitait le « premier faquin » (v. 52). Alceste veut être distingué par Philinte (v. 63) comme il veut avoir plus que les autres (v. 502) auprès de Célimène. Le parallélisme entre les deux situations n'est pas rigoureux, il garde toute la souplesse de la vie, mais il est suffisamment sensible pour que s'établisse l'analogie entre le rapport amical Philinte/Alceste et le rapport amoureux Célimène/Alceste.

Dans ce cas-ci, il est permis de penser que quelque incident comparable aux embrassades de Philinte s'est produit dehors — puisque Célimène et Alceste viennent de rentrer, comme l'indique nettement le vers 456[1]. Quand le rideau se lève, Alceste en est déjà aux généralités, aux « façons d'agir » de Célimène. Mais ici, les généralités ne sont pas des principes ou des maximes, elles ne sont pas dissociées de la blessure personnelle d'Alceste : dans l'amour, la tyrannie du moi ne se masque pas comme dans l'amitié, elle est plus consciente et plus pressante. Du coup, le vœu d'Alceste de transformer autrui, de forcer le monde à être son reflet est plus évident. Les propos de Célimène et une circonstance au moins de sa vie permettent à Alceste de tenter d'en faire un Alceste femelle. Quand Célimène évoque les gens qui la trouvent « aimable » (v. 462) et leurs « doux efforts » pour la voir, on ne peut s'empêcher de penser aux « doux efforts » d'Oronte pour se lier avec Alceste, et, bien entendu, la réponse d'Alceste cherche à imposer à Célimène précisément l'attitude qu'il a assumée en face d'Oronte : opposer sinon un bâton, du moins un « cœur moins facile » aux vœux d'autrui. Plus nettement encore, il se trouve que Célimène, comme Alceste, est en procès et qu'elle applique la politique que Philinte conseillait à Alceste, — ce qui entraîne le conseil d'Alceste :

> *Perdez votre procès, madame, avec constance,*
> *Et ne ménagez point un rival qui m'offense.*

> (vv. 493-4.)

Dans ces deux vers sont indissolublement liés le désir d'imposer à Célimène son attitude et la blessure personnelle qui est le motif profond de l'attitude. La tyrannie d'Alceste veut non seulement que Célimène soit toute à lui, mais aussi, en quelque sorte, qu'elle soit lui : le vœu d'absorption d'autrui est total.

Dans la situation pressante de l'amour, les justifications *a posteriori* sont escamotées. Célimène doit perdre son procès, non pas au nom de la vertu et de la justice absolue qui réclament des martyrs dans une société corrompue, mais au nom tout simplement de la blessure d'Alceste. Tout le système moral est ignoré, et aussi l'orgueil du moi qui se pose comme fondateur de ce système. Les « je veux » du premier acte sont oubliés,

---

1. Arnavon invite le metteur en scène à nous montrer Célimène déballant des paquets (les « emplettes » du vers 250) en compagnie d'une soubrette dont Alceste attend le départ pour se lancer dans ses reproches. Ce réalisme de surface, cet inutile détail de « tranche de vie », frise ici le contresens, et trahit l'économie de la pièce en diluant la franche attaque d'Alceste.

et remplacés par la reconnaissance de la nature telle qu'elle est. Dans cette scène, Alceste répète à chaque instant qu'il est incapable d'agir autrement qu'il n'agit. Il ne convient pas ici d'ergoter sur les sens possibles des verbes *pouvoir* et *vouloir*, mais de se mettre dans la situation du spectateur qui, au premier acte, a été sensible à l'effort d'Alceste pour faire croire à sa détermination, à sa *volonté* d'imposer la valeur qu'il a reconnue, et qui, ici, entend le même personnage reconnaître qu'il est le *prisonnier* de ses élans. Cet homme qui disait *je veux* entre deux abandons à sa colère, entre deux sursauts d'un moi blessé ou insatisfait, est maintenant réduit à ce moi.

En amour, ce moi, dépouillé du système par lequel il cherchait à se justifier et à se satisfaire, est déchiré. La scène, qui commence par « je ne pourrai pas m'empêcher de rompre avec vous », se termine par « je ne peux pas rompre avec vous ».

> *Tôt ou tard nous romprons indubitablement,*
> *Et je vous promettrais mille fois le contraire*
> *Que je ne serais pas en pouvoir de le faire.*

(vv. 452-4.)

> *Je ne le cèle pas, je fais tout mon possible*
> *A rompre de ce cœur l'attachement terrible;*
> *Mais mes plus grands efforts n'ont rien fait jusqu'ici,*
> *Et c'est pour mes péchés que je vous aime ainsi.*

(vv. 517-20.)

Oui, Proust et d'autres l'ont dit, on aime toujours la femme qui fait le plus souffrir. Mais en dehors de toute digression psychologique sur les incohérences de l'amour, de toute constatation de la vérité « éternelle » de ce déchirement, il importe de voir son importance et sa fonction dans cette pièce, et chez Molière en général. « Aimer ce qui ne convient pas » est essentiellement dramatique. La formule contient toute l'attraction-répulsion désirable pour que la tension ne se relâche jamais, pour qu'elle monte, et pour que, de par son impasse même, la situation finisse par exploser. Alceste, devant Célimène, ne peut ni partir, ni rester — impuissance qui sera illustrée concrètement à la scène 3.

Son dilemme n'est pas sans analogie avec celui de Sganarelle devant Dom Juan. L'ancêtre farcesque et certes fort lointain de l'amant de Célimène était déchiré entre la fascination qu'exerçait sur lui son maître criminel et la haine hargneuse qu'il éprouvait pour lui. Il tentait à chaque instant de le convertir à sa vision du monde, — ce qui, dans ce cas, consistait à tenter de le rapetisser. Il ne s'agit, dans *Le Misanthrope*, ni de haine, ni de tentative de « réduction ». Mais fondamentalement, l'aspect « Sganarelle » d'Alceste consiste dans l'équilibre forcé qui s'établit entre deux élans exactement opposés. Certes, il a des raisons de rester : il « espère », comme il l'a dit à l'acte I, « purger » par la force de son amour l'âme de Célimène des « vices du temps ». En cela, il commet l'erreur de tous les personnages moliéresques qui croient à la conversion possible d'autrui. D'un autre côté, il a toutes les raisons de partir : Célimène, par son « humeur » (v. 457) trop accueillante, le fait irrémédiablement souffrir. Ainsi, il désespère aussi. Voici, dans la chair d'Alceste, réalisée sérieusement, la métaphore, la pointe d'Oronte : « On désespère alors qu'on espère toujours. »

Il ne s'agit pas ici de se demander comment un homme tel qu'Alceste a pu s'éprendre d'une femme comme Célimène, — pas plus qu'il ne convenait de tenter de justifier l'amitié d'Alceste et de Philinte. Ces situations, plus : ces liens affectifs, sont donnés d'avance. Ce que Molière examine, ce qu'il use comme base du drame, ce n'est pas la genèse des sentiments contradictoires, c'est la contradiction elle-même contenue dans certains faits bruts, qui n'ont pas besoin d'autre justification que l'observation de tout un chacun dans la vie réelle. On est tenu d'accepter une fois pour toutes qu'Alceste aime Célimène ; du coup il est évident que cet amour est déchiré, étant donné la nature des deux personnages ; la pièce est faite de l'exploitation dramatique de ce déchirement.

Dans *Le Misanthrope*, la contradiction amoureuse n'est pas isolée : le dilemme « rompre ou ne pas rompre », « partir ou rester », n'est qu'un aspect de l'hésitation fondamentale d'Alceste en face du monde en général. Ce personnage qui menace à chaque instant de fuir dans un désert n'en est pas moins l'hôte assidu d'un salon. Il oscille constamment entre le silence et une attitude militante. Il fuit ou il attaque. Il tente soit de nier les hommes, soit de les changer. Encore convient-il de souligner que cette tentative de changement, mis à part le cas de Célimène, est hésitante, et plus verbale qu'active. En tout cas, il s'agit là d'un dilemme qui a parfois fait comparer Alceste à Hamlet. Et de fait, chez les deux personnages, la constante oscillation entre la mélancolie et le vœu de transformation du monde au nom de quelque justice réelle ou imaginaire, et le mélange complexe de méditation stérile et de justifications *a posteriori*, se confondent pour aboutir à une douloureuse inaction qui n'a d'autre compensation que le langage, le discours. Plus spécialement, dans le cas d'Alceste, on a affaire à une nature atteinte du vœu de possession totale, qui, devant la résistance du monde, ne peut faire le choix entre la possession de soi (être homme d'honneur en liberté dans

un désert?) et la possession d'autrui. Se posséder tout seul, à
moins d'avoir la vision existentielle du Promeneur solitaire,
est sans doute une abstraction; posséder autrui, à moins de
croire au cannibalisme métaphysique des amours romantiques,
une impossibilité.

Le fait est qu'Alceste aime Célimène. C'est-à-dire qu'il la
veut. Son énorme appétit la veut tout entière.

Or Célimène est une « coquette » (v. 219). René Jasinski a
fait le tour de la coquette, en a disséqué la psychologie, et a
montré les dangers sentimentaux, moraux et sociaux de la
coquetterie [1]. Pour nous en tenir à Célimène telle qu'elle apparaît dans la pièce, à sa fonction dans le drame, il est d'abord
évident qu'elle a pour rôle de s'opposer point par point à
Alceste sur le plan de l'amour, comme Philinte le faisait sur
le plan de l'amitié et d'une certaine idéologie de l'amitié,
ou comme le faisait Oronte sur le plan du comportement
proprement social. Elle est en elle-même tout un univers,
attaché à l'univers d'Alceste par un lien réel (la situation amoureuse) mais si tendu qu'il a presque atteint son point de rupture. D'où, au-delà de toute psychologie proprement dite, la
très haute qualité dramatique et théâtrale de cette scène.

Cette tension s'exprime immédiatement dans la forme même
du dialogue qui ouvre l'acte : aux propos affirmatifs et vigoureux
d'Alceste (« nous romprons indubitablement », v. 452), Célimène
répond par une question. Ce sont encore des questions qui répondent aux reproches d'Alceste dans les répliques qui suivent :

Alceste :   *Vous avez trop d'amants, qu'on voit vous obséder,*
             Et mon cœur de cela ne peut s'accommoder.
Célimène :   *Des amants que je fais me rendez-vous coupable?*
             Puis-je empêcher les gens de me trouver aimable?

(vv. 459 sqq.)

Devant la répétition de ces formes interrogatives, qui dominent les répliques de Célimène, on pourrait penser à la première
entrée de Dom Juan : l'une comme l'autre crée d'abord le
vertige fondamental que symbolise, dans le texte imprimé,
le point d'interrogation, et sur scène un ton qui n'affirme ni ne
nie, mais aspire l'interlocuteur ainsi que le spectateur dans les
interstices sans fond de la « mise en question ». Mais il y a ici
une différence indiscutable entre l'attitude de Dom Juan et
celle de Célimène : Dom Juan prenait l'initiative, c'était sa

1. *Op. cit.*, pp. 166 sqq.

question qui lançait sa première scène; Célimène ne fait que répondre, l'initiative n'est pas venue d'elle.

Ainsi, dans *Dom Juan*, le vertige-piège est éprouvé à la fois par Sganarelle et par le spectateur. Dans *Le Misanthrope*, puisque le vide provoqué par Célimène ne se produit qu'après la tirade d'Alceste, ce vide n'est destiné qu'à faire basculer Alceste, non le spectateur. Célimène, comme Dom Juan, est dérobade, absence, — mais ce n'est une dérobade qu'en fonction d'Alceste. Pour nous, Célimène est une femme agacée et qui a raison de l'être.

Dom Juan se définit comme un vide dès son entrée en scène. Célimène, répondant à Alceste, se définit en face de son amant comme un étonnement, et du même coup pour nous, spectateurs, comme l'affirmation d'une vision de la vie incompatible avec celle d'Alceste. Pour Alceste, elle est labyrinthe, où il ne peut que se perdre, de par sa nature. Pour nous, ce labyrinthe n'est rien de plus que la belle ordonnance d'un hôtel ou d'un palais du siècle, et il serait futile ici de distinguer entre les dessins de Mme de Rambouillet pour sa maison de ville et les perspectives intérieures de Versailles. Le drame travaille en gros, et de loin.

L'étonnement de Célimène, ses questions — dérobade aux yeux d'un Alceste qui est fondamentalement en état d'erreur, — ont pour corrélatif un ordre très banal qui fait de Célimène un personnage sans mystère pour le spectateur, mais opaque à Alceste :

1. Si on raccompagne une femme chez elle, ce n'est pas pour la quereller (vv. 455-6).
2. Une femme n'est pas responsable de l'amour qu'elle éveille (v. 461).
3. Elle n'a aucun pouvoir contre cet amour (v. 462).
4. L'objet d'un tel amour ne met pas à la porte à coups de bâton ceux qui, avec une galanterie de bon ton, cherchent à le voir (vv. 463-4).
5. Il va de soi qu'on ménage les gens qui peuvent être utiles (vv. 490-92).
6. Il est injuste de s'indigner de l'application de 5 (v. 489).
7. Il est absurde d'être jaloux de tout l'univers (v. 495).
8. L'attachement d'une femme pour ses admirateurs est en raison inverse de leur nombre (vv. 497-500).
9. Une femme ne dit qu'elle aime que lorsque c'est vrai (vv. 505-6).
10. Un véritable amant n'accuse pas sa maîtresse de duplicité (vv. 509-510).
11. Il ne la querelle pas, il ne lui dit pas insolemment qu'il l'aime « pour ses péchés » (v. 521).

12. L'amant parfait est soumis, implorant, plaisant; il n'exprime son sentiment ni par des reproches, ni par des accusations; il évite avant tout d'être « fâcheux » (vv. 525-28).

Voilà un code que les historiens de la littérature et ceux de l'amour — ce sont souvent les mêmes — n'auraient pas de peine à rattacher aux articles précis de telle ou telle table d'amour, de tel ou tel roman ou traité précieux. Mais même sans érudition, cette filiation se sent dans le ton d'évidence de Célimène : ses questions manifestent pour nous, non une dérobade, mais une profonde surprise devant l'ignorance d'Alceste. Aux yeux d'Alceste, elle est peut-être coquette; pour nous, elle tombe des nues.

Nous avons souvent vu jouer cette scène « en rusée ». Il semble bien plutôt que l'actrice doive jouer, et dire ses répliques, sur le ton d'une absolue bonne foi. On peut, comme nous avons tenté de le faire, « codifier » les répliques (les questions) de Célimène. Mais ce code, elle ne le pense pas comme modèle idéal à atteindre : elle le voit comme fait naturel. Célimène ne décide pas, en ce moment : elle vit la vie telle qu'elle est à ses yeux. Avec nos préjugés historiques, nous voyons trop d'où son attitude vient : la préciosité — et nous avons tendance à faire de Célimène une Précieuse, c'est-à-dire une inventrice. Mais la préciosité de Célimène n'est pas inventée par elle, ni même découverte : elle est acquise. C'est un état de fait, depuis longtemps pensé et élaboré par des femmes d'une autre génération qui étaient à la recherche des meilleures armes pour assurer à la fois leur protection contre le mépris gaulois et une domination d'allure courtoise. Le temps de l'invention précieuse est passé; si Précieuse il y a, la Précieuse n'est plus une Amazone de salon, mais un individu au repos sincèrement, totalement, et pour ainsi dire charnellement identifié avec les conquêtes de sa mère, et même de sa grand-mère. C'est pourquoi, en fin de compte, le code évoqué plus haut, en douze articles, est fort discutable dans sa forme. Célimène use rarement de maximes; au cinquième acte, elle en suggérera une ou deux — mais sera une fois de plus sous le coup de la surprise et de l'embarras. Célimène se contente de vivre de la seule façon qui lui semble réelle et qui la satisfasse; cette satisfaction, cette réalité, elle est tout simplement surprise qu'on ne les voie pas.

Elle est le symbole de la femme installée, du coup irresponsable, qui a la chance d'avoir atteint l'âge de raison (si l'on peut dire) à une époque où les conquêtes sont faites et assurées. Son veuvage est certainement une bénédiction de plus : Molière n'a pas lésiné avec les avantages dont elle jouit. Certes, pour que sa liberté mondaine soit acceptable selon les bienséances, il faut bien qu'elle ne soit plus « jeune fille » : pour que l'usage qu'elle fait de son émancipation ne soit pas odieux, il faut bien que le mari, instrument de cette émancipation, ait disparu — et le veuvage libérateur, nous le savons par l'Histoire et la littérature du temps, se produisait beaucoup plus fréquemment et surtout beaucoup plus tôt que dans les sociétés d'aujourd'hui, y compris la société des États-Unis —. Ce veuvage permet à Célimène d'incarner le rêve des femmes : non seulement le code mondain, issu de la préciosité et assimilé goulûment, lui assure toutes les protections, mais, en plus, elle est indépendante! C'est ainsi que Molière a mis Célimène dans la situation la plus favorable possible, au point de vue humain aussi bien qu'au point de vue dramatique dès que l'on songe à la tyrannie d'Alceste : Célimène est sans obligation et à l'abri de tous les dangers.

A l'égalité des hommes entre eux, telle qu'elle était montrée au premier acte, vient s'ajouter ici l'égalité des sexes. Un heureux concours de circonstances (absence de père ou de mari, étape de l'évolution des mœurs, veuvage de Célimène, etc.) établit entre les personnages de cette comédie une égalité rare pour le genre, mais semblable à celle qui règne entre princes et princesses de tragédie, en l'absence d'un roi souverain et quand n'est pas introduit le thème de la captivité. Les conflits sont donc entre des natures qui ne se soumettent qu'à elles-mêmes, qui n'ont d'obligation qu'envers elles-mêmes, — et ce genre d'obligation est assez exactement l'équivalent comique de la gloire tragique, sujette elle aussi à des interprétations qui varient selon les personnages, — comme l'honnêteté de l'ensemble, qui colore jusqu'à Alceste, correspond au décorum de la tragédie.

Alceste ne peut contraindre Célimène, sa tyrannie n'a aucun secours extérieur. Plus question de l'absolutisme quasi politique d'un Orgon, plus question non plus d'une autorité légale qui permette à Alceste d'obliger Célimène à s'asseoir et à lire quelque recueil de Maximes comparables à celles qu'Arnolphe fait lire à Agnès dans *L'École des Femmes*. Célimène peut résister autant qu'elle le veut : elle ne risque aucun « cul de couvent ». De la sorte, « égale », indépendante et à l'abri des dangers qui menacent tant d'autres héroïnes de comédie, Célimène est heureuse dans le monde tel qu'il est. Elle est, spontanément et en quelque sorte de toute éternité, comme nous dirions aujourd'hui : « adaptée ».

Quand Petit de Julleville, dans *La Comédie et les mœurs*, jouait à faire du *Misanthrope* une Moralité de type médiéval [1],

---

1. « Prenez *Le Misanthrope*, et supposez qu'Alceste, au lieu de porter un nom d'homme, s'appelle *Misanthropie*; que Célimène s'y nomme *Coquetterie*; Philinte, *Optimisme*; Arsinoé, *Pruderie*; les deux marquis,

et identifiait Célimène avec une abstraction personnifiée qui
se serait appelée Coquetterie, non seulement il appauvrissait la
pièce et le personnage, les détournait de leur réalité dramatique,
mais surtout il était aveugle à la dimension première de Célimène, qui est son euphorie, son plaisir d'être elle-même dans
un monde qu'elle épouse parfaitement, sa joie de vivre.

S'il y a faute comique chez Célimène, celle-ci ne réside pas
dans sa duplicité, mais dans l'erreur qu'elle commet sur la réalité
qui l'entoure. Le drame qui sévit entre elle et Alceste naît du
fait qu'Alceste, précisément, prend cette erreur pour une
duplicité. Dès cette scène, il est clair qu'elle ne ment pas à
Alceste. Le fait que Molière insiste si nettement sur l'aveu
d'amour que Célimène a fait à Alceste doit empêcher le spectateur de tomber dans l'erreur d'Alceste. Elle « a pris soin de lui
dire » qu'il était aimé; un aveu de ce genre n'entraîne pas
nécessairement, dans la logique de Célimène et celle du monde
tel qu'elle le voit, la mise à la porte des autres soupirants.
Pour être différente de la logique masculine exclusive, cette
logique féminine n'est pas obligatoirement signe de mauvaise
foi, de compromis mensonger. De fait, Célimène refuse tout
compromis. S'il est permis de parler de coquetterie, il convient
d'en préciser le sens : c'est ici un plaisir reconnu, assumé, non
un calcul — ou s'il y a calcul, il vise tout simplement à maintenir une euphorie générale.

La faute de Célimène consiste en fin de compte à coïncider
trop exactement avec le langage qu'elle emploie (quand elle
parle, ou quand elle écrit). C'est dans cette mesure qu'elle est
différente de ceux qui l'entourent, la courtisent. Cette faute lui
jouera finalement un mauvais tour. Ses litotes ne sont pas de
vraies litotes : elles ne le sont qu'aux yeux des autres, qui les
interprètent à leur avantage (les marquis) ou à leur désavantage (Alceste).

En face d'Alceste, bien sûr, il y a plus. Pour Célimène,
« amour » veut dire amour, « amitié tendre » veut dire amitié
tendre, « amitié » tout court veut dire amitié tout court. Elle
trouve son bonheur dans sa souveraineté sur un Pays du Tendre
dont chaque ville est habitée par un soupirant choisi; Alceste
occupe la capitale. Et nous ne croyons pas qu'il soit question
de l'en déloger. Répétons-le : tant pis si tel ou tel habitant de
province se croit au centre du royaume; telle n'est pas l'inten-

---

Sottise et *Fatuité*; *Le Misanthrope* serait-il alors autre chose qu'une pure
moralité? » Il est évident que ce petit jeu est absurde. Les personnages de
Molière sont des individus qui, par leur comportement concret, manifestent la force principale qui les meut; ils ne sont à aucun moment personni-
fication symbolique de *l'idée* de ces forces.

tion de Célimène. La hiérarchie du langage précieux, prétexte
à équivoques pour les autres, correspond en fait à la hiérarchie
des sentiments de Célimène. Or, il va de soi, d'après ce que nous
savons d'Alceste, que cette dispersion, pour hiérarchique qu'elle
soit et pour centrale que soit la place qu'il y occupe, ne saurait
le satisfaire : elle est aux antipodes de son vœu d'exclusivité
totale et absolue. Son Pays du Tendre, à lui, c'est un donjon
au milieu d'un désert, qu'il est le seul à occuper et où il cumule
toutes les fonctions sentimentales. Cette hiérarchie, cette dispersion, non seulement tout son être les refuse, mais *il ne les
voit pas*.

Célimène commet spontanément l'erreur de vivre la lettre
de ce qu'elle affirme, en une plénitude qui la rend à la fois
heureuse et aveugle. D'où son étonnement devant les exigences
d'Alceste. Celui-ci, fermé à toute vision nuancée et hiérarchique
des sentiments, ne peut interpréter l'attitude de Célimène que
comme une duplicité. Elle qui est exactement ce qu'elle paraît,
il l'accuse de mensonge et de mascarade.

Quand Alceste va jusqu'à dire à Célimène :

> *Mais qui m'assurera que dans le même instant*
> *Vous n'en disiez peut-être aux autres tout autant?*

(vv. 507-8.)

elle a raison de s'indigner. Certes, c'est la traiter ici de « gentille
personne ». Qu'une accusation de ce genre représente un trait
psychologique bien observé chez l'amant jaloux, chez l'amant
qui, pour une raison ou une autre, est amené à « douter », aucun
doute. Mais surtout ce trait reprend, dans la situation amoureuse, la marche inexorable du processus caractéristique
d'Alceste dans n'importe quel cas, tel qu'il a déjà été illustré
dans le premier débat avec Philinte. Alceste a besoin d'un
univers de crime, de Mal, autour de lui. Non qu'il convienne de
faire du personnage un masochiste : Alceste ne trouve pas de
plaisir dans cette vision d'un univers tout entier construit pour
le meurtrir. Mais il y trouve une explication, une justification.
Quand le monde échappe au vœu totalitaire d'Alceste, celui-ci
le recrée, non selon son vœu (ce qui était le cas d'Orgon),
mais de façon à expliquer son échec. Il ne noircit pas autrui
pour son plaisir, mais parce que, selon la nécessité de sa nature,
puisqu'il souffre à cause d'autrui, autrui est forcément d'une
noirceur absolue. Une Célimène qui ne lui appartient pas
totalement et sans conditions est nécessairement une Célimène

qui ne lui appartient pas du tout. Ceci n'est pour le moment qu'indiqué, mais sera le thème central de l'acte IV.

Hyperboles dans la description de la société, ou noires accusations adressées à Célimène ont ainsi la même base : l'insatisfaction d'un moi qui ne voit le monde qu'en termes de « tout ou rien ». Ce qui se soumet sans restriction à lui est dans le bien; ce qui résiste, même partiellement, est tout entier dans le mal. Théâtralement, Molière s'est plu à accumuler le potentiel dramatique le plus fort possible en installant son Alceste précisément dans le monde d'une politesse de cour où les codes sont fondés sur le contraire du « tout ou rien », sur les nuances, les équivoques, les compromis partiels, et en lui donnant pour maîtresse précisément une femme qui vit à la lettre les moindres nuances et toutes les possibilités de dispersion d'un de ces codes. Devant celle-ci (comme dans son procès) il se pose comme le bien absolu; du coup, Célimène, différente de lui, devient totalement criminelle. Les siècles suivants montreront que cette logique n'est pas réservée au moi individuel : le « moi » national, collectif, saura souvent se voir lui-même comme la Valeur incarnée, et accusera tout spontanément les autres entités politiques de tous les crimes de la création.

Une des étapes du raisonnement d'Alceste, dans son débat avec Célimène, est marquée par le portrait de Clitandre (vv. 475-488). C'est là qu'apparaît l'éthique amoureuse d'Alceste, intimement mêlée à l'exemple personnel. Ce portrait reprend les thèmes de la tirade du premier acte adressée à Philinte (vv. 41-64) et se rattache étroitement au système d'Alceste qui veut que l'amour (ou l'amitié) soit fondé sur *l'estime*. Ce mot apparaît au vers 478, et *mérite* est employé deux fois (vv. 477 et 482). Mais ici l'ironie, le sarcasme même l'emportent sur l'hyperbole du premier acte. Non que celle-ci soit absente : c'est une « cohue » de soupirants qui entoure Célimène, Clitandre plaît « fort » à Célimène, ses canons sont « grands » et sa rhingrave « vaste ». L'hyperbole est ici sélective et descriptive, elle confine à la caricature. En outre, elle amplifie les sentiments supposés de Célimène. L'ironie proprement dite consiste dans l'importance exagérée accordée à des détails superficiels (ongle long au petit doigt, pièces de costumes, perruque, alors que le reste du personnage est passé sous silence) et dans le vocabulaire de l'amour quasi cornélien.

> *Vous êtes-vous rendue, avec tout le beau monde,*
> *Au mérite éclatant de sa perruque blonde?*

(vv. 481-482.)

est un bon exemple du procédé. Alceste sait qu'il dit quelque
chose d'absurde. Mais cette absurdité est démonstrative. Elle
suppose que l'interlocuteur est d'accord avec lui sur certaines
vérités : l'amour est fondé sur l'estime, l'estime est fondée sur une
connaissance de la personne en profondeur, le mérite est une qualité de la personne profonde, — et attribuer ce dernier à une perruque est une contradiction. Plus profondément, Alceste veut être
le seul à être « distingué ». S'il sent qu'il n'a pas cette exclusivité,
il réduit autrui, le dépouille de tout mérite réel, et démontre de
la sorte à celle qu'il veut toute à lui qu'elle est dans l'erreur.

Ce portrait ressort comme un petit morceau de bravoure.
Il se grave dans l'esprit du spectateur, par sa perfection littéraire. Mais il ne s'agit pas ici d'une coquetterie d'auteur :
Molière annonce un personnage qui sera important, et, selon sa
méthode habituelle, il crée d'abord chez le spectateur un appétit,
un vide que le personnage viendra combler à point nommé.
Clitandre et son comparse Acaste ne nous prendront pas par
surprise, ils viendront nous satisfaire. En second lieu, ce
portrait est au terme d'une série inaugurée par Philinte :
en face d'Alceste qui prétend ne tenir compte que du fond des
choses et des gens, se dressent des hommes de plus en plus
superficiels. La mascarade sociale commence avec Philinte,
qui l'accepte en connaissance de cause pour se préserver totalement ; elle continue avec le portrait du fourbe avec lequel
Alceste est en procès, qui joue un jeu pratique d'hypocrite ;
ensuite vient Oronte, dont l'extérieur, auquel il attache une
importance aveugle, se manifeste par des poèmes, frivoles
peut-être mais non pas absolument insignifiants ; avec Clitandre,
l'homme social est réduit à une poupée vide, faite de rubans et
de faux cheveux. Enfin, c'est si manifestement un *portrait*,
qu'on ne pourra s'empêcher d'y penser quand Célimène se
livrera à ce jeu dans la scène suivante. Le comique de celui-ci,
c'est non seulement les révélations qu'il apporte sur la méthode
d'Alceste, c'est aussi le fait pur et simple qu'Alceste n'hésite
pas, quand il est personnellement blessé, à jouer à un jeu
qu'il désapprouve chez les autres.

Les trois étapes des reproches d'Alceste à Célimène forment
donc une sorte de « cycle » de l'amour en gros parallèle au
« cycle » de l'amitié du premier acte. Les exigences d'Alceste
s'y masquent moins de théories morales, mais elles sont fondamentalement les mêmes ; son jugement sur le mal qui sévit
dans le monde est plus ironique qu'hyperbolique, mais il déforme
tout autant ; son oscillation entre le vœu d'absorber autrui
et le vœu de solitude n'est guère différente ; cette absorption
elle-même, dans les deux cas, est une véritable assimilation,

par la tentative de faire coïncider autrui avec ce qu'il est lui-même. En face de ce moi fidèle à lui-même se dresse Célimène, personnage d'une force égale et tout aussi convaincu qu'Alceste d'être dans le bien.

On a joué ce rôle de toutes les façons imaginables. On en a fait une prima donna de la Belle Époque, une grande cocotte avant la lettre. On a vu des Célimènes retorses et tout en sous-entendus. Or le rôle a été créé par Armande, qui sans doute était coquette, mais surtout « spirituelle » et douée d'une « voix touchante [1] ». Célimène est un personnage sans équivoque, — et c'est ce qui la rend d'autant plus insaisissable pour qui veut la conquérir. Elle a la naïveté, — non d'Agnès —, mais de tout individu qui est à chaque instant de plain-pied avec ce qu'il dit ou avec ce qu'il fait. Elle coïncide avec son comportement. C'est pourquoi Alceste la cherche toujours là où elle n'est pas.

Le monde ne laisse pas Alceste en paix. Au moment où il tente de « parler à cœur ouvert » dans l'intimité avec Célimène, on annonce la visite d'Acaste. Annoncé par le programme, mais non par le texte lui-même, Acaste est d'abord un représentant de la « cohue » qui se presse autour de Célimène ; il est un exemple concret de ce qui provoquait les reproches d'Alceste. Cette intrusion provoque chez Alceste une réaction caractéristique : il invite Célimène à user d'une convention, qui en elle-même est un mensonge, pour se débarrasser d'Acaste. Pas question ici d'être totalement sincère, de « dire son fait » à l'indésirable, même de donner la véritable raison de son refus de le recevoir (ce serait la présence d'Alceste avec qui elle voudrait avoir un tête-à-tête) : Célimène devrait faire dire « qu'elle n'est pas chez elle ». Bien entendu, la cause de cette invitation au mensonge conventionnel est la tyrannie d'Alceste. Tous les moyens sont bons pour assurer sa solitude avec Célimène.

Célimène donne pour raison de son accueil des précautions nécessaires (les « regards qui ne sauraient plaire » à Alceste). Il ne s'agit pas ici d'un faux prétexte, pas plus qu'il ne s'agissait de détourner l'attention d'Alceste à propos de Clitandre aux vers 489-492. Elle désire la « bienveillance » d'Acaste, pour des raisons pratiques. Si Clitandre peut lui être utile dans son procès, Acaste pourrait lui nuire si elle l'accueillait mal. Par ailleurs, il est un « grand brailleur » (v. 548). Cet argument n'est

1. Voir Descotes, *op. cit.*, p. 118.

pas éloigné de celui de Philinte, qui conseillait à Alceste de
ménager ceux qui pourraient le servir ou lui attirer de mauvaises affaires. L'innocence de Célimène se révèle dans le « je
ne sais comment » du vers 543, joint au « jamais on ne doit... »
des vers 547-8. Célimène vit en quelque sorte dans un univers
d'évidence : elle ne met rien en question, elle ignore tout
machiavélisme, elle fait tout simplement ce qu'on doit faire.
Elle ignore tout du décalage entre la signification qu'à la fois
Alceste, Acaste et les autres peuvent donner à ses sourires, et
le motif, l'obligation qui la pousse à sourire. Elle sera accusée
de duplicité par les autres personnages, par certains spectateurs,
mais à ses propres yeux, elle n'est pas double. Tant pis pour les
autres s'ils interprètent son comportement pour plus que ce
qu'il veut dire à la lettre. Mais aussi, tant pis pour elle, comme
on le verra au dénouement.

On annonce ensuite Clitandre (dont nous savons qu'il porte
perruque blonde, rubans, grands canons, vaste rhingrave,
ongle long au petit doigt...). Le mouvement du submergement
d'Alceste est amorcé. Entreront les premiers, pour accroître
l'impression d'irrésistible accumulation, deux personnages non
annoncés par Basque : Éliante et Philinte. Un effet dramatique
simple est ici produit, et souligné par le fait qu'Alceste est
interrompu deux fois (v. 531 et v. 551) et qu'aux entrées
annoncées s'ajoutent deux entrées inattendues : c'est précisément
au moment où Alceste affirme le plus vigoureusement son vœu
d'être *seul* avec Célimène que la scène est envahie par un *grand*
nombre de personnages, dont deux au moins sont insuppor-
tables à Alceste. Le monde est définitivement *contre* le vœu
d'Alceste. Alceste ici est comique dans la mesure où il est
vaincu par la surabondance d'autrui, — ou, pour employer un
terme appliqué à des procédés analogues bien que plus mécaniques chez Ionesco, par une soudaine *prolifération* des autres.
A cela s'ajoute la tentative de départ d'Alceste. Elle illustre
parfaitement, par le mouvement physique sur la scène, l'impasse
dramatique du personnage. Alceste ne *peut* pas rester (« Je ne
puis », v. 554; « il m'est impossible », v. 557), Célimène *veut*
qu'il reste (v. 554, v. 557); quand elle abandonne la partie, il
reste, et *veut* « faire expliquer l'âme » de Célimène. Ce dernier
« je veux », mis en relief par sa place et les coupes du vers 561,
est le signe de l'effort d'Alceste pour dominer sa propre situation, pour justifier son incapacité de prendre un parti. Quand
on ne peut ni partir ni rester, il est évident qu'on ne peut que

rester : il s'agit pour le moi tyrannique de transformer illusoirement cet échec en choix délibéré.

Alceste menace Célimène de la mettre au pied du mur devant tous. Mouvement scénique difficile à régler : tandis qu'Alceste obstiné et Célimène affolée échangent quelques répliques rapides, les autres entrent, s'installent. L'impression qui se dégage, pour le spectateur dont l'attention est nécessairement dédoublée, à ce moment-là, entre la scène chuchotée Alceste-Célimène et l'arrivée de personnages dont trois n'ont pas encore été vus, est essentiellement celle de la tension établie entre Alceste et le groupe et de son incarnation dans le déchirement de Célimène. Ce qui va suivre, outre sa valeur propre, outre son rapport avec les thèmes généraux de la pièce, est nécessairement coloré par cette menace : la réunion d'un groupe d'amis chez Célimène n'est pas *réussie*. Ce n'est pas seulement un document sur les mœurs et les jeux de salon, c'est un drame, — celui d'une euphorie précaire, gâchée par une menace préalable et par la présence silencieuse du trouble-fête. Célimène sera le centre d'attraction : à l'actrice d'exprimer ce drame, par le contraste entre un effort permanent d'être naturelle et une appréhension, dissimulée certes aux autres, mais sensible au spectateur par des coups d'œil furtifs lancés dans la direction d'Alceste.

Le jeu euphorique du groupe s'oppose à l'attitude butée d'Alceste, qui est présent mais s'isole dans son silence, et a trouvé le moyen de justifier l'ambiguïté de cette absence-présence en en faisant une position d'attente et une menace.

La perfection littéraire du jeu des portraits, si sensible à la lecture de la pièce, ne doit pas faire oublier qu'à la représentation le regard (ou le refus de regarder) d'Alceste pèse sur ce jeu. Voici une fois de plus une scène où l'acteur Molière se fait « écouteur »; la scène des portraits « tient » par l'équilibre entre le silence d'Alceste (et sa menace de le rompre) et la volubilité du groupe, entre le désaccord d'Alceste et l'harmonie apparente qui règne entre les autres, entre le vœu d'intimité d'Alceste et l'extériorité des propos qu'on tient à deux pas de lui.

Dès les premiers mots de Clitandre, le ton de la scène, son contenu même sont donnés :

> *Parbleu! je viens du Louvre, où Cléonte, au levé,*
> *Madame, a bien paru ridicule achevé.*

(vv. 568-9.)

C'est d'autrui qu'il va s'agir, c'est des différents personnages que jouent les absents qu'on va parler. Au chatoiement des costumes, vient s'ajouter celui des propos : ce groupe est un miroir qui réfléchit des images et qui, comme tout miroir, est opaque, ne se laisse pas traverser. Au contraire d'Alceste qui parle de lui-même, de ce qu'il veut, de ce qu'il peut ou ne peut pas, le groupe renvoie les regards qui voudraient le pénétrer et les éblouit par l'éclat de ses réflexions.

Tout dans cette scène se situe au niveau des apparences. Les absents sont décrits et jugés en surface par les présents dont le moi ne se laisse pas approcher. Tout se passe comme s'il était acquis de toute éternité que le groupe représente la perfection : il ne se met pas lui-même une seconde en question, ni en profondeur ni en surface. Un code est ici sous-entendu, qui est respecté spontanément par tous, et ce code assure l'harmonie des rapports entre les membres du groupe. Quant aux absents dont on parle, ils ne sont rien de plus que leur comportement, — pas question des vertus et du mérite chers à Alceste. Le moi profond de tous est suggéré, mais voilé.

A une exception près, les portraits ne condamnent pas leur modèle sur le plan moral. Cléonte *paraît* ridicule, il a *l'air* extravagant. Damon parle trop et pour ne rien dire. Timante déçoit la curiosité parce qu'il transforme la moindre vétille en secret. Géralde est ennuyeux parce que snob. Bélise ennuie par son manque de conversation. Cléon est sot et ne sait pas qu'on le fréquente pour son cuisinier. Damis croit que c'est être savant que de critiquer tout ce qui s'écrit et tout ce qui se dit. La conversation du groupe de Célimène est faite d'une série de croquis où sont habilement attrapées quelques façons de se conduire en société; ces portraits sont satiriques, dans la mesure où ils contiennent un jugement défavorable : la plupart de ces personnages sont *ennuyeux*, d'autres sont décevants ou ridicules à proprement parler. Le code positif supposé ici par la satire, la norme tantôt sous-entendue tantôt suggérée avec netteté, sont dominés par la notion de divertissement et par le thème du « bon rôle » déjà signalé par Philinte au premier acte. Sous la surface, on devine un thème plus profond : à part Bélise, tous ces personnages cherchent à se distinguer. Comme Oronte avec ses poèmes, ils ont tous trouvé une façon de satisfaire leur « moi », en le rendant différent ou supérieur aux autres. Tous, sauf Bélise, cherchent à attirer sur eux-mêmes la considération d'autrui par une particularité. Mais dans l'ensemble, ce n'est pas ce que le groupe de Célimène leur reproche. L'accusation d'ennui et de ridicule domine. Toutefois, au centre de cette série, Molière établit un contraste net entre deux des victimes de cette conversation : Bélise et Adraste.

Rien, dans le portrait de Bélise, ne laisse supposer une vanité, un appétit du moi, un amour-propre exacerbé. On peut même imaginer en Bélise une pauvre femme placidement sotte et léthargique, et sans ambition d'aucune sorte. Adraste au contraire, nommé immédiatement après Bélise, est stigmatisé aussitôt du cri :

> *Ah ! quel orgueil extrême !*
> *C'est un homme gonflé de l'amour de soi-même [...]*
>
> (vv. 617-18.)

L'apathique et l'orgueilleux sont ainsi mis sur le même plan, tous deux servent de cible à la satire du groupe de Célimène. C'est dire que la norme du groupe se situe dans une attitude où le moi sait se mettre en valeur, mais sait aussi le faire avec assez d'habileté pour que cet effort passe inaperçu. Hors de ce moyen terme, il n'y a qu'ennui ou ridicule. L'objectivité extrême de Bélise (elle parle de la pluie et du beau temps, v. 611) rejoint dans le jugement du groupe la subjectivité extrême d'Adraste, qui ne parle que de son mérite. En fin de compte, c'est bien du « moi » de chacun qu'il s'agit dans cette conversation, mais sur ce moi, sauf dans le cas d'une manifestation indubitable et immédiatement condamnée, Célimène et son groupe jettent le voile chatoyant des apparences ; le vrai problème est escamoté, les dangers de la nature humaine habillés de robes brodées auxquelles s'arrêtent le jugement et la satire : celle-ci même satisfait à bon compte, et se veut comme garantie qu'il n'y a rien de plus à dire.

Jusqu'ici, nous avons attribué ces portraits à Célimène et son groupe, en bloc, car une impression d'accord, d'unité domine la scène. Mais enfin, à l'intérieur de cette unité, les personnages se diversifient. Le jeu est d'abord mené par les deux marquis, qui font compères, et Célimène. A eux trois, ils représentent une attitude sans arrière-pensée : ils sont tout entiers orientés vers les ridicules d'autrui ; leur satisfaction, leur euphorie est complète, — elle le serait du moins pour Célimène si Alceste ne boudait pas dans son coin. Des deux autres, Éliante intervient une fois au début du jeu :

> *Ce début n'est pas mal, et contre le prochain*
> *La conversation prend un assez bon train.*
>
> (vv. 583-4.)

Éliante n'avait fait jusqu'ici qu'annoncer l'arrivée des marquis. Ces deux vers sont sa première vraie réplique. Cet aparté, adressé à Philinte, la sépare du groupe : personnage discret, effacé, elle assiste au jeu de Célimène avec une nuance de désapprobation. Mais cette désapprobation ne va pas loin. Éliante rira avec les autres, elle appartient bien au groupe dans la mesure où elle ne voit dans le jeu des portraits rien de plus qu'un divertissement sans danger véritable. Au vers 627, son apport à la conversation est insignifiant : elle souligne un aspect louable du personnage dont on parle (Cléon). Disons qu'en gros, elle est dans le jeu, et qu'elle se contente de le freiner un peu. Elle a été annoncée, au premier acte (v. 215) comme « la sincère Éliante ». Jusqu'ici elle ne fait qu'éviter la médisance.

Philinte, lui, se tait jusqu'au vers 631. Mais nous connaissons déjà les raisons de son silence : il est, de tous les personnages de la pièce, celui qui se protège le mieux. Il est le témoin prudent et surtout indifférent de la comédie qui se joue autour de lui. Le ridicule des autres ne vaut pas la fatigue de tant de spirituels portraits. Son intervention dans cette scène montre qu'il est lui aussi prêt à jouer, mais avec précautions. Il finit par jeter un nom en pâture à Célimène, comme viennent de le faire les marquis, mais en l'enveloppant avec suffisamment d'ambiguïté pour qu'on ne puisse le tenir responsable d'aucun jugement sur le personnage. « *On* fait *assez* de cas de Damis » dégage Philinte et laisse la porte ouverte à la satire comme à l'éloge. Mais aussitôt, il tombe dans un piège. Puisque Damis est un des amis de Célimène (v. 632) :

Je le trouve honnête homme et d'un air assez sage

(v. 633.)

Philinte est prêt à dire à Célimène ce qu'elle veut entendre. Nous connaissons cette complaisance depuis la scène du sonnet. Il est évident que Damis n'a aucune importance pour Philinte : ce qui compte pour lui, ce n'est pas le contenu, si superficiel soit-il, de la conversation, c'est l'accord avec son interlocuteur. Mais ici il se trompe : toute à son jeu, Célimène en ce moment se soucie peu des qualités de ses victimes. Le « Il est de mes amis » est une vérité, mais cette courte remarque signifie surtout une seconde d'hésitation de Célimène, le moment d'un choix, qui est d'ailleurs très vite fait : le jeu des portraits, plaisir du moment, l'emporte sur l'autre face des rapports de Célimène et de Damis. Cet instant suffit pourtant à Philinte, trop pressé d'être d'accord, pour se tromper, et pour bien nous montrer, par son erreur même, son attitude fondamentale.

A la fin du jeu, Acaste et Clitandre poussent des cris d'admiration. Étant donné la nature même du jeu, ces compliments sont mérités. C'est à ce moment-là qu'Alceste explose.

Il explose au moment où l'euphorie du groupe est à son

comble, au moment où la complicité joyeuse entre Célimène et d'autres hommes éclate dans les rires et les échanges de regards brillants et satisfaits.

Arnavon accepte qu'on voie dans cette intervention « un puissant souffle de brise balayant les miasmes... après cette heure de frivolité ». Quant à la conception anecdotique fondée sur l'atrabilaire amoureux, elle serait « d'une affligeante indigence [1] ». Mais enfin, d'abord, il s'agit de théâtre. Il s'agit de satisfaire soudain le spectateur par l'éruption de la colère d'Alceste : Alceste est ici véhément et coléreux, en face des rires du groupe. Essentiellement il est sérieux, que ce sérieux soit celui des grands principes ou celui de l'amour blessé. Rappelons qu'Alceste avait fait de Clitandre un portrait qui valait bien les croquis de Célimène, — mais, malgré l'ironie, ce portrait était fondé sur un profond désir, il était sérieux. Alceste est capable de déchirer autrui dans l'indignation, il ne comprend pas qu'on puisse satiriser autrui avec le sourire. Il fait les portraits les plus dévastateurs des fourbes qui menacent *ses* affaires ou des blondins qui menacent *ses* amours, il ne comprend pas le coup de griffe sans conséquence donné en passant à des ridicules qui ne l'ont pas blessé personnellement. Célimène et son groupe sont frivoles, c'est vrai — et en elle-même leur euphorie fondée sur le refus systématique de dépasser cette frivolité est sujet de comédie; mais en face d'eux, Molière ne dresse pas la vertu indignée, il dresse l'homme qui prend tout au sérieux parce qu'il ne s'intéresse qu'à sa propre souffrance. Le drame ici, c'est qu'au moment où grâce au pacte mondain un certain nombre d'individus sont parvenus à vivre heureusement dans le monde des apparences, en faisant comme si le moi torturé n'existait pas, celui-ci rebondit des profondeurs où on a tenté de l'enfouir, vient s'affirmer et réclamer ses droits.

Le mouvement des deux courtes tirades d'Alceste est très rapide (vv. 651-6, et vv. 659-666). Elles sont adressées aux deux marquis, qu'il s'agit pour Alceste d'isoler en les démasquant. Ici, les principes généraux du premier acte font corps avec l'attaque personnelle. Les marquis n'épargnent personne dans leur jeu, et ils seront les premiers à embrasser leurs victimes : ils incarnent l'hypocrisie déjà reprochée à Philinte. Mais leur crime véritable, c'est de tenter de corrompre Célimène, de l'entraîner dans cet univers où les gestes ne correspondent pas aux sentiments véritables, c'est de la pousser à être le contraire de ce qu'Alceste veut qu'elle soit, en fin de compte le contraire d'Alceste.

1. Arnavon, *op. cit.*, p. 111. Non, l'éclat d'Alceste n'a pas la « générosité » désintéressée du « Bon appétit, Messieurs » de Ruy Blas, par exemple.

Selon son mouvement habituel, Alceste oscille ici entre l'élan pur de son moi blessé et la justification au moyen de maximes générales. Cette dernière apparaît nettement dans les deux derniers vers de sa seconde tirade :

> *C'est ainsi qu'aux flatteurs on doit partout se prendre*
> *Des vices où l'on voit les humains se répandre.*

Morale de la scène. Mais enfin il s'agit ici précisément des vices de Célimène, de la complicité établie avec les marquis qui, devenue insupportable, a dû être brisée, — brisée toutefois avec la garantie d'une maxime à valeur universelle.

Il s'agit de bien distinguer chez Alceste entre son motif profond et la valeur pratique de l'espèce de révolte à laquelle il nous fait assister. Si on oublie cette distinction, qui fonde en grande partie le personnage *dramatique* d'Alceste, on risque de tomber dans la vaine querelle « a-t-il tort? a-t-il raison? ». Le spectateur est ravi de l'entendre dénoncer les marquis; ce qu'il dit d'eux est vrai, ils font des politesses à ceux qu'ils satirisent quand ils ont le dos tourné, et, à moins de partager l'indifférence de Philinte, nous ne pouvons nous empêcher de trouver cette contradiction, cette duplicité peu louable. Si elle est profonde (ce qui n'est pas le cas) elle est pure hypocrisie, c'est-à-dire mépris d'autrui, et usage d'autrui. Si elle est superficielle, elle est frivolité, ignorance des valeurs profondes, et nous répugnons à croire que l'homme, même au nom de son bonheur, ait le droit de se limiter à ce point. Il est vrai aussi que, s'ils ne sont pas responsables de la « médisance » de Célimène, ils la nourrissent en flattant en elle le goût du succès mondain, en la mettant en représentation, en faisant d'elle un spectacle, en la convaincant définitivement que son mérite est dans son apparence et ses jeux superficiels.

Le motif, d'autre part, est clair : c'est la tyrannie absolue du moi. *Le Misanthrope* expose, répète sur différents tons et dans diverses situations ce mouvement du moi, cette production par la nature humaine totalement corrompue (au sens pascalien, c'est-à-dire confondue avec l'amour de soi) d'une clairvoyance et d'une morale relativement efficaces. Nous essaierons, dans les conclusions, de préciser cet aspect de la comédie moliéresque; à notre avis, il est fondamental. En face de *Tartuffe*, où le problème est esquissé et vite résolu (le moi tyrannique produit l'erreur ou le mal), *Dom Juan* et *Le Misanthrope* examinent plus profondément ce drame de l'homme, et en dévoilent le paradoxe : la corruption essentielle qui a nom amour de soi peut faire tomber les masques qu'elle-même invente mais retombe dans certaines formes de mal au terme de sa démarche : erreur, ridicule, crime.

Ici, les deux premières étapes du mouvement sont éclatantes : c'est parce que Célimène lui échappe qu'Alceste démasque les marquis. La troisième étape est suggérée dans l'excès de sérieux d'Alceste — un sérieux qui nous ramène au motif égoïste, car il est beaucoup plus justifié par la blessure amoureuse d'Alceste que par la frivolité des marquis et de cette conversation, qui mérite un haussement d'épaules tout au plus.

Une fois le débat engagé, on peut dire que tout le monde sur scène « se débat ». Les membres du groupe d'un côté, Alceste de l'autre, font feu de tout bois : personne ne démord de sa position (la seule où chaque moi trouve sa satisfaction) et tous les arguments, jusqu'à la tirade lucrétienne d'Éliante, n'ont d'autre fonction que d'enfoncer les personnages dans ce qu'ils sont.

Une réaction qui vaut la peine d'être soulignée est celle de Philinte. Il prend le parti du groupe, et, à Alceste qui vient de montrer la contradiction des marquis, il reproche une autre contradiction :

> *Mais pourquoi pour ces gens un intérêt si grand,*
> *Vous qui condamneriez ce qu'en eux on reprend?*

(vv. 657-8.)

Philinte se trompe : Alceste n'a aucun intérêt pour Cléon, Timante ou Damis. C'est pourquoi la question de Philinte reste sans autre réponse que le portrait que Célimène fait aussitôt d'Alceste. C'est ici une nouvelle trahison de Philinte; il importe toutefois de noter que ces deux vers contiennent une possibilité de compromis entre Alceste et le groupe, qu'ils signalent un plan où l'accord est possible. Philinte a horreur des querelles, des ennuis, la moindre occasion d'harmonie lui semble bonne à saisir — mais il le fait en s'installant dans le parti adverse à Alceste. Un peu plus tard, Philinte essaie de « ramener Alceste à la raison », en reprenant un argument du premier acte : il dissocie Alceste de « son chagrin », montre la contradiction de celui-ci, et de la sorte invite Alceste à le surmonter et à entrer dans l'esprit du groupe. Ici encore, Philinte se trompe : Alceste n'est pas séparable de son « chagrin », il est son chagrin, autant lui demander de renoncer à lui-même. En tout cas, Philinte fait passer sa solidarité avec le monde de l'accord apparent avant sa loyauté envers son ami. Il est toujours assez absurde d'imaginer ce qu'aurait pu faire un écrivain, — mais on peut concevoir un autre Philinte, tout aussi soucieux de paix et d'harmonie, qui, dans cette scène, a été

prudent, n'a médit de personne, s'est contenté d'être spectateur du jeu, y a fait une entrée si peu compromettante, et qui,
à propos de cette querelle trouverait le moyen de prendre le
parti d'Alceste en faisant remarquer par exemple que Célimène
a suffisamment de grâces sans qu'encore on fasse briller son
« humeur satirique ». Car Philinte est assez habile pour soutenir
un peu Alceste sans s'aliéner le groupe. Or, le vrai Philinte de
Molière choisit l'attitude contraire.

Trait de caractère, qui confirme l'indifférence profonde de
Philinte, mais aussi effet dramatique : Alceste est plus seul que
jamais.

Le coup le plus cruel lui est porté par Célimène. Celle-ci,
tout simplement, continue le jeu des portraits. L'intervention
d'Alceste est réduite par elle à l'introduction d'un nouveau
nom à satiriser. Dans sa tirade des vers 669-680, elle continue
sur sa propre lancée, elle est elle-même. Comme pour les autres
personnages, elle fait un croquis de son comportement, et
souligne l'aspect fâcheux d'Alceste. Cet aspect est pour elle
une pose : Alceste ne veut pas « paraître un homme du commun ».
Il a reçu des cieux un esprit contrariant, — et c'est son arme
pour se distinguer, comme l'obscure faconde de Damon ou
l'esprit critique de Damis. Comme eux, il se trompe : on le
distingue certes, mais en tant que ridicule. Par cette analyse,
Célimène nie le sérieux profond d'Alceste. Il est « personnage »
qui commet l'erreur de jouer un mauvais rôle. Or, nous le
savons, Alceste contredit par révolte réelle contre un monde qui
ne le « distingue » pas. Il se met en colère, non pas pour se faire
remarquer par sa colère, mais parce qu'autrui lui échappe.
Célimène renverse le problème d'Alceste : c'est vrai, Alceste
veut être distingué, mais son comportement a pour cause le
fait qu'il ne l'est pas; il n'est pas l'instrument de son vœu,
il est le résultat de son vœu non réalisé.

Il va sans dire que Célimène dit ce qu'elle pense d'Alceste.
Elle ne voit dans son attitude qu'un ridicule superficiel, fort
fâcheux, mais qui ne tire pas vraiment à conséquence. Par
cette minimisation d'Alceste, elle maintient l'euphorie du
groupe. Les marquis s'esclaffent, Philinte et Éliante sourient.
Rien n'est changé dans le bon ordre de la réunion d'amis. Le
jeu continué efface tout danger de profondeur, de mise en question. Alceste est vaincu, non pas tant parce que personne n'est
d'accord avec lui, mais surtout parce qu'on nie son sérieux
profond.

L'échec exaspère Alceste, le fait passer ensuite des maximes
générales (vv. 687-690) à des attaques de plus en plus personnelles, à l'expression publique de ses exigences : Célimène a des

plaisirs qu'il ne saurait souffrir, elle devrait bannir « ces lâches amants ». Il est certain qu'ici Alceste va aussi loin qu'il est possible. On peut s'étonner que les marquis ne se fâchent pas, car l'attaque et même l'insulte sont directes et sans équivoque. Mais c'est que le portrait fait par Célimène a définitivement constitué Alceste en extravagant; les autres jouent donc avec lui; on ne relève pas les injures d'un fou, on jouit du spectacle qu'il donne. Le groupe *ne répond pas* à Alceste, il se divertit de ses éclats qui ont été réduits à un jeu inoffensif.

Les deux couplets des marquis (vv. 695-698) sont le signe le plus clair de ce décalage. D'abord, ils montrent comment les deux marquis ne manquent pas une occasion de faire la cour à Célimène, — une cour d'ailleurs plate et conventionnelle. Mais c'est cette convention même, acceptée comme évidence, qui rejette Alceste au rang des visionnaires : celui-ci se laisse aller à des fantaisies, des mirages.

Célimène a sa manière à elle de maintenir la conversation sur le plan du jeu de salon. Au moment où Alceste devient dangereusement personnel, elle détourne le débat qu'Alceste veut approfondir. Elle le fait échapper à la querelle individuelle, et l'élève au niveau d'une discussion de casuistique amoureuse selon la convention précieuse :

> *Enfin, s'il faut qu'à vous s'en rapportent les cœurs,*
> *On doit, pour bien aimer renoncer aux douceurs,*
> *Et du parfait amour mettre l'honneur suprême*
> *A bien injurier les personnes qu'on aime.*

(vv. 707-710.)

En ayant recours au « on », Célimène dégage les personnes, elle dérobe à Alceste toute chance d'aller au fond de ce qu'il veut : le jeu continue. C'est là un véritable tour de passe-passe, bien connu des maîtresses de maison habiles. La réussite de la soirée, ici l'euphorie du groupe, peut être ainsi préservée à la dernière minute. Certes, la remarque apparemment impersonnelle de Célimène est moqueuse : mais la moquerie ne porte pas sur le moi d'Alceste, elle porte sur la contradiction d'une théorie qui lui est extérieure.

Alceste n'a pas de prise sur le groupe, qui refuse de parler son langage. Tout glisse et lui échappe; il est transformé en personnage de comédie, un peu comme Sganarelle l'était par Dom Juan. Avec la dernière remarque de Célimène, sa quête d'un débat personnel échoue et se perd dans l'objectivité d'une discussion précieuse. C'est à ce moment que la discrète Éliante attrape habilement la balle lancée par Célimène, et se lance dans la fameuse « tirade imitée de Lucrèce » (vv. 711-730).

Que cette tirade montre que Molière connaissait Lucrèce, c'est évident. Qu'elle permette de tirer des conclusions sur les rapports entre Molière et Gassendi, cela est possible. Qu'elle soit la preuve d'une tentative de traduction du *De Rerum Natura* en français, l'hypothèse est permise. Ce qui compte, c'est qu'à ce moment du *Misanthrope* Molière ait éprouvé le besoin d'introduire ce morceau. Comme toute tirade bien écrite, « littéraire », c'est un peu un morceau de bravoure, une coquetterie d'auteur, et aussi l'occasion de faire passer au premier plan une actrice jusqu'ici un peu sacrifiée dans une scène où les autres brillent. Ces motifs-là toutefois sont secondaires dans l'économie de la pièce ; ils sont un profit supplémentaire que l'auteur tire d'un moment nécessaire de la composition dramatique.

Lucrèce, épicurisme, etc.? Point d'atomes tombants, ni de fatalité, ni de dieux dévalués dans cette tirade. Et, puisqu'il s'agit d'amour, c'est le passage le moins caractéristique de la vision lucrétienne de l'amour. Les « lois » de l'amour du premier vers sont un cliché précieux, non un souvenir philosophique. Quant au reste, c'est un catalogue de remarques toutes rattachées au même thème, une sorte de « maxime » prolongée digne de n'importe quel moraliste du siècle. Ce qui compte, c'est le thème de la maxime : l'amour embellit toujours son objet.

Cette tirade continue le jeu : Éliante est en dehors de ce qu'elle décrit. Le ton en est euphorique : l'illusion amoureuse apporte le bonheur. Si cette tirade est bien à sa place ici, c'est qu'elle rend clair, pour ainsi dire innocemment, le motif du comportement et des jeux du groupe. Au fond, le monde n'est pas si beau. Dieu merci, il est toujours possible de s'aveugler ; c'est au niveau des apparences, des illusions de surface que résident les plus grandes chances d'harmonie et de bonheur. Aux yeux d'Éliante, l'erreur d'Alceste, ce serait de dire à la naine qu'elle est naine. Tandis que Célimène amoindrissait la corruption de la nature humaine en ne voyant dans ses manifestations que des affectations (c'est-à-dire des ridicules de surface), Éliante présente l'autre aspect du problème : les défauts physiques naturels, et même la corruption profonde (orgueil et fourberie) peuvent être oubliés : on ne peut certes les séparer de la nature individuelle, mais par l'amour on les maquille.

Finalement, pour Célimène et son groupe, autrui n'est rien de plus que ce que je veux bien voir de lui. C'est un code qui est devenu si habituel qu'il s'identifie avec une loi de la nature. La médisante tourne en ridicule des affectations, la généreuse

vante les illusions de l'amour. Alceste est à l'opposé de l'une
et de l'autre : tout comportement pour lui engage tout l'être,
car ce dont il a faim, c'est de l'être même.

« Et moi, je soutiens, moi... » (v. 731) s'écrie Alceste après
le numéro d'Eliante. La répétition de *moi* se passe de commentaire. Le dialogue est sans solution : c'est comme une préfiguration de l'impasse finale de la pièce. La scène se termine
par le conflit prévisible entre la jalousie personnelle d'Alceste
et la continuation de la partie mondaine.

Le dernier échec d'Alceste vient de l'extérieur. Lui qui ne
veut pas quitter Célimène le premier, voici qu'un ordre de
la police l'oblige à sortir. Alceste n'est ni un criminel comme
Tartuffe, ni un méchant comme Dom Juan; mais il a la même
obstination, et les autres personnages, tout autant que l'auteur
lui-même, sont impuissants à l'arrêter dans le fonctionnement
de sa nature. Il faut pour cela une puissance supérieure, non
pour le convertir mais pour le retirer de circulation. Le Roi
emprisonne Tartuffe, le Ciel écrase Dom Juan, — la comédie
moliéresque ne peut se résoudre que par l'intervention de
quelque *deus ex machina* — celui-ci pouvant d'ailleurs être
un stratagème inventé par les hommes comme dans *Le Bourgeois
gentilhomme* ou *Le Malade imaginaire*, ou l'appel purement
théâtral à des conventions poétiques telles que les reconnaissances familiales, comme dans *l'École des Femmes* ou *L'Avare*.
Le conflit entre Alceste et la société mondaine ne peut se résoudre que par la disparition d'Alceste. Cette dernière scène
de l'acte II a donc une double fonction : non seulement
elle illustre les mauvais pas dans lesquels Alceste se met, mais
elle est une suggestion d'un dénouement possible qui serait
analogue à celui de la plupart des autres comédies : une
intervention d'un ordre supérieur qui met fin, non à l'erreur
fondamentale des personnages, mais à leurs agissements, au
désordre qu'ils apportent.

Certes, le dénouement réel de la pièce sera différent. Mais ce
dénouement partiel, — ce terme mis enfin à un débat qui
de lui-même ne pouvait s'arrêter, — rattache avec évidence
Alceste à la famille moliéresque de ces natures de toute éternité
fidèles à elles-mêmes, qu'on peut réduire à l'impuissance mais
qu'on ne peut jamais changer.

CHAPITRE V

Dans les coulisses

L'acte II du *Misanthrope*, tout en donnant à chaque membre du groupe de Célimène son individualité, soulignait l'homogénéité de la société mondaine en face d'Alceste. L'harmonie formelle était source d'euphorie, tout contribuait à celle-ci : pour la maintenir, on était d'accord pour rejeter l'esprit de sérieux, l'investigation d'autrui en profondeur, l'appel au moi.

Il est caractéristique que l'acte III s'ouvre par une scène d'où Célimène est absente, par un tête-à-tête entre deux de ses soupirants. L'acte entier est fait de trois tête-à-tête; c'est là son unité de composition. La notion de groupe y fait place à celle de rapport d'individu à individu.

Dans la première scène, nous sommes toujours en pleine euphorie. La satisfaction et l' « apparence joyeuse » des marquis sont bien entendu en contraste net avec le tourment et l'insatisfaction d'Alceste. La fin de l'acte précédent l'avait établi : les marquis riaient tandis qu'Alceste se lançait dans de nouvelles hyperboles coléreuses (vv. 771-774). C'est ce rire qui se prolonge d'un acte à l'autre, sur le fond de bile noire représenté par Alceste.

Le reste du groupe et Alceste ayant disparu de la scène, voici qu'une tension s'établit entre les *deux* rires. Petit drame à l'intérieur du drame majeur, cette scène entre dans la pièce comme une boîte chinoise dans une boîte plus grande.

La première question de Clitandre est ironique. Elle établit immédiatement une distance entre les deux personnages. Eux qui riaient ensemble, voici que dans le tête-à-tête l'un d'eux sous-entend que lui seul a le droit d'être euphorique et que l'autre s'aveugle. La réponse d'Acaste renforce la distinction

qui s'établit : nous ne sommes plus dans l'objectivité impersonnelle de la conversation mondaine, nous sommes en présence de deux « moi » qui s'affrontent. Le « je » d'Acaste n'est
pas une surprise : il était contenu dans son comportement et ses
rires du second acte, mais là, il faisait partie de la satisfaction
générale. Sa tirade (vv. 781-804) révèle que cette satisfaction
générale n'était rien de plus que la somme des satisfactions
individuelles. Le groupe sait ne rien mettre en question; au
contraire, comme on l'a vu, il suppose constamment la perfection de ses membres. Mais dès que cette perfection est
tant soit peu mise en doute (la question de Clitandre), le *je*
orgueilleux réagit avec force. Il est permis de voir ici une
annonce assourdie de la réaction de chacun des membres du
groupe lorsqu'on saura publiquement que Célimène les a tous
« mis en doute ».

Acaste se décrit. Et voici qu'est dévoilée une autre forme de
l'appétit du moi individuel. Si Philinte se satisfait par une
fuite protectrice absolue, si Alceste n'est capable d'être satisfait que par la possession totale d'autrui, si Oronte est avide
de l'éloge d'un talent unique, si Célimène trouve son bonheur
dans le libre éparpillement combiné de protection que semble
garantir la lettre du code mondain d'origine précieuse, Acaste
naïvement, — on a envie de dire : splendidement — est heureux
tout simplement d'être ce qu'il est. Certes, dans toutes les
manifestations de l'amour-propre, par définition le moi est
toujours son propre objet, sa propre fin, — mais le plus souvent
il a besoin d'autres moyens que lui-même, d'autres nourritures.
Acaste se nourrit de lui-même, comme Narcisse était amoureux de sa propre image.

Acaste dit la vérité sur lui-même. Rien ne nous autorise à
penser qu'il ment, ni même qu'il se vante. Il est riche, il est
jeune, il est noble, il a du courage, il a le snobisme des nouveautés, il est bruyant au théâtre, il est adroit, il est beau
garçon, il plaît aux femmes, il est bien en cour... On peut dire
qu'il n'a pas à se plaindre de son sort. Ce qui prouve définitivement qu'il se décrit vraiment tel qu'il est, c'est la naïveté des
vers 791 à 796 :

> *Pour de l'esprit, j'en ai sans doute, et du bon goût*
> *A juger sans étude et raisonner de tout ;*
> *A faire aux nouveautés, dont je suis idolâtre,*
> *Figure de savant sur les bancs du théâtre ;*
> *Y décider en chef, et faire du fracas*
> *A tous les beaux endroits qui méritent des Ah !*

On glisse de la notion d'honnête homme à la notion de « brailleur », pour employer le mot de Célimène elle-même (v. 548).

Acaste décrit ici une pose, et la décrit comme pose : il se voit tel qu'il est, et il adore ce qu'il voit. Dans la grande famille moliéresque où tant de personnages se voient autres qu'ils ne sont, veulent être autre chose que ce qu'ils sont, veulent avoir ce qu'ils n'ont pas, le petit marquis occupe une place à part.

En quoi ce contentement de soi, direct et en un sens justifié, est-il comique et même drôle? Disons que c'est le comique du paon, non celui du geai paré des plumes du paon. C'est la drôlerie du cycle fermé, de la danse exécutée devant le miroir, de la présomption qui fait coïncider la valeur avec soi-même, d'une stérilité finale, de la machine qui se passe d'autrui, non par sagesse, mais par ignorance. Si Alceste n'est que trop exigeant dans son vœu de posséder autrui, Acaste, à l'autre extrémité de l'éventail, n'est que trop oublieux du monde. La contradiction suprême, c'est que cette machine qui n'existe qu'en soi et pour soi puisse être en même temps humaine, qu'elle communique sa satisfaction, qu'elle rende autrui témoin d'un jeu qui en principe contient déjà l'acteur et le témoin et est suffisant en lui-même. Acaste, par sa satisfaction, nie autrui et le monde, mais par son langage et sa présence il fait appel contradictoirement au regard d'autrui, à une consécration objective qui, selon son système, est superflue et même illusoire.

La seconde tirade d'Acaste (vv. 807-822) continue sur la même lancée, — mais à propos du problème précis du succès amoureux. Acaste n'échoue jamais. Nous comprenons que des femmes parfois le repoussent; dans ces cas-là, il n'insiste pas. De la sorte, il n'a que des succès. Autrui n'est qu'un instrument de son contentement de lui-même. Ce n'est pas la possession de la femme qu'il recherche, c'est le spectacle de sa réussite. Il est évident qu'ici la notion d'amour (d'un amour autre que l'amour de soi) n'a aucun sens. Bien plus, il ne s'agit même pas du désir, de l'appétit donjuanesque. La femme n'est pas objet à dévorer, on a l'impression qu'elle n'est même pas occasion de plaisir sensuel : elle est réduite à un signe qu'Acaste se donne à lui-même de son bonheur d'être lui-même.

Mais il y a plus dans cette scène qu'un portrait de plus ou qu'un développement d'une euphorie individuelle. Célimène est mise en cause par Acaste et Clitandre, dans une série d'allusions qui répondent à l'accusation d'Alceste du début du deuxième acte :

> *Mais qui m'assurera que dans le même instant*
> *Vous n'en disiez peut-être aux autres tout autant?*

(vv. 507-8.)

Alors qu'Alceste a le sentiment que Célimène lui échappe, Acaste et Clitandre ont chacun la certitude qu'ils sont en bonne

voie. Il n'y a pas de raison de douter de la bonne foi d'Acaste
en l'occasion. Ce qu'il dit de lui-même est vrai, et il vient de
nous apprendre qu'il n'est pas homme « à souffrir des froi-
deurs ». Et sans doute Clitandre, tout en étant moins tapageur
qu'Acaste, a-t-il la même nature. Or Acaste a *quelque lieu* de
croire qu'il est « fort bien ici », — ce qui est une litote ironique,
étant donné les doutes de Clitandre, voulant dire qu'il en
est assuré. Pressé de questions par Clitandre : « En as-tu des
preuves qui soient sûres? » et « Est-ce que de ses vœux Célimène
t'a fait quelques secrets aveux? » (vv. 830 et 831-2), il répond
par des antiphrases ironiques. La scène est elliptique, mais
claire : si Molière la prolongeait, renversait les rôles, il est évident
que Clitandre répondrait de la même façon.

Ce dialogue donne-t-il raison au soupçon d'Alceste? Alceste
n'est-il que par le choix d'une perspective le héros de l'intrigue,
c'est-à-dire : est-il aux yeux de Célimène sur le même plan que
les autres, un numéro de plus, à qui elle fait les mêmes aveux
qu'aux autres? Nous ne le pensons pas. Célimène ne serait alors
qu'un personnage peu intéressant, une menteuse combinée
d'une hypocrite. Nous avons déjà remarqué que Molière ne
nous fait assister à aucun tête-à-tête entre Célimène et un autre
de ses soupirants. Est-ce pour créer une équivoque, pour
maintenir le spectateur en état de « suspense » en ce qui concerne
la vraie nature de Célimène? Le procédé serait unique dans
l'œuvre de Molière. Célimène n'a fait d'*aveu* véritable qu'à
Alceste, et les autres se trompent. Il y a tout simplement malentendu entre Célimène et les autres : elle ne pense ou n'éprouve
que *la lettre* de ce qu'elle dit, elle ignore la complexité des
conventions. Acaste et Clitandre prennent pour litotes dans le
langage de Célimène ce qui au contraire colle exactement à ce
qu'elle veut exprimer.

Ni Acaste ni Clitandre n'est capable de fournir une « marque
certaine » — et par là, il faut entendre une citation franche et
directe, l'équivalent du « bonheur de savoir que vous êtes aimé »
qu'elle rappelait à Alceste, ou une lettre également sans équivoque même conventionnelle. Acaste et Clitandre sont prêts à
abandonner la partie à la moindre froideur; mais au moindre
sourire, ils sont prêts à voir ce qui les flatte le plus.

Néanmoins, ce dialogue illustre l'erreur de Célimène, le
danger qu'elle court : elle a choisi de ne comprendre dans ce
qu'elle dit elle-même que ce qu'elle veut bien. Mais ce langage
mondain est un piège, l'accord de tous se limite aux significations de surface qui permettent dans tous les cas l'euphorie
collective; en profondeur, ce langage peut être interprété de
mille façons, c'est-à-dire qu'il ne résout rien, il ne fait que cacher

l'erreur de chacun. A ce piège, finalement tous les personnages seront pris.

Le dialogue se termine par un pacte. Pacte facile à conclure, puisque chacun est convaincu d'être le vainqueur. Pacte aussi qui confirme ce que nous savons de la nature des deux personnages, et de l'absence d'amour en eux. Mais surtout pacte qui clôt le cycle de l'amour « en tête à tête » entre Alceste et Célimène, et signifie le commencement d'un nouveau cycle : celui des attaques dirigées contre Célimène; la grande scène du quatrième acte sera provoquée par un tiers (Arsinoé) à propos d'un quart (Oronte). C'est qu'il semble bien, à la suite du deuxième acte, que, sans secours extérieur, la querelle Alceste-Célimène ne puisse que piétiner. Les deux marquis décidant de passer à l'action, c'est pour nous le signe d'une nouvelle orientation de la pièce, d'une sorte d'expérimentation : les forces extérieures au couple des protagonistes, sous la forme d'intrigues proprement dites, parviendront-elles à ouvrir une issue au fond de l'impasse où sont prisonniers Alceste et Célimène? Acaste et Clitandre chercheront à obtenir la fameuse « marque certaine » de leur succès réel auprès de Célimène; de l'extérieur, voici Arsinoé qui vient aussi, à sa manière, demander des comptes à Célimène...

Le rôle d'Arsinoé a été tenu en 1666 par Mlle du Parc, qui avait joué Dorimène dans *Le Mariage forcé* et qui est décrite comme « façonnière » dans *L'Impromptu de Versailles* : actrice donc capable de ce que nous appelons aujourd'hui des « rôles de composition ». Mais aussi, elle venait de jouer Done Elvire dans *Dom Juan*, et allait trahir la troupe de Molière pour aller tenir le rôle d'Andromaque à l'Hôtel de Bourgogne. On nous dit en outre qu'elle était bonne danseuse, et qu'elle avait su émouvoir un Corneille de cinquante-deux ans. A la lumière de ces quelques renseignements, faire entrer, à la scène 4 de l'acte III du *Misanthrope*, une vieille fille verdâtre et acariâtre, une grenouille de bénitier sortie de *l'Envers d'une Sainte* de Curel, ou un grotesque composé de bigote et de Bélise, nous semble un contresens sur le personnage et sa fonction. Le rôle a une dignité, le personnage n'est pas répugnant à regarder. La tartuferie d'Arsinoé est le fruit d'une souffrance réelle : le personnage est finalement odieux, mais non burlesque.

Que savons-nous d'Arsinoé avant son entrée en scène? D'abord, le programme nous dit simplement qu'elle est « amie de Célimène ». Philinte a révélé qu'elle voyait Alceste « d'un

œil fort doux ». Sur un certain plan au moins, il y a donc égalité entre les deux femmes : amies et rivales à la fois — et ceci
entre dans le ton de la pièce qui se situe délibérément dans ce
que nous avons appelé une « société d'égaux ». Nous ne mettons
pas en doute ici les hypocrisies et les refoulements sexuels du
personnage — ils ne seront que trop évidents par la suite —
mais nous tenons à insister sur la tenue théâtrale du personnage : elle ne bave pas de concupiscence sur Alceste comme
Tartuffe le faisait sur Elmire.

Quand Philinte l'annonçait au premier acte (« La prude
Arsinoé vous voit d'un œil fort doux » [v. 216]), il la mettait,
par la diction même, sur le même plan qu'Éliante (« La sincère
Éliante a du penchant pour vous » [v. 215]), pour ensuite
s'étendre davantage sur les rapports d'Alceste et de Célimène. N'oublions pas que dans l'univers indifférent et indiffé-
rencié de Philinte, cette égalité de diction nous en dit autant
sur l'égalité d'humeur de Philinte que sur l'égalité des personnages qu'il mentionne. En tout cas, parmi les femmes qui
sauraient se montrer tendres pour Alceste, il en est une qui
semble tout aussi acceptable que les autres — elle semble
même, dans les propos de Philinte, être plus compatible avec
Alceste que Célimène, — et c'est Arsinoé. Elle est néanmoins
définie d'un trait qui fait froncer le sourcil du spectateur : elle
est « prude ». Il est évident que c'est cette pruderie, rappelée
par Acaste, qui va être une des bases du contraste théâtral
entre Célimène et Arsinoé, mais ce contraste doit être
modéré.

C'est aussi le rappel de cette pruderie qui lance Célimène
dans le portrait de sa rivale, du vers 854 au vers 872. Cette
tirade a comme toujours une double fonction : éveiller l'appétit
du spectateur, confirmer ce que nous savons déjà de l'acteur
qui lance la tirade. Célimène fait exploser la prudente formule
prononcée par Philinte au premier acte, en la développant :
la contradiction entre la pruderie et « l'œil fort doux » est vigoureusement soulignée, de sorte qu'il apparaît avec évidence que
l'un des deux termes est faux, ou du moins le fruit d'une mauvaise foi. Arsinoé n'est pas exactement un Tartuffe en jupons :
fondamentalement, elle n'utilise pas l'apparence dévote ou
simplement « sage » pour se procurer ce qu'elle désire, mais
d'abord pour faire croire (pour se faire croire ?) qu'elle ne désire
pas ce qu'elle ne peut obtenir. Chez Tartuffe, il s'agissait
d'une tactique de conquête; chez Arsinoé, d'un pansement à la
blessure de l'orgueil. Le personnage est bien à sa place dans
Le Misanthrope, particulièrement après la scène des marquis :
dans cette pièce, il s'agit de toujours paraître content de soi,

de donner l'image de la satisfaction, de prétendre qu'on est précisément ce qu'on veut être.

Arsinoé est toutefois avec Alceste le seul personnage qui souffre, le seul qui ne parvienne pas à coïncider avec une image désirée. Mais tandis qu'Alceste fait un spectacle de sa déception, tout l'effort d'Arsinoé consiste à tenter de cacher la sienne. D'après Célimène, elle échoue — et le spectateur va être très bientôt témoin de cet échec. Le drame d'Arsinoé, c'est celui d'un personnage qui veut faire coïncider son malheur avec le Bien et la Dignité, et n'y parvient pas. Elle n'égrène pas humblement des chapelets : elle se redresse, dans la recherche d'une gloire qui lui échappe.

Ce portrait révèle aussi Célimène. Son habileté à faire exploser la prétention d'autrui, certes. Mais aussi et surtout, sa spontanéité. Célimène est ici beaucoup plus directe, plus emportée que dans les portraits de l'acte II. « Oui, oui, franche grimace » est un début plus violent, l'analyse est plus profonde, le vocabulaire plus énergique, et les deux derniers vers semblent le début d'un catalogue de défauts qui ont peu à faire avec la contradiction fondamentale du personnage. C'est que ce portrait est plus qu'un jeu : Arsinoé est la rivale de Célimène auprès d'Alceste. Le vers 866 : « Et même pour Alceste elle a tendresse d'âme » ne signifie pas qu'Alceste soit le dernier pour qui on puisse songer à avoir de tendres sentiments, mais qu'Arsinoé a déjà fait son choix. Cette tirade révèle une animosité de Célimène contre Arsinoé provoquée par la rivalité auprès d'Alceste. Célimène est ici touchée personnellement. Elle est en danger, et elle le sait : Arsinoé veut lui prendre Alceste, et Arsinoé l'attaque publiquement. Célimène, par ce portrait, cherche à détruire Arsinoé comme Alceste cherchait à détruire Clitandre au début du deuxième acte. Préparée par le pacte des marquis, l'attaque contre Célimène, aussitôt accompagnée de la réaction de celle-ci, est désormais déclenchée.

L'accueil que Célimène réserve à Arsinoé ravit d'ordinaire les spectateurs : il est considéré comme un parfait exemple de la duplicité féminine, surtout de la duplicité des femmes entre elles. Et certes, le contraste est fort entre la fin du portrait et les politesses de Célimène dès qu'Arsinoé apparaît, d'autant plus que l'on passe de l'une aux autres sans transition. Les actrices savent tirer un grand parti de ce mouvement.

Mais la drôlerie de ce moment réside surtout dans la spontanéité de Célimène. Celle-ci ne réfléchit pas plus après l'entrée

d'Arsinoé qu'avant. Il nous semble que ce serait mal interpréter
le rôle que de le jouer avec un effort visible, d'y introduire une
aigreur mal dissimulée ou de l'accompagner de clins d'œil
soit au public soit aux marquis, qui indiqueraient que Célimène
ne pense pas ce qu'elle dit et qu'elle se moque d'Arsinoé. Célimène est polie, elle est naturellement accueillante, elle n'a pas
« l'accueil loup-garou » d'Alceste. Elle n'est certes pas « contente »
de voir Arsinoé et nous savons qu'elle nourrit contre elle un
solide ressentiment. Mais elle est aussi euphorique, et son
accueil est *normal,* il est fait tout simplement d'une convention
avec laquelle Célimène coïncide. Il ne s'agit ici ni de duplicité
ni d'hypocrisie individuelle, mais de la pointe extrême d'une
attitude mondaine qui ne devrait tromper personne, qui
n'engage l'être profond ni dans un sens ni dans l'autre. Pour le
spectateur, le moment est finalement comique parce que,
grâce au contraste avec le portrait qui précède, on s'aperçoit
que l'euphorie mondaine tient à un fil, qu'elle s'appuie sur un
langage qui a perdu toute épaisseur, et que le mondain l'ignore,
non pas par calcul mais en toute innocence, et ne voit pas la
fragilité du fondement de son bonheur [1].

Arsinoé est « dans le bien ». Sa première réplique est toute
gonflée de bonne conscience :

> *Je viens pour quelque avis que j'ai cru vous devoir.*
>
> (v. 875.)

Chacun prend son bonheur où il le trouve. En face de Célimène,
Arsinoé redonne du poids aux mots : ce sont les instruments
non du plaisir conventionnel, mais du bien.

Arsinoé refuse de s'asseoir. Ce refus est essentiellement
théâtral. Rester debout donne de l'importance à ce qu'on dit.
Arsinoé, sans doute, croit, comme on l'apprendra plus tard,
que cette visite sera brève, mais ce n'est pas là un motif suffisant.
En fait, elle se « met en scène ». On s'assied dans la comédie de
salon. (Et certains metteurs en scène ont tendance à faire un
peu trop asseoir les personnages de Molière ou de Marivaux...)
La tragédie, elle, se joue debout. Phèdre ne s'assied pas : elle
s'écroule parce qu'elle n'en peut plus. Racine prend même soin
de nous faire remarquer ce geste inattendu de la part d'une
princesse. Ici, Arsinoé fait tous ses efforts pour s'élever au-
dessus de la comédie. Et Molière en profite, ainsi que Célimène.
La scène qui va se dérouler est sérieuse et spectaculaire. N'oublions pas qu'elle occupe le centre de la pièce.

---

1. Des éditions tardives de la pièce font sortir les marquis « en riant ».
Mais enfin, comme ils rient de tout et de rien...

Arsinoé fait la leçon à Célimène. On peut se demander quel bénéfice elle compte tirer d'une attaque, en fin de compte, aussi directe. Si son motif est d'arracher Alceste à Célimène, elle a d'autres moyens, beaucoup plus efficaces et moins dangereux pour elle, comme le montrera la suite. Arsinoé n'est pas aussi « tortueuse » que certains commentateurs le disent. Son motif profond est plus moliéresque : ce n'est pas par calcul qu'Arsinoé est venue chez Célimène, c'est par l'aveuglement même de sa nature. Elle est venue non en rivale, mais en censeur.

Jalouse des succès de Célimène? Certes. Toutefois cette jalousie se traduit non par un essai d'émulation, mais par un effort de ramener Célimène dans l'ordre, dans l'ordre d'Arsinoé. Comme la plupart des grands personnages de Molière, Arsinoé veut transformer le monde selon son vœu. Pour les raisons que Célimène nous a révélées, la galanterie d'autrui est insupportable pour Arsinoé. Non seulement celle-ci justifie sa solitude par un choix vertueux, mais sa satisfaction ne peut être complète que si cette vertu est universelle. Cela est dans la logique même de la notion de bien.

Arsinoé est de la race des personnages moliéresques qui ne se connaissent pas. Son « masque » de pruderie n'est pas délibérément choisi : elle se croit véritablement vertueuse. Elle est plus proche d'Alceste que de Tartuffe à cet égard : elle croit vraiment agir au nom d'un système de valeurs universelles, elle s'autorise, en leur nom, à censurer autrui, — mais elle ignore que c'est autre chose que son sens moral qui cherche à se satisfaire : son moi blessé. Toutefois, alors qu'Alceste attire une sorte de sympathie, elle rebute, elle est « louche »[1]. C'est que le vœu d'Alceste est positif, dans sa gloutonnerie, si l'on peut dire : ontologique. Si Alceste réussissait, il serait vraiment satisfait. Si Arsinoé réussissait, elle ne le serait pas : son action ne vise qu'à une compensation négative. Un monde puritain et vertueux ne lui apporterait rien de plus que la consolation de savoir que son malheur (son affreuse solitude) est partagé par tous.

Il n'y a pas de bonheur possible pour Arsinoé, il n'y a que des justifications du malheur. Son vœu le plus profond étant impossible à réaliser, elle y a substitué un vœu d'insatisfaction universelle. L'âpreté du comique tient ici au fait que l'arme choisie par ce vœu compensatoire est le bien lui-même : Arsinoé

---

1. Par là nous entendons que la distance entre les apparences d'une vraie vertu et le masque de vertu qu'elle porte n'est pas grande. On suspecte son vœu de destruction; il n'éclate pas aussi immédiatement que les appétits de Tartuffe, dont la structure, dès l'abord, est sans aucun flou.

met le bien au service du malheur, la plus haute satisfaction au service de la plus cruelle insatisfaction.

Et cela perce dans l'aigreur des remarques.

Il s'agit à tout prix d'interdire à Célimène son euphorie. Mais il s'agit aussi pour Arsinoé de rester dans le bien. Ce décalage ne laisse place qu'à la perfidie. Arsinoé parle « pour le bien » de Célimène, — et il est difficile de dissocier le bien de quelqu'un de son bonheur. Cette dissociation, Arsinoé la fait en prenant une garantie extérieure : « des gens de vertu singulière ». Ce n'est pas Arsinoé qui parle, c'est la Vertu incarnée allégoriquement dans un groupe de sages. Arsinoé, de la sorte, n'est pas responsable. Et comment pourrait-elle l'être, puisqu'elle est elle-même soumise à cet ordre du bien? Sa solitude est un devoir : elle lui est imposée de l'extérieur, par un ordre dont elle reconnaît l'importance suprême mais qu'elle n'a pas inventé.

Le tyran Alceste introduisait ses maximes morales par « je veux ». Le tyran Orgon se réfugiait derrière Tartuffe. Arsinoé se réfugie derrière un bien objectif et extérieur, encore une fois non pour dominer ou absorber autrui, mais pour échapper à la douloureuse idée d'un malheur qui n'est qu'en elle, — et pour aligner les autres avec elle. Elle insiste, tout au long de sa tirade, sur cette irresponsabilité : elle a pris la défense de Célimène, mais il lui a fallu se soumettre. Le ton d'ensemble est du genre : « tout cela est plus fort que vous, que moi ». Tout est devoir qui vient d'en haut : l'amitié, qui veut qu'on soit loyal; la pudeur, qui veut qu'on renonce à la galanterie. En quelque sorte, d'eux-mêmes, ces devoirs établissent leur propre hiérarchie; en quelque sorte, d'elle-même, la grande machine du Bien fait son propre tri.

Mais le personnage se révèle par excès de précaution : Arsinoé cherche tant à être irresponsable qu'elle finit par mentir.

> *Non, que j'y croie, au fond, l'honnêteté blessée,*
> *Me préserve le Ciel d'en avoir la pensée!*
> *Mais aux ombres du crime on prête aisément foi,*
> *Et ce n'est pas assez de bien vivre pour soi.*

(vv. 905-8.)

Souci des apparences, comme chez Mme Pernelle au début de *Tartuffe?* Les protestations d'Arsinoé sont trop véhémentes : elles signifient que précisément elle y croit « l'honnêteté blessée », qu'elle pense que l'« ombre du crime » est le signe du crime lui-même. Elle n'est pas venue demander à Célimène de réduire son tapage, mais de cesser de s'adonner à la galanterie proprement dite. C'est moins la réputation de Célimène qui est en cause, que la réalité de ses séductions.

Arsinoé est venue dire en face à Célimène qu'elle mène une mauvaise vie, mais ayant choisi la voie de l'irresponsabilité pour les raisons qu'on a vues, elle ne peut pas le lui dire directement. La tension majeure de la tirade réside dans le contraste entre la lettre des propos d'Arsinoé : « Voilà ce que la Vertu parfaite, objective, extérieure, pense de vous » et le moi finalement frustré d'Arsinoé qui ne peut se révéler que par antiphrase. Bien entendu, ni Célimène ni le spectateur ne sont dupes.

Il est d'usage d'insister sur le parallélisme des deux tirades : l'accusation masquée d'Arsinoé et la réponse de Célimène. Mais il y a une tension plus dramatique peut-être que l'évident parallélisme de forme : c'est le contraste entre les précautions d'Arsinoé et la force de la contre-attaque de Célimène. La tirade de la coquette est plus longue, les accusations sont plus nombreuses, plus précises : le feu, plus nourri. Dans la tirade d'Arsinoé, on ne trouve qu'une dizaine de vers qui contiennent des accusations proprement dites; tout le reste exprime l'effort d'irresponsabilité. Chez Célimène, plus de vingt vers constituent un véritable catalogue de traits d'hypocrisie. Après la grande scène de l'acte II, après le premier portrait d'Arsinoé, voici le plus long, le plus riche exemple du genre, au centre de la pièce, et lancé au visage même de la victime.

Il est certain que, comme dans *Dom Juan*, Molière se souvient ici de ses ennemis : après les hommes, les femmes. Les hommes sont hypocrites par calcul [1], les femmes pour l'atroce raison que Célimène a révélée et à laquelle elle fait une allusion transparente à la fin de la présente tirade (vv. 937-944). On a l'impression que jusqu'ici, dans cette pièce, il a entraîné Célimène, il l'a exercée, il l'a conduite au point de perfection qui lui permet de démasquer si magistralement Arsinoé. Célimène use du procédé d'irresponsabilité d'Arsinoé, — mais elle en fait la parodie, en particulier par la prosopopée des vers 937-944. C'est-à-dire que non seulement elle établit la contradiction entre la pruderie extérieure d'Arsinoé et son « amour pour les réalités », mais encore elle l'accuse de mauvaise foi et de veulerie dans la forme de son « avis profitable ».

Pourquoi cet éclat de Célimène?

Il est toujours vrai qu'on ne se défend jamais mieux qu'en attaquant. Mais c'est encore plus vrai dans un monde où tout l'effort consiste à faire échapper le moi : comme tous les personnages de la pièce à l'exception d'Alceste, Célimène n'admet pas qu'on parle d'elle, — sinon pour la flatter, selon la conven-

---

1. Tartuffe et Dom Juan font la théorie de leur hypocrisie; ils en expliquent le mécanisme et les avantages : Tartuffe, devant Elmire, vv. 989-1000; Dom Juan, à l'acte V de sa comédie.

tion générale. La critique n'est pas admise, elle touche l'amour-
propre qui, dans les conventions, ne trouve que des satisfactions.
Arsinoé a cessé de jouer le jeu : son choix, comme moyen de se
satisfaire ou du moins de se justifier, est en marge de la convention. Célimène, dans la scène des portraits, se contentait
d'accuser autrui de ridicule ou d'ennui; sa médisance s'arrêtait
là. Elle était capable de suggérer que la source de ces comportements voués à l'échec était l'orgueil individuel, mais son
jugement final n'était prononcé qu'au nom de l'euphorie générale. Certains de ses amis l'ennuient, elle sait pourquoi, quand
on le lui demande elle le dit, — mais elle n'est pas corrup-
trice, elle n'est pas une militante de la frivolité ou de la galanterie. Elle raille autrui, elle n'a pas besoin de changer autrui
pour être heureuse. Le système d'Arsinoé au contraire est fondé
sur ce besoin de changer autrui; du coup elle outrepasse les
droits conventionnels; elle ne met pas en question un trait
de Célimène, ou plutôt elle ne présente pas ce trait comme
un défaut superficiel, elle censure Célimène tout entière, sa
manière de vivre, son bonheur.

Cette scène est le moment de rupture dans la pièce. Alceste ne
joue pas la règle du jeu non plus, mais sa méthode a abouti
à une stabilisation des forces. L'attaque d'Arsinoé, venue de
l'extérieur, est infiniment plus grave pour la continuation de
l'euphorie générale. Alceste est rendu inoffensif par son amour;
et aussi par le fait que son vœu ne vise pas à la destruction
d'autrui. Arsinoé déteste Célimène, et en plus son vœu vise
à la destruction d'autrui, comme on l'a vu. Célimène se sent
véritablement en danger. D'où sa riposte.

On pouvait faire rentrer Alceste dans le jeu, à ses dépens et
par la petite porte — ou plutôt par l'entrée des artistes : on
faisait de lui un spectacle, le bouffon de la comédie mondaine.
Arsinoé est dangereuse parce qu'elle se réfugie derrière le Bien.
On peut tourner en ridicule le principe de sincérité, dont la
source est intérieure et individuelle. Mais on ne peut dire du
mal du Bien. Le Bien est le Bien. On ne songe pas à accuser
Alceste de mauvaise foi, même s'il en est capable. Mais,
dans le cas d'Arsinoé, il faut à tout prix la dissocier de ce Bien
dont elle s'est faite le vicaire. La sincérité est une maladie
chez Alceste; le Bien, chez Arsinoé, est un masque. Au cours
de sa longue tirade, c'est à cette idée que nous conduit Célimène.
Elle l'avait dit d'emblée : « Franche grimace. » Ici, elle l'accuse
purement et simplement d'hypocrisie, et enfin, d'usurpation [1] :

1. Mais quiconque « fait la leçon » n'est-il pas coupable d'une semblable
usurpation? Certes, ici, notre sympathie va à Célimène; mais nous pou-

> *Et qu'encor vaut-il mieux s'en remettre au besoin,*
> *A ceux à qui le Ciel en a commis le soin.*

(vv. 955-6.)

C'est là faire d'Arsinoé un Tartuffe femelle, en tout cas, un faux prêtre. Les motifs sont différents, comme on le sait, mais l'usurpation est la même, — le crime, analogue.

D'où l'importance de cette riposte, de cette scène : l'euphorie mondaine est satirisée, les dangers (la frivolité, etc.) révélés au cours des deux premiers actes. Mais au nom de quoi? D'abord au nom de la souffrance personnelle d'Alceste. Mais celle-ci doit-elle, pour être guérie, détruire une harmonie? Ici, Arsinoé vient parler au nom de la valeur la plus haute, le Bien, étroitement rattaché au Bien chrétien. Mais qui sont les porte-parole de ce Bien? Des Tartuffes d'une part, des Orgons d'autre part, — enfin des Arsinoés. Et n'était-ce pas, dans *Dom Juan*, un Sganarelle? S'il y a leçon, c'est la suivante : si le comportement d'autrui nous choque, qui sommes-nous pour le condamner? Il y a sans doute un Bien absolu, mais qui sommes-nous pour nous en faire les vicaires? Quand nous prétendons parler en son nom, c'est toujours, au fond, au nom d'un vœu de notre amour-propre. Chacun de nous n'a pour critère du Bien et du Mal que son propre désir ou sa propre souffrance [1]. Nous ne pouvons pas, en toute bonne foi, « juger et condamner. » Nous ne pouvons que constater, rire du dilemme, c'est-à-dire écrire des comédies. Tout le reste est présomption ou usurpation. La comédie nous met en garde, c'est tout ce qu'elle peut faire, — pour le reste et essentiellement, elle présente des natures individuelles, qui sont ce qu'elles sont, font feu de tout bois (même de celui de l'arbre de sagesse) pour se satisfaire, sont constamment en conflit, conscient ou aveugle, les unes avec les autres... et la comédie s'arrête, bien souvent artificiellement, avec la fin d'une certaine anecdote qui, comme par hasard, coïncide avec le moment où le spectateur a fait le tour de chaque personnage, vu toutes les possibilités de tournois, et bien séparé chaque amour-propre du masque ou des armes qu'il a choisis.

Démasquer Arsinoé au centre de la pièce, c'est définitivement affirmer qu'il ne s'agit pas dans *Le Misanthrope* d'un exposé moral, d'un débat philosophique sur le Bien ou le Mal, mais

---

vons réfléchir sur le « droit » que s'arrogent tous les sermonneurs, que leur cause (à la fois idéal et raison profonde) soit « bonne » ou « mauvaise ». A la limite, cela entraîne une dévalorisation du didactisme de la Comédie elle-même.

1. Quand Dieu est « caché » à ce point-là, le jansénisme qui colore la vision moliéresque, au lieu d'atteindre des certitudes, débouche dans le scepticisme moral.

d'un conflit d'attitudes qui sont *toutes* suspectes : l'objectivité
elle-même n'est qu'un masque ou une arme de l'amour-propre.
Tout le sujet du *Misanthrope* c'est : être ou ne pas être blessé, —
et si on est blessé, que fait-on ?

Dans cette scène, une fois de plus, Célimène met les rieurs de
son côté. Les rieurs, nommément : les spectateurs. Elle ne se
défend pas, elle ne démontre pas à Arsinoé sa propre innocence :
elle démasque et détruit son adversaire. Car le but de Célimène,
ce n'est pas de trouver la garantie du Bien, c'est d'être heureuse
et en paix. Pour le reste, elle est comme les marquis : elle ne
doute pas un instant de sa perfection, elle n'a besoin que de sa
propre approbation et de son reflet dans les yeux et les propos
de ceux qui la fréquentent. Qui la condamne a tort. Du coup,
Célimène est une force : il y a une plénitude de Célimène, et
cette plénitude ne tient qu'à elle. A ce moment de la pièce,
le spectateur a un choix à faire : et comment ne pas choisir le
bonheur spontané de Célimène contre l'inauthenticité d'Arsinoé,
— la claire riposte (car l'appel aux « gens d'un très rare mérite »
n'est pas un masque comme l'est l'appel aux « gens de vertu
singulière » chez Arsinoé : c'est une caricature transparente,
et qui se veut transparente, pour détruire son modèle, du
procédé d'irresponsabilité d'Arsinoé) contre le double jeu de
l'attaque personnelle masquée ?

Célimène ne se justifie pas, et elle n'a pas à se justifier devant
un juge hypocrite : on démasque le juge, dans un cas pareil.
Toutefois, une ou deux allusions frôlent la justification. C'est,
aux vers 929 et 930 :

> *Vos mines et vos cris aux ombres d'indécence*
> *Que d'un mot ambigu peut avoir l'innocence ;*

et aux vers 933 et 934 :

> *Vos fréquentes leçons et vos aigres censures*
> *Sur des choses qui sont innocentes et pures,*

Ces remarques montrent que Célimène, encore une fois, ne met
pas en doute sa propre innocence. Elle n'a pas du coup à la
proclamer. Dans la première de ces citations, elle reconnaît
l'existence des « mots ambigus »; il s'agit bien entendu d'homo-
nymes, ou encore de ceux dont les « syllabes sales » permettent
aux mauvais plaisants de faire des « équivoques infâmes », —
et dont les Femmes savantes voudront débarrasser la langue
française *(Les Femmes savantes*, III, 2, vv. 909-918). Tous les
puritanismes se tiennent. Mais il s'agit aussi de mots qui, par
leur contexte, prêtent à l'équivoque. Il s'agit enfin du langage
même de Célimène, d'une ambiguïté que les autres (Alceste

d'un côté, les marquis de l'autre) y voient, qu'ils tournent à leur satisfaction ou contre eux-mêmes selon leur nature, mais que Célimène refuse de prendre à son compte. Célimène ne se sent engagée que par la lettre de ce qu'elle dit, et cette « lettre » n'est jamais criminelle.

Dans le débat, ou plutôt la querelle qui suit, Célimène prononce le « mot » central de la pièce, — et il est remarquable qu'il vienne d'elle, non d'Alceste ou de Philinte :

> *Ce grand aveuglement où chacun est pour soi.*
>
> (v. 968.)

Central, presque par sa situation (la pièce a un peu plus de 1800 vers). Central surtout par sa signification : personne ne se voit. S'il y a une leçon dans la pièce, ce sera bien celle-ci, car chacun passe son temps à expliquer autrui à autrui, sans s'expliquer à soi-même. Il convient de rattacher ceci non seulement à l'atmosphère pascalienne, mais à la pensée de La Rochefoucauld, dont les *Maximes* furent publiées un an avant *Le Misanthrope,* sans se perdre dans la recherche des influences proprement dites, mais en considérant un climat général à un moment de l'histoire.

La sagesse de Célimène consiste à accepter cet aveuglement, et à n'en point faire reproche aux autres. Elle raille les ridicules qu'il provoque, elle ne s'élève pas en réformatrice. Ce qu'elle refuse, c'est que le « produit » de l'aveuglement d'autrui vienne menacer le fondement du sien. Si on la pousse, elle se montre relativiste, et du coup proche de Philinte (vv. 975 sqq.).

Mais, bien entendu, il ne s'agit pas ici d'un débat de philosophie morale : les maximes prononcées par les personnages sont le produit de leur nature et l'arme de leur satisfaction. Il s'agit ici, pour Célimène, de poursuivre sa vengeance, de pousser à fond sa destruction d'Arsinoé. Sa petite tirade relativiste n'est qu'un moyen d'aller plus loin dans le portrait d'Arsinoé : la grande tirade exposait la contradiction d'Arsinoé, celle-ci en donne la raison immédiate (politique) et la raison première : la pruderie d'Arsinoé cache ses « fâcheuses disgrâces », sa honte de ne plus plaire à cause de son âge. Au vers 984 s'achève une scène magistrale de déshabillage forcé, l'équivalent le mieux réussi, sur le plan de la haute comédie, du déshabillage physique de Mascarille à la fin des *Précieuses.*

Arsinoé est, au centre de la pièce, le bouc émissaire de l'ensemble des personnages. Outre les raisons personnelles que

Molière a pu avoir pour confier ce rôle privilégié à une prude, il convient de noter son importance dans la pièce : il s'agit véritablement d'un sacrifice exemplaire. La pièce se terminera par un holocauste, l'exécution d'Arsinoé est une cérémonie d'avertissement. Chacun peut être à cet égard le bourreau d'autrui. Et surtout, comme c'est un sacrifice dont on ne meurt pas physiquement, quiconque sacrifie autrui doit s'attendre à être, par représailles, sacrifié par sa victime.

Venue de l'extérieur, au moment où la pièce se stabilise, Arsinoé tente de démasquer Célimène. La représaille est terrible : Célimène a toutes les armes qu'il faut pour rendre au centuple les coups qu'on a cherché à lui porter. Mais, comme dans la tragédie antique le crime appelle le crime, la machine est mise en marche. Qui démasque sera démasqué; qui est démasqué démasquera[1]. De même que dans un univers où tout le monde peut être à la fois bourreau et victime il n'y a finalement que des victimes, il n'y aura finalement dans *Le Misanthrope* que des « moi » dénudés et blessés.

Ce qui suit, c'est la confrontation de deux femmes dont l'une se vante de son bonheur et dont l'autre prétend que le même bonheur n'est pas impossible pour elle. L'une éclate de la joie d'être ce qu'elle veut être, d'avoir ce qu'elle veut avoir; l'autre, prise entre un vœu impossible et le système qui transfigure cette impossibilité en valeur, ne parvient pas à masquer sa déception profonde

Célimène est cruelle ici, c'est vrai. Mais sa cruauté est spontanée, c'est une réaction de défense toute naturelle, pour laquelle elle utilise les armes aiguës que lui fournit son entraînement mondain. Il convient ici de ne pas jouer le personnage aigrement, en sous-entendus. Le « vingt ans » du vers 984 sonnait « terriblement », c'est-à-dire haut et clair. Au vers 991, le ton est celui d'un « c'est vrai, quoi, après tout vous m'embêtez, tant pis pour vous », c'est-à-dire le ton d'une bagarre où on se sent provoqué, où on a le bon droit de son côté, et où on répond par des coups francs. Ne disons pas que le « vingt ans » est un coup au-dessous de la ceinture; argument *ad feminam*, certes, mais il faut se rendre à l'évidence que la querelle engagée par Arsinoé est personnelle, que son

---

1. Comme on le verra, l'image du masque, commode jusqu'à un certain point, devient impropre au terme du *Misanthrope*, à moins d'être redéfinie.

« objectivité » n'est qu'un masque, et que le « vingt ans » ne fait que mettre en plein jour le vrai motif.

Ce motif étant ce qu'Arsinoé tient le plus à nier, elle est obligée de se placer sur ce plan, et de s'y défendre. Mais sa défense est un aveu. D'abord, elle est contrainte de parler en son nom propre, sa tactique d'irresponsabilité s'effondre, et elle accuse personnellement Célimène « d'acheter les soins qu'on lui rend ». En second lieu, elle en vient presque à défier Célimène :

> *Je pense qu'on pourrait faire comme les autres,*
> *Ne se point ménager, et vous faire bien voir*
> *Que l'on a des amants quand on en veut avoir.*

(vv. 1022-24.)

Ce demi-défi au conditionnel est sans doute la dernière arme, le dernier voile dont Arsinoé puisse masquer sa nudité mise à jour par Célimène.

Célimène, elle, ne veut que la paix, la liberté d'être ce qu'elle est, d'avoir ce qu'elle a, puisque cette situation la satisfait. Sa tirade des vers 991 à 1000 est dominée par les expressions : « Et puis-je mais », « Je n'y saurais que faire, et ce n'est pas ma faute », « et je n'empêche pas ». Irresponsabilité ici, qui répond à celle dont se masquait Arsinoé dans sa grande tirade. Elle est toutefois d'une qualité très différente. Elle reprend le « Puis-je empêcher les gens de me trouver aimable » de sa première scène avec Alceste (v. 462). Cette irresponsabilité n'est pas le masque d'une mauvaise conscience, au contraire : elle correspond exactement à la réalité des choses de ce monde. Les appas de Célimène inspirent de l'amour, c'est un fait. Il n'entre là aucune valeur supérieure, il ne s'agit que d'un heureux hasard naturel qui n'entraîne d'ailleurs aucun crime, à moins que le bonheur n'en soit un. Célimène sait qu'elle est aimée, et son innocence consiste à se laisser aimer sans « acheter » cet amour, comme va l'en accuser Arsinoé. Encore une fois, elle se trompe, non sur sa propre innocence, mais sur autrui, sur l'usage qu'autrui fait de l'ambiguïté non voulue de son comportement et de ses propos. Elle se fie à la lettre de ceux-ci, laquelle ne l'engage pas (sauf envers Alceste). Tant pis pour les autres s'ils interprètent mal. Célimène profite de sa chance sans lui forcer la main.

Les personnages se comprennent l'un en face de l'autre. Dans ces deux femmes dressées sur la scène éclate le conflit entre la redoutable liberté du bonheur assuré et l'aigre mauvaise foi du malheur irrémédiable. Cette scène est cruelle pour les deux : ni l'une ni l'autre n'a la moindre sympathie pour l'autre.

Chacune s'accroche à ce qu'elle a ou à ce qu'elle bâtit, chacune veut la mort de l'autre. Dans le tournoi des « moi » menacés, toute générosité disparaît. Cette scène est finalement sérieuse, inquiétante, tant elle révèle une très sombre vision de l'homme.

Nous intitulons ce chapitre « dans les coulisses » : au centre de la pièce, voici que Philinte et Alceste à la fois ont raison dans leur description de la société humaine. L'euphorie est précaire, elle cache des natures simples, centrées sur elles-mêmes, meurtrières dès que menacées. Natures simples, car le motif de ce débat est, d'une certaine façon, primitif : le bonheur du moi de Célimène et celui du moi d'Arsinoé tient tout simplement à la beauté physique qui attire l'autre sexe. Plaisir simple, sous les dehors des raffinements sociaux, artistiques, intellectuels. Jalousie simple qui lui répond.

Si l'on considère Célimène véritablement coupable de ce dont Arsinoé l'accuse (payer de sa personne), la scène se complique, mais perd en brutale et profonde simplicité. C'est précisément parce que Célimène n'est pas coupable que le débat est inquiétant. C'est son innocence qui lui donne sa force, sa cruauté. Arsinoé veut à tout prix qu'il y ait crime (vv. 1005-1009), sinon Célimène est inexpugnable. Or elle l'est, sur le plan où se place ce débat (c'est sur un autre plan qu'Arsinoé la « démasquera »). Célimène est une nature simple, qui persiste obstinément dans ce qu'elle est, sans briser aucune loi, humaine ou divine ; or cette innocence est précisément faite d'égoïsme, de cruauté, elle est source de souffrance pour autrui, car, sans faire le mal, elle n'a d'yeux que pour elle-même. Il conviendra finalement de situer Célimène entre l'Agnès de *L'École des Femmes* et *Dom Juan*, et de souligner l'importance du thème des « natures pures » dans l'œuvre de Molière.

Une sorte de proverbe américain dit : Deux, c'est l'intimité ; trois, c'est la foule. *Le Misanthrope* illustre assez bien ce dicton. Dans cet acte III, les transitions entre les scènes à deux reprennent le ton des grandes scènes collectives du deuxième acte. Les marquis en tête à tête révélaient leur rapport, faisaient un pacte, — l'entrée de Célimène faisait resurgir le ton de la scène des portraits. Ici, avec l'entrée d'un tiers, Alceste Célimène reprend le ton de la politesse mondaine. Une politesse froide, qui recouvre d'un voile de glace ce qui vient d'être dit : rien n'est effacé, mais tout est figé par la rigueur de l'honnêteté. Dès qu'on est plus de deux, il y a représentation collective, donc tenue ; la jungle et ses aveux sont réservés a tête-à-tête. Célimène ici a de la tenue, et elle en veut avoir; ses propos sont exactement à la mesure de ce qu'elle éprouve : « sans vous fatiguer de ma cérémonie » (v. 1033) marque le choix d'un certain article du code qui correspond au minimum de respect pour Arsinoé. Il est probable que Célimène ne ment pas quand elle dit qu'elle a « un mot de lettre » à écrire : sa sortie n'est pas masquée par un prétexte, elle est fondée sur une nouvelle hiérarchie des obligations, franchement avouée, qui fait passer Arsinoé au second rang.

Voici Arsinoé et Alceste en tête à tête. Nous savons qu'un soupçon commun peut les lier, nous savons qu'Arsinoé est hypocritement la rivale de Célimène. Nous savons aussi, qu'avec des motifs profondément différents, tous deux se font les champions d'une morale austère et combattent les « vices » du siècle, dont certains sont incarnés à leurs yeux par Célimène.

Mais nous savons aussi que l'un veut posséder totalement Célimène, tandis que l'autre veut la détruire.

La première tirade d'Arsinoé est pleine d'échos de la proposition d'Oronte à l'acte I. Il s'agit du mérite d'Alceste, de l'amour qu'il provoque, des récompenses officielles qu'il devrait recevoir. En un mot, Arsinoé, d'emblée, se met à flatter Alceste. Mais elle le flatte pour s'en faire aimer, non comme Oronte pour que la louange se réfléchisse sur elle-même et la grandisse. Comme Oronte toutefois, elle ignore qu'Alceste ne mange pas de ce pain-là.

Arsinoé est ici prise entre son masque et son amour. Pour paraphraser son argument, disons que le mérite d'Alceste a des charmes secrets qui font que le cœur d'Arsinoé... veut que la cour rende justice à ce mérite. Elle fait un détour par le vocabulaire amoureux, qui révèle son désir profond, mais le masque l'emporte en ce moment. Plus encore : au fond, elle cherche à « acheter » Alceste, pour employer le verbe violent qu'elle utilisait en accusant Célimène. Certes, elle ne cherche pas immédiatement à l'acheter par les moyens dont elle accuse Célimène : comment le pourrait-elle? Mais elle tente de l'acheter en lui faisant une carrière :

> On peut, pour vous servir, remuer des machines,
> Et j'ai des gens en main, que j'emploierai pour vous,
> Qui vous feront à tout un chemin assez doux.

(vv. 1078-1080.)

finira-t-elle par dire. Cette proposition n'est pas gratuite, nous le savons. Le mérite d'Alceste, reconnu par tous, est sans doute la source de l'amour d'Arsinoé pour lui ; voir ce mérite récompensé n'est pas sa fin, c'est une étape nécessaire qui a une double fonction : masquer un amour qu'Arsinoé ne saurait avouer directement, et lui attirer l'amour d'Alceste, *obliger* celui-ci à l'aimer.

Mais ce n'est pas là « distinguer » véritablement Alceste. Certes, il a, sur ce plan-là, une modestie certaine : il n'a rien fait de brillant, il ne mérite donc pas d'être récompensé. Mais on peut aussi penser que sa tyrannie est concrète : les honneurs, la carrière sont des abstractions, des « symboles » tout au plus ; ce qu'il veut ce sont les êtres eux-mêmes, un ami tout à lui, une maîtresse toute à lui. En outre, même mérités, les honneurs en eux-mêmes ne distinguent pas vraiment, en un siècle où ils sont conférés par l'intrigue, et ne contribuent qu'à créer une foule au-dessus de la foule, où sont indistinctement mêlés honnêtes gens, fourbes et sots.

Arsinoé se trompe donc sur Alceste. L'ironie veut qu'en plus elle fasse, avec des armes différentes, ce dont elle accusait précisément Célimène. Enfin, troisième trait du personnage, trait qui hante Molière aussi bien qu'Alceste, elle fait partie d'une sorte de « cabale ». A la fin de *Tartuffe* surgissaient de l'ombre les membres d'un « gang » inquiétant ; Dom Juan choisissant l'hypocrisie se plaisait à décrire l'efficacité de « sa cabale » ; voici qu'Arsinoé, qui jusqu'ici s'est contentée d'évoquer des gens de « vertu singulière », ou « d'un grand poids », révèle ses « machines », les gens « qu'elle a en main » et qui travaillent à déblayer le terrain devant les élus. L'hypocrite, chez Molière, ne travaille jamais seul.

Alceste refuse la proposition d'Arsinoé, comme il refusait celle d'Oronte, comme il avait refusé de s'occuper de son procès. Ce refus est attendu, il est simplement plus développé que dans le cas d'Oronte, plus sérieux que dans le cas du procès. Du vers 1081 au vers 1099, Alceste fait le procès de la cour.

On y « joue les hommes en parlant », on y « cache ce qu'on pense », on « y joue de fort sots personnages », on « y souffre mille rebuts cruels », on « y flatte » mauvais poètes de qualité et « madame une telle », on doit y subir les sottises des marquis. Dans d'autres pièces, Molière n'hésite pas à louer hautement le *goût* de la cour *(La Critique de l'École des Femmes, Les Femmes savantes)*. Mais là cet éloge est essentiellement destiné, au-delà de toute politique personnelle, à ridiculiser les pédants, à faire éclater leur prétentieuse comédie. Ici, procès de l'esprit courtisan, mais au nom du vœu d'Alceste : ils ne sont pas faits l'un pour l'autre, ils sont incompatibles. La tirade commence avec une vigoureuse affirmation de la sincérité d'Alceste, elle continue avec l'aveu d'une crainte : celle d'être blessé. Alceste ne veut pas qu'on se moque de lui, Alceste ne veut pas essuyer de rebuts « cruels » (vv. 1094-5), enfin il ne veut pas revivre, en plus grand, ce qu'il vient de vivre aujourd'hui même : louer des vers comme ceux d'Oronte, se voir supplanter par le bavardage d'innombrables Acastes et Clitandres; quant à l'allusion à l'encens qu'on doit donner à madame une telle, elle peut s'interpréter comme une réaction d'Alceste contre l'atmosphère de flatterie qui entoure Célimène, auprès de qui il croit échouer parce que précisément il ne sait pas la flatter comme un courtisan. En un mot, ici encore, la noble attitude d'Alceste devant la proposition d'Arsinoé nous ramène à sa situation du moment, à ses blessures de l'heure. Alceste refuse la cour, parce qu'il voit en elle un salon de Célimène multiplié au centuple.

Ayant échoué dans une offre positive, Arsinoé passe abruptement à une tactique négative : détruire Célimène dans l'esprit et le cœur d'Alceste. L'absence de transition s'explique par le motif unique d'Arsinoé. Elle s'érige soudain en démystificatrice d'Alceste. Et cette fois, elle vise juste, elle entre dans le jeu d'Alceste. Celui-ci, certes, est choqué par les accusations qu'une femme peut porter contre son « amie ». Mais ce qui compte, ce n'est pas la déloyauté d'Arsinoé, c'est la confirmation de ses doutes sur Célimène : ce n'est pas la méchanceté du monde en général, ce sont les mauvais tours qu'on lui joue à lui. Il oublie rapidement la bassesse d'Arsinoé, il finit par « lui donner la main jusque chez elle »; il ne songe même pas à la mépriser, il se sert d'elle pour en avoir le cœur net sur Célimène. Il est ici le jaloux, celui qui est prêt à faire suivre sa maîtresse par des détectives privés. C'est lui qui demande des preuves (vv. 1121-1124). Le vertueux, le généreux mettrait proprement Arsinoé à la porte, mais le système moral d'Alceste ne tient que dans la mesure où il peut satisfaire son vœu de possession; c'est celui-ci qui est à la base de sa nature, et les louches intrigues ne l'effraient pas quand elles peuvent véritablement le servir. Il n'y a pas ici de conflit entre un vœu de vertu et un amour, le désir d'être éclairé ne l'emporte pas sur d'authentiques principes moraux. Alceste ne débat même pas sa situation présente, la contradiction morale dans laquelle il s'engage. Tout naturellement, il se lance selon les besoins dans le moralisme ou les petites bassesses, l'un et les autres n'étant que des moyens pour atteindre la satisfaction qu'il recherche.

Il veut Célimène tout entière. S'il ne peut l'obtenir en la transformant, en lui imposant la « sincérité », en l'obligeant

à se donner à lui aux dépens du reste du monde, il est prêt à
tout pour la posséder par la connaissance, même en dépit
d'elle-même. Arsinoé a joué ici le rôle de la tentatrice. La première tentation échoue, parce que le fruit offert est en fait
partagé par tous, sans distinction réelle. La seconde réussit,
parce que le fruit, c'est maintenant la vérité sur Célimène, c'est
Célimène livrée pieds et poings liés. Arsinoé réussit à attirer
Alceste en lui offrant Célimène. Bien entendu, son espoir, c'est
que maître d'une Célimène démasquée, nue et sans défense,
Alceste la rejette avec horreur et se tourne vers elle :

> *Et si pour d'autres yeux (votre cœur) peut brûler,*
> *On pourra vous offrir de quoi vous consoler.*

> (vv. 1131-2.)

Ces derniers vers sont le seul aveu sans équivoque d'Arsinoé.
C'est sur eux que tombe le rideau du troisième acte. Arsinoé
tient à la fois sa vengeance et la réalisation de son vœu profond. Si le « on » paraît être un dernier voile, il est absolument
transparent : Arsinoé est au bord de son bonheur; du coup,
tout l'édifice de pruderie n'a plus de raison d'être. Démasquée
une première fois par Célimène, Arsinoé se démasque maintenant de son propre mouvement. Son erreur comique, c'est
qu'elle se tient nue devant un Alceste qui ne la voit pas, qui
regarde ailleurs, vers la promesse torturante d'une Célimène
enfin révélée tout entière.

Au cours de cet acte, les natures vraies des personnages,
déjà connues dans leurs grandes lignes par le spectateur, se
sont manifestées en pleine lumière. L'intimité des tête-à-tête
a précisé les silhouettes, les formes qui se laissaient deviner
derrière les principes, les codes, les euphories. Il n'y a, de vrai,
que des natures simples désespérément à la recherche de leur
bonheur, sans le moindre souci d'autrui. Tout le reste n'est que
moyen.

Sur le plan de l'intrigue, la « panne » de l'acte II est réparée
par une savante mécanicienne, Arsinoé. Elle incarne le « stratagème », la « machine » qui vient à point nommé dans la comédie
faire éclater les dernières prétentions, n'apporte rien de neuf
sur le plan du conflit de base, mais provoque ou précipite certains événements grâce auxquels les personnages sont amenés à
des actions décisives, sur lesquelles le rideau peut finalement
tomber pour de bon. L'acte III se termine sur une atmosphère
de danger : Célimène sera évidemment la victime principale.

CHAPITRE VI

La grande scène du IV

La première scène du quatrième acte est un moment d'aimable repos. Philinte et Éliante y parlent d'Alceste, sur un ton de bonne compagnie, avec juste ce qu'il faut d'étonnement devant une nature si exceptionnelle. Alceste est pour eux l'objet d'une affection amusée. Philinte le parodie avec légèreté, Éliante raisonne un peu sur la noblesse « en soi » de son effort de sincérité et sur les mystères de l'amour. Ces personnages sont décidément *mesurés* dans leurs propos et dans leurs sentiments. Ils offrent l'image d'un monde sans chaleur, sans passion. Ils sont beaux joueurs : Éliante est prête à aider Alceste et Célimène à s'unir (vv. 1193-96), Philinte ne s'oppose pas aux bontés d'Éliante pour Alceste (vv. 1203-6). Mais on a bien l'impression que cela ne leur coûte guère.

Il ne s'agit certes pas ici d'un idéal. Il s'agit d'une part d'un comportement possible dans l'univers de la pièce; il s'agit d'autre part d'opposer un ordre-limite, un calme-limite au désordre et à l'agitation violente d'Alceste. Avec Philinte et Éliante, le problème des natures et de leur rapport entre elles n'est pas résolu : il est proprement escamoté. Autant le moi d'Alceste explose, autant celui de Philinte et celui d'Éliante s'effacent. Leur « sagesse » est faite de leur absence. Ils sont au-delà de toute blessure. Cette paix de l'absence est peut-être un rêve, elle ne saurait être une solution réelle. Aimer sans jalousie n'est possible que si l'on n'aime pas ou qu'au prix d'un énorme effort sur soi. La gracieuse souplesse de Philinte et d'Éliante fait d'eux des êtres dont la vie n'est qu'en surface, et dont le moi est allé se scléroser dans les profondeurs confortables de l'oubli. Ils vivent une mort charmante, près de laquelle le spectateur est invité à venir se détendre un instant, entre la menace de l'acte précédent et l'entrée tumultueuse d'Alceste. Celle-ci marque le retour à l'épuisante réalité.

C'est dramatiquement qu'il faut juger cette courte scène.

Intermède dans lequel sont repris sur un mode mineur et de façon édulcorée quelques thèmes de la pièce, elle maintient la présence d'Alceste sur la scène tout en rendant son drame inoffensif. Celui-ci est, pour un temps, enveloppé d'incertitude : on s'étonne un peu, on ne comprend pas, on ne sait pas, on sait encore moins; quant à l'amour de Célimène, «c'est un point qu'il n'est pas aisé de savoir». Philinte et Éliante ne sont pas là pour expliquer, mais pour estomper. Cette pénombre a pour fonction de faire ressortir avec éclat la grande scène lumineuse à venir. Les deux tirades où s'équilibrent gracieusement sacrifices aisés et aveux spirituels (vv. 1191-1212) sont véritablement, comme le dira Éliante, un divertissement : entre un troisième acte puissamment dramatique et la grande scène à venir, elles représentent la négation même du drame, — c'est-à-dire de la vie. Elles évoquent très précisément le moment d'une comédie où l'auteur épuisé transforme ses personnages en êtres non dramatiques et où le rideau n'a plus qu'à tomber sur la convention des deux mariages. Philinte et Éliante, ici, représentent un ordre non dramatique qui n'est qu'un rêve de l'imagination quand celle-ci est à bout de souffle.

A peine avons-nous eu le temps de nous reposer dans un impossible qui n'est d'ailleurs pas souhaitable, que retentit le cri d'Alceste. A partir de maintenant, le rythme et l'intensité de la pièce ne faibliront plus jusqu'au rideau final.

Alceste, quand il entre, se précipite vers Éliante. Ce n'est plus Alceste-Philinte ou Alceste-Oronte, c'est définitivement Alceste et les femmes, Alceste et les êtres dont la possession est la plus importante, la plus difficile aussi.

Alceste suffoque sous le coup d'une terrible révélation. Comme Orgon trahi par Tartuffe, il court dans un univers en ruine. Comme Orgon, il est comique : le désordre de ses gestes, de son langage, les hyperboles du désespoir («je suis assassiné! ») sans le faire sombrer dans le grotesque d'un George Dandin, lui confèrent le ridicule des victimes tumultueuses. Certes, on peut jouer la scène la gorge serrée, avec sobriété, avec un noble abattement; on peut jouer à peu près tout « au tragique » : Roger Planchon n'a pas hésité à bâtir un George Dandin de ce bois-là. Mais enfin, Alceste est l'atrabilaire, le coléreux, le personnage qui ronge son frein dans un coin ou qui explose, avec des coups de talon au plancher et des « morbleu » de rage. Alceste ne pousse pas les beuglements d'un cocu de farce, il a le pathétique de sa souffrance, mais celui-ci n'exclut pas le ridicule de son comportement. Il a, en fin de compte, le comique du tyran frustré, du tyran qui échoue dans sa tentative de prise de possession totale. La justice de la comédie veut que le héros tombe sur la preuve de son erreur, et le rire naît du fait qu'en dépit de cette preuve, le héros trouve le moyen de persister dans ce qui est le fondement même de son erreur.

Tel est le cas d'Alceste ici. Il a la preuve que Célimène lui échappe, c'est-à-dire la preuve de la résistance d'autrui à son vœu de totale possession. Que Célimène ne soit pas tout à lui signifie pour Alceste qu'elle n'est pas du tout à lui. Au lieu d'être ébranlé dans sa vision du « tout ou rien », Alceste s'y enfonce au contraire davantage. D'où le comique de sa proposition hâtive à Éliante. Courroux d'amant, certes, vengeance de jaloux, oui, — mais qui ne saurait dans le cas d'Alceste avoir d'autre forme que celle d'un grand geste définitif et « totalitaire ». Se croyant totalement dépossédé d'un côté, Alceste tente immédiatement une prise de possession totale d'un autre côté. Il se donne à Éliante avec des promesses extrêmes, — au lieu, par exemple, de sombrer dans l'amertume, dans le dégoût des femmes en général. L'appétit d'Alceste pour autrui est le fondement de sa nature, le motif de ses propos et de ses gestes. Il continue à ignorer que c'est précisément son appétit qui est la source de toutes ses déceptions.

Et aussi la source du désordre qu'il apporte dans le monde. Encore une fois, il est la réalité de la vie qui n'a rien à voir avec les aménagements imaginaires d'une littérature de repos : il bouleverse l'ébauche d'accord entre Philinte et Éliante, esquissée à la fin de la scène précédente. Il est soudain le rival passionné (même si cette passion n'est pas l'amour pour Éliante) de son ami, qu'il bouscule et renvoie à son aimable indifférence. Sa brutalité envers Philinte a en outre la fonction de confirmer la structure du personnage : tout entier désir de possession, Alceste fait bon marché de son ami quand ce n'est pas lui qu'il a envie de dévorer.

Éliante est bien raisonnable en cette situation. On lui sait gré de tous ses bons sentiments : compassion pour Alceste, prudence, loyauté envers sa cousine. Son monde est celui de l'incertitude, de l'inachevé, d'une sorte de sagesse suspendue, celui du fameux « sourire de la raison » qui exprime si bien la satisfaction d'être absent à soi-même. Le rôle d'Éliante est ici essentiellement négatif : ce n'est pas sa sagesse qui compte, c'est le fait qu'elle représente notre vœu illusoire de freiner le réel. Sa tirade des vers 1259 à 1268 retient les gestes, marque l'hésitation de tous au bord de l'acte décisif, à l'instant du saut dans

le noir, — mais elle n'a que cette valeur. Alceste fait ce saut,
qui, lui, est nécessaire, réel, et dont les violentes couleurs
ressortent mieux sur la grisaille de l'indécision proposée par
Éliante.

La lettre de Célimène à Oronte, elle ne nous sera pas lue,
alors qu'on en détaillera deux autres au cinquième acte. Est-ce
à dire que Molière joue ici au mystérieux? S'agit-il d'une pièce
d'allure policière sur la femme aux deux visages? Ce serait
bien le seul cas, dans tout le théâtre de Molière, d'un personnage
obscur pour le spectateur et d'une comédie où l'intérêt repose
sur la révélation finale d'une nature sur laquelle le doute est
maintenu pendant quatre actes et demi.

Il semble plutôt que, tout simplement, la lecture de cette
lettre ne soit pas nécessaire. Dans le cas de Célimène, nous le
savons depuis le début du second acte, il n'y a pas d'infidélité
objective. Sur ce plan-là, donc, les « preuves » n'ont pas de
sens. Ce qui compte, c'est qu'Alceste voie Célimène comme
infidèle, et que Célimène ne se voie pas comme telle. Le conflit
ici n'est pas celui d'un homme trompé et de sa menteuse maîtresse, c'est un conflit entre deux visions de la vie et des rapports avec autrui, c'est un conflit entre deux sincérités. La
pièce ne nous demande pas de juger, il ne s'agit même pas du
jeu de la dupe et du trompeur, il ne s'agit pas non plus de
démasquer Célimène ou de démontrer l'aveuglement jaloux
d'Alceste (ce qui était le sujet de *Dom Garcie* [1]), mais d'assister à un conflit en quelque sorte pur entre deux êtres qui ne
s'aiment pas de la même façon. La grande scène du IV, dans
Le Misanthrope, s'élève au-dessus des découvertes, des révélations, des aveux extorqués ou du mensonge triomphant; elle
incarne brutalement et présente de la façon la plus dépouillée
d'intérêts secondaires, le drame simple de l'incompatibilité.

La colère d'Alceste se lit sur son visage, dans « ses sombres
regards », et s'entend dans ses soupirs, et nous savons qu'il
fait effort sur lui-même pour ne pas s'abandonner à des violences proprement dites (v. 1277). Quelque chose de meurtrier

---

1. On trouve dans la plupart des éditions modernes la liste des emprunts
littéraux faits à *Dom Garcie de Navarre*. Ces rapprochements sont souvent
trompeurs. *Dom Garcie* est une pièce héroïque et galante, assez élémentaire
malgré sa vivacité et son « panache », où le héros est avant tout le jouet d'une
jalousie pathologique que viennent renforcer des coïncidences souvent
romanesques. La pièce reste dans la tradition de la comédie psychologique
à intrigue, la vision du monde n'y est pas mise en question et le problème
du fondement de la morale n'y est pas posé.

est suggéré ici, l'équivalent comique du poignard racinien, le désir de détruire, au moins par les hyperboles du langage, ce qui échappe dans l'amour.

Au désordre d'Alceste s'oppose l'étonnement supérieur de Célimène. Son comique à elle, ici, consiste dans son ignorance de la gravité de l'accusation qu'Alceste va porter contre elle. Et cette ignorance se prolonge, car Alceste va d'abord, et longuement, exprimer sa colère et sa souffrance, développer son accusation avant de révéler sur quoi elle est fondée. En ce début de scène, Célimène écoute et se transforme. Les hyperboles d'Alceste, qui sont dans la ligne de leurs précédentes querelles, la font d'abord sourire. Elle joue ici comme s'il s'agissait d'une simple reprise de la première scène de l'acte II :

> *Voilà certainement des douceurs que j'admire.*
>
> (v. 1285.)

Mais Alceste arrête son sourire avec brutalité :

> *Ah ! ne plaisantez point, il n'est pas temps de rire.*

L'avertissement vaut autant pour le spectateur que pour Célimène. Au moins pendant quelques instants, la comédie devient terriblement sérieuse. Elle saura faire ressortir le ridicule de l'erreur plus tard, mais pour le moment, la souffrance est présentée à l'état pur : Alceste ne s'exprime plus par hyperbole. Et il n'a pas de raison de le faire, il n'a rien à masquer, rien à justifier. Il est tout entier totale déception, il se voit comme tel. Il accuse, il menace même (vv. 1295-96), mais le contraste entre ses exagérations justificatrices dans le reste de la pièce et la mesure de son langage en ce moment est éclatant comme la pure lumière du malheur dans lequel il se trouve. Alceste, en ce moment, se connaît. La grande douleur a produit en lui une illumination voisine de la connaissance tragique.

> *Je sais que sur les vœux on n'a point de puissance,*
> *Que l'amour veut partout naître sans dépendance,*
> *Que jamais par la force on n'entra dans un cœur,*
> *Et que toute âme est libre à nommer son vainqueur.*
>
> (vv. 1297-1300.)

C'est l'instant de la grandeur d'Alceste, la minute où il échappe à la comédie, où il s'élève au-dessus de lui-même pour reconnaître son vice comique. Certes, ce vice, il ne saurait s'en débarrasser. Mais cela aussi il le reconnaît : cette lucidité sur son erreur est impuissante, il le sait, et il ne lui reste qu'à retomber dans sa propre comédie.

Encore une fois, cette tirade se situe au-delà du problème du bien-fondé de l'accusation d'Alceste. Il suffit qu'Alceste soit convaincu d'une trahison complète de Célimène. Dans son vœu de « tout ou rien », lui qui se débattait aveuglément vers la possession du « tout », voici qu'il est brutalement mis en face du « rien ».

Le reste de la scène va consister à le faire sortir de ce désespoir. A la fois sa nature possessive et l'habileté de Célimène vont lui faire entrevoir qu'il n'a pas *tout* perdu, et la machine va se remettre en marche, avec son aveuglement sur la nature du monde et sa gigantesque exigence. Du coup, le comique va réapparaître, avec une tension nouvelle établie entre la lucidité sur soi-même et la force toute-puissante de la nature.

La grande tirade se termine sur un mouvement de colère, conscient mais incontrôlable. Célimène ne se sent pas coupable, et elle sera de bonne foi tout au long de la scène. Elle aura recours à une « tactique », certes ; toutefois le but de cette tactique ne sera pas de masquer une trahison, mais de maintenir sa vision à elle en face de celle d'Alceste.

> *D'où vient donc, je vous prie, un tel emportement?*
> *Avez-vous, dites-moi, perdu le jugement?*
>
> (vv. 1315-1316.)

Célimène ne cherche pas ici à se donner du temps, à nier à tout prix une évidence : elle maintient son ordre, son code, celui qu'elle incarne et qu'elle a déjà exprimé au second acte. L'intensité d'Alceste est véritablement pour elle une forme de folie. Plus loin, elle le traitera d' « extravagant », puis de « fou ». Ici encore, le contenu de la lettre importe peu : les emportements d'Alceste, que la trahison soit objective ou non, sont, dans l'univers de Célimène (comme dans celui de tous les autres personnages de la pièce) un inadmissible désordre.

Célimène défend son bonheur devant Alceste comme elle le défendait devant Arsinoé. Sa défense consiste essentiellement non à se justifier, car à ses propres yeux elle n'a pas besoin de justifications, n'étant pas coupable, mais à réduire l'adversaire. Ici, réduire Alceste, c'est lui révéler son impuissance, c'est le ramener à son hésitation fondamentale, à son incapacité de partir. Ceci, bien entendu, n'est compréhensible que si l'on se rappelle que le monde de Célimène est complet, sans faille, qu'il comporte sa hiérarchie et que le bonheur de Célimène coïncide avec un code admis une fois pour toutes. Célimène ne « joue » pas avec Alceste, il est le seul à qui elle ait fait l'aveu sans équivoque de son amour, mais cet amour n'exclut pas tout un arc-en-ciel de sentiments moins profonds, que le voca-

bulaire du temps, encore une fois, pris à la lettre, permet
d'exprimer avec exactitude. Le droit et la vérité qu'elle défend
tout au long de la scène, se confondent : elle est ce qu'elle veut
être et elle veut être ce qu'elle est. Elle ne « prétend » pas
aimer Alceste : elle l'aime; mais aussi elle ne fait pas semblant
de devenir ce qu'il veut qu'elle soit; elle ne dit pas qu'elle hait
Oronte : elle ne le hait pas; mais elle refuse d'entendre cette
sympathie appelée amour. Elle ne se ramène pas tout entière
à Alceste, comme il le voudrait, — mais elle ne le lui a jamais
promis, et son refus de le faire ne signifie pas qu'elle le berne,
au contraire.

Cette scène illustre donc un conflit dans lequel deux visions
du monde s'affrontent (peut-être illusoires toutes deux, mais
l'intérêt repose moins sur leur valeur respective, que sur leur
opposition). Alceste veut que Célimène reconnaisse objectivement comme trahison ce qui est *pour lui* une trahison; Célimène veut réduire Alceste, c'est-à-dire le réintégrer dans son
univers à elle, le « récupérer » sans pour autant abandonner sa
propre vérité.

Alceste veut qu'elle ait honte, et elle n'a pas honte. Elle
n'a pas honte parce qu'elle n'est pas responsable des interprétations qu'autrui peut donner de son comportement, et qu'en
dehors de ce qu'elle dit, si on décide d'« interpréter », tout est
possible, et du coup vain. C'est la vanité de cette culpabilité
qu'elle s'efforce de mettre en lumière.

Quand Célimène, qui sait qu'Alceste sait que la lettre était
adressée à Oronte, demande :

> *Mais, si c'est une femme à qui va ce billet,*
> *En quoi vous blesse-t-il, et qu'a-t-il de coupable?*
>
> (vv. 1344-5.)

il est certain que, dans le monde d'Alceste, il s'agit là d'une
« ruse grossière », — et bien peu vraisemblable quand on songe
à l'intelligence de Célimène. Non, Célimène ne tente pas à ce
moment-là de faire croire à Alceste que le billet était destiné
à une femme. Elle ne fait que pousser la logique d'Alceste,
qui maintient la culpabilité de Célimène même si la lettre est
pour quelqu'un d'autre. Pour Alceste, Célimène est coupable de
toute façon, elle est en quelque sorte jugée d'avance. La remarque de Célimène n'a pas pour but de le tromper, mais de lui
montrer que son jugement entier, totalitaire, n'est pas valable.
Il s'agit là d'une ébauche de raisonnement par l'absurde. Pour
Alceste, qui considère Célimène comme coupable quoi qu'elle
fasse ou dise désormais, sa remarque est une « ruse grossière » et
un « mensonge clair ».

D'où le défi absurde qu'il lui lance, et que bien entendu
Célimène refuse, car ce n'est pas là ce qu'elle voulait dire.
Ce défi lancerait définitivement Célimène dans le mensonge proprement dit, la « trahison » serait consommée. Tout naïvement,
Alceste joue ici un double jeu, qui implique absolument le tout
et le rien de son vœu fondamental. S'il est convaincu que le
billet était pour une femme, il retrouve Célimène tout entière à
lui; mais puisqu'il sait que c'est un mensonge clair, il ne saurait être convaincu, et du coup, il perd totalement Célimène.
Son désir est évidemment que Célimène se justifie, car il la
veut; mais sa méthode l'éloignerait à jamais de lui.

Célimène, qui ne vit pas dans l'univers du tout ou rien,
voit dans ce défi à la fois une absurdité et une atteinte à sa
liberté. Elle rejette la proposition d'une épreuve humiliante,
dont les termes ne correspondent en rien à sa vision personnelle.

> *Il ne me plaît pas, moi.*
> *Je vous trouve plaisant d'user d'un tel empire*
> *Et de me dire au nez ce que vous m'osez dire.*

> (vv. 1356-58.)

Est-ce parce qu'elle sent qu'elle ne pourra faire passer sa lettre
pour un billet écrit à une autre femme [1]? N'est-ce pas plutôt
parce qu'Alceste lui propose de mentir? N'est-ce pas surtout
parce qu'on cherche à lui imposer une épreuve absurde, jugée
d'avance? Célimène dit non à une coercition arbitraire, dénuée
en plus de signification parce que totalitaire.

Bien entendu, c'est le point tournant de la scène, celui où
l'accusateur perd pied, où son vœu cesse d'avoir prise sur
l'accusée, où sa défaite commence à prendre forme.

Elle se manifeste d'abord par une apparente contradiction
dans le ton : « Non, non, sans s'emporter... » (v. 1359) rappelle
le conseil de Philinte, tout au début de la pièce : « Mais on
entend les gens au moins sans se fâcher » (v. 4). Ironiquement,
devant la colère de Célimène, Alceste devient — ou s'efforce de
devenir — le calme raisonneur qu'il n'est pas. C'est, dans cette
scène, le commencement du renversement d'attitude qui sera
consommé dans l'étonnante prière des vers 1389-90.

Devant l'impatience de Célimène, Alceste n'a d'autre recours
que de s'accrocher, par n'importe quel moyen, à l'image de

---

1. Souvenir lointain de la scène 7 de l'acte IV de *Dom Garcie?* Le héros
voit sa maîtresse dans les bras d'un cavalier; explosion de rage, qui
contient certains des vers qu'on retrouve dans cette scène du *Misanthrope;* on révèle l'identité du cavalier : c'était une femme déguisée en
homme... Mais nous évitons le plus possible de rappeler *Dom Garcie*, pour
les raisons déjà données dans la note 1 de la p. 442 , et parce que ces
comparaisons n'ont été que trop souvent faites.

ce qu'il veut qu'elle soit. La colère n'étant pas première chez lui, il peut se contenir. Il l'abandonne, et abandonne successivement toutes les constructions par lesquelles il justifie en le masquant son vœu de possession totale — celui-ci étant confondu ici avec l'amour. Cette scène ne démasque pas Célimène, elle dépouille Alceste.

Ici encore, si Célimène refuse de jouer le jeu que lui propose Alceste, c'est moins par embarras que par refus de mensonge, par refus de donner en pâture à Alceste une image qui n'est pas elle.

Certes, nous ne tentons pas de présenter ici Célimène comme l'image de la candeur naïve maltraitée par le méchant Alceste. Célimène est médisante, Célimène a des armes au moins défensives particulièrement acérées, Célimène a de l'humeur, Célimène enfin sait faire un usage très particulier de la vérité : loin de nier son « flirt » avec Oronte, qui est réel, elle le reconnaît, non pour se faire pardonner, mais pour attaquer, et pour renvoyer Alceste à lui-même (vv. 1365-1370) :

> *Non, il est pour Oronte, et je veux qu'on le croie ;*
> *Je reçois tous ses soins avec beaucoup de joie,*
> *J'admire ce qu'il dit, j'estime ce qu'il est,*
> *Et je tombe d'accord de tout ce qu'il vous plaît.*
> *Faites, prenez parti, que rien ne vous arrête,*
> *Et ne me rompez pas davantage la tête.*

Tout est vrai dans cette courte tirade, y compris le mouvement de mauvaise humeur. Mais cette mauvaise humeur est essentiellement provoquée par l'atteinte à la liberté de Célimène. Le « croyez tout ce que vous voulez » qui l'exprime est un moyen, non de masquer une tromperie en faisant de la surenchère sur le soupçon, mais de se libérer de ce soupçon, qu'il soit bien fondé ou non. Le dernier vers est brutal; il reproduit celui d'Orgon lorsqu'on s'oppose à son projet de mariage entre Mariane et Tartuffe (IV, 3, 1306) : il marque l'affirmation d'être soi envers et contre tous.

Ce refus de Célimène d'être autre chose qu'elle-même, cette obstination qui est bien plus qu'un caprice de coquette, et qui est le signe de la force même d'une nature de plain-pied avec elle-même, provoquent le grand désarroi d'Alceste. On a remarqué dès l'acte I que c'est dans le domaine de l'amour qu'Alceste joint la plus grande lucidité à la plus grande capacité d'erreur. Il connaît le caractère irrationnel de l'amour, il vient d'en reconnaître l'indépendance. Il sait qu'il aime Célimène « sans raison », il sait qu'on ne peut se faire aimer de force. De cette lucidité naît son pathétique. Car si Célimène le « trompe » en lui disant qu'elle l'aime, c'est-à-dire si elle ne l'aime pas, il est

perdu car il sait qu'il ne pourra pas se faire aimer. Or, selon
lui, les faits semblent de plus en plus prouver qu'elle ne l'aime
pas. Son vœu est de changer ces faits, de les transformer en ce
qui est, dans sa vision du réel, le signe de l'amour. Mais ce serait
là changer Célimène elle-même.

La tirade des vers 1371 à 1390 est un aveu temporaire de
défaite. Célimène lui échappant totalement, il en vient à demander l'ombre de Célimène. Il rappelle ici Arnolphe, et aussi Elvire
dans *Dom Juan.*

Ce qu'il appelle sa « faiblesse extrême », c'est en fait la force
de son amour. A cause de celle-ci, le personnage se met en
contradiction avec lui-même, mais cette contradiction est
précisément contenue dans la logique même de la passion. Ce qui
s'est effondré, c'est l'échafaudage de justifications *a posteriori*
bâti par Alceste : l'univers moral de la sincérité. Celui-ci était
un moyen de posséder, parallèle inconscient du moyen de
consommer inventé par Tartuffe : l'hypocrisie. Les personnages
moliéresques ne se renient jamais, tout au plus changent-ils
de tactique. Il n'y a pas chez Alceste d'une part l'homme sincère
et de l'autre l'amoureux : il y a fondamentalement un tyran, qui
est prêt à posséder une illusion quand l'être réel se refuse.

> *Efforcez-vous ici de paraître fidèle,*
> *Et je m'efforcerai, moi, de vous croire telle.*

> (vv. 1389-90.)

Comme devant les silences de Dom Juan les autres personnages
se dépouillaient de leurs codes pour ne plus être que des forces
nues et meurtrières, de même devant le refus de Célimène,
Alceste est conduit à une attitude désespérée qui révèle toute la
fragilité, toute l'illusion de son code de sincérité.

Il a raison d'appeler son amour « fatal » (v. 1384). C'est un
amour qui n'est pas fondé sur l'estime (puisque, et Alceste le
remarque lui-même, il n'entraîne pas sa contrepartie nécessaire : « le généreux mépris »), qui ne s'attache pas à la valeur,
mais à l'être. Pour simplifier, disons qu'il est nettement de type
racinien, non cornélien. Et Alceste le reconnaît comme tel. Si
cet amour ne se sent pas satisfait, il dépouille au lieu de grandir.
Il peut conduire au désordre meurtrier (Alceste ne « répondait
plus de lui-même » au vers 1314), il peut conduire aussi à cette
absurde recherche de l'ombre pour la proie.

Il est évident que la solution proposée par Alceste n'en
est pas une. Pas plus que ne l'est le meurtre de Pyrrhus ordonné
par Hermione. Dans la tragédie, cette fausse solution est malheureusement irrémédiable; la fausse solution comique laisse
les personnages en vie, et leur permet de rebondir... Mais l'une

et l'autre représentent la pointe extrême de la tyrannie possessive non satisfaite. L'une et l'autre sont apparemment contradictoires : ou bien on anéantit l'être sans lequel on ne peut exister, ou bien on demande le paraître à la place de l'être. Mais au fond toutes deux révèlent la permanence et l'intransigeance du vœu de possession : l'une renchérit par un néant absolu sur l'absence de l'être désiré, l'autre choisit l'illusion du tout contre la certitude du rien (ou du « quelque chose » qui, aux yeux du tyran, est l'équivalent de rien).

Alceste, ici, va aussi loin qu'il est possible dans la révélation des ultimes conséquences de la tyrannie possessive, sans s'élever jusqu'à la tragédie (sa solution n'est pas le meurtre) ni sombrer dans la farce (le style est digne et conventionnel, et, bien sûr, il ne choisit pas l'équivalent farcesque du meurtre : les coups de bâton). Ce moment de la scène a été joué avec grande retenue, avec une intensité de bon ton qui mène le spectateur au bord des larmes; on a pu aussi garder le ton coléreux pendant la majeure partie de la tirade, pour terminer (les 2, ou les 5 derniers vers) avec des mines piteuses, des soupirs un peu exagérés — qui font au moins sourire. D'après ce que nous savons de Molière, de son jeu, c'est sans doute la seconde interprétation qui est la plus proche de l'originale. Par le vœu d'illusion qu'il manifeste, Alceste est personnage comique; ce qui reste à débattre, c'est le degré de drôlerie de ce comique. Non seulement il se situe au-dessus de la farce, mais au-dessus d'Arnolphe (*L'École des Femmes*, V, 4, 1586-1604) dont le dépouillement est encadré d'hyperboles grotesques; la prière d'Alceste est sans conteste moins désordonnée, la défaite y est plus pure. Mais elle est défaite, elle est choix sans grandeur d'une impossible illusion. Alceste est puni dans son défaut comique même : l'arrogance rageuse avec laquelle il affirmait la valeur absolue de son code de sincérité. Il nous semble bien qu'il faille ici oublier le sentimentalisme romantique dont on a souvent tenté de colorer le rôle, et s'attacher au fait que dans cette prière Alceste est vaincu en tant que personnage comique, qu'il est certes pitoyable, mais qu'il s'agit là d'une pitié bien différente de celle qu'inspire la tragédie : il ne s'agit pas d'une grandeur abattue, mais d'une erreur éclatée. Alceste doit ici faire sourire, d'un sourire qui n'est pas sans mélange, car on est tout près de cet irréductible domaine du sérieux véritable auquel s'est heurtée la comédie dans *Dom Juan*, — mais c'est le sourire qui est la dominante, puisque, finalement, si le défaut comique initial est en quelque sorte pulvérisé, c'est pour faire place à la suggestion d'une autre illusion.

Et puis, cette plongée n'est que passagère. Après les assurances données par Célimène (vv. 1391-1414), Alceste se retrouve, et poussera nettement les formes premières de sa tyrannie jusqu'à un clair exposé de ce que J.-D. Hubert appelle, à propos d'Arnolphe, « le complexe de Pygmalion [1]». Il convient d'insister sur le retour à la totalité du personnage. Sans doute nous ramène-t-il à une comédie plus joyeuse, sans doute représente-t-il le véritable ton de la pièce, qu'il convient de ne pas oublier, après une incursion dans des terres si voisines de celles du sérieux que la postérité (et peut-être des contemporains?) s'y est trompée. Mais surtout, il rappelle à la fois la permanence de la nature profonde du personnage et celle des moyens par lesquels elle se manifeste ou tente de se satisfaire.

Car le défaut comique initial et l'illusion proposée aux vers 1389-90 ne sont pas du même ordre. Arnolphe le soulignait :

> *Jusqu'où la passion peut-elle faire aller !*

(v. 1598.)

Le personnage sait qu'il est en train de se trahir. Alceste plus encore qu'Arnolphe : celui-ci renonce à ses principes pour se faire aimer ; le premier, pour n'avoir que l'ombre de l'amour. Arnolphe compte obtenir une réalité en échange de la liberté qu'il promet à Agnès ; Alceste, en échange de son propre mensonge, un autre mensonge. Néanmoins, tous deux ne peuvent être satisfaits, car le défaut initial est totalitaire, comme l'est l'appétit qui en est la source ; l'illusion proposée en désespoir de cause ne l'est pas. C'est là la véritable différence entre la « fausse » solution tragique (le meurtre), et ces compromis illusoires du personnage comique.

Arnolphe, rebuté par Agnès, allait jusqu'au véritable équivalent comique du meurtre : il menaçait Agnès d'un « cul de couvent ». Dans *Le Misanthrope*, où d'une part le meurtre est impensable, où d'autre part le « cul de couvent » l'est tout autant puisque les personnages n'ont pas de pouvoir l'un sur l'autre, l'orientation de la scène est différente, et il faut les 23 vers de Célimène pour l'opérer. Ceux-ci sont pleins de « mots si doux » qu'ils permettent à Alceste de se reconstruire :

> *Allez, vous êtes fou dans vos transports jaloux.*

(v. 1391.)

---

1. J.-D. Hubert, « *L'École des Femmes*, tragédie burlesque» ? *Revue des Sciences humaines*, janvier-mars 1960. (Au moment où nous mettons la dernière main à cet ouvrage, cet article est repris, en anglais et sous forme de chapitre, dans *Molière and the Comedy of Intellect*, University of California Press, 1962).

Oui, c'est bien d'une sorte de folie qu'il s'agit. Folie des accusations, folie du compromis proposé. Il est évident qu'il est contraire à la nature de Célimène de songer même à l'accepter. Et ce n'est pas le moindre élément comique de la prière d'Alceste que de sembler avoir pensé que Célimène se prêterait à une telle mascarade. Elle ne saurait descendre « aux bassesses de feindre ». Dans cette tirade, Célimène se situe exactement et définit son univers. Au début, il s'agit d'elle et d'Alceste, de ce qui est, pour elle, la netteté de leur situation : le cœur de Célimène ne penche pas d'un autre côté; en assurant obligeamment Alceste de ses sentiments, elle lui a donné la preuve de sa fidélité. A partir du vers 1401, jusqu'au vers 1408, cette situation est tout simplement intégrée dans l'univers précieux. Une fois de plus, Célimène montre qu'il n'y a pas de faille entre sa nature et la lettre d'un code parfaitement assimilé.

Selon ce code, Alceste est « coupable » de ne pas croire « l'oracle » — c'est-à-dire l'aveu amoureux accordé « après de grands combats » contre les édits de « l'honneur du sexe ». Comme toujours chez Célimène, il s'agit ici d'un recours au langage, à un langage fixé une fois pour toutes dans quelque empyrée, et le seul que connaisse Célimène; hors de ce langage, de ses nuances exactes, point de vérité; c'est un péché contre la vérité que de ne pas faire confiance totale à cette parole codifiée qui peut seule la révéler. C'est ici ce que dit Célimène, c'est aussi ce qu'elle croit. Elle ne saurait penser ou être autrement, car loin d'être une prison, par sa souplesse et ses subtilités, le langage objectif utilisé par Célimène garantit à chaque instant sa liberté.

Quant à Alceste, il est par nature complètement hors de ce code. Il ne peut pas ne pas soupçonner Célimène, il ne parvient pas à croire « l'oracle ». Pourtant, il reste : c'est sa « destinée » (mot qui reprend l'adjectif « fatal » du vers 1384) ou son « faible » (qui rappelle la « faiblesse extrême » du vers 1382). Partir ou rester, voilà son dilemme. L'ironie de la situation est telle que ce personnage avide d'attitudes nettes et tranchées se trouve condamné par l'incertitude à une attitude équivoque. Le code de Célimène ouvre une porte sur l'espoir, mais il garantit aussi la liberté de Célimène. Le mot amour est prononcé, et sincèrement prononcé, mais il n'a pas le contenu que lui donne Alceste. Partir, ce serait refuser cette équivoque, ce serait être en accord avec les principes énoncés si souvent; mais ce serait abandonner la promesse d'une possession dans l'amour, c'est-à-dire la réalisation du vœu tyrannique au service duquel se trouve par ailleurs le système de principes.

Dans ce dialogue où deux personnages, malgré la tendresse qui les lie, ne communiquent pas véritablement, où deux natures s'affrontent dans un duel sans concessions (car la proposition d'Alceste aux vers 1389-90 ne saurait satisfaire ni l'un ni l'autre), l'obstination de chacun aboutit à une impasse :

Alceste :   *Je veux voir jusqu'au bout quel sera votre cœur,*
             Et si de me trahir il aura la noirceur.
Célimène :   *Non, vous ne m'aimez point comme il faut que l'on aime.*

(vv. 1419-1421.)

On est revenu d'une part au principe du tout ou rien, d'autre part le code de Célimène est réaffirmé de la façon la plus générale. Pour Alceste, le problème reste celui du noir et du blanc, de la fidélité telle qu'il l'entend, et de la noire trahison. Pour Célimène... est-ce là une pointe de coquetterie? est-ce une ruse séductrice qui consiste à reprendre l'amant qui risque de s'éloigner en mettant habilement en doute son amour? Il est évident que Célimène veut garder Alceste, tout autant qu'Alceste veut posséder Célimène. Mais cela n'exclut pas la spontanéité de cette remarque, la sincérité de la déception qu'elle manifeste. Il nous semble aussi que cette déception ne porte pas sur les marques extérieures d'un amour selon le code. Elle semble reprendre les plaintes du Pierrot de *Dom Juan* (II, 1 : « Je veux que l'en fasse comme l'en fait quand l'en aime comme il faut. ») Mais son reproche est bien différent de celui du paysan. Elle ne réclame pas les « petites signifiances » de l'amour, mais la foi dans les aveux qu'elle a accordés. Elle ne met pas en doute l'amour d'Alceste, elle juge aberrante sa manière d'aimer. Célimène est profondément déçue par Alceste, comme Alceste l'est par Célimène.

C'est dans cette mesure qu'il y a progrès sur les tentatives précédentes d'explication entre Alceste et Célimène. Certes, ici, nul fâcheux ne vient interrompre la scène; celle-ci peut suivre toute sa courbe, fermer sa boucle. On pouvait mettre sur le compte des fâcheux l'impasse de l'intrigue. Maintenant, il a été confirmé que cette impasse tient aux personnages eux-mêmes. Personne d'autre n'étant à blâmer, on peut considérer le « débat » comme « vidé » (voir v. 776). Or, rien ne s'est passé, sinon un renforcement des positions de chacun. Autant l'aveu mutuel d'amour a été confirmé, autant le fossé qui sépare les deux amants s'est creusé.

S'il est une scène du théâtre de Molière où il est vain de prendre parti pour l'un ou pour l'autre, c'est bien celle-ci. Car si elle a ses origines lointaines dans la situation traditionnelle du trompeur et de la dupe, dans le vieux thème gaulois de l'infidélité féminine, elle représente un aboutissement dans l'œuvre de Molière. Plus que par le thème du cocu, Molière semble hanté par celui du cocu imaginaire. Certes, il y a eu *L'École des Maris*, et il y aura *George Dandin*. Mais dans *Dom Garcie de Navarre*, le héros se trompe en se croyant trompé; dans *L'École des Femmes*, Arnolphe n'est pas trompé, puisqu'Agnès lui avoue en toute innocence qu'elle ne l'aime pas et qu'elle aime Horace. Ici, Alceste est hanté par la peur de l'infidélité de Célimène : c'est cette hantise qui compte avant tout. Or, il est en état d'erreur comique, car Célimène ne le trompe pas comme il est près de croire qu'elle le trompe.

Si l'on joue Célimène en roublarde, en véritable trompeuse, en menteuse qui couvre par des minauderies une infidélité réelle, on appauvrit considérablement la scène, on en trahit le sens. Dans l'œuvre de Molière, à partir d'un approfondissement du jeu du trompeur et de la dupe, le centre du vrai drame a glissé vers le point de heurt de deux natures de bonne foi. Cela entraîne un type de comédie qui ne peut se dénouer sur aucun plan, mais surtout cela suppose une vision intégralement dramatique des rapports des hommes entre eux : ce monde n'est fait que de conflits, ceux-ci n'étant pas des accidents (comme dans *Tartuffe*, où l'aveuglement d'Orgon et l'hypocrisie de Tartuffe sont accidentels dans la famille en question, dans la société en général, même, si comme le suggère parfois la pièce, de tels accidents se multiplient jusqu'à atteindre la proportion d'une épidémie) mais constituant la structure fondamentale, l'essence même de la société.

Quand un personnage de Molière fait la leçon à un autre, on sait comme le raisonneur, le conseilleur rebondit contre le mur de la nature qu'il croit pouvoir corriger, et comme cette forme de comique est constante depuis *L'École des Femmes*, même depuis *L'École des Maris*. Au début du *Misanthrope*, le débat entre les deux amis les fait rebondir l'un contre l'autre; c'est là comme une préfiguration du débat entre Alceste et Célimène, qui aboutit ici à l'impasse que nous signalions plus haut : on dirait deux univers soumis à quelque attraction réciproque, mais dont les éléments incompatibles ne parviennent à aucun moment à fusionner. L'attraction c'est l'amour, dont rêveusement, à la lumière de certaines doctrines, nous voulons faire un moyen de connaissance, mais qui, ici, n'apporte

ni connaissance ni indulgence. L'incompatibilité reste entière
entre ces deux étoiles jumelles (qu'on nous pardonne ces métaphores cosmiques) qui roulent ensemble mais ne se fondent
jamais en une seule.

L'acte III a suggéré la possibilité d'une solution venant de
l'extérieur. Sur ce plan, la première tentative vient d'échouer.
Après la « panne » de l'acte II, le coup de pouce d'Arsinoé a
permis aux personnages, non de sortir de leur impasse, mais de
l'explorer à fond. Ce sera une nouvelle attaque de l'extérieur
qui leur permettra, non de se rejoindre, non de sortir de l'impasse
par une marche *en avant*, mais, par une prise de conscience
définitive, de faire marche arrière. Car la présente scène, si
elle est lumineuse pour nous, n'a pas tué « l'espoir » chez les
deux personnages. Leurs derniers propos, qui pour nous sont
le signe du caractère irréductible de leurs positions respectives,
sont pour eux l'expression de la foi dans un changement
possible de la nature de l'autre. Illusion d'Alceste : que Célimène
puisse être intégrée dans l'univers du tout ou rien. Illusion de
Célimène : qu'Alceste puisse être intégré dans le code que
spontanément elle incarne. Or rien de tel ne peut se produire.
Tout ce qu'on peut souhaiter maintenant, c'est que l'un et
l'autre, sans changer de nature ni de vœu fondamental, prenne
conscience de cette double impossibilité.

Mais nous sommes encore loin de cette triste révélation.
Le vers précieux de Célimène (v. 1421) en fait foi, et la dernière
courte tirade d'Alceste (vv. 1422-1432), où s'exprime avec
vigueur son « complexe de Pygmalion » (cf. J.-D. Hubert,
op. cit.) permet à la comédie de repartir de zéro — du moins
pour les personnages. Le rythme de la pièce se fera plus pressant, mais la perspective d'Alceste sur Célimène n'a pas changé.
La jeune femme vient de défendre sa liberté, sa définition de
l'amour, sa propre spontanéité, sa sincérité même envers elle-
même et envers autrui, et voici qu'Alceste, tout à son vœu de
possession absolue, exprime ce véritable phantasme d'une
Célimène tout entière fabriquée par lui, un peu comparable
au « morceau de cire » qu'était Agnès aux yeux d'Arnolphe
(*L'École des Femmes*, III, 3, v. 810). Il donne ce phantasme
comme preuve d'amour — et c'en est une, dans l'univers de
son amour à lui. Mais elle se situe exactement à l'opposé des
preuves qu'attend Célimène : la foi aveugle dans « l'oracle »...
A l'opposé? plus encore : il n'y a absolument rien de commun
entre les deux conceptions, toutes deux sincères, entre les
deux langages, tous deux fidèles à ce qu'ils signifient. Pour
employer un adjectif qui revient souvent chez l'un et l'autre,
les deux personnages sont irréductiblement « étranges » l'un

pour l'autre, l'un à l'autre — et c'est cette extranéité fondamentale que la scène 3 de l'acte IV rend éclatante une fois pour toutes aux yeux du spectateur [1].

1. Toute cette scène est une des plus sérieuses, en profondeur, du théâtre de Molière, à cause de l'effort désespéré des personnages, même s'ils prêtent à rire ou au moins à sourire. Elle est immédiatement suivie de la scène la plus farcesque de la pièce (entrée de du Bois, le mécanisme de son affolement) qui est destinée non seulement à rappeler l'intrigue secondaire (rapports d'Alceste avec le monde extérieur) mais à provoquer une détente, ou, tout simplement, comme c'est souvent le cas chez Molière, à juxtaposer deux « pôles » de la comédie, en une tension formelle mais éminemment dramatique.

CHAPITRE VII

Alceste et les loups

L'acte V s'ouvre sur l'annonce d'un nouveau « coup » porté à Alceste : il a perdu son procès. Souvent, en fin et en début d'acte, au cours de la pièce, est ainsi rappelée la présence du monde extérieur, de tout un aspect de la vie d'Alceste hors de scène, d'un parallèle public de son conflit privé. En fait, ces démêlés publics sont devenus de plus en plus nombreux : au premier acte, il ne s'agissait d'abord que d'un procès; puis, Alceste s'est mis Oronte sur les bras; maintenant on apprend qu'en plus Alceste est faussement accusé d'avoir écrit un « livre abominable »; et aussi, qu'Oronte a lié partie avec le scélérat adversaire d'Alceste et calomniateur.

Il est certain que l'atmosphère d'intrigue, l'allusion au livre abominable, le triomphe de l'injustice, sont inspirés par les attaques que Molière avait à subir en ces années-là, comme l'était l'hypocrisie de Dom Juan[1]. La jungle odieuse qui guette Alceste hors de scène, c'est le monde que Molière avait à affronter depuis le premier *Tartuffe*. Mais comme toujours, il convient avant tout d'examiner comment cette accumulation de méchantes affaires, quelle qu'en soit l'inspiration, prend sa place dans la comédie, la complète, et intensifie le drame.

Depuis le premier acte, il existe la possibilité d'une autre comédie, tout entière faite de chicanes.

Cette comédie n'est que suggérée, elle n'est pas développée : nous ne savons même pas le contenu du procès d'Alceste. Mais nous pouvons en saisir la structure. Alceste s'y oppose à deux autres « caractères » : l'hypocrite et le vaniteux. Trois

---

1. Voir Antoine Adam, *op. cit.*, pp. 3o8 et 351; et René Jasinski, *op. cit.*, passim.

natures incompatibles, deux faisant finalement alliance pour vaincre le protagoniste. Autour d'eux, des personnages de « bon sens », constamment tenus en échec par l'obstination des trois autres. Le plus obstiné est, bien entendu Alceste : il refuse de s'occuper de ses affaires, il refuse de jouer le jeu conventionnel des politesses. Il peut se plaindre de l'injustice qu'il subit, mais il peut aussi dire, à la fin, qu'il l'a voulu, comme George Dandin. Et comme dans *George Dandin*, les personnages seraient ou odieux ou ridicules. Nous nous apitoierions sur Alceste, mais nous ne lui donnerions pas raison pour autant. Les mouvements seraient par ailleurs assez riches et assez variés : passivité coléreuse d'Alceste en face de l'activité hypocrite de son adversaire, querelle avec Oronte, scène de réconciliation entre Oronte et Alceste qui ne satisferait pas Oronte, collusion d'Oronte et du scélérat, tactique de ce dernier pour faire attribuer à Alceste « le livre abominable », Oronte trop heureux de prêter la main à cette machination — il ne resterait à Alceste que de s'aller jeter à la rivière. Dans *Le Misanthrope*, tout se passe comme si l'intérêt amoureux, sujet second, avait envahi toute la comédie, et relégué dans les coulisses les mauvaises affaires d'Alceste.

C'est sans doute qu'Alceste lui-même a fait passer son procès et sa querelle avec Oronte au second plan. Le centre de sa vie, au moment de la pièce, c'est Célimène. Le lieu par excellence où il veut et doit se trouver, c'est le salon de Célimène. Toute autre aventure est pour lui secondaire, et c'est de mauvaise grâce, poussé par autrui, qu'il consent à jouer son rôle dans la comédie du procès. Quand il quitte la scène, c'est comme pour aller dans un autre théâtre, et on a bien du mal à le faire partir à temps pour qu'il ne rate pas son entrée, là-bas.

C'est Alceste qui, le premier, nous apprend qu'il a un procès avec un franc scélérat (I, 1, v. 124). Mais, dans cette tirade du premier acte, ce n'est pas du procès qu'il parle, c'est du scélérat qui est son adversaire. Il ne fait que donner un exemple de cette humanité exécrable qui ne le distingue pas ou par rapport à laquelle on ne le distingue pas. Ensuite, il ne sera question de ses démêlés que si autrui vient les lui rappeler : Philinte (I, 1, v. 184), un Garde (II, 6), Du Bois (IV, 4). Il faut, à chaque fois, l'engager à agir, ou le pousser hors de scène : « Allez vite / Paraître où vous devez », « ... courez démêler un pareil embarras », répète Célimène, en deux fins d'actes où l'effet comique est à peu près le même. Dans les deux cas, la scène piétine. La première fois (fin de l'acte II) parce qu'Alceste rage sur place, explique sa position; la seconde fois, à cause de la bêtise et de la distraction de son valet. Au lieu de faire

la théorie de sa propre sincérité, au lieu de s'emporter contre
son valet, Alceste devrait courir à l'action, — ce qu'il ne
fait pas. Les deux raisons de ce refus d'agir immédiatement
sont évidentes : d'abord, il nous l'a dit, il ne veut pas donner
de soins à ses affaires; et puis, il veut rester près de Célimène,
et « l'entretenir », jusqu'à ce qu'elle se déclare nettement, c'est-
à-dire devienne ce qu'il veut qu'elle soit.

D'où deux fonctions au moins de la comédie secondaire du
procès et de la querelle avec Oronte : confirmer et éclairer
une passivité caractéristique d'Alceste, représenter un obstacle
de plus au vœu d'intimité possessive d'Alceste. La seconde de
ces fonctions est la plus évidente, elle est soulignée par Alceste
lui-même (IV, 4, vv. 1477-78) :

> *Il semble que le sort, quelque soin que je prenne,*
> *Ait juré d'empêcher que je vous entretienne.*

Oronte, les visiteurs de Célimène, procès, ordre de comparaître :
le monde (ou le sort) a en réserve tout un arsenal de contre-
temps et d'obstacles. L'univers d'Alceste est peuplé de fâcheux,
— et, s'il est bien différent dans sa forme, il n'est pas, au fond,
très éloigné de celui de Dom Juan. Pour qui n'a qu'un élan
ou qu'une idée, la richesse même du monde est un obstacle.
Dans *Dom Juan*, les fâcheux venaient réclamer leur dû : ils
avaient été blessés, volés, trompés, défiés, ils demandaient
réparation. Ici, Alceste n'a pas de dette envers le monde —
mais il vit comme si ce monde n'existait pas. Le monde fait
obstacle tout simplement parce qu'il existe. Comme Dom Juan,
Alceste se trompe en oubliant tout le complexe de codes et
d'existence qui l'entoure.

Les Marquis sont ridicules et même odieux, c'est vrai. Le
procès que subit Alceste est injuste, cela est vrai aussi. Mais
si Alceste souligne ce ridicule ou cette injustice, ce n'est pas
pour les corriger — c'est pour les supprimer purement et
simplement. Il refuse de s'occuper de son procès comme il
demande à Célimène de mettre les marquis à la porte.

Alceste fait de son mieux pour nier ce qui ne lui convient pas.
Mais ce qu'il veut nier résiste, se manifeste avec surabondance,
s'impose, le relance : contraint de sortir de son oubli, et de
son silence, il n'agit pas, il condamne verbalement. La solution
ne peut résider que dans la disparition de l'un ou de l'autre.
Comme on sait, c'est Alceste qui se retirera.

Il s'agit là d'un procédé dramatique simple : plus le personnage veut être seul, plus la foule se fait pressante. Oronte,
les Marquis, le procès, etc. sont là *pour* faire équilibre au vœu
de solitude d'Alceste. Molière intensifie son drame en jetant

son protagoniste dans un univers qui est exactement le contraire de son vœu. Cette simplicité est efficace, elle maintient une tension permanente dans la pièce [1]. En plus, elle est drôle : ce qu'Alceste appelle « le sort », c'est cette fatalité comique et ironique qui a ses sources dans la farce et qui veut qu'un personnage animé d'une intention précise soit perpétuellement retardé et détourné par des objets, et des individus qui ignorent ou négligent ce projet, par des obstacles dans une certaine mesure involontaires.

Seulement, il ne s'agit pas ici d'obstacles qu'il suffit de contourner. Ils s'imposent, et mettent Alceste en danger. Or Alceste tente de les ignorer. Il ne cherche pas à échapper au danger, qu'il reconnaît d'ailleurs comme danger, — il refuse simplement d'en tenir compte. Comme Dom Juan, — et comme la plupart des personnages à idée fixe (Orgon, par exemple, quand on lui annonce la maladie de sa femme, *Tartuffe*, I, 4) — il se dérobe devant certaines réalités auxquelles des individus « normaux » donneraient la priorité. Dans cette passivité, il convient de distinguer plusieurs éléments : les justifications qu'il donne de son attitude, le motif réel de celle-ci, et ce qui la lie aux autres attitudes du personnage.

Les justifications sont données au moins deux fois : à l'acte I et à la fin de l'acte II. A l'acte I, si Alceste refuse de « donner une part de ses soins » à son procès, c'est parce qu'il compte sur « la raison, son bon droit » et « l'équité » pour solliciter en sa faveur. Il a tort ou il a raison, comme il le dit — et le vrai, et le faux, le juste et l'injuste, d'après lui, se manifestent avec évidence d'eux-mêmes, et conséquemment l'un ou l'autre gagne. Les hommes n'ont qu'à attendre que le bien et le mal s'animent sans s'incarner, luttent sans l'aide humaine, et qu'une victoire en quelque sorte d'en haut vienne s'imposer au monde. Cela est la première étape, celle qui a permis d'assimiler Alceste à quelque rousseauiste, convaincu d'une justice naturelle et en même temps sensible à la corruption sociale. Mais la deuxième étape met l'accent, non sur la confiance dans la justice naturelle, mais sur un espoir de perdre, sur un vœu de voir triompher l'injustice. Alceste aura « plaisir » à perdre, et finalement il voudrait « pour la beauté du fait » avoir perdu sa cause. Alceste ne veut pas que les hommes soient bons, il veut montrer qu'ils sont méchants. C'est lui qui le dit, c'est la façon dont

---

1. On sait tout ce que Jean Anouilh doit à Molière. Il lui devait en tout cas, au début de sa carrière, un retour, très sain pour le théâtre, à ces contrastes simples entre le vœu profond du protagoniste et la réalité du monde qui l'entoure. Cela est particulièrement remarquable dans *Le Voyageur sans bagages*.

il justifie sa passivité. A l'acte II, à propos de la querelle avec
Oronte, son refus est fondé sur sa fidélité à lui-même et sur
la sincérité de son jugement. Rien n'aura « pouvoir de le faire
dédire », les vers d'Oronte sont mauvais. Ceci est dit (et pensé)
une fois pour toutes. Ce qui est exécrable est exécrable, et on
s'en tient là. Alceste s'immobilise parce que le mal est le mal,
et que son renoncement à l'action est une sorte de démonstration de l'existence absolue de ce mal.

Derrière ces justifications, le motif se devine aisément.
C'est évidemment l'intégrité d'Alceste — mais une intégrité qui
n'est occupée que d'elle-même. Alceste veut avoir totalement
raison; tout contact, tout dialogue avec le mal l'atteint,
le nuance, le colore. Il se met en dehors du mal, l'isole, le
dresse en face de lui, le constitue en mal exemplaire par ses
hyperboles de langage, et le maintient soigneusement tel
qu'il l'a constitué pour avoir irrévocablement raison. Alceste
vit de la contradiction qu'il oppose au monde, — et il lui faut
quelque chose à contredire. Il oublie ou nie ce monde au cours
de la pièce parce qu'il est occupé par Célimène; mais dès que
celui-ci se manifeste, — et il se manifeste souvent — il le charge
aussitôt de tout le mal qui est contraire à son bien.

Ceci ne se comprend, bien entendu, que parce qu'il y a une
malfaisance première du monde qui entoure Alceste. Il est
d'abord blessé. Mais chez lui, les piqûres d'épingles deviennent
brûlures intolérables. Il gratte ses plaies pour montrer comme
les autres sont méchants, combien ils ont tort — et plus ils ont
tort, plus il a raison.

Dira-t-on qu'il gratte aussi ses plaies devant Célimène?
Car, là, il ne se montre pas passif : il sermonne, il cherche
à transformer, il implore, il en est même venu à proposer un
compromis.

Il ne sermonnait Philinte que relancé par celui-ci. Mais
c'est lui qui attaque Célimène. Il veut la faire entrer dans le
bien, dans son bien, et ne fait pas preuve de ce masochisme qui
consisterait à se délecter perversement des souffrances que lui
inflige cette femme si différente de lui. Toutefois, comme on
l'a vu, cette « action » consiste d'abord à décrire Célimène, à
la constituer en exemple de mal, — à tort ou à raison. Le premier
mouvement d'Alceste est, en accusant Célimène des pires tromperies, de faire éclater l'injustice de celle-ci pour mieux affirmer
son bon droit à lui. Il n'admet pas les justifications de Célimène,
qui pourraient au moins jeter un doute sur le bien-fondé de sa
souffrance. Il impose d'abord une image de Célimène pour pouvoir s'en plaindre. Mais, en partant de cette image, il demande
que Célimène se transforme en l'opposé. C'est en cela que

consiste son amour. Pour le reste du monde, Alceste s'oppose
et maintient cette opposition à la fois par ses descriptions
hyperboliques et par sa passivité; pour Célimène, il vise à
l'assimilation complète. Il n'y a pour lui que le mal, qui est
autrui dans son altérité même, et le bien, qui est lui-même : son
monde est simple, mais ne permet pas la reconnaissance d'autrui
comme valeur indépendante.

La ville d'Arnolphe était vraiment peuplée de cocus, George
Dandin est véritablement et odieusement trompé, Sganarelle
n'est pas loin de la vérité quand il traite Dom Juan de « bête
brute », — l'humanité des personnages de Molière, quelle que
soit leur hantise, tient en grande partie au fait que ce ne
sont pas de purs hallucinés. Le monde qui entoure Alceste
est vraiment peuplé d'indifférents, d'intrigants, de vaniteux,
d'hypocrites, de scélérats. Sans compter les ridicules inoffensifs.

Si on pouvait entrevoir dans *Tartuffe* une société « normale »,
traversée de nombreux Orgons et de nombreux Tartufes, mais
fondamentalement honnête; si même on pouvait imaginer, en
méditant sur *Dom Juan,* un monde maintenu dans l'existence et dans l'ordre par des codes peut-être illusoires mais
efficaces dans la mesure où en sont éliminés les Dom Juans, —
Le Misanthrope ne permet guère de croire à quelque norme
satisfaisante. On parle de Philinte et d'Éliante : comme on
l'a vu, l'ordre avec eux se confond en quelque sorte avec
une inhumaine absence. On a donc le choix entre un monde
glacé, où déambulent de jolis sourires sans passion, et l'éclatante jungle qui se manifeste à la fois sur scène et dans les
coulisses.

La tirade d'Alceste, au début du cinquième acte (vv. 1483-
1524) donne l'exacte mesure de l'état réel du monde et de la
responsabilité d'Alceste. Alceste ne s'est occupé de rien: « Sur
la foi de mon droit mon âme se repose... » — mais aussi est
survenue la surprise du « livre abominable » et de la participation d'Oronte à la calomnie. Si la perte du procès ne nous
étonne pas, la vengeance d'Oronte « passe nos espérances ».
Oui, ce monde est noir, peuplé de « loups ». L'image est hyperbolique, comme l'était celle de la « bête brute » appliquée par
Sganarelle à Dom Juan, ou comme celle des « animaux » dans
L'École des Femmes. Mais comme ses prédécesseurs, Alceste
évoque, par cette image, la réalité qui se cache derrière les
comportements : la nature brute et instinctive.

Il y a toutefois plus dans cette tirade que l'évocation d'une

triste réalité. Alceste y confirme sa vision d'un monde double,
presque manichéen, dans lequel il incarne le bien et tout le
reste, le mal. Il est le « droit », la « justice », la « bonne foi »,
la sincérité, la franchise, l'honnêteté, le porte-parole de la
vérité. Quant aux hommes, ils sont faits de sorte qu'ils
ne sont qu'artifice, mauvaise foi, fausseté, etc. Dans la Création, il y a deux natures : la nature humaine, et la nature
d'Alceste. Alceste se dissocie de son espèce et fait de son
unicité le bien.

Psychologiquement, cet exposé est justifié par le coup surprenant qui accable Alceste. Blessés par autrui, nous générali-
sons souvent de la même façon. Mais la vérité humaine d'une
telle attitude n'empêche pas que, dans la vie réelle aussi bien
que dans la bouche d'Alceste, le contenu en soit faux. Et,
dramatiquement, ce qui compte, c'est la fausseté d'une attitude
que nous sommes tous capables de prendre. La scène 1 de
l'acte V est en quelque sorte démonstrative d'une erreur
commune, particulièrement évidente dans le cas d'un « moi »
aussi exacerbé que celui d'Alceste.

Comme on l'a vu, le manichéisme de cette tirade, qui est
occasionnel chez le commun des mortels, est un des traits
permanents et dominants d'Alceste. La perte du procès et la
méchanceté d'Oronte permettent de l'intensifier à l'approche
du dénouement. Jamais Alceste n'a tant affirmé son bon droit,
jamais il n'a décrit le monde avec tant de noirceur, jamais
non plus il n'a tant insisté sur son vœu d'isolement : à la fin de
sa tirade, il affirme son désir de se retirer; à la fin de la scène,
il demande à être seul « dans ce petit coin noir avec (son) noir
chagrin. »

Et aussi, il développe le thème du « plaisir » qu'il éprouve
à avoir perdu son procès. Quand Philinte lui suggère de faire
appel, « Non, répond-il,

> *[...] je veux m'y tenir.*
> *Quelque sensible tort qu'un tel arrêt me fasse,*
> *Je me garderai bien de vouloir qu'on le casse :*
> *On y voit trop à plein le bon droit maltraité,*
> *Et je veux qu'il demeure à la postérité*
> *Comme une marque insigne, un fameux témoignage*
> *De la méchanceté des hommes de notre âge.*

(vv. 1540-46.)

Ces vers sont nettement comiques, par le décalage qui existe
entre la petitesse de l'événement et l'éloquence noble du style.
L'amplification oratoire révèle bien entendu autre chose que
le contenu littéral du propos : il s'agit de figer, en une statue
du bien qui ne se reconnaît que sur fond de mal, le moi blessé

d'Alceste. Comme il l'ajoute lui-même, avec la même éloquence que vient burlesquiser un détail bas :

> *Ce sont vingt mille francs qu'il m'en pourra coûter,*
> *Mais pour vingt mille francs j'aurai droit de pester*
> *Contre l'iniquité de la nature humaine,*
> *Et de nourrir pour elle une immortelle haine.*

(vv. 1547-50.)

Réfugié dans son désert, Alceste connaîtra la paix d'un équilibre garanti pour toujours. Quand plus tard, très platement, Philinte lui dira d'exercer sa « philosophie » en songeant que s'il n'y avait pas d'injustice, les vertus seraient inutiles, il frôle la réalité d'Alceste, mais passe à côté. Oui, Alceste a besoin de l'injustice, non pour se surmonter en l'acceptant, non pour exercer ses « vertus », mais pour glorifier son moi en l'identifiant au bien.

La fonction de Philinte, comme ailleurs dans la pièce, n'est pas de proposer une « sagesse », mais de mettre en lumière l'erreur d'Alceste. Pratiquement, la situation n'est pas aussi grave que le prétend Alceste : la calomnie n'a pas réussi et le jugement du procès n'est pas sans appel. Mais c'est là minimiser l'aventure pour mieux faire rebondir Alceste, montrer comme il ne veut rien entendre, comment il coupe et fait taire quiconque tente de nuancer tant soit peu le mal du monde extérieur. Il lui faut un mal total pour être tout entier le bien.

En fait, au début de l'acte V, nous assistons au dénouement de la comédie secondaire des procès. Alceste a perdu, Alceste est définitivement installé dans un manichéisme qui lui donne à jamais raison, et il a décidé de se retirer.

Reste son amour pour Célimène; reste à savoir de quel côté elle va se diriger. Dès ce moment-là, on sait que le choix qui lui est offert est simple et net : ou bien elle part avec Alceste, dans un abandon du monde qui l'assimile complètement à son amant, ou bien elle reste chez « les hommes ». Elle sera l'ombre d'Alceste, ou louve.

CHAPITRE VIII

Guerre à Célimène

Alceste assis dans son « petit coin sombre », en compagnie de « son noir chagrin », sur lequel Philinte fait une plaisanterie facile et peu charitable, c'est une reprise de l'Alceste assis au début du premier acte. C'est déjà un désert — mais nous savons maintenant que s'il se contente d'un fauteuil à l'écart, s'il n'est pas déjà parti, c'est qu'il attend Célimène.

Celle-ci apparaît en compagnie d'Oronte; c'est la seule fois dans la pièce où nous la voyons seule avec un autre homme qu'Alceste, — Alceste étant certes présent sur scène en ce moment, mais caché à Célimène et à Oronte. Il y a là l'évocation d'un dénouement possible : tel Orgon caché sous sa table, tel Argan faisant le mort dans *Le Malade imaginaire*, Alceste pourrait « voler » sa vérité à Célimène. Or, c'est cette vérité qu'il demande, et le procédé facile pourrait la lui fournir. Mais ici le coup de théâtre conventionnel et attendu est remplacé par un autre coup de théâtre, beaucoup plus profond et plus révélateur : Célimène n'est pas différente, en l'absence d'Alceste; son langage, son attitude demeurent les mêmes. Alceste caché, — ainsi que le spectateur alléché — n'en apprend pas plus que ce qu'il sait déjà. Préparant la scène pour un coup de théâtre, on peut dire que Molière ménage un « anti-coup de théâtre », et affirme de la sorte la permanence irréductible des caractères.

Alceste n'est pas la victime privilégiée de Célimène. Nous l'avons vu : s'il est privilégié, c'est exactement dans la mesure où Célimène lui confirme son privilège; il est aimé plus que les autres, il est le seul devant qui elle ait prononcé le mot « amour ». Mais lui se veut ou bien amant unique, ou dupe. Le début de cette scène a pour fonction de montrer qu'il n'est pas la dupe par excellence, rôle qui semble à Alceste la seule possibilité en dehors de l'amour exclusif. On imagine aisément quelque pièce « bien faite » non seulement du xixe siècle, mais même du temps de Molière, où les révélations adviendraient précisément

en un tel moment. Car cette situation (Célimène seule avec
Oronte et pressée par lui, Alceste témoin caché) est soigneusement préparée : Alceste a pris soin d'annoncer qu'il voulait se
retirer dans un petit coin sombre, Philinte a répété deux fois
qu'il allait, avec Alceste ou seul, monter chez Éliante; on vient
d'apprendre qu'Oronte est l'ennemi le plus tortueux d'Alceste.
Tant de précautions, destinées à rendre l'entrée de Célimène
et d'Oronte et le fait qu'ils ne voient pas Alceste à la fois
vraisemblables et mélodramatiques, auraient ravi Scribe. Mais
chez Scribe, que de choses Alceste eût-il apprises! Ici, rien. La
révélation est proprement escamotée. Alceste intervient tout
naturellement dans le dialogue Célimène-Oronte, sans qu'aucun
élément nouveau soit donné ni à Alceste, ni au spectateur. *Le
Misanthrope* est une pièce où les personnages piétinent dans ce
qu'ils sont, où ils portent des masques, comme tout personnage
de comédie, mais n'ont pas de duplicité.

Toutefois, ce début de scène n'en est pas moins chargé
d'ironie. Oronte parle comme Alceste : devant Alceste caché,
il est en train de faire à Célimène la scène qu'Alceste n'a cessé
de lui faire tout au long de la pièce, ou du moins autant qu'il
l'a pu.

Il veut « une pleine assurance », et demande à Célimène
qu'elle chasse Alceste — tout comme Alceste demandait à
Célimène qu'elle chassât ses autres soupirants. La comédie des
rivaux qui court tout au long de la pièce, depuis le premier acte,
à travers les allusions à Oronte même quand il est absent, se
cristallise ici dans le parallélisme entre l'attitude d'Oronte et
celle d'Alceste, chacun ayant les mêmes exigences que
l'autre.

Célimène répond à Oronte comme elle répondait à Alceste,
— par une question :

> *Mais quel sujet si grand contre lui vous irrite,*
> *Vous à qui j'ai tant vu parler de son mérite?*

(vv. 1597-98.)

Nous ne pensons pas qu'il s'agit là d'une dérobade à proprement
parler : il s'agit soit d'une surprise réelle, soit d'une allusion
polie à la mauvaise foi d'Oronte. Oronte, qui n'a pas pardonné
à Alceste l'incident du sonnet, vient de prêter la main à une
infâme machination contre Alceste. Ou bien Célimène le sait,
ou bien elle remarque dans l'aigreur du ton d'Oronte que son
exigence n'est pas seulement fondée sur la jalousie en amour,
que son motif est impur. Célimène est perspicace, elle sait
déshabiller autrui de ses fausses justifications, mettre à nu
les vrais motifs : elle l'a fait avec Arsinoé au troisième acte.

Par sa sécheresse, la réponse d'Oronte prouve qu'elle a visé juste :

> *Madame, il ne faut point ces éclaircissements.*

(v. 1599.)

Mais aussi, elle montre qu'il ne s'agit plus de la vraie nature d'autrui, qui est connue maintenant par le spectateur, que Molière d'ailleurs ne cessera pas d'illustrer fidèlement, mais qui n'est plus pour le moment le ressort du drame : il s'agit tout simplement de dénouer l'intrigue, de forcer Célimène à choisir.

D'où l'accord d'Alceste et d'Oronte. Ils sont l'un et l'autre à bout de course. L'orgueil blessé d'Oronte l'a conduit à un acte ignoble, Alceste a définitivement décidé de se retirer du monde des hommes : leurs « caractères » sont résolus. Comme il s'agit de comédie, cette résolution ne signifie pas qu'ils se possèdent eux-mêmes : mais nous les possédons. Il ne leur reste qu'à fonctionner comme des personnages de comédie de rivalité amoureuse, dans un tournoi où l'accent est mis sur leur égalité. Sur ce fond d'équilibre se détachera le caractère qui n'a pas encore trouvé sa solution, celui de Célimène, poussé métaphoriquement et réellement à l'avant-scène.

Certes les couleurs d'Oronte ne sont pas les mêmes que celles d'Alceste dans les répliques parallèles qui suivent (vv. 1609 sqq.). Oronte est plus galant, plus délicat; Alceste est plus entier et plus brutal :

Oronte : *Je ne veux point, Monsieur, d'une flamme importune*
   Troubler aucunement votre bonne fortune.
Alceste : *Je ne veux point, Monsieur, jaloux ou non jaloux,*
   [...]
   Partager de son cœur rien du tout avec vous.
Oronte : *Je jure de n'y rien prétendre désormais.*
Alceste : *Je jure hautement de ne la voir jamais.*

C'est-à-dire que la chair proprement moliéresque reste visiblement accrochée aux personnages malgré les fonctions conventionnelles auxquelles ils sont réduits dans ce fragment de scène. Mais ce qui frappe le plus, c'est l'automatisme des répliques symétriques, qui fait des deux personnages les équivalents de Charlotte et Mathurine dans *Dom Juan*.

Célimène, pressée comme Dom Juan, n'est pas loin de répondre dans les mêmes termes. Tous deux prétendent avoir donné assez de lumière pour que les autres soient au courant de la véritable situation. Mais alors que Dom Juan prétendait avoir donné ses lumières à celle qu'il aime vraiment, Célimène compte sur « les doux témoins » pour instruire celui qu'elle n'aime pas « du malheur de ses soins ». Depuis les premières mettre ses soupirants à la porte, qu'elle les ménage tous. L'argument qu'elle utilise ici est donc en accord avec toute son attitude passée.

Cette tirade (vv. 1623-36) est de très grande importance, puisqu'elle est située très peu de temps avant le dénouement, que celui-ci est réclamé avec insistance par Alceste et Oronte, et que le procédé utilisé dans ce fragment de scène en laisse toute la responsabilité à Célimène. L'impatience des deux soupirants oblige Célimène à ramasser en quelques vers une description d'elle-même et de ses motifs.

D'abord, elle refuse de révéler son choix — un choix dont à la fois Alceste et Oronte veulent qu'il soit exclusif. Ensuite, elle affirme que le choix est fait au fond d'elle-même. Enfin elle donne la raison de son refus de le révéler : ne pas blesser directement le malheureux dont elle ne veut pas. Dans le style, le mouvement est le contraire de celui du style d'Alceste : elle commence avec « je », puis disparaît dans un code universel, fait d'obligation, et d'observations objectives. Ce qu'elle affirme, en fin de compte, c'est que son comportement est en parfait accord avec ce qu'elle éprouve, que le code qu'elle suit satisfait exactement son vœu personnel. Ce code, répétons-le, n'est pas seulement un ensemble de règles de conduite : il décrit aussi ce qui est, tout simplement : « un cœur de son penchant donne assez de lumière... » Nous retrouvons ici les éléments précieux de l'acte II et de l'acte IV : les démarches subtiles du code précieux ne représentent plus un effort à faire sur soi-même; Célimène ne se sert pas des doux témoins ou de quelques muets truchements parce que c'est ainsi que *doit* se comporter une femme devant l'amour, elle est tout entière doux témoin et muet truchement. Tant pis pour autrui s'il ne comprend pas ce langage.

Bien entendu, dans le mouvement de la scène, pour le spectateur, la tirade en question a tout l'air d'une dérobade. Mais il s'agit d'une dérobade sans duplicité : Célimène ne cherche pas à cacher des mensonges, Célimène n'a pas peur qu'on fasse tomber un masque de roueries. Elle n'est ni menteuse ni rouée. Ce qu'elle veut sauver, c'est elle-même, car on lui demande très exactement, en ce moment, d'être quelqu'un d'autre. Célimène défend son euphorie, le bonheur avec lequel elle se confond. Alceste définit l'attitude de Célimène par le désir de tout « ménager » et par une application à « conserver tout le monde ». Il n'y voit qu' « amusement » et « incertitude », c'est-à-dire retards injustifiés et refus du noir-et-blanc. Mais en cela, il condamne la nature même de Célimène, sa spontanéité, sa vision d'un monde de nuances. Si Célimène se tait, c'est pour ne pas mentir, c'est pour ne pas trahir ce qu'elle est, c'est par fidélité à elle-même, et non par tortueuse politique.

Mais Alceste ne la comprend pas, et par son incompréhension, il conduit la scène à une impasse :

> *Ou bien pour un arrêt je tiens votre refus.*
> *Je saurai, de ma part, expliquer ce silence [...]*

                                                    (vv. 1644-45.)

Puisque le langage de Célimène n'a pas de sens pour lui, il décide, de l'extérieur, de lui en donner un. Celui, bien entendu, qui correspond à sa nature à lui. Tout près du dénouement, Alceste essaie plus que jamais de faire entrer Célimène dans son univers, et cette fois-ci, de force. Nous usons de ces tyrannies dans la vie quotidienne, quand nous mettons, comme on dit, « les gens au pied du mur ». Nous nous en servons pour justifier nos actes à l'égard d'autrui en nous fondant sur un code que nous leur imposons sans leur consentement, en les « déchiffrant » selon notre vœu et non selon leur vérité. Dans les cas d'incompatibilité, passagers ou constants, où nous ne pouvons forcer l'imperméabilité d'autrui, nous remplaçons ainsi autrui par un « autre » autrui, substituant à la réalité qui échappe une illusion dont nous sommes les maîtres. Alceste représente la pointe extrême de cette démarche, elle est permanente chez lui : il n'y a pas grande différence entre sa description du monde extérieur et cette interprétation du silence de Célimène. C'est d'ailleurs sur ce point qu'Oronte et Alceste se séparent de nouveau, malgré l'approbation d'Oronte (vv. 1647-48) :

Oronte :   *Je ne veux qu'un seul mot pour finir nos débats.*
Alceste : *Et moi, je vous entends, si vous ne parlez pas.*

                                                    (vv. 1667-68.)

Oronte ne va pas aussi loin qu'Alceste : s'il y a malentendu sur le langage de Célimène, c'est néanmoins un effort de précision dans le langage qui clarifiera la situation. Pour Alceste, le sens est choisi d'avance, et en dehors même du langage. On peut imaginer un personnage moins sérieux dont le choix serait l'inverse : « Si vous vous taisez, cela voudra dire que c'est moi que vous choisissez. » C'eût été là un vrai piège — mais Alceste n'agit pas par calcul. Il est vrai que si Célimène se tait, c'est qu'elle ne sort pas de son univers à elle, c'est donc qu'elle n'entre pas tout entière dans celui d'Alceste, qu'il ne la possède pas aussi totalement qu'il le veut, autrement dit dans sa perspective à lui, qu'il ne la possède pas du tout. Mais dans tout cela, il ne s'agit encore que d'Alceste, non de la résolution du caractère de Célimène.

Célimène, au cours de cette scène, souffre une « gêne trop forte » (c'est-à-dire une véritable torture) — et le mot n'est pas exagéré pour décrire la souffrance que procure une opération destinée à transformer quelqu'un en quelqu'un d'autre. Plus loin, elle se déclare « persécutée » — comme ceux qu'on poursuit pour les faire renoncer à leur foi. Lorsque entrent Éliante et Philinte, il est intéressant de noter le sens qu'elle donne à ce débat :

> *Ils veulent l'un et l'autre avec même chaleur*
> *Que je prononce entre eux le choix que fait mon cœur,*
> *Et que, par un arrêt qu'en face il me faut rendre,*
> *Je défende à l'un d'eux tous les soins qu'il peut prendre.*
> *Dites-moi si jamais cela se fait ainsi.*

(vv. 1655-59.)

Célimène persécutée cherche du secours à l'extérieur. Son ton d'évidence ici relève d'une certaine naïveté : il est clair qu'elle est fermée à toute autre conception du comportement amoureux que la sienne. C'est moins le « choix » qui l'effraie, que les conséquences; elle met l'accent sur la seconde partie de l'exigence de ses soupirants : l'élimination du rival. Elle attend d'Éliante, que pourtant elle connaît bien, que celle-ci tombe d'accord avec elle : il est en quelque sorte contre nature de défendre à un homme de « prendre des soins ». Qu'elle s'adresse si spontanément à Éliante pour obtenir cette confirmation prouve assez qu'elle ne fait qu'un avec sa propre vision, son propre comportement, et qu'elle est convaincue au fond d'elle-même que le monde entier est ainsi fait — à l'exception de ses deux persécuteurs.

La réponse d'Éliante est certes bien en accord avec la définition première du personnage, « la sincère Éliante ». Mais elle a surtout pour fonction de faire rebondir Célimène. On approche bien évidemment d'une révélation qui va être faite à Célimène : l'harmonie qui régnait entre elle-même, sa façon de vivre et le reste du monde, et qui fondait son bonheur, est peut-être illusoire. En ce cinquième acte, on ne ménage plus Célimène. Chaque personnage a son motif; celui d'Alceste est le plus clair, et le personnage se contente d'être plus intense que dans le reste de la pièce; celui d'Oronte est le plus trouble : s'il persécute Célimène, c'est pour éliminer Alceste qu'il cherche à détruire par tous les moyens; celui d'Éliante, c'est cette bonne foi discrète et pâlotte dont elle se vante de temps en temps [1].

---

1. « *Éliante :* Et je suis pour les gens qui disent leur pensée. » Notons d'abord qu'elle s'oppose ici à la « philosophie » de Philinte. Mais surtout, puisqu'il s'agit d'une réponse à Célimène, soulignons qu'il y a rencontre,

querelles avec Alceste, nous savons que Célimène refuse de Sous une forme ou une autre, chaque mouvement de la scène 2 et de la scène 3 suggère un dénouement, dont on s'aperçoit vite qu'il est impossible. D'abord, au cours du dialogue Célimène-Oronte devant Alceste caché, va-t-on apprendre de la bouche de Célimène elle-même qu'elle n'est rien de plus qu'une menteuse? Mais Célimène n'est pas la baronne du *Turcaret* de Lesage, ce n'est à aucun moment une aventurière à la recherche d'une dupe, c'est au contraire une spontanée heureuse qui ne ment jamais, mais qui *est* de plain-pied avec la moindre nuance de ce qu'elle dit, et qu'on ne trouve jamais en désaccord ni en contradiction extérieure avec elle-même. Ensuite, va-t-elle, comme une héroïne de Marivaux, pressée par ses soupirants, pousser enfin le cri : « Eh bien oui, je vous aime », et chasser celui qu'elle n'aime pas? Mais on a vu que Célimène vit dans un univers où l'exclusivité est remplacée par la hiérarchie, qu'elle ne sent à aucun moment ce qu'est l'exclusivité, qu'elle est satisfaite dans la mesure où la situation amoureuse est en quelque sorte diluée. Enfin, à l'entrée de Philinte et d'Éliante, on peut espérer une grande scène au cours de laquelle deux couples se constitueraient, pour aboutir à un finale théâtralement satisfaisant : deux mariages, et une victime, — celle-ci ne pouvant être qu'Oronte ou Alceste, bien entendu. Mais enfin, ce finale théâtral, voisin de celui du *Menteur*, est immédiatement impensable. Il faut définitivement un élément nouveau pour que la solution se fasse jour.

Ce n'est pas une des moindres habiletés de Molière, dans *Le Misanthrope*, que d'avoir réussi, — et cela avec toute la vraisemblance désirable — à réunir tous les personnages de la pièce sur la scène vers la fin du cinquième acte. Si le finale « théâtral » est impensable à la scène 3, Molière renchérit par une convention encore plus spectaculaire. Certes, ici, un problème de mise en scène semble se poser : il n'y a pas changement de scène jusqu'au rideau, c'est-à-dire que, selon la convention du texte classique imprimé, tous les personnages annoncés en début de scène sont encore présents à la fin. Toutefois, il est dit après le vers 1732 qu'Arsinoé se retire, et

une fois de plus, entre deux *visions* différentes. Car Célimène a dit sa pensée. Oronte et Alceste lui ont surtout demandé d'éliminer complètement le rival malheureux. Or elle refuse d'être contrainte d'interdire à un homme « les soins qu'il peut prendre ». Sa pensée, c'est le rejet de toute tyrannie.

après le vers 1784, que Célimène se retire également. Aucune
mention n'est faite d'une sortie des Marquis et d'Oronte. Il va
sans dire qu'il serait absurde d'interpréter le verbe « se retirer »
comme l'indication d'un simple mouvement sur scène, les
personnages se contentant de « monter », une fois leur petit
numéro exécuté. Il semble plus juste de penser qu'ils sortent
vraiment, y compris et en premier les Marquis et Oronte,
et que la dérogation à la règle du découpage des scènes ainsi
que l'incertitude des indications en cours de scène tiennent
au fait que Molière voulait produire ici un effet nouveau, qu'il
était sensible au mouvement continu qui vide peu à peu la
scène, qu'il tenait à cette continuité, et qu'il a voulu la conserver dans le texte imprimé. Ce que l'incertitude purement
formelle et typographique de la brochure souligne en fait,
c'est le caractère tout spécial d'un finale destiné à situer le
dénouement au-delà de la convention théâtrale.

L'entrée des Marquis et d'Arsinoé est vive, les personnages
sont tout animés par ce qu'ils apportent. La scène se terminait sur un piétinement, cette entrée fait « coup de théâtre »,
et lance le spectateur dans l'espoir d'un dénouement surprenant.
L'impression est celle d'une attaque tumultueuse contre Célimène, par des personnages comme les Marquis à la fois vexés
et sarcastiques, ou bien comme Arsinoé contenant hypocritement leur joie à l'idée de la vengeance qui s'apprête. Ils sont
tout entiers tension, à cause de la révélation qui les étouffe,
à cause du mélange de haine et de plaisir qui les meut.

Arsinoé s'impose au début de la scène. C'est elle qui définit
ce à quoi on va assister : un procès. C'est elle qui emploie le
mot de crime, et qui annonce que nous allons assister à une
accusation, puis à une défense. Mais ce procès est plus ou moins
truqué : il est mené par deux ridicules et par le moins « sympathique » des personnages de la pièce. L'importance accordée
à Arsinoé en ce début de scène colore d'avance toutes les
révélations qui pourront être faites : nous savons que le vœu
d'Arsinoé est de détruire Célimène; Oronte, Alceste, chacun à
sa manière et sans doute en se trompant, veut le bonheur de
Célimène; si leur exigence peut avoir pour résultat de la
détruire, ils l'ignorent, tandis qu'Arsinoé, on l'a vu au troisième acte, veut consciemment interdire tout bonheur à Célimène. Célimène n'est plus mise en danger par des soupirants
plus ou moins aveuglés par leur passion, mais par sa pire
ennemie. Celle-ci, fidèle à elle-même, se présente comme au
troisième acte sous le masque de l'irresponsabilité. A l'entendre,
elle n'est que spectatrice, et spectatrice favorable à Célimène;
on est venu la trouver, elle se dissocie de l'accusation, elle

a « bien voulu » accompagner les accusateurs — mais c'est pour
assister au triomphe de Célimène. Comme Alceste, comme
Célimène, Arsinoé se résume ici avec une intensité particulière.
L'emphase de ses protestations révèle son double visage :
crime et amitié s'opposent avec tant de véhémence, sur le fond
du jeu même de l'actrice, tout fait d'une avidité joyeuse mais
contenue, d'élans de triomphe vite rattrapés, contrôlés, que
le personnage atteint la pointe extrême de ce qu'il peut y avoir
d'odieux en lui. Du coup, ce qui va suivre ne peut être qu'odieux.

Sur scène, cette réunion des personnages produit en outre
un effet que la simple lecture ne laisse pas aisément percevoir.
Ce début de scène est une réplique de la scène des portraits
de l'acte II. Célimène est au centre, tous ses amis sont présents
— avec Oronte et Arsinoé, en plus. Et ceci est déjà une indication du fait que ce que Célimène va payer, c'est son attitude
de l'acte II : c'est la « médisance » qui va avoir un retour de
flamme. On va assister à un négatif de la scène des portraits
— au même lieu, avec les mêmes acteurs [1], et peut-être, si le
metteur en scène le veut bien, avec les mêmes places des
acteurs sur scène (assis, à l'acte II, debout ici, mais selon le
même schéma de mise en place). Les deux Marquis, qui à
l'acte II jouaient le jeu de Célimène, sont ici aussi tout près
d'elle; Éliante et Philinte, un peu à l'écart; Alceste, témoin
silencieux, refoulé par la foule dans le même coin qu'à l'acte II.
Les deux « scènes de foule » du _Misanthrope_, même si le parallélisme n'est pas d'une parfaite exactitude, puisqu'ici Oronte et
Arsinoé viennent compléter le spectacle, ne peuvent que se
répondre. D'ailleurs, le prétexte en est le même : il s'agit dans
les deux, de portraits, dont l'auteur est Célimène. Mais à
l'acte II, il s'agissait de lointains absents; ici, il s'agit des
présents. Avant tout, le crime de Célimène, c'est d'avoir décrit
les « présents » comme elle avait décrit les « absents ».

Célimène est toujours le centre. Mais ce n'est plus le bel
animal spirituel à qui on jette les absents en pâture, c'est une
bête traquée qu'on accuse de dévorer les présents. Ce n'est
plus elle qui parle, ce sont les autres : à sa faconde est substitué
son silence. On a remplacé la question « Que dites-vous de X »,
par le rapport policier « Voilà ce que vous avez dit de nous. »
De la scène 4 de l'acte II à la scène 4 de l'acte V, s'est opéré
un renversement complet et éminemment dramatique. Il est
si évident, mais surtout il est tellement symbolique d'une
chute ironique, qu'il frôle la tragédie. Il convient de suggérer

---

1. D'où l'erreur de toute mise en scène qui, comme celle d'Arnavon,
comporterait des changements de décor.

ce fait : le personnage « tragique » dans *Le Misanthrope*, ce n'est peut-être pas Alceste, c'est Célimène, car c'est vraiment elle qui tombe de haut. Ces portraits qu'on lui reproche maintenant, ce sont précisément ceux pour lesquels on l'admirait autrefois. Ce n'est pas elle qui a changé, c'est le monde qui est divers. Il y a une justice de Célimène, et cette justice se retourne contre elle. Une analyse détaillée de la scène 4 de ce dernier acte en fournit aisément la preuve.

Il s'agit de deux lettres écrites par Célimène, et à aucun moment il n'est question de mettre en doute leur authenticité. Mais enfin, on procède comme dans un vrai procès, les documents sont exhibés, et un des accusateurs croit bon de souligner cette authenticité. Il va sans dire que Célimène ne la conteste pas. Un critique a pu dire que le drame de Célimène, c'est d'avoir écrit trop de lettres. Une lettre d'elle, déjà, traînait sur scène à l'acte IV, — et ce que dit Acaste, ici :

> *... je ne doute pas que sa civilité*
> *A connaître sa main n'ait trop su vous instruire,*

> (vv. 1688-89.)

ne fait que confirmer cette intempérance de la plume.

Cette remarque, en fait, n'apporte rien de nouveau sur Célimène, centre d'une société particulièrement épistolière, mais vaut par le sarcasme qu'elle contient, par l'ironie de « civilité ».

Acaste lit la lettre adressée à Clitandre, Clitandre lira la lettre adressée à Acaste. Cet échange s'explique par le pacte de l'acte III, scène 1 : chaque Marquis, au reçu de sa lettre, s'est précipité vers son ami pour lui montrer la preuve de son bonheur et tous deux se sont trouvés renvoyés dos à dos. Le fait qu'il y a eu échange de lettres permet de mettre l'accent, non pas sur ce qu'il y a de positif dans les billets de Célimène, mais sur ce qu'il y a de négatif. Et cela a un double effet : le spectateur sentira que Célimène n'accorde de privilège à personne, les personnages se montreront plus sensibles à la raillerie qu'à la faveur.

La lettre à Clitandre, lue par Acaste, commence par une allusion aux reproches de Clitandre. On comprend que Clitandre condamne « l'enjouement » de Célimène, et qu'il passe à une conclusion typique des amants malheureux : « vous ne vous amusez que lorsque je ne suis pas là. » Si on a compris une fois pour toutes la spontanéité et la sincérité de Célimène, on admet aisément que Célimène ait immédiatement protesté. « Il n'y a rien de plus injuste. » Or c'est vrai : nous savons que Clitandre « amuse » Célimène. Cette lettre est tout entière faite de rectifications, de mises au point d'abord du vocabulaire de Clitandre, puis de celui de Célimène. Celle-ci n'admet pas qu'on ne la définisse pas dans les termes qui lui semblent sincèrement les plus justes, et réciproquement, tout ce qu'elle dit d'autrui ou à autrui est d'une précision qui refuse l'ambiguïté. Le malheur pour elle, c'est que les autres y voient une ambiguïté.

La lettre nous fait attendre ce que nous voulons savoir : que dit Célimène aux autres à propos d'Alceste? D'abord, on règle le sort d'un inconnu, « qui devrait être ici » pour s'entendre railler. Le « grand flandrin de vicomte » qui crache dans les puits pour faire des ronds aurait aussi bien pu être satirisé à l'acte II. Ici il fait le pont entre les absents (à l'acte II, aucun n'était soupirant de Célimène) et les présents. Si on en croit Grimarest, ce nouveau personnage est introduit par un caprice de Molière, qui voulait faire allusion à un contemporain ridicule. Mais que le Vicomte ait un modèle réel ou soit de l'invention de Molière, il a ici une fonction précise et nécessaire : il nous achemine vers la satire des présents; nous acceptons qu'il soit ridiculisé, et nous sommes du coup mis en face de la question : pourquoi n'accepterions-nous pas également la satire des présents, des personnages que nous connaissons?

D'ailleurs, on accepte aussi la description d'Acaste : elle correspond à ce que nous savons de lui, à ses pirouettes de l'acte III. S'il y a déconfiture ici, c'est celle d'Acaste, non celle de Célimène. Mais Acaste est présent, c'est lui-même qui donne lecture de son propre portrait : or nous venons de voir combien dire les choses en face « gêne » Célimène; nous assistons maintenant au commencement de sa torture. Troisième étape, qui nous fait toucher au but : lecture de ce qui est consacré à Alceste.

> *Pour l'homme aux rubans verts, il me divertit quelquefois avec ses brusqueries et son chagrin bourru; mais il est cent moments où je le trouve le plus fâcheux du monde.*

Cette remarque ne nous apprend strictement rien. Célimène n'avait pas « bonne opinion » du Vicomte, elle refusait de reconnaître aucun « mérite » à Acaste, — son portrait d'Alceste est le plus superficiel de tous. Il est vrai qu'Alceste est brusque et bourru, c'est là un comportement que nous tous, personnages et spectateurs, connaissons bien, et qu'Alceste lui-même reconnaît fièrement. Nous savons aussi que Célimène le trouve quelquefois agréable, et souvent fort fâcheux : il l'a d'ailleurs été auprès d'elle tout au long de la pièce, et elle le lui a dit en face. Ce n'est donc pas le contenu du portrait qui peut blesser

Alceste, ou nous faire approcher du dénouement, c'est sa situation : dans une lettre écrite à quelqu'un d'autre, et sur le même plan que les portraits des autres soupirants. Alceste est ici en quelque sorte nivelé.

Et nivelé avec Oronte. Celui-ci fatigue Célimène autant qu'Alceste. Pas de surprise, de même qu'il n'y en avait pas eu au début de la scène 2. Le choix de Célimène ne se manifeste pas. C'est que la lettre n'a pas pour objet de le révéler; ce n'est pas une déclaration d'amour, c'est une réponse à un reproche — et une mince réponse à un mince reproche. A Clitandre qui déclare que Célimène s'amuse davantage quand il n'est pas là, elle répond en lui montrant qu'elle a bien des raisons de s'ennuyer en son absence. Ses amis, ceux qui devraient la distraire par leur talent ou par leur enjouement? Un vicomte puéril, un jeune fat sans mérite, un « bourru » et un faux bel esprit. Il s'agit ici des plaisirs de société, des « parties » — et il est notable que le seul dont Célimène dise qu'il la « divertit » quelquefois, ce soit Alceste. Quant à son attitude envers le destinataire de la lettre, on ne saurait dire qu'elle soit compromettante : certes, Célimène regrette que Clitandre ne soit pas présent aux « parties où on l'entraîne », mais comme « un merveilleux assaisonnement aux plaisirs » que de toute façon et en dépit d'un certain ennui elle y goûte. Sans doute Clitandre fait-il partie de ces « gens qu'on aime », le collectif tue la force du verbe « aimer » — tant pis pour Clitandre et les autres s'ils traduisent par « celui qu'on aime ».

Il est évident que Célimène, en écrivant cette lettre, n'a pas cherché à retenir Clitandre par une promesse précise mais voilée. Il n'est rien de plus, comme elle le lui dit, que l'huile et le vinaigre qui rend parfois comestible la salade un peu insipide de la vie de société. Il est complémentaire, et il s'agissait tout simplement de le convaincre de sa nécessité.

La lettre à Acaste, que lit ensuite Clitandre, est plus inquiétante. Le thème n'en est plus l'enjouement et l'ennui, mais l' « amitié ».

Il s'agit évidemment encore d'une réponse à un reproche : « Votre Clitandre, dont vous me parlez... » Acaste est allé plus loin que Clitandre dans ses remontrances, il ne s'est pas contenté d'accuser Célimène de mieux se divertir avec autrui qu'avec lui, mais il s'est plaint de son « amitié » pour Clitandre, à ses dépens. Célimène nie aussitôt, et avec véhémence, cette amitié. On la soupçonne d'aimer Clitandre, et il faut qu'aussitôt elle se lave de ce soupçon, qui n'est pas fondé. Ou si elle l'aime, répétons-le, c'est comme « assaisonnement », et ce n'est pas le sens qu'Acaste a donné au verbe « aimer » dans ses reproches. La seconde phrase de la lettre nous révèle qu'Acaste a été poussé à écrire à Célimène à la suite de la conversation de l'acte III : « Il est extravagant de se persuader qu'on l'aime... » Un glissement se produit dans la lettre, au prix de l'ambiguïté du verbe « aimer » et des litotes : «... et vous l'êtes de croire qu'on ne vous aime pas. »

Certes, on ne saurait être plus loin du monde d'Alceste, pour qui chaque sentiment, chaque valeur, n'a qu'un contraire possible [1]. Pour Alceste, la double négation rétablit le verbe affirmatif; « ne croyez pas que je ne vous aime pas » signifie « je vous aime ». Et il est certain qu'à ce point de la pièce, les personnages appliquent la même logique qu'Alceste : ils font tous bloc contre Célimène, c'est son monde à elle qui est ici en procès, non plus celui d'Alceste, ici absorbé dans le groupe à la suite d'un mouvement qui a commencé avec les répliques symétriques de la scène 2.

> *Changez, pour être raisonnable, vos sentiments contre les siens,*
> *et voyez-moi le plus que vous pourrez, pour m'aider à porter le*
> *chagrin d'en être obsédée.*

Célimène joue ici sur des nuances si ténues qu'elles échappent nécessairement à ceux qui l'entourent, en ce moment groupe passionné et avide d'un langage simple et net. Célimène invite Acaste à croire qu'elle l'aime, et il est certain que pour n'importe qui, cette invite vaut un aveu. Mais la chose n'est pas dite, et Célimène se croit protégée. Pour le reste, elle affirme que la présence de Clitandre « l'obsède ».

Tout au long de cette étude du *Misanthrope*, il nous a semblé qu'on ne pouvait accuser Célimène de duplicité. Nous avons vu en elle un personnage toujours en accord avec ce qu'il dit, c'est-à-dire prenant à la lettre un langage par ailleurs issu des recherches accomplies par la Préciosité. Sa sincérité consiste à user de mots et de figures de style qui correspondent exactement à ce qu'elle éprouve au moment où elle le dit. Ici, sur le point de voir Clitandre lui échapper, c'est le besoin de son enjouement qui se présente à elle et qui tout naturellement se met en contraste avec les traits des autres, le souvenir des moments passés avec les autres, où domine l'ennui. Au moment de perdre Acaste, ce sont les défauts de son rival qui apparaissent à Célimène. S'il y a contradiction entre la fin de la lettre à Clitandre (où il est le « merveilleux assaisonnement ») et la fin de la lettre à Acaste (où Clitandre obsède Célimène et lui pèse lourdement), c'est non pas parce que Célimène est

---

1. Il s'agit chez Alceste, bien sûr, d'une exigence spontanée, d'un aveuglement, non d'une réflexion logique.

double, mais parce que Clitandre l'est, ou du moins parce que Célimène le voit tel, comme d'ailleurs elle voit Alceste. La prodigieuse « moraliste » de la grande scène de l'acte II est une perspicace que personne n'aveugle, qui d'instant en instant est sensible au ridicule et au charme de chacun, à l'ennui et au plaisir que chacun lui procure. Et c'est pour cela qu'elle a besoin de tous les membres de son groupe : chacun est, dans ses qualités, le palliatif des défauts des autres. Ils sont tous plus ou moins « assaisonnements », tous plus ou moins sont des fâcheux.

On a vu d'ailleurs que si un certain aveu lui répugne au point de se sentir torturée quand on lui demande de le faire, elle n'hésite pas à dire à ses amis qu'ils l'importunent quand le cas se présente. Alceste a été le plus grondé, mais Oronte a été aussi accusé de la « fatiguer », et elle a su lui faire remarquer que le motif de son animosité contre Alceste n'était pas sans ambiguïté (vv. 1597-98). Célimène a la sincérité de son humeur du moment, dont les variations ne sont pas des caprices, mais des changements apportés par l'attitude d'autrui.

Mais enfin, il y a « l'erreur » de Célimène, que le spectateur a vue depuis le second acte, que les personnages découvrent maintenant mais qu'ils interprètent selon leurs vœux propres, et dont on se demande si Célimène va la voir à son tour : son univers n'est qu'à elle, et, à son insu et à l'insu des autres, elle a vécu avec son groupe dans un malentendu permanent. Chacun a cru qu'elle se donnait à lui, chacun a cru que les politesses de Célimène n'étaient qu'obéissance aux règles mondaines, alors qu'elle ne se donnait totalement à personne, et qu'elle était en fait tout entière les grâces qu'elle manifestait.

On a souvent dit que Célimène n'a pas de cœur [1]. On se demande qui en a dans cette pièce, comme d'ailleurs dans la majeure partie du théâtre de Molière. Cœur, au sens moderne et sentimental du mot, non au sens de « courage ». Le drame n'est pas fondé ici sur le conflit entre un cœur sec et des cœurs, disons : humides, mais entre d'incompatibles visions du monde, toutes fondées sur l'amour de soi. Célimène est en conflit avec deux adversaires : d'une part les différents soupirants qui usent du même langage qu'elle, qui sont à l'aise dans le jeu mondain pour des raisons *différentes* des siennes et avec des interprétations *différentes* également; d'autre part, Alceste qui refuse à la fois ce langage et ce jeu. Les soupirants, autres qu'Alceste, utilisent le jeu mondain comme un miroir, dans

---

1. Sans aller plus loin, voir la notice de Robert Jouanny, *Théâtre complet de Molière*, Classiques Garnier, 1960, t. I, p. 814. (Par ailleurs, commentaires et notes de très haute qualité.)

lequel ils se regardent à chaque instant pour s'y voir à leur
avantage. Cet avantage ressort bien entendu particulièrement
quand on y montre les autres à leur désavantage : d'où leur
joie au cours de la scène des portraits. Celle-ci apparaît maintenant comme un parfait malentendu, et c'est ce qu'on ne
pardonne pas à Célimène. La « médisante » englobe tous les
hommes dans le même regard — comme l'indifférent Dom Juan
englobe, avec la médecine, la religion. La vision de Célimène
est absolument cohérente, alors que ses soupirants croyaient
à un parti pris à la manière d'Armande des *Femmes savantes*
(« Nul n'aura de l'esprit hors nous et nos amis » [III, 2, v. 924]).
Célimène ne fonde pas sa logique sur une solidarité, sur une
discipline de groupe, mais sur une vérité objective : bien
entendu, si elle prend plaisir à avoir ses amis autour d'elle,
c'est dans la mesure où ils sont agréables ou plaisants, —
et c'est sur cela qu'on insiste pour préserver l'harmonie heureuse d'une petite coterie, — mais le point de vue pratique
n'exclut pas les vérités désagréables. L'harmonie du groupe
de Célimène n'était rien de plus qu'un équilibre fait de compen-
sations établies par le vœu de bonheur de Célimène, mais un
vœu à bien des égards lucide.

Le rapprochement, dans *le présent*, de deux moments séparés dans le temps de la spontanéité de Célimène, révèle aux
autres qu'ils se sont trompés, c'est-à-dire, dans leurs termes,
qu'on les a trompés. Célimène, miroir, ne déforme pas toujours dans le même sens; or tous croyaient ou voulaient croire
à la permanence de son admiration, de sa flatterie. Célimène
flatte celui qui est là, parce que la présence d'autrui est la
chose la plus nécessaire — mais ce qu'elle flatte, c'est une
présence, non un mérite; absent, l'ami redevient objet de
réflexion, c'est-à-dire pour la perspicace Célimène, d'analyse
et de satire. L'injustice et la tricherie, si l'on se range du
côté de Célimène, c'est de lire, de rendre présentes les satires
écrites en l'absence des modèles. Si l'on cesse d'être du parti
de Célimène, cette lecture de lettres la condamne : le monde
n'est pas fait d'instants qui portent en eux et seulement pour
leur durée leur signification; ce qui est dit dans l'instant est
dit pour toujours, l'espoir comme l'insulte laisse des traces
permanentes dans des natures qui ne changent pas, et qui,
dans ce qu'elles ont d'un peu malléable, tendent toujours
à la solidification. Oronte a été blessé pour toujours par Alceste,
sa participation à la calomnie le prouve. Tout occupée par la
permanence de son bonheur, Célimène ne s'est pas souciée
de la permanence d'autrui. Alors que Dom Juan vit toujours
dans l'avenir immédiat, Célimène vit dans le présent immé-

diat. Toute sa tactique consiste à s'assurer une matière humaine pour chaque instant; si elle sent cette matière lui échapper, tous les moyens — sauf un engagement net de l'avenir — lui sont bons. Ce qu'elle a fait dans ses lettres, ce n'est pas de trahir certains de ses amis, c'est d'en rattraper d'autres. Ces lettres avaient une destination précise : l'indiscrétion des deux Marquis les détourne de leur destination, et leur donne une signification que, dans l'esprit de Célimène, elles n'avaient pas. La succession des humeurs est devenue la simultanéité de déclarations contradictoires — donc une duplicité.

Il n'y a pas d'objectivité dans *Le Misanthrope*: il n'y a que des conflits de subjectivités, toutes ayant finalement également raison si on se place de leur point de vue, toutes ayant également tort, si on choisit le point de vue opposé. En face du groupe, Célimène a eu tort. Son erreur a été de traiter « dans l'instant » un groupe qui vit dans la permanence de sa propre image. Toutefois, il sert peu de subtiliser sur le sens littéral du texte : il convient de se mettre dans l'état d'un spectateur, pris dans le temps de la pièce, et de se demander quelle « impression » il retire de ce procès de Célimène.

Les accusateurs sont des ridicules, aidés par le personnage le plus triste peut-être, mais surtout le plus odieux de la pièce. L'intérêt se porte, non pas sur la souffrance possible d'Acaste, de Clitandre ou même d'Oronte, — on est plutôt satisfait de voir leur déconfiture, et même si Célimène était une rouée, elle attirerait ici la sympathie dans la mesure où elle aurait berné des ridicules — mais sur une lumière peut-être jetée sur le rapport Alceste-Célimène. Le spectateur est moins frappé par l'apparente contradiction des propos de Célimène sur Clitandre que par la brève remarque qu'elle a écrite sur Alceste.

Il est évident que Célimène a joué, à sa manière, le jeu mondain mais qu'elle n'en a pas compris les règles comme les comprennent les membres de son groupe. Mais qu'est-ce que cela peut faire à Alceste? Qu'est-ce que cela peut faire à quiconque se met *hors* des règles du jeu?

La lecture des lettres a pour première fonction, non d'apporter des révélations sensationnelles sur Célimène, mais de mettre en lumière deux visions différentes, d'en montrer la prise de conscience, et de déblayer le terrain. Le malentendu entre Célimène et son groupe est réglé. La scène pourra se vider, symboliquement, pour qu'Alceste et Célimène se trouvent face à face, sans qu'aucune équivoque demeure entre eux, sans autre obstacle que l'incompatibilité brute de leurs natures. Pour le spectateur, ce début de scène est tout en faveur d'Alceste, et en faveur d'un dénouement rapide : cette société mondaine qui est venue se jeter constamment en travers d'Alceste, c'est-à-dire en travers d'une explication définitive entre les deux amants, s'élimine d'elle-même. Tout ce qui reste, c'est le « suspense » de savoir comment Alceste va prendre la chose.

Il est hors de propos de parler d'une Célimène « démasquée » : tout ce qu'on voit, ce sont des ridicules vexés, des orgueilleux atteints dans leur orgueil, tout simplement parce que leur miroir leur a dit certaines vérités. L'un va se venger par des racontars (Clitandre, vv. 1693-94), l'autre se vante de la qualité de ses autres conquêtes (Acaste, vv. 1697-98), le troisième y retrouve sa satisfaction vaniteuse par un sophisme extravagant (Oronte, vv. 1705-06). Les gros traits comiques des soupirants déçus, avec l'éclairage de la scène, « disculpent » Célimène. Dans l'univers moliéresque, où tout le monde est plus ou moins fautif, les culpabilités sont une question de degré, on rit contre ou pour sans que soit engagé l'absolu du mélodrame [1]. La gravité des jeux de Célimène, ici, n'est pas le problème : en fait, ils ont été salutaires, dans la mesure où ils ont provoqué ces trois sorties tant bien que mal drapées dans la mauvaise foi, produits exquis de l'amour-propre déjà connu mais soudain exacerbé de trois personnages sur qui pèse depuis longtemps le jugement comique.

Reste Arsinoé. Les rivaux — et particulièrement Oronte — d'Alceste ont été éliminés, mais ceci est une superbe occasion pour la rivale de Célimène — Arsinoé. En dépit de toutes les significations, de tous les éclairages nouveaux qu'il donne à sa pièce, Molière reste néanmoins fidèle à un certain schéma de base, sensible dès la lecture du programme, et utilisé au cours de la pièce : la comédie d'intrigue amoureuse. Célimène, Arsinoé, Alceste, Oronte, Éliante, Philinte : la pièce ne se

---

1. René Doumic (*Le Misanthrope de Molière*, Mellotée, s. d.) compare le mouvement de cette scène à une fin de mélodrame où « le traître est démasqué » et où défilent « devant lui, pour lui jeter l'anathème, tous ceux qui ont eu à se plaindre de sa perfidie » (p. 152). En effet, ce sera là un des procédés du mélodrame; mais la ressemblance n'est que formelle. Le mélodrame étant foncièrement manichéen, les victimes incarnent totalement les forces du Bien; le traître, les forces du Mal, — conflit qui se situe bien en deçà du drame moliéresque. La comparaison serait plus juste à propos de *Tartuffe*, bien qu'il y faille faire un effort *in extremis* pour empêcher la violence d'Orgon de déparer l' « honnêteté » du groupe des rescapés.

terminera pas avant que tous les amours avoués, rentrés, francs, tortueux, passionnés, tièdes, n'aient été résolus. Dans une pure comédie d'intrigue amoureuse, Célimène serait la jeune première sympathique, Arsinoé l'intrigante. Avec Molière, la notion de pure intrigue est fondée sur un motif profond, le drame intime d'Arsinoé déjà signalé.

Elle reste ici la dernière sur scène; Philinte et Éliante étant jusqu'à ce moment, dans le procès, comparses, témoins, fond neutre. Arsinoé se repaît du procès de Célimène; elle ne parle pas ouvertement au nom d'une blessure personnelle (comment le pourrait-elle?) mais au nom du bien derrière lequel elle se réfugie toujours; elle insiste sur cet anonymat, ce service, en choisissant précisément comme exemple hors d'elle-même, Alceste. Les vers 1709-1715 sont un chef-d'œuvre de concision, (qui n'est pensable que dans la mesure où nous savons déjà et depuis longtemps qu'Arsinoé est un masque) du procédé d'Arsinoé. On la sent, tentant d'absorber Alceste, sous le couvert d'une vertueuse objectivité.

Alceste l'interrompt exactement comme le spectateur a envie de l'interrompre. Au diable, le double jeu d'Arsinoé, qui ne fait que retarder le dénouement!

Arsinoé n'est qu'un obstacle — ce qu'elle veut être — à la réalisation de Célimène. Elle l'est ici « théâtralement ». Le spectateur impatient la déteste, car ce cinquième acte n'en finit pas, le dénouement est chaque fois retardé : Arsinoé est mise là pour exaspérer le spectateur. L'insolence d'Alceste est cinglante, mais satisfaisante; nous n'en sommes plus à l'Alceste crédule du troisième acte. La complicité est établie entre le public et le couple Alceste-Célimène, les comparses ne nous amusent plus, ils ont joué leur rôle, ils se répètent — savoir si maintenant Alceste et Célimène vont, eux aussi, se répéter.

La dernière tirade d'Arsinoé (vv. 1723-1732) est dramatique, non seulement parce qu'elle contient le double visage d'Arsinoé, mais surtout parce qu'elle est frein, présence intolérable qui s'accroche sur scène : l'hypocrite, actrice qui ne peut vivre que sur un théâtre, refuse de quitter la scène, alors que la pièce s'oriente vers quelque chose d'unique : un moment de théâtre au-delà du théâtre, quelque chose que seuls Racine et Molière ont entrevu sur la scène française, le jeu dramatique poussé si loin dans la direction du dépouillement, du sens même de ce qu'il suppose, qu'il finit par se nier lui-même, non seulement dans sa forme, mais dans son existence. Arsinoé qui proteste et se justifie et prend des poses et émet d'inutiles sarcasmes, c'est la comédie qui tant bien que mal s'accroche

à une scène qui n'a que faire de ses oripeaux. La déroute
d'Arsinoé, après celle des soupirants de Célimène, éclaire
rétrospectivement le théâtralisme du *Misanthrope*, comme
les feux de Bengale de *Dom Juan* illuminaient la comédie du
libertin, d'une couleur complètement différente, mais avec
le même éclat.

Célimène coupable? Aux yeux de qui? D'Acaste, de Clitandre, d'Oronte, d'Arsinoé. Par ce truc, Célimène se trouve
isolée. Isolée avec Alceste. C'est de lui que doit venir le vrai
jugement. C'est au prix du rejet de tous les ornements de la
pièce, qu'on ne saurait intégrer dans le jugement final —
car cette parodie de procès est le signe de l'aspect en quelque
sorte judiciaire de l'ensemble — qu'on obtiendra une satisfaction finale.

Après la sortie d'Arsinoé, la tension est exactement située
au point de rencontre entre le fondement du social et celui de
l'individu. Le résultat de la lecture des lettres de Célimène a
été, non de la situer, mais de rejeter son groupe; celui-ci a
quitté la scène, et on le sait, quelque part ailleurs, continuant
sur sa lancée, ses principes, sa vision, avec ses différences, ses
accords, ses antinomies, ses synthèses. Au centre du plateau,
debout, Célimène est entre Alceste et la porte béante par
laquelle viennent de disparaître à la fois ses anciens amis et
son ennemie de toujours. En ce moment, toute l'attention
du spectateur est fixée sur Célimène, toute son attente est celle
du choix de cette femme.

CHAPITRE IX

Le désert

La fin du *Misanthrope* est marquée par le rejet de tout un théâtralisme traditionnel. Cet effet est d'autant plus net que la réunion de tous les personnages de la pièce sur la scène avait précisément fait espérer un finale collectif et spectaculaire, peut-être ler établissement d'un ordre, l'illusion d'une harmonie. Il ne reste que le drame intime des deux protagonistes, débarrassé du grouillement de fâcheux dans lequel il ne cessait de s'empêtrer. Deux « témoins » (v. 1752) demeurent, et il conviendra de préciser leur fonction; mais notons dès maintenant que ce sont les deux personnages les plus dégagés de la pièce, ceux dont l'indifférence glacée a le moins à voir avec la réalité vivante des autres.

Le complot de l'extérieur, amorcé par Arsinoé dès l'acte II, avait pour fonction de trouver un remède à l'impasse dans laquelle se trouvaient les protagonistes. La première attaque avait eu pour résultat de consolider cette impasse. La seconde aboutit à une prise de conscience de l'impasse par les personnages. Certes, cette prise de conscience ne se fait pas avec la rapidité de l'éclair : les natures des personnages et leur pouvoir d'illusion la freinent, lui font prendre des détours. En guise de finale, théâtralement satisfaisant, la pièce nous offre le spectacle tout humain d'une véritable agonie.

Alceste, pendant la lecture des lettres, pendant les sarcasmes et perfidies qui ont suivi, s'est tu. Silence qui est le signe de son amour, et d'une dignité qui refuse de faire chorus avec des grotesques pour traîner Célimène dans la boue. Mais aussi, silence qui est propre au personnage, dont l'attitude première devant les signes de la méchanceté humaine consiste à se fermer sur soi-même, à se taire. Ce silence et le grondement par lequel il l'interrompt au vers 1733 sont dans la ligne du personnage. Sa stupeur, sa douleur sont évidemment amplement justifiées par le contenu des lettres qu'on vient de lire : quoi de plus éloigné de son vœu que d'une part la minceur de la marge qui sépare une nette déclaration amoureuse et les dernières phrases de la lettre à Acaste, et d'autre part l'apparent nivellement d'Alceste avec les autres soupirants de Célimène?

Si Célimène interrompt Alceste, ce n'est pas pour éviter une scène désagréable; ce n'est pas non plus pour désarmer l'adversaire en renchérissant sur sa culpabilité, à la manière d'un Tartuffe se noircissant ironiquement devant Orgon (*Tartuffe*, III, 6). C'est pour marquer qu'elle sait quelle image d'elle-même la lecture de ses lettres a pu bâtir dans l'esprit d'Alceste. Elle reconnaît qu'elle a tort — mais elle précise aussitôt :

> *J'ai des autres ici méprisé le courroux,*
> *Mais je tombe d'accord de mon crime envers vous.*
>
> (vv. 1741-42.)

Il ne s'agit pas ici d'une basse flatterie adressée au seul soupirant qui n'ait pas encore quitté la place, mais d'une juste appréciation de la situation. Ce que fait Célimène, c'est en quelque sorte de se mettre à la place d'autrui. Avec les autres, il y a eu simplement malentendu sur les règles du jeu (voir fin du chapitre précédent). Mais en face d'Alceste éclate l'incompatibilité entre ce jeu même et le vœu d'Alceste.

> *Votre ressentiment sans doute est raisonnable;*
> *Je sais combien je dois vous paraître coupable,*
> *Que toute chose dit que j'ai pu vous trahir,*
> *Et qu'enfin vous avez sujet de me haïr.*
> *Faites-le, j'y consens.*
>
> (vv. 1743-47.)

Tout cela, c'est le point de vue d'Alceste. En termes d'Alceste, Célimène est coupable, elle l'a trahi. Dans son univers à lui, le ressentiment est donc raisonnable. Qu'au fond, il n'y ait pas eu trahison, Célimène comprend que ce n'est pas ce qui compte : la subjectivité d'Alceste peut avoir raison tout autant que la sienne.

Cette illumination de Célimène, que nous refusons de considérer comme l'artifice d'une coquetterie désespérée, ne doit pas surprendre, si l'on songe à l'intelligence du personnage. Elle avait su non seulement brosser des portraits révélateurs de quelques absents, mais surtout percer Arsinoé, la saisir de l'intérieur, dans son drame secret, dans la genèse même de sa mauvaise foi. Au centre de la pièce, la compréhension dans la haine annonçait ce morceau de la fin où s'exprime la compréhension dans l'amour. Il n'empêche qu'une illumination de ce genre est unique dans le théâtre de Molière, elle se situe bien *au-delà* de la comédie dont le finale a été escamoté.

On peut imaginer quelque drame fin de siècle, mal débarbouillé de romantisme, où une telle compréhension entraînerait la palingénésie du personnage, où la reconnaissance de l'univers de l'être aimé provoquerait un renversement de la nature même, et une action en conformité avec cette nouvelle vision. La fin du *Misanthrope* est fondée sur le postulat qu'*en dépit de* cette reconnaissance, rien de fondamental n'est transformé.

La tirade d'Alceste qui suit (vv. 1747-1768), et qui est d'abord un solide résumé de tout le personnage, se présente aussi comme l'offre d'action — d'une action qui logiquement, selon des visions de l'homme plus optimistes, devrait découler de l'illumination de Célimène. D'abord, si Célimène a « compris » Alceste, Alceste est toujours demeuré hors de l'univers de Célimène : c'est une « perfide », coupable de « forfaits ». Et ces « forfaits », dont toute la pièce démontre qu'ils sont le produit nécessaire de la nature de Célimène, Alceste n'y voit toujours qu' « une faiblesse où porte le vice du temps » (vv. 1759-1760). Cette obstination qui consiste à dissocier un personnage de ce qui est en fait sa nature marque Alceste comme Philinte, comme aussi elle a marqué Célimène. Alceste, ici, persiste dans cette erreur. Pour jouer sur les mots, disons que « le temps ne fait rien à l'affaire »; tout au plus fournit-il un aliment, comme le hasard fournissait Tartuffe à l'appétit d'Orgon. Corriger autrui des vices du temps est une vue de l'esprit. Fermez la porte à clé, la femme infidèle sortira par la fenêtre. En cette tirade de la fin, Alceste répète en quelque sorte ce qu'il a dit à Philinte à l'acte I (vv. 233-234). Enfin, Alceste se montre ici toujours aussi possessif, exclusif, tyrannique : il faut que Célimène, toute à lui, le suive dans un « désert ». Cet amour pour un être indigne, coupable d'un « éclat qu'un noble cœur abhorre » demande à être justifié : c'est donc que l'édifice de principes échafaudés par Alceste tient toujours. Il répète ce qu'il n'a cessé de dire depuis le début de la pièce : il s'agit là d'une faiblesse, l'opposé de toute sagesse. D'un bout à l'autre de la pièce, Alceste se voit et voit Célimène toujours exactement de la même façon.

Entre les deux prières d'Alceste : mettre ses autres soupirants à la porte, ou le suivre dans un désert, il n'y a qu'une différence de degré. Mais le désert est une image bien plus

forte du vœu d'Alceste. Au cours de l'acte IV, au moment où
Célimène lui échappait, Alceste proposait, sans d'ailleurs s'y
arrêter, une fausse solution, contraire aux vœux des deux
personnages. Le désert est la vraie solution, mais pour Alceste
seul. En ce moment où Célimène lui a paru le plus loin de lui,
il s'éloigne le plus de Célimène. La tension qui a été permanente tout au long de la pièce est près ici de son point de rupture — et toutes les illuminations du monde n'y pourront rien.

La tirade d'Alceste a dépassé le moment de compréhension,
et remis en question toute la réalité du problème. Il ne s'agit
pas de se comprendre, mais d'être. Et ce niveau-là, Alceste
ne l'a jamais quitté. C'est celui qui compte vraiment, et il y
ramène rapidement Célimène. De l'être de Célimène jaillit
alors un cri spontané, de pure comédie :

> *Moi, renoncer au monde avant que de vieillir,*
> *Et dans votre désert aller m'ensevelir !*

(vv. 1769-1770.)

Alceste avait naïvement dit « mon désert » au vers 1763, Célimène lui en laisse la propriété avec ce « votre désert ». Le
désert, symbole du vœu d'Alceste, est bien à lui, rien qu'à
lui. Il est prison personnelle d'Alceste, à laquelle répugne
absolument la liberté de Célimène. L'espace de Célimène
reste et restera toujours son salon. Mais il y a plus dans ce
cri que la jolie ironie des adjectifs possessifs.

Disons que le personnage de Célimène, ici, retombe. La
permanence de sa nature se manifeste avec force, mais dans
ce qu'elle a de petit. « Renoncer au monde ! » Mais ce « monde »,
nous venons d'en voir le portrait ridicule, mesquin, méchant
même. Célimène est peut-être un personnage dévorant, mais
son comique tient au fait qu'elle dévore des broutilles, et
sa drôlerie, au fait que son cri valorise tant ces broutilles.
« Avant que de vieillir » : le thème de l'âge de Célimène a couru
par toute la pièce. Annoncée comme « jeune veuve » à l'acte I
(v. 225), elle fait « sonner terriblement son âge » devant Arsinoé
à l'acte III (v. 984) ; au vers 1760 de la présente scène, Alceste,
tentant d'analyser le forfait de Célimène, y voyant la faute
du « vice du temps », souligne que la victime de ce vice est
« la jeunesse » de Célimène. En rappelant ici son âge, Célimène
reprend spontanément et sans ironie voulue un des propos
qu'elle tenait à Arsinoé :

> *Je ne dis pas qu'un jour je ne suive vos traces,*
> *L'âge amènera tout, et ce n'est pas le temps,*
> *Madame, comme on sait, d'être prude à vingt ans.*

(III, 4, vv. 982-984.)

Célimène donne comme justification de son comportement sa jeunesse. Cela veut-il dire qu'objectivement elle puisse l'expliquer de façon satisfaisante? C'est ainsi que Célimène se voit — et en fonction d'une maxime générale : il y a un temps pour chaque chose. Elle accepterait l'idée d'être prude ou de s'ensevelir au désert si elle était vieille, mais elle est jeune, et, à son âge, « dites-moi si jamais cela se fait ainsi? » C'est-à-dire qu'elle n'a pas cessé d'être de plain-pied avec une convention, un code de vie et un code du cœur, dont toutes les règles la satisfont pleinement. Le comique, le rapetissement même de Célimène vient du choix de cette « règle de l'âge » parmi d'autres règles. Le code du cœur, pour agaçant qu'il soit, n'en a pas moins ses charmes; ici, le cœur a disparu. C'est sans doute qu'Alceste vient de lui présenter l'amour comme une austère prison, que l'image de la prison l'emporte sur tout le reste, que le refus de la prison est, selon la nature de Célimène, la seule réponse possible. Mais il est drôle qu'atteinte au plus profond d'elle-même par cette image (« Moi », s'écrie-t-elle d'abord) Célimène limite sa blessure, son horreur par l'allusion à un très maigre impératif objectif.

Dans le jeu des tensions qui maintiennent au bord de l'éclatement cette fin de pièce, celle-ci n'est pas la moindre : en face de la plus haute exigence d'Alceste, Célimène apparaît comme la plus décevante, la plus limitée dans l'appel à ce qui est ironiquement la garantie de sa liberté.

A ce point de la scène, les deux personnages partent véritablement à la dérive loin l'un de l'autre.

> *Eh! s'il faut qu'à mes feux votre flamme réponde,* [...]
>
> (v. 1771.)

L'absolutisme d'Alceste s'intensifie : le seul véritable amour est un amour qui « répond » au sien, c'est-à-dire qui est analogue au sien. Le choix entier entre la personne d'Alceste et le « reste du monde », ici proposé, prépare la formule du vers 1782 :

> *Pour trouver tout en moi, comme moi tout en vous.*

Plus Alceste parle d'amour absolu, plus Célimène s'effraie, et moins elle parle d'amour. C'est que l'image qu'Alceste offre de leur vie à deux dans un désert ressemble de plus en plus à ce qu'Arnolphe promettait à Agnès, ou plutôt à ce qu'il exigeait d'elle :

> *Vos désirs avec moi ne sont-ils pas contents?*
>
> (v. 1773.)

présente sous une forme atténuée par la fausse interrogation un vœu de tyrannie totale fort proche de celle qu'exprimait

Arnolphe dans la scène des maximes. « Contents » a ici son sens fort de « pleinement satisfaits ». Alceste mérite certainement d'être aimé, il n'a donc pas le grotesque d'un barbon qui s'étonne qu'une jeune fille ne trouve pas « tout en lui ». Mais l'absence complète de modestie en amour accompagne ici de façon comique le désir de domination, se confond avec lui, et « achève » le personnage.

Le recul de Célimène est cruel : cette totalité à deux têtes qu'on lui offre n'est à ses yeux qu'une « solitude ». Être seule, pour Célimène, ce n'est pas d'abord être privée d'Alceste, c'est être privée du monde. Au terme de sa course dans la pièce, le personnage, dont la spontanéité ne s'est pas démentie, se connaît et s'explique sans rouerie. Sa nature se révolte, et se décrit avec ses limites :

> *La solitude effraie une âme de vingt ans ;*
> *Je ne sens point la mienne assez grande, assez forte,*
> *Pour me résoudre à prendre un dessein de la sorte.*

> (vv. 1774-1776.)

Elle n'a jamais trompé Alceste sur elle-même, sur ses goûts, sur sa vision du monde et de l'amour, sur sa « faiblesse », qui n'est pas quelque vice guérissable, mais élément constitutif de sa nature. Et si elle semble oublier l'amour en ce moment, c'est qu'il s'agit ici, au travers de la situation amoureuse, d'un choix qui engage tout l'être — comme le veut Alceste lui-même. Or, pour elle, cet engagement et l'amour sont choses différentes : on peut donc aimer sans engager toute la personne. Encadrée par les déclarations totalitaires d'Alceste, la courte tirade des vers 1774 à 1779 présente une dernière fois le monde divisé de Célimène ; après le refus de la solitude, l'offre de sa main :

> *Si le don de ma main peut contenter vos vœux,*
> *Je pourrai me résoudre à serrer de tels nœuds,*
> *Et l'hymen...*

Continuons à refuser de voir dans les dernières avances de Célimène les gestes désespérés d'une coquette abandonnée de tous : il y aurait contradiction, car pourquoi Célimène n'accepterait-elle pas de partir avec Alceste dans son désert si, de toute façon, le monde lui était désormais fermé ? Célimène sait, et vient de le répéter, qu'il y a toujours pour elle un monde à fréquenter, un monde où briller, un monde où être courtisée. Ses effrois devant le désert qu'on lui propose montrent au moins qu'elle ne se croit pas définitivement ostracisée. Alceste n'est pas sa dernière bouée de sauvetage, l'offre de sa main est de sa part preuve d'amour — mais elle l'est dans son

univers, elle est compatible avec la continuation de la vie
mondaine. Célimène est poussée ainsi jusqu'au bout d'elle-
même dans les derniers vers qu'elle prononce sur scène : jusqu'au bout de son amour pour Alceste (c'est-à-dire jusqu'à sa
conclusion normale, le mariage) et jusqu'au bout de sa vision
de l'amour et de la vie, vision non totalitaire où est faite la part
des choses.

Avant ces quelques vers, Alceste offrait tout et exigeait
tout; après, il reprend tout et refuse tout.

> *Non, mon cœur à présent vous déteste* [...]

(v. 1779.)

Rien n'était « comparable à (son) amour extrême ». Rien n'est
comparable à la haine qu'il porte à sa Célimène en cette fin
de pièce [1]. La violence du sentiment est bien dans le caractère
du personnage. Orgon, après avoir été fou de Tartuffe, était
prêt à se jeter sur lui pour le battre. Mais ici, le revirement du
passionné n'est pas provoqué par la chute d'un masque :
Célimène n'a pas cessé pendant toute la pièce d'être fidèle à
elle-même. Il n'y a pas ici découverte d'un mensonge, d'une
duperie, mais d'une incompatibilité. Alceste avait des doutes
sur la fidélité de Célimène; ces doutes étaient provoqués non
par des infidélités réelles, mais par le refus de Célimène d'entrer
dans le jeu d'Alceste. Ce qu'elle vient de dire confirme « pour
jamais » ce refus. L'incompatibilité, déjà connue du spectateur,
est reconnue par Alceste. Il voit définitivement que Célimène
est faite de telle sorte qu'elle est incapable de « trouver tout
en (lui) ». Le « puisque » du vers 1781 est le signe de la révélation
qui s'est opérée en Alceste : une évidence est enfin établie,
celle de l'inchangeable nature de Célimène, d'où découle nécessairement le geste d'Alceste, étant donné son inchangeable
nature à lui. Dans le monde du tout ou rien d'Alceste, il est
clair que le tout est impossible. Alceste ne peut choisir que le
rien.

Alceste n'est pas parvenu à changer le monde selon son vœu.
Sa tyrannie n'a pas eu de prise sur Célimène. Comme Arnolphe,
il s'est heurté à la résistance de l'être. Arnolphe, dépossédé à
la fois par la nature même d'Agnès et par les hasards romanesques d'un finale de convention, quittait la scène en hurlant
comiquement. Alceste s'élève au-dessus d'Arnolphe dans la

---

1. René Jasinski remarque qu'en fait il l'aimera toujours (*op. cit.*,
p. 162). Mais ce sera de cet envers de l'amour qui s'appelle haine, qui
détruit à jamais, et qui conduit d'une part au meurtre dans la tragédie
racinienne, d'autre part à la « néantisation » dans *Le Misanthrope*.

mesure où son échec n'est pas la cause d'un simple cri animal, mais d'une prise de conscience et d'un renchérissement de type cornélien sur l'inévitable. Au refus de Célimène (ironiquement, ce refus contenait le don d'elle-même, mais dans ses termes à elle) il répond par un refus plus entier :

Et ce refus [...]

(v. 1780.)

Allez, je vous refuse [...]

(v. 1783.)

Ce n'est pas par hasard que les mots se répondent si nettement. Mais s'il y a tournoi, ce n'est pas dans l'ordre de la générosité, c'est dans l'ordre de l'impuissance à sortir de soi. Et la comédie est maintenue jusqu'au bout, dans la mesure où Alceste n'a pas cessé de voir Célimène selon sa propre conception. La clairvoyance de Célimène (vv. 1736-1747), l'offre de sa main n'ont pas une seconde « adouci » Alceste : au contraire, en cette fin de pièce, il n'a fait que se durcir, multiplier ses exigences — les plus contraires à la nature de Célimène. On peut voir de la grandeur dans cette obstination; mais c'est une grandeur qui ne saurait être exemplaire, car elle n'est fondée sur aucune connaissance, sur aucun choix de valeur, mais sur l'appétit brut du moi tyrannique. Il n'est plus question, dans ce bref débat, d'impératif de sincérité, mais de don inconditionné, situé au-delà de toute morale. Alceste rejette enfin Célimène non parce qu'elle l'a trahi — il s'est senti trahi, et a au contraire demandé plus ardemment à Célimène qu'elle le suive —, non parce qu'elle a les « vices du temps », mais parce qu'elle ne se donne pas totalement et aveuglément à lui. C'est finalement parce que Célimène n'est pas capable d'un déchaînement de passion aussi exclusif que le sien qu'Alceste lui tourne à jamais le dos, et que les fers qui l'enchaînent sont finalement « indignes » : cet adjectif de valeur morale placé ici montre assez comme les impératifs vertueux d'Alceste ne sont que le fruit de la forme de passion qui occupe tout entier son moi profond.

(Célimène se retire...) dit le texte. Cette laconique indication de mise en scène, placée au moment où on s'attend à quelques vers de Célimène servant de « mots de la fin », oblige metteurs en scène et acteurs à se poser bien des questions. Comment Célimène sort-elle? Piteuse? Rageuse? Moqueuse? Noblement résignée? Ou enfin débarrassée?

Si cette sortie se fait sans texte, c'est que Célimène a tout dit aux vers 1774-1779. C'est qu'aussi le refus d'Alceste l'a proprement néantisée. Elle n'a plus la parole, elle n'existe plus. Le débat est clos, et Célimène ne fait plus partie de l'univers d'Alceste. Cette femme qu'il voulait créer selon son vœu, il l'a jetée au néant. Puisqu'il n'a pas réussi à en faire son tout, il la réduit à rien. C'est cet anéantissement de Célimène qui doit marquer la sortie du personnage. Certes, nous la voyons toujours, et le trajet est long, du centre de la scène à l'une des portes du décor. La rupture n'est pour nous véritablement consommée qu'au moment où elle disparaît par cette porte. C'est cette porte que nous devons voir, ce trou noir dans les toiles peintes, prêt à absorber Célimène, à faire que même en tant que personnage de théâtre elle n'existe plus : néantisée par Alceste, elle doit l'être par la pièce elle-même. Pour notre part, nous aimerions que l'actrice qui joue le rôle ne vienne même pas saluer au rideau — et qu'il en soit de même de l'acteur qui joue Dom Juan.

Car il s'agit bien, dans les deux pièces, de natures irréductibles mises en présence d'autrui, et que les personnages (le Ciel dans *Dom Juan*, Alceste ici) ne parviennent à subjuguer qu'en les anéantissant. Pendant cinq actes, on a tenté en vain de les transformer en fonction de codes collectifs ou de vœux particuliers. Or on apprend qu'on ne peut que les accepter tels qu'ils sont, ou les supprimer. Le silence de Célimène est le signe de cette suppression du personnage — une suppression moins spectaculaire que les trappes et flammes de *Dom Juan*, mais tout aussi définitive dans l'univers de chaque pièce.

La sortie de Célimène ne prend pas son sens dans des mystères possibles, dans quelque promesse de retour, dans la suggestion d'une reprise de la vie mondaine. Et ce n'est même pas dans l'effet proprement psychologique ou sentimental produit sur Célimène par le refus d'Alceste qu'il faut chercher prétexte à des effets d'éventail ou autres fioritures qui n'apportent strictement rien à la compréhension du personnage ni au dénouement véritable de la pièce [1]. Célimène se retire par épuisement du personnage, elle disparaît parce qu'on n'a plus besoin d'elle, « on » étant à la fois Alceste et le spectateur. Nous voulons dire par là qu'une mise en scène satisfaisante est celle qui réduit au minimum les effets possibles d'ordre psychologique et insiste sur le pur phénomène d'un départ, d'une disparition, — l'extinction d'une étoile.

---

1. Pour les différentes façons dont Célimène a fait sa sortie au cours des âges, voir Descotes, *op. cit.*

Le départ de Célimène complète le mouvement de fuite
amorcé par les autres personnages au cours de la scène. Les
motifs des sorties ne sont pas les mêmes, mais l'effet d'un finale
escamoté, d'une comédie qui ne se satisfait pas de la comédie
et tente de se dépasser, se prolonge, et s'achèvera dans la sortie
d'Alceste, suivi de Philinte et d'Éliante.

Rien de plus contraire à nos habitudes que le silence de
Célimène. Le théâtralisme de convention est remplacé par un
théâtralisme plus haut : le parallèle entre l'anéantissement de
Célimène par Alceste et l'anéantissement du rôle par la pièce
elle-même. Mais voici qu'Alceste parle à Éliante! C'est comme
si la comédie traditionnelle faisait un ultime effort pour s'imposer enfin. Un mariage « assorti » est ici suggéré : Philinte ne
nous disait-il pas, à l'acte I, que « ce choix plus conforme était
mieux » l'affaire d'Alceste? (v. 246).

En tout cas, l'effet ici produit est franchement comique.
Il rappelle l'emportement d'Alceste, lorsqu'il se croyait à
jamais trahi, à la scène 2 de l'acte IV. Les éloges qu'il adresse
maintenant à Éliante laissent croire, le temps de trois vers,
que le mouvement va être le même. Alceste, enfin convaincu
de l'incompatibilité qui le sépare de Célimène, ayant agi en
fonction de cette incompatibilité, va continuer sur cette belle
lancée, qui n'est pas fondamentalement en contradiction avec
sa nature... et la comédie des rivalités et des hésitations amoureuses aura une fin, de comédie certes, mais acceptable parce
que traditionnelle. Cette amorce d'un revirement, justifié et
ridicule à la fois, n'est pas une des moindres habiletés de la
pièce : le personnage y annonce ce qu'il pourrait faire, et du
coup la pièce montre comment elle pourrait rejoindre les
règles du genre. En outre elle met en lumière, par contraste,
l'originalité théâtrale de la pièce, ainsi que le degré d'approfondissement du personnage.

Dès le « Mais » du vers 1788, le rire se fige. La prise de conscience de l'incompatibilité entre son monde et celui de Célimène
entraîne chez Alceste la prise de conscience d'une incompatibilité définitive avec tous les mondes qui l'entourent, même
celui de la « sincère » Éliante. Alceste « commence à connaître/
Que le Ciel pour ce nœud ne (l') avait point fait naître » (vv. 1791-
92). Il y a là reconnaissance du caractère irréalisable de ses
exigences, et du fait que celles-ci visent, au-delà des vices du
temps, le mariage en général. Après avoir refusé Célimène,
lancé une fois pour toutes vers le pôle « rien » de son univers,
Alceste efface peu à peu le monde qui l'entoure : il est bien en
marche vers son désert.

Il est remarquable qu'il justifie ce rejet d'Éliante, deuxième

étape de son exode, par sa propre « indignité ». C'est la première
fois dans la pièce qu'Alceste s'abaisse. Certes, il a dit parfois
qu'il ne méritait pas certains éloges, certaines avances. Par
exemple, lorsque Oronte l'assurait de son « estime incroyable »
il protestait contre le « trop d'honneur » qu'on voulait lui faire
(v. 277). Et quand Arsinoé se plaignait de l'injustice de la
Cour à l'égard du mérite d'Alceste, celui-ci, sans nier sa propre
valeur, demandait qu'on se tût sur ce sujet (vv. 1061 sqq.).
Mais il s'agissait dans les deux cas de répondre à d'inutiles
politesses dont les motifs étaient impurs, et on a vu aussi sur
quoi reposait l'attitude d'Alceste. Ici, c'est au moment où
il a pleinement raison à ses propres yeux, où Célimène vient
de se montrer « indigne » et où il voit pour toujours le monde
comme « un gouffre où triomphent les vices », qu'il se met à
nier sa propre valeur. Il est « le rebut d'un cœur qui ne valait
pas » celui d'Éliante (v. 1794); au lieu de tirer gloire de cette
défaite, comme il a su le faire quand il perdait son procès en
faveur d'un scélérat, il choisit l'attitude opposée. Respect
pour Éliante, à qui il ne saurait offrir les restes de Célimène?
Ou bien justification *in extremis*, maintenant qu'il se connaît,
de son refus des compromis, des demi-solutions ou des pis-
aller? Nous voyons dans cet apparent abaissement du personnage une tactique pour assurer définitivement la solitude
qu'il vient de choisir, jointe à un effort de ménager cette
Éliante à laquelle il avait passionnément proposé son cœur
à l'acte IV. La mécanique du choix de la solitude marche
inexorablement, et tous les moyens sont bons pour que rien
ne l'entrave.

Même les moyens authentiquement comiques. Le comique
traditionnel qu'aurait offert un mariage avec Éliante est
remplacé par un comique plus rare; celui qui se manifeste au
moment où Éliante interrompt Alceste. Alceste se débat contre
la peur de se voir lié à Éliante, car il continue à se penser le
centre des attentions des autres personnages. Mais Éliante
a fait un autre choix : Alceste s'est trompé; son embarras, son
appel à un argument quasi précieux pour échapper à d'éventuelles poursuites de la part d'Éliante sont inutiles.

Éliante et Philinte n'ont pas perdu de temps dans les coulisses. Le badinage de l'acte IV a porté ses fruits. Sur le plan
comique, ce mariage de Philinte et d'Éliante précipite la
conclusion de la pièce. Ces souples personnages déblaient le
terrain devant le départ d'Alceste vers son désert. L'affaire
Éliante se règle ainsi d'elle-même, Alceste peut « suivre sa
pensée » — c'est-à-dire non pas celle de son indignité, mais
de sa plongée dans une solitude absolue. Ce qui n'a cessé d'être

aimable, conventionnel et terne, aimablement, conventionnellement et de façon terne se retire du drame. Alceste avait
tort de s'inquiéter; quant à la pièce, c'est grâce à ce mariage
conventionnel qu'elle peut s'achever sur la note unique de
la fin d'Alceste.

Les vers 1801-1802 représentent une sorte de bénédiction :

> *Puissiez-vous, pour goûter de vrais contentements,*
> *L'un pour l'autre à jamais garder ces sentiments.*

Quelle que soit la part d'amertume que l'acteur fait sentir
dans ces deux vers, la valeur en est essentiellement celle d'un
adieu : Philinte et Éliante sont rejetés « à jamais », comme
l'était Célimène, dans un univers qui n'est pas celui d'Alceste.
S'il y a en outre une pointe de nostalgie, le rêve d'une union
parfaite (Alceste prenant à la lettre la promesse de Philinte,
du vers 1800), cette nuance ne fait que confirmer l'impossibilité reconnue d'un tel accord pour Alceste. Il ne reste au
personnage qu'à prononcer le quatrain final de son rôle, à
proclamer sa décision — une décision annoncée dès le début de
la pièce, difficile à prendre, désormais irrévocable.

> *Trahi de toutes parts, accablé d'injustices,*
> *Je vais sortir d'un gouffre où triomphent les vices,*
> *Et chercher sur la terre un endroit écarté*
> *Où d'être homme d'honneur on ait la liberté.*
>
> (vv. 1803-1806.)

Arnolphe, abandonné, s'enfuyait en hurlant; George Dandin, à
jamais victimisé, annoncera qu'il ira se jeter à l'eau la tête
la première [1]. Quand le héros moliéresque s'est enfin aperçu
que le monde résiste inexorablement à son vœu, il ne peut
que disparaître. Cette disparition est plus ou moins drôle,
mais elle est la seule solution possible.

Chez Alceste, cette disparition n'est pas seulement une solution découverte à la fin du cinquième acte : elle était annoncée
dès le début, elle était un des pôles de l'alternative devant
laquelle se trouvait le personnage dès le lever du rideau, elle

---

1. Pour la représentation de Versailles, *George Dandin* était suivi
d'un *Divertissement*, c'est-à-dire d'une pantomine-ballet, au cours de
laquelle Dandin était entraîné par un ami dans un groupe de buveurs et
de bergers amoureux. A la ville, Molière ne joua pas le divertissement.
(Voir Henry Lyonnet, *Les Premières de Molière*, Delagrave, 1921.) Après
Le Misanthrope, le thème de la « néantisation » est ancré dans l'esprit
moliéresque; il n'est surmonté (ou camouflé) que grâce à des envolées
dans la fantaisie purement théâtrale ou spectaculaire.

était contenue dans l'image de l'Alceste boudeur des premières secondes de la pièce. On a dit du *Misanthrope* que c'était le drame d'un homme qui ne parvient pas à avoir une explication avec une femme. C'est surtout le drame d'un homme qui ne sait s'il doit partir ou rester, jusqu'au moment où il devient clair pour lui qu'il doit partir.

Car le départ d'Alceste pour son désert ne saurait s'expliquer par la seule déception amoureuse. La querelle avec Oronte, le procès ne sont pas d'inutiles hors-d'œuvre : ils contribuent à souligner le fait qu'au-delà de la situation amoureuse il s'agit de tout un univers, toute une vision du monde, — d'un vœu dont les exigences sont particulièrement claires en amour, mais qui englobe dans sa volonté de transformation tout ce qui existe autour d'Alceste. Au moment de quitter la scène, le personnage rappelle l'ampleur du sujet de la pièce. Déjà chez Arnolphe, le désir de se faire appeler Monsieur de la Souche n'était pas un simple prétexte à satire contre les visées aristocratiques de la bourgeoisie, mais le signe de l'aspect totalitaire du personnage, d'une tyrannie en toutes choses, d'un appétit de transformation et de possession généralisé. La prise de conscience de la résistance définitive de Célimène est le coup le plus cruel infligé à Alceste, mais ce n'est pas le seul. Derrière l'hyperbole « Trahi de toutes parts », il y a la réalité subjective d'un monde qu'Alceste ne peut réduire à son vœu, et qui n'est pas seulement le monde de l'amour.

George Dandin sait qu'il a « voulu » son malheur : or il continue à le vouloir pendant toute la pièce, par son illusion même d'une justice possible. A la fin de la comédie, « il n'y a plus de remède », et le personnage choisit la rivière. Alceste aussi a vécu dans l'illusion d'une « justice » selon ses propres termes ; il n'y a désormais plus de remède, le personnage reconnaît le « triomphe » de ce qui est pour lui « vice », et choisit le désert. *Le Misanthrope*, comme *George Dandin*, relève d'un très pur classicisme, si l'on définit celui-ci en termes raciniens : les deux comédies prennent les personnages à la veille de l'ultime décision, et montrent le passage à celle-ci, dû à un ou deux derniers coups de pouce, ici la perte du procès et la nette définition d'elle-même que donne Célimène.

Malgré ses déclarations contre le genre humain, Alceste au début de la pièce croyait encore à la victoire possible de sa cause ; malgré ses menaces de rompre, ses reproches, sa connaissance des défauts de Célimène, il croyait à la victoire possible de sa conception de l'amour. Il se trompait dans les deux cas, et ces deux derniers échecs sont ceux qui entraînent son départ. Ce départ n'est pas une « invention », car il était en quelque sorte contenu en potentiel dans la nature d'Alceste : il est simplement devenu acte. Ce départ, enfin, est aussi nécessaire que le meurtre ou le suicide dans les tragédies raciniennes. Toute la pièce a pour but de mener Alceste à accomplir un geste qu'il contient depuis longtemps.

Si ce geste est enfin actualisé par la prise de conscience d'une irréductible incompatibilité, il n'en est pas pour autant le signe d'un changement, d'une palingenésie. On ne saurait même dire qu'Alceste se réalise enfin : il sombre bien plutôt dans une définitive irréalisation. Il est à jamais frustré, à jamais dépossédé, et son geste consiste à sanctionner cet échec, non à le surmonter. Le quatrain final maintient le personnage à l'intérieur de sa nature — et les derniers mots de Philinte ont essentiellement pour fonction de souligner cette dernière affirmation des limites comiques d'Alceste. La séparation de Célimène et d'Alceste, le « renoncement » d'Alceste ne s'élèvent pas au ciel de la tragédie comme les adieux de Titus et Bérénice. Le départ d'Alceste n'est pas majestueux, il est rageur; cette retraite-suicide est certes le parallèle des suicides tragiques, mais ne quitte pas le registre comique. Aucun retentissement cosmique, aucun changement de l'Histoire ne sauraient en résulter. Rien d'autre n'a été et n'est en jeu qu'Alceste lui-même, rien d'autre n'est arrivé que la fermeture définitive d'une prison personnelle.

Alceste a plus de raisons qu'au début de la pièce de se plaindre du monde qui l'entoure. Son style n'en est pas moins hyperbolique, un décalage qui fait sourire n'en existe pas moins entre la réalité de ce monde et les formules dont use le personnage pour le décrire. L'horreur de l'expression : « un gouffre où triomphent les vices » ne fait que reprendre celle des descriptions du premier acte. La « trahison » de Célimène entraîne le même vocabulaire que la « trahison » de Philinte au lever du rideau. De la déception en amitié à la déception en amour, la boucle se referme. Le second déboire est certes plus cuisant que le premier, et il provoque la décision de partir à jamais, jusqu'ici suspendue; mais la réaction fondamentale du personnage demeure la même : puisqu'il n'est pas « distingué » — au sens extrême qu'Alceste donne à ce mot —, pour lui le monde est un abîme d'iniquités. La même mesure dans la construction du rêve d'Alceste est d'ailleurs conservée : l'hyperbole est hyperbole d'une réalité, elle n'est pas hallucination ou folie sans fondement. Étant donné le vœu de possession totale qui est la base du caractère, c'est d'une blessure réelle que naît la haine du monde entier.

Le dernier vers d'Alceste résonne noblement :

> [...] *un endroit écarté*
> *Où d'être homme d'honneur on ait la liberté.*

(v. 1806.)

Et certains acteurs ne manquent pas de le jeter au public avec panache. C'est faire d'Alceste le porte-parole d'une haute morale, — qu'il revendique sans doute; c'est du même coup oublier que cette morale est le fruit d'un travail subjectif qu'elle est pansement à une blessure, qu'elle vient après coup, c'est enfin considérer ce vers comme une leçon, alors qu'il est un trait dramatique.

Il serait vain de souligner le fait qu'Alceste a eu toute liberté d'être homme d'honneur; on l'a raillé, on lui a donné des conseils d'indulgence, mais on ne l'a pas forcé au vice. En fait, le sens que le spectateur donne au vers est le suivant : (un endroit écarté) où l'homme d'honneur ne soit pas contraint à regarder les vices du monde. La formule arrogante isole Alceste dans le bien; elle reprend les justifications d'apparence morale du premier acte; elle est ultime affirmation de la façon dont le personnage est bâti, et de la façon dont il se voit. La platitude finale, réservée à Philinte, ne doit ni être négligée (suppression pure et simple à la représentation) ni prétexte à développements contraires à la pièce (Philinte et Éliante ramenant sur scène, au moment où le rideau tombe, Célimène d'un côté, Alceste de l'autre). Elle a une fonction très précise : Alceste qui n'a pas changé, qui se voit toujours de la même façon, n'a pas cessé non plus d'être l'objet de la même erreur de la part des autres. Le sourire de Philinte (car il ne s'agit pas ici d'un Philinte bouleversé par son ami) montre que pour lui, Alceste est toujours cet être « bizarre », dont la bizarrerie peut être corrigée, ce Sganarelle de *L'École des Maris*, ce personnage de farce dont on pourra éventuellement faire tomber les œillères ou le masque. Loin d'être un trait réconfortant, loin d'apporter un vague espoir, le dernier distique de Philinte, comme le dernier quatrain d'Alceste, ne fait qu'affirmer l'éternité de ce qui fait le fondement de la Comédie.

Quand Arnolphe s'enfuyait à la fin de *L'École des Femmes*, il laissait la scène à un jeune couple heureusement uni sous l'œil attendri de quelques parents et domestiques. Ce sera plus tard d'une scène vide que s'élancera George Dandin pour aller se jeter à l'eau. C'est qu'entre ces deux comédies dont le sujet est aussi la trahison ou la hantise de la trahison, telle qu'elle se manifeste chez un être aveuglément possessif, s'est produite l'expérience du *Misanthrope*.

Les départs successifs des personnages, le rideau qui tombe sur les deux derniers, dos tournés au public, ouvrant déjà la porte qui les absorbera dans les coulisses où tous les autres ont déjà disparu, la scène pour ainsi dire vide au moment où éclatent les premiers applaudissements, tout cela a un sens étroitement lié à celui du « désert » d'Alceste même. L'image domine la pièce. Elle est non seulement menace, finalement exécutée, de la part d'Alceste, mais symbole d'une solitude réelle partagée par tous les personnages. Solitude réelle d'Arsinoé, d'Oronte, des Marquis, de Célimène. Pour les uns, elle est véritablement éprouvée; pour les autres, elle est voilée par le mirage d'une société, par une fantasmagorie privée qui ne comporte aucune communication. Solitude réelle aussi d'Éliante et de Philinte, personnages toujours en dehors tels des spectateurs, liés enfin pour marcher de profil dans un monde qui ne les touche pas. Les Marquis sont partis d'un côté, ensemble peut-être, mais chacun ne voyant que soi; Arsinoé est partie d'un autre; Célimène a été proprement niée et par Alceste, et par la pièce; Éliante et Philinte se lancent en souriant à la poursuite d'un Alceste qui se bouche les oreilles; le spectateur applaudit un salon vide. Cette comédie a débouché sur un néant.

CHAPITRE X

Structure

Dans la chronologie de la carrière moliéresque, après *Dom Juan* (après aussi les conventions, les travestis, les chants et les ballets de *L'Amour médecin*, « petit » chef-d'œuvre de satire et d'habile dramaturgie, mais où il n'est fait usage que de ce qui est déjà acquis, que des valeurs sûres du métier moliéresque), *Le Misanthrope* fait redescendre le théâtre sur la terre, ou, du moins aussi proche qu'il est possible de la terre, étant donné le fantastique fondamental d'une idée de théâtre qui n'est pas, qui ne se veut pas « réaliste » au sens xixe siècle du mot.

Le décor est un salon parisien de 1666; l'atmosphère, celle de l'honnêteté de 1666. Monde aristocratique alors que celui de *Tartuffe* était bourgeois, l'univers de la présente pièce n'en est pas moins dépouillé de tout merveilleux, comme dans *Tartuffe*; c'est le phénomène humain et particularisé qui sert de métaphore poétique à la condition humaine, non le mélange des couleurs de la farce et de ce que Molière appelle « les traits d'une imagination qui se donne de l'essor » (boutade sur la tragédie, dans la bouche du Dorante de *La Critique de l'École des Femmes*, scène 6). Après l'exercice, l'expérimentation dramaturgique que représente *Dom Juan*, *Le Misanthrope* offre les résultats de cette expérimentation en termes d'une vraie comédie, unifiée et régulière, et ancrée avec évidence dans les situations habituelles du temps — un temps où les statues des grands morts ne se mettent pas en marche pour punir leurs ennemis [1].

---

[1]. Il conviendrait de mieux préciser les rapports du fantastique et du merveilleux avec l'esprit de l'âge « classique ». On sait que les théoriciens réguliers font tous leurs efforts pour l'éliminer de la littérature. Cela, non sans ambiguïté : car le merveilleux est admis dans l'opéra, et fleurit dans le genre du « conte de fées ». En outre, le même public qui le trouverait déraisonnable et invraisemblable dans la tragédie ou dans la bonne comédie ne le nie pas aussi aisément dans la vie réelle. On croit aux fan-

Dans sa forme même, cette pièce se rattache dès le lever du rideau à la tradition des comédies qui s'ouvrent par un débat : *L'École des Maris* (d'ailleurs soigneusement rappelée dès la première scène) ou *L'École des Femmes*; comme pour rendre cette filiation plus nette, le débat initial sur deux conceptions de la « manière de vivre » n'est même pas camouflé en parade mouvementée comme dans *Tartuffe*. Dans *Dom Juan*, le discours de Sganarelle sur le tabac remplace le débat proprement dit : il pose le double thème du repos et du mouvement. Or voici ce qui se passe au début du *Misanthrope* : l'ancienne forme simple du débat entre deux personnages est reprise, mais le conflit initial (sensible à la fois dans le langage et dans le spectacle) met en évidence un être assis et un être qui s'agite autour de lui.

Ce qui commande le mouvement d'ensemble du *Misanthrope*, c'est certes l'opposition de deux manières de vivre, mais dont l'une se manifeste essentiellement par l'agitation tandis que l'autre se manifeste par un vœu de solidification, d'immobilisation. Alceste veut se fixer et fixer autrui, en particulier Célimène. Or autrui, et en particulier Célimène, ne cesse de tourbillonner. Le jugement comique qui va peser sur ces forces contradictoires est très différent de celui qu'on trouve dans *Dom Juan* : le vœu d'immobilisation (à son profit) qui définit Alceste est bien loin du vœu de médiocre tranquillité qui définit Sganarelle et sa veulerie; mais, comme on l'a vu, Alceste est un parent de Sganarelle, malgré le double éloignement de la race et de la nature théâtrale qui sépare les deux personnages.

Alors que dans *Dom Juan*, la force de mouvement déterminait l'espace scénique même, et ses perpétuels avatars, le retour à la comédie à décor unique produit ici tout un réseau de tensions nouvelles qui assure l'équilibre particulier de la pièce. On s'agite, — mais en vase clos. Et c'est la force d'immobilisation qui choisira d'aller ailleurs, dans un « désert » indéfini. Le « monde », pour Dom Juan, c'était véritablement le monde, réduit peut-être à la Sicile, mais à une Sicile où l'on va de palais en village, de village en forêt, de forêt en ville (il est question d'une petite rue, lors du dernier cartel de Dom Carlos), et où l'on s'embarque sur la mer... alors que lorsque Célimène et son groupe parlent du « monde », ils ne désignent rien de plus

tômes dans la vie, mais pas sur la scène : nous avons déjà mentionné l'anecdote des « diables » dans la première partie des mémoires de Retz (il est vrai qu'elle se situe avant la Fronde.) Voir René Bray, *La Formation de la doctrine classique en France*, Nizet, 1951 (réédition), pp. 231-239.

que leurs propres évolutions autour de quelques fauteuils entre les quatre murs d'un salon. Alors que la liberté de Dom Juan (liberté au sens où nous l'entendons à la fin de l'étude de *Dom Juan*) ne fait qu'un avec sa liberté de mouvement dans l'espace, la liberté personnelle de Célimène ne s'exprime que dans la prison de son salon. Alors que le repos de Sganarelle consiste à « rester chez soi », le vœu d'Alceste ne serait satisfait qu'en faisant éclater le salon, en partant vers son désert. Les parallélismes des mondes intérieurs et extérieurs que l'on trouvait dans *Dom Juan* ont été remplacés par des antithèses entre ces mondes. Nous voyons là un enrichissement, non pas théâtral ou spectaculaire, mais purement dramatique, dû à la synthèse de la « régularité » dite classique et de la thématique repos-action (devenue ici solidification-agitation) découverte dans *Dom Juan*.

Les débats des comédies qui précédaient *Dom Juan* reposaient sur des conceptions opposées de *l'action* dans tel ou tel domaine (éducation des femmes, conduite de la vie familiale). Le débat par lequel s'ouvre *Le Misanthrope* repose sur une invitation à l'action (quelle qu'en soit la frivolité) et le refus d'agir, ou le désir d'empêcher autrui d'agir.

D'un bout à l'autre du *Misanthrope*, tout le monde fait quelque chose, se glorifie de cette activité, sauf Alceste qui est totalement inactif. Il ne « participe » à rien. Certains commentateurs se sont même à cet égard posé la question du « mérite » d'Alceste : chez cet oisif absolu, en quoi peut-il bien consister? Le mérite d'un héros cornélien avait un contenu réel, il se révélait dans l'application concrète d'une générosité : actions d'éclat à la guerre, duels, services rendus à l'État, etc. Si nous parlions comme Diderot lorsqu'il avance la théorie de la sensibilité des pierres [1], nous dirions que le mérite d'Alceste est un « mérite inerte ». Il est permis, certes, de le féliciter de cette inertie, seule réponse possible peut-être à l'activité futile du monde qui l'entoure; et même de dire que son mérite, c'est précisément son inertie. Mais il ne s'agit pas de nous, ici : ce sont les autres, les agités de la pièce, qui lui accordent ce mérite.

Qu'on ne dise pas qu'il ne fait rien pendant les seules heures de la durée de la pièce parce qu'il est en ce moment tout entier désir d'avoir une explication avec Célimène : dès la première scène, son refus de s'occuper de son procès précède la révélation de son amour pour Célimène, est présenté comme une attitude permanente, indépendante de cet amour et surtout des cir-

1. *Entretien avec d'Alembert.*

constances présentes. Oisif dans un monde d'oisifs, mais d'oisifs
qui s'agitent, Alceste va jusqu'au bout de son oisiveté, en fait
un absolu, l'identifie à la valeur même.

Dans *Le Misanthrope*, nous avons affaire à une société-
limite, qui correspond sans doute dans la réalité à la partie de
l'aristocratie du temps « émasculée » par la monarchie absolue,
constituée d'individus égaux et débarrassés de toute obligation
d'action. Le contraste est frappant avec les comédies familiales
(d'où « hiérarchiques. ») et bourgeoises (donc colorées par
certaines obligations : tenir un ménage, s'occuper de ses affaires,
cuire proprement son « pot »). Les personnages n'ont, en fait,
qu'à exister dans la présente pièce. Fortement individualisés,
ils existent chacun sur un mode qui lui est propre. Le conflit
entre ces différents modes commande la structure de la pièce.

Un premier équilibre, une première tension, sont établis
entre le mode d'Alceste, radicalement différent des modes des
autres, et l'existence selon les autres.

Alceste se fige dans son être pour mieux absorber autrui.
Autrui s'agite dans une sorte de création continue de soi-
même pour mieux se faire approuver par autrui. Il semble bien
que ce conflit initial se situe au-delà du problème de la sincérité,
dont la morale, on l'a vu, est un moyen mis au service de la
nature d'Alceste. L'obstination des deux partis est si vigoureusement affirmée dès le premier débat, puis au cours de
chaque rencontre (avec Oronte, avec Célimène) qu'on peut
être sûr, dès l'abord, que la pièce n'aura pas de solution sur ce
plan-là. Aussi le mouvement d'ensemble du *Misanthrope* est-il
un acheminement vers la prise de conscience d'une impasse,
exprimée par le couplet « monde-désert », vers l'inévitable
rupture entre Célimène et Alceste.

Chez Alceste même, l'espoir de « purger » Célimène des vices
du temps est accompagné d'une sorte de prescience de son
destin : « Tôt ou tard, nous romprons, indubitablement »,
annonce-t-il au début de l'acte II; or, dès l'acte I, nous savons
que sans Célimène, il aurait déjà abandonné la partie et « fui
dans un désert l'approche des humains ». Le terme de l'action,
c'est le « nous romprons »; la nécessité de l'ensemble, parallèle
à la nécessité tragique, est exprimée par l'adverbe « indubitablement »; le corps de la pièce, c'est le « tôt ou tard » qui suscite
notre intérêt pour l'agencement à venir des scènes et des détails
d'intrigue qui vont conduire à la rupture. Certes, comme on
l'a vu, Alceste ne peut pas quitter Célimène dès ce moment-là;

il ne parvient ni à partir ni à rester. Son vœu de possession crée en lui l'illusion d'une transformation possible de Célimène et l'empêche encore de croire à son inévitable échec, même s'il nous l'annonce en usant d'un temps, d'un mode et d'un adverbe tout à fait péremptoires.

La montée de la pièce est faite des échecs d'Alceste, et d'échecs de plus en plus sérieux. La matière des échecs du premier acte est puisée dans un arsenal satirique en lui-même sans grande originalité. Dès 1661, dans *L'Académie des Femmes*, Chapuzeau raillait les auteurs médiocres « pris de la démangeaison d'écrire ». Quelques mois avant *Le Misanthrope*, Quinault, dans *La Mère coquette*, par la bouche d'Acante, se plaignait de la mode de « ces rudes embrassades ». Quant aux procès et aux vicissitudes des plaideurs, c'est un cliché des mœurs et de la littérature du temps. Que Molière ait emprunté à cette littérature, ou qu'il ait ici repris son bien à des rivaux qui le lui avaient volé, les prétextes à débats et à actions du premier acte ne sortent pas des habitudes littéraires de la comédie et de ses spectateurs. Mais cela importe peu, en un temps où emprunts, reprises de ces emprunts et même plagiats étaient monnaie courante dans la création littéraire. Ce qui compte, c'est l'usage que Molière fait de ces banalités, c'est l'éclairage qu'il projette sur elles. La satire, même usée, garde sa valeur de satire, mais le drame, chose différente, est dans le conflit entre l'imperméabilité des usages satirisés et l'effort illusoire d'Alceste.

L'effort d'Alceste, c'est sa tentative d'immobilisation d'autrui, c'est son vœu de faire cesser ces « activités ». Son illusion, c'est son incapacité de voir que, privés de leurs activités, les autres ne seraient plus rien, d'une part, et que d'autre part leur besoin d'activité est aussi inhérent à leur nature que l'inactivité l'est à la sienne. Cette illusion conduit à l'échec, — échec renforcé par le caractère précisément inactif du « veto » d'Alceste. Mais par l'usage de traits courants et couramment satirisés, la pièce, en son début, ne bouleverse pas les habitudes « comiques » du spectateur.

Au second acte, l'action se concentre, et s'élève, puisqu'il s'agit non plus de rapports sociaux, mais de rapports d'amour, — puisqu'il s'agit d'immobiliser une femme, une maîtresse. La coquette et le jaloux, dira-t-on, autre thème banal. Mais on ne se contente pas de passer d'un thème banal (satire des poètes de salon) à un autre thème banal : la pièce n'est pas une parade décousue. On a vu comment le sujet du sonnet et celui de la chanson préfigurent les rapports de Célimène et de ses admirateurs, ainsi que le vœu d'Alceste en amour. Et surtout, dans cette vue d'ensemble de la pièce, l'unité est assurée par la permanence du vœu d'Alceste (figer autrui), ainsi que par la répétition de son échec. Échec plus cuisant. Qu'Oronte cesse d'écrire des vers et devienne chose inerte dans le coin d'un salon, cela est d'une importance secondaire pour Alceste — du moins objectivement. Mais il s'agit maintenant de l'objet de son amour, dont il veut faire, vraiment, un « objet ». Le thème et le conflit ont progressé de la société à l'intimité.

Le troisième acte est une affirmation sans réplique du fait que Célimène est irréductible, par nature; qu'elle ne sera jamais, et pour personne, un objet : entendons un objet selon le vœu d'autrui. Ce vœu d'autrui, et la nature de cet objet sont encore qualifiés : quels que soient les motifs d'Arsinoé, celle-ci engage Célimène à devenir le genre de femme qu'Alceste voudrait qu'elle fût. Ni l'amour d'Alceste, ni les arguments envieux d'Arsinoé ne feront que Célimène se conforme à certains principes de « sagesse », — c'est-à-dire qu'elle mette le « monde » à la porte de son salon. Dans un cas comme dans l'autre, elle refuse cette prison, cette pétrification selon le vœu d'un amant ou selon les impératifs d'une vertu extérieure. Le personnage d'Arsinoé, outre sa fonction de « femme d'intrigue » par la suite, n'est pas jeté ici sur la scène pour donner à Molière seulement l'occasion de se venger des membres féminins d'une cabale qui tente de le ruiner : il permet à Célimène d'affirmer sa liberté *devant une autre personne* qu'Alceste. C'est-à-dire que ce qui pouvait passer pour des arguments de coquette en face de son amant jaloux, est affirmation envers et contre tous. Arsinoé étant armée de mauvaise foi douloureuse, dramatiquement et spontanément Célimène fait éclater le bonheur de sa propre nature.

Ni Alceste ni Arsinoé n'ont pu amener Célimène à ce qu'ils considèrent, pour des raisons diverses, le Bien. Le passage du troisième au quatrième acte, l'alliance d'Alceste et d'Arsinoé précipite l'intrigue — mais permet de confirmer et d'approfondir le thème de l'immobilisation qui est le fil directeur de l'ensemble.

Alceste veut « chosifier » Célimène. D'abord selon son vœu. Mais fondamentalement, la chosifier tout simplement. Et s'il est absolument clair qu'elle ne sera pas objet selon le vœu d'Alceste, il ne reste qu'une solution : la constituer en objet exactement contraire au vœu d'Alceste. Parce qu'il faut qu'elle soit chose, pour être possédée; et si elle ne peut l'être dans le Bien, elle le sera dans le Mal; si elle ne peut l'être dans l'amour, elle le sera dans la haine. Ce renversement du « tout au rien »,

pour reprendre une formule des chapitres précédents, annonce
et justifie le brutal revirement de la dernière scène :

Non, mon cœur à présent vous déteste, [...]

(v. 1779.)

Entre le troisième et le quatrième acte, c'est bien entendu
Arsinoé qui fournit à Alceste l'aliment concret dont il a besoin
pour passer de l'exigence « soyez comme je vous veux » à
l'affirmation « vous êtes le négatif absolu de ce que je veux », —
car la mauvaise foi d'Arsinoé contenait, dès l'acte III, le double
jeu d'une prière et d'une ignoble accusation.

Ici encore, Alceste échoue. Célimène n'est, ne sera, ne saurait
être ni l'un ni l'autre objet — car ces « objets » sont des phan-
tasmes d'Alceste, non le fruit de sa connaissance de la nature de
Célimène. On n'aurait su mieux situer qu'à ce moment-là (IV,
fin de la scène 3) le couplet du « complexe de Pygmalion [1] » :
Alceste en vient à imaginer *une autre* Célimène qui ne serait ni la
femme qu'il veut que soit la vraie Célimène, ni son exact
négatif. Rêve d'Alceste, rêve d'être le créateur d'un monde
d'objets dont il serait, du même coup, le maître absolu. Mais
dans le monde réel, il ne peut que vouloir un changement ou,
devant l'impossibilité de ce changement, définir « négativement ».

Il convient de s'arrêter ici sur les caractères particuliers des
échecs successifs d'Alceste, tous fondés sur son impossible vœu
d'immobilisation et de chosification, mais variés dans leur
forme et dans les causes immédiates qui les provoquent.
Celles-ci — quand ce sont les plus profondes — consistent dans
le refus pur et simple de natures qui sont tout entières activité,
mouvement, agitation, glissement. Philinte « échappe » à
Alceste comme un poisson encore humide glisse entre les
mains de qui veut le saisir. Oronte, dont la lancée est irrésistible, ne tient compte ni des refus ni des silences d'Alceste,
et va son chemin, et va même jusqu'au procès et à la diffama-
tion pour préserver son droit de continuer à *faire* des vers.
Célimène est, bien entendu, pour Alceste le plus élusif de tous
les personnages. Mais Molière ajoute à ces échecs dont les
causes immédiates sont d'ordre psychologique des échecs purement scéniques ou théâtraux. A certains moments, quand
Alceste a affirmé par une formule sans issue son vœu de chosi-

1. J.-D. Hubert, *article cité.*

fication, quand il a mis autrui au pied du mur, — créant ainsi
bien entendu une impasse —, son échec ne vient pas de la
résistance d'autrui, mais d'une intervention extérieure; l'exemple le plus frappant se trouve à la fin de la scène 4 de l'acte II.
Alceste déclare nettement à Célimène : « Nous verrons si c'est
moi que vous voudrez qui sorte. » Alceste est alors mis en échec,
non par la résistance de Célimène à cet ultimatum, mais par
un « événement », l'intervention d'un garde qui oblige Alceste
à sortir. Un autre exemple se trouve à la fin de la scène 3 de
l'acte V : « Et moi je vous entends si vous ne parlez pas », dit
Alceste, — mais cette « chosification-là » de Célimène rate
(un peu comme une sauce rate et se transforme en grumeaux)
à cause de l'entrée tumultueuse des Marquis et d'Arsinoé.

C'est-à-dire que la pièce nous montre que non seulement les
natures individuelles résistent au vœu d'Alceste, mais que
l'univers théâtral lui-même s'y oppose par son mouvement
propre, qui refuse toute immobilisation et se traduit par le
coup de théâtre, l'entrée de tel ou tel personnage à un moment
choisi, — et choisi *contre* Alceste. La comédie *veut* que ces entrées
se produisent précisément à ce moment-là (avec un irréalisme
qui est le propre du théâtre) comme, par exemple, plus tard,
le mélodrame *voudra* que la foudre tombe sur le traître juste
au moment où il va violer ou poignarder la jeune innocente.

Alceste échoue donc à la fois à cause de l'irrésistible mouvement des autres et à cause d'une malchance purement théâtrale.
Nous pouvons dès maintenant présenter une conclusion partielle : la pièce nous montre l'échec d'un personnage qui veut
arrêter à la fois la comédie humaine et la comédie scénique.
Toutes deux se vengent avec toutes les armes dont elles dis-
posent. D'abord, sur le plan le plus simple, il est un fait certain :
Alceste est malheureux — et il ne s'agit pas de savoir, ici, si
nous trouvons ce malheur ridicule ou pathétique. Ensuite, lui
qui s'oppose à la comédie, voilà qu'à chaque instant il est
vu par les autres comme un « plaisant personnage », — et par
les autres, il faut entendre à la fois le groupe de Célimène et les
spectateurs. Il est jeté dans le paradoxe du comique de l'anti-
comique.

Cette comédie qu'il veut arrêter, et qui se définit d'abord
par le mouvement et l'agitation (opposés à l'immobilité et à
la chosification) en quoi consiste-t-elle exactement?

Quantitativement, elle est jouée par l'humanité entière —
sauf Alceste : juges, courtisans, oisifs de la ville, gens de lettres,

honnêtes gens, escrocs, prudes, coquettes. Certes, comme on l'a vu, ce jeu est présenté à l'état pur par les oisifs qui apparaissent sur la scène, comme l'amour et ses tourments, partage commun de tous les êtres humains, sont présentés à l'état pur par les princesses oisives de la tragédie [1]. Les personnages du *Misanthrope* n'ont rien d'autre à faire que de jouer cette comédie, qui est celle du genre humain, et qui est la recherche permanente d'une identité par la création continue d'une image de soi avec laquelle on coïncide plus ou moins bien.

A cela s'ajoute le pacte social : il est entendu que le sens de la vie réside dans cette création, et que le jugement que l'on porte sur autrui dépend du degré de coïncidence accomplie, de la « réussite » de l'image. Il s'agit ici d'une notion plus complexe et plus subtile que celle du « masque » traditionnel. Ou plutôt, disons que la société du *Misanthrope* présente tout un éventail d'individus, qui commence avec la dualité traditionnelle du masque et de la véritable nature pour aboutir à la coïncidence des deux, c'est-à-dire à la négation même de la notion de masque.

Certains commentateurs croient à la « sincérité » de Tartuffe. Il nous semble au contraire que chez ce personnage, la dualité est constante et, en quelque sorte, primaire. Celle d'Arsinoé, compte tenu de toutes les différences qui séparent les deux personnages, est de cet ordre. Mais Oronte? Ce n'est pas un Trissotin, c'est-à-dire un escroc qui utilise la poésie pour faire un beau mariage; sa poésie n'est pas aussi « méchante » qu'on le dit; son comique vient du décalage entre la valeur qu'il lui attribue et son honnête médiocrité, c'est-à-dire qu'il tire trop d'orgueil d'être ce qu'il est. Erreur de jugement sur soi-même, non masque. On peut en dire autant des Marquis. Quant à Célimène, on l'a vu, sa coïncidence est parfaite, et elle en tire, non une vanité disproportionnée, mais tout simplement du bonheur. Cas extrême que celui de Philinte et d'Éliante, chez qui il n'y a ni coïncidence ni dualité, mais pur « personnage », amenuisé au possible, et qui ne recouvre rien. (Créations poétiques et irréelles, êtres qui jouissent de l'impossible bénédiction de ne pas avoir de « nature ».)

Être, c'est faire pour paraître, c'est se recréer continûment sous le regard d'autrui. C'est agir à chaque instant de telle façon que coïncident la satisfaction personnelle et l'approbation des autres. Et ce n'est pas là un travail facile. Certes, la

---

1. Il s'agit bien entendu de la tragédie racinienne ou de la tragédie galante — non de la tragédie de type cornélien, où les princesses ne dissocient guère leur amour de quelque « grand intérêt » qui les rend souvent très actives.

politesse du temps, les principes d'une honnêteté longuement élaborés dans les décades qui ont précédé (avec l'aide de l'atavisme courtois et *corteggiano*, bien entendu) apportent à cette mécanique complexe une huile bénéfique. Mais ils n'empêchent pas les malentendus.

Le cinquième acte du *Misanthrope* est fondé sur une double révélation : chez les acteurs de la comédie humaine, celle d'un malentendu; chez Alceste, celle de son échec définitif. La première est liée à la seconde que d'une certaine façon elle provoque.

Au cours de la lecture des deux lettres de Célimène, ce ne sont pas des masques qui explosent, c'est une harmonie qui se révèle illusoire, à cause de l'ambiguïté même de l'approbation d'autrui : celle-ci, comme Philinte l'a dit dès la première scène dépend d'un marché :

> *Lorsqu'un homme vous vient embrasser avec joie,*
> *Il faut bien le payer de la même monnoie,*
> *Répondre comme on peut à ses empressements,*
> *Et rendre offre pour offre et serments pour serments.*

> (vv. 37-40.)

Plus profondément, si j'approuve autrui, c'est pour lire dans ses yeux, à ce moment-là, l'approbation qu'il accorde à mon approbation. C'est ce qu'Oronte attend d'Alceste. La scène des portraits de l'acte II est dramatique à cause de la présence muette d'Alceste, elle l'est à cause du contenu comique des portraits, elle l'est enfin parce que le rapport Célimène-Marquis est fondé sur ce jeu de miroirs. La satisfaction de chacun entraîne la satisfaction de tous. Mais n'oublions pas qu'il s'agit d'un monde en mouvement, dans le temps, que ces harmonies ne tiennent donc qu'à l'instant : surimposer deux instants, comme le fait la lecture des lettres, fait ressortir la précarité de ces harmonies. La révélation de cette scène est non celle d'une duplicité, mais d'une illusion sur la permanence de l'harmonie mondaine.

Il n'y a en fait que très peu de différences entre l'aimable jeu de Célimène avec les Marquis présents et les portraits qu'elle en trace dans ses lettres, d'une part, et les embrassades de Philinte et sa tirade sur les « singes malfaisants », d'autre part.

Une fois révélée la précarité du monde de la création continue de soi, la pièce affirme avec force ce qu'elle annonçait depuis le début : l'impossibilité du vœu absurde d'immobilisation. Le monde de Célimène et le monde d'Alceste sont renvoyés dos à dos : à la fragilité de l'un correspond l'inhumanité de l'autre.

Ironiquement, c'est le personnage le plus maladroitement masqué de la pièce qui en a précipité le dénouement : Arsinoé. C'est grâce à elle qu'éclate l'illusion de l'harmonie mondaine. La scène reste libre pour un conflit unique : celui de deux obstinations pures. Au-delà de la comédie proprement dite, qui a accompli son travail : dissoudre une illusion, la pièce se prolonge dans ce qui « reste », une fois ce travail accompli. Et malgré ses efforts, le théâtre n'a pas de prise sur ce résidu. La nature profonde qu'il est allé chercher, comme il le devait, au-delà des manières, du langage, des illusions, lui échappe à jamais sous la double forme de la sortie silencieuse de Célimène et de la fuite d'Alceste vers son désert.

Autant dans *Dom Juan*, la Nature brute résistait à la Comédie, autant ici elle lui échappe, se fait silence impénétrable. Cette pièce est un aveu : si le dramaturge use de son art pour atteindre, non une illusion supérieure, mais la réalité nue que la comédie a, en principe, pour fonction de dévoiler, il aboutit à la négation même de cet art.

CHAPITRE XI

L'amour de soi

Ce qui éclate, à la fin du *Misanthrope*, c'est que Célimène se préfère à Alceste, c'est qu'Alceste se préfère à Célimène. Et ce qui est évident d'un bout à l'autre, c'est que chaque personnage se préfère à tous les autres.

Rien de moins sentimental, on le sait, que l'œuvre de Molière dans son ensemble. Mais enfin, sans aller jusqu'à la communion romantique des âmes, on peut imaginer des affections, des ententes, des sympathies au sens fort du mot — qui seraient sur le plan familier de la comédie l'équivalent de l'accord qui règne entre Suréna et Eurydice dans *Suréna*, par exemple. A part quelques dialogues amoureux en style conventionnel, une exception peut-être, — et d'ailleurs rendue suspecte par les circonstances : le dialogue de Valère et d'Élise dans la première scène de *L'Avare*.

Le Misanthrope frappe par le contraste entre la sorte d'intimité créée par l'exiguïté du « salon », par les tête-à-tête, et l'absence de complicité réelle qui pourrait lier certains personnages (Philinte et Éliante sont deux fantômes qui se rencontrent dans la brume). Dans ce petit univers où les rapports des hommes entre eux sont d'importance primordiale, chacun ne vit que pour soi. A cet égard, la pièce se situe à la pointe extrême de l'œuvre de Molière.

A la lecture du programme, on pouvait espérer une comédie de rivaux et de rivales. De fait, ces rivalités se manifestent tout au long de la pièce : Alceste-Oronte, Alceste-les Marquis, les Marquis entre eux, Alceste-Philinte (une ébauche, à propos d'Éliante), Célimène-Arsinoé, Célimène-Éliante (ébauche); l'intrigue et les intrigues élaguent cet arbre touffu, débarrassent la scène des possibilités autres que le mariage Alceste-

Célimène, et laissent face à face les deux protagonistes pour le dénouement que l'on sait. Une question est posée dès le début sur le plan de l'amitié, pour être répétée et développée sur le plan de l'amour — et c'est celle que pose nécessairement toute « rivalité » : la question du *choix*. Célimène est, à certains égards, l'équivalent comique des princesses de tragédie galante dont le cœur hésite entre les princes qui s'offrent à elles : « Madame, il faut choisir... »

Mais une première différence apparaît dès que l'on songe à ce que vise Célimène. Pour la princesse de tragédie galante, comme plus tard pour certaines héroïnes de Marivaux, l'état d'irrésolution ne la satisfait pas, — et elle vise à atteindre une décision, à choisir. Célimène, elle, n'a pas à choisir, en fait. Ce n'est pas un personnage qui doive passer d'un désordre à un ordre, car l'état où elle se trouve est, pour elle, l'ordre. Elle est installée dans son bonheur, elle n'est pas être tendu, déchiré qui doit éclater à la fin du cinquième acte. Elle ne peut qu'être renvoyée à elle-même. On ne saurait trop insister sur cette euphorie de Célimène, euphorie plus relevée et subtile que celle d'autres personnages moliéresques, mais voisine de celle-ci : Célimène est heureusement installée dans ses possessions, comme Orgon l'est dans son « ménage » avec Tartuffe, ou comme le sera Jourdain parmi ses maîtres et ses fournisseurs. Si bien que le vieux sujet de la rivalité est d'avance vidé de son contenu habituel : les rivaux n'ont rien à conquérir.

Personnage toujours en mouvement, Célimène tourne en rond dans son salon tapissé de miroirs flatteurs parmi lesquels elle a d'ailleurs établi une hiérarchie de préférences. Nous avons dit qu'un code élaboré avant elle, par d'autres qu'elle, justifie à la lettre ce mouvement et le langage qui l'accompagne : celui de la préciosité non ridicule. Mais elle n'est pas « précieuse » au sens profond du mot; il est remarquable en effet qu'elle n'utilise jamais l'argument fondamentalement précieux qui permet à la femme de se refuser et qui consiste à mettre sur sa propre personne un « prix » vertigineusement élevé. Son refus de choisir n'est pas fondé sur l'hésitation traditionnelle : lequel de mes soupirants est le plus « digne » de moi? aucun d'entre eux est-il « digne » de moi? Célimène est ainsi bien au-delà de ce cornélianisme qui est à la base de la préciosité authentique. Si elle était de mauvaise foi, pourtant, comme ce genre d'argument lui serait commode pour prolonger les sursis qui sont, non la matière même de sa satisfaction, mais le moyen de maintenir sa dispersion hiérarchisée!

La comédie moliéresque est hantée par le thème du masque, et le *Tartuffe* est l'illustration la plus éclatante de ce thème.

Mais elle est hantée aussi par le thème de l'identité du masque
et de la personne même, par l'idée du moment où la notion
de masque s'évapore pour faire place à celle d'une réalité
synthétique qui sera finalement intellectualisée, parfois de
façon pseudo-philosophique et fort primaire, par Pirandello.
Dès *Les Précieuses ridicules*, on voit Mascarille, payé par
son maître pour « jouer » le bel esprit, se confondre avec le
personnage qu'il n'est pas, et qu'il sait ne pas être. Quelques
mois après *Le Misanthrope*, Molière monte *Le Médecin malgré
lui*, où un individu se réalise pleinement dans le masque qu'on
l'oblige à porter. Un an avant l'autorisation de jouer *Tartuffe*,
Molière, dans *Amphitryon*, repose, en termes différents certes
et mêlée à bien d'autres thèmes, la question de l'identité.
C'est-à-dire que, plus que l'illusion sur le monde et sur soi-
même, plus que le mensonge pur et simple, l'hypocrisie, la
mauvaise foi, catégories que l'on peut distinguer du vrai ou
de la véritable nature, la totalité que représente une identité
concrète semble être désormais le centre de la préoccupation
moliéresque.

Dans *Le Misanthrope*, Philinte, Alceste et Célimène commet-
tent tous la même erreur : celle qui consiste à dissocier la
vraie nature d'un individu du personnage qu'il présente aux
yeux des autres. Dès *L'École des Femmes*, et avec *Tartuffe*,
on sait que les hommes sont incurables. Avec *Le Misanthrope*,
on sait pourquoi ils le sont : leur masque ou leur illusion ne
sont pas des ajouts à leur vraie nature, mais en sont la
structure même. Il n'y a pas Alceste d'un côté et sa maladie
de l'autre, il n'y a pas Célimène d'un côté et « les vices du
temps » de l'autre, — il n'y a pas le « grand flandrin de Vicomte »
d'un côté et les ronds qu'il fait dans l'eau en crachant, de
l'autre. Le vicomte *est* le jeu d'interférences des ondes qu'il
provoque dans un puits, et n'est que cela.

L'idéologie du temps (cartésienne ou jésuitique) est analytique. La réalité, elle, s'impose comme synthèse. Aux catégories de la raison, le réel répond par la résistance de blocs
sans faille. A l'effort de la première pour établir une relation
de cause à effet, la nature répond par l'évidence de l'identité
de la cause et de l'effet. Dans *Le Misanthrope*, le drame profond ne réside pas dans le conflit entre la nature et les masques,
mais dans la résistance de la nature à se laisser découper en
« vraie » nature d'un côté, masque de l'autre. La spontanéité
de Célimène, son euphorie, sa parfaite intégration, pour exas-
pérantes qu'elles soient, n'en sont pas moins le symbole de
l'aspect totalitaire de la réalité humaine.

Les autres personnages? Comme nous l'avons déjà dit, ils

représentent un éventail, et une exception en la personne d'Arsinoé. Arsinoé fait partie, tout en adoptant la tenue de la pièce, des masques traditionnels : elle est « analysable ». Mais aussi, elle souffre. Elle a, en quelque sorte, raté son incarnation. Personnage issu des masques conventionnels, c'est elle qui fait avancer l'intrigue, comme doit avancer l'intrigue dans une comédie conventionnelle. Les autres, ceux qui ne se laissent pas analyser de la même façon, ne font rien avancer du tout. Ils échappent à la révélation comique, ils tournent sur eux-mêmes, de façon plus ou moins burlesque. Ils ne sont pas déchirés : quand ils se justifient, ils ne font que décrire ce qu'ils sont vraiment.

Ce qui nous frappe dans *Le Misanthrope*, c'est la coïncidence des personnages avec les personnes. Le groupe explose, non les individus. La révélation finale d'un malentendu social blesse des amours-propres, mais n'illumine personne sur personne. Oronte et les Marquis quittent la scène intacts.

Si donc il y a analyse comique dans cette pièce, et *il y a* analyse, elle se situe sur un plan différent de celui du conflit masque-nature. Oronte par exemple est à la fois gentilhomme et poète médiocre : mais il n'est pas poète qui se fait passer pour gentilhomme, et surtout, il n'est pas gentilhomme qui se fait passer pour poète : il est indissolublement les deux à la fois. Il s'enorgueillit de cette double qualité — mais c'est parce qu'il est heureux d'être ce qu'il est, non pas parce qu'il prétend paraître ce qu'il n'est pas. L'analyse décompose une réalité dont finalement tous les éléments sont sur le même plan : chaque dimension des personnages est constitutive de leur nature, inhérente à celle-ci, inséparable d'elle. A cette analyse horizontale s'ajoute une distinction profonde qui amène le dénouement de la pièce : les natures sont individuelles, différentes les unes des autres, et, dans les cas extrêmes, incompatibles.

On apprend au cinquième acte que Célimène, en fin de compte, est incompatible avec les membres de la petite cour qui l'entoure. On apprend surtout — ou plutôt on assiste à la prise de conscience de ce fait par les personnages — qu'elle est incompatible avec Alceste. C'est sans doute là le véritable message du *Misanthrope :* chaque individu promène son univers avec soi, — dans le mensonge ou avec bonne foi, *peu importe* — et ces univers sont irréductibles l'un à l'autre. Certes, il y a les hypocrisies, et les mensonges, et les erreurs de jugements, thèmes comiques par excellence, mais il y a surtout et finalement le côté constellation, le côté archipel de l'humanité, c'est-à-dire la coexistence d'astres liés les uns

aux autres par quelque attraction-répulsion newtonienne,
mais éternellement solitaires dans leur course à jamais déterminée.

Chaque personnage du *Misanthrope* est un microcosme
indépendant. L'égalité que nous avons tant de fois signalée
permet, au dénouement, la série de ruptures qui mettent fin
à la comédie. *Le Misanthrope* est un peu la narration de l'explosion d'un système solaire, ou d'une galaxie, — explosion qui
n'est possible que parce que chaque astre ou chaque planète
n'existe qu'en fonction de son propre centre de gravité.

Sur le plan humain, ce centre de gravité a un nom : c'est
l'amour de soi. Puisque nous avons abusé des métaphores
cosmiques à propos du système Dom Juan-Sganarelle, qu'il
nous soit permis de les prolonger à propos du *Misanthrope*.
D'ailleurs, elles peuvent se justifier par celles de dramaturges
modernes tels que Salacrou, qui en a fait tant de fois le fil
conducteur de comédies ou de drames où il satirise et déplore
le double jeu de la solitude humaine et du contexte social
et naturel. Elles se justifient aussi par la notion d'un temps
où règne le Roi-Soleil. Même si l'on ignore encore les lois de
Newton, on gravite.

Le Misanthrope est une pièce qui met en lumière la force
centrifuge, alors qu'on vit dans l'illusion de la toute-puissance
des forces centripètes. Ce qui se produit dans le salon de Célimène est l'équivalent microcosmique (microscopique) d'un
cataclysme. L'amour de soi est la seule force qui fait agir
chaque personnage, qui le lance vers autrui ou qui le repousse,
et comme tous les « soi » sont fondamentalement différents,
c'est la répulsion qui gagne la partie. La fleur qui s'embellit
et se tend vers le soleil ne se « sacrifie » pas au soleil : elle va
vers lui, non par reconnaissance, mais pour se nourrir de ce
qu'il a à lui offrir. En dépit de la légende, les violettes ne
croissent pas en cachette : à l'ombre, elles crèvent. Le monde
de Molière est un monde tout aussi dépourvu de pieuses dévo-
tions, de sacrifices, d'humilité pseudo-chrétienne. Les individus qui le peuplent n'ont qu'un but : leur survie, et leur
survie selon leurs propres termes.

Dans *Le Misanthrope*, tous les personnages, sans exception,
sont fermés. Du coup, la comédie est faite d'une série de
malentendus. Car chacun est fortement individualisé. « Tu
ne m'aimes pas, je t'aime, donc je te tue », voilà le syllogisme
de base de la tragédie de la disgrâce, de la tragédie racinienne.

« Mais, pour le reste, nous parlons le même langage. » Dans la comédie qui lui correspond, le syllogisme est quelque peu différent. « Nous ne parlons pas le même langage, nous nous aimons mais nos définitions de l'amour sont opposées, donc je te quitte. » Qu'il nous soit permis de dire ici qu'à cet égard, *Le Misanthrope* est plus subtil et va plus loin que la tragédie racinienne.

Car dans la tragédie, le bonheur est interdit dès le lever du rideau [1]. Dans la comédie, il est possible. Ou plutôt il serait possible, si les personnages n'étaient pas condamnés, en dépit de leur amour, à rompre en fin de compte — et non pour les raisons qu'assume la reine de Judée dans *Bérénice* — mais à cause de ce fait brut, bouleversant, insupportable, de la différence inéluctable des êtres humains. Répétons-le : faire de Célimène une menteuse, une trompeuse systématique, c'est réduire la pièce à un élégant vaudeville sur le « pré-cocuage ». Accepter Célimène sur parole, comme nous croyons honnête de le faire, c'est révéler la richesse de la pièce, sur le plan de l'intuition moliéresque aussi bien que sur celui de la prise de conscience de l'impasse comique. A nos yeux, *Le Misanthrope* est le drame de l'incompatibilité des natures individuelles, conclusion nécessaire de la démonstration de la brutalité fondamentale de la Nature qu'avait révélée *Dom Juan*.

L'aspect « décousu » de la pièce, qui est d'ailleurs illusoire si l'on est sensible à ce qui fonde l'unité de structure, tient en partie au fait que les personnages (agités ou immobiles) vivent uniquement en fonction d'eux-mêmes. Il est le signe, non d'un défaut de composition, même pas d'un mépris de l'intrigue « bien faite [2] », mais d'un morcellement fonctionnel : s'il est vrai que chaque personnage joue son rôle sans se soucier de celui d'autrui, il s'agit pour le dramaturge à la fois

---

1. Nous pensons soit à la tragédie lyrique du milieu du XVIe siècle, soit à la définition-limite de la tragédie française classique. La réalité, bien entendu, n'est pas si nette, dans sa diversité. Mais enfin Corneille lui-même, qui avait commencé son *Cid* par les espoirs joyeux d'une jeunesse amoureuse que rien, au lever du rideau, ne semble devoir entraver, termine sa carrière par une attaque de pièce qui tue immédiatement la possibilité de bonheur :

Eurydice :   *Ne me parle plus tant de joie et d'hyménée ;*
             Tu ne sais pas les maux où je suis condamnée.

                                        (*Suréna*, vv. 1 et 2.)

Voir Jacques Scherer, *La Dramaturgie classique*.

2. Robert Jouanny, dans son édition de l'œuvre de Molière (déjà mentionnée) : « Jamais le piège comique n'a été mieux construit... » (t. I, p. 815).

d'unifier sa pièce et de juxtaposer des univers individuels qui, en dernier ressort, représentent, chacun de son côté, une comédie différente. La scène du sonnet d'Oronte est à cet égard caractéristique : dans la galaxie dont Célimène est le centre, — centre que la thématique du sonnet et de la chanson qui lui répond nous empêche d'oublier —, chaque astre suit son cours, et c'était cela qu'il s'agissait de nous montrer. Une fois de plus, Molière a fondé sa comédie sur un sujet conventionnel (ici, celui des rivalités amoureuses), mais la réalité qu'il examine échappe à la convention; la convention de la rivalité est remplacée par la réalité de l'incompatibilité. Les rivaux cessent d'être interchangeables, et la perspective du drame est complètement déplacée. Les différences de degré sont remplacées par des différences de nature. Et puisque la nature humaine consiste à s'aimer avant tout, c'est-à-dire à se séparer irréductiblement et à ne voir que soi, les différences sont des abîmes infranchissables.

Comme tout amour, l'amour de soi peut être satisfait ou frustré. Au catalogue des différentes formes de satisfaction, Molière oppose la double frustration d'Arsinoé et d'Alceste. Chez la première, comme on l'a vu, un équilibre précaire est atteint par le recours à la Vertu : vertu qui se prétend voulue alors qu'elle est forcée. Mais la fraude de cet ersatz est aisément dénoncée. Arsinoé ne pourrait être vraiment satisfaite que par la réalisation d'un vœu impossible de possession; quand il est prouvé qu'elle ne peut ni posséder ni continuer à prétendre (du moins, devant le spectateur) qu'elle a choisi de ne pas posséder, elle est contrainte au médiocre pis-aller de tenter de déposséder autrui, en une vengeance toute négative par laquelle elle n'acquiert strictement rien.

Le vœu de possession d'Alceste est tout aussi impossible. Et il ne saurait être provisoirement apaisé par tel ou tel ersatz, car il est absolu.

Toute la « morale » d'Alceste, même si elle est empruntée à des morales réelles plus ou moins contemporaines de Molière [1], n'a pas de valeur proprement morale. C'est-à-dire qu'en elle-même elle n'est pas destinée à entraîner chez le spectateur une méditation philosophique, d'où jaillirait un choix, elle est avant tout incarnation d'une forme d'amour de soi. Orgon

---

1. De fait, elle l'est, comme l'a démontré de façon absolument convaincante René Jasinski, *op. cit.*

faisait tout aussi sincèrement usage de la piété pour assurer sa tyrannie. Alceste est un appétit qui a soif de tout l'être et qui par conséquent veut le percer à jour. Mais l'être est précisément ce qui est opaque, et Alceste en est réduit au choix du néant.

Les heureux, ce sont ceux qui n'ont soif que d'eux-mêmes, de leur propre image. Ils n'ont besoin d'autrui que dans la mesure où autrui confirme cette image, et ils sont portés à choisir dans les miroirs extérieurs ce qui accomplit cette fonction. Certes, le miroir peut renvoyer soudain une image inattendue, indubitablement défavorable : mais c'est le miroir qui a tort, et, au prix d'une vengeance, le personnage retrouve la béatitude de sa plénitude. Pour eux, des contrariétés, des vexations, mais point d'échec en profondeur. Ni Oronte ni les Marquis ne sont frustrés ou dépossédés : une fois brisé le méchant miroir, ils peuvent recommencer à jouir pleinement de leur bien qui ne les a d'ailleurs jamais quittés : eux-mêmes.

Le bonheur de Célimène n'est guère d'un autre ordre. Si elle paraît plus ambiguë, c'est que son personnage est bâti de telle façon qu'il n'y a pas en elle étalage d'orgueil. Elle se préfère à tout, mais elle aime être elle-même, non la gloire d'être elle-même. Elle est un fait accompli qui ne tire pas de fatuité de cet accomplissement. Elle échappe par là au ridicule des autres, car son bonheur est pur. Mais comme les autres, elle puise son plaisir dans la jouissance de sa propre nature que réfléchit, bien entendu, mais au prix d'un malentendu, le monde où elle évolue.

Arsinoé, d'une certaine façon, se démasque. Célimène et Alceste de leur côté n'ont pas à se « démasquer » au sens propre du mot. Mais ils sont traversés par des éclairs de lucidité, quand ils sont l'un en face de l'autre : Alceste entrevoit la vanité de son vœu (vv. 1297-1300), Célimène est capable de comprendre le point de vue d'Alceste. Et cette ébauche de connaissance de soi et d'autrui enrichit les personnages, leur donne à l'occasion un pathétique. Toutefois ces ouvertures momentanées ne font que souligner ironiquement l'incapacité où se trouvent les personnages d'approfondir ces aperçus, et d'en faire le point de départ d'une orientation nouvelle de leur comportement. Celui-ci est définitivement déterminé par leur nature, celle-ci est tout entière structurée par sa propre individualité, par sa « différence », autrement dit elle n'est et ne peut être qu'amour de soi.

Conclusion

Oui, Molière a passé sa vie à dénoncer la mauvaise foi ou les illusions de ses ennemis : mondains à tête folle, pédants, rivaux jaloux de son succès, faux dévots (auxquels, c'est possible, il assimilait les vrais), etc. Oui, Molière avait à faire vivre sa troupe, cherchait par tous les moyens à faire salle pleine, écrivait Dom Juan *parce qu'il avait dans ses magasins des machines à utiliser et que certaines merveilles scéniques attiraient le public. Oui, les femmes — en particulier la sienne — lui en ont sans doute fait voir de dures. Aucun auteur dramatique n'existe en dehors de sa propre expérience de la vie, aucun acteur-directeur ne peut s'isoler des circonstances de son métier.*

Mais enfin, il faut avant tout tenir compte de l'honnêteté fondamentale du poète pour qui circonstances et expérience ne sont que des moyens — ceux qui s'offrent d'eux-mêmes et immédiatement — au service d'une fin qui les dépasse. Sinon, il n'est qu'un pamphlétaire; et s'il les ignore, il n'est qu'un littérateur. La comédie moliéresque n'est ni polémique ou confession personnelle dialoguée, ni pur jeu d'esthète dégagé. Elle est révélation qui fait coup double : elle vise à la définition simultanée d'elle-même et de la réalité.

Comme on le sait, la critique moliéresque s'étale entre deux pôles diamétralement opposés. Pour certains, le meilleur de l'œuvre se trouve dans la virtuosité formelle, et l'on en vient à préférer les divertissements de cour (ou Les Fourberies de Scapin *qu'on s'efforce de réduire à une forme vide de tout sauf de son propre mouvement). Pour d'autres au contraire, le vrai Molière, le grand Molière se trouve dans l'aveu à peine déguisé d'une souffrance intime et domestique, ou dans une véritable méditation philosophique. Il nous semble que Molière n'a jamais sombré dans l'esthétisme formel, comme il ne s'est jamais romantiquement confessé, comme il n'a jamais non plus « philosophé ». Dans son œuvre, il n'y a pas de forme sans signification, comme il n'y a pas de signification en dehors de la forme. Il est artiste, au sens plein du mot, semblable en cela à beaucoup de grands peintres qui sont d'une bêtise affligeante dès qu'ils ouvrent la bouche, et dont le cerveau et le cœur résident, si l'on peut dire, uniquement dans leur pinceau. L'œuvre de l'artiste contient une affirmation qui n'a pas la forme d'un concept, mais celle d'un acte. Chez le spectateur, cet acte provoque une réponse, qui elle non plus n'a pas la forme d'un concept, mais qui est de l'ordre d'une expérience existentielle.*

« Analyser une œuvre d'art » est donc peut-être une contradiction dans les termes. L'entreprise peut toutefois se justifier si on ne la considère que comme provisoire et complémentaire. L'expérience vient avant et après; entre les deux, une satisfaction est accordée à l'intelligence, comme une satisfaction est accordée à la curiosité d'un convive quand une maîtresse de maison explique la recette d'un plat réussi. La différence étant qu'ici le cuisinier est incapable d'expliquer sa recette, non seulement parce qu'il est mort, mais parce que son seul « langage », c'est l'acte même de créer, — d'où « les autres » : les critiques, les historiens, etc. La différence étant aussi et surtout que dans le domaine de l'art, il y a possibilité d'erreur sur le sens de l'acte.

Le meilleur moyen de se tromper le moins possible, c'est de tenter de saisir cet acte dans son mouvement même. Les trois pièces envisagées occupent chacune un espace-temps qui leur est propre, elles se déroulent comme un geste, et quand le rideau tombe sur le geste achevé, un sens éclate, que le geste a, en quelque sorte, représenté métaphoriquement.

Si l'on s'en tient à Tartuffe, il semble bien d'abord qu'il ne soit pas trop difficile de vivre ni d'écrire des comédies (et de les jouer, bien entendu). Il suffit d'un peu de bon sens et de discernement. Un bonheur est possible, une norme existe : celle d'un ordre où les hommes peuvent vivre en paix, avec une liberté suffisante. En lui-même, ce monde et la possibilité de son existence ne sont pas mis en question. Le désordre et le malheur viennent du dehors, de la présence de natures extrêmes. Le conflit est simple. Il n'atteint pas, certes, la naïveté des conflits de la comédie ou du drame XVIIIe siècle, où le mal est complètement extérieur à la nature humaine qui, elle, est fondamentalement bonne. Ce ne sont pas des préjugés, des déformations a posteriori, qui rendent Orgon et Tartuffe dangereux : ce sont des corruptions de la nature, c'est la force des passions. Mais, enfin, le rapport entre les forces de vérité et les forces d'illusion (mensonge ou aveuglement) est clair et net, à quelques nuances près (vertige romanesque de Mariane au second acte, emportements de Damis, par exemple), et l'intrigue peut déboucher dans une solution, sous la forme d'une victoire d'orde stratégique qui assure, non le rachat des âmes corrompues, mais le rétablissement d'un ordre viable.

La corruption est localisée. Elle est en même temps analysable : masque qui couvre l'appétit exactement contraire à ce que le masque tente de figurer, religion mise au service d'une tyrannie pure et simple, obéissance servant de garantie à une domination quasi sadique. Miroir d'une vie où le drame est accidentel, Tartuffe dépasse néanmoins l'anecdote : le monde est plein de pièges où le faux se présente sous les apparences du vrai. En outre l'optimisme à la fois « réel » et théâtral de la fin est très tempéré ; ce n'est pas la sage raison qui gagne la partie, mais la force ; dieu merci, elle se trouve satisfaire les appétits des personnages qui savent discerner le vrai du faux. Chez ces derniers, on n'investigue pas les motifs qui leur font aimer le vrai ; on assume d'avance leur totale sincérité, et une sorte de grâce selon laquelle, chez eux, la satisfaction qu'ils recherchent individuellement concourt au bonheur du groupe. La pièce est prudente à cet égard ; elle « mécanise » bien un peu les amants « vrais » et « naturels », elle pousse Elmire à des marchés un peu douteux (celui du troisième acte, surtout, proposé, bien sûr, au nom de la bonne cause), mais elle est avant tout affirmation d'une possibilité de neutraliser l'erreur dans la vie par l'heureux hasard d'un chef lucide, à la scène par l'explosion théâtrale des masques et l'appel à un théâtralisme supérieur (l'intervention miraculeuse de Louis XIV) d'ailleurs justifié par la thématique politique de l'anecdote.

Dans la perspective des trois pièces étudiées, et malgré l'heureux finale, Tartuffe annonce pourtant à bien des égards l'expérience de Dom Juan et l'impasse du Misanthrope. Pour localisée qu'elle soit, la corruption n'en est pas moins la plus forte expression de la nature humaine dans la pièce. Ce sont Tartuffe et Orgon qui font passer sur la comédie un grand souffle venu des profondeurs. C'est chez eux, en assistant à la complexité de leurs mécanismes mensongers, qu'on voit la puissance de mal et de création à la fois de la véritable Nature. On a pu établir un parallèle entre l'hypocrite et sa dupe, et le dramaturge (ou l'acteur) et son public d'autre part. Chez tous les quatre, il s'agit d'un irrésistible besoin : création et illusion sont sources d'intense, d'irrépressible satisfaction[1]. *Le comédien et son public s'en tirent par une conscience au*

---

1. Il s'agit en tout cas d'un besoin fondamental, bien au-delà du simple besoin de se divertir après un bon repas — fonction à laquelle le

second degré ; et c'est par là, et uniquement par là, qu'ils dominent et exorcisent l'hypocrite et la dupe, c'est-à-dire le mal, et qu'ainsi la comédie a accompli sa fonction « purgative ».

Se servir d'un mensonge pour dénoncer le mensonge, voilà toutefois un jeu dangereux — et c'est essentiellement ce danger qu'a vu l'Église d'une part, que verra Rousseau d'autre part. Et derrière le mensonge se révèle la Nature sous la forme d'appétits divers mais tous égoïstes et machiavéliques. Égoïsme d'acteur ? Machiavélisme d'auteur ? Appel à l'égoïsme du spectateur ? Tartuffe, toutefois, escamote ces problèmes, en affirmant, sans l'approfondir, une norme du bon sens (?), en proposant à la fin un triomphe théâtral de celui-ci (bien que ce ne soit pas par sa vertu propre) ; le bon sens, c'est l'anti-drame : le rideau tombe sur une comédie « achevée », satisfaisante — mais où l'illusion d'une solution remplace, très ironiquement dans une pièce sur le faux et le vrai, une solution véritable. Molière a touché la véritable Nature, s'y est brûlé les doigts, a retiré la main.

Avec Dom Juan, délibérément, il se brûle les deux mains et tente de se venger du feu par le feu.

Dom Juan, on l'a vu, vit sans masque et sans illusion. Grâce à lui, la perspective est renversée : on part de la nature brute, on donne celle-ci d'avance, au lieu de la dévoiler. D'où sans doute le caractère unique de la pièce dans l'œuvre de Molière. C'est une comédie à l'envers, une sorte de réciproque du genre comique proprement dit.

Cette nature est traquée d'un bout à l'autre de la pièce, à la fois par les autres personnages et par Molière lui-même : ils usent tous de tous les moyens pour découvrir en elle une faille qui conduirait soit au « salut » du héros (salut social ou chrétien) soit à sa soumission à la Comédie. Comme on l'a vu, cette faille n'existe pas. Sganarelle-Molière dansant autour de Dom Juan, c'est le signe de l'échec de Sganarelle, mais c'est aussi l'aveu de la part du poète

théâtre sera réduit par les amuseurs de la fin du xixᵉ siècle, et par les fournisseurs du Boulevard d'aujourd'hui. (Quand Beaumarchais, dans la préface de son *Barbier*, demande à son public s'il a bien digéré, c'est une boutade : d'une part il « dore la pilule », d'autre part il compte bien surprendre son public par une joie plus haute que celle que procurerait une espèce de pousse-café.) Plus sérieux, et tout autant « engagé » que Beaumarchais, Jean Vilar estime que le théâtre est aussi nécessaire à l'âme que l'eau, le gaz et l'électricité le sont à la vie du corps (*Paris-Théâtre*, nº 83, avril 1954) — cela étant lié, non à un didactisme facile, mais à la notion plus vaste de la « fête ».

*comique d'une impuissance à réduire véritablement le résultat de
sa découverte. La Comédie reste en marge.*

*Molière, dans cette pièce, joue franc jeu. Au nom de la Nature,
masques et illusions se vaporisent, — mais aussi toute « création »
humaine qui n'est pas immédiatement l'élan de cette nature, quelle
que soit la valeur pratique ou morale de cette création. On reproche
à Tartuffe de masquer ses appétits naturels : dépouillons Tartuffe
de ses masques, dépouillons-le aussi de ce qu'il y a de répugnant
dans son physique, donnons-lui toutes les chances d'« être lui-
même » : grand seigneur et beau garçon, il a le champ libre. Et il
échappe à la Comédie.*

*Certes, on peut, comme l'ont fait certains autres dramaturges,
montrer Dom Juan vieux. La Comédie peut alors reprendre ses
droits, car dans ce cas le personnage est aisément rattaché à la
tradition plus ou moins déformée du barbon amoureux. On peut
même s'arranger pour qu'il reçoive le contenu d'un pot de chambre
sur la tête* [1]*, — mais c'est là du pire burlesque, c'est faire glisser
Néron sur une peau de banane. Il y a toutefois, dans la pièce de
Molière, un « burlesque » : c'est celui de la pastorale farcesque du
deuxième acte. L'« Alexandre de l'amour » y est bien dévalorisé.
Mais la force profonde qui le meut, elle, n'est pas atteinte. Cette
farce répond à l'aventure d'Elvire et de la « jeune fiancée », la colore
même, mais ne la pulvérise pas. Quant à Dom Juan, il traverse la
farce, mais en ressort, au troisième acte, égal à lui-même.*

Dom Juan, par la fantaisie systématique de l'ensemble, par
l'utilisation d'un personnage qui était déjà proche du mythe, est ce
que Molière a écrit de plus proche d'une allégorie proprement dite.
La résistance du personnage est l'abstraction qu'il s'agit d'illustrer,
avec les nuances nécessaires certes, mais en tant que résistance. La
logique de l'anecdote n'est pas dans l'agencement de l'intrigue, ni
même dans la vraisemblance des réactions psychologiques, mais
dans la permanence de l'idée de résistance, — non que nous pen-
sions que le concept soit premier dans la composition de la pièce,
mais il est néanmoins annoncé dès le début du premier acte, et
confirmé de scène en scène, quoi qu'il arrive.

Insistons un instant sur ce « quoi qu'il arrive ». Il est au fond
de toutes les comédies de Molière, mais dans Dom Juan, il occupe le
premier plan, et du coup reçoit un éclairage tout particulier : car
c'est une pièce surchargée d'événements, à la manière de l'ancienne
tragi-comédie dont elle partage les origines. La plus grande tension
possible est établie dans Dom Juan : la nature la plus simple possible en conflit avec le plus grand nombre d'événements-obstacles
possibles. Comme si on oubliait les règles du jeu, celles de l'écono-

---

1. Nous pensons ici au *Don Juan* de Montherlant.

*mie de moyens caractéristiques du théâtre de cette décade-là, à titre
d'expérience, pour voir ce que cela donne. Ce Valmy dramaturgique
n'est qu'un « combat douteux ». La Comédie, si elle va au bout
d'elle-même, débouche sur le tragique, ou plutôt, pour reprendre
les termes de notre analyse de Dom Juan, sur un sérieux
fondamental, qui, lui-même destructeur de l'esprit de sérieux
« construit », signifie horreur, mort, néant.*

Dom Juan *est la prise de conscience d'une dialectique du comique. Nous ne croyons pas que cette prise de conscience ait précédé
la pièce. Le geste même par lequel Molière a écrit et joué, avec hâte
et dans des circonstances difficiles, cette pièce, est, en lui-même
prise de conscience. Molière peintre de la nature et de la condition
humaines, oui, — mais peintre au vrai sens du mot: c'est au
terme de l'expérience que représente la composition achevée que le
peintre voit le sens qui était en lui. Sinon, il fait du théâtre à thèse
ou de la peinture édifiante. Supposons qu'au départ Molière ait eu
les quatre motifs suivants pour écrire un Dom Juan : 1° j'ai des
machines qui moisissent dans mes magasins, je ferais bien de les
utiliser; 2° Dom Juan est un sujet à la mode, et j'ai les machines
qu'il faut pour faire un beau spectacle de ce qui plaît le plus dans
cette anecdote aguichante; 3° bonne occasion pour satiriser tel ou
tel grand seigneur arrogant, tel ou tel hypocrite de haut rang, et
toute une clique d'oppresseurs; 4° bonne occasion aussi pour moi
de reprendre mon numéro de Sganarelle, avec tous ses trucs, avec
toutes ses bassesses qui provoquent à coup sûr le rire, donc le
succès, grâce à mon talent de pitre, et cette fois-ci encore en bon
contraste dramatique avec l'élégance de mon cher Lagrange. A ces
quatre motifs principaux, on peut ajouter cent motifs secondaires.
Tout cela explique le fait que Molière ait écrit un Dom Juan,
mais ne rend pas compte de Dom Juan tel que Molière l'a écrit.
Seule l'œuvre achevée est capable de répondre pour elle-même. Et
c'est cette nécessité interne qui nous intéresse ici.*

Dom Juan *est une comédie manquée. C'est sans doute la raison
pour laquelle c'est une grande pièce — en tout cas une pièce infiniment plus riche qu'une comédie « réussie » comme Les Femmes
savantes, qui vient après, qui est écrite en connaissance de cause,
et où du coup toute allusion à un échec de la Comédie est résorbée,
escamotée par les moyens d'un savant académisme déjà pseudo-
classique.*

*Par « comédie manquée », il est évident que nous entendons
pièce où le comique se heurte à mille résistances qu'il ne parvient
pas à surmonter. Car, pour la forme, si elle ne correspond pas
au patron classique ou pseudo-classique, elle n'en est pas moins
très savante dans l'agencement des thèmes, les reprises, les parallèles, les équilibres, et la précipitation finale. Mais toute cette*

science était au service d'une entreprise de dramaturge sincère :
une fois décidée la permanence de la nature du héros, celui-ci
se révèle inexpugnable. Le comique l'effleure, passe à côté de lui,
et si Sganarelle parvient à nous faire rire à la fin, c'est devant
un tombeau, — métaphore, on s'en souvient, que Louis Jouvet
avait réalisée visuellement sur la scène.

Dom Juan n'est certes pas un personnage abstrait. Mais il
représente un choix extrême du dramaturge — le choix de l'être
le plus dépouillé possible, placé dans les meilleures conditions
possibles. Et ses ennemis ou ses antagonistes sont eux aussi
situés à la pointe de l'attitude qu'ils incarnent, à tel point que
nous avons été amené à voir dans certains de leur discours des
sortes de « digests », à la Cocteau, de tragédies possibles. Remar-
quons aussi que Sganarelle n'est nulle part plus Sganarelle que
dans cette pièce. Au terme de cette stylisation apparaissent en
pleine lumière les limites de la Comédie.

C'est en connaissance de ces limites que Le Misanthrope
nous offre une humanité « normale » et un univers théâtral moins
expérimental. Traditions de scène et souvenirs littéraires ôtent
certes au Misanthrope *tout caractère de tranche de vie, mais le*
fantastique, la fantaisie même en sont absents. C'est-à-dire que
la comédie des hommes en société repart ici sur un plan plus
modeste, dans un cadre presque habituel. A la place du roma-
nesque ou de la farce, à la place des « essors de l'imagination »
héroïque ou basse, la pièce semble vouloir avant tout « rendre
agréablement sur le théâtre des défauts de tout le monde [1] *». Compte*
tenu, répétons-le, de l'irréalisme de surface provoqué par l'usage
de l'alexandrin, les conventions de la scène, etc.

Joli catalogue de ces défauts partagés par « tout le monde » :
ils sont encore aujourd'hui si aisément transposables que depuis
quelques années, les meilleures mises en scène du Misanthrope
à Paris ont été celles de Jacques Dumesnil et de Pierre Dux, en
costumes modernes. Le sonnet d'Oronte passe aisément en habit,
alors qu'il faut faire de larges coupures dans le texte de Dom Juan
où le caractère cape et épée de l'aventure s'accommode finalement
mal du smoking ou de la culotte d'équitation [2]. *De toute façon,*

---

1. *Critique de l'École des Femmes*, scène 6.
2. Nous l'avons tenté avec des amateurs. Il a fallu couper la tirade
de Pierrot sur le costume de Dom Juan, qui est très importante pour
le sens du deuxième acte. En outre, la rencontre avec les frères d'Elvire,
sans épées (pas question de remplacer celles-ci par des 6-35) devenait à
peu près incompréhensible.

Le Misanthrope *est un retour à la comédie telle que la définissait*
La Critique de l'École des Femmes : *cette pièce puise sa matière
dans les mœurs courantes non héroïques, dans les défauts du
temps, et de tous les temps.*

*A la question : « Qu'est-ce que Dom Juan », finalement on ne
peut que répondre : « Il est. » Si l'on pose ce genre de questions
à propos des personnages du* Misanthrope, *ce sont d'abord des
qualificatifs qui viennent à l'esprit, chacun représentant un
« défaut » plus ou moins complexe : « désinvolte, orgueilleux,
coquette, fat, hypocrite. » Pour ce qui est d'Alceste, les réponses
se font hésitantes : « avide de franchise et de sincérité », — ce qui
n'est pas un défaut — disent les uns ; « tyrannique », disons-
nous. En tout cas, selon la loi du genre comique, les personnages
sont saisis d'abord comme un ensemble de manières et d'expressions verbales auquel on peut coller une étiquette qui fait de
chacun un type, c'est-à-dire l'incarnation suffisamment indivi-
dualisée d'un trait suffisamment répandu dans le monde où nous
vivons.*

*Et sur ce plan, la pièce s'en donne à cœur joie, si l'on peut
dire. L'auteur des* Fâcheux *a en ce moment toute sa maîtrise
pour présenter une galerie de figures bien dessinées, cette fois-ci
intégrées dans une intrigue. Elles n'ont pas toutes la même fonction, chacune est un rouage spécialisé dans la machine qui
produit finalement le tête-à-tête d'Alceste et de Célimène. Mais
chacune est néanmoins l'occasion d'un numéro d'acteur, d'une
« composition ». Et ce n'est certes pas là le moindre plaisir que
procure la pièce.*

*Mais le véritable conflit est déplacé. Alceste n'est pas un amou-
reux de bon ton à chaque instant arrêté par un « fâcheux ». Après*
Dom Juan, *la notion de norme s'est évaporée. Qui, d'Alceste ou
d'Oronte ou d'Acaste, est le « fâcheux ? » Certes, Alceste est le
protagoniste à part des autres, mais aucun des deux partis n'est
finalement gracié.* Dom Juan *était le mythe de la nature humaine ;
tous les personnages du* Misanthrope *représentent les incarnations diversifiées de cette nature telles qu'elles s'offrent dans le
monde où nous vivons — et qui n'est pas celui des statues ambu-
lantes, mais celui du commerce quotidien. La force innommable
qui meut Dom Juan est, en fait, « la chose du monde la mieux
partagée ». Et dans ce monde, elle a nom amour de soi.*

*La comédie et ses conventions, satisfaites par la superficie de
la pièce, butent contre ce rocher, contre ces rochers qu'elle ne
parvient pas à faire exploser.*

Molière ou les dangers de la Nature : de Tartuffe *au* Misanthrope, *le dramaturge a découvert un piège capable d'étrangler
à la fois sa croyance spontanée et son art. Après* Le Misanthrope,
*il aurait pu cesser d'écrire. Il ne l'a pas fait. Mais il a ou bien
joué à fond le jeu des conventions théâtrales, ou bien pris le parti
du mal ou tout simplement escamoté le problème.*

*La comédie imite la nature. Mais elle a pour but de représenter
des personnages « dénaturés » (consciemment ou inconsciemment
masqués, marqués de prétention ou saisis du vœu passionné de
plier la nature à leur propre désir). Jouer une fausse précieuse
ou un hypocrite, c'est sans doute imiter une certaine réalité obser-
vable, mais c'est surtout reproduire une trahison de la nature
par l'homme. C'est mettre en lumière des aberrations, et les condamner. Le châtiment est le rire ; mais on rit au nom de quoi ? Au
nom d'une autre nature, qui n'est plus la réalité observée, mais une
vue de l'esprit : la croyance à une structure rationnelle (sur le
plan métaphysique) ou raisonnable (sur le plan des comportements), à une norme fondamentale faite de bon sens, d'harmonie
et de bonheur. La comédie est de la sorte satirique, le rire naît de
la distance entre les corruptions et la chose corrompue, — l'existence de cette dernière dans son état de pureté étant reconnue
comme réelle ou au moins comme possible.*

*Certes, une telle Comédie est plus qu'une simple satire : elle
ne se contente pas d'être descriptive ou narrative, elle s'incarne
dans une aventure qui atteint son comble au cours d'une confrontation décisive, soit directement (elle est alors la péripétie), soit
indirectement (elle est alors « scène à faire » qui provoque un
ricochet de péripéties) source du triomphe de la « norme ». C'est-à-
dire que la tension entre la norme et les aberrations n'est pas sta-
bilisée, elle se diversifie en luttes, en batailles hésitantes, tournois
verbaux ou ballet de masses scéniques, en théâtre. La satire,
comme genre, est un drame potentiel ; elle est la matière que la
comédie transforme en énergie active.*

*La comédie sérieuse du XVIIIe siècle s'attachera surtout à
mettre en lumière la norme, délibérément et explicitement confondue par l'esprit philosophique avec la « bonne nature », — terme
souvent utilisé à la place de « raison » et vice versa. Molière, même
dans la première partie de sa carrière, est beaucoup moins explicite. L'essentiel de chaque comédie est fait de l'exploitation dramatique des aberrations, la norme est sous-entendue ou ne se manifeste
qu'avec prudence : elle ne saurait se définir ni dans les termes
de la généreuse exubérance de la comédie Renaissance, ni dans
ceux de quelque code de type cornélien, ni dans ceux de la haute
vertu bourgeoise et humanitaire qu'on trouvera au XVIIIe siècle.
Elle se devine négativement à travers les railleries dont sont acca-*

*blés les « défauts » des personnages, — railleries le plus souvent
lancées par des personnages eux-mêmes douteux, — et s'incarne
rapidement dans la réconciliation ou le mariage de deux êtres qui,
par l'expression d'une affection réciproque et par leur âge, sont,
comme on dit : « assortis ». Il y a plus toutefois, si l'on songe aux
deux Écoles : quel que soit le théâtralisme conventionnel des
dénouements, ceux-ci se présentent comme un appel à une certaine
liberté. Est bon, est naturel ce qui jaillit d'un consentement libre :
Léonor épousera Ariste, à la fin de L'École des Maris. Et pourtant quelle satire ne pourrait-on pas faire de ce couple : une jeune
fille, et un barbon qui s'habille en blondin ! Mais enfin, — et
c'est là que se situe l'univers dramatique de la pièce, — le monde
est déchiré entre tyrans et « libéraux », la contrainte corrompt
ceux qu'elle opprime, alors que la liberté attire l'estime de ceux
qu'elle laisse être eux-mêmes ; en un mot, elle paie.*

*Une nature libre trouve ainsi le bonheur dans son consentement
à autrui. Avec une telle formule, nous ignorons délibérément
certaines moqueries latentes, certains équilibres factices, et donnons
une valeur résolument positive et non ironique à ce qui n'est peut-
être qu'un pur repoussoir théâtral, exploité un peu trop systématiquement, à l'aventure de Sganarelle et d'Isabelle. Mais nous
voulons, en faisant un peu machine arrière par rapport à Antoine
Adam [1], voir dans ce consentement l'expression d'un certain idéal
qui, au-delà de toute « goguenardise », est une norme possible,
l'éthique de la bonne vie par rapport à laquelle un jugement est
porté contre les tyrannies. Et encore dans L'École des Femmes,
c'est en fin de compte de consentement qu'il s'agit — non le consentement de Chrysalde à être cocu, — mais l'élan d'Agnès vers
Horace.*

*Mais déjà dans cette pièce, si tous nos vœux vont vers la libé-
ration d'Agnès, la philosophie du consentement libre commence
à s'estomper. Et cela pour deux raisons : d'abord parce que ce qui
frappe surtout, c'est l'infini pouvoir de résistance d'Agnès ;
ensuite parce qu'Agnès, au contraire de Léonor, n'agit pas en
connaissance de cause, mais sous la poussée d'un irrépressible
instinct. On est bien content, à la fin, que les deux jeunes gens
puissent se marier, mais c'est parce qu'ils se marient contre
Arnolphe. En voyant la tyrannie vaincue (au prix d'une parodie
des dénouements romanesques), nous restons peut-être sur l'impression d'une victoire remportée par une alliance de la nature
et de la liberté, — mais comme nous l'avons vu, cette liberté est
dangereusement proche de l'obstination animale d'un Dom Juan.
Arnolphe étant omniprésent, placé sous le feu du projecteur le*

---

1. *Op. cit.*, pp. 276, 278, etc.

plus éblouissant, l'ambiguïté résistance-liberté passe au second plan... Arnolphe se situe du coup comiquement par rapport à une norme dont l'incarnation est équivoque mais dont on accepte l'existence en se gardant de l'approfondir.

Tartuffe *est la métaphore la plus claire d'un univers déchiré — et par conséquent éminemment dramatique — entre une norme incarnée et des aberrations incarnées. L'équilibre y est beaucoup moins factice que dans* L'École des Maris, *mais l'idée de comédie demeure la même : une partie de l'humanité est « frappée » d'aveuglement ou de vice ; l'autre, de bon sens et de lucidité. C'est par rapport aux mœurs de Cléante et d'Elmire que se jugent les comportements d'Orgon et de Tartuffe. Mais les personnages « sympathiques » se manifestent essentiellement par leur résistance, qui va de la révolte ouverte (Damis) au marchandage partial (Elmire). Les positions sont établies une fois pour toutes, les obstinations sont équivalentes ; aux calculs de Tartuffe que déborde la passion correspond assez exactement le machiavélisme honnête d'Elmire ou les projets (non réalisés, il est vrai, et coupés à la représentation) de Dorine. Dans le jeu des appels à la sympathie ou à l'antipathie du spectateur,* Tartuffe *est une pièce de parti pris. L'ordre est la valeur, et la pièce se tient prudemment à l'écart de toute investigation des motifs des partisans de l'ordre. On démasque Tartuffe, on dissèque Orgon, pour aboutir au-delà de l'anecdote qui, elle, se termine bien, au petit noyau caractériel de l'un et de l'autre, dont on minimise l'irréductibilité puisque Mariane et Valère sont unis à la fin. Mais il y a un noyau caractériel non seulement de Damis et de Mariane, mais aussi d'Elmire, de Dorine, de Cléante, — que la pièce suggère mais n'explore pas.*

Disons, en quelques mots, que tant que Molière a contourné le problème de la nature profonde de l'anti-masque, il a pu faire de la vraie comédie. Il a pu croire ou faire croire (car, avec la confusion chronologique des différentes versions de Tartuffe, *et le mélange d'œuvres peut-être méditées et d'œuvres peut-être bâties sur un patron déjà dépassé, il est impossible de reconstruire sa biographie intellectuelle) que le vrai drame humain reposait sur l'antithèse tyrannie-liberté, sur l'antinomie de l'illusion inconsciente ou calculée et de la bonne vie fondée sur une vision claire et distincte des vérités. A la fin de* Tartuffe, *le Prince, pourvu d'un « fin discernement » voit « toutes les lâchetés des replis » du cœur de Tartuffe* [1]... *Cela n'est sans doute pas la fin de la première version, mais elle est possible étant donné l'univers de la pièce* [2]. *Finalement, le Prince est semblable à Cléante ; simplement,*

---

1. Tartuffe, vv. 1906-1920.
2. Voir Appendice.

*il est, en plus, chef de la police. En 1669, donnant à son vieux
Tartuffe une fin nécessaire, Molière remercie Louis XIV, mais
ne le fait qu'en élevant au niveau de l'hyperbole l'optimisme —
très relatif, certes, — que contenait de toute façon sa comédie.*

*Comme nous l'avons déjà dit, cet espoir dans un rétablissement
de l'ordre ne se réalise ici que par le triomphe de la force. Ce qui
était dans L'École des Maris consentement et ouverture, ce qui
était dans L'École des Femmes accord de l'instinct, du bon sens,
de la liberté et du romanesque, est ici tout simplement triomphe du
pouvoir suprême, dans la mesure où celui-ci s'accorde avec la
vision des vraies natures au-delà des masques.*

*Le Prince anti-masque est évidemment au-delà de toute dis-
cussion. Du temps de Molière, pour des raisons politiques immédiates ; pour nous, parce que son jugement est un fait accompli,
d'ordre quasi mythique. C'est assez dire qu'avec Tartuffe, il n'y a
pas de mise en question véritable de la norme. Il y a, dans cette
pièce, un côté « policier » qui fait qu'en fin de compte on est heureux
de voir le criminel embarqué à la fin de l'histoire, quels que soient
par ailleurs nos sentiments personnels à l'égard de l'ordre et de
la police.*

*Être soi-même — c'est à-dire vivre sans masque et sans illusions
— et l'être avec les autres : telle semble être la norme idéale de
Tartuffe. Heureuse rencontre, qui est le fondement de la société
honnête. Le problème de la liberté n'est pas posé, puisque l'accord
entre chaque individu et son groupe est donné d'avance, qu'il n'y
a donc pas de choix. L'harmonie de l'ensemble est accentuée —
malgré la diversité des personnages — par le fait que les membres
du groupe sont unis par une cause commune : chacun est mis en
danger par le couple Orgon-Tartuffe, chacun l'est pour son compte
(l'accent est mis sur le mariage de Mariane, mais celui-ci ne sert
qu'à cristalliser autour de lui-même les « dangers » des autres
personnages : Elmire gênée dans ses activités mondaines, Damis
voyant aussi son mariage lui échapper, Dorine dérangée dans ses
habitudes) mais l'ennemi est le même pour tous. Alliance de tous
contre une contrainte, c'est négativement que se définit l'apparente
liberté des personnages. Pour sympathique que soit l'élan de
résistance du groupe, et pour diversifié qu'il soit dans ses manifestations stratégiques, il est valorisé une fois pour toutes sans que
les motifs profonds soient examinés. Mais il permet à la comédie
d'exister : la mascarade est séparable de ce qui n'est pas mascarade,
le rôle se distingue de l'homme.*

*Que cette distinction soit plus intellectuelle que réelle, c'est ce
que montre déjà l'analyse de Tartuffe. La permanence des caractères,
telle qu'elle s'incarne dans Orgon et dans Tartuffe ne laisse aucun
espoir d'un véritable retour sur soi-même, vers soi-même. Mais*

enfin, si le « *défaut* » colle à l'être de toute éternité, il n'en reste pas moins que l'illusion et le mensonge peuvent être mis en lumière en tant que tels et, au prix de quelques artifices dramaturgiques, neutralisés au nom d'une « *vérité* » source d'ordre et de bonheur.

Voir dans Tartuffe un monde divisé entre des individus libres et éclairés d'une part, et des monstres prisonniers de leur « caractère », serait en tout cas un contresens : l'humanité moliéresque n'est pas faite de deux races, la nature humaine est universelle. Et si l'on admet que cette nature est une prison chez les protagonistes monstrueux, on doit admettre qu'elle est prison aussi chez les autres. La cause des comportements est la même chez tous : ceux-ci sont non les créations d'une liberté mais les produits d'une nature qui vise à sa propre satisfaction. En passant de la description des traits à l'investigation de ce qu'ils expriment en profondeur, Molière finit par mettre dans le même sac masques et antimasques. Dès Tartuffe, Cléante, qui représente certes un vœu de Molière et un pont entre la pièce et le spectateur, est tout aussi incorrigible que les protagonistes : sorte de Sisyphe de la sage raison, il reste égal à lui-même pendant toute la pièce malgré ses constants échecs. Répétons-le : ses motifs profonds ne sont pas mis en lumière, son personnage reste de plain-pied avec sa fonction ; mais il est prisonnier de sa « philosophie » au point de ne pas voir que ses sermons sont nécessairement condamnés à l'échec ; il en est même quelque peu ridicule à la fin de l'acte I et au début de l'acte IV, malgré le bien-fondé de ses arguments.

Avec Dom Juan et Le Misanthrope, *toute apparence de liberté disparaît, vérité et sincérité ne sont plus sources de bonheur et d'ordre, la recherche d'une authenticité « naturelle » aboutit à la loi de la jungle, et finalement c'est le masque lui-même qui est la vraie nature.*

La Comédie s'efforce, au moyen de la désintégration des masques et des illusions, de montrer que le monde est « vivable » sur le plan quotidien. La Tragédie ou bien débouche dans un néant, ou bien surmonte par une transcendance héroïque — se manifestant soit par une super-soumission au destin, qui bat le destin à son propre jeu, soit par une valorisation intransigeante de l'homme contre le destin (et nous mélangeons ici très librement Aristote, le vrai sens de la tragédie grecque, Corneille et Racine), — un univers qui, précisément, n'est pas vivable. Dans le héros tragique, le spectateur délègue en quelque sorte (n'est-ce pas un peu ce que Giraudoux disait?) la responsabilité de cet univers, en un bonapartisme théâtral qu'on peut appeler catharsis à la rigueur, mais qui a pour fonction d'établir fermement une distance entre des réalités trop hautes pour que nous puissions nous en accommoder dans le quotidien, et nos tâches immédiates. La Comédie consiste *non à nous séparer de cet univers, mais à le dégonfler ; c'est pourquoi, souvent au cours des pages qui précèdent, le mot « burlesque » a semblé convenir pour qualifier telle ou telle scène, telle ou telle attitude. Le burlesque est aussi une catharsis, mais il évoque plus une purge par le bas qu'une purification par le haut.*

Avec Dom Juan *et* Le Misanthrope, *la purge a perdu son efficacité. Ces pièces ne renvoient pas le spectateur à sa propre sagesse, mais le laissent sur le goût amer de l'impossibilité de toute sagesse. Comme le disait, selon une anecdote, Freud à une mère qui lui demandait ce qu'elle devait faire pour contribuer au développement normal et harmonieux de son fils : « Quoi que vous fassiez, vous aurez tort. » Si les prémisses d'une philosophie sont les notions de déterminisme et de « nature », quiconque agit a « tort », — sur le plan éthique aussi bien que sur le plan pratique. Parti de l'idée que le monde est rendu difficile par la mauvaise foi, le mensonge, les masques et les aveuglements, atteignant la source de ces défauts, Molière rencontre, non « la bonne nature », mais un déterminisme (qui ne porte pas encore son nom) qui est l'homme privé de sa liberté, c'est-à-dire, en termes jansénistes, dans un univers séparé de Dieu depuis la Chute, l'équation définitive : Nature-Corruption.*

Car tout cela ne se situe pas « au-delà du Bien et du Mal ». Dom Juan *ignore le problème, mais il est dans le Mal. Tous les personnages du* Misanthrope *se croient dans le Bien, alors qu'ils sont tous ou condamnables ou suspects. Puisqu'il n'y a pas de liberté, il n'y a que Nature, et celle-ci a un signe qu'aucun pouvoir de ce monde ne peut renverser. La prison de l'essentialisme est sans merci.*

Chacun étant doué d'une nature fermée sur elle-même et différente de celle de tout autre, les harmonies, quand il s'en produit, ne sont que des illusions ou des faits de hasard. Il n'y a pas d'ordre, de bonheur vrai, d'équilibre social authentique par rapport auquel la Comédie puisse dénoncer et du coup ridiculiser les « défauts » des hommes. L'être lui-même est un défaut irréductible, contre lequel la comédie vient achopper. Masques, illusions, spontanéités, sincérités ne sont que les formes que prend, en se diversifiant, l'être même, inséparable de ces innombrables incarnations, — celles-ci étant toutes intransigeantes, recherches d'une satisfaction irrémédiablement égoïste. Les efforts de la « raison » ne sont plus signes de sagesse : ils ne sont qu'un moyen comparable aux autres, au service d'une de ses recherches.

A force de chercher à dénoncer les prétentions des hommes, la Comédie arrivée à bout de course apparaît comme un genre illusoire, qui s'évapore dans un néant, après la double sortie de Célimène et d'Alceste.

Reste le drame proprement dit : la confrontation des exigences, qui se solde, non par un retour à l'ordre, mais par le contraire même du consentement, par l'affirmation d'une permanence du désaccord. Dom Juan *était une épreuve de force : terreur et destruction sont les seuls moyens d'obtenir la victoire.* Le Misanthrope, *dont l'univers exclut ces contraintes, ne peut qu'aboutir à la dispersion des êtres. Les hommes vivent ensemble au prix d'illusions sur eux-mêmes, sur la source de leurs valeurs ; les vérités révélées rendent cette vie impossible. Ce dilemme, ce n'est certes pas Molière qui l'a inventé : il est celui de son temps, celui des moralistes contemporains, qu'ils soient proprement jansénistes, ou mondains désabusés, ou observateurs méticuleux.*

Il n'appartenait pas à Molière de rechercher une morale, — mais de faire des vérités de son temps, qu'il avait retrouvées pour son propre compte, matière à théâtre. En fait, la recherche d'un théâtre possible et la découverte de ces vérités sont allées pour lui de pair. A force d'enquêter sur la notion de caractère par les moyens de confrontations, la Comédie a changé de nature et s'est transformée en un drame très particulier dont le sujet n'est plus l'analyse du caractère indépendamment d'une base humaine universelle, mais l'affirmation de l'identité du caractère et de l'être. Une « distance » a été abolie, et s'il y a portrait analytique, celui-ci n'est rien de plus qu'un découpage intellectuel auquel la réalité finit par imposer l'affirmation d'une totalité, d'une synthèse sans issue.

En fin de compte, on ne « joue » pas la comédie. On n'est rien de plus ni de moins que son propre personnage. Aux deux pôles du genre se situent la farce et Le Misanthrope *: les personnages de cette pièce correspondent, dans leur « plein » psychologique, aux personnages de la farce, dans leur vacuité. Dans les deux cas, ils coïncident exactement avec ce qu'on nous montre d'eux.*

Le monde n'est plus fait du conflit de la tyrannie et du consentement, mais du jeu sans solution des résistances mutuelles. Et de même que les personnages ne peuvent pas être réduits les uns par les autres, les uns aux autres, la Comédie, après avoir dégonflé le sérieux des prétentions, découvre non un univers de joyeuses harmonies, mais la résistance absolue des êtres, c'est-à-dire un sérieux vrai contre lequel elle ne peut rien.

Que reste-t-il alors de l'espoir d'une sagesse (d'une norme de bonne vie) d'une part, du rire d'autre part? Le premier se réduit à la nostalgie d'une impossibilité: c'est Philinte, qui ne parvient à tirer de l'aventure une leçon comique qu'au prix d'une négation de son propre être; il est souvenir d'une croyance

*dépassée, il est vue de l'esprit, il parle de ce qu'on aimerait que
le monde fût — mais de ce que le monde n'est pas, puisque les
hommes sont affirmation permanente et inchangeable d'êtres par
définition irréductibles à cette sagesse. Quant au rire, il ne sonne
plus de la même façon. Donneau de Visé trouvait* Le Misanthrope *plus « divertissant » que d'autres comédies, mais
c'était parce qu'il faisait « continuellement rire dans l'âme. [1] »
Certes, au cours de la pièce, le rire éclate haut et clair : hyperboles
et trépignements d'Alceste, « machine » d'Oronte, suffisance des
Marquis, scène de Du Bois — pour ne citer que les éléments les
plus évidents [2]. La sortie d'Alceste, elle-même, si elle est jouée
en fonction des hyperboles du texte et non d'une interprétation
romantique, est risible. Et n'oublions pas non plus les rires « de
satisfaction », constants chez Molière, et qui se produisent quand
un personnage dit ou fait ce qu'on attend de lui, ou encore quand
une entrée se fait à point nommé, comme dans une « pièce bien
faite. » Mais le drame proprement dit est au-delà de ce rire, et
du coup, c'est un peu un rire « malgré tout », qui s'empare du
spectateur à la fin.*

*« Nous pouvons nous blesser, nous trahir, nous massacrer sous
des prétextes plus ou moins nobles, nous enfler de grandeurs
supposées : nous sommes drôles... » écrit Jean Anouilh en 1959,
à propos de Molière et de son œuvre. Avec* Le Misanthrope, *en
effet, le rire est un fait accompli, — ou plutôt un fait du seigneur,
disons du dramaturge. Mais la faille par où le rire peut s'introduire s'est amenuisée à tel point qu'il est près de tourner à l'humour
noir, si le poète ne décide pas à temps d'envelopper ses dénouements dans une surabondance de théâtralisme ou de revenir aux
illusions conventionnelles dont il avait précisément dépouillé
la comédie au dernier acte du* Misanthrope.

*Il est hors de propos, ici, d'étudier en détail la suite de la carrière
de Molière. Contentons-nous de remarquer qu'elle fait preuve
dans l'ensemble d'un théâtralisme à tout prix, d'un renchérissement sur la mascarade proprement dite, sur le ballet, sur la farce
— mis à part* Les Femmes savantes, *sorte de « composition »
sans nouveauté. Sans doute la vision de l'homme ne change-t-elle
pas, mais elle s'incarne dans des « cas » en fin de compte spécifi-
ques :* l'Avare, *le* Malade imaginaire *qui font un peu perdre de
vue le drame généralisé que représentait la société du* Misanthrope. *Ou bien la résistance de la nature est noyée par un
finale romanesque, ou battue à son propre jeu par une intrigue*

1. *Lettre écrite sur la comédie du* Misanthrope.
2. La notice de l'édition Bray-Scherer (Club du Meilleur Livre) insiste
sur ce que *Le Misanthrope* doit à la farce-même les revirements d'Alceste
au deuxième acte (t. II, p. 331).

*folle qui enfonce encore davantage le protagoniste dans son
propre être.*

*Les artifices du théâtre sont-ils donc la seule libération pos-
sible? L'auteur-acteur, arrivé au point où il a découvert que
dans la réalité le masque est inséparable de l'homme, que le
comportement et l'être vrai ne font qu'un, a-t-il cherché à assumer
cette identité en créant Scapin, le maître illusionniste qui ne
peut qu'être un illusionniste mais fait systématiquement usage
de ses hypocrisies pour son plaisir d'abord mais aussi pour le
plaisir des autres? Le fond du problème n'est pas changé — mais
quelle heureuse rencontre! Si l'auteur-acteur de comédies s'est
cru « didactique », s'il a pu croire que la source de sa vocation
était généreuse, il sait maintenant qu'il ne fait qu'un avec ses
masques, qu'il écrit et joue pour lui-même, et qu'il est l'esclave
de sa nature. Tartuffe hypocrite, c'était le mal. Mais le mal est
partout. L'hypocrisie suprême, le théâtre, va au-delà du bien et
du mal — non comme Dom Juan, qui ignore tout du problème —
et rencontre le plaisir conjugué de l'acteur et du spectateur.*

*Dieu merci, l'être de Molière se repaissait, non de philosophie,
mais de théâtralisme. Chemin faisant, toutefois, examinant
la matière de son art, la mettant en action selon ses lois propres,
il a, avec* Dom Juan *et surtout avec* Le Misanthrope, *mis en
lumière le drame sous-jacent de toute son œuvre.*

Appendice

Genèse de Tartuffe

Le 12 mai 1664, à Versailles, au cours des fêtes des *Plaisirs de l'Ile enchantée*, Molière joue devant le Roi trois actes comiques, que le compte rendu de ces fêtes nomme *Tartuffe*, que la *Gazette* de Loret intitule *L'Hypocrite*. Aussitôt Molière se voit refuser par le Roi l'autorisation de représenter sa pièce en public. Il la lit toutefois, ou en lit des fragments à des amateurs, y compris le cardinal Chigi, légat du pape. En septembre de la même année, il en donne une représentation privée chez le duc d'Orléans, à Villers-Cotterêts. Le 29 novembre, la pièce est de nouveau jouée devant « Madame la Princesse Palatine et par ordre de Monseigneur le Prince de Condé ».

Le 15 février 1665 a lieu la première de *Dom Juan*. Le vendredi 5 août 1667, au Palais Royal, Molière joue la comédie de *L'Imposteur*, dont le héros se nomme Panulphe. Dès le lendemain, Lamoignon fait interdire la pièce.

Le 5 février 1669, Molière reçoit l'autorisation de jouer une comédie en cinq actes, *Tartuffe*, dont la première représentation a lieu le 9 du même mois.

Du 12 mai 1664 au 9 février 1669, Molière a donc joué ou tenté de jouer trois pièces : *L'Hypocrite*, *L'Imposteur* et *Tartuffe*, dont les sujets sont semblables ou voisins, et dont la troisième est la seule que nous possédions.

Le chapitre que G. Michaut a consacré à *Tartuffe* dans le troisième volume de son étude sur Molière, intitulé *Les Luttes de Molière*, est, aujourd'hui, la source des renseignements et références sur la question des trois *Tartuffe*, et le point de départ de toutes les controverses.

S'il y a problème, c'est que les témoignages sur le contenu et la nature même des deux premières versions sont discordants. Le registre de Lagrange, une lettre du duc d'Enghien font penser que la première version en trois actes était une pièce incomplète. En revanche, Molière lui-même, dans les placets au Roi qui présentent sa défense et ses revendications, ne fait aucune allusion au caractère inachevé de la pièce de 1664. Il est évident que si *L'Hypocrite* était une pièce complète en trois actes (comme *George Dandin*), cette

comédie était nécessairement différente, dans son plan, du *Tartuffe*
en cinq actes que nous connaissons. Si, d'autre part, il ne s'agissait
que des trois premiers actes d'une pièce incomplète, on peut penser
qu'ils étaient plus ou moins semblables aux trois premiers actes
du *Tartuffe* que nous connaissons.

S'opposant à Paul Mesnard, à Rigal, à Bidou, G. Michaut reprend
la thèse de Michelet qui voyait dans la première version une pièce
achevée. Molière en effet semble avoir toujours présenté des pièces
achevées — même si le travail était schématique et hâtif. En outre,
tous les témoignages qui parlent d'une pièce inachevée sont postérieurs à 1665 ; le registre de Lagrange même, tel que nous le possédons, est une mise au net des comptes de la troupe, postérieure aux
représentations cataloguées.

Aujourd'hui, la critique est encore partagée sur ce point. Si
John Cairncross, dans son livre *A New Light on Molière*, est sur ce
point d'accord avec G. Michaut, Antoine Adam au contraire, dans
le troisième volume de son *Histoire de la Littérature française au
XVIIe siècle* revient à la théorie de la pièce inachevée : Molière, le
12 mai 1664 « ne joua que les trois premiers actes de sa comédie ».
Antoine Adam fonde son hypothèse sur une phrase contenue dans la
Lettre sur les Observations, à propos des dévots : « Ils ont cabalé
avant que la pièce fût à moitié faite. » Or cette remarque peut tout
aussi bien signifier que les dévots ont commencé à cabaler avant
même que la pièce fût représentée, c'est-à-dire avant le 12 mai,
simplement parce qu'ils savaient que Molière préparait une pièce
qui traiterait le sujet de l'hypocrisie religieuse. Antoine Adam ajoute
lui-même : « On savait depuis longtemps que Molière allait jouer les
dévots. La cabale était en rumeur. Le 17 avril, une réunion des
confrères du Saint Sacrement s'était tenue chez le marquis de Laval.
On y parla fort de procurer la suppression de la méchante comédie de *Tartuffe* ». Sans entrer dans le détail de la comparaison des
témoignages et de leurs interprétations possibles, contentons-nous
de dire, dans cette courte note, que nous pensons que le *Tartuffe*
de 1664 était une pièce achevée en trois actes.

Le contenu de cette première pièce nous est inconnu. John Cairncross s'est efforcé de la reconstituer, grâce à une étude détaillée
des possibilités du texte de la dernière version et à des réflexions
sur la vraisemblance des versions jusqu'ici proposées. Pour Michaut,
le premier *Tartuffe* était en gros équivalent aux trois premiers actes
de la version de 1669.

> *Le rideau peut tomber [sur les derniers vers du troisième acte].
> Le bigot crédule, le personnage grotesque, s'est livré pieds et
> mains liés. [...] Nous avons là une de ces pièces au comique
> âcre, impitoyable, dont* George Dandin *nous offrira plus tard
> un exemple non retouché.*

Michaut se fonde en partie sur une historiette de Tallemant des
Réaux concernant Charpy de Sainte Croix, un des modèles allégués
de Tartuffe. « Souvent les maris font leurs héros de ceux qui les
font cocus » serait en quelque sorte la « moralité » de cette première

version, espèce de proverbe dramatique. John Cairncross remarque que le *Tartuffe* de 1664 fut considéré comme une « comédie fort divertissante » *(Relation)* et qu'une telle épithète s'appliquerait mal ,non pas à une farce du cocuage — le siècle riait aisément de ce sujet —, mais à une pièce qui se termine par la ruine d'une famille (si la donation apparaissait dans cette première version) ou du moins par la dislocation du cadre familial et l'expulsion du fils de la maison, sujet autrement grave. En conséquence, John Cairncross verrait comme suit le contenu de ce qu'il appelle l'*Urtartuffe* :

Premier acte : scène de famille avec Mme Pernelle, puis discussion du retardement apporté au mariage de Damis à cause de Tartuffe. Description du couple Orgon-Tartuffe par Dorine; entrée d'Orgon. Scène Orgon-Cléante à la fin de laquelle il serait question du mariage de Damis.

Acte II : En gros, l'acte III de la présente version, sans qu'intervienne la donation.

Acte III : En gros l'acte IV de la version de 1669, sans l'intervention familiale en faveur de Mariane; l'acte se terminerait par le retour de Mme Pernelle, l'expulsion de Tartuffe et la réconciliation d'Orgon et de Damis.

Dans cette reconstitution, le personnage de Mariane et son aventure sont éliminés. Pour John Cairncross, les amours de Damis occupaient la place que tient dans la version de 1669 celles de Mariane; il fonde son hypothèse sur une analyse du caractère de Damis, de l'importance et de la violence de son rôle dans la pièce que nous possédons. De toute façon, la première comédie aurait ainsi la structure d'ensemble de la version définitive : l'entrelacement d'une comédie des amoureux contrariés et d'une comédie du cocuage (cocuage tenté). Le schéma aurait été plus simple, plus linéaire, mais l'aveuglement d'Orgon, son dépassement par Tartuffe, sa tyrannie, la nécessité d'un stratagème pour lui faire *voir* la trahison de Tartuffe, le personnage de Tartuffe, le retard de son entrée, la tension entre son masque et son appétit, etc. auraient été en gros identiques.

Peut-être la tyrannie d'Orgon n'avait-elle pas le caractère aussi nettement politique que celle de la version de 69. Aucun secours extérieur n'était nécessaire pour que l'ordre se rétablisse. Mais l'équilibre entre une norme et une double aberration fondait le drame de la pièce. Et la permanence des deux caractères centraux devait y être affirmée : depuis *L'École des Femmes*, on sait que les « ridicules » sont inguérissables. Logiquement, dans l'évolution de la comédie moliéresque pendant les années qui ont immédiatement suivi la querelle de *L'École des Femmes*, *Tartuffe*, par son esprit et par sa conception d'ensemble, se situe donc avant *Dom Juan* et *Le Misanthrope*.

Notice bibliographique

La liste qui suit n'a certes pas l'ambition d'être exhaustive. Elle ne présente qu'un choix d'ouvrages et d'articles, avec lesquels nous sommes d'ailleurs souvent en désaccord, mais qui méritent d'être retenus soit à cause de leur nouveauté, soit à cause de leur importance. On sait que la bibliographie moliéresque est gigantesque, et que, pour chacune des trois pièces analysées dans cet essai, au moins trois cents livres et articles ont été écrits à ce jour.

I. OUVRAGES PLUS OU MOINS GÉNÉRAUX

Adam, Antoine, *Histoire de la Littérature française au XVIIe siècle*, Domat, 1953. T. III, pp. 207-408. (Analyse des pièces à la lumière de la philosophie du temps, le libertinage en particulier.)

Arnavon, Jacques, *Notes sur l'interprétation de Molière*, Plon, Nourrit et Cie, 1923. (Pour se débarrasser de conventions poussiéreuses, l'auteur fait appel au « style Antoine », à un renouvellement de la mise en scène dans le sens naturaliste.)

Audiberti, Jacques, *Molière*, L'Arche, 1954. (En dit peut-être plus sur Audiberti que sur Molière, mais la rencontre est passionnante. Excellente bibliographie choisie.)

Bray, René, *Molière, homme de théâtre*, Mercure de France, 1954. (L'œuvre expliquée par le métier d'acteur et de directeur de troupe, par les traditions et les exigences de la scène. A grandement aidé à renouveler les études moliéresques.)

Brisson, Pierre, *Molière, sa vie dans ses œuvres*, Gallimard, 1942. (Se lit comme un roman.)

Chancerel, Léon, *Molière*, P. L. F., 1953. Collection « Les Metteurs en scène. » (Très bref — 73 pages — contient l'essentiel des documents sur le sujet et quelques illustrations.)

Descotes, Maurice, *Les Grands Rôles du théâtre de Molière*, Presses universitaires de France, 1960. (L'intérêt réside peut-être plus dans le « suspense » des séries de réincarnations que dans la documentation, pourtant abondante et difficile à trouver ailleurs, car il s'agit d'extraits de critiques journalistiques.)

Fernandez, Ramon, *La Vie de Molière*, Gallimard, 1930. (Une teinture de freudisme et de pirandellisme... demeure l'ouvrage le plus lu sur le sujet.)

Hubert, J. D., *Molière and the Comedy of Intellect*, University of California Press, Berkeley and Los Angeles, 1962. (Critique interne. Mais les pièces sont plus traitées comme des textes à lire que comme des comédies destinées à être vues et entendues.)

Lanson, Gustave, « Molière et la farce », *Revue de Paris*, mai 1901. (L'ancêtre de toutes les études qui rattachent l'art de Molière à sa véritable origine.)

Michaut, Gustave, *La Jeunesse de Molière, Les Débuts de Molière à Paris, Les Luttes de Molière*, 3 vol., Hachette, 1922-25. (La Bible des moliéristes; donc, ouvrage dépassé, discutable et parfois inexact; en outre, inachevé : s'arrête après *Le Misanthrope*. Mais d'une extrême richesse, et parfait exemple des résultats auxquels peut arriver une scrupuleuse méthode historique.)

Moore, Will Grayburn, *Molière, a New Criticism*, Clarendon Press, Oxford, 1949. (Le premier ouvrage de critique véritablement interne appliquée à l'œuvre de Molière. Le présent essai lui doit beaucoup. Avec le livre de René Bray mentionné plus haut, a profondément contribué à la nouvelle orientation des études moliéresques.)

Scherer, Jacques, *La Dramaturgie classique en France*, Nizet, s. d. (1950). (Somme méticuleusement accumulée et classée de tous les procédés, règles, conventions, justifications théoriques, etc. La tragédie y occupe une place bien plus importante que la comédie, mais celle-ci est loin d'y être négligée. Ouvrage fondamental.)

Simon, Alfred, *Molière par lui-même*, Éd. du Seuil, 1957. (Reprise habile de l'hypothèse « l'œuvre est le miroir de la vie personnelle », mais l'artiste n'y est pas sacrifié au profit du mari malheureux. Bonnes illustrations.)

II. ÉDITIONS AVEC NOTICES ET NOTES

Œuvres complètes, éd. par Despois et Mesnard, Hachette, 1873-1900, 13 vol. (Tous les mérites de la collection des « Grands Écrivains de la France » : érudition, documents annexes, etc. Dépassé toutefois par plus d'un demi-siècle de recherches complémentaires et de réinterprétation.)

Œuvres, éd. par Jacques Copeau, Cité des Livres, 1926-1929, 10 vol. (Rencontre intéressante entre Molière et le père de la mise en scène moderne.)

Parmi les éditions récentes, dont la plupart ont leurs mérites, nous retenons seulement, à cause de leur très haute qualité :

Œuvres complètes, éd. par René Bray, Les Belles Lettres, 1935-1952, 8 vol.

Œuvres complètes, éd. par René Bray, puis par Jacques Scherer, Club du Meilleur Livre, 1954-1956, 3 vol. (Les notices insistent sur le comique, sur le théâtralisme, sur les qualités scéniques et sur les sources farcesques de chaque pièce. Texte excellemment rétabli dans sa forme originale. Illustrations.)

III. PHILOSOPHIE MORALE DE MOLIÈRE OU DE SON SIÈCLE

Outre *l'Histoire de la Littérature...* d'Antoine Adam (voir n° 1), outre aussi l'ouvrage de René Jasinski sur *Le Misanthrope* (voir ci-dessous n° VI) :

Bénichou, Paul, *Morales du Grand Siècle*, Gallimard, 1948. (En particulier le chapitre sur Molière lui-même, pp. 156-218.)

Goldmann, Lucien, *Le |Dieu caché*, Gallimard, 1956. (Analyse « structuraliste » du siècle. Méthode marxiste à bien des égards. Il s'agit surtout de Pascal et de Racine.)

Pintard, René, *Le Libertinage érudit dans la première moitié du XVIIe siècle*, Boivin, 1943. (Avant le climat janséniste, le climat libertin. Portrait de ceux qui, d'après certains, ont été les maîtres à philosopher du jeune Molière...)

IV. SUR « TARTUFFE »

Arnavon, Jacques, *Tartuffe, la mise en scène rationnelle et la tradition*, Ollendorf, 1909. (« Rationnelle = naturaliste. Rapports évidents avec la mise en scène d'Antoine à l'Odéon en 1907, dont on trouvera une photographie dans l'édition Bray-Scherer, voir n° II.)

Auerbach, Erich, « The Faux Dévot », *Mimésis*, trad. anglaise de W. R. Trask, Princeton University Press, Princeton, 1953. (Édition allemande publiée par Francke, Berne, en 1946. Partant de La Bruyère, l'auteur rejoint Molière, en une très profonde étude des rapports entre la littérature et la société. Malheureusement, et étonnamment, pas de traduction française de ce monument de la critique du xxe siècle.)

Baumal, Francis, *Molière et les dévots ; la genèse du Tartuffe*, Bougault, 1919. *Tartuffe et ses avatars ; de Montufar à Don Juan*, Nourry, 1925. (Sources, modèles, hypothèses, petite histoire, etc.).

Cairncross, John, *New Light on Molière*, Droz/Minard, 1956. (Voir notre Appendice.)

Emard, Paul, *Tartuffe, sa vie, son milieu et la comédie de Molière*, Droz, 1932. (Chaque personnage de la pièce est le portrait d'un contemporain reconnaissable...)

Hall, Gaston, *Molière : Tartuffe*, Edward Arnold, Londres, 1960.

(La méthode de Will Moore — voir n⁰ 1 — appliquée systématiquement à une pièce — à l'usage des étudiants anglo-saxons.)

Jouvet, Louis, « Pourquoi j'ai monté *Tartuffe* », *Conférencia*,
novembre 1950. (Est-il bon, est-il méchant? Pour ceux qui se sou-
viennent du sinistre et remarquable décor signé Braque, de Gabrielle
Dorziat jouant Dorine, de l'exagération baroque du finale, — en tout
cas une de ces rencontres discutables mais importantes entre un
grand homme de théâtre et Molière.)

Ledoux, Fernand, *Molière, le Tartuffe*, Éd. du Seuil, 1953. (Autre
rencontre, plus sage, plus fidèle au texte. Mais celui-ci accompagne
le commentaire. Collection « Mises en scène », qui permet de *voir* la
pièce, au fur et à mesure de sa lecture.)

V. SUR « DOM JUAN » ET DON JUAN

Arnavon, Jacques, *Le Don Juan de Molière*, Gyldendal, Copen-
hague, 1947. (Presque du cinéma. On aimerait que Roger Planchon
monte la pièce, pour voir comment le néo-réalisme rejoint l'ancien.)

Camus, Albert, « Le donjuanisme », *Le Mythe de Sisyphe*, Gallimard, 1942.

Doolittle, James, « The Humanity of Molière's *Dom Juan* »,
PMLA, vol. LXVIII, n⁰ 3, juin 1953. (Très ingénieuse démonstration de l'unité thématique de la pièce. Conclusions différentes des
nôtres, mais remarquable méthode de critique interne.)

Gendarme de Bévotte, Georges, *Le Festin de pierre avant Molière*,
Cornély et Cie, 1907. (Texte des comédies de Dorimon et de Villiers,
scénario des Italiens, etc.)

— *La Légende de Don Juan*, Hachette, 1906. (Micheline Sauvage
a fait mieux depuis, mais l'ouvrage demeure fondamental sur l'évolution du mythe.)

Hall, Gaston, « A Comic *Dom Juan* », *Yale French Studies*, n⁰ 23,
1959. (Si Doolittle voit dans le héros l'incarnation de l'Homme,
G. Hall voit en lui au contraire « the inversion of common sense. »)

Sauvage, Micheline, *Le Cas Don Juan*, Le Seuil, 1953. (L'avatar
moliéresque n'est traité qu'incidemment; mais remarquable analyse
de la rétribution que réclame Done Elvire.)

Villiers, André, *Le Dom Juan de Molière*, « Masques », 1947. (La
première analyse moderne de la pièce, cherchant à la situer par
rapport à son temps aussi bien que par rapport à notre temps, à en
dégager l'esprit aussi bien que les qualités scéniques.)

VI. SUR « LE MISANTHROPE »

Arnavon, Jacques, *Le Misanthrope de Molière*, Plon, 1946. *(Bis repetita...)*

Doumic, René, *Le Misanthrope de Molière*, Mellotée, s. d. (1929). (Collection des « Chefs-d'œuvre de la littérature expliqués ». Mais la perspicacité du critique dépasse les limites scolaires de l'ouvrage.)

Jasinski, René, *Molière et le Misanthrope*, Colin, 1951. (La pièce est « un des chefs-d'œuvre de la littérature personnelle », et Philinte incarne une haute sagesse... Autant nous rejetons vigoureusement de telles conclusions, autant nous sommes convaincus par les rapprochements entre les propos des personnages et les textes de moralistes plus ou moins contemporains. Convaincante aussi, la description caractérologique des personnages, car elle est fondée sur une profonde connaissance de l'époque, de son climat, de sa médecine, de sa science en général. Mais à force d'insister sur le psychologisme et le didactisme moral, on perd un peu de vue l'essence du drame, la comédie, le théâtre.)

Lindsay, F. W., « Alceste and the Sonnet », *French Review*, nº XXVIII, 1954-55. (Une intéressante tentative d'intégrer le sonnet et la chanson dans la thématique de la pièce.)

548 *Molière*

DU MÊME AUTEUR

ENTRE CHIEN ET LOUP

Chez d'autres éditeurs :

Santarem, *en collaboration avec Rollin Osterweis*, Plon.

Modern French Theatre, *en collaboration avec June Beckelman*, Yale University Press et Presses Universitaires de France.

ACHEVÉ D'IMPRIMER
LE 9 DÉCEMBRE 1963
PAR FIRMIN-DIDOT ET Cie
LE MESNIL-SUR-L'ESTRÉE
(EURE)

Imprimé en France
Nº d'édition : 9951
Dépôt légal : 4e trimestre 1963. — 1826